香港志

總述　大事記

香港地方志中心　編纂

中華書局

香港志｜總述　大事記

責任編輯　黎耀強　顧瑜　郭子晴
裝幀設計　Circle Communications Ltd
製　　作　中華書局（香港）有限公司

編纂　　香港地方志中心有限公司
　　　　香港灣仔告士打道 77-79 號富通大廈 25 樓

出版　　中華書局（香港）有限公司
　　　　香港北角英皇道四九九號北角工業大廈一樓 B
　　　　電話：（852）2137 2338　傳真：（852）2713 8202
　　　　電子郵件：info@chunghwabook.com.hk
　　　　網址：http://www.chunghwabook.com.hk

發行　　香港聯合書刊物流有限公司
　　　　香港新界荃灣德士古道 220-248 號荃灣工業中心 16 樓
　　　　電話：（852）2150 2100　傳真：（852）2407 3062
　　　　電子郵件：info@suplogistics.com.hk

印刷　　美雅印刷製本有限公司
　　　　香港觀塘榮業街六號海濱工業大廈四樓 A 室

版次　　2020 年 12 月初版
　　　　2022 年 3 月第二次印刷
　　　　©2020 2022 中華書局（香港）有限公司

規格　　16 開（285mm×210mm）

ISBN　978-988-8676-68-2

衷心感謝以下機構及人士的慷慨支持，
讓《香港志》能夠付梓出版，永留印記。

*Hong Kong Chronicles has been made possible with the
generous contributions of the following benefactors:*

首席惠澤機構
Principal Benefactor

香港賽馬會慈善信託基金
The Hong Kong Jockey Club Charities Trust
同心同步同進 *RIDING HIGH TOGETHER*

編審團隊

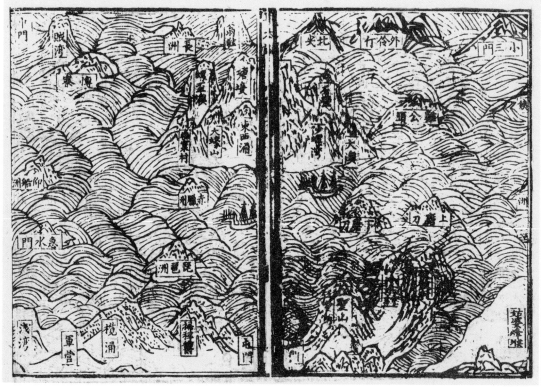

地圖 1、2　明萬曆二十六年（1598 年）郭棐撰《粵大記》中〈廣東沿海圖〉記載的香港地區。

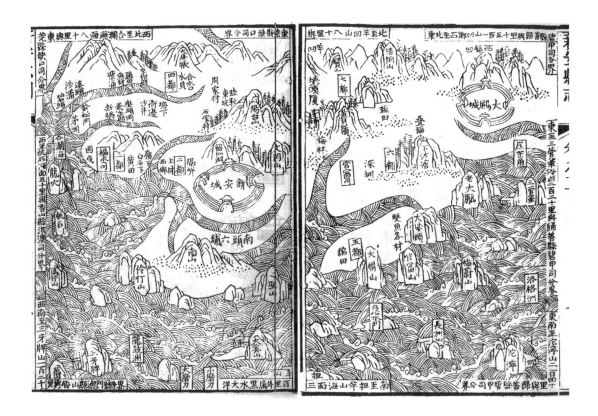

地圖 3、4　清嘉慶二十四年（1819 年）舒懋官主修、王崇熙總纂的《新安縣志》中新安縣地圖。

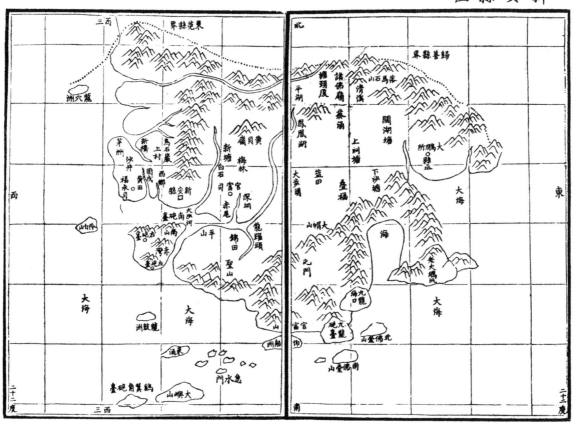

地圖 5　清道光二年（1822 年）阮元修、陳昌齊等纂《廣東通志》中的〈新安縣圖〉。

地圖 6 「硫磺號」艦長、海軍中校卑路乍於 1841 年測繪的香港島地圖。（英國國家檔案館提供，編號 FO925/2293）

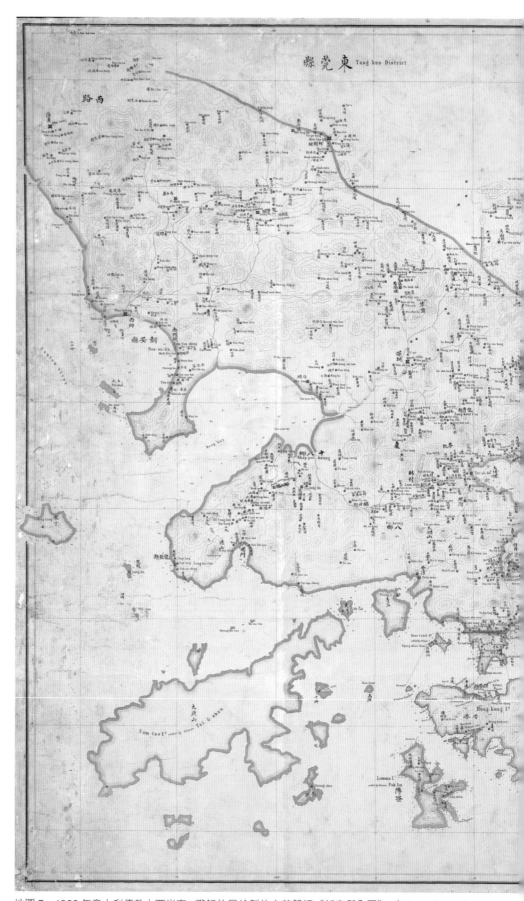

地圖 7　1866 年意大利傳教士西米安‧獲朗他尼繪製的中英雙語《新安縣全圖》。（Map of the San-On District, (Kwangtung Province) : drawn from actual observations made by an Italian Missionary of the Propaganda in the course of his professional labors during a period of four years : being the first and only map hitherto published, May 1866 = Xin'an Xian quan tu / engraved by F.A. Brockhaus, Leipzig. MAP RM 279 https://nla.gov.au/nla.obj-231220841/view）

新安縣全圖

MAP OF THE
SAN-ON-DISTRICT,
(KWANGTUNG PROVINCE,)
DRAWN FROM ACTUAL OBSERVATIONS MADE BY
AN ITALIAN MISSIONARY OF THE
PROPAGANDA
In the Course of his Professional Labors During a Period
OF
FOUR YEARS.
Being the first and only map hitherto published.
May 1866.
REFERENCES.

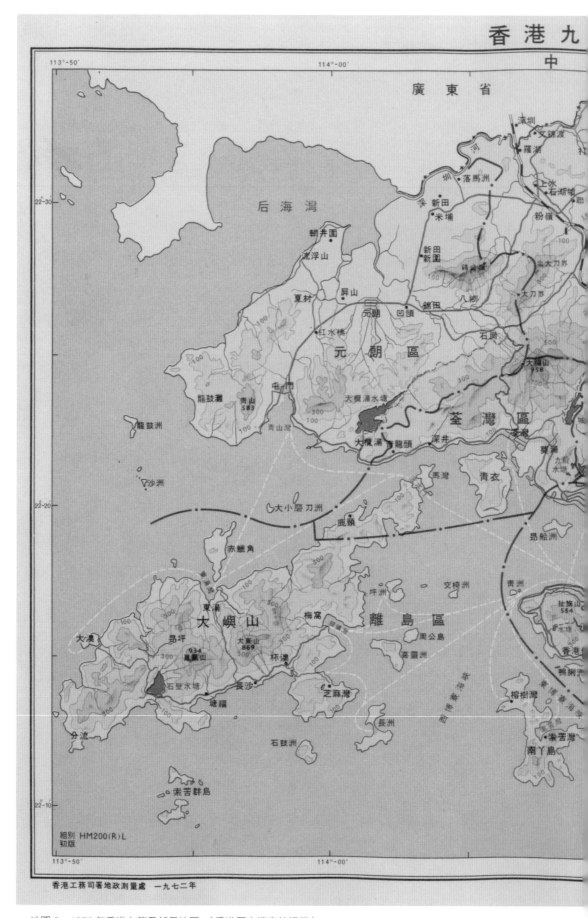

地圖 8　1972 年香港九龍及新界地圖。(香港歷史檔案館提供)

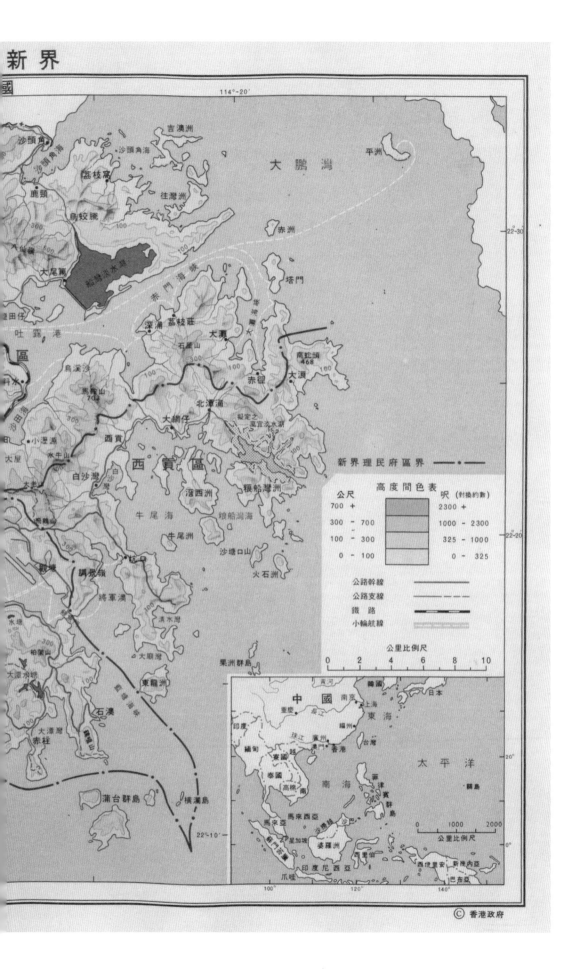

新界理民府區界 ——·——

高度間色表

公尺		呎 (對換約數)
700 +		2300 +
300 - 700		1000 - 2300
100 - 300		325 - 1000
0 - 100		0 - 325

公路幹線

公路支線

鐵 路

小輪航線

公里比例尺

0   2   4   6   8   10

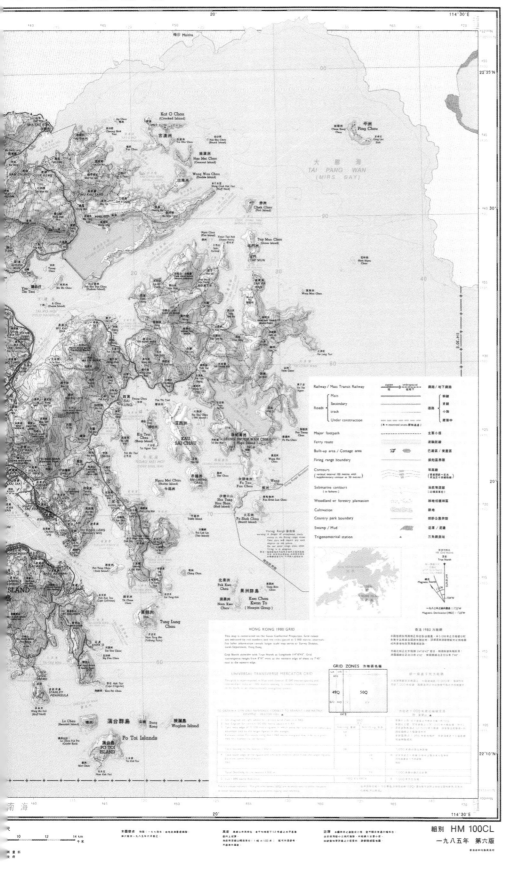

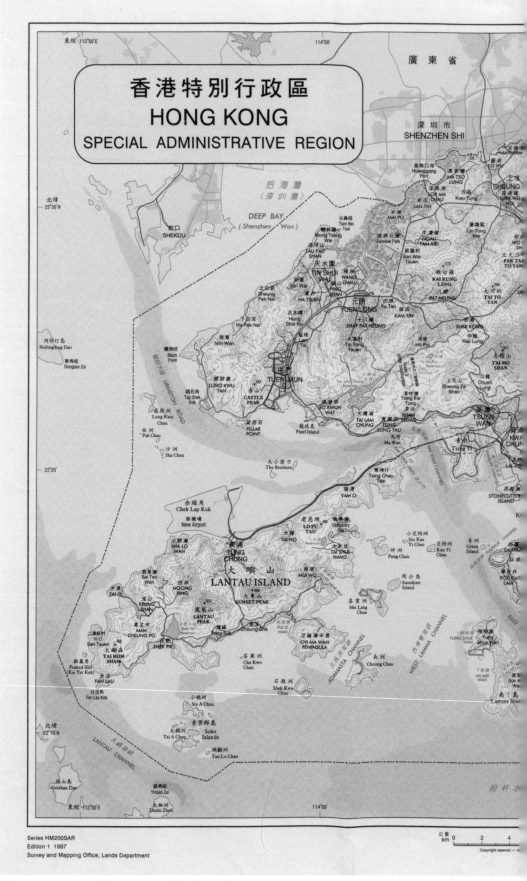

地圖 10　1997 年香港特別行政區地形圖。（香港地政總署繪製）

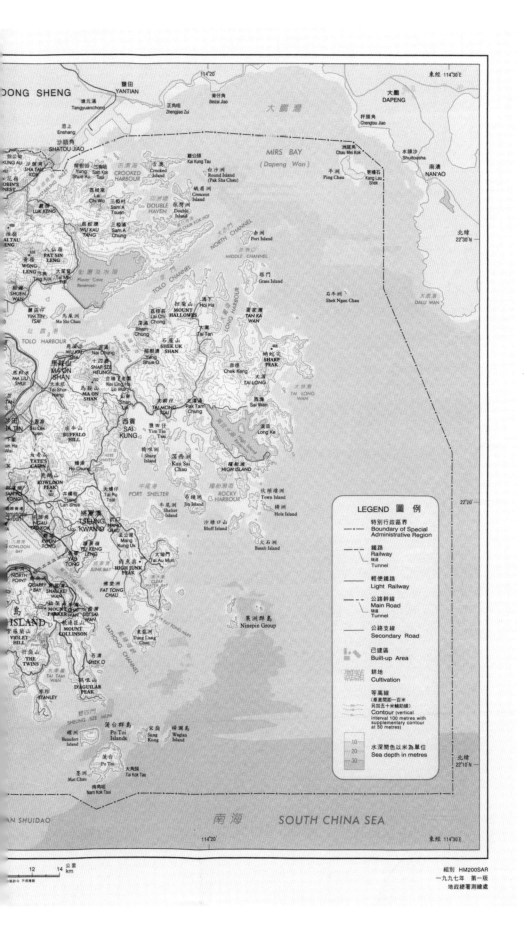

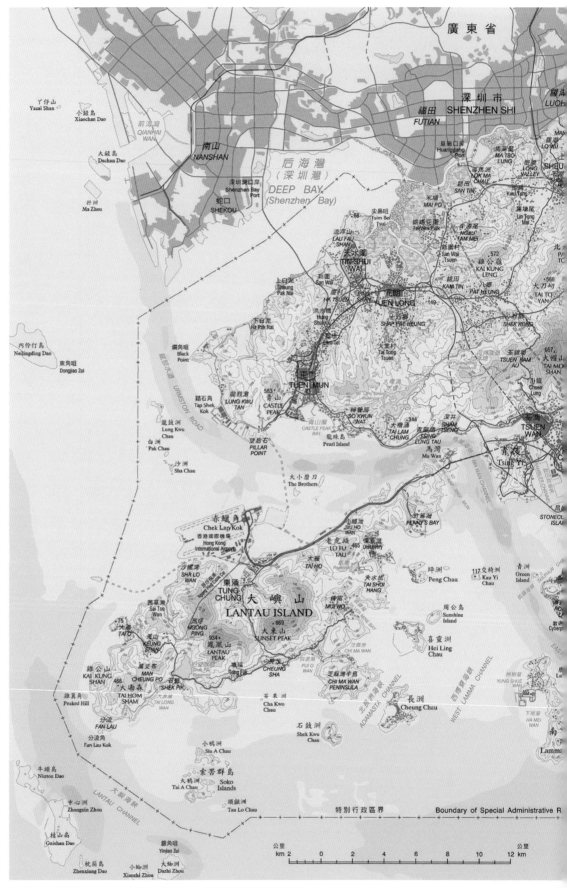

地圖 11　2017 年香港特別行政區地形圖。(香港地政總署繪製)

香 港 特 別 行 政 區
HONG KONG SPECIAL ADMINISTRATIVE REGION

地政總署測繪處繪製
Cartography by Survey and Mapping Office, Lands Department

SOUTH CHINA SEA

「參天之木，必有其根；懷山之水，必有其源。」尋根溯源，承傳記憶，是人類的天性，民族的傳統，也是歷代香港人的一個情結，一份冀盼。

從文明肇始的遠古年代，華夏先民便已在香港這片熱土上繁衍生息，留下了數千年的發展軌跡和生活印記。然而，自清嘉慶二十四年《新安縣志》編修以後，香港地區便再無志書，留下了長達二百年的空白。

這二百年，正是香港艱苦奮鬥、努力開拓，逐步成為國際大都會的二百年，也是香港與祖國休戚與共、血脈相連，不斷深化命運共同體的二百年。1841 年香港島被英國佔領，象徵着百年滄桑的濫觴；1997 年香港回歸祖國，拉開了民族復興的序幕。

回歸以來，香港由一個他人心目中「借來的地方，借來的時間」，蛻變成為「一個國家，兩種制度」之下的特別行政區。港人要告別過客心態，厚植家國情懷，建立當家作主的責任意識，才能夠明辨方向，共創更好明天。

地方志具有存史、資政、育人的重要職能，修志過程蘊含了對安身立命、經世濟民、治國安邦之道的追尋、承傳與弘揚，是一項功在當代，利在千秋的文化大業。

香港地方志中心成立之目的，正是要透過全面整理本港自然、政治、經濟、社會、文化、人物的資料，為國家和香港留存一份不朽的文化資產，以歷史之火炬，照亮香港的未來。

凡例

一、香港是中華人民共和國的一個特別行政區。在「一國兩制」原則下，香港修志有別於海峽兩岸官修志書的傳統架構，採用「團結牽頭、政府支持、社會參與、專家撰寫」的方式，即由非牟利團體團結香港基金牽頭，在特區政府和中央政府支持與社會廣泛參與下，由專家參與撰寫而成。

二、編修《香港志》目的在於全面、系統、客觀地記述香港自然和社會各方面的歷史與現狀。在繼承中國修志優良傳統的同時，突出香港特色，力求在內容和形式上有所突破、有所創新。

三、本志記述時限，上限追溯至遠古，下限斷至 2017 年 7 月 1 日。個別分志視乎完整性的需要，下限適當下延。

四、本志記述的地域範圍以 1997 年 7 月 1 日香港特別行政區管轄範圍為主。發生在本區之外，但與香港關係十分密切的重要事務亦作適當記述。

五、為方便讀者從宏觀角度了解本志和各卷、各章的內在聯繫，本志設總述，各卷設概述，各篇或章視需要設無題小序。

六、人物志遵循生不立傳原則。立傳人物按生年先後排列。健在人物的事跡採用以事繫人、人隨事出的方法記載。

七、本志所記述的歷史朝代、機構、職稱、地名、人名、度量衡單位，均依當時稱謂。1840 年中國進入近代以前，歷史紀年加注公元紀年；1841 年以後，採用公元紀年。貨幣單位「元」均指「港元」，其他貨幣單位則明確標示。

八、本志統計資料主要來自香港政府公布的官方統計資料。

九、本志對多次重複使用的名稱，第一次使用全稱時加注簡稱，後使用簡稱。

十、為便於徵引查考，本志對主要資料加以注釋，說明來源。

十一、各卷需要特別說明的事項，在其「出版說明」中列出。

目錄

附表

總述

引言

香港地處北緯 22°08′ 至 22°35′，東經 113°49′ 至 114°31′，位於珠江口外中國南部邊陲，北隔深圳河與廣東省的深圳市毗鄰，南臨浩瀚的南海。

香港地區由香港島、九龍和新界（包括 262 個離島）組成。2017 年，陸地總面積為 1106.42 平方公里，其中香港島 80.72 平方公里、九龍 46.94 平方公里、新界 978.76 平方公里。

據 2017 年年中統計，香港人口約有 739.17 萬人，其中 717.28 萬常住居民和 21.89 萬流動居民。人口中絕大部分為華裔，祖籍廣東者居多；外籍人士約佔人口總數的 8%。整體人口密度為每平方公里 6830 人。

遠古至歷史時期之初，本地屬嶺南古越族棲息地。秦始皇統一中國後，設立郡縣制。秦於始皇三十三年（公元前 214 年）征服嶺南，並於其地設立南海、桂林、象三郡。自此，香港納入中原王朝的管轄。香港地區在秦、漢、三國至東晉初年共五百多年的時間內，屬番禺縣管轄；東晉咸和六年（331 年）至唐至德元年（756 年）四百多年裏，屬寶安縣管轄；唐肅宗至德二載（757 年）起，後經歷五代、宋、元，至明隆慶六年（1572 年），前後八百多年的時間內，屬東莞縣管轄。

明嘉靖年間，南頭一帶發生饑民搶米暴動，鄉紳吳祚曾經參與平息。事後，吳祚等向廣東海道副使劉穩請求在當地建縣。眾多官紳皆認為當地離東莞縣治百餘里，管理不便，又常受海寇騷擾，紛紛附議。劉穩轉詳粵督，奏准設立。萬曆元年（1573 年）新縣成立，以其地能「革故鼎新，去危為安」，因此取名新安縣，治所設於南頭。廣州府自東莞縣轄地南端海岸線起向北劃出 56 里範圍，撥作新安縣土地，原屬東莞縣的 7608 戶共 33,971 人改隸新安縣。從明萬曆元年起，到十九世紀英國逐步佔領香港地區為止，除清康熙五年至七年（1666 年—1668 年）一度改併外，香港地區一直屬廣州府新安縣管轄。新安縣的管轄範圍大致包括今日的深圳和香港。

香港地名的由來，眾說紛紜，主要有因泉水甘甜而得名和因販運香木而得名兩種說法，迄今為止，記載香港這一地名的歷史文獻中，最早見於明朝萬曆二十三年（1595 年）郭棐所著《粵大記》。該書所載〈廣東沿海圖〉中，標有香港及赤柱、黃泥涌、尖沙咀等地名，其中香港一名標注在今日香港仔附近。

一　優越的地理位置與自然環境

香港背靠中國大陸，介於太平洋和印度洋之間的海域，地理位置優越，又擁有四通八達的優良海港和航空港，是世界諸多海上和空中交通路線的必經之地。

香港地質面貌多姿多彩，目前的構造體系是多個地質時代的造山運動和侵蝕作用的結果。由於其獨特性，聯合國教科文組織在此設世界地質公園。

亞熱帶氣候和多山面海的地理環境使得香港動植物品種豐富，擁有多種特有的陸上動物品種，例如盧氏小樹蛙、香港雙足蜥、賽芳閩春蜓和香港纖春蜓等。海洋動物中，人們認識較多的是俗稱中華白海豚的印度太平洋駝背豚。眾多的郊野公園、海岸公園和受保護地區使得生物多樣性得到保護。

（一）　地理區位

香港的屯門曾經是古代海上絲綢之路的重要港口。唐朝政府在廣州設置管理海路邦交和貿易的市舶使，其貿易盛況可見一斑。廣州與海上交通銜接的是珠江口接海的一段河道。珠江口東岸的航道沿着佛堂門、急水門（今汲水門）、屯門、南山、南頭城、虎頭門而進入珠江，直達廣州。屯門的青山灣是進入珠江前最大的深水港口，是中外海舶灣泊的地點。屯門亦因此成為古代海上絲綢之路的必經之港。

進入近代，隨着經濟迅速發展，香港的地理區位優勢得到了更好的利用和發揮。它不僅是華南最重要的港口，也處於亞洲航運的中心位置。由歐洲、非洲和南亞次大陸往來東亞之間的航運，都以香港為必經之地。美洲和東南亞、南亞次大陸間的航運，多以香港為中轉站。香港亦位於澳大利亞、新西蘭和東亞之間的航運要道上。這些因素更促成香港成為重要的地區和國際航空樞紐。截至 2016 年年底，香港每天有超過 100 家航空公司提供 1100 多次航班，往來全球約 190 個航點。

（二）　自然環境

1. 氣候

香港屬於亞熱帶氣候，不少時間受溫濕的熱帶海洋性氣團影響，全年的氣溫偏高。冬季受大陸性反氣旋所影響，乾冷的北風使氣溫下降；高山地區可能會低至冰點，但平地氣溫很少降至 5℃。

這裏四季分野大致明顯，可以概括為潮濕多霧的春天、風雨的炎夏、短暫的涼秋和冷鋒帶來的冬日。3 月和 4 月的天氣間中極為潮濕，霧和梅雨令能見度降低。5 月至 8 月炎熱潮濕，間中有驟雨和雷暴。7 月通常會有一段維持約一至兩星期的晴朗天氣，有時甚至更長。11 月和 12 月的天氣最好，風和日麗。1 月和 2 月則雲量較多，間中有冷鋒過境，帶來乾燥的北風。

香港各區的年平均雨量差別頗大，東平洲約為 1400 毫米，而大帽山附近則超過 3000 毫米。約 80% 的雨量集中在 5 月至 9 月，6 月和 8 月通常是雨量最多的月份，而 1 月和 12 月則雨量最少。

受到氣候條件影響，每年 5 月至 11 月，香港會受到不同強度的熱帶氣旋吹襲，其中 7 月至 9 月更是颱風多發的月份。香港經歷多次嚴重的風災、雨災等自然災害，造成重大經濟損失及人命傷亡。1874 年的「甲戌風災」造成數千人死亡，大量船隻沉沒，促成了避風塘的修建和天文台的設立。1906 年的「丙午風災」導致上萬人死亡，1319 人失蹤，2785 艘船艇損毀。1937 年「丁丑風災」估計有 11,000 人死亡。1962 年的颱風溫黛則造成 130 人死亡，53 人失蹤，46,000 人無家可歸。

熱帶氣旋中心移近香港時，帶來的大雨有時持續數日，往往引發山泥傾瀉和水浸。1925 年，暴雨在港島半山高尚住宅區普慶坊引發嚴重的山泥傾瀉事件，導致 75 人喪生，死者多是華人社會的名流富商。1966 年 6 月 11 日，又發生嚴重雨災及山泥傾瀉，導致 64 人死亡，48 人失蹤，6183 人受災。1972 年「六一八雨災」，則發生了香港開埠以來最嚴重的山泥傾瀉事故；6 月 16 至 18 日期間，天文台錄得共 652.3 毫米雨量。連日暴雨造成東九龍的秀茂坪和港島半山的寶珊道兩個主要災區各有 71 人及 67 人死亡的慘劇。

2. 地形、地質及地貌

香港海島和半島眾多，擁有獨特的地質及海岸地貌，包括海蝕崖、海蝕穴、海蝕拱、海蝕隙、連島沙洲、波築台、海蝕柱、海蝕龕、吹穴等。香港海岸線曲折漫長，共長 1180 公里，綿長曲折的海岸形成優美的環境和景色。香港的內陸山坡眾多，因此城市發展集中在海岸區，並曾經多次填海造地以擴大海岸區面積。

香港的地質環境基本上與鄰近的廣東東南沿海地區地質相似，是多個地質時代造山運動和侵蝕作用的結果。境內山巒起伏，峻嶺陡峭。最高的山峰是位於新界中部的大帽山，海拔 957 米。最深的海床位於蒲台島以北的螺洲門，低於海平面 66 米。

年代最久遠的外露岩石為沉積岩，大約於四億年前由河流沉積物堆積而成。新界中、西部的石灰岩（即現今的大理岩）及粉砂岩，在 3.5 億至 2.9 億年前於淺海堆積。在 1.7 億至 1.4 億年前，多個火山中心猛烈爆發，產生火山灰地層。位於東南部中心的糧船灣超級火山

發生大噴發後，火山活動隨之停止。其後，地殼抬升和侵蝕作用令超級火山的剖面外露，頂部在西貢，而火山底下的岩漿庫則在九龍及港島北部。東平洲上較年輕的岩層，是約在5000 萬年前沙漠邊緣一個湖泊的沉積物。

由於具有獨特的地質地貌，2009 年香港國家地質公園成立，並成為中國國家地質公園成員，2011 年獲接納加入世界地質公園網絡，更名為中國香港世界地質公園，2015 年再更名為香港聯合國教科文組織世界地質公園。

香港的地質公園由西貢火山岩園區和新界東北沉積岩園區兩個相連的園區組成。前者包括四個景區：糧船灣景區和果洲群島景區有舉世罕見的流紋質六角形岩柱，部分石柱高逾100 米，形體巨大，遠超北愛爾蘭「巨人之堤」的玄武岩石柱群；甕缸群島景區的六方柱海岸奇崛雄偉，以海蝕穴和海蝕拱為特色；橋咀洲景區則有多種典型火山口地質遺跡。

新界東北沉積岩園區亦包括四個景區，不但景觀優美，而且極具科學價值。赤洲與黃竹角咀景區擁有香港最古老的岩石——源於泥盆紀（約四億年前）的沉積岩。東平洲景區有香港最年輕的沉積岩，約於 5500 萬年前形成，是著名的觀石勝地；海島沿岸由薄層狀岩石構成，形成獨特的地貌景觀。赤門景區的荔枝莊擁有較罕見的火山沉積岩，褶曲、斷層及層理構造清晰展現，是極佳的地質考察地點。馬屎洲是二疊紀時期的地質遺址，島上的多彩泥岩和粉砂岩出露良好，斷層和褶皺等地質構造豐富，為地質考察的好去處。

香港地貌曾經發生重大變遷。香港島、大嶼山等島嶼曾經是大陸的一部分。在寒冷的冰河時期，海平面曾經較現在低 120 米，海岸線約位於香港島以南 100 公里以外。隨着最後一個冰河時期的結束，大約 11,000 年前，海面水位開始急速上升，海平面可能在 8000 年前已升至現時的高度。海水上升使沿岸不少地方沒入海中，而山脊隆起部分，則露出海面形成香港島、大嶼山等島嶼。這些島嶼不但與大陸僅有一水之隔，其山脈走向亦與大陸大致相同。

3. 動植物

香港位於東南亞熱帶植物分布區的北面邊緣，植物種類和結構與廣東省類似。儘管面積狹小，但維管束植物品種豐富，約達 3300 種，其中原生種佔 2100 種。

樹林約佔香港五分之一的土地面積，是野生生物的重要生境，更有助防止集水區水土流失。在陡峭深谷或鄉郊傳統村落背後，仍可看到昔日森林的殘跡。深谷地勢險峻，長年保持濕潤，加上傳統風水文化的保護，這些林木因而得以保存。

新界不少村莊都有植被茂密的風水林。風水林面積雖小但蒼鬱茂密，是本地僅存的低地常綠闊葉林，當中有不少稀有樹種和生物，甚具生態價值。

為有效保育本地植物，特區政府於 2007 年訂立《林區及郊區條例》，禁止損毀政府土地上的林區及植林區內的樹木和植物或在林區／植林區郊野範圍生火等。此外，漁護署還在郊區繁殖和種植油杉、紅皮糙果茶及葛量洪茶等稀有或瀕危植物品種，以增加這些植物的數量，豐富植物的多樣性。相關部門亦於城門標本林種植了約 300 種包括稀有、受保護品種在內的有代表性原生植物，作遷地保育和教育用途。特區政府並於 2009 年推行植林優化計劃，逐步以原生種樹苗取代枯萎老化的外來樹種，讓樹林健康生長繁衍，逐漸提高本地動植物物種的多樣性。

獨特的氣候和地理環境造就了各種各樣生物的棲息地。至 2016 年，香港錄有超過 540 種鳥類、57 種陸棲哺乳動物、24 種兩棲動物、86 種爬行動物、236 種蝴蝶和 124 種蜻蜓。其中有多種特有的陸上生物品種，例如盧氏小樹蛙、香港雙足蜥、賽芳閩春蜓和香港纖春蜓等。一些全球受威脅或瀕危的陸上生物品種也可見到，例如三線閉殼龜、黃胸鵐、短腳角蟾、綠海龜、穿山甲等。

米埔沼澤是亞洲最重要的鳥類及自然保育區之一，也是鳥類遷徙路線上的重要停棲地。根據《拉姆薩爾公約》，米埔沼澤及內后海灣一帶列為「國際重要濕地」。這片濕地面積約 1500 公頃，有潮間帶泥灘、魚塘、沼澤、蘆葦叢和矮紅樹，適宜候鳥和留鳥棲息，對水鳥尤為合適。區內鳥類約 400 種，其中黑臉琵鷺、青頭潛鴨、小青腳鷸和勺嘴鷸等 50 種鳥類，更屬全球受威脅或瀕危物種。古老鄉村和廟宇附近的傳統風水林及次生林，是不少林鳥的重要棲息地。在林地發現的雀鳥有各類鶯、鶲、鵯、鶇、鴉和山雀。

二戰前和二戰期間，在屯門青山、沙頭角、上水等地發現過虎蹤，說明香港曾是華南虎的棲息地。戰後城市化進程加速，老虎已絕跡。其他哺乳類動物如赤麂及野豬在郊區十分常見，而豹貓、鼬獾和果子狸則較少見。另外，蝙蝠如大蹄蝠、小蹄蝠及中華菊頭蝠則經常棲息在洞穴和引水隧道內。稀有的物種如歐亞水獺、食蟹獴及穿山甲等也偶有發現。

香港有超過 100 種兩棲和爬行動物。兩棲動物有 24 種，其中香港湍蛙、香港瘰螈及盧氏小樹蛙屬於《野生動物保護條例》下的受保護品種。盧氏小樹蛙只有拇指般大小，是香港體積最小的兩棲動物。本地區還有 52 種蛇類，大部分無毒，毒蛇咬人的個案非常罕見。在香港找到的十種原生龜鱉類中，綠海龜是唯一在本地繁殖的海龜品種，別具保育價值。

珠江流出的淡水混入香港西面水域，東面水域則大致不受珠江影響。這種特別的水文狀況，適合多種多樣的海洋生物生長。香港水域魚類、甲殼類、軟體動物及其他海洋生物品種繁多，其中至少有 150 種具有漁業價值。東面水域常見的魚類有紅鮋，早春時分大鵬灣沿岸可見大量鯰魚魚苗。香港水域亦靠近石珊瑚生長地帶的北面邊緣，有 84 種石珊瑚在境內生長；根據國際標準，品種可算繁多。

俗稱中華白海豚的印度太平洋駝背豚和江豚兩種海洋哺乳類動物全年在香港海域出沒。中華白海豚喜愛河口環境，在香港西面海域棲息。江豚則在具海洋特性的東面及南面水域棲息。

4. 郊野公園、海岸公園等受保護地區

香港境內約四分之三土地屬鄉郊地帶，有 24 個郊野公園和 22 個特別地區。開設郊野公園是為了保護大自然及涵養水源，以及向市民提供郊野的康樂和教育設施。闢設特別地區，主要是為了保護自然生態。郊野公園計有城門、金山、獅子山、香港仔、大潭、西貢東、西貢西、船灣、南大嶼、北大嶼、八仙嶺、大欖、大帽山、林村、馬鞍山、橋咀、石澳、薄扶林、清水灣、龍虎山等；遍布全港各處，涵蓋山嶺、叢林、水塘和海濱地帶。郊野公園和特別地區佔地 44,312 公頃，佔境內土地約四成。

除了郊野公園和特別地區，香港也有五個海岸公園和一個海岸保護區，佔地 3400 公頃，範圍包括沿岸地區、海上景點和重要的生物棲息地。海岸保護區專門用作自然保育、教育和科學研究用途。政府以許可證制度限制海岸公園範圍內的捕魚活動，並在海岸保護區完全禁止捕魚。

除劃定保護地區外，政府也物色和劃定「具特殊科學價值地點」，例如具備特殊地質的地點、稀有動植物的自然生長和棲息地，並通過嚴格的土地用途規劃和土地發展限制保護這些地點。截至 2016 年，有 67 個地點被劃為「具特殊科學價值地點」。

二　高度開放的經濟體系

香港是獨具特色的城市。它從英佔前默默無聞的傳統漁農社會發展成為聲名顯赫的國際大都會，具有和中國內地其他城市不同的發展道路和歷史機遇。其經濟發展先後經歷了傳統經濟、轉口貿易港、工業化、產業多元化、經濟服務化和高附加值服務型經濟的演變。

作為全球最自由的經濟體，香港在二戰後的幾十年間高速發展，走在新興經濟體的前列，人均本地生產總值一度高居亞洲「四小龍」之首。

1977 年至 1997 年的 20 年間，香港本地生產總值平均每年約有 7% 的實質增長，是同期世界經濟平均增速的兩倍。1997 年本港人均生產總值達 26,400 美元，令香港在亞洲僅次於日本和新加坡，並超越經合組織中的加拿大、英國、澳洲等。

國家的改革開放為香港經濟發展提供了前所未有的機遇。港人是國家改革開放的參與者、貢獻者、受益者。國家改革開放的過程也是香港與內地優勢互補、共同發展的歷程。

（一） 傳統經濟

農業、漁業、製鹽、採珠、香木業、陶瓷業等都是古代香港的主要經濟活動。英佔之前的香港地區已有一定程度的農業發展。新界一些大族除了在新界擁有大片田地，還在香港島擁有不少田地，租給佃戶耕種。錦田鄧氏收藏的《香港等處稅畝總呈》，載有其先人呈廣東官府稟，説明其在香港島各處擁有土地。清末的城市發展，令傳統農業社會產生變化，一些新界農民放棄耕作，前往海外謀生。二戰以後，急劇的城市化和工業化，令更多新界農民前往海外或市區謀生，以致愈來愈多農地閒置荒廢，農業亦因而步向衰落。

漁業是香港重要的傳統產業。開埠之初，赤柱是一個繁榮的漁港市鎮，經常有 350 多艘大小船艇在此碇泊。另外，香港村是一個有 200 人的大漁村；群大路（裙帶路）是一個有 50 人的漁村。當時在香港島的蜑民有 2000 人之多，相信其中不少是漁民。

製鹽業是本地區自漢代至兩宋一直發展的產業，頗具規模。至遲在宋高宗時代，宋朝政府曾經派遣鹽官及士兵，在九龍灣西北一帶設立和管理名為「官富場」的鹽場。大嶼山亦曾經是鹽場，並出現非法製鹽的活動。宋寧宗時，廣東提舉茶鹽司徐安國派人前往大嶼山緝捕私鹽販子，引起島上鹽民大規模起事。鹽民一度乘漲潮攻到廣州城下。

香港地區的採珠業肇端甚早。五代南漢後主劉鋹於大寶六年（963 年），在合浦的海門鎮和東莞的大步海（今日新界大埔海），招募採珠士兵數千人，設媚川都，專門從事泅水採珠。

本地區明朝時盛產香木，品種屬於莞香，又名女兒香，在廣東與江浙等地甚受歡迎。據王崇熙纂《新安縣志》卷三《輿地略二・物產》記載，沙田的瀝源和大嶼山西部的沙螺灣為出產上佳香木的地方。

從明朝中葉開始，新界的大埔碗窰一直生產青花瓷，大約在 1920 年代才全部停產，前後經歷四五百年。大埔碗窰前期由文、謝二姓人擁有，後期則由來自廣東長樂的馬彩淵及其後人管理經營。大埔碗窰的窰爐屬於龍窰，既長且闊，每條窰一次可裝燒超過 10,000 件產品。大埔碗窰最大的經銷地為廣東省的江門、廣州、東莞、石龍一帶，也曾經遠銷到南洋各地。

（二） 現代經濟的發展

1841 年 1 月英軍在香港島登陸後，英國駐華商務監督兼駐華全權代表及香港護理總督義律於 6 月宣布香港為自由貿易港，藉以配合英國貿易的需求。一百多年來，特別是二戰後的幾十年中，隨着國際經濟、政治形勢的變化，香港自由港的內涵和功能逐步演變，成為全世界最自由、最開放的商港。

回歸後，自由港政策仍然延續，基本法的第五章對保持香港自由港地位，作了很多明確的規定，例如「保持自由港地位，除法律另有規定外，不徵收關稅」；「實行自由貿易政策，保障貨物、無形財產和資本的流動自由」；「保障金融企業和金融市場的經營自由」；「繼續開放外匯、黃金、證券、期貨等市場……保障資金的流動和進出自由」；「參照原在香港實行的低稅政策，自行立法規定稅種、稅率、稅收寬免和其他稅務事項」等。

香港現代經濟的發展大致可以劃分為六個階段。

1. 轉口貿易初創時期（1841 年—1860 年）

英國宣布香港為自由港後，外商隨即前來發展。這一時期，英國商人主要從事鴉片貿易，致使本港變成遠東最大的鴉片走私樞紐。據香港庫務司馬丁 1844 年 7 月 24 日的報告，當時香港的怡和、顛地等主要洋行皆以鴉片轉口貿易作為主要的業務。另據香港助理巡理府米徹爾 1850 年的備忘錄，1845 年至 1849 年間，從印度運往中國的鴉片，有四分之三經香港轉銷。

英佔初期，香港亦從轉運華人出洋的業務中獲利。1848 年，美國加利福尼亞州發現金礦，四年後澳洲也發現金礦；結果引發淘金熱，急需大量勞工採礦。同時，一些歐洲國家因奴隸制度式微，迫切尋求廉價勞動力代替黑人奴隸在世界各地的殖民地工作；中國勞工遂成為主要目標之一。當時清朝政府禁止百姓出國，香港和澳門成為華人出洋的兩個港口，外國公司和外國政府都來招攬華工。1851 年至 1872 年間，經香港轉送到世界各地的華工達 32 萬人之多，華工販子因而獲得暴利。除了華工，經香港出國和回鄉的華人亦包括淘金客、小商人、工匠、海員等，人數眾多，這些都刺激了香港早期的航運業、進出口貿易和金融業的發展。

2. 轉口港時期（1861 年—1950 年）

英國通過第二次鴉片戰爭割佔了九龍，使九龍和香港島之間適合船隻停泊的維多利亞港完全處於英國的控制之下。這時期西方國家陸續完成工業革命，加上蘇伊士運河的開通和歐亞海底電纜的敷設，西方對中國的商品出口迅速增長，香港因此而發展成為轉口貿易港。據統計，1867 年中國從香港進口的貨物佔全部進口貨物的 20%，經香港出口的中國貨物則佔全部出口貨物的 14%。1880 年，中國進口貨值的 37% 及出口貨值的 21% 均經過香港轉運。

十九世紀末英國租借新界，使香港的陸地面積增加 11 倍，總人口增加三分之一以上，為其經濟的繼續發展提供了有利條件。1900 年，對香港的貿易佔中國出口貿易額的 42% 和進口貿易額的 40%。同年，進出香港的船隻噸位超過 1402 萬噸，比 15 年前增加了一倍。1911 年九廣鐵路通車，轉口貨物的運輸更為方便。雖然受到兩次世界大戰的影響，轉口貿易仍然不斷發展。

1949 年中華人民共和國成立以後，英國是第一個承認新中國的西方國家，背後的主要考量就是英國在華和在港的利益。此後，香港與內地的商貿活動愈趨蓬勃。1950 年香港的對外貿易額超過 75 億元，1951 年達到 93 億元。同年，香港對中國內地的出口額為 16 億多元，佔香港出口總額的 36.2%。

3. 工業化時期（1951 年—1970 年）

1950 年，朝鮮半島爆發香港稱為「韓戰」的朝鮮戰爭，未幾美國以聯合國名義實行對華禁運，香港的轉口貿易受到沉重打擊。1952 年香港的對外貿易額下降到 66 億多元，對中國內地的出口也下降到五億多元。這種狀況迫使香港不得不調整經濟結構，轉而發展已具備一定條件的工業。

國共內戰後期，內地的資金、設備、技術和管理人才從上海及廣州大量流入香港。從 1946 年至 1950 年，以商品、有價證券、黃金和外幣的形式從內地流入香港的資金不下五億美元，為工業發展提供充足的資本。同時，從內地遷移至香港的紡織、橡膠、五金、化工、火柴等工業，也對香港實現工業化發揮了重要作用。1950 至 1960 年代，香港經濟逐漸完成了從轉口貿易向工業製造的過渡。例如，1947 年僅有工廠 961 家，僱用人員 47,000 多人；1959 年，工廠增加到 4541 家，僱用人員 17 萬多人。1959 年的出口貿易中，港產貨品的比重超過了轉口貨物，上升到 69.6%；這是香港實現工業化的重要標誌。1960 年代，紡織、製衣、塑膠以及新興的電子、鐘錶、玩具等工業迅速發展，經濟開始進入起飛期。

4. 產業多元化時期（1971 年—1985 年）

1960 年代後期，採用出口導向型經濟策略的經濟體逐漸增多，台灣、韓國的出口額於 1970 年代初陸續趕上香港。同時，發達國家出現經濟衰退跡象，貿易保護主義抬頭。1974 年生效的《多種纖維協定》對紡織品貿易實行嚴格的配額限制。1977 年歐洲經濟共同體對香港實施整體限制，其範圍由布匹擴展到成衣；亦即由棉織品擴展到棉、人造纖維、羊毛及混合紡織品製成的成衣。1983 年末，美國開始對香港採取隨時隨地「叫停」的做法，進一步限制香港紡織品及成衣進口。面對這種不利的形勢，香港發揮市場調節機能，推行多元化，令經濟結構發生了顯著的變化。

1970 年代的工業向着現代化和多元化發展，以生產高增值產品來應對歐美各國的保護主義措施。本港的註冊廠家從 1970 年的 15,285 家，增加到 1980 年的 45,409 家，僱用人員從 56.9 萬人增加到 89.2 萬人，分別增加 1.97 倍和 0.57 倍。1980 年港產貨品出口總值為 681.71 億元，佔出口貿易總值的 69.4%。從事製造業的就業人數佔就業總人數的 40% 左右。內地實行改革開放政策以後，香港製造業企業大量北移到珠江三角洲，內地低廉的生產成本，增加了香港工業產品的競爭能力。同時，對外貿易、交通運輸、金融、建築和旅

遊業蓬勃發展，這些產業都成為香港經濟的支柱。1984 年香港的人均本地生產總值已達到 5316 美元，在亞洲僅次於日本、汶萊，而略高於新加坡。

1969 年至 1979 年間，香港的金融機構和金融市場的國際化趨勢明顯。以持牌銀行為例，1969 年海外註冊的銀行只有 30 間，到了 1979 年已增至 71 間，外資銀行佔的比例達 67.6%。同時，保險業、基金管理業、外匯市場、黃金市場和股票市場也加快了國際化步伐。到了 1970 年代末，香港已崛起成為亞太地區新興的國際金融中心。

1981 年，西方陷入經濟危機，失業人數大增，通貨膨脹率居高不下，經濟開始出現負增長，貿易保護措施更加嚴厲。1982 年，中英雙方就香港前途問題展開談判，經濟前景不確定性增加，投資者信心下降，資金外流，股市下跌，港元匯率一度急挫。1983 年 10 月 17 日，香港政府宣布實施俗稱為聯繫匯率制度的貨幣發行局安排以穩定港元，將匯率定為一美元兌換 7.8 港元。聯繫匯率制度實施後，港元貶值的局面受控。港元與美元「掛鈎」，為香港經濟的開放與發展提供了穩定的基礎。

5. 經濟服務化時期（1985 年—1997 年）

1985 年 5 月，中英兩國政府互換《中英聯合聲明》批准書。香港在政治上進入過渡期，經濟同時進入結構調整的轉型期，即從以工業、外貿為基礎的經濟形態，轉為以服務業為主體的服務型經濟體系。

香港經濟結構於 1960 年代和 1970 年代中的第一次轉型中，實現了工業化。第二次轉型發軔於 1970 年代後期，並在 1980 年代中後期取得明顯進展，到 1990 年代末趨於完成。轉型的基本趨勢是「經濟服務化」。這一時期，香港迅速崛起為亞太區國際金融中心，並藉內地開放改革的機遇，發展成為內地特別是華南地區的貿易轉口港和工業支援中心，這是第二次產業結構轉型的重要標誌。

這一時期，製造業產值在香港本地生產總值中所佔比重逐年下降，從 1987 年的 23% 跌至 1994 年的 9.3%。製造業大規模北移是此次經濟轉型的基本特徵之一。服務業成為香港經濟的主導產業，主要表現在進出口貿易、金融、地產、運輸業等都有較大幅度的增長，產值比重持續上升。1996 年服務業已佔香港本地生產總值 84%。從增長率來看，1984 年至 1996 年服務業產值按市值計算以年均 16% 的速度增長，遠超世界其他地區。香港服務業中的運輸服務、貿易與相關服務、金融與商業服務、旅遊觀光服務等競爭力在亞洲以至於世界都居於領先地位，遂成為高度依賴服務業的經濟體。

進出口貿易：這一時期，貿易高速增長，成為服務業進一步發展的主要動力。1986 年至 1995 年的十年間，貿易總額從 5525 億元躍升至 28,352 億元，增長 4.13 倍。1996 年，香港外貿總額達 29,335 億元，位居全球第八。這時期的轉口貿易直接受惠於內地改革開放

及經濟持續高速發展。1985 年，中國內地自 1959 年以來再次成為香港的最大貿易伙伴。1988 年，香港的轉口貿易超過港產貨品出口，佔出口總值的 56%，並一直上升至 1994 年的 81%。

金融業：1980 年代中後期，金融業蓬勃發展，成為經濟中僅次於進出口貿易業、房地產業的第三大產業。1986 年政府修訂銀行業條例以後，銀行業進入持續平穩發展時期，至 1990 年代已形成健全而高效率的體系。1998 年，銀行業為香港創造了 882 億元的增加值，相當於本地生產總值的 7.5%，是 1990 年的三倍。1996 年底，香港擁有持牌銀行 182 家，全球前 100 家銀行中，有 80 家在香港營業。

香港的外匯市場發展完善，買賣頻繁，成為全球外匯市場不可或缺的一部分。根據國際清算銀行的調查，1995 年 4 月香港平均每日外匯成交額為 910 億美元，佔全球總額的 6%，名列世界第五位。按總市值計算，1996 年香港成為全球第十大股票市場，在亞洲區排第二位，僅次於東京。債券市場和期貨市場也日益活躍。1986 年 5 月，香港期貨交易所推出香港恒生指數期貨合約交易，引領期貨市場進入一個新階段。1987 年上半年，恒生指數期貨的交易量僅次於美國標準普爾指數期貨市場，名列世界股票指數期貨市場的第二位。

地產業：長期以來，地產業與經濟同步發展。這種情況在經濟服務化後更為顯著，它經常被看成經濟發展的寒暑表。1980 年代初高峰時期，地產業在本地生產總值的比重曾經一度達到 13.6%，其後在 1984 年跌至 6.4%，然後逐步回升。1996 年，地產業的增加價值達 984.64 億元，佔本地生產總值的比重回升到 8.2%。同年，地產業的運營機構單位共有 8298 個，就業人數達 64,028 人，比 1987 年分別增加了 101% 和 92%。這時期，地產業已經超過製造業、金融業，成為香港經濟中僅次於進出口貿易的第二大行業。

旅遊業：進入 1980 年代，訪港旅客人次、旅遊業收益及遊客平均消費額等指標均位居世界前列。1990 年，來港旅客達 593 萬人次，旅遊業收入 380 億元。香港繼 1992 年獲評為「世界長途旅遊首選目的地」之後，1993 年再次榮登榜首。1995 年來港旅客有 1020 萬人次，突破 1000 萬人次大關，旅遊收入達 729 億元。1996 年，旅遊業收入達到 845.3 億元，佔本地生產總值的 6.9%，在世界旅遊業中排名第八位，亞洲則名列第一。

航運業：香港是遠東的重要海運及航空運輸中心，與世界 100 多個國家和地區的 460 多個港口建立航運關係，形成一個以香港為樞紐、航線通達全球的運輸網絡。香港是全球最繁忙的港口之一，1996 年抵港遠洋輪船有 41,056 艘，內河貨輪停靠香港 11.2 萬次，全年處理 1330 萬個標準箱貨櫃。香港同時也是全球最繁忙的航空樞紐之一，1996 年飛機航班共有 158,797 班，全年處理空運貨物 156 萬公噸，旅客 2348 萬人次。

這一時期的服務業呈現多元化發展趨勢。其中，以廣義貿易業和廣義金融業這兩大行業的地位最為重要。從 1987 年起，被稱為「廣義貿易業」的批發、零售、進出口、酒樓及

酒店業超越製造業而成為經濟的主要行業,該業在本地生產總值所佔比重,從 1986 年的 22.3% 上升至 1996 年的 26.7% 的歷史高峰,反映了這一時期經濟由港口帶動的特點。配合對外貿易尤其是轉口貿易的發展,運輸、倉庫及通訊所佔比重也從 1986 年的 8.2% 上升到 1996 年的 9.8%。至於被稱為「廣義金融業」的金融、保險、地產及商業服務業,其所佔比重雖然在 1980 年代前期的地產、金融危機而有所下降,但從 1987 年起再度回升,到 1996 年增加到 25.1%,成為服務業中與廣義貿易業並駕齊驅的另一重要經濟行業。

6. 高附加值服務型經濟時期(1997 年—2017 年)

香港作為外向型高度開放的經濟體,其經濟比較容易受到外來震蕩的影響。例如 1997 年回歸以後,受到 1997 年亞洲金融危機、2001 年美國「九一一」事件、2003 年 SARS 疫情、2008 年美國次貸危機引發的全球金融海嘯等一連串的衝擊,再加上內部結構性因素的影響,香港先後於 1998 年和 2009 年經歷了兩次經濟衰退。以當時市價計算,經過 1997 年亞洲金融危機的衝擊,本地生產總值到 2005 年才超越 1997 年的水平。2008 年,本地生產總值或人均本地生產總值均創下歷史新高,然而受到全球金融危機衝擊,2009 年的整體經濟再次陷入衰退,2010 年才重新恢復增長。兩次金融危機爆發的次年,即 1998 和 2009 年,香港經濟分別出現 -5.9% 和 -2.5% 的負增長。總體而言,回歸以來的經濟基本上經歷了一個 W 型的發展軌跡。

回歸後的 20 年間,香港產業結構展開第三次轉型升級,進入高附加值服務型經濟時期。金融、貿易及物流、專業服務及其他工商業支援服務、旅遊四大產業,在本地生產總值所佔比重呈上升趨勢。其中表現最突出的是金融業,其次是由旅遊帶動的相關行業。服務業佔本地生產總值的比重一直高達 91% 至 92%。製造業佔比日益減少,服務業高度離岸化。

特區政府倡導的「六項優勢產業」,包括文化及創意產業、教育產業、醫療產業、環保產業、創新科技活動和檢測及認證產業等都有所發展並具有潛力,但仍然未能成為服務業增長的主要動力。

隨着內地經濟發展步伐加快,內地因素對香港經濟的重要性與影響力與日俱增。2003 年《內地與香港關於建立更緊密經貿關係的安排》(CEPA)及其補充協議的簽署和實施,成為香港經濟復蘇和其後數年增勢不減的重要因素。在 CEPA 下的貨物貿易自由化、服務貿易自由化及投資便利化,消除關稅和非關稅壁壘,為香港和內地經濟深化融合提供了有利條件。在內地經濟高速增長的帶動下,香港經濟進入增長周期,即使在 2008 年第四季遭遇金融海嘯,也在短暫調整後,於 2009 年第四季回復正增長,比其他經濟體更早完成調整。反之,在內地整體經濟尤其是外貿增長出現調整時,香港經濟的增長動力也明顯減弱;與內地相關的貨物貿易、服務貿易亦明顯轉趨疲弱。

在國家改革開放、經濟快速發展的大背景下，香港的企業財團大規模進入內地發展。這種現象在回歸以後尤其顯著。長和、長實、恒基兆業、恒隆、九倉、新世界、嘉里、合和、李錦記等華資財團大規模投資內地的港口、基建、房地產、公用事業和零售業等。中資財團華潤、中旅、招商局等的業務主要在內地發展。在內地的大規模投資使這些華資和中資財團發展成為全國性的大財團。同時，英資財團滙豐、渣打、怡和、太古等也大規模投資中國內地的銀行、地產、酒店等行業。

回歸後香港邁入高收入階段，2016 年人均本地生產總值為 339,478 元，約 43,700 美元。不過，高收入階段的增長問題亦逐步顯現，例如經濟增長動力趨弱。在發達經濟體中，以知識為基礎的行業產值佔本地生產總值的比重一般都已超過 50%，而香港的這個數據，以 2013 年為例，僅有 25%。換言之，香港傳統優勢因周邊環境變化而逐漸趨弱，但尚未形成內生力量拓展新優勢及增長動力。

在國際機構評比中，香港經濟自由度及營商環境長期位列前茅。在國際管理發展學院公布的《世界競爭力年報》中，香港國際競爭力排名保持領先地位，近年更持續攀升，從 2014 年的第四名上升到 2015 年的第二名，2016 年又再升一位，成為全球最具競爭力的經濟體。根據世界銀行發表的《2016 年營商環境報告》，香港全球排名第四，是全球營商最便捷的地方之一。

香港的總體經濟競爭力雖然位居世界前列，但經濟發展卻存在重大的局限，例如經濟結構單一、嚴重依賴服務業、缺乏創新科技及高端製造業的優勢。這些問題造成經濟發展缺乏內在活力，並且容易被周邊發展所左右。特區政府幾任行政長官都積極推動科研發展，亦嘗試調整產業結構，但受到各種掣肘，成效不彰。香港面臨長遠發展動力相對不足、創新競爭力需要進一步提升等挑戰。在國家推出「一帶一路」新的開放合作倡議下，香港把握好國家發展的機遇，推動新一輪的經濟轉型和升級，是社會主流的共識與發展方向。

（三） 土地制度與經濟發展

香港的土地制度和政策是英國佔領香港的歷史產物。1842 年 3 月 22 日，英國駐華商務監督兼駐華全權代表及香港護理總督砵甸乍發布公告，強調香港土地所有權歸屬英國王室：「基於港島被佔領，一切將聽憑女王陛下發落，土地的所有權獨一無二地歸屬英國王室。」英治期間，香港所有的土地均屬英王所有，由港督代表王室處理。業主只是從香港政府取得一定期限內的土地使用權，並不享有永久業權。

1898 年英國租借新界以後，亦基於上述理由宣布「新界一切土地均屬政府產業」。香港政府通過田土登記措施，將原居民土地業權人的土地契約轉換為「集體官批」。原居民業權人

失去根據中國法律而擁有的永久業權，被迫接受香港政府授予的承租權；租期 75 年，可續租 24 年。

香港自開埠以來一直實行土地批租制度，土地多數採用公開拍賣方式，價高者得。另外，香港長年奉行自由貿易，同時以低稅率推動經濟發展，賣地成為政府收入的重要來源。隨着二戰後人口劇增，政府需要龐大的公共財政以支持社會的快速發展，賣地收益更是不可或缺的政府財政收入。

為了確保庫房有穩定的收入，政府制定了土地供應政策，以限量賣地維持土地價格，形成香港的高地價政策。以 1971 年至 1989 年的 18 個財政年度為例，香港政府的賣地收入累計達 466.37 億元，佔同期財政總收入的 10.1%；1980 年度所佔比率更高達 35.6%。香港賣地收入在財政總收入中所佔比率之高，在世界發達經濟體系之中可謂無出其右。

回歸以後，特區政府基本沿用過往的土地制度。在土地價格和供給方面，儘管政府有關部門曾經提出調整方案，但出於政治、經濟、民生等方面的考慮，至今仍未能作出重大的改變。特別是自千禧年以來，土地發展速度緩慢，遠遠落後於人口增長和經濟發展的需要。土地供應嚴重短缺，令地價高居不下。

高地價直接影響樓價及租值。2017 年香港平均住宅價格為 1616 美元／呎，高踞全球之冠。香港的樓價對入息的比率為 19.4 倍，亦為全球之冠；排名第二的澳洲悉尼為 12.9 倍。租值方面，2017 年香港中環的寫字樓租金以每年每平方呎 302.51 美元繼續成為全球之冠，超越以每年每平方呎 213.85 美元居於第二位的倫敦西岸，以及每年每平方呎 203 美元而位列第三的紐約曼哈頓中城；香港西九龍的寫字樓租金則以每年每平方呎 190 美元排名第四。

高地價和高樓價嚴重制約經濟發展，影響居民生活質素。香港回歸以後，土地及房屋問題成為歷屆特區政府施政的重中之重，至今仍未覓得全盤解決的良方。

（四） 香港參與國家改革開放

1978 年 12 月，在鄧小平的領導下，以中共十一屆三中全會為標誌，內地實行了改革開放政策，為香港帶來新的發展機遇。

內地擁有眾多廉價勞動力和大片低成本土地，缺少的是資金、技術、管理經驗和世界性的銷售網絡。而內地所缺正是香港所長，兩者合作互補。改革開放之初，港商踴躍投資，創造了不少「全國第一」，包括內地第一家合資企業、第一條合資高速公路、第一家外資銀行分行、第一家五星級合資飯店等。

改革開放以來，香港成為內地最大的外資來源。從 1979 年到 1996 年，中國內地實際使用外來直接投資達 1748.87 億美元；其中來自香港的投資為 992.97 億美元，佔 56.8%，居第一位。截至 2016 年年底，香港在內地的實際直接投資額高達 9147.9 億美元，佔總額逾半之多。港商在內地投資促進了香港與內地經濟的共同繁榮。

同時，改革開放初期，不少香港專業人士向內地介紹國際市場和國際規則，推動內地市場經濟的發展。另外，在經濟特區建設的過程中，從規劃、法律法規制定到各項事業的興辦，也都有港人參與其中。

港商初入內地，投資範圍主要集中在加工工業，以及賓館、酒店、旅遊設施和計程車等服務行業；活動地區以廣東和福建為主；投資項目一般規模較小、技術層次較低、回報期短、收益較高。

1992 年，鄧小平南巡，內地的改革開放進入了新階段，海外投資者對內地投資的信心大增，港商的投資則出現了金額大、期限長、範圍廣、進展快的特點。

這一時期香港經濟發展的一個重要特點是製造業北移，這是成本效益帶動的結果，緩解了工業化過程中勞動力成本上升、租金高昂、空間不足、規模過小、產量過低的壓力和局限，大大降低了香港產品的製造成本，從而在激烈的國際競爭中保持優勢。以廣東省為例，1997 年有超過 500 萬工人經常受僱於港資機構，僅工資支出一項，港商每年可節省約 2000 億元。同時，香港製造業北移亦為內地帶來先進的技術和管理經驗，增加就業機會，培養技術和管理人才，促進改革，加快有關地區工業化、城市化和現代化的進程。

改革開放政策實施之後，香港成為內地建立對外經濟聯繫的重要基地。中央各部、各省市、經濟特區和開放城市先後在香港建立新的公司，原有的中資機構業務也迅速擴展。據香港政府 1996 年年底統計，中國內地在香港的投資存量為 148 億美元，成為香港第二大外來投資者，佔投資總額 18.7%，僅次於英國的 27.7%，位居美國的 18.2% 和日本的 15.5% 之前。中資機構是連接內地和香港及世界其他地區的紐帶和橋樑。內地通過中資機構引進資金、技術、管理經驗，培養熟悉市場經濟運作的人才，及時掌握世界經濟資訊，並賺取外匯。香港除了直接向內地提供資金，也是外資流入內地的渠道，並發揮外資進入中國的橋樑和中介的作用。

1980 年代以來，隨着改革開放的推進，香港證券市場出現了一種新的證券類別——紅籌股，即業務在內地，但在香港或海外註冊的中資企業於香港交易所上市的股份。1990 年代，香港與內地進行金融合作，引入國營企業來港上市的 H 股，成為標誌性事件。到 1997 年底，共有 39 家國營企業在香港聯合交易所上市發行 H 股，籌集資金 590 億元。香港證券市場加入紅籌股和 H 股，改變了本港證券市場產品的結構、品種和規模，對香港證券

市場的發展產生了深遠的影響。尤其在 H 股上市以後，香港證券市場的結構逐步向基礎產業、金融產業、資源性產業和高科技產業等多元結構傾斜。

三　人口流動與移民城市的形成

香港是歷史悠久的移民城市，港人的先輩大部分在不同的歷史時期從中國內地遷徙而來。有文字記載的較大規模移民始於宋代。清初遷海復界以後，客家人不斷移入，直至清末為止。開埠以後從 1850 年代開始，大量移民從廣東分階段前來避難。他們參與香港的城市建設和商貿活動，發展成為香港一股不容忽視的華人社會力量。二戰以後，大批合法與非法移民湧進香港，帶來資金、技術和勞動力，推動香港實現工業化和經濟起飛，其中江浙企業家影響顯著。此外，佔香港人口少數的非華裔移民也對香港的發展和繁榮作出多方面的貢獻。

（一）　遠古時期的先民

大約在 7000 年前的新石器時代中期，香港的先民已經在這片土地上勞動生息。有研究把這段時期的文化以南丫島大灣遺址命名，稱為「大灣文化」。大灣先民以漁獵採集為生，會製作樹皮布。他們具備燒製陶器作為煮食用具的技術，有些在燒製前加上彩繪紋飾，亦即彩陶。類似的文化遺存也見於廣東增城金蘭寺、珠海後沙灣、深圳咸頭嶺等地。有學者認為，大灣文化中的圈足盤、彩陶和白陶三者是從長江流域中游大溪文化輾轉傳到環珠江口沿岸的地域。

距今四五千年前，先民在香港地區的活動增加，不少海灣都發現先民的遺存。考古證據顯示，先民曾受長江下游良渚文化影響。考古學者指出，屯門湧浪遺址出土的石玦、鉞、鐲三者的淵源可確定來自長江流域，其中石鐲是迄今所知良渚玉鐲最南的代表。

1997 年，考古隊搶救發掘香港馬灣島東灣仔北考古遺址，發現屬於新石器時代晚期的 20 座墓葬，成為當年中國十大考古發現之一。墓葬中發現的人骨，與華南地區特別是珠江流域的新石器時代晚期人骨的體質特徵有明顯共性。另外，在一具約 40 歲的女性頭骨上發現拔齒痕跡，與相鄰的佛山河宕貝丘遺址出土的新石器時代人骨中普遍存在的拔齒風俗相似，故無論從體質或者風俗上看，都可以說明香港新石器時代晚期的先民與珠江三角洲地區的先民為同一種屬。

在香港出土的青銅時代銅器有斧、戈、劍、削、鏃等，其特點與廣東地區的出土青銅文物一樣，武器較多，禮器和容器罕見。其中大嶼山石壁出土的一件人面紋銅劍，和清遠三坑東周墓、曲江石峽遺址上層的銅劍幾乎一模一樣。至於香港常見的春秋時期夔紋和雲雷紋

陶器，以及戰國時期的米字紋陶器，則至少和廣東大陸 200 處以上的遺址和五六十座墓葬的出土文物相似，甚至遠在廣西、福建、湖南、江西等省，也有類似的發現。

1989 年南丫島大灣遺址發現屬於商時期的墓葬群，其中六號墓出上的玉牙璋及完整串飾，被文物專家譽為國寶級文物。牙璋是禮器，起源於黃河中下游新石器時代晚期文化。大灣牙璋與二里頭及商時期墓葬中的牙璋，微刻風格一致，是華北地區禮制物質文明向南延伸的表現。

香港的出土文物反映史前的香港與嶺南，甚至長江流域、黃河流域某些古文化的同一性，體現出遠古時期人口流動和文化交流。

（二） 新界原居民的由來

香港有文獻可考而規模較大的移民活動始於宋朝。宋朝開寶六年（973 年）江西吉水人、承務郎鄧漢黻南遊至廣東，定居於東莞圭角山下的岑田，即今日新界的錦田。鄧族由鄧漢黻開基立業，到清朝初年一直是香港地區首屈一指的望族；族人不僅在新界擁有富庶土地，在九龍和香港島也擁有一些田地。此外，北宋時進士侯五郎由廣東番禺遷至今日的新界上水，其後人侯卓峰於明朝初年開基河上鄉。宋朝時彭桂到今日的新界粉嶺定居，子孫繁衍而成大族。宋朝時，福建莆田林長勝舉家遷往今日黃大仙附近的彭蒲圍。南宋末年，陶文質由廣西鬱林遷往今日元朗新田，後與其子陶處斯移居屯門。元末原居福建汀州的廖仲傑定居於上水。明初又有文天祥親屬文天瑞後人移居新界，先後在泰亨、新田定居。自此香港陸續有其他家族到來開村定居，逐漸發展成今日的新界原居民。

清代香港的居民主要有本地、客家、疍家、鶴佬四大群體。本地居民原本生活於中國南嶺以北地域，宋代以來陸續南移定居於廣東，然後再移居香港，通稱「本地人」。他們在香港使用的方言屬於粵語系統，是一種與廣州話有相當差別的「圍頭話」。據香港布政司駱克 1898 年統計，新界本地人的人口有 64,140 人，聚居於 161 個村莊，主要分布在深圳河和元朗谷地，以務農為生，亦能經商。

客家人祖輩相傳是中原漢族，在不同歷史時期陸續遷徙至華南各地，通用方言為客家話，有獨特的風俗習慣和建築特色。清初復界後招墾的客家人多成批遷入香港。嘉慶年間，新安縣客籍村莊累積數目甚多，因此在嘉慶《新安縣志》中官富巡檢司管屬村莊中，另設「官富司管屬客籍村莊」類別。縣志所載香港客籍村莊至少有蓮麻坑、九龍塘、萬屋邊等 86 條；其後不斷有客籍家族遷入，直至晚清為止。

疍家以船為家，獨立存在，不屬於漢族中的廣府民系。廣東疍家人的母語為粵方言中的疍家話，語音與粵語廣州話相近，但詞彙並不盡同。疍家居住在溪流、港口、水道和島嶼上；

諳熟水性，善於操縱木船和小船，主要從事漁業。疍家漂泊江湖河海，自古以來一直遭到陸地居民歧視，後來陸續上岸定居。

鶴佬亦稱福佬或河洛人，先輩來自福建，其後聚居於粵東潮汕、海陸豐一帶，最後移居香港，聚居於長洲、坪洲、沙頭角等地，成為香港另一個漁民族群。鶴佬的方言是「福佬話」，即粵東腔的閩南話。

（三）　十九世紀的人口流動與近代華人社會

1840 年代，英國割佔香港島後，吸引一些內地居民前來謀生。早期移居的主要有苦力、打石匠、小販、僕役等社會基層人士。

從 1850 年代開始，廣東經歷天地會發動的紅兵起事、土客械鬥和第二次鴉片戰爭，華人先後成批湧到香港避難，並逐漸形成本港與周邊地區人口流動的一種模式。這時期的移民社會成分和早期移民不盡相同，其中不少是腰纏萬貫的商人，隨同他們流動的還有手工業者。

這些殷商和手工業者利用他們的財富和技藝，從事貿易、經營商店，在香港大展拳腳，促進了華人商店和手工業店舖的迅速發展。1858 年，當時香港島僅有居民 75,000 餘人，但華人開辦的店舖就有 2000 餘家，包括雜貨舖 287 家、洋貨店 49 家、行商 35 家、買辦 30 家、錢幣兌換商 17 家、米商 51 家、造船工棚 53 家、印刷所 12 家，另有金、銀、銅、鐵匠舖 116 家、木匠 92 家等。1859 年，香港華人總數為 85,330 人，1865 年增長至 121,825 人，增加的 36,000 多人大部分是新移民。

1870 年代後期至 1880 年代前期，本港華商已經發展成為不容忽視的社會力量，主要成員是南北行商人和買辦。1881 年 6 月 3 日，港督軒尼詩曾經在立法局說，香港稅收「華人所輸，十居其九」。另外，1876 年納稅最多的 20 人中，有 12 名歐洲人共納稅 62,523 元，人均 5210 元；八名華人共納稅 28,267 元，人均 3533 元。到了五年之後的 1881 年，香港納稅最多的 20 人中，僅有三名歐洲人共納稅 16,038 元，人均 5346 元；華人則增至 17 人共納稅 99,110 元，人均 5830 元。可見到了 1881 年，在最富有的商人中，無論是納稅總額，還是人均納稅額方面，華商已經超過外商。香港開埠才不過 40 年光景，華人的經濟力量已經成為社會發展的重要支柱。

隨着華商力量的增長，華商組織的社會團體相繼出現。其中較早成立而具規模和影響力的，是 1868 年由香港華商建立的南北行公所。1870 年，香港政府主導推動成立東華醫院，交由梁安、李陞、黃勝、高滿華等華商和買辦籌辦，成為匯聚華商的領頭社會組織，也是代表整體華人的團體，對推進在港華人社會的壯大起顯著作用。東華醫院成立之後，

陸續有華商組成有份量的團體，以對應華商和華人社會的需求。1878 年，華商盧賡揚等倡議創辦慈善團體保良局；1896 年，華商古輝山等發起組織中華會館；1900 年，華商馮華川、陳賡虞等發起組織香港華商公局；1913 年，華商劉鑄伯改組華商公局為香港華商總會，與屹立於香港半世紀的香港總商會分庭抗禮。1952 年華商總會更名為香港中華總商會，會務延續至今。

除新界原居民外，二戰前只有少數華人在香港落地生根，開枝散葉。多數華人以香港為謀生之地，僑居若干年之後則返回原籍，葉落歸根。因此，不少商會、同鄉會往往在名稱前加上「旅港」或「僑港」等字樣，以示短暫寄寓之意。

（四） 二戰後移民與經濟發展

二戰以後，在國共內戰和政權更迭的衝擊下，大量合法和非法移民到港。其後政治環境轉變，他們再難返回內地，唯有以香港為長居之地，促使香港變成名副其實的移民城市。1961 年 3 月，人口普查所得的香港總人口為 3,133,131 人，其中約 82.7 萬人於 1949 年以後進入香港並在港定居，同時帶來約 24.4 萬名新生嬰兒，於是共有 107.1 萬人口是移民帶來的結果。

二戰後的大量移民之中，有為數不少的江浙企業家。他們在 1950 年代初期禁運的困境中帶領香港走上工業化的道路。唐翔千、唐炳源、曹光彪、王統元、李震之、吳文政、方肇周、郭正達、楊元龍、安子介、榮鴻慶、查濟民、陳廷驊、劉漢堃、宋文傑、周文軒等 30 多位江浙棉紡企業家都是箇中的佼佼者，他們帶來了生產設備、技術、資金、營商網絡。有了這批企業家的營商經驗和才幹，加上大量湧入的低廉勞動力，香港順利踏上了工業化道路。此外，由江浙移民香港的企業家包玉剛、董浩雲、趙從衍、曹文錦在香港奮力發展，成為國際航運巨子，並奠定了香港國際航運中心的地位。

戰後，香港移民大部分來自中國內地，包括從內地回流的東南亞華僑；也有小部分是來自東南亞的華僑，陳有慶、田家炳、郭鶴年等企業家就是其中的佼佼者。

1957 年前後、1962 年前後、1972 年「文革」期間和 1978 年至 1979 年間，內地曾經發生過四次逃港潮。1974 年 11 月，香港政府實施「抵壘政策」，即非法移民只要到達市區登記，就能取得居住權。當時香港需要大量勞動力，香港政府對內地居民逃港採取寬鬆處理的態度，造就一時的移民高潮。1980 年 10 月，港督麥理浩到廣州與廣東省官員會談，雙方同意為合法移民設定每天限額。香港政府隨即將抵壘政策改為「即捕即解」政策，所有非法入境者均會被遞解出境。1982 年，香港政府與內地達成協議，單程證配額為每日 75 人，至 1995 年增至每日 150 人。

當年內地和香港生活水平的巨大差距造成了多次的逃港潮,改革開放後內地經濟迅速發展,人民生活不斷改善;進入 1980 年代之後,逃港潮已成歷史絕響。

（五） 非華裔人士與香港社會發展

香港開埠以來,華人一直佔人口的大多數,但在九七回歸前,尤其是二戰前,部分非華裔人士在經濟實力上不遜於華商。百多年來,香港建設和發展成為國際大都會的進程中,他們發揮過重要作用。

在香港的眾多英國商行中,怡和洋行及太古洋行歷史悠久,財力雄厚。怡和洋行由兩名蘇格蘭人威廉·渣甸和詹姆士·勿地臣於 1832 年在廣州創立,早年從事鴉片販賣生意。太古洋行由約翰·施懷雅和里察·巴特爾德於 1866 年在上海創辦,1870 年在香港開設分行。這兩家洋行曾經借助英國官方的勢力,在香港享有特殊待遇,參與香港貿易、金融、航運、航空和工業,對這些行業的發展起一定推動作用。連卡佛洋行由兩名英國商人譚馬士·萊恩及尼尼安·卡佛於 1850 年在香港創辦,初期從事售賣船舶用品業務,後來發展成為香港歷史最悠久的百貨公司。此外,一些英國專業人士來港創業,成為香港的傳奇。他們創辦的專業公司,例如的近律師行、巴馬丹拿建築公司及利安顧問有限公司皆成就顯著。

在眾多非華裔人士之中,來自澳門的葡萄牙人是繼英國人之後最早立足香港的歐籍人士。葡萄牙人對香港印刷業貢獻很大。1844 年,澳門葡人羅郎也在香港開設著名的羅郎也印字館。羅郎也印字館是香港首間印刷公司,從 1859 年起為政府印刷憲報及官方刊物,服務政府跨越三代人。印字館最終被政府收購,成為政府印務局。在香港的美國人中,牙醫諾布爾是集教育家、企業家、報人和醫生為一身的傳奇人物。他曾經參與籌辦香港西醫書院,並於十九世紀末購入牛奶公司。他的其他投資包括香港大酒店、香港纜車公司、香港電燈公司和青洲英坭等。1895 年,德國人雅各伯·捷成及同鄉亨利·珍臣在香港登記成立捷成洋行。公司初期以航運為主業,後來逐漸多元發展,迄今仍然活躍於香港及中國內地市場。1848 年沙爾德聖保祿女修會的法國修女抵達香港,其後在港島開辦聖童之家孤兒院,成立聖保祿醫院和寄宿學校;在九龍開設聖德肋撒孤兒院及聖德肋撒醫院。1860 年,六位來自嘉諾撒仁愛女修會的意大利修女到達香港,及後創立學校、孤兒院、小型醫院等。

一些在香港人數很少的族裔也出現過傑出的家族或個人。十九世紀來港發展的猶太家族中,嘉道理家族於 1901 年註冊成立中華電力有限公司,至今仍是香港兩家電力供應商之一。1951 年,賀理士·嘉道理和羅蘭士·嘉道理兩兄弟創立嘉道理農業輔助會,向有需要的農民提供培訓、農業物資和免息貸款,協助受助人自食其力。麼地是香港巴斯商人中成就最高、貢獻最大的一位,他對香港最大的貢獻,是捐贈巨資作為興建香港大學主樓的費

用。香港的亞美尼亞族裔中，為人熟悉的是遮打，他促成中環填海計劃，改變了中環的面貌。來自印度、巴基斯坦、菲律賓、印尼、馬來西亞等地的基層民眾，也為香港的保安、家務服務等做出貢獻。他們的付出，展現香港在發展過程中，不同族裔和文化之間包容互惠的精神。

四　英國的殖民統治

鴉片戰爭是中國歷史的轉捩點，也是香港近代史的起點。經此一役，中國的大門逐漸向世界打開，香港也在一夜之間走進中國歷史的舞台。

（一）　英國佔領香港

從 1840 年代開始，在兩次鴉片戰爭和列強瓜分勢力範圍的背景下，英國借助軍事力量和外交手段，通過中英《南京條約》、中英《北京條約》和《展拓香港界址專條》等不平等條約，先後割佔香港島、九龍，租借新界，從而佔領了整個香港地區。

1. 割佔香港島

英國是一個老牌殖民主義國家。在其殖民擴張的過程中，早就圖謀佔據中國沿海一些島嶼，作為貿易擴張的根據地。

從 1820 年代開始，英國鴉片船經常將香港海域當做錨地。1839 年 3 月，欽差大臣林則徐奉命到廣東查禁鴉片。他強迫英美鴉片販子交出煙土，並在虎門海灘銷毀。英國駐華商務監督義律將英國在華人員和艦船集結在尖沙咀附近海面，並多次發動武裝挑釁。當年先後發生了九龍海戰、穿鼻之戰和官涌之戰。鴉片戰爭的這三次前哨戰，有兩次發生在香港地區。

1840 年 6 月，英國政府為發動鴉片戰爭而派遣的遠征軍到達中國。他們北上侵略廈門，攻陷定海，並於 7 月底抵達天津白河口。清朝政府驚慌失措，派琦善為欽差大臣到廣州與英方談判。在談判尚未完成之際，英國於 1841 年 1 月 25 日派兵強行佔領了香港島。

1841 年 4 月 30 日，英國內閣決定停止廣東談判、擴大侵華戰爭，並委派砵甸乍取代義律任駐華全權代表兼商務監督。砵甸乍兩次率眾多艦船和士兵北上進攻中國沿海、沿江城市，並於 1842 年 8 月 4 日兵臨南京城下。清軍無法抵禦英軍進攻，節節失利，道光皇帝決定妥協投降。

1842 年 8 月 29 日，中英雙方在英國軍艦「康華麗號」簽訂了中國近代史上第一個不平等條約——中英《南京條約》。該條約第三款規定將香港島割讓給英國。鴉片戰爭和割讓香港島成為中國歷史上的分水嶺。

2. 割佔九龍

九龍半島與香港島隔海相望。1856 年第二次鴉片戰爭爆發後，清朝政府的妥協退讓助長了侵略者的氣焰。為完全控制維多利亞海港和增加土地資源，以興建兵營、商行和倉庫，一些英國軍官和香港政府布政司馬撒爾先後鼓吹佔領九龍半島和昂船洲，並得到英國政府贊同。1860 年 3 月 18 日，在未向中國宣戰的情況下，新任侵華陸軍司令克靈頓中將派遣英軍在九龍半島岬角尖沙咀登陸。英軍在岸上安營紮寨，準備北上侵華。3 月 21 日，在英法聯軍控制下的廣州，英國駐廣州領事巴夏禮強迫兩廣總督勞崇光在他擬定的租借九龍的租約上簽字。

1860 年 9 月，英法聯軍進攻北京，清軍於京東八里橋之役大敗，咸豐帝倉皇逃往熱河。10 月 13 日，英法聯軍佔領北京安定門，並在城牆上安置大炮，炮口直指紫禁城。10 月 18 日及 19 日，聯軍縱火焚燒圓明園，並大肆搶掠。在英法兩國軍事和外交的雙重壓力之下，清朝政府全權代表恭親王奕訢完全接受侵略者提出的條件。10 月 24 日，中英雙方簽署中英《北京條約》。該條約第六款規定，將中國新安縣九龍司部分領土，即九龍半島今日界限街以南部分，連昂船洲在內割讓給英國。

3. 租借新界

1894 年 7 月中日甲午戰爭爆發，清軍節節敗退。11 月 9 日，港督羅便臣向殖民地部建議將香港界址展拓到大鵬灣、深圳灣一線。十九世紀末，列強在中國掀起了瓜分勢力範圍的狂潮。1898 年 3 月，英國政府決定以法國租借廣州灣為藉口，向清政府提出展拓香港界址的要求。4 月 2 日，中英雙方就香港擴界問題開始談判，英國駐華公使竇納樂不斷向中方談判代表李鴻章等施加壓力，強迫中方接受他提出的擴界範圍和條約方案。李鴻章等被迫接受英方主張，僅要求保留對九龍寨城的管轄權。

1898 年 6 月 9 日，中英《展拓香港界址專條》在北京簽字。該條約於 7 月 1 日「開辦施行」。通過《專條》的簽訂，英國租借了沙頭角海至深圳灣最短距離直線以南、今界限街以北的廣大地區、附近大小島嶼 235 個以及大鵬灣、深圳灣水域，為期 99 年。1899 年 3 月 19 日，中英雙方簽訂了《香港英新租界合同》。該合同違背《展拓香港界址專條》黏附地圖有關新界北部陸界的規定，使英國完全控制了深圳河。

（二） 管治體制

英國對殖民地的管治採取直轄殖民地、自治殖民地等不同方式。因為華人佔香港居民的絕大多數，英國政府憂慮少數英國人難以控制大量華人，於是在香港採用權力集中、控制嚴密的直轄殖民地制度。香港的行政和立法權都掌握在政府官員手中，而官員則在法律上通過港督向英國政府負責。

1843 年 4 月 5 日，維多利亞女王頒布《英皇制誥》（即《香港憲章》），宣布設置「香港殖民地」，確定香港的地位和政權性質。與此相關，《英皇制誥》規定派駐香港總督，授予其廣泛的統治權力，對設立行政局、立法局也作了原則性規定。

《皇室訓令》是 1843 年 4 月 6 日以英王名義頒發給第一任港督砵甸乍的指示，主要涉及行政局和立法局的組成、權力和運作程序，以及港督在兩局的地位和作用、議員的任免、作出決議和制定法律的辦法等。

根據上述兩個命令，港督作為英王派駐香港的代表，擁有極大的權力，香港所有官吏、軍民等都要服從港督的管轄。港督主持行政局並擔任立法局的主席，立法局通過的法案必須經過港督同意才能成為法律。港督還是香港三軍總司令，可以調動駐港軍隊。此外，港督還有任命法官和其他政府官員、頒布特赦令等權力。按照這些規定，港督擁有極大的行政管治權。不過，港督一般只能在英國政府規定的範圍內，為維護英國的殖民利益而行使他的權力。港督要向英國政府報告工作，重大問題也要向英國政府請示。另外，港督處理問題時也會考慮公眾輿論，特別是英商和華人精英的意見，避免因公眾強烈不滿招致英國政府調查和議會質詢。

行政局和立法局是港督的高級決策諮詢機構。行政局的主要任務是就各種重大決策向港督提供意見，並具有某種立法職能。新的法案要先經行政局審查，批准草案後再交立法局討論通過。行政局聚集了港府最高層行政官員，可以說是協助港督決策的總參謀部。港督在行使《英皇制誥》賦予的權力時，應就一切事項徵詢行政局的意見，但急事、瑣事或極端機密的事情除外。只有港督有權直接向行政局提出議題。若議員提出議題，須事前向港督提出書面請求，徵得港督同意。港督不贊成全體或多數議員對某事的意見時，他有權按照自己的主張行事，但會將詳情記入會議記事錄，並呈報英國政府。

立法局的任務是協助港督制定法律和管理政府的財政開支。港督對法律的制定有決定性的影響。《皇室訓令》規定，港督作為立法局主席，投票表決時除擁有本身的一票外，在贊成票和反對票相等時，有權再投決定性的一票，以保證自己的意圖得到貫徹。立法局內的財務委員會在理論上擁有很大權力，但在討論港府年度預算時，它只能接受、否決或減少預算，卻無權增加分文。

早期行政、立法兩局成員全部由港府高級官員兼任。立法局和行政局分別從 1850 年及 1896 年起有外籍商人擔任非官守議員。佔香港人口大多數的華人長期被排斥在兩局之外，1880 年伍才（伍廷芳）出任非官守議員後，立法局才開始有華人議員。1926 年周壽臣任非官守議員後，行政局才開始有華人議員。從 1844 年兩局建立至 1984 年的 140 年間，兩局所有議員都由英國政府委任。1985 年 9 月 26 日，香港舉行首次立法局選舉，由九個功能組別和 12 個選舉團選出 24 名議員進入立法局，開始有經選舉產生的議員。立法局主席一職以往一直由港督擔任，但從 1993 年 2 月 19 日開始，港督不再擔任立法局主席。

（三） 法律發展與法治

目前世界上主要有大陸法系和普通法系兩大法系。普通法系又稱英美法系、判例法系，最早淵源於英格蘭。香港曾經長期處於英國的殖民統治之下，所用法系基本上移植自英國的法律模式，屬於普通法系。

英治時期，香港法律淵源包括普通法和成文法。成文法包括三個部分：一是英國政府為香港制定的法律，二是適用於香港的英國本土法律，三是香港政府制定的香港法例。香港的憲制性文件由英王制定和頒布，其中《英皇制誥》最為重要，它規定港府的憲制架構，例如港督、行政局、立法局、法院等。判例法也是香港法律的淵源之一，判例包括英國法院和香港法院的判例。「遵循先例」原則是普通法系的根本特點。依據這一原則，較高一級法院以往所作的判決構成先例，對下級法院處理類似案件具有約束力。香港回歸前，英國樞密院司法委員會是香港的終審法院，香港法院在審理同類案件時必須遵循樞密院的判例，其他英國法院的判例也有很高的參考價值。香港高等法院的判例對下級法院也具有約束力。普通法「遵循先例」原則被認為是利用前人智慧，保持法律適用的統一性及確保法律具有可預測性的必不可少的途徑。

香港法律秉承普通法系注重程序的原則，即強調事先定立一套清楚、公正的程序，凡通過這套程序審訊得出的結論，必須接納為公正結論。注重程序原則通過罪刑法定原則、法不禁止即自由原則、無罪推定原則、政府行為必須有法律授權原則、充分證據原則等體現出來。

早期的香港法律帶有明顯的殖民主義色彩。一些法例歧視華人，《1888 年管理華人條例》就是典型例子。一些在英國被視為犯罪的行為在香港不但不被視為有罪，反而得到港府的庇護。例如，香港立法局曾經明文規定：凡是按章出錢，從官方取得熬製、出售鴉片煙膏許可證者，即可合法地經營鴉片生意。

重視經濟立法是香港法律的一個重要特點。早在十九世紀五六十年代，港府便制定了一系列經濟法例，例如《1854 年市場條例》、《1856 年購買地產條例》、《1860 年銀行票據及詐騙法修訂條例》、《1860 年受託人欺詐治罪條例》、《1862 年發明創造專利條例》、《1863

年防止假冒商標條例》、《1864 年破產條例》、《1864 年動產抵押條例》、《1864 年商貿修訂條例》、《1865 年偽造貨幣治罪條例》等。據 1990 年代初粗略統計，在香港 500 多章成文法例中，與經濟活動有關的條例約佔 40%，基本上做到各種經濟活動和經濟關係都有相應的法律加以規管。

香港法律隨着時代發展而不斷完善，首先是經濟因素催化法律變革。1960 年代香港經濟開始起飛，隨着經濟活動與經濟關係的複雜化，源自英國的各類經濟法例無法適應實際需要，從而出現大量的本地立法，成文法律內容隨之更新。同時，經濟發展引發各類民商事糾紛及訴訟，豐富了香港財產法、合約法、公司法等領域的判例法體系。還有，政治因素也推動法律的轉型，例如港府為防貪反貪而制定的《1955 年舞弊及非法行為條例》、《1970 年防止賄賂條例》和《1974 年總督特派廉政專員公署條例》等系列條例。社會因素同樣帶動法律的發展，例如隨着男女平權觀念的普及與婚姻家庭關係的變化，1970 年代開始在性別關係、婚姻家庭、財產繼承等方面均有種種引人矚目的法律變革。

從法律文化的角度觀察，尊重法治和遵守法律的文化或習慣使香港法律制度得以順利運轉，而運行良好的法律機器又進一步塑造香港社會的法治秩序。法治精神是香港社會發展進步的基石，也是港人引以自豪的核心價值。

（四）　直接統治與間接統治

殖民主義和種族主義相結合，是早期英治香港的基本特徵。為壓制和防範華人，港府自 1842 年 10 月起長期厲行種族主義的宵禁制度，規定華人夜晚上街必須提燈，無通行證的華人晚間不准出門，違者逮捕法辦。據不完全統計，1878 年至 1882 年間，每年因違反宵禁制度被警察逮捕的華人超過 1000 名；1895 年為 2196 人次，1896 年多達 3477 人次。又據 1879 年官方報告，「在每百名未帶燈籠或通行證而被捕的華人中，有九十九名都是無辜的行人和轎夫等」。如此歧視華人、濫罰無辜的宵禁制度，直到 1897 年 6 月才宣告廢除。

在社會生活中，種族歧視現象時有發生。例如，從 1840 年代初起，港府即實行種族隔離、分區而居的政策，將中環維多利亞城中心劃為歐人專屬居住區，迫令該地華人遷居太平山。1888 年，為防止華人業主勢力過度擴張，港督德輔制定了《保留歐人區條例》，規定在威靈頓街和堅道之間的地區內只許建造歐式房屋，並限制居民人數，以防華人遷入。1904 年，港府通過《山頂區保留條例》，禁止華人在山頂區居住，使山頂成為西人的專區。法例生效之後，只有何東一位「華人」經港督特許在山頂區居住。即使如此，何東年幼的兒女經常被外籍小孩排斥，甚至要他們從山頂搬走。直到 1946 年，上述法例才被完全廢除。

人口在香港佔少數的英國人採用了直接統治與間接統治相結合的辦法來管治人口佔絕大多數的華人社會。所謂直接統治，就是通過法律、法院、警察等直接管治華人。港府並於1844年設置總登記官一職，最初其主要任務是負責全港人口登記。1846年末，立法局通過該年第7號法例，授予總登記官以撫華道、太平紳士和兼任警察司等頭銜，並規定其有權隨時進入一切華人住宅和船艇搜查。自此，華人便處於其全面監控之下。從1850年代起，港府將總登記官的中文名稱定為華民政務司。

1841年2月1日，義律及英軍總司令官伯麥在佔領香港島後發出文告宣布：「責成鄉里長老，轉轄小民。」這種「以華治華」的間接統治手法，實際是英國統治的間接輔助手段。1844年，港府頒布該年第13號條例（《華人保甲條例》），在華人中實行保甲制，保長、保甲人選由各鄉依港督決定之方式自行挑選及保薦，並由港督委任；其職權與警察相同，受總巡理府制約，並聽命於各地區巡理府。港府在1853年第3號條例中，更加詳細地規定了「地保」的推選方式，以及他們可以從華人居民繳納的稅賦中獲取報酬，並且有權處理華人之間的民事糾紛。第二次鴉片戰爭期間，港府頒布1857年第6號法例（《華人登記及調查戶口條例》），在對全港房屋、住戶及人口進行登記基礎上，規定華人每十戶為一甲，推選甲長並由總督委任，各戶均有責任將任何犯罪或任何懷疑犯罪之行為報告於甲長，再由後者向總登記官通傳。1861年6月，保甲制正式被廢止。

另外，港府亦採用懷柔手段籠絡華人上層人士協助管治華人社會，例如封贈爵士、太平紳士等名銜，委任團防局、潔淨局職務，同時也通過東華醫院、保良局等華人慈善團體施加影響。

1899年英國接管新界以後，仍然採用直接統治和間接統治相結合的手法實行管治。港府在大埔設立新界的行政總部，由布政司駱克兼管。駱克卸任後，港府委派官員處理新界的治安和土地兩大業務，然後逐漸發展出管治機構。1907年，港府設立理民府作為管治新界的機構，理民府主要官員是理民府官。1948年，新界理民府官易名為新界民政署署長，職能不變，仍然是管理新界地區的最高官員。

英國接管新界以後，即在新界多個地方興建警署。截至1911年，港府在新界建立了17座警署，部署警力164人。港府通過在新界設置理民府和多個警署，構成一個遍布新界各地的監控網絡，達到對新界直接控制的目的。

在新界鄉民抗英的過程中，港府注意到鄉紳在指揮鄉民上的關鍵性作用。因此在接管新界後，組織分約鄉事委員會，邀請鄉紳加入協助管治，成員甚至包括上村謝香圃、屏山鄧青雲和泰坑文湛泉等三名抗英領袖。隨着港府直接管治力度的加大，鄉紳在新界的影響力逐漸下降。1912年港府向立法局遞交的《新界報告1899-1912》指出，新界耆老在當地的影響力日益衰落，港府官員的權力卻日益擴大。

（五） 社會矛盾的激化與社會動亂

1941 年 12 月 25 日至 1945 年 8 月 15 日，香港經歷了三年零八個月的日本佔領時期。
1945 年 8 月下旬，英國恢復對香港的殖民統治，同時面臨戰後全球非殖民化浪潮的衝擊。

1950 至 1960 年代，香港的經濟在工業化的過程中迅速發展，社會總體平穩，但普羅大眾
未能及時分享經濟發展的利益，社會矛盾漸次激化，並曾經爆發數次嚴重的社會衝突。這
時期工人收入微薄、房屋供應不足、醫療設施有限、貪污風氣盛行。港府未能就這些問題
對症下藥，社會矛盾不斷加深，微小的社會摩擦或政策變動即可觸動市民的情緒，演變成
社會動亂。

1. 九龍及荃灣暴動

二戰以後，第一宗重大社會衝突是 1956 年的九龍及荃灣暴動，亦稱為「雙十暴動」。
1956 年 10 月 10 日，九龍李鄭屋村徙置區大樓 G 座外牆貼有「雙十」徽號及懸掛青天白
日滿地紅旗。大廈管理人員按照市政局規定將其移除，引發親國民黨人士暴動。暴動者在
九龍向防暴警察擲石頭、燒毀汽車、洗劫國貨公司、襲擊嘉頓麵包公司、搶掠和焚燒左派
的香島學校。暴動的另一個中心是工業城鎮荃灣。大批暴動者襲擊當地的工廠、左派工會
和左派人士住所，造成多人死傷。港九工聯會荃灣工人醫療所、港九紡織染業職工總會福
利部、港九絲織業總工會福利部就有四名左派工人被毆打，最後傷重死亡。

暴動爆發時，缺少防暴訓練的警隊應對不力，港府出動英軍協助平息暴動。持續三天的暴
動造成 59 人死亡；15 人遭暴動者襲擊而死，44 人在軍警執法時被擊斃；被捕的 6000 多
人中，1241 人被判有罪。

九龍及荃灣暴動的導火線帶有明顯的政治色彩，親國民黨工會和與其有關的黑社會組織的
挑動及參與顯而易見。事後港府的調查報告指出，戰後逃難至香港的平民百姓大都謀生艱
難，對現實生活極為不滿，他們與在政治和經濟上遭受挫敗的親國民黨人士構成了這次動
亂的社會基礎。

2. 天星小輪加價事件

進入 1960 年代以後，香港物價輪番上漲，市民生活壓力巨大。1965 年經濟發展速度放
緩，銀行擠提及地產不景氣影響了市民的信心。當年 10 月 1 日，天星小輪有限公司以員工
薪水提高和營運成本增加為由，向政府申請提高票價。市民憂慮天星小輪加費將會引起連
鎖反應和物價盤旋上漲的效應，普遍表露不滿情緒。

1966 年 4 月，青年蘇守忠接連兩天在港島天星碼頭廣場絕食反加價，被警方逮捕。一些青年人前往港督府呈遞請願書，並在九龍遊行，沿途高呼「我們反對加價」。後來示威演變成為暴動。暴動者向警察、警車、巴士投擲石塊、磚頭、空瓶，又用竹竿破壞巴士，放火焚燒巴士站牌、交通警崗和車輛。港府宣布在九龍和新九龍實行宵禁。連續四天的暴亂過程中有十名警察受傷，其中七人被暴動者拋擲的石頭擊傷。平民之中一人因胸部中槍死亡，八人因中槍或其他原因受傷留院醫治。此外，有 905 人被捕，323 人被判處入獄。

事件平息後，港府組織騷動調查委員會，並在調查報告書指出，有理由相信部分示威者參加的動機，是他們在經濟上遭受巨大挫折或者貧富差距懸殊。報告書亦提到，有人對香港的殖民地地位十分反感，並且有人認為政府以自視甚高的態度對待中國人士，部分人士則因為政府部門的官僚作風而產生反感。報告書建議改善政府與市民溝通的途徑。

3.「六七暴動」

1967 年，由於社會的固有矛盾，加上「文革」極左思潮的影響，香港爆發了戰後英治時期時間最長、規模最大的社會動亂，社會上一般稱「六七暴動」，左派則稱其為「反英抗暴」。

1967 年 4 月，香港人造花廠發生勞資糾紛。5 月初，警方介入人造花廠新蒲崗分廠的衝突，拘捕和打傷多名工人。這一糾紛與衝突成為「六七暴動」的導火線。1967 年 5 月 19 日起，數千名左派群眾到港督府抗議，在港督府的鐵閘和圍牆張貼數以百計的大字報。6 月，工會發動罷工罷市。到了 7 月中旬，左派開始在市區大擺真假炸彈陣，這一舉動一度使香港警察、英軍疲於奔命，同時也造成公眾恐慌，社會上普遍希望早日恢復秩序。隨着最後一顆真炸彈在聖誕夜被發現，「六七暴動」也告偃旗息鼓。

「六七暴動」給香港造成極大的震蕩。對抗導致 51 人死亡，832 人受傷。1967 年 5 月 11 日至 1968 年 6 月 1 日期間，4498 人被捕，其中 2077 人被定罪。

當年不少左派群眾抱着反抗殖民壓迫的心態投入鬥爭，對抗全副武裝的軍警。然而，其間有些做法引起許多市民對左派的不滿，致使香港左派在其後相當長的時間裏都被貼上負面標籤。港府則藉機加強宣傳，爭取市民的認同。

（六） 政府與社會關係的轉變

天星小輪加價事件和「六七暴動」使港府明白，在香港出生成長的新一代人與他們的父輩完全不同，管治香港再不能採用傳統的模式；港府要加強與市民的溝通，改善政府與社會的關係。

麥理浩於 1971 年至 1982 年出任香港總督，是歷任港督中任期最長的一位，也是首位來自外交部的港督。麥理浩的任命標誌着英國對香港政治外交策略上的變化，這種變化的主要考慮是新界租約於 1997 年到期的歷史背景。正如他自己所言：「我在香港的目標是要確保香港各方面的條件皆比中國優越，以至讓中央人民政府面臨接收香港的問題時猶豫不決。」出於這樣的考量，麥理浩在任期內加大了社會改革的幅度，嘗試以回應社會要求的方式，改善當時香港的居住、教育、醫療和社會福利狀況，同時推動工業化和城市化的發展。

1. 改善政府與被管治者的關係

改善官民關係的工作於港督戴麟趾在任時已經展開。1968 年 5 月，港府參照新界理民府的經驗，在市區設立民政司署，並推行「民政主任計劃」。民政主任成為市區官民溝通的橋樑。1969 年政府第一次印發《香港年報》的中文摘要，藉此讓社會知道港府的工作和香港的狀況。

麥理浩上任後，以更大的力度改善官民關係。他繼續通過非官方諮詢組織的網絡、行政立法兩局非官守議員以及市政局和各區民政主任的工作，改善政府的管治能力和形象。同時，他發展諮詢式民主，利用發表綠皮書和公眾辯論的方式由政府主導對民意的徵集。麥理浩政府更主動走入社區，先後發起「清潔香港運動」和「撲滅暴力罪行運動」，藉以動員市民參與政府的政策。

2. 十年建屋計劃

1970 年代初，居住問題仍然十分嚴峻。戰後數以十萬計的居民在山邊搭建寮屋，生活環境惡劣。麥理浩提出了十年建屋計劃，目標是在十年內建造可以容納 180 萬名市民的公共房屋。麥理浩任內雖未能完成建屋的目標，卻已經發展出六個新市鎮、33 個公共屋邨、16 個居屋屋苑以及重建 11 個舊式屋邨，受惠人口高達 96 萬人。

3. 處理新界土地與新市鎮開發的問題

1970 年代大力推動的新市鎮計劃增加了香港城市發展的空間，為十年建屋計劃提供充足的土地。開發新界成為城鎮化持續發展的一個重要方向。然而在土地權益問題上，新界原居民與港府的抗爭由來已久。在麥理浩任內，港府與新界原居民達成了收地賠償的協議，並落實俗稱「丁屋政策」的新界小型屋宇政策，解決了擾攘超過半個世紀新界土地權益轉移的抗爭。

4. 成立廉政公署

貪污是香港開埠以來一直存在的嚴重社會問題。1973 年，涉嫌貪污的總警司葛柏潛逃事件引起社會強烈反應，大批市民兩度舉行「反貪污、捉葛柏」集會。麥理浩清楚看到成立一

個獨立反貪機構的必要，而且最好的時機已經到來。1974 年 2 月，總督特派廉政專員公署成立，成為戰後社會發展中劃時代的里程碑，對香港的廉政制度和廉政文化影響深遠。

5. 改變勞工政策和福利政策

香港的勞工政策和社會福利保障一直乏善可陳。1950 年代至 1960 年代，勞工可謂幾乎「全年無休」，更談不上勞工保障。

1968 年通過的《僱傭條例》最初的涵蓋面並不廣，但經過多次重要的修訂之後，勞動階層終於可以享有他們應得的基本保障，當中包括休息日、有薪年假、法定假日、有薪病假、分娩保障，以及防止歧視職工會的保障措施等。1973 年，港府成立勞資審裁處，主要功能是方便勞工追討欠薪和處理各種有關權益的糾紛。

1971 年以前，香港沒有完整的社會福利政策。港府為有需要的市民提供的救助，基本上是解決住和食的短期措施。1971 年起，香港政府推行新的「援助計劃」，以現金形式發放援助，援助金額與物價變動掛鈎。1973 年，開始推行「傷殘老弱津貼計劃」和「暴力及執法傷亡賠償計劃」，分別以定額津貼形式援助傷殘和老弱人士，以及為暴力罪行的受害者和因工受傷的執法人員提供意外賠償和緊急救濟。

6. 九年免費強迫教育

學額不足、適齡青少年入學率偏低曾經是香港社會長久存在的問題。戰後人口激增，令問題更為嚴重，其中童工現象相當普遍，引起各方的關注。1971 年港府推行六年免費教育，麥理浩上任後致力將普及教育伸延至初中。1978 年起實施強迫性的九年義務教育，全港小學畢業生均可到官立及資助中學免費修讀三年初中課程。1980 年，教育司迫令適齡兒童入學的權力擴展至適用於未滿 15 歲而又尚未完成中三課程的少年及兒童。

麥理浩主政的 11 年是英治時期香港社會面貌變化最大的一段時間。這些變化與二戰後全球非殖民化，以及戰後出生、成長的新一代港人的社會覺醒密不可分。「六七暴動」之後，社會運動並沒有沉寂，爭取中文成為法定語文運動、保衛釣魚台運動、「反貪污、捉葛柏」運動和金禧事件，均反映出社會中存在要求變革的力量。另外，出於戰略的考量，麥理浩也巧妙地利用這股社會力量，推動政府與社會關係的轉變。他通過改善民生和建立廉政，增加市民對港府的認同；同時藉着推動工業化與城市化的發展，拉開香港與中國內地的發展距離，並且培養港人的本土意識。

五　香港在中國近代史中的獨特地位

香港曾經是外國殖民統治下的中國領土和華人社會，是中外文化碰撞和交融之地。特殊的政治環境、地緣條件和華人的家國情懷，使香港在中國近代社會發展的歷史進程中發揮過重要的歷史作用。中國近現代史中的重大節點如清末維新變法、辛亥革命、工人運動、抗日戰爭和國家改革開放，都和香港發生或大或小的關係，並以此塑造出香港獨特的歷史地位。

（一）　香港與清末維新變法

清末維新變法中的幾位重要歷史人物洪仁玕、王韜、何啟和胡禮垣皆與香港有關聯。洪仁玕是洪秀全的族弟，曾經擔任倫敦傳道會傳教士和輔導教士，在香港居留超過四年。1859年，洪仁玕從香港前赴天京，洪秀全封他為「干王」。他向洪秀全提交了帶有資本主義色彩的施政綱領《資政新篇》。政治方面，他強調「法治」的重要性，主張設新聞官監察民情。經濟方面，他主張製造火車、輪船、各種器物，鼓勵開礦，興辦銀行，開辦郵局。他還主張「准富者請人僱工，不得買奴」。外交方面，他主張與外國通商，在平等的基礎上友好往來。這些思想的產生，與他在香港的生活經歷有關。雖然這些主張在當時的客觀環境下未能實現，然而在向西方學習、探索救國救民方案方面，洪仁玕的思想和政策主張，在鴉片戰爭期間的思想家和後來的維新思想家之間發揮了承先啟後的作用。

王韜是來自蘇州的學者，在香港生活近 20 年，又曾經赴英、法等西方國家考察，對變法自強的渴望十分強烈。王韜創辦《循環日報》，並發表大量政論文章，宣傳維新變法的政治主張。他認為，中國在取士、練兵、學校、律例等方面應該進行變革。他鼓吹發展工商業，提倡開採鐵、煤、五金礦產，發展機器紡織業，興築鐵路，主張「令民間自立公司」，發展輪船運輸業，還主張撤銷令「商民交病」的釐金。在政治制度方面，王韜推崇憲政，主張「君民共主」。他的維新變法主張在報章上得到廣泛傳播，所發揮的影響比洪仁玕大。

何啟、胡禮垣是香港西式學校培養的優秀人才。他們合作撰寫的一系列政論著作，包括《曾論書後》、《新政論議》、《新政始基》、《康說書後》、《新政安行》、《勸學篇書後》、《新政變通》等。這些著作寫就之後，當時即刊登於日報，或排印成冊；最後又彙編為《新政真詮》出版，從政治、思想、經濟、文化等方面，提出了一系列維新變法的主張。

何啟、胡禮垣倡議從改革吏治入手，革新政治。他們建議把是否贊成變法新政作為官員去留的政治標準，並主張「厚官祿以清賄賂」。在國家權力結構的改革方面，主張「行選舉，以同好惡，設議院，以布公平」。他們反覆強調民權對國家存亡至為關鍵，提出「民權在，其國在；民權亡，則其國亡」的口號。經濟方面，提議國內省、府、州、縣均建設鐵路，並糾合公司購建輪船、興辦商務。文化教育方面，提出「宏學校以育真才」、「宏日報以廣

言路」等主張。他們看出列強企圖瓜分中國的險峻局面，因此力倡變法自全，以對抗外來侵略。

何啟、胡禮垣的政論著作是香港愛國知識分子運用西方的政治、經濟思想解決中國社會積弊的嘗試。他們是當時本土傑出的思想家，康有為及其弟子曾經如饑似渴地閱讀何、胡的書籍。同時，何啟是孫中山在香港西醫書院就學時的老師，孫中山的革命思想亦受到何啟思想的啟蒙。

（二） 香港與辛亥革命

香港是孫中山革命思想的孕育之地，也是孫中山及其同志建立革命組織、籌集革命經費、從事革命宣傳和策劃武裝起義的地方。

孫中山青年時代在香港讀書，包括兩年中學和五年大學。據他自己的回憶，「在廣州學醫甫一年，聞香港有英文醫校開設，予以其學課較優，而地較自由，可以鼓吹革命，故投香港學校肄業」。這所英文醫校就是著名的香港西醫書院。1923 年 2 月 20 日，孫中山在香港大學演講，再次強調他的革命思想及新思想源於香港。

孫中山曾經在香港建立多個革命團體，使香港在一段較長的時間內，成為革命運動的指揮中心和活動基地。1895 年 2 月 21 日，他聯合輔仁文社的楊衢雲、謝纘泰等，在香港建立興中會總部，會所設在中環士丹頓街 13 號。1905 年 8 月，孫中山等在東京成立同盟會；10 月，他又在香港建立同盟會香港分會，會所設在《中國日報》社長室。隨着各地革命形勢的發展，1909 年又建立同盟會南方支部，會所設於黃泥涌道。

孫中山領導的革命黨人以香港為基地，發動過多次推翻清朝專制統治的武裝起義。從 1895 年香港興中會建立至 1911 年武昌起義的 16 年間，他直接領導的南方十次武裝起義之中，其中六次是以香港為策劃基地。這六次武裝起義是乙未廣州之役、庚子惠州之役、潮州黃崗之役、惠州七女湖之役、廣州新軍之役和廣州「三二九」黃花崗之役。此外，興中會會員謝纘泰策劃的洪全福廣州之役也是以香港作為策動基地。在上述七次武裝起義當中，香港既是指揮和策劃中心，又是經費籌集與轉匯中心、軍火購製與轉運中心、海內外革命同志的聯絡與招募中心，也是每次起義失敗後革命黨人的避難場所。儘管革命黨人在香港策劃的各次武裝起義皆未成功，但他們前仆後繼的犧牲精神和大無畏的英雄氣概，對喚醒民眾反抗清朝專制統治，起了啟導作用。

香港是辛亥革命運動的宣傳重地。1900 年 1 月 25 日，革命黨人創辦的第一家報紙《中國日報》即在港誕生。《中國日報》刊載過不少文章闡述革命黨人的政治主張。該報曾經譯載孫中山 1904 年撰寫的《中國問題之真解決》，並歷數清政府的罪狀。《中國日報》多次投

入政見論戰，批駁反對革命的種種謬論；亦曾經詳細報道革命黨人的武裝起義。該報社先後成為興中會、同盟會和國民黨初期的宣傳機關。

香港還是革命經費籌集和轉匯之地。香港一些商人，如黃詠商、余肓之、李紀堂、李煜堂等慷慨資助革命黨人；有的甚至因此家道中落，生活陷入困境，李紀堂就是當中的表表者。

新界原居民中也有過一位對革命運動貢獻甚多的辛亥革命元老葉定仕。他本來是新界蓮麻坑村的客家農民，後來成為泰國僑領，擔任過中國同盟會暹羅（泰國）分會會長，曾經傾家蕩產支持革命黨人的武裝起義。

（三） 海員大罷工和省港大罷工

五四運動以後，華人的民族意識逐漸覺醒，香港海員大罷工和省港大罷工就是在這背景下發生的社會重大事件。

1. 香港海員大罷工

海員是香港最早出現的產業工人之一，但從業者長年遭受外國船東與包工頭的雙重剝削，工作繁重，工資微薄。

1921 年 3 月，香港海員的互助組織「中華海員慈善會」改組為現代工會組織，由孫中山命名為「中華海員工業聯合總會」。海員工會成立後，立即着手為海員爭取加薪，先後三次向各船務公司提出加薪要求；資方並未理會。在絕大多數香港海員的支持下，海員工會在 1922 年 1 月 13 日舉行大罷工，並安排參加罷工的海員分批返回廣州。香港政府試圖採取高壓手段鎮壓，宣布海員工會為「非法團體」後派出軍警查封，並強行搶走工會招牌。

港府解決罷工的態度引起公憤。2 月底，其他各行業工人陸續舉行罷工，參加罷工的人數達到 12 萬人。3 月 3 日，港府派出軍警阻止罷工工人步行返回廣州，在沙田向罷工工人開槍，釀成工人五死七傷的「沙田慘案」。慘案激發更多港人反抗，罷工規模進一步擴大，社會經濟陷於癱瘓。

3 月 5 日，在廣州政府的協調下，港府與海員工會達成協議。港府同意海員工會提出的條件，增加工資 15% 至 30%。次日，港府發表特別公報，宣布取消「中華海員工業聯合總會」為非法會社的命令，派人送回海員工會的招牌，持續 52 天的海員大罷工以工人的全面勝利宣告結束。

2. 省港大罷工

1925 年，上海發生「五卅慘案」，引發全國範圍的反帝愛國運動。港人知悉英國巡捕在上

海的行為後，咸表憤慨。6月上旬，全國總工會的代表召集香港各工會組織舉行聯席會議，並動員罷工。6月19日晚，大罷工在香港爆發；率先行動的是海員、電車和印務工人，其他工人隨後加入。罷工工人依照海員罷工的先例，陸續搭乘火車、輪船返回廣州。

6月23日，廣東各界群眾和省港罷工工人共十萬人在廣州舉行示威大遊行。遊行隊伍行至沙基時，對岸沙面租界的英法水兵用機槍向遊行群眾掃射，造成52人當場死亡、170餘人重傷的「沙基慘案」。消息傳到香港，民情激憤，罷工規模進一步擴大，共約25萬香港工人先後參加了大罷工。

為了更有效地發揮罷工的力量，中華全國總工會在廣州成立省港兩地統一的罷工領導機構「省港罷工委員會」，並宣布對香港實行經濟封鎖。罷工委員會為此組織了一支多達2000餘人的工人糾察隊，負責維持秩序，同時封鎖香港、沙面交通，並查緝走私。在大規模、有組織的罷工與嚴厲的經濟封鎖雙重打擊下，香港社會與經濟陷入一片混亂，對華貿易一落千丈。1924年香港對華出口的貿易額佔中國總進口額24%，1925年下降為18.6%，到1926年更銳減為11.1%。1925年度港府的財政赤字高達500萬元以上，結果要向英國政府借款300萬英鎊解困。另外，街道垃圾堆積成山，市內及對外交通停頓，糧食供應短缺，食品價格暴漲，社會陷入癱瘓的狀態。

1926年7月，國民政府成立國民革命軍北伐，省港罷工工人響應號召，紛紛加入北伐軍的行列。為減少對北伐戰爭的阻力，在省港罷工委員會的推動下，國民政府與香港政府再次就解決罷工問題舉行談判。考慮到形勢的變化，省港罷工委員會在1926年9月決定取消封鎖香港及結束罷工。10月10日，省港罷工委員會發表停止封鎖的宣言，並宣布自當日中午12時起撤回各海口糾察。

省港大罷工從1925年6月起到1926年10月止，長達一年零四個月，是中國工運史上前所未有的大罷工。省港大罷工是1920年代中國民族主義運動的組成部分，也是中國在列強超過半世紀的侵略、欺壓、剝削下民族主義力量的一次爆發。20多萬人投入反對帝國主義的大罷工，說明對國家和民族的認同是當時香港一股強大的社會潮流。北伐戰爭的順利開展，國民政府成功收回漢口英租界，都與省港大罷工的影響有一定的關係。省港大罷工再次體現出粵港兩地在政治經濟方面的緊密關係和相互影響。

（四） 香港與抗日戰爭

抗日戰爭時期，香港是抗戰物資轉運的通道，並一度成為抗日救亡運動中心。中共領導的抗日游擊隊港九大隊在香港淪陷期間一直堅持抗戰，協助盟軍對抗日軍。

1. 抗戰物資轉運通道

1937 年 7 月中國全面抗戰爆發。從 1937 年 8 月下旬起，日軍逐步封鎖了北起秦皇島，南到法屬印支邊界的中國沿海地區。在這種形勢下，香港成為中國政府轉運戰略物資的一條重要通道。據中方統計，1938 年 2 月到 10 月，由九廣鐵路輸入的各類物資為 13 萬噸，包括炸彈、飛機及飛機零部件、機槍、雷管、TNT 炸藥、高射炮、魚雷、探照燈以及防毒面具等。經過香港通道運入內地的軍用物資遍布華中、華東沿海和西南等地區，在一定程度上緩解了中國方面的燃眉之急。

2. 保衞中國同盟與八路軍辦事處

1938 年 6 月 14 日，保衞中國同盟（下稱保盟）在香港成立。保盟由宋慶齡創立，旨在團結國際友人和海外華僑援助中國抗戰。

保盟利用香港國際聯繫廣泛等有利條件，通過出版《保衞中國同盟新聞通訊》等方式，將中國民眾的深重災難和中國戰場的緊迫需要，傳達到國際社會，為中國抗戰，特別是為八路軍和新四軍募集了大量資金和物資。保盟成立後的第一年，就募集到來自多國友人和海外華僑的捐款 25 萬元，以及衣服、日用品、醫療器械、藥品、罐頭食品等大量物資。保盟多次發起電影、戲劇和音樂的義演，呼籲香港各界資助抗戰。無論是戰時首都重慶，還是交通閉塞的延安，甚至遠在山西五臺山的國際和平醫院，都曾經收到保盟輾轉運去的救援物資。

1938 年 1 月，廖承志和潘漢年領導的八路軍駐香港辦事處在香港成立。辦事處的首要任務是為八路軍及新四軍募集捐款和物資。1939 年 10 月，辦事處收到南美華僑捐贈大批西藥及東南亞華僑捐贈的 20 輛卡車和兩輛轎車，最終轉交給桂林八路軍辦事處。駐港辦事處並協助多批華僑回國服務團回鄉參加抗戰。

3. 香港民眾支持祖國抗戰

香港各階層民眾自始至終關心和支援祖國抗戰。「七七事變」後，數十個以援助抗戰為宗旨的社會團體紛紛在香港成立，這些團體廣泛開展募捐活動。其中，香港學生賑濟會從 1937 年 9 月至 1938 年 5 月，在香港街頭賣花、舉行賣物會、義唱、義演、節食活動，募集到兩萬餘元。1938 年 8 月，香港的「八一三」救國獻金運動由九龍深水埗的小販開始，然後迅速擴大範圍，結果取得了獻金百萬的巨額成績。1938 年 10 月，港人將慶祝雙十節宴會款項改作捐募寒衣，香港 76 個商團聯合募集寒衣 36 萬件。其他賑濟團體、學界則舉行贈旗募款，採購寒衣及防毒面具。1938 年底，香港九龍新界司機總工會的工人師傅走遍港島、九龍和新界，籌集約 4000 元購買前方急需的救護車及藥品，開車前往桂林捐獻給八路

軍。1941 年 5 月，國民政府戰時公債勸募委員會秘書黃炎培到香港勸募公債，香港各界熱烈響應，合計認購 410 餘萬元。

4. 日佔香港和秘密大營救

1940 年 6 月，華南地區已經落入日軍控制範圍。英國參謀長委員會曾經悲觀地認為，香港並非英國的切身利益所在，當地駐軍亦無法長期抵擋日軍的攻勢；英國政府甚至作出捨棄香港的打算，香港危在旦夕。

1941 年 12 月 7 日太平洋戰爭爆發，香港時間 12 月 8 日早上，日軍越過深圳河進攻新界。英日雙方曾在香港島激烈交鋒，日軍若松大隊長重傷，英軍西部旅司令羅遜陣亡。經過 18 天的戰鬥，日軍在佔據海陸空的優勢下擊潰英軍，港督楊慕琦最終於 12 月 25 日宣告香港投降。在戰鬥將近結束之際，日軍攻入赤柱聖士提反書院內的戰地醫院，殘殺 70 名手無寸鐵的英軍傷兵，並強暴和殺害醫護人員，造成「聖士提反書院慘案」。

在日軍迅速佔領香港地區的過程中，淪陷以前活躍在香港的抗日文化界人士未及撤離，處境危險。在周恩來和中共中央書記處的指示下，中共地方黨組織和東江游擊隊隨即策動周密的計劃，於 1942 年初展開大規模的秘密營救行動。文化人在精密保護下，分批從日軍嚴密封鎖的港九新界地區轉移至游擊隊控制的安全地帶。這次行動中，民主人士、文化人士、知識青年及家屬約 800 餘人脫險，當中包括何香凝、柳亞子、梁漱溟、鄒韜奮、茅盾、胡繩、千家駒、黎澍、范長江、喬冠華、夏衍、胡風等知名人士。一些國民黨人士、英軍官兵和國外僑民亦在營救行動中成功逃離香港。

5. 三年零八個月的苦難歲月

日軍攻陷香港後，立即大規模掠奪香港的資源。日佔政府以「接管」的方式，強行奪取香港的大小船塢、重要企業、工廠、礦場等。華資工業方面，捷和鋼鐵廠被指為「資敵工廠」，廠內機械物資全遭沒收，損失達 700 萬元以上。三星織業廠的分廠三三織造廠因曾經向香港政府供應軍用物品而被封閉，損失 200 餘萬元。

日佔政府在香港發行大量沒有準備金的軍用手票，強迫市民以港幣兌換。軍票的匯率由他們任意決定：日軍佔領廣州之後發行的軍票，最初與港幣的兌換率為一比一。香港淪陷後，大量軍票從廣州運往香港，兌換率變成兩元港幣兌換一元軍票；1942 年 7 月，日佔政府進一步將港幣與軍票的兌換率改為四比一。在日本戰敗前夕，軍票的發行額接近 20 億元。日佔政府變相將香港市民的財富洗劫一空。

日軍佔領香港後，隨即實施「歸鄉政策」，目標把 160 多萬的人口減少至 50 萬左右，以減輕糧食和其他物資的消耗。最初以勸諭和利誘的方式送走市民，後來基本上採用強迫和暴

力手段圍捕市民送出境外。日軍曾經在遣送市民途中將老弱病殘的市民斬殺，或者推入海中淹死，有些市民被日軍遺棄於荒島或海上等死，歸鄉之路變成了死亡之路。

日佔香港期間，日本憲兵隊對香港市民濫施酷刑，包括灌水、火燙、電刑、「夾棍」、「吊飛機」、跪刑、鞭打、斬首等，大量市民慘死。1945 年 8 月 15 日，日本宣布無條件投降後，日軍仍未停止以殘暴手段對付香港市民。8 月 19 日，日軍在大嶼山銀礦灣涌口等地搜捕游擊隊，逮捕村長和村民共 300 人，11 名村民被殺，多人受傷，多間房屋被縱火焚毀，是為「銀礦灣慘案」。

6. 香港的抗日軍事活動

日佔香港期間，國民政府雖然並未視香港為抗日前線，但深明香港戰略地位重要，曾經派遣情報人員潛伏在港收集情報，先後有 33 人被日軍拘捕後犧牲。

1942 年 2 月，港九大隊在新界西貢黃毛應村成立，原香港淘化大同罐頭廠工人蔡國樑任大隊長，原香港青年知識分子陳達明任政委。這支中國共產黨領導的抗日游擊隊以香港本土的農民、漁民、工人和知識青年為主體，後來發展至近千人，是香港淪陷期間唯一一支成建制、由始至終堅持抗戰的武裝力量。

日佔時期的游擊戰中，港九大隊以游擊戰方式四處打擊和牽制日軍。港九大隊共計斃傷日軍 100 餘名，斃傷漢奸、偽警及敵方間諜等 70 餘名，俘虜、受降日偽軍 600 餘名；擊沉日軍船隻四艘，炸毀日軍飛機一架；繳獲長短槍支 550 餘支，機槍 60 餘挺，炮六門，車船 40 餘輛，以及大批彈藥。港九大隊參與營救盟軍飛行員，並且多次協助盟軍獲取日軍情報。日佔期間，港九大隊有 115 名烈士為保衛香港而犧牲。

六　從「長期打算，充分利用」到「一國兩制」

中國共產黨對香港的方針和政策是歷史經驗積累的結果。中共領導人周恩來、鄧小平早年曾經到過香港，並借助香港的特殊環境開展革命工作。國共內戰期間，中共最高領導人毛澤東對香港問題的處理，已有戰略性的構想。中華人民共和國建立以後，毛澤東、周恩來將對香港的政策總結為「長期打算，充分利用」的方針，並採取措施，在政治上穩定香港，在經濟上支持香港。

1980 年代，鄧小平提出用「一個國家，兩種制度」的構想解決香港問題。中國政府在《中英聯合聲明》中闡明了按照「一國兩制」方針制定的對港基本方針政策，並由全國人民代表大會依據憲法制定基本法，規定在香港特別行政區實行的制度，以保障國家對香港的基本方針政策的落實。

（一）　中共對港的戰略定位和舉措

英佔香港是英國與清政府簽定不平等條約的歷史產物。清亡之後，北洋政府和國民政府先後提出過收回新界的要求，但因英國的竭力反對，最終不了了之。

中共則很早就有戰略性的構想。1946 年 12 月 9 日，毛澤東在延安回答美國記者哈默關於「在香港問題上中共的態度如何」的提問時說：「我們現在不提出立即歸還的要求，中國那麼大，許多地方都沒有管理好，先急於要這塊小地方幹嗎？將來可按協商辦法解決。」1949 年 2 月，毛澤東在西柏坡會見蘇聯政府代表團時亦曾說：「急於解決香港、澳門的問題沒有多大意義。相反，恐怕利用這兩地的原來地位，特別是香港，對我們發展海外關係、進出口貿易更為有利些。」

1949 年 10 月解放軍抵達廣東之後，中國政府嚴禁野戰軍越過羅湖以北 40 公里的樟木頭一線，改派保安部隊維持邊界治安。當時華南和廣東軍政機關對粵港邊界問題採取「保持邊界平靜」、「避免邊界糾紛」、「不挑釁，不示弱」等方針，謹慎處理邊界問題，目的在於避免引起香港社會動蕩。新中國成立後，國家對香港問題的一貫立場是：香港是中國的領土，中國不承認帝國主義強加的三個不平等條約，主張在適當時機通過談判解決這一問題，未解決前暫時維持現狀。為此，中國政府對香港採取「長期打算，充分利用」的方針。1950 年代初，隨着韓戰爆發，社會主義陣營和資本主義陣營的衝突愈演愈烈。以美國為首的資本主義陣營對新中國實施全面經濟封鎖，英國管治下的香港成為美國封鎖中國的重要環節。這種情況並未改變中國政府對香港的政策。

1957 年 4 月 28 日，總理周恩來在上海工商界人士座談會上講話，對在經濟上如何發揮香港的特殊作用，如何「為我所用」作出闡述：「香港的主權總有一天我們是要收回的，連英國也可能這樣想。…… 我們不能把香港看成內地。對香港的政策同對內地是不一樣的，如果照抄，結果一定搞不好，因為香港現在還在英國統治下，是純粹的資本主義市場，不能社會主義化，也不應該社會主義化。香港要完全按資本主義制度辦事，才能存在和發展，這對我們是有利的。…… 我們在香港的企業，應該適應那裏的環境，才能使香港為我所用。…… 香港可作為我們同國外進行經濟聯繫的基地，可以通過它吸收外資，爭取外匯。」

先後出台的廣交會、東江水供港、三趟快車等舉措，是中國政府從經濟上支援香港發展的事例，也是香港與內地互惠互利的體現。1955 年 10 月至 1956 年 5 月，廣東省外貿系統憑藉廣東毗鄰港澳的地緣優勢，先後舉辦了三次出口物資展覽交流會，在推動外貿發展及出口創匯方面取得了一定的成績和經驗。從 1957 年起，外貿部和廣東省在廣州舉辦中國出口商品交易會，此後廣交會每年春秋各舉辦一次，一直延續至今。

香港淡水資源缺乏，歷史上發生多次水荒。戰後隨着人口的急劇增長和工商業發展的需

要，淡水供應不足的問題更形嚴峻。1963 年香港出現 60 年來最嚴重的水荒，全港水塘存水僅夠 43 天使用。6 月 1 日，港府宣布限制用水，每隔四天供水一次，每次四小時；措施維持整整一年，「制水」成為香港市民日常生活的重要環節。

香港中華總商會和工聯會曾經多次向廣東省反映香港的供水困難。英國政府也通過外交途徑接觸中央人民政府，希望將東江水引入香港。其後，總理周恩來下令修築東江 — 深圳供水工程，並提出將供水予香港同胞的工程列入國家計劃，完成後向香港收取一噸水一角人民幣的費用。中國政府在供水上的務實態度令英國政府大為放心，港督柏立基在向英國政府的定期匯報中，亦以欣賞的語氣指出中方並沒有以供水作為政治籌碼，而是以真誠的態度與英方合作為香港解決問題。

1964 年東江 — 深圳供水工程建設初期，內地正處於經濟困難時期，中國政府唯有從援外資金中撥出人民幣 3800 萬元，以確保工程順利開展。1965 年 2 月 27 日，首期工程竣工，同年向香港供水 6820 萬立方米，佔當時香港全年用水量的三分之一。為了滿足香港不斷增長的用水需求，1970 年代、1980 年代和 1990 年代，東江 — 深圳供水工程曾經三次擴建，累計耗資逾人民幣 20 億元。自 1960 年代中期以來，香港大部分淡水均依靠內地供應。以 1990 年代為例，1995 年中國內地輸往香港的水量為 6.9 億立方米，佔當年香港耗水量 9.19 億立方米的 75%；1996 年輸水量為 7.2 億立方米，佔當年香港耗水量 9.28 億立方米的 78%；1997 年輸水量為 7.5 億立方米，佔當年香港耗水量 9.13 億立方米的 82%。2017 年，香港從東江輸入約 6.51 億立方米原水，供水量與前相若。

在食品供應方面，早年內地向港澳運輸鮮活商品，運輸時間長，作業環節多，線路不固定，貨物途中損失嚴重。從 1962 年開始，鐵道部和外經貿部安排了編號為 751、753、755 的三趟「供應港澳冷凍商品快運貨物列車」，每天分別由上海、鄭州、武漢或長沙開往深圳，再將貨物運往香港。除農曆正月初一以外，一年 364 天，天天按時運送。三趟快車在內地經歷三年自然災害後開行，中間經過「文革」動亂、華南水災、隧道塌陷、春運民工潮等嚴峻考驗，但一直風雨無阻，從未間斷。從 1962 年至 1995 年，三趟快車共向港澳運送活豬 8000 多萬頭、活牛 500 多萬頭、活家禽 8.1 億餘隻、冷凍食品 135 萬噸，以及大量其他商品。內地供應香港穩定、低價的食品，加上香港政府的公共房屋政策等措施，使得香港的通貨膨脹率和勞動力成本低於西方工業發達國家，提升了香港在國際市場的競爭力。

（二） 香港的回歸

踏入 1970 年代，中國政府着手處理與香港有關的問題。1972 年 3 月 8 日，中國常駐聯合國代表黃華致函聯合國非殖民地化特別委員會主席，表明中國政府對香港、澳門問題的立

場和解決問題的原則：「香港、澳門是屬於歷史上遺留下來的帝國主義強加於中國的一系列不平等條約的結果。香港和澳門是被英國和葡萄牙當局佔領的中國領土的一部分，解決香港、澳門問題完全是屬於中國主權範圍內的問題，根本不屬於通常的所謂『殖民地』範疇。因此，不應列入反殖宣言中適用的殖民地地區的名單之內。」

同年 6 月 15 日，聯合國非殖民化特別委員會通過決議，向聯合國大會建議從上述的殖民地名單中刪去香港和澳門。1972 年 11 月 8 日，第二十七屆聯合國大會以 99 票對五票的壓倒多數通過決議，批准特別委員會的報告。這就從國際法上確認香港的主權歸屬中國政府，排除了香港「國際共管」或「獨立」的可能性，也為後來解決香港問題奠定了國際法的基礎。

1.「一國兩制」的設想

中華人民共和國建國以來，特別是進入改革開放新時代，國際形勢和中國的對外關係都發生了巨大的變化。隨着 1997 年日益臨近，解決香港前途的問題被提上了日程。英國政府率先提出解決香港前途的問題。1979 年 3 月 29 日，鄧小平會見了訪京的港督麥理浩，麥理浩表示港府批出的新界土地契約年期不能超過 1997 年，目前只剩 18 年，令人擔心。

鄧小平表明了中國政府的立場，明確表示不同意麥理浩提出的 1997 年 6 月後新界仍由英國管理的提議，同時指出：「我們歷來認為，香港主權屬於中華人民共和國，但香港又有它的特殊地位。香港是中國的一部分，這個問題本身不能討論。但可以肯定的一點，就是即使到了一九九七年解決這個問題時，我們也會尊重香港的特殊地位。……在本世紀和下世紀初的相當長的時期內，香港還可以搞它的資本主義，我們搞我們的社會主義。」談話中，鄧小平雖未使用「一國兩制」這個詞彙，但已經表達出「一國兩制」的初步構想。

2.《中英聯合聲明》

在恢復對香港行使主權的過程中，中國政府考慮到中英兩國之間的友好關係，同時為了保持香港的穩定和繁榮，決定與英國政府通過和平談判解決問題。從 1982 年 9 月至 1984 年 9 月，中英兩國政府就解決香港前途問題舉行了談判。談判分兩個階段，第一階段從 1982 年 9 月英國首相戴卓爾夫人訪華至 1983 年 6 月，雙方主要商議原則和程序的問題；第二階段從 1983 年 7 月至 1984 年 9 月，兩國政府代表團就實質性問題舉行會談，前後共 22 輪。

1982 年 9 月，戴卓爾夫人到北京先後會見了國務院總理趙紫陽和中共中央顧問委員會主任鄧小平。中國領導人正式通知英方，中國政府決定在 1997 年收回整個香港地區，同時闡明中國收回香港後將採取特殊政策，包括設立香港特別行政區，由香港的中國人管理，現行的社會經濟制度和生活方式不變等。戴卓爾夫人則堅持三個不平等條約仍然有效，提出如

果中國同意英國 1997 年後繼續管治香港，英國可以考慮中國提出的主權要求。

針對戴卓爾夫人的言論，鄧小平在會晤時坦率地對她説：「一九九七年中國將收回香港。就是説，中國要收回的不僅是新界，而且包括香港島、九龍。⋯⋯香港保持繁榮，根本上取決於中國收回香港後，在中國的管轄之下，實行適合於香港的政策。香港現行的政治、經濟制度，甚至大部分法律都可以保留。」

中英談判過程中，英方試圖以承認中國對香港的主權來換取 1997 年後繼續管治香港的治權。中方明確指出「英國想用主權來換治權是行不通的」。中方堅持香港的主權屬於中國、主權和管治權不可分割的原則立場，英方後來不再堅持英國管治，也不謀求任何形式的共管，談判才得以順利進行，並最終達成協議。

1984 年 12 月 19 日下午，在北京人民大會堂西大廳，中英兩國關於香港問題的聯合聲明由中英兩國政府首腦趙紫陽和戴卓爾夫人正式簽字。中共中央顧問委員會主任鄧小平、中華人民共和國主席李先念出席了簽字儀式。

在《中英聯合聲明》中，中華人民共和國政府聲明於 1997 年 7 月 1 日對香港恢復行使主權，英國政府聲明於同日將香港交還中華人民共和國。中國政府還在聯合聲明中宣布了對香港的基本政策方針，主要內容包括：為了維護國家的統一和領土完整，並考慮到香港的歷史和現實情況，中華人民共和國決定在對香港恢復行使主權時，根據憲法第 31 條的規定，設立香港特別行政區；香港特別行政區直轄於中國中央政府，除外交和國防事務屬於中央人民政府管轄外，香港特區享有高度的自治權，包括行政管理權、立法權、獨立的司法權和終審權；香港將保持原有的資本主義制度和生活方式不變；香港將保持自由港、獨立關稅地區和國際金融中心的地位等。

3. 基本法的制定

中國政府在與英國就香港前途問題開始談判時，也着手為解決香港問題作出憲制上的準備。1982 年 12 月 4 日，第五屆全國人民代表大會第五次會議在修改《中華人民共和國憲法》時，增寫憲法的第 31 條，規定「國家在必要時得設立特別行政區。在特別行政區內實行的制度按照具體情況由全國人民代表大會以法律規定」。同時，還增寫了憲法第 62 條第 13 項規定，為全國人民代表大會增加「決定特別行政區的設立及其制度」的職權。上述規定的增寫具有重大而深遠的意義，它把「一國兩制」方針用憲法條文規定下來，並使之成為國家治理體系的組成部分。

《中英聯合聲明》簽署後，中國政府隨即展開對香港恢復行使主權的各項準備工作，其中最重要的是起草《中華人民共和國香港特別行政區基本法》。

1985 年 7 月 1 日，基本法起草委員會宣告成立並開始工作。起草委員會委員共 59 人，其中內地委員 36 人、香港委員 23 人。起草工作貫徹着民主和開放的精神，在起草委員會的全體會議和各個專題小組會上，人人可以暢所欲言。對有爭議的問題反覆討論，通過民主協商逐一解決。對個別委員的不同意見，亦予以保留，供起草委員會大會討論決定。經全國人大常委會批准，起草委員會兩次將草案全文在報紙上公布，在香港和內地廣泛徵詢意見，汲取好的意見和各種不同意見中的合理因素。草案的每一條文、三個附件以及區旗、區徽圖案，都是以不記名投票的表決方式，經起草委員會全體委員三分之二多數通過。起草委員會對基本法徵求意見稿修改了百餘處，涉及實質內容修改的有 80 餘處。

在起草期間，由香港各界人士組成的香港特別行政區基本法諮詢委員會對基本法的起草一直給予有效的協助。他們收集、反映的不少意見被起草委員會所採納。諮詢委員會以多種會議形式商討香港市民提出的意見，並及時將市民的意見和諮委會討論的意見提供予起草委員會參考。為增進內地民眾對香港問題的認識和對「一國兩制」方針的理解，中央政府指派港澳辦官員到各地講解中央對香港的政策，並要求各地方政府給予支持。另一方面，中國政府也曾經多次向英方表示，雖然起草基本法是中國的內政，但願意聽取英方通過外交渠道向中方表達意見。

經過四年零八個月的努力，起草委員會於 1990 年 2 月完成了基本法的起草工作；同時亦通過公開徵集，制定了香港特別行政區的區旗和區徽。1990 年 4 月 4 日，第七屆全國人大第三次會議審議通過了《中華人民共和國香港特別行政區基本法》，以及三個附件，即《香港特別行政區行政長官的產生辦法》、《香港特別行政區立法會的產生辦法和表決程序》、《在香港特別行政區實施的全國性法律》，會議還通過了香港特別行政區區旗和區徽圖案及其他決定。

香港特別行政區基本法把「一國兩制」方針法律化、制度化。這部法律是全國人民代表大會依據憲法制定的一部全國性基本法律，用以規定在香港特別行政區實行的制度，從而使憲法和基本法共同構成香港特別行政區的憲制基礎。

4. 過渡期的中英交涉

從《中英聯合聲明》簽署到 1989 年春天，中英雙方基本上能在聯合聲明的基礎上保持友好合作關係。1989 年春夏之交內地發生的「六四事件」對香港社會和中英關係產生了重大影響。香港市民對香港前途感到憂慮，香港社會也出現了反對中國政府的政治主張和勢力。在西方國家聯手制裁中國的形勢下，英國在香港問題上表現出與中方不合作的態度；並先後提出「兩局共識」、「居英權計劃」、「香港人權法案條例」和「新機場建設」四個方案。

過渡時期中英交涉的一個重要議題是政制改革。英治時期的香港並非民主政體，香港政府亦一直反對在香港推行民主改革。香港政府在《香港一九七八年》年報中，仍然認為「英

國對香港的政策是，不應進行重大的憲制變動」。不過，當英國從中英談判中確認撤出香港將會變成事實之後，隨即啟動「非殖民化」的部署；其中最重要的工作是發展香港的民主政治，並通過大力推行代議政制以達到目的。

戴卓爾夫人在中英談判過程中知悉中國將會收回香港之後，立即提出在香港推動民主的方案。她在回憶錄中表明，「鑒於談判缺乏進展，我們現在必須發展香港的民主架構，使其在短期內實現獨立或自治的目標，如同我們在新加坡做過的那樣」。戴卓爾夫人的主張隨即在香港落實，並一直貫徹至九七回歸前夕。

1992 年 4 月，馬卓安繼任英國首相，委派保守黨主席彭定康出任最後一任香港總督，繼續在香港推動民主發展。1992 年 10 月 7 日，彭定康在立法局發表其任內第一份施政報告，並披露一系列的政制改革方案。首先，港督不再擔任立法局主席，主席由立法局議員互選產生。1995 年立法局的直選議席數目由 18 個增至 20 個，投票年齡由年滿 21 歲降至 18 歲；同時實行單議席單選票，每一名選民投一票，選出一名由直接選舉產生的代表。功能組別所有形式的法團投票均以個人投票取代，30 個功能組別的選民範圍擴大至全港 270 萬工作人口中所有符合資格的選民。1995 年將會產生一個全部或大部分委員由直選產生的區議會內的區議員出任的選舉委員會，負責選出十名立法局議員。另外又擴大區議會的職責、功能和預算。由 1994 年起，除了新界區議會的當然議員外，所有區議員都由直選產生。

事實上，基本法定案前夕，中英兩國政府外長就香港最後一屆立法局選舉如何與基本法銜接以保證平穩過渡交換過七封外交信件，達成了一系列協議。簡要地説，就是香港最後一屆立法局的組成如符合基本法的有關規定，其議員中擁護基本法、效忠特區政府並符合基本法規定者，經香港特別行政區籌備委員會確認，即可成為香港特區第一屆立法會議員。這就是中英雙方協商訂定的「直通車」安排。

彭定康的政改方案完全偏離中英兩國的「直通車」協議，引起中國政府的強烈反應。中方指出，彭定康的政改方案違反了《中英聯合聲明》，違反了與基本法銜接的原則，也違反了中英之間達成的諒解和協定。中國政府強烈要求英方從上述「三違反」回到「三符合」的軌道上。

5. 邁進新紀元

彭定康的政改方案刊登憲報後提交立法局通過。中方認為英方的行動破壞了原先雙方建立的政制銜接的橋樑，於是「另起爐灶」，由中方主導完成對香港恢復行使主權的各項準備工作。

1993 年 3 月，第八屆全國人大第一次會議通過授權全國人大常委會設立香港特別行政區籌備委員會預備工作委員會。1996 年 1 月 26 日，全國人民代表大會香港特別行政區籌備委

員會在北京成立，標誌着成立香港特別行政區的各項籌備工作進入具體實施階段。

英方違反了中英雙方就「直通車」安排達成的協議後，香港回歸前最後一屆立法局、兩個市政局和區議會都不能過渡到回歸後的香港特區；三級議會所有議員必須在 1997 年 6 月 30 日卸任。為了使香港特別行政區能夠依據基本法正常運作，香港特別行政區籌備委員會於 1996 年 3 月作出了成立臨時立法會的決定，並於同年 12 月以選舉產生了由 60 人組成的香港特別行政區臨時立法會。

1997 年 6 月 30 日午夜至 7 月 1 日凌晨，香港政權交接儀式在香港會議展覽中心新翼五樓大會堂舉行。中國國家主席江澤民、國務院總理李鵬、英國王儲查理斯王子、首相貝理雅以及 4000 多名中外來賓出席了儀式。6 月 30 日晚上 11 時 59 分，英國國旗和香港旗在英國國歌樂曲聲中緩緩降落。7 月 1 日零時，中國國旗和香港特區區旗在中華人民共和國國歌樂曲聲中升起。江澤民隨即鄭重宣布中國對香港恢復行使主權。

1997 年 7 月 1 日凌晨 1 時 30 分，香港特別行政區政府宣告成立。特區行政長官董建華、特區政府主要官員、行政會議成員、臨時立法會議員、終審法院和高等法院法官依次宣誓就職。香港歷史從此邁進新紀元。

（三） 「一國兩制」的實踐

香港自 1997 年回歸之日起，重新納入國家治理體系，基本法規定的特別行政區制度開始在香港實行。中央政府按照香港基本法辦事，履行憲制責任，支持特區行政長官和政府依法施政。

香港回歸以後，行政長官每年向中央政府述職，報告基本法貫徹執行情況等須向中央政府負責的事項，國家領導人就貫徹落實基本法的重大事項對行政長官作出指導。

全國人大常委會行使憲法和香港基本法賦予的職權，對香港特別行政區立法機關制定的法律予以備案審查；對香港基本法附件三所列在特別行政區實施的全國性法律作出增減決定；對香港特別行政區作出新的授權；行使對香港基本法的解釋權，先後於 1999 年、2004 年、2005 年、2011 年、2016 年分別就香港永久性居民在香港以外所生中國籍子女等的居留權問題、行政長官產生辦法和立法會產生辦法修改的法律程序問題、補選產生的行政長官的任期問題、國家豁免原則和公職人員宣誓就職等問題，對基本法及其附件的有關條款作出解釋；以及對香港特別行政區政制發展問題作出決定等。

香港基本法明確規定，香港特區居民依法參與國家事務的管理。香港特別行政區先後舉行五屆全國人大代表選舉，每屆均由具有廣泛代表性的全國人大代表選舉會議選舉產生 36 名

代表。中國人民政治協商會議歷來重視吸收香港市民參加，除特邀香港人士界別外，其他一些界別也吸收本港社會代表性人士。

中央政府和特區政府按照基本法和全國人大常委會有關決定，推動以行政長官產生辦法和立法會產生辦法為主要內容的政制改革，令民主政制循序漸進向前發展。特區政府和立法機關由本地人組成。行政長官經選舉產生，再由中央人民政府任命；立法機關亦由選舉產生。行政長官選舉的民主程度不斷提高。第一任行政長官人選經具有廣泛代表性的 400 人組成的推選委員會選舉產生，第二任至第四任行政長官經選舉委員會選舉產生，選舉委員會的規模不斷擴大，由 800 人增至 1200 人。行政長官負責執行基本法、簽署法案和財政預算案、頒布法例、決定政府政策以及發布行政命令，並由行政會議協助制定政策。行政長官先後由董建華、曾蔭權、梁振英、林鄭月娥出任。

立法會是特區的立法機關。立法會選舉的直選因素亦不斷增加。2016 年第六屆立法會由 70 名議員組成，其中 35 名議員透過分區直選產生，其餘 35 名透過按職業劃分的功能界別選舉產生。除了立法職能外，立法會還負責就有關公眾利益的事宜辯論、審核和通過財政預算案、聽取行政長官的施政報告並辯論，以及同意終審法院法官和高等法院首席法官的任免。

香港回歸後，其原有法律即普通法、衡平法、條例、附屬立法和習慣法，除同基本法相抵觸或經香港特別行政區的立法機關作出修改者外，一律予以保留。列入基本法附件三的全國性法律在香港當地公布或立法實施。司法的終審權歸屬香港特別行政區終審法院。基本法提供了健全的司法制度，包括法官任免機制，讓法官在審理案件時不受任何干預，保障司法獨立。

「一國兩制」符合國家和香港的利益，也符合外來投資者的利益。「一國兩制」方針在香港的實踐是具有里程碑意義的重大事件。

回歸以來，香港內部和外部環境的發展變化錯綜複雜。香港未能有效推動經濟轉型，加上兩次金融風暴的衝擊，年輕人向上流動的途徑比較曲折。英治時期遺留下來的土地及房屋問題又未得到妥善解決。思想和教育方面，歷史教育和國民教育成效不彰，年輕一代國家認同感薄弱，未能全面而客觀地認識國家的發展。外部環境方面，反精英、反權威、反全球化的民粹主義思潮盛行，國際關係亦發生重大變化。在各種因素的影響下，「一國兩制」在香港的實踐並非一帆風順。

香港基本法第 23 條規定，香港特別行政區應自行立法以禁止危害國家安全的行為。2002 年 9 月 24 日，特區政府推出《實施基本法第二十三條諮詢文件》。2003 年 2 月 26 日，特區政府提交的《國家安全（立法條文）條例草案》在立法會首讀。7 月 1 日，有市民發起反對基本法 23 條立法的大規模遊行，主辦單位估計遊行人數達 50 萬人，警方估計為 35

萬人。7月6日，自由黨主席田北俊辭去行政會議成員職務，同時表示反對政府就「國家安全法」倉促立法。9月5日，特區政府宣布擱置立法。此後，基本法23條立法工作再無提上議事日程，香港履行國家安全的憲制責任至今尚未落實。

2012年4月，特區政府教育局公布《德育及國民教育科課程指引》，引發「反國教運動」。8月30日，學生團體「學民思潮」於政府總部外集會，要求特區政府撤回德育及國民教育科。9月7日晚，再有大批市民穿黑衣於政府總部外集會要求撤回該科。10月8日，特區政府宣布擱置該科的課程指引。

2014年6月，國務院新聞辦公室發表《「一國兩制」在香港特別行政區的實踐》白皮書。白皮書指出：「憲法和香港基本法規定的特別行政區制度是國家對某些區域採取的特殊管理制度。在這一制度下，中央擁有對香港特別行政區的全面管治權，既包括中央直接行使的權力，也包括授權香港特別行政區依法實行高度自治。對於香港特別行政區的高度自治權，中央具有監督權力。」

2014年8月31日，全國人民代表大會常務委員會頒布《關於香港特別行政區行政長官普選問題和2016年立法會產生辦法的決定》。9月28日凌晨，「佔領中環」發起人戴耀廷、陳健民、朱耀明三人宣布啟動佔領運動，運動的主要訴求是反對全國人大常委會的「八三一決定」和實現「真普選」。示威者佔領政府總部周邊地方，後又佔領夏慤道等主要交通幹道。警方施放催淚彈及胡椒噴霧，驅散示威者。同日，國務院港澳辦新聞發言人表示，中央政府堅決反對在香港發生的破壞法治與社會安寧的違法行為，並支持特區政府維護社會穩定，保護市民人身和財產安全。發言人強調，8月31日全國人大常委會關於行政長官普選問題的決定，是依據基本法的規定，在充分聽取香港社會各界意見的基礎上作出的，符合香港實際情況，具有不可動搖的法律地位和有效性。

違法「佔領中環」運動隨後失控，示威者長期佔據金鐘、銅鑼灣、旺角等港九核心地區街道，癱瘓往來交通。12月15日，警方完成最後的清場工作，持續79天的違法「佔領中環」運動結束。同日，中聯辦發言人表示，「佔領中環」違法運動踐踏法治，破壞社會秩序，損害居民切身利益，造成許多顯性的和隱性的危害。中央政府支持特區政府依照基本法處理包括普選制度在內的政改問題和嚴格依照香港現行法律處置「佔領中環」違法運動。讓違法者承擔相應的法律責任，才能守衛香港社會的核心價值和繁榮穩定的基石。

「一國兩制」以憲法和基本法共同作為憲制基礎並構成憲制秩序，這是一項重要的政治法律原則。香港社會各界能否在這原則上達成共識，是「一國兩制」在香港的落實和香港走出近年政治困局的關鍵。

七　多元文化薈萃之地

香港以多元文化薈萃為特色，中國文化傳統在此延續。慈善文化得到傳承，並推進兩地關係。多種宗教和平相處。中外文化和南北文化在此交流、相互影響。多元文化包容、薈萃為城市注入活力，也是香港繁榮穩定的重要因素之一。

（一）　文化傳統的延續

香港文化以中華文化為基礎。港人多來自中國內地，尤以來自珠江三角洲地區為多。他們把中華文化傳統帶到了香江。這在民間習俗、非物質文化遺產、戲劇、文學等方面得到體現。

明清時期香港居民的民間習俗，如祖先崇拜、諸神崇拜、太平清醮、盂蘭勝會等一直流傳至今，部分更名列國家級非物質文化遺產名錄。春節、清明、端午、中秋、重陽等傳統節日在香港都得到傳承。

香港居民重視孝道、崇敬祖先。新界原居民每年都會舉行春秋二祭，掃墓祭祖。除在住所內供奉先人神主牌位，他們亦普遍在村內修築祠堂，供奉家族先人神主牌位，並舉行祭祀活動，以體現中國人「慎終追遠」的傳統觀念。

和中國沿海其他地區的居民一樣，香港的漁民及沿海聚居的農民視天后為守護神。香港現存規模較大的天后廟超過 50 座。今日香港漁民所餘無幾，但新界原居民仍視每年農曆三月二十三日的天后誕辰為重大節日，各區天后廟均有地區團體舉行隆重慶祝活動。

「打醮」即舉行祭祀。在香港，除沙頭角的吉澳、西貢的高流灣及塔門等地的醮稱為「安龍清醮」外，大部分的醮都稱為「太平清醮」。「太平清醮」和「安龍清醮」均為祈求地方平安的「祈安醮」。長洲的打醮加插會景巡遊和搶包山活動，近年漸成香港的主要民間風俗活動。「打醮」和香港其他民間習俗一樣，體現出家族與族群的凝聚力，是源遠流長的中華文化在香港民間落地生根的表現。

香港的非物質文化遺產內容豐富。2014 年，特區政府公布了香港首份涵蓋 480 個本地項目的非遺清單。經過三次申報，國家文化部將下述十個香港本地項目列入國家級非物質文化遺產代表性項目名錄，即粵劇、涼茶、長洲太平清醮、大澳端午龍舟遊涌、香港潮人盂蘭勝會、大坑舞火龍、全真道堂科儀音樂、古琴藝術（斲琴技藝）、西貢坑口客家舞麒麟、黃大仙信俗。2017 年 8 月 14 日，康樂及文化事務署公布首份「香港非物質文化遺產代表作名錄」，涵蓋 20 個項目。除已納入國家級非物質文化遺產代表性項目名錄的十個項目

外，還有南音、宗族春秋二祭、香港天后誕、中秋節薄扶林舞火龍、正一道教儀式傳統、食盆、港式奶茶製作技藝、紮作技藝、香港中式長衫和裙褂製作技藝、戲棚搭建技藝。2009 年，聯合國教科文組織將粵劇列入「人類非物質文化遺產代表作名錄」，令其成為廣東、香港、澳門三地共同擁有的世界級非遺項目。

粵劇是香港最流行的地方戲，是市民口中的「大戲」。粵劇發源地是廣州和佛山，辛亥革命後，香港成為粵劇的發展基地。當時稱「省港名班」的四大名班，均以在香港長期演出為榮。老一輩粵劇名宿，如馬師曾、薛覺先、紅線女等，都曾在香港演出多年。其後，新馬師曾、芳艷芬、任劍輝、白雪仙等名伶在香港舞台各領風騷。

廣州八和會館成立於清朝光緒年間，至今已有一百多年歷史，經歷多次重組，一直是廣東粵劇從業員的專業組織。1953 年，廣東八和粵劇職業工會香港分會，重新註冊成立了香港八和會館，作為香港粵劇工作者的團體組織。八和會館對推動香港粵劇發展貢獻甚多。

文學方面，武俠小說是中國文學中獨特的體裁，民國以來流行於華人地區，但一度衰敗不振。其後梁羽生、金庸兩位香港作家起而創作新派武俠小說，重現武俠小說光輝歲月。影響所及，台灣亦崛起武俠小說名家古龍，與梁羽生、金庸合稱「武林三絕」，作品風行於全球華人世界，歷久不衰。另外，一些作家在繼承傳統的基礎上有所創新；倪匡、黃易的科幻小說深入民間；亦舒、林燕妮的言情小說亦風格鮮明，膾炙人口。

（二） 多元宗教共存

香港的宗教有佛教、道教、孔教、基督教、天主教、伊斯蘭教、印度教、錫克教、猶太教、摩門教、瑣羅亞斯德教（祆教）、東正教等十多種。

1. 佛教

佛教是香港的主要宗教之一，早在南北朝時期，即距今 1570 多年前，佛教已傳播到香港。屯門的青山禪院和元朗廈村的靈渡寺是始建於東晉末年的古剎。錦田的凌雲寺建於明朝初年。其他著名佛教勝地還有寶蓮禪寺、志蓮淨苑和慈山寺。香港現有超過 400 座佛寺及道場，信徒約 100 萬人。

2. 道教

道教是中國的本土宗教。根據香港道教聯合會 2010 年的調查，香港道教信徒逾 100 萬人，道堂宮觀超過 300 間。屯門的青松觀和粉嶺的蓬瀛仙館同屬全真教派，源於廣州。道觀之中，九龍黃大仙祠遠近馳名，是香港最具代表性的道教場所。

3. 孔教

孔教又稱儒教，尊崇孔子為教主，推行儒家思想。孔教並無入教儀式，但凡接受孔子教義並尊崇孔子，均可視作孔教信徒。香港具代表性的孔教組織有孔聖堂，創立於政局動蕩的 1920 年代。另有孔教學院於 1930 年成立，致力推動把孔教思想納入小學、中學和大學的課程。

4. 基督教

基督教是基督宗教三大派別之一，亦稱基督新教，於 1841 年傳入香港，發展至今有逾 70 個宗派及約 50 萬名基督徒。全港基督教會堂至少有 1500 所，當中約 1300 所會堂以華語宣道，包括本土宗派，例如中華基督教會、真耶穌教會和聚會處，以及其他獨立教會。

5. 天主教

天主教是基督宗教三大派別中成立最早及最大的宗派，亦稱羅馬天主教。天主教會於 1841 年在香港設立傳教區，並於 1946 年升格香港為教區。天主教香港教區是全世界最大的天主教華人教區，至 2017 年約有 389,000 名本地天主教徒；為天主教徒服務的聖職人員計有 292 位神父、58 名修士和 469 名修女。全港共有 52 個堂區，包括 40 座教堂、31 座小教堂和 26 個禮堂。

6. 伊斯蘭教

伊斯蘭教又稱回教。香港伊斯蘭教徒約有 30 萬名，當中 15 萬名為印度尼西亞人、五萬名為華人、三萬名為巴基斯坦人，其餘來自印度、馬來西亞、中東、非洲和其他地方。香港回教信託基金總會屬慈善團體，負責統籌香港所有伊斯蘭教活動，並管理五座清真寺、兩個伊斯蘭教墳場及一所幼稚園。中華回教博愛社是代表香港華人伊斯蘭教徒的主要團體。

7. 印度教

香港約有十萬名來自印度、尼泊爾、斯里蘭卡、泰國和其他東南亞國家的印度教徒。跑馬地印度廟是教徒的宗教和社交活動中心。該廟由香港印度教協會管理，教友可到該處冥想、參加靈修講座、練習瑜伽和參與其他社群活動。

8. 錫克教

香港約有 12,000 名錫克教徒。最早的錫克教徒來自印度旁遮普，於十九世紀在當地英軍服役時隨軍來到香港。香港首間錫克廟於 1901 年在灣仔皇后大道東興建，名為「星尊者協會」，其後易名為 Khalsa Diwan。錫克廟目前列為二級歷史建築。

9. 猶太教

猶太教在香港的歷史可追溯至 1840 年代，信眾來自世界各地。香港的猶太教會堂主要有三個，分別為莉亞堂、香港聯合猶太會和 Chabad Lubavitch。猶太社群在香港十分活躍，除開辦學校和主日學外，還組織多個慈善機構和文化團體，包括猶太婦女協會、聯合以色列慈善會、以色列商會和猶太歷史學會。

宗教的影響力在香港無處不在，無時不在。不同宗教宣揚的人生觀、世界觀成為不少香港市民精神生活的組成部分。與西方宗教關係密切的復活節和聖誕節等節日是港人生活不可或缺的部分。另外，宗教徒團體利用其人力、物力資源興辦大量教育、醫療和社會福利機構，貢獻良多。

不同宗教在人口密集的環境中和平相處、互相尊重，早已成為香港社會生活的組成部分。

（三） 中外文化交流

香港與西方長期緊密接觸，是中外文化交流的重鎮，是西方了解中國的窗口，也是中國學習西方的基地。香港的中外傳教士、商人和華人擔當了中介人的作用，對中外文化交流作出各種各樣的貢獻。

十九世紀時，倫敦傳道會傳教士理雅各在王韜等人的協助下，用上 20 多年時間，將四書五經譯為英文，稱為《中國經典》，先後在香港和倫敦出版。譯本採用中英文對照形式，並有英文注釋。從十六世紀末開始，東來的外國傳教士對中國經典已經有所譯述，但將四書五經完整地譯為英文介紹給西方世界，則除理雅各外，別無他人。進入二十世紀，香港出了一位著名的翻譯家和漢學家劉殿爵。他翻譯的《老子》、《孟子》、《論語》三書，為西方學者研究中國哲學必讀的經典，被譽為譯壇權威之作。

西方人在香港所辦報刊對本港傳媒，甚至近代中國傳媒影響很大。《遐邇貫珍》是香港也是中國最早刊印的中文期刊，於 1853 年 8 月 1 日在香港問世，每期印數 3000 冊，在香港及廣州、廈門、福州、寧波、上海等通商口岸銷售。期刊的首任主編是麥都思，1854 年改為禧利，1855 年則由理雅各接任。《遐邇貫珍》刊載大量介紹西方社會科學和自然科學的文章，對日本的明治維新亦產生過影響。另外，《香港中外新報》是世界上第一家用活體鉛字排印的中文報紙，堪稱近代中文報業的先驅。該報前身為《香港船頭貨價紙》，大約於 1857 年 11 月 3 日出版。《香港中外新報》首任主編黃勝是中國最早留美的學生之一。另一份中文報紙《華字日報》於 1872 年由《德臣西報》翻譯員陳藹廷創辦。《德臣西報》稱《華字日報》為第一家「完全由當地人管理」的中文報紙，但該報早年仍依賴英文報紙，不僅內容多譯自英文報紙，印刷發行工作亦由《德臣西報》負責。

英國佔領香港以後，教會和香港政府開辦了不少西式學校。十九世紀末，香港西式學校開設的中學課程已有拉丁文、閱讀、作文、聽寫、翻譯、莎士比亞、算術、代數、歐幾里得幾何、三角、測量、常識、歷史、地理等學科，為中國學生提供基本知識，傳授西方先進社會政治思想和自然科學。香港西式學校的教學內容、教學方法和學習環境對華人學生的思想產生了重要的影響。香港西式學校的學生容閎、伍廷芳、何啟、胡禮垣、孫中山、謝纘泰等，都能為中國社會的進步作出貢獻。

香港也是醫學領域的中外交流之地。為了培養華人醫生和護士在中國傳播醫學，白文信醫生等一批外籍醫生在何啟的參與下，發起創辦香港華人西醫書院。該校為五年制醫學院，於 1887 年 10 月 1 日成立。香港西醫書院的課程設置與英國醫科學校近似。該書院成立之前，中國內地已有兩所傳授西方醫學知識的學校，其一為 1866 年美國人開辦的廣州博濟醫院附設南華醫校，另一為 1881 年李鴻章等在天津開辦的醫學館。就師資力量和教學水準而言，香港西醫書院超過了上述兩所學校。

1912 年，香港大學開辦，成為香港第一間大學。香港大學是香港和內地中國學生學習西方知識的重要基地。香港大學建立初期，曾經提出「為中國而立」的口號。當時北洋政府與各省的教育部門陸續選送多批學生來港公費留學。這些學生在香港大學接受高等教育後，大多前往歐美繼續深造。他們歸國後都成為國家不同領域中的棟樑之材，湧現出像機械工程學的奠基人劉仙洲、醫學專家林宗揚、美學泰斗朱光潛、心理學巨子高覺敷、鐵路專家石志仁、港口專家趙今聲等一批傑出代表人物。

在中外文化交往的背景下，香港也出了高錕、丘成桐、崔琦、支志明、盧煜明等享譽國際的科學家。高錕在香港就讀中學，曾經在香港中文大學任教和擔任校長。1966 年，高錕發表論文提出光導纖維在通訊上應用的基本原理，促成光纖通信系統問世，為當今互聯網的發展鋪平了道路。高錕因此被人稱為「光纖之父」，並在 2009 年獲得諾貝爾物理獎。

丘成桐在香港讀中學和大學，後赴美國深造，在陳省身教授指導下取得博士學位。1982 年，丘成桐攻破困擾數學界四分之一世紀的「卡拉比猜想」，獲頒被視為數學界諾貝爾獎的「菲爾斯數學獎」。

崔琦在香港讀中學後赴美留學，1967 年獲得芝加哥大學博士學位，1982 年任普林斯頓大學電機工程系教授。1998 年，他與羅伯特・勞夫林及霍斯特・施特默以「分數量子霍爾效應」研究成果，獲得諾貝爾物理獎。崔琦被列入《美國科學名人錄》，2000 年當選為中國科學院外籍院士。

支志明在香港大學獲得學士學位和博士學位，1980 年至 1983 年在美國加州理工學院深造光化學和生物無機化學，其後返母校香港大學化學系任教。他是港澳地區第一位中國科學院院士，2006 年獲國家自然科學一等獎，是至 2017 年香港唯一獲得此殊榮的科學家，

2013 年當選美國科學院外籍院士。他在金屬化學和光化學領域，由基礎研究至科技創新及產品商業化方面，貢獻良多。

香港中文大學醫學教授盧煜明致力研究人體內血漿的脫氧核糖核酸和核糖核酸，曾經發表題為《母親血漿中胎兒核酸的探索與應用》的研究成果，成為非創傷性產前診斷領域上的世界先導者。盧煜明亦於 2013 年當選美國科學院外籍院士。

（四） 慈善文化與兩地關係

「扶貧濟困」的中國傳統慈善文化在香港得到很好的傳承和發揚。香港有不少非政府慈善團體，為市民提供各種社會服務，包括東華三院、保良局、樂善堂、鐘聲慈善社、仁濟醫院、博愛醫院、仁愛堂、香港公益金、樂施會等具代表性的慈善組織。這些團體定期舉辦籌募活動，包括在各區的賣旗籌款，與電視台合辦「歡樂滿東華」、「星光熠熠耀保良」、「慈善星輝仁濟夜」等大型籌款節目，以及「公益金百萬行」、「樂施毅行者」等，家喻戶曉，深入民心。

除了戰爭和其他災難發生時的重大賑濟活動外，上述機構還提供日常多元化的服務，涵蓋教育、醫療、社會服務等方面。東華三院與保良局是香港規模較大、歷史較悠久的慈善團體。據 2016 年統計，東華三院共有超過 303 個服務單位，員工超過 10,000 名，經常性總開支達 40 億元。它有 32 個醫療衛生服務單位，53 間教育服務單位和 218 個社會服務單位，包括 62 個安老服務單位、71 個兒童及青少年服務單位、44 個復康服務單位、23 個社會企業單位及 18 個公共服務單位。保良局則辦有超過 301 個服務單位。

香港賽馬會（簡稱馬會）成立於 1884 年，現已發展成為世界級賽馬機構，亦是全港最大慈善公益資助機構。作為非牟利機構，馬會將收益撥捐予慈善及社區項目，2015 至 2016 年度的慈善捐款逾 39 億元。此前十年，馬會已資助過千個項目，涵蓋包括藝術文化、教育培訓、長者服務、扶貧救急、環境保護、家庭服務、醫療衛生、復康服務、體育康樂和青年發展十個範疇。

香港的慈善文化亦體現在港人對內地同胞的關愛之情。清末民初，東華醫院曾經多次賑濟內地水災、旱災和兵災，並曾經獲得清朝皇帝和民國大總統贈匾嘉獎：因賑濟光緒初年的「丁戊奇荒」，曾經獲光緒皇帝賜贈「神威普佑」牌匾；因 1884 年協賑華北水災，1885 年再獲光緒皇帝賜贈「萬物咸利」牌匾；其後賑濟京直地區水災有功，1918 年獲民國大總統馮國璋贈予「善與人同」牌匾；因為協賑 1919 年至 1920 年直、魯、豫、陝、晉五省大旱災，於 1920 年獲民國大總統徐世昌贈予「急公好義」牌匾。

從 1990 年代起，每當內地發生重大自然災害，香港社會各界無不踴躍捐輸，甚至親往災場

救助。1991 年華東地區發生百年罕見水災，受災人口達兩億多。香港演藝界在跑馬地舉行長達七小時的賑災「忘我大匯演」，港、台、內地數百名藝員同台義演，約十萬名市民到場參加活動，當場籌得善款 1.072 億元，打破香港義演籌款最高紀錄。當年市民通過新華社香港分社轉往內地的華東賑災善款就有四億多元。另外，汶川大地震後，香港於短短一個多月內就匯集 20 多億元捐款送往災區。

教育、科技、體育是促使國家走向現代化的重要因素。內地改革開放以來，香港的企業家和市民一直支持國家教科文體事業的發展。邵逸夫向國家教育部捐款以改善內地大量學校的辦學條件。李嘉誠參與創辦汕頭大學，不斷捐資贊助該校的辦學活動。包玉剛亦帶頭捐資創辦寧波大學。至於王寬誠、李兆基、霍英東、曾憲梓、田家炳、鄭裕彤、蔣震、新鴻基基金會等亦熱心支持國家教育發展，對推動內地教育在改革開放初期的發展作出了重要的貢獻。此外，還有無數港人和香港社團通過希望工程、苗圃計劃、無止橋或其他方式，默默地為國家教育貢獻力量。

何善衡慈善基金、梁銶琚、何添、偉倫基金捐款設立的何梁何利基金、查濟民設立的求是科技基金則鼓勵國家科技事業發展。

霍英東對內地體育事業的發展也作出了重大貢獻，他創辦的霍英東體育基金會一直贊助國家的體育事業。另外，邵逸夫帶頭捐款支持敦煌石窟的文物保護，為中國文物事業的發展打好基礎。何鴻燊捐獻大量中國古代文物予國家收藏，他購回圓明園豬首及馬首銅像後捐贈國家，一時傳為佳話。近年陳啟宗和許榮茂捐款用於故宮養心殿保護工程，別具意義。

香港亦曾在災難中獲得內地援手。1951 年 11 月，九龍城東頭村發生大火，一萬多人無家可歸，中國人民救濟總會粵穗分會隨即撥出大米和人民幣救災。1953 年 12 月深水埗石硤尾大火，中國人民救濟總會粵穗分會又撥出大米和人民幣救災。1971 年 8 月颱風露絲襲港，毀壞民房兩萬多間，造成 120 多人死亡，中國紅十字會亦捐出人民幣救災。

（五） 文化的南流與北傳

香港不僅是中外文化薈萃之地，也是中國南北文化交匯之地。文化人至少四次較大規模的南下香港，推動香港文化的發展。

第一次是辛亥革命後，前清遺老陳伯陶、賴際熙、區大典、吳道鎔、朱汝珍等南下香港，把中國傳統文化帶到香港。陳伯陶在九龍編纂《東莞縣志》，並編輯懷古詩篇《宋臺秋唱》。賴際熙和區大典被聘為香港大學中文講師，在校內外盛倡中國文史之學。1926 年，賴際熙隨同港大校長康寧往南洋募捐，並於 1927 年協助大學成立中文學院並主持院務。此外，賴際熙在何東、郭春秧、利希慎、李海東等紳商支持下，於 1923 年發起在般含道設立學海書

樓，用以講學及藏書。學海書樓藏書供學術研究，內設閱覽室，成為香港最早設立的民間圖書館。

第二次是抗日戰爭時期文化人南下香港。1935 年秋天，許地山經胡適介紹，南下受聘為香港大學教授，主持中文學院。許地山來香港後，不僅在香港教育改革上建樹頗多，並且活躍於香港文化界，在香港不少文化團體擔任職務，成為頗具號召力的文化人。許地山對香港學術界的另一貢獻是請來當代史學大師陳寅恪出任香港大學客座教授。雖然陳寅恪在香港僅一年多即轉回內地，但在香港留下了讓人懷念的傳奇足跡。

抗日戰爭爆發之後，蔡元培於 1937 年 11 月前來香港避難。次年 2 月 28 日，他在香港主持召開中央研究院院務會議。他在香港期間，還支持香港新文字學會和保盟的活動。1940 年 3 月 5 日，蔡元培在香港病逝，葬於香港仔華人永遠墳場。

另外，一批南下的文化人聯手建立了中華全國文藝界抗敵協會香港分會，包括許地山、戴望舒、楊剛、林煥平、徐遲、馬耳（葉君健）、郁風、葉靈鳳、馮亦代、黃藥眠等。他們帶領着青年文藝愛好者，在困難的時代中緊隨母會前進，給香港文壇帶來一股新風。

南來作家對香港新文學的發展亦帶來兩方面的直接影響。首先是創辦或接辦了文藝刊物和報紙副刊，其中影響較大的有茅盾主編的《文藝陣地》，茅盾、葉靈鳳先後主編的《立報．言林》，戴望舒主編的《星島日報．星座》，周鯨文主編的《時代批評》，陸丹林主編的《大風》以及戴望舒、葉君健主編的《中國作家》等，這些刊物和報紙副刊的出現，催化了香港文壇的發展。其次，南來作家以自己憂國憂民的作品，培植並影響了香港本地青年作家，從思想和藝術兩個方面提高了香港新文學的水平。在南來作家創作的潛移默化影響下，香港第一批本土作家如侶倫、李育中、阿寧、夏易、舒巷城等的創作也積極關注現實人生，以寫實主義的手法，表現香港市民的愛國熱情。

第三次是戰後初期。從 1946 年夏天開始，大批左翼作家為了逃避內戰和國民黨當局迫害，從上海、北平、廣州、南京等地南來。他們以創辦報刊雜誌，興辦學校、出版社，組織文社、讀書會，舉辦訓練班等各種形式，吸引香港青年投身於文化事業。

第四次是 1950 年代初期。南下香港後，徐訏、曹聚仁合辦了創墾出版社，先後出版過《幽默》、《熱風》等散文刊物。徐訏創作了長篇小說《彼岸》，曹聚仁寫了長篇小說《酒店》，李輝英編寫了《中國小說史》、《中國新文學廿年》。徐速則以文學新人的姿態，寫作了長篇小說《星星．月亮．太陽》，描繪抗日戰爭中三位女性的故事，風行南洋一帶。劉以鬯由上海來到香港，在多家報紙擔任編輯，1963 年出版了中國第一部意識流小說《酒徒》。張愛玲 1950 年代初第二次來港，創作兩部長篇小說《秧歌》和《赤地之戀》，是該時期美元文學的重要體現。

1952 年，畫家陳海鷹秉承其師李鐵夫的遺願，創辦了香港美術專科學校，齊白石為該校題寫了校名。

南下文化人中有多位著名的史學家。他們的到來推動了香港本地史研究。羅香林及其弟子編著的《一八四二年以前之香港及其對外交通 —— 香港前代史》，至今仍是研究香港古代史的必讀參考書。羅香林還編著了《香港與中西文化之交流》，也是香港史研究的重要著作。簡又文編撰了《宋末二帝南遷輦路考》、《宋皇台紀念集》，就宋室逃亡的路徑和各種傳說作出研究。饒宗頤編寫了《九龍與宋季史料》，進一步探究宋末香港歷史的問題。饒宗頤此後以港為家，在多個學術領域發表大量著作，享譽全球。中國學壇並稱饒宗頤與季羨林為「南饒北季」，他們是當代中國具代表性的國學大師。

香港中文大學的建立與南下文化人關係極大。他們先是開辦了幾間書院。新亞書院本名亞洲文商專科夜校，1949 年 10 月由南遷香港的錢穆、崔書琴與香港的劉尚義籌辦，及後邀請唐君毅、張丕介加入。新亞書院的創校目標是弘揚宋明書院精神，力求保存及發揚中國傳統的人文主義精神。新亞書院被譽為二十世紀的儒學重鎮，錢穆、唐君毅、牟宗三及徐復觀的學術成就不僅深刻影響華人學術圈，同時也遠播歐美，影響至今。1951 年初，聖公會何明華會督與前嶺南大學校長李應林、前上海聖約翰大學校董歐偉國等商議後，在港建立了一所基督教高等學府，定名崇基學院。另外，聯合書院在 1956 年成立，前身是華僑、廣僑、文化、光夏及平正五所院校，大都是於 1947 年至 1950 年間由廣州南遷來港的私立大專。1959 年 6 月，香港政府宣布資助崇基、新亞、聯合三所書院，為籌辦一所新大學作好準備。1963 年 10 月，由上述三所書院組成的香港中文大學正式成立。三所書院本着原來的創校精神，合力組成一所建基於中國文化，融會中外知識，貫通古今學術的國際性大學。

至於香港文化和文化人北上的情況，以前只有零星個案。1962 年，受總理周恩來邀請，香港大學榮休教授侯寶璋前往北京，出任中國醫科大學（今中國協和醫科大學）副校長。國家改革開放以後，情況出現改變。香港普及文化中的電影、電視劇和流行音樂在內地產生很大影響，為內地的文化生活帶來多元化的選擇，在某種程度上增進了內地民眾對香港社會和文化的了解。

電影方面，1982 年，香港導演張鑫炎和內地演員李連杰等拍攝《少林寺》，不僅香港票房高漲，而且成功開拓了國際市場。翌年，香港導演李翰祥與內地合拍歷史巨片《火燒圓明園》和《垂簾聽政》，獲得很大成功。夏夢的青鳥電影公司登陸內地，與內地合作拍攝許鞍華電影《投奔怒海》（1982）、牟敦芾電影《自古英雄出少年》（1983）和嚴浩電影《似水流年》（1984），都有熱烈的反響。香港導演參與製作的影片不僅使內地觀眾耳目一新，香港電影人的專業知識也帶動內地電影製作水準的不斷提升。

電視劇方面，1983 年內地部分地方電視台開始播放香港亞洲電視台的電視連續劇《霍元甲》。1984 年 5 月 6 日開始，中央電視台在每周日晚的黃金時段播映這部電視劇，轟動一時。此後十餘年間，《萬水千山總是情》、《射鵰英雄傳》、《上海灘》、《大地恩情》等香港電視劇陸續登陸內地。電視劇中的演員謝賢、鄭少秋、周潤發、鄭裕玲、梁朝偉、劉德華、張國榮、趙雅芝、汪明荃、黃日華、翁美玲、萬梓良、劉嘉玲、任達華、周星馳等也成為內地家喻戶曉的明星。

流行音樂方面，最初是香港電視劇的主題曲帶動了粵語歌曲在內地的流行，使這種地域性的歌曲得到廣泛傳播。然後有香港歌手譚詠麟、張國榮、梅艷芳、羅文、許冠傑等的歌曲打入內地市場，吸引年輕一代。1980 年代，內地廣播媒體的流行音樂排行榜上，上榜歌曲絕大多數來自香港和台灣。進入 1990 年代，香港樂壇出現四位最受歡迎的男歌手張學友、劉德華、黎明、郭富城。他們在音樂、影視、舞蹈等領域都取得傑出成就，人稱「四大天王」，在內地也大受歡迎。在詞曲方面，則黃霑、顧嘉輝頗享盛譽。

這個時期，也有大量內地文化人南下香港學習、交流，汲取對國家現代化建設有用的經驗和知識。1991 年，內地的香港大學新舊校友在北京成立了香港大學內地校友聯誼社，推動香港與內地的文化交流。香港則早在 1985 年成立了香港中華文化促進中心和京港學術交流中心，致力推動兩地的交流活動。

汪滔的故事是香港回歸後，香港與內地人才科技交流的成功事例。2006 年，汪滔等人創立深圳市大疆創新科技有限公司。該公司是全球領先的無人飛行器控制系統及無人機解決方案的研發和生產商，客戶遍布全球 100 多個國家。出生於浙江杭州的汪滔，23 歲那年入讀香港科技大學電子及電腦工程學系，在求學期間，借助大學的科研力量成立初創科技公司。他說：「如果我沒去香港，就不會有今天的成就。」

＊　　　　＊　　　　＊

香港是一個獨具特色的城市，具有和內地其他城市不同的發展道路和歷史機遇。從遠古到 2017 年，香港經歷了大約 7000 年的發展過程，從默默無聞的傳統漁農社會蛻變為聲名顯赫的國際大都會。

香港是歷史悠久的移民城市。港人的先輩大部分在不同的歷史時期，從中國內地遷徙而來。他們在此繁衍生息，同舟共濟、奮鬥拼搏，不斷給香港社會注入活力，成就了今日的輝煌。

香港以多元文化薈萃為其特色。十九世紀中葉，中外文化的碰撞與交融，使香港在中國近代社會發展進程中，佔有獨特而重要的地位。基於血緣和地緣關係，中國文化在此根深葉茂，同時西方文化也留下深刻的印記。在中外文化和南北文化交流互動中，香港成為中國

認識世界、走向世界的窗口,也是西方了解中國、走進中國的平台。

香港是世界上最自由的經濟體。優越的地理位置和得天獨厚的深水港、英國人的自由港政策、香港人的靈活頭腦和拼搏精神、中國政府維護香港繁榮穩定的國策、國家改革開放等有利因素匯集一起,創造了香港經濟發展的奇跡。

香港政治的一大特色就是實行「一國兩制」,這一方針確保了 1997 年香港的順利回歸。全國人民代表大會授權香港特區依照基本法實行高度自治,享有行政管理權、立法權、獨立的司法權和終審權,保持原有的資本主義制度、生活方式 50 年不變。

回歸後「一國兩制」在香港的實踐取得重大進展,獲得充分肯定。像任何新生事物一樣,「一國兩制」也面臨不同的挑戰。在憲法和基本法的框架之下,中央政府、特區政府和香港社會正運用政治智慧,凝聚社會共識,務求妥善應對當前經濟和社會的深層次問題,使「一國兩制」在香港平穩發展,創造更美好的明天。

大事記

出版說明

一、本卷是《香港志》的分志,以編年體為主,輔以紀事本末體編寫而成。

二、本卷的內容主要以時限內香港地區的自然、政治、經濟、文化和社會的大事為
　　主;對於發生在境外而足以影響香港社會的大事,也擇要予以記述。

三、本卷採用公元紀年。年份省略「公元」二字,公元前年份之前加「前」字。
　　1840 年中國進入近代之前,公元紀年加注歷史紀年。歷史紀年一律用漢字,
　　公元紀年一律用阿拉伯數字。

四、本卷的記時,凡日期能確定者均注明年、月、日;凡日期不能確定者,則排在
　　該月或該年的最末。

五、本卷記述的地名,凡古今地名相同者,不注今地名;古今地名不同者,則注明
　　今地名。

六、本卷中所涉及的外文原名,包括人名、官方機構和職稱、條例和文件、外資機構
　　和外籍組織、外文書刊等,均不在正文中標出,可參見「譯名對照表」。表中所
　　用外文原名,屬拉丁語系者均使用其原名,非拉丁語系者則一律使用英文譯名。

七、本卷對多次重複使用的公私營機構和組織,除首次出現的事條外,其餘事條均
　　採用簡稱,見「專有名詞簡全稱對照表」。

八、本卷的記事,主要以原始資料為依據,小部分源自經考證的研究著述,文中不
　　逐一注明資料出處,但附有「主要參考文獻」。

公元前 5000 年 - 公元前 4000 年 新石器時代	香港地區已有人類活動。先民集中在沿海生活，在今日的屯門龍鼓洲、香港島春坎灣和南丫島大灣等地，過着流動遷徙的季節性定居生活。他們的生活用具有石錛、砍砸器、石拍和骨器等，以採集、漁撈及狩獵為生。先民身穿以樹皮布製作的衣服，使用精美的彩陶（圖 001）和白陶為祭祀禮器，夾砂陶是日常炊煮食具。南丫島大灣沙堤上，發現過這個時期的圓形及方形房址遺跡。
公元前 4000 年 - 公元前 3000 年 新石器時代	這個時期香港地區的遺址以赤鱲角過路灣、大嶼山東灣、屯門龍鼓洲等的發現較豐富，出現大型石砌圍築房基建築，顯示沿海定居生活的發展。以拍打技術製作多種多樣的圓底陶器。陶器口沿以刻劃抽象鳳鳥紋為特色。各種打製石片石器和磨製石錛數量較多，顯示木工技術發達；大型石墜的使用，可能與較發達的漁業相關。
公元前 3000 年 - 公元前 2000 年 新石器時代	這個時期，香港地區沿海已進入較具規模的長期聚落生活，並開始出現氏族墓地，如西貢沙下、屯門湧浪等遺址。人們仍以採集及海洋漁撈、狩獵為生。服裝方面，從傳統樹皮布衣服改為以紡輪紡紗編織布。飲食方面除了使用圓底夾砂罐為主，亦出現了使用爐箅的烹調新技術。宗教信仰上，由前一段時期的以精緻祭祀陶器為禮器，改為玉石禮器的崇拜。受到來自長江流域的影響，除傳統石錛等工具外，亦出現磨製箭鏃、大型石鉞及環、玦等。（圖 002）

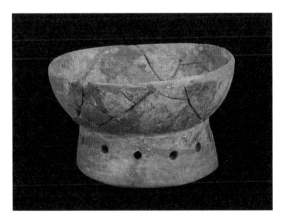

圖 001　赤柱春坎灣遺址出土的新石器時代刻劃紋鏤孔圈足彩陶盤。（古蹟辦提供）

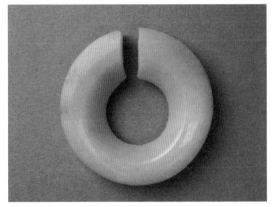

圖 002　屯門湧浪遺址出土的新石器時代石玦。（古蹟辦提供）

公元前 2000 年 - 公元前 1000 年 新石器時代至 青銅時代	約公元前 1500 年以後，香港地區已逐步進入青銅時代早期階段，有大嶼山的扒頭鼓及白芒，和馬灣東灣仔、南丫島大灣等遺址。扒頭鼓遺址一處揭露十數處的房址遺跡。一些遺址，從沙丘轉移向海岸岬角山崗高地，是具有防禦性意識的選址。扒頭鼓遺址內房址出土石製戈、矛和箭鏃等。馬灣東灣仔及南丫島大灣出現聚落共同墓地，共發現 30 多處墓葬，出土的薄身玦飾、有領手鐲都是商文化特色的裝飾物。在此期間出現大型玉石戈、牙璋等禮器，在製作技術、形制及刻劃的方格紋等，都繼承了中原地區二里頭及商時期玉石禮器的風格。（圖 003）
公元前 1000 年 - 公元前 221 年 青銅時代至 鐵器時代	香港地區已經進入成熟的使用及製作青銅工具的時代，曾出土過青銅製戈、劍、矛、斧、篾刀、箭鏃和魚鈎等。在赤鱲角過路灣、屯門掃管笏、大嶼山沙螺灣等遺址，發現過鑄造青銅器石範及鑄造遺跡，技術上也相當先進。大嶼山白芒先民已掌握先進的轆轤機械技術，可以大量生產精美的水晶、石英環玦等飾物。
公元前 214 年 秦始皇三十三年	秦平定嶺南，置南海、桂林、象三郡，南海郡治所設於番禺。香港地區屬南海郡番禺縣管轄。
公元前 204 年 西漢高祖三年	自南海郡尉任囂於公元前 206 年去世後，龍川縣令趙佗代行其職權，聚兵自守，割據南海、桂林、象三郡。至本年，趙佗建立南越國，自立為南越武王，以番禺為國都。自此，香港地區屬南越國番禺縣管轄，凡 93 年。
公元前 111 年 西漢元鼎六年	南越國為漢武帝派遣的伏波將軍路博德、樓船將軍楊僕率兵攻滅。漢於其地設交阯刺史部，下轄南海、蒼梧、合浦、鬱林、交阯、九真、日南、珠崖、儋耳九郡，香港地區屬南海郡番禺縣管轄。
公元前 111 年後 西漢元鼎六年後	漢在平定南越趙氏後，設番禺鹽官，香港地區鹽場在其管轄範圍內。此前，漢自元狩四年（公元前 119 年）起，已於全國範圍內推行鹽鐵專賣。
公元前 206 年 - 公元 8 年 西漢時期	大嶼山白芒遺址發現可能是南越國時期的堆積，出土戳印硬陶瓿、三足罐、盒和生產工具鐵錛、鋤等遺物，填補南越國至西漢階段香港的一段文化空白。
25 年 - 220 年 東漢時期	香港地區仍屬南海郡番禺縣管轄。考古發掘的李鄭屋漢墓基磚刻有「番禺大治曆」、「大吉番禺」等字樣。（圖 004、005）
265 年 吳甘露元年	吳於南頭置司鹽校尉，監督東官場，香港地區屬其管轄。
331 年 東晉咸和六年	晉分拆南海郡為二，其一為東官郡，下設寶安等六縣，香港地區屬寶安縣。含香港地區鹽場在內的東官場，則歸東官司鹽都尉管轄。
411 年 5-6 月 東晉義熙七年四月	盧循參與五斗米道起事反晉，至本月於交州被刺史杜慧度擊敗斬殺。相傳盧循餘部退居大奚山（今大嶼山）一帶，稱盧餘，亦號盧亭。

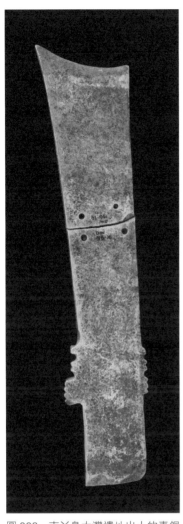

圖 003　南丫島大灣遺址出土的青銅時代牙璋。（古蹟辦提供）

圖 004　李鄭屋漢墓墓室內部結構。此墓約建於東漢。（政府新聞處提供）

圖 005　李鄭屋漢墓墓磚上刻有「大吉番禺」的銘文，表示香港地區在漢代屬番禺管轄。（香港地方志中心據香港歷史博物館提供圖片製作）

428 年 南朝宋元嘉五年	杯渡禪師南下交、廣，相傳曾駐錫於屯門地區。僧眾後為之在元朗建靈渡寺，在杯渡山（今青山）建杯渡寺（今青山禪院），兩寺均入香港三大古刹之列。（圖 006）
590 年 隋開皇十年	隋廢東莞郡，含香港地區在內的寶安縣改屬廣州。
736 年 2-3 月 唐開元二十四年正月	唐於廣州寶安縣設置屯門鎮，隸屬安南都護府，兵額 2000 人，防禦海口（今珠江口一帶）。
744 年 2-3 月 唐天寶三載二月	南海郡太守劉巨鱗調派屯門鎮兵，經海路北上，鎮壓浙江海賊吳令光。
757 年 10-11 月 唐至德二載九月	唐改寶安縣為東莞縣，仍屬於南海郡。
815 年 6-7 月 唐元和十年五月	劉禹錫的《踏潮歌》寫有「屯門積日無迴飆，滄波不歸成踏潮」之句，是目前發現最早詠及香港地區景物的文學作品。另韓愈在元和十四年（819 年）的《贈別元十八協律六首·其六》亦寫有「屯門雖云高，亦映波浪沒」之句。
917 年 8-9 月 南漢乾亨元年七月	劉龑稱帝立國，建國號大越（翌年改國號漢），定都番禺，改元乾亨，升廣州為興王府，香港地區屬興王府東莞縣。
954 年 南漢乾和十二年	開翊衛副指揮同知、屯門鎮檢點、防遏右靖海都巡陳巡命人造杯渡禪師像，供奉於杯渡山（今青山）杯渡岩。（圖 007、008）
963 年 南漢大寶六年	南漢後主劉鋹設立媚川都，兵額 2000 人，在大步海（今大埔海）專事採珠，為香港地區記載有採珠之始。時人採珠「以石縋足，蹲身入海，有至五百尺深者」，溺死者甚眾。
969 年 3 月 8 日 南漢大寶十二年 二月十八日	南漢後主劉鋹封杯渡山（今青山）為瑞應山，並勒碑紀事。
972 年 6 月 23 日 北宋開寶五年 五月初十日	宋廷以採珠禍國害民為由，下令禁止，廢媚川都，將少壯者編入靜江軍，並遣散老弱者。未幾，又恢復採珠。
973 年 北宋開寶六年	江西吉水人、承務郎鄧漢黻宦遊至廣東，寓居於岑田（今錦田），成為鄧氏的廣東一世始祖。
984 年 12 月 - 985 年 1 月 北宋雍熙元年十二月	宋廷廢除嶺南採珠場，禁止採珠。
1008 年 北宋大中祥符元年	福建莆田林松堅兄弟率領族人聚居於九龍彭蒲圍（在今鑽石山大磡），後又遷居蒲崗村（在今黃大仙彩虹道遊樂場一帶）。

1012 年
北宋大中祥符五年

南堂石塔建成，坐落於南佛堂門（今東龍洲）。

1023 年 -1085 年
北宋天聖元年至
元豐八年

進士侯五郎自廣東番禺遷居東莞縣河上鄉（今上水河上鄉），是河上鄉侯氏始祖。至明初，其後人十一世祖侯卓峰發展河上鄉。

1060 年 7 月
北宋嘉祐五年六月

《新唐書》修成，其〈地理志〉記載「廣州東南海行，二百里至屯門山」，是香港地區地名首次入載國家正史。

1078 年前
北宋元豐元年前

宋廷於大奚山（今大嶼山）設立海南柵以產鹽。

1089 年
北宋元祐四年

廣州知府蔣之奇作〈杯渡山紀略〉，記述南朝宋元嘉年間杯渡禪師南來傳說及杯渡山（今青山）得名的由來。

圖 006　1982 年的元朗廈村靈渡寺，清代改建成現今規模，相傳寺院所在地曾為東晉末、劉宋初杯渡禪師駐錫之處。（香港歷史博物館提供）

圖 007　位於屯門青山禪院杯渡岩的杯渡禪師像，攝於 2020 年。（香港地方志中心拍攝）

圖 008　香港三大古剎之一的青山禪院（亦稱青山寺），攝於 2020 年。（香港地方志中心拍攝）

1105 年後 北宋崇寧四年後	江西吉水鄧符協遷居岑田圭角山（今錦田桂角山）下，並創辦力瀛書齋，是香港地區已知最早的書院。
1115 年 1 月 15 日 北宋政和四年 十二月十八日	宋廷下令恢復採珠，並命令廣南市舶司歲貢珍珠。
1127 年後 南宋建炎元年後	江西陶氏於兩宋之間，從廣西鬱林遷至新界元朗牛潭尾。族人後於元末明初自牛潭尾遷至屯門，建立「屯門大村」（在今屯子圍）。
至遲 1127 年 - **1161 年** 至遲南宋建炎元年至 紹興三十一年	宋廷在今九龍灣西北岸設官富場，管理鹽務。
1129 年 南宋建炎三年	金兵南下侵宋，岑田（今錦田）鄧元亮時任江西贛縣知縣，舉兵勤王，救得宋室宗姬，後來許配予其子鄧惟汲。紹熙年間（1190年 -1194 年），宋光宗和宗姬相認，稱其為皇姑，並追封鄧惟汲為稅院郡馬，賜地於東莞，是香港地方氏族與皇室結姻的一例。（圖009）
1154 年 12 月 - **1155 年 1 月** 南宋紹興二十五年 十二月	宋廷廢止珍珠歲貢，允許民間開採。
1131 年 - 1162 年 南宋紹興年間	宋廷招降大奚山（今大嶼山）朱祐等人，選其少壯者編入摧鋒水軍，並放寬當地的漁鹽之禁。
	宋廷升海南柵為海南場。
1164 年 11 月 30 日 南宋隆興二年 十一月十五日	廣東提舉茶鹽司以官富場（今九龍東部）鹽產微薄、位處僻遠，下令廢罷，併入疊福場（今沙頭角東北）管理，至南宋末年重新設立。
1183 年 6 月 20 日 南宋淳熙十年 五月二十九日	宋廷下令嚴禁大奚山（今大嶼山）販製私鹽。
1183 年 南宋淳熙十年	江西盧陵彭桂率族人自揭陽遷到東莞縣龍山地區（今粉嶺龍躍頭一帶）定居，是今日粉嶺彭氏的始祖。
1185 年 3 月 15 日 南宋淳熙十二年 二月十二日	宋廷再下令廣東水軍統領、鹽司等嚴拿大奚山（今大嶼山）私鹽販賣。
1191 年 南宋紹熙二年	東莞縣發生旱災。

1197 年 7-8 月
南宋慶元三年閏六月

廣東提舉茶鹽司徐安國派員入大奚山（今大嶼山）緝拿私鹽，當地島民挾持副彈壓高登，並推舉其為首領，聚眾起事，一度乘船攻至廣州城下。八月（9-10 月），宋廷以錢之望任廣州知府，並調派福州延祥寨摧鋒水軍前往鎮壓，大殺島民。十月（11-12 月），事遂平息。

1197 年
南宋慶元三年

宋廷調撥摧鋒水軍 300 名駐守大奚山（今大嶼山），每季輪換一次。

1200 年
南宋慶元六年

駐守大奚山（今大嶼山）的摧鋒水軍被裁減至 150 人，並改屯官富場（今九龍東部），至南宋末年，悉數罷免。

1245 年 5-6 月
南宋淳祐五年五月

東莞縣遇颱風，海水暴漲，瀕海 2000 餘戶被淹沒。

1245 年 12 月 -
1246 年 1 月
南宋淳祐五年十二月

冬，東莞縣連續三日大雪，積雪深尺餘。

1254 年
南宋寶祐二年

宋廷封李昂英為番禺開國男，食邑 300 戶，其食邑税山的　部分位於大奚山（今大嶼山）。今存「李府食邑税山」界石兩件。（圖 010）

1258 年
南宋寶祐六年

龍躍頭鄧炎龍應漕舉科，以賦才中式鄉解元，其後於景定二年（1261 年）再參加漕試中舉。

圖 009　約二十世紀初的粉嶺龍躍頭觀龍圍門樓，門樓上的對聯「觀龍綿世澤，郡馬著家聲」，是指鄧氏與南宋皇室的一段姻緣。（香港大學圖書館特藏部提供）

圖 010　現存於香港歷史博物館的「李府食邑税山」石刻，攝於 2019 年。（香港地方志中心拍攝）

約 1266 年
約南宋咸淳二年

莆崗林道義於北佛堂（今西貢大廟灣）建林氏大姑廟，該廟後經多次重修，並改稱為天后廟，是香港現存最古老、規模最大的天后廟，亦稱大廟。（圖 011）

1274 年 7 月 20 日
南宋咸淳十年
六月十五日

官富場鹽官嚴益彰到南北佛堂（今東龍洲和西貢大廟灣）遊覽，並於北佛堂（今西貢大廟灣）鐫石紀念，為香港最早記有確切年代的刻石。（圖 012）

1277 年 3-4 月
南宋景炎二年二月

元兵攻陷廣州，廣東諸郡投降。宋端宗（帝昰）海上行朝，經大鵬灣至梅蔚山（今梅窩），並建造行宮。

1277 年 5-6 月
南宋景炎二年四月

宋端宗一行移駐官富場（今九龍東部），今九龍仍有「宋王臺」刻石以記其事。（圖 013）

1277 年 7 月
南宋景炎二年六月

宋端宗一行停泊於佛堂門南堂古塔（在今東龍洲），其後仍駐紮在官富場（今九龍東部）。

1277 年 9-10 月
南宋景炎二年九月

元將蒙固岱、索多、蒲壽庚及劉深，以水師追擊宋室至官富場（今九龍東部），宋端宗一行移舟淺灣（今荃灣）。

1277 年 11-12 月
南宋景炎二年十一月

宋端宗於淺灣（今荃灣）被元將劉深追擊，宋將張世傑不敵戰敗，奉宋端宗退守秀山（今東莞虎門）。

1278 年 3-4 月
南宋景炎三年三月

宋端宗移師碙州。學者簡又文、羅香林認為碙州在今大嶼山；饒宗頤認為在化州，今屬廣東湛江。

1278 年 5 月 8 日
南宋景炎三年
四月十五日

宋端宗於碙州病逝，時年 11 歲。

1278 年 5 月 10 日
南宋景炎三年
四月十七日

衛王昺即位於碙州，時年八歲，是為宋帝昺。五月初一日（5 月 23 日），改元祥興，升碙州為翔龍縣。

1278 年 6 月 22 日
南宋祥興元年
六月一日

東莞縣境觀測到日食。

1278 年 6-7 月
南宋祥興元年六月

宋將張世傑護送宋帝昺移駐厓山，次年大敗，南宋亡，香港地區歸元統治。

約 1279 年前後
約元至元十六年前後

屏山鄧氏五世祖鄧馮遜建屏山鄧氏宗祠，是香港現存歷史最悠久的祠堂。（圖 014）

1280 年
元至元十七年

元廷下令於廣州路大步海（今大埔海）採珠。

1282 年 7-8 月
元至元十九年六月

東莞縣海水漲溢，農作物受災。

圖 011　位於西貢大廟灣的天后古廟，亦稱「北佛堂天后廟」，始建於宋代，攝於 2020 年。（香港地方志中心拍攝）

圖 012　位於西貢大廟灣地堂咀的大廟灣刻石 1979 年被列為法定古蹟。石刻上有「咸淳甲戌六月十五日書」之句，即刻於 1274 年 7 月 20 日。（香港地方志中心據古蹟辦提供圖片製作）

圖 013　1920 至 1930 年代的宋王臺刻石（右上方），山門（正中）建於 1915 年。（香港歷史博物館提供）

圖 014　屏山鄧氏宗祠，攝於 2020 年。（香港地方志中心拍攝）

1293 年 元至元三十年	元廷罷除官富場（在今九龍東部），其鹽課冊籍附入黃田場（在今深圳寶安區）。
1297 年 元大德元年	元廷再下令，在大步海（今大埔海）採珠，以疍戶 700 餘家，官給糧餉，命疍戶在大步海、惠州珠池三年一採。
1304 年 元大德八年	元廷已在今香港地區設置屯門巡檢司，屬廣州路總管府東莞縣管轄，設巡檢一名、寨兵 150 人，衙署位於屯門寨。
1318 年 1-2 月 元延祐四年十二月	元廷復置廣州採金珠子都提舉司，管理廣州珠池，其中以大步海（今大埔海）為重要產地。
1320 年 7-8 月 元延祐七年六月	元廷下令禁止在大步海（今大埔海）採珠。此前，東莞士紳張惟寅有〈上宣慰司採珠不便狀〉，力言採珠為擾民之舉。
1337 年 3-4 月 元至元三年二月	元廷重新設立採珠提舉司，於大步海（今大埔海）採珠。
1350 年 元至正十年	福建汀州廖仲傑遷居廣東東莞，至本年定居於鳳水鄉（今上水鄉）雙魚河一帶，是今日上水廖氏的始祖。
1352 年 元至正十二年	吳成達自東莞遷居今九龍黃大仙一帶，建衙前村，為衙前圍村吳氏始祖。
1359 年 元至正十九年	元末，各地民變蜂起。東莞何真起兵，聚眾保鄉，割據東莞、惠州地區，並設立營壘，以部下歐孟素戍守黎洞營（駐今沙頭角萊洞）、林一石戍守林村營、鄒子能戍守岑田營（駐今錦田）。
約 1362 年 - 1368 年 約元至正二十二年至二十八年	鄧季琇自東莞遷居粉嶺龍躍頭，首建老圍，是龍躍頭鄧氏的一世始祖。
1368 年 4 月 18 日 明洪武元年 四月初一日	割據東莞、惠州一帶的元江西行省左丞何真降明，自此香港地區歸入明廷統治。此前，明廷已在二月二日（2 月 20 日）遣征南將軍廖永忠、副帥朱亮祖兵分兩路，南下廣東。
1368 年後 明洪武元年後	江西文氏由屏山遷至泰坑（今大埔泰亨）定居。
1370 年 明洪武三年	明廷將屯門寨併入固戍寨（在今深圳寶安）。
	明廷設官富巡檢司，設巡檢、司吏各一名，弓兵 50 名，衙署在官富寨（在今九龍城），轄管區域與屯門巡檢司相同。
1374 年 10-11 月 明洪武七年九月	明廷下令廢止大步海（今大埔海）採珠。此前，從四月至八月（5-10 月），東莞知縣詹勖令官兵在大步海採珠，僅得珠半斤，後於萬曆年間（1573 年 - 1620 年）又恢復採珠。
1381 年 明洪武十四年	明廷在東莞縣治以南建立南海衛，今香港地區在其護衛範圍之內。

1382 年 4 月 27 日 明洪武十五年 三月十四日	南雄侯趙庸收編東莞、香山等地方疍民 10,000 人為水軍，以防止疍民為寇，並守備地方。
1382 年 明洪武十五年	屏山鄧通叟參加薦舉試，獲授寧國府正。
1384 年 明洪武十七年	明廷復設沿海諸衛所，並分築墩台，實行屯田，以防備倭寇。今日香港地區亦在其守備範圍之中。
1394 年 明洪武二十七年	明廷設立東莞守禦千戶所（在今南頭）、大鵬守禦千戶所（在今大鵬半島），均隸屬南海衛，並建有所城。
1368 年 - 1398 年 明洪武年間	屏山鄧彥通建聚星樓，是香港現存唯一的古塔。（圖 015、016）
1415 年 明永樂十三年	秋，東莞縣遇颱風，洪水大發。 冬，東莞縣降雪。
1403 年 - 1424 年 明永樂年間	江西永新文氏七世祖文世歌為逃避兵役，先遷居屯門老虎坑，後再定居新田，為新田文氏的始祖。
1426 年 - 1435 年 明宣德年間	錦田鄧欽為其繼母修建凌雲靜室，為今凌雲寺前身，是香港三大古剎中唯一的女眾清修道場。
1444 年 明正統九年	新田文氏在蕃田村始建文氏宗祠惇裕堂。

圖 015　約 1950 年代的聚星樓，又名魁星塔、文昌閣，為屏山鄧氏所建。（香港歷史博物館提供）　圖 016　聚星樓現貌。（古蹟辦提供）

1453 年 9 月 6 日 明景泰四年 八月初四日	明廷以官富巡檢司署隔涉海道，多有不便，移至要衝之地屯門村。
1461 年 明天順五年	東莞縣發生旱災，引致饑荒。知縣吳中勸捐，捐出 7000 錢以上的有 50 人。
	秋，東莞縣發生洪水，影響農作物收成。翌年春天，本縣發生饑荒。
1471 年 明成化七年	錦田鄧廷貞參加辛卯科鄉試，以《書經》中舉，授任江西萬安縣教諭。
1475 年 明成化十一年	秋，東莞縣遇颱風，海水淹沒農田，近半農作物受損。
1465 年 - 1487 年 明成化年間	錦田鄧氏建吉慶圍、泰康圍。（圖 017）
1500 年 - 1520 年 明弘治十三年至 正德十五年	屏山鄧氏建愈喬二公祠。
1503 年 9-10 月 明弘治十六年九月	東莞縣海水漲溢，農作物遭毀。

圖 017　元朗錦田吉慶圍（下方）與泰康圍（上方）的高空照片，約攝於 1960 年代。（香港大學圖書館特藏部提供）

1488 年 - 1505 年 明弘治年間	大澳關帝古廟建成，是香港可考年代最早的關帝廟。
1514 年 明正德九年	葡萄牙探險家歐維士自滿剌加（今馬六甲）率船兩艘，東來屯門，豎立刻有葡萄牙國徽的紀念碑石，以示佔領，並企圖與中國通商。此後，葡萄牙人侵佔屯門、葵涌海澳達七年。
1517 年 8 月 15 日 明正德十二年 七月二十八日	葡萄牙印度總督派遣船長費爾南・安德拉德率船四艘，與歐維士、使者皮萊資，攜同國書和禮物，於 6 月 17 日自滿剌加（今馬六甲）出發，本日抵達屯門。9 月底，船隊進入廣州，以進貢為名，請求通商，不果。船隊退返屯門，皮萊資等使團則透過賄賂，北上南京、北京，欲會見明武宗，不果。1521 年，皮萊資使團因葡萄牙人於屯門的殺掠行徑被押往廣州入獄。
1518 年 8 月 明正德十三年 六至七月	葡萄牙船長西蒙・安德拉德奉葡萄牙印度總督之命，以「尋找皮萊資」為名，率船三艘抵達屯門，並擅自於屯門一帶，設立營柵、刑場，鑄造火銃、劫掠財物，並販賣人口、蹂躪婦女。
1521 年 6 月 27 日 明正德十六年 五月二十三日	廣東巡海道副使汪鋐率明水師 50 餘艘帆船，進攻並包圍葡萄牙船十餘艘於屯門。至 9 月 7 日夜，葡船三艘乘暴雨逃出，是為屯門海戰，是中國和歐洲國家的第一場海戰。後明軍又圍困葡萄牙人於屯門三個月，最終收復屯門。自此屯門一帶，再無葡人居留。
1522 年 8 月 明嘉靖元年 七月至八月	葡萄牙國王曼努埃爾一世派遣葡萄牙人馬丁・阿豐索、別都盧等率船六艘、兵 300 人，自滿剌加（今馬六甲）抵達屯門，並遣使南頭，企圖與明廷議和、建立城堡及通商，不果，復被明廣東巡海道副使汪鋐率領的南頭寨水師火攻，一敗於茜草灣，再敗於稍州，別都盧戰死。明軍繳獲葡船兩艘及佛郎機炮，斬首葡軍 35 級，俘虜葡軍首領疏世利等 42 人，並於 9 月 23 日以海賊罪處死。馬丁・阿豐索率餘眾乘夜逃回滿剌加。此後，葡萄牙人轉向閩浙一帶活動，最後輾轉至澳門經營數百年。
1525 年 明嘉靖四年	龍躍頭鄧氏建松嶺鄧公祠，是龍躍頭鄧氏的宗祠。
1526 年 3-4 月 明嘉靖五年二月	東莞縣雷電大作，雨水大增。
1531 年 明嘉靖十年	東莞五都（今香港地區）人馮體立參加辛卯科鄉試，以《詩經》中舉，初授南直隸蘄州學正，升任山東滋陽縣，後調任廣西羅城縣、雲南蒙自縣知縣。
1533 年 明嘉靖十二年	海盜許折桂、溫宗善入寇東莞。千戶顧晟追捕至春花洋（今青衣島一帶水域），戰死。

1535 年 - 1550 年 明嘉靖十四年至 二十九年	海盜林道乾聚賊數千，擄掠香港地區沿岸各鄉村，並在海上勒收船隻通行費，使區內船隻不敢出海。
1540 年 明嘉靖十九年	明廷在廣東沿海設三路巡海備倭官軍，其中中路自東莞縣南頭城，出佛堂門、十字門、冷水角諸海澳，涵蓋今日香港地區。
1542 年 明嘉靖二十一年	明廷裁革管轄香港地區鹽課的黃田場（在今深圳寶安區），併入東莞場。
1551 年 明嘉靖三十年	秋，海盜何亞八率夷人入寇東莞守禦千戶所，千戶萬里在防守南山煙墩時戰死。何亞八繼續擄掠香港地區村落，上水鄉民廖重山、侯氏夫婦受害。何亞八後為指揮使李茂材率兵剿滅。
1558 年 明嘉靖三十七年	東莞縣大旱。
1563 年 明嘉靖四十二年	福建巡撫譚綸、總兵戚繼光向明廷奏請恢復設置水寨舊制，旋於廣東設置水師六寨，今香港地區的佛堂門、龍船灣、大澳、浪淘灣四處汛地屬南頭寨管轄，每處汛地駐軍 200 餘名。
1565 年 4-5 月 明嘉靖四十四年四月	東莞縣大旱，米價上漲，每斗米售銀一錢。
1567 年 12 月 30 日 明隆慶元年 十二月初一日	冬天，東莞縣發生地震。
1567 年 - 1572 年 明隆慶年間	海盜林鳳擄去大步（今大埔）人鄧孔麟父親，鄧以身代父，後成功逃脫。另有大步人鄧師孟以身贖父、沉海而死。龍躍頭鄧氏為紀念鄧師孟的孝行，後於 1595 年在大步（今大埔）建鄧孝子祠，今不存。
1573 年 5-6 月 明萬曆元年五月	明廷應南頭士紳所請，建新安縣，自東莞縣劃出 56 里、7608 戶、33,971 人，治所南頭，屬廣州府，縣境大致包括今日的香港和深圳。新安之名取「革故鼎新、去危為安」之意。
1574 年 2 月 11 日 明萬曆二年 正月二十日	陳、韋、唐、吳、許、蔡、袁、李、楊、黃諸姓在沙田城門河一帶合建積存圍，俗稱「大圍」。
1574 年 明萬曆二年	福建人林雲龍任新安建縣首任官富司巡檢。
1578 年 明萬曆六年	新安縣觀測到彗星。
1581 年 明萬曆九年	應檟編輯、劉堯誨重修的《蒼梧總督軍門志》刊刻面世，書中收錄的《全廣海圖》標注有「九龍」的地名，是目前發現最早標示「九龍」一名的古地圖。

1583 年 明萬曆十一年	夏秋間，新安縣發生嚴重旱災。
1587 年 明萬曆十五年	新安知縣邱體乾主持纂修首部《新安縣志》，今佚，僅存序文。 新安縣大旱，岑田鄧元勳捐穀 2000 石，知縣邱體乾以岑田「土地膏腴，田疇如錦」，改稱錦田。
1591 年 明萬曆十九年	明廷設南頭參將，派船巡邏佛堂門、九龍、屯門及急水門（今汲水門）等香港地區水域。
1596 年 明萬曆二十四年	新安縣大旱，發生饑荒，每斗米售銀一錢六分。青衣島陳禧捐粟1000 石賑饑，獲「鄉飲正賓」之譽。
1598 年 明萬曆二十六年	番禺郭棐刊刻《粵大記》，書中收錄的〈廣東沿海圖〉，標注有今香港地名 70 餘處，其中於今香港仔附近標有「香港」二字，為目前發現最早標示「香港」地名的古地圖。（地圖 1、2）
1600 年 - 1644 年 明萬曆二十八年至崇禎十七年	上水河上鄉居石侯公祠建成。（圖 018）
1603 年 9 月 26 日 明萬曆三十一年 八月二十二日	秋，新安縣發生地震。
1605 年 9 月 15 日 明萬曆三十三年 八月初三日	秋，新安縣發生地震。

圖 018　新界上水河上鄉居石侯公祠。（古蹟辦提供）

1605 年 明萬曆三十三年	明廷以廣東珠池蜑蚌日漸減少為由,下令廢止採珠,同時亦禁止民間私採,香港地區的採珠業自此衰微。
1610 年 明萬曆三十八年	錦田鄧良仕以庚戌歲貢名額獲選入讀國子監,後授任訓導。
1620 年 7 月 16 日 明萬曆四十八年 六月十七日	新安縣發生地震。
1573 年 - 1620 年 明萬曆年間	文、謝二氏遷居大埔,立村建窰,生產青花瓷,是香港明清時期重要的製瓷窰場。(圖 019) 上水廖氏七世祖廖南沙聚合散居上水各處的族人,於梧桐河、雙魚河之間建村(今圍內村)以集合宗族力量,後發展為上水鄉。 龍山彭氏遷入粉壁嶺,建立粉嶺圍。此前,彭氏已自龍山遷至粉嶺樓。(圖 020)
1623 年 明天啟三年	兩艘荷蘭大船由佛堂門入泊庵下,新安知縣陶學修率鄉兵持兵器防守,荷蘭船遂退去。
1624 年 5-6 月 明天啟四年四月	新安縣米價高昂,每斗米售銀一錢五分。
1629 年 明崇禎二年	新安縣爆發大規模疫病,死者甚眾。
1630 年 明崇禎三年	海盜李魁奇率賊船百餘艘入寇香港地區,參將陳拱率南頭寨水師於佛堂門抵禦。後賊眾抵南頭海(今后海灣),大掠沿岸村落,陳拱追剿,戰死。
1631 年 5 月 明崇禎四年四月	新安縣米價昂貴,每斗米售銀一錢六分。

圖 019　上碗窰村的牛碾遺跡,由花崗石製成的碾槽及碾砣組成,是用以將瓷石碾成粉末的工具。(古蹟辦提供)

1633 年 明崇禎六年	海盜劉香沿海虜掠新安（包括今香港地區），為福建撫將鄭芝龍所敗。翌年五月二十日（1634 年 6 月 15 日），劉香率賊船 200 餘艘再寇新安，並攻擊南頭。八年（1635 年），劉香三度入寇新安，至五月（1635 年 6-7 月），為鄭芝龍剿滅於海上。
1636 年 4-7 月 明崇禎九年 四月至五月	新安縣旱災，引致饑荒，每斗米售銀一錢六分，知縣發糧賑災。
1637 年 明崇禎十年	英王查理一世派遣柯亭協會船長威德爾率武裝商船抵華南水域，不理明廷官員指令其停泊在今大嶼山的要求，逕入珠江口而至廣州，旋退。此為英國首次正式派商船來華。
	新安知縣李鉉重修《新安縣志》，今佚。
約 1640 年 - 1644 年 約明崇禎十三年至 十七年	新安縣令周希曜指出，當時在包括香港地區的新安縣內村落之間為爭奪墟市和田地，械鬥頻繁。
1641 年 12 月 明崇禎十四年十一月	惠州銀瓶嘴山賊綿花王寇掠龍躍頭村，新安知縣周希曜發官軍進剿，擒賊首綿花王等 30 餘人，斬首 300 餘級。
1643 年 6 月 10 日 明崇禎十六年 四月二十四日	新安縣遇颱風，大雨摧毀樹木、房屋，舟船沉沒甚多。
1643 年 明崇禎十六年	新安知縣周希曜重修《新安縣志》，正文今已佚失，僅存序文於康熙二十七年（1688 年）和嘉慶二十四年（1819 年）所修的《新安縣志》。
1644 年前 明崇禎十七年前	大埔頭敬羅家塾建成，現為大埔頭鄧氏家祠。
	西貢蠔涌車公古廟建成，是香港現存歷史最悠久的車公廟。

圖 020　粉嶺圍現貌，圍前保存有三尊古炮及風水塘，攝於 2020年。（香港地方志中心拍攝）

| 1644 年 - 1736 年 | 沙頭角禾坑村李氏創建書屋，是為鏡蓉書屋的前身。 |
| 清順治元年至
乾隆元年 | |

| 1646 年 10 月 11 日 | 上水廖氏動工修築上水圍，歷一年竣工。 |
| 清順治三年
九月初三日 | |

1646 年	惠州山賊陳耀寇掠新田、九龍、官富等地，又圍攻龍躍頭鄉九日， 不果退走。
清順治三年	
	江西人吳起渭任清代首位官富巡檢司巡檢。

| 1647 年 4-5 月 | 南明參將李萬榮奉永曆年號，據九龍寨東南、鯉魚門北端雞婆
山（今魔鬼山），阻截出入海門商船，勒索通行費。至順治十三年
（1656 年），李為清總兵黃應傑圍困於大鵬山而降清。 |
| 清順治四年三月 | |

| 1648 年 | 新安縣發生嚴重饑荒，每斗米售銀一両二錢。同時，新安縣爆發疫
病，造成大量人口死亡，盜竊頻生。 |
| 清順治五年 | |

| 1653 年 | 新安縣發生饑荒，每斗米售銀八錢，餓死者眾。 |
| 清順治十年 | |

| 1655 年 12 月 8 日 | 新安縣出現大雨雹，房屋遭毀，亦有人被擊傷。 |
| 清順治十二年
十月二十四日 | |

| 1656 年 7 月 27 日 | 清廷首次申嚴海禁，下令浙江、福建、廣東、江南、山東、天津沿
海地方，或築土壩，或豎木柵，處處嚴防，不許片帆入海，以杜絕
沿海民眾接濟鄭成功。 |
| 清順治十三年
六月十六日 | |

| 1660 年 12 月 23 日 | 新安縣雷電大作，連續降雨七晝夜。 |
| 清順治十七年
十一月初八日 | |

| 1661 年 9-10 月 | 清廷下令江南、浙江、福建、廣東四省遷海。（圖 021） |
| 清順治十八年八月 | |

| 1662 年 4-5 月 | 清廷實施沿海遷界 30 至 50 里，並派遣總鎮曹志領兵驅散沿海居民
遷往內陸，沿海地區大多夷為平地，無人居住，是為初遷，整個香
港地區盡入遷海範圍。 |
| 清康熙元年三月 | |

| 1662 年 | 新安縣潮水漲溢。 |
| 清康熙元年 | |

| 1663 年 9 月 | 清廷查勘粵界，劃定再次遷海的範圍，其中包括新安縣東西二路共
24 鄉。 |
| 清康熙二年八月 | |

| 1664 年 2-3 月 | 新安縣觀測到西南方有彗星。同年春夏間，新安縣發生旱災。 |
| 清康熙三年二月 | |

1664 年 3-4 月
清康熙三年三月

清廷命城守尉蔣孔閏、知縣張璞落實執行再遷，下令民眾向內陸地區遷移 30 里，並在界外拆毀民居、築墩豎柵、重兵嚴守，不准居住、耕種、捕魚，凡越界者立斬。沿海居民忽遭播遷、顛沛流離。

1664 年 9-10 月
清康熙三年八月

土匪袁瑞盤踞官富（今九龍城一帶）、瀝源（今沙田一帶），四出擾掠，後被遊擊梁有才剿滅。

1665 年 3 月 18 日
清康熙四年
二月初二日

新安縣觀測到太陽旁有凝聚白氣數圈，數小時後消散。

1666 年 11 月 20 日
清康熙五年
十月二十四日

新安縣觀測到東南方有彗星，長數丈，如長虹。

1666 年
清康熙五年

清廷裁撤新安縣，併入東莞縣。

1667 年春
清康熙六年春

原新安縣地區大旱。

1667 年 8-9 月
清康熙六年七月

原新安縣地區發生嚴重風雨。

1668 年 2-3 月
清康熙七年正月

廣東巡撫王來任先後向清廷上《展界復鄉疏》和《展界復鄉遺疏》，陳述遷界弊病，並請求復界，不果。

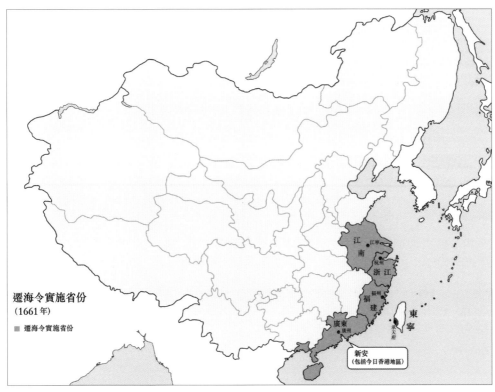

圖 021　1661 年，清廷實施遷海令，圖中綠色部分為實施遷海令的省份。（香港地方志中心製作）

| 1668 年 6-7 月 | 原新安縣地區降雨雹,破壞房屋和農作物。 |
| 清康熙七年五月 | |

| 1668 年 11-12 月 | 兩廣總督周有德勘復邊界,奏請清廷准許居民返回原居地生活,但 |
| 清康熙七年十月 | 不得出海。 |

| 1668 年 | 清廷在香港地區的屯門、獅子嶺、大埔頭及麻雀嶺各處墩台,設置 |
| 清康熙七年 | 守界、駐守寨兵,以防止遷界範圍內居民回區居住。 |

1669 年 2-3 月	原新安縣地區潮水漲溢。
清康熙八年正月	清廷接受王來任、周有德的建議,敕准復界,香港地區原被迫遷的
	居民始得回鄉復業,惟海禁令持續,船隻不可下洋,諸海島居民未
	能遷復。

| 1669 年 7 月 28 日 | 原新安縣地區西邊出現三個龍捲風,移至原縣城南,破壞大量 |
| 清康熙八年七月一日 | 民房。 |

1669 年 7-8 月	清廷恢復設置新安縣,香港地區仍屬其管轄,復界後首任知縣為遼
清康熙八年七月	東鐵嶺人李可成。李在康熙九年(1670 年)到任,開始招集居民
	遷回本縣,墾闢荒田。

1669 年 9 月 20 日	新安縣遇颱風,房屋幾乎全被吹毀。
清康熙八年	
八月二十六日	

1669 年	錦田鄧文蔚將原來位於錦田的大橋墩墟(在今元朗河口西岸)遷往
清康熙八年	東岸的圓朗墟(今元朗舊墟),該墟後又建有大王古廟,供奉洪聖
	和楊侯。

| 1669 年後 | 上水廖氏、河上鄉侯氏、龍躍頭鄧氏共建天岡墟(今上水天光莆一 |
| 清康熙八年後 | 帶),該墟後遷往石湖墟。 |

| 1671 年 | 官富巡檢司衙門遷至赤尾村(今深圳福田區內),香港地區事務仍 |
| 清康熙十年 | 歸其管轄。 |

| 1672 年 10-11 月 | 台灣海盜李奇寇掠香港地區沿海,並登陸西貢蠔涌,屠掠鄉民。知 |
| 清康熙十一年九月 | 縣李可成、遊擊蔡昶,率鄉勇官兵追剿至瀝源一帶,悉數捕殺。 |

1672 年	新安知縣李可成主持重修《新安縣志》,今已佚失。
清康熙十一年	龍躍頭鄧祥、鄧天章獲得許可,於大步鄧孝子祠旁建立大步頭墟
	(今大埔舊墟),以所得舖租供奉鄧孝子祠。

1673 年 7 月 5 日	新安縣遇颱風,海水暴漲,淹沒房屋和農作物,知縣李可成撰〈祭
清康熙十二年	風文〉祭祀。
五月二十一日	

1676 年
清康熙十五年

台灣海盜自惠陽入寇新安沿海，劫掠所過鄉村。九龍彭莆圍（在今鑽石山大磡）遭百多艘賊船攻破，圍內村民幾乎全部遇害，僅剩外出的幼童、牧牛人、學生幾人倖免。

1680 年 6 月 26 日
清康熙十九年
六月初一日

海盜登陸白石海沙江（今沙江圍），並沿海劫掠廈村一帶，雞柏嶺寨（今雞伯嶺）兵民力拒數日，終於失守被屠。

1680 年 7-8 月
清康熙十九年七月

新安縣觀測到西方有彗星，連續數月才消失。

1680 年
清康熙十九年

福建永安鄭氏遷居荃灣城門圍。

新安縣常有老虎出沒，傷人眾多，年餘才漸漸平息。

約 1681 年
約清康熙二十年

上水廖氏、龍躍頭鄧氏、河上鄉侯氏、泰坑文氏四個宗族於上水石湖墟建周王二公書院，又稱報德祠，以紀念對於復界有功的廣東巡撫王來任和兩廣總督周有德。該書院後於 1955 年石湖墟大火中燒毀，今已不存。

1682 年
清康熙二十一年

清廷改屯門墩台為屯門寨，駐千總一名，兵 30 名；另設輞井、九龍、大埔頭及麻雀嶺四汛。

1683 年
清康熙二十二年

清廷以台灣鄭氏既平，撤銷海禁令，船隻自此可以出海、捕魚如舊，大奚山（今大嶼山）諸島嶼居民始得遷回。

英國東印度公司商船「卡洛琳娜號」自澳門駛至，在大嶼山停泊兩個月，進行秘密交易。

1684 年 2 月 16 日
清康熙二十三年
正月初二

清廷派遣大臣勘界，並頒令將界內土地發還原有主人，同時以三年免稅的條件，吸引各地農民入遷，開墾已遭廢棄的無主荒地。

1684 年
清康熙二十三年

錦田鄧氏始建錦田周王二公書院，翌年完工，以紀念兩廣總督周有德和廣東巡撫王來任上書朝廷、成功復界之功。（圖 022）

圖 022　元朗錦田的周王二公書院現貌，攝於 2020 年。（香港地方志中心拍攝）

1684 年 清康熙二十三年	屏山鳳池村創建天后古廟。
1685 年 清康熙二十四年	錦田鄧文蔚參加乙丑科殿試,中第三甲進士,獲授浙江衢州府龍游縣知縣。
	錦田鄧氏創建首屆太平清醮,紀念周王二公,自始每十年建醮一次,是香港已知最悠久的太平清醮。
1686 年 清康熙二十五年	秋,新安縣大旱,農作物失收。
1688 年 清康熙二十七年	新安知縣靳文謨重修《新安縣志》,共 13 卷,今存,錦田進士鄧文蔚參與其事。
	香港地區的「鰲洋甘瀑」(在今瀑布灣)、「杯渡禪蹤」(在今青山),被列為「新安八景」之二景,載入康熙《新安縣志》。(圖 023、024、025)
	香港地區已有大橋墩墟(在今元朗河口西岸,康熙八年遷至圓朗墟)、天岡墟(在今上水一帶)、大步頭墟(在今大埔舊墟)三個墟市,載入康熙《新安縣志》。
1691 年 清康熙三十年	大步頭墟(今大埔舊墟)天后宮已建成。
1692 年 清康熙三十一年	元朗輞井圍玄關帝廟已建成。
1695 年 清康熙三十四年	粉嶺龍躍頭天后宮已建成。

圖 023　清康熙《新安縣志》中「新安八景」之「鰲洋甘瀑」圖。

圖 024　威廉·哈維約於 1816 年的油畫《香港仔附近的瀑布》。(政府新聞處提供)

1699 年 清康熙三十八年	大澳楊侯古廟已建成。
1700 年 -1750 年 清康熙三十九年至 乾隆十五年	山東濟南羅氏在香港島柴灣建羅屋村。
1704 年 清康熙四十三年	清廷設大鵬水師營，設有炮台三處，水陸塘汛九處。其中防汛的第八處紅香爐汛，在今日香港島。
1708 年 清康熙四十七年	新安縣發生嚴重饑荒。
1710 年 清康熙四十九年	錦田鄧俊元修建便母橋，其孝行載入嘉慶《新安縣志》中。（圖026）
1710 年 -1775 年 清康熙四十九年至 乾隆四十年	屏山鄧氏建若虛書室，設有馬術訓練，以為族人應試武舉。
1714 年 清康熙五十三年	元朗舊墟玄關二帝廟建成，同時是西邊圍鄧氏的宗祠。
1718 年 清康熙五十七年	屯門屯子圍陶氏建宗祠五柳堂。 屏山橫洲二聖宮建成，供奉洪聖和車公。

圖 025　香港仔瀑布灣現貌，攝於 2020 年。（香港地方志中心拍攝）

圖 026　錦田水頭村便母橋現貌，攝於 2020 年。（香港地方志中心拍攝）

圖 027　西貢東龍洲炮台遺址。（古蹟辦提供）

1722 年前 清康熙六十一年前	清廷於佛堂門設南堂炮台（在今東龍洲），歸大鵬協水師統轄，設把總一名、防兵 25 名。嘉慶十五年（1810 年）裁撤，移建九龍寨海旁。（圖 027）
1724 年 清雍正二年	上水廖九我捐贈帚管莆（今港島掃桿埔）嘗田 50 石予文岡書院（在今深圳南頭），作為書院社田。
	九龍衙前村吳、陳、李三氏合力重建衙前村，並建成圍牆，是為衙前圍，同年建成天后宮。
1726 年 清雍正四年	九龍衙前圍首次建太平清醮，例定十年一屆。
	清廷自廣東惠州、潮州、嘉應州及江西、福建各處，招募客籍農民到新安縣，免稅承墾官荒，後於乾隆元年（1736 年）起，恢復徵稅。
1728 年 清雍正六年	龍躍頭鄧肇基以戊申歲貢名額獲選入讀國子監，後任歸善縣訓導。
1729 年 清雍正七年	清廷在大嶼山汾流（今分流）岬角建雞翼角炮台。
1730 年 清雍正八年	九龍城侯王古廟已建成。
1735 年 清雍正十三年	海盜首領鄭連福、鄭連昌兄弟劫掠廣東沿岸，分別佔據香港大嶼山與鯉魚門北岸的惡魔山（今魔鬼山）。
1723 年 - 1735 年 清雍正年間	張、曾、黃、許、鄧五姓人合建淺灣圍（今荃灣老圍），是清初復界以後荃灣最早建成的村落。

1736 年
清乾隆元年

錦田鄧與璋參加丙辰恩科鄉試，以《書經》登第中舉，後於乾隆二年（1737 年）及乾隆七年（1742 年）考中明通榜，獲授德慶州學正。

錦田鄧紹周以丙辰恩貢名額獲選入讀國子監，後獲授韶州府英德縣教諭，歷署連山、仁化、陽山諸縣教諭。

1739 年 - 1767 年
清乾隆四年至
三十二年

新安縣蘇、李二氏遷入長沙灣，分別建立蘇屋村和李屋村。

1740 年
清乾隆五年

龍躍頭鄧炳以庚申歲貢名額獲選入讀國子監，後任廣寧縣訓導。

1744 年
清乾隆九年

龍躍頭鄧氏建觀龍圍，又名新圍。

1747 年
清乾隆十二年

銅鑼灣天后古廟已建成。

1750 年
清乾隆十五年

錦田鄧氏的兩個分支建成宗祠友恭堂，合祀其始祖鄧洪惠、鄧洪贄。自此該兩支鄧氏合而為一，被稱為厦村鄧氏。

1751 年
清乾隆十六年

上水廖氏建宗祠廖萬石堂，以紀念先後在北宋時期出任高官、共有俸祿萬石的遠祖廖剛和其四名兒子。（圖 028）

1751 年後
清乾隆十六年後

元朗厦村鄧氏創建厦村墟，後發展為厦村市。

1753 年
清乾隆十八年

春，海盜鄭連昌於鯉魚門海濱建立天后宮。

1757 年 3 月 4 日
清乾隆二十二年
正月十五日

晚上，新安縣降霜，積厚尺餘。

圖 028　上水廖萬石堂，攝於 2020 年。（香港地方志中心拍攝）

1757 年 清乾隆二十二年	福建寧化陳任盛遷居荃灣老屋場，為荃灣陳氏的始祖。 新安縣米價昂貴。
1759 年 清乾隆二十四年	龍躍頭龍溪廟（今龍山寺）重修。
1760 年 9 月 17 日 清乾隆二十五年 八月初九日	新安縣遇颱風。
1761 年 9 月 8 日 清乾隆二十六年 八月初十日	新安縣遇颱風。
1762 年 清乾隆二十七年	錦田鄧晃參加壬午科鄉試，以《書經》中舉，後任文岡書院講席。
1768 年 6 月 21 日 清乾隆三十三年 五月初七日	新安縣降大雨，連續七日才停止。
1770 年 9 月 2 日 清乾隆三十五年 七月十三日	新安縣發生地震。
1771 年 清乾隆三十六年	英國人達爾林普爾出版他繪製的《中國部分海岸及鄰近島嶼圖》，標注了泛春洲（Fan Chin Chow，指今香港島）及鄰近島嶼的外文地名，是已知現存最早標有香港地名的西方地圖。（圖 029）

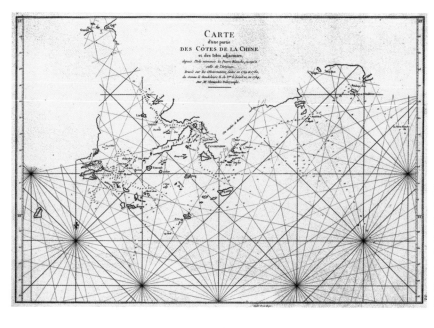

圖 029　英國人達爾林普爾於 1771 年出版的《中國部分海岸及鄰近島嶼圖》，是現存最早標有香港地名的西方地圖。此圖為印製於 1775 年的版本。（Courtesy of Wattis Fine Art）

1772 年
清乾隆三十七年

新安縣有成群狼和虎出沒，傷人眾多。

1773 年
清乾隆三十八年

鴨脷洲洪聖古廟建成。

約 1775 年 - 1786 年
約清乾隆四十年至
五十一年

廣東鹽課提舉司於元朗墟（今元朗舊墟）大王古廟豎立〈鹽道禁革經紀碑〉，嚴禁私鹽。

1775 年 - 1800 年
清乾隆四十年至
清嘉慶五年

錦田水頭村泝流園建成，又名知稼堂，原為解決糾紛處，十九世紀中葉開始，改為學塾。

1777 年 - 1778 年
清乾隆四十二年至
四十三年

新安縣連續兩年大旱，米價高昂，死亡人數眾多。

1779 年
清乾隆四十四年

屏山鄧飛鴻參加己亥恩科武舉鄉試，考中武舉人。

1780 年
清乾隆四十五年

英國船長海特根據葡萄牙及中國地圖繪製而成的《中國南海海圖》，用 Fan-Chin-Cheo 和 He-ong-Kong 標注今香港島，並有南丫島和九龍的英文地名。這是已知最早出現在西方地圖的香港島英文地名，只是拼寫法和現在稍有不同。

1783 年
清乾隆四十八年

長洲島民集資修建玉虛宮，主祀北帝。

1786 年
清乾隆五十一年

錦田鄧氏田主與元朗十八鄉佃戶發生田租紛爭，新安知縣李大根奉兩廣總督命令平息，規定以官府頒發的倉斗為準，並於元朗大王古廟、十八鄉天后廟立碑示諭。

荃灣陳氏建三棟屋。（圖 030）

圖 030　荃灣三棟屋村是典型的客家圍村，現為三棟屋博物館，攝於 1979 年 9 月 3 日。（Getty Images 提供）

| 1786 年 | 新安縣出現蝗災，稻穀損失嚴重。同年秋冬，新安縣大旱，引致嚴 |
| 清乾隆五十一年 | 重饑荒。 |

| 1787 年 | 新安縣大旱，每斗米售洋銀一圓，死亡人數眾多。 |
| 清乾隆五十二年 | |

| 1788 年 | 金錢（今上水金錢村）人侯倬雲參加戊申科鄉試，以《詩經》中舉， |
| 清乾隆五十三年 | 獲授任靈山縣教諭。 |

海盜譚阿車沿海劫掠逾兩年，官府未能緝捕歸案。

| 1789 年 | 錦田鄧英元參加己酉恩科武舉鄉試，考中武舉人，後於嘉慶二十四 |
| 清乾隆五十四年 | 年（1819 年）參與贊助編修《新安縣志》。 |

坪輋禾徑山長生庵（今長山古寺）已建成。

| 1790 年 | 大埔上碗窰樊仙宮建成，主祀陶瓷業祖師爺樊仙。 |
| 清乾隆五十五年 | |

| 1791 年 | 新安縣遇多次颱風。 |
| 清乾隆五十六年 | |

| 1736 年 - 1795 年 | 長洲島民創設長洲墟。 |
| 清乾隆年間 | |

| 1797 年 7-8 月 | 新安縣連續遇四次颱風，摧毀樹木房屋眾多。 |
| 清嘉慶二年閏六月 | |

1802 年 4 月 4 日	新安縣出現白虹貫日的現象。
清嘉慶七年	
三月初三日	

| 1802 年 | 清廷在廣州府學設立客籍生員名額，新安縣客籍人士成功爭取其子 |
| 清嘉慶七年 | 弟參加科舉的權利。 |

| 1803 年 | 大嶼山貝澳鄉民集資動工建圍，以防海盜譚阿車，至嘉慶十年 |
| 清嘉慶八年 | （1805 年）建成，即今貝澳老圍。 |

1804 年 2-4 月	新安縣連續降雨，鹽價昂貴，每百斤售洋銀 12 圓。
清嘉慶九年	
正月至二月	

| 1804 年 | 海盜郭婆帶、鄔石二、鄭一率大小賊船千餘艘，擄掠圍攻包括屏山 |
| 清嘉慶九年 | 在內的沿海鄉村，因屏山地區丁壯守禦嚴密，終退去。 |

屏山鄧瑞泰參加甲子科武舉鄉試，考中武舉人。

1805 年 9 月 23 日 清嘉慶十年 八月初一日	新安縣降大雨，引發洪水。
1806 年 清嘉慶十一年	英國束印度公司派遣水义師霍士保至南海進行為期數年的測量，以繪製包括香港海域的地圖。
1807 年 3 月 18 日 清嘉慶十二年 二月初十日	九龍、蠔涌一帶連續兩日降雨雹，牛畜多被擊死 。
1807 年 清嘉慶十二年	上水廖有執參加丁卯科鄉試，考中舉人。
	宋王臺石刻完成重鑴，以紀念宋末二帝南逃至香港地區的事跡，至今尚存。
1808 年 9 月 11 日 清嘉慶十三年 七月二十一日	虎門協副將林國良率船 25 艘出海剿捕海盜張保（俗稱張保仔）。林追剿至孖洲洋（今索罟群島孖洲一帶），為張擊敗，被其俘獲殺害。
1809 年 11 月 20 日 清嘉慶十四年 十月十三日	廣東水師提督孫全謀、香山知縣彭昭麟率廣東水師，聯同澳門葡萄牙船艦，合擊海盜張保於大嶼山、赤瀝角（今赤鱲角），圍其於東涌灣。十月二十二日（11 月 29 日），張保乘風之便，突圍逃去。
1809 年 11-12 月 清嘉慶十四年十月	海盜郭婆帶率賊船數百艘，停泊於大嶼山、赤瀝角（今赤鱲角），新安知縣鄭域輪率水師討剿，兩廣總督百齡又以兵船數百艘攔截，終無果。
1810 年 1-2 月 清嘉慶十四年十二月	海盜郭婆帶率幫眾 8000 人、船 128 艘降清，獲授把總銜，並改名學顯。
1810 年 4 月 4 日 清嘉慶十五年 三月初一日	海盜鄭石氏（鄭一嫂）、張保率眾降清。其時有幫眾 16,000 人、大小船 270 餘艘，炮千餘門。
1810 年 清嘉慶十五年	英國東印度公司委託船長羅斯等進行水文調查，並編製《澳門航道圖》，以 HONG KONG 標注今香港島，並譯為「紅江」，是已知最早稱香港島為 HONG KONG 的西方地圖。
1811 年 清嘉慶十六年	清廷改各墩台為汛房，香港地區計有屯門、大埔頭、九龍、輞井、城門凹、橫洲、官涌、蕉逕、麻雀嶺、大嶼山、紅香爐、東涌口等汛，皆隸屯門汛轄管。
	元朗厦村東頭村重修楊侯宮，主祀南宋侯王楊亮節。

新安縣東路發生蝗災。

錦田鄧大雄參加癸酉科武舉鄉試，考中武舉人，後於嘉慶二十四年（1819 年）贊修《新安縣志》。

繼乾隆五十八年（1793 年）馬戛爾尼使團首次來華後，英國再派阿美士德使團來華，在香港仔瀑布灣停泊船隻，並查看香港島及其港口，後與副使士丹頓在此處會合，北上中國沿海。

清廷於東涌口增建汛房八間，及在東涌口石獅山腳建炮台兩座、兵房七間、火藥局一間。

新安知縣舒懋官主修、王崇熙總纂《新安縣志》24 卷成，今存。

香港地區已有圓朗墟（由大橋墩墟遷移，在今元朗舊墟）、石湖墟（由天岡墟遷移，在今上水）、大步墟（即大步頭墟，在今大埔舊墟）、長洲墟四個墟市，載入嘉慶《新安縣志》。

清廷已在大嶼山設大嶼山和東涌口兩汛，另在香港島有紅香爐汛，並派兵防守赤柱。

清廷以把總一名、外委一名，率兵 16 名駐守屯門汛，另撥防兵 60 名，分防屯門汛轄下的輞井、橫洲、官涌、蕉逕、大埔頭、城門凹各汛。

兩廣總督阮元奉旨查禁鴉片，並令外國鴉片躉船離開珠江口。自本年起，英國武裝鴉片躉船十餘艘在每年四、五月進入急水門（今汲水門），九月回伶仃洋，停泊在香港水域的大嶼山洋面，走私鴉片至中國，導致中國白銀大量流失。

英國東印度公司躉船從印度販賣鴉片至中國，平時大多停泊在伶仃洋一帶，到了颱風季節則移往香山縣金星門或香港水域。本年至少有六艘鴉片躉船停泊在香港水域。

厦村鄧萬鍾建成友善書室，位於元朗厦村新圍。

清道光帝頒布諭令，因洋人鴉片躉船聚集在虎門大魚山（今大嶼山），囤積煙土，走私進入中國，禍害甚大，特命兩廣總督李鴻賓嚴查鴉片，杜絕其走私來源。

清廷分大鵬營為左右兩營。右營駐在新建的東涌所城，派駐守備一員駐守，加強大嶼山的防禦力量。（圖 031）

1834 年 8 月 21 日
清道光十四年
七月十七日

首任英國駐華商務監督律勞卑致函英國政府，提議用武力佔據珠江口以東的香港島，是第一個極力主張佔領香港島的英國官員。此前，律勞卑在 7 月 15 日抵達澳門，在未取得廣東當局同意下擅進廣州，僵持近兩個月，終無功而還。10 月 11 日，律勞卑在澳門病逝。

1835 年 9 月 11 日
清道光十五年
七月十九日

兩廣總督盧坤頒令，禁止官兵以緝捕海盜為名徵用漁船，並在坪洲天后宮立碑示諭。

1835 年 10 月 31 日
清道光十五年
九月初十日

鴻臚寺卿黃爵滋上奏，報告英國人勾結沿海商販及水師，使英國躉船得以停泊在大嶼山裝運鴉片，再以小艇走私至廣州、南海、番禺沿海各地。

圖 031　1970 年代的東涌所城，又稱東涌炮台、東涌寨城，是清代大鵬右營的水師總部，現為香港法定古蹟。（政府新聞處提供）

1836 年 2-3 月
清道光十六年正月

廣東水師提督關天培部屬查得大澳涌同合舖戶陳亞辛私造炮械四門,照會新安縣緝拿歸案。

1836 年
清道光十六年

義律就任英國駐華商務監督。

1837 年 8 月 4 日
清道光十七年
七月四日

兩廣總督鄧廷楨命令英國駐華商務監督義律撤走停泊在伶仃洋一帶的鴉片躉船。

1838 年 8 月 23 日
清道光十八年
七月四日

法國畫家奧古斯特・波塞爾訪港,停留三日,繪畫了多幅描繪香港風貌的作品。他筆下的香港有農田、漁民、廟宇和墳墓,可知開埠前的香港並非荒島。

1839 年 6 月 3 日
清道光十九年
四月二十二日

欽差大臣林則徐本日起在虎門當眾銷毀從外商繳來的鴉片,至 6 月 25 日結束,合計銷毀鴉片 19,179 箱、2119 袋,共 2,376,254 斤。

1839 年 7 月 7 日
清道光十九年
五月二十七日

英國水兵在九龍尖沙咀村打死村民林維喜。該案及虎門銷煙遂成中英鴉片戰爭的導火線。

1839 年 8 月 2 日
清道光十九年
六月二十三日

欽差大臣林則徐發出告示,嚴禁本地居民與外國人往來交易,並勒令英國駐華商務監督義律交出殺害林維喜的兇手。義律拒交兇犯,並侵犯中國司法權,自行開庭「審判」,對兇犯從輕發落。

1839 年 9 月 4 日
清道光十九年
七月二十七日

英國駐華商務監督義律率船五艘向停泊在九龍山(今九龍對開海域一帶)的清水師強購糧水不果,開炮攻擊清軍兵船。大鵬參將賴恩爵率清水師及炮台還擊,英船敗走尖沙咀,是為九龍海戰。

1839 年 11 月 4 日
清道光十九年
九月二十九日

停泊尖沙咀海面的英艦進攻官涌(今九龍佐敦一帶),戰事持續十日,英軍進攻官涌山清軍陣地六次,均被清軍擊退,英國軍艦和鴉片商船逃離尖沙咀海面,是為官涌之戰。

1840 年 2 月 20 日
清道光二十年
正月十八日

英國政府任命海軍少將懿律和英國駐華商務監督義律為正副全權代表,懿律同時為英國赴華遠征軍總司令。同日,英國外交大臣巴麥尊向他們發出侵華的秘密訓令和對華條約草案。

1840 年 2 月 29 日
清道光二十年
正月二十七日

欽差大臣林則徐、水師提督關天培派人火攻圍殲停泊長沙灣販運煙土和接濟英船食物的漁船 23 艘,並燒毀沙灘上篷寮六處。

1840 年 4 月 27 日
清道光二十年
三月二十六日

欽差大臣林則徐考察香港地形,後又撰寫《請改大鵬營制而重海防摺》、《尖沙嘴官涌添建炮台摺》兩奏摺,論述香港地形要害,建議提升海防能力,以應對英軍威脅。清廷隨即將大鵬營改為大鵬協,增設一名副將,移駐九龍,建設尖沙咀懲膺與官涌臨衝兩座炮台,配備鐵炮 56 門,分派大鵬左右兩營駐防,並恢復紅香爐汛。

1840 年 5-6 月
清道光二十年五月

中英第一次鴉片戰爭正式爆發。英國赴華遠征軍船艦 40 餘艘、兵 4000 人，集結香港島北部海面，後北上進攻廈門、攻陷定海。8 月 11 日，英艦隊抵達天津白河口，向清廷投遞英國外交大臣巴麥尊的照會，提出賠償煙價、割讓海島各項要求。清廷派琦善為欽差大臣對英交涉。（圖 032）

1840 年 11 月 29 日
清道光二十年
十一月六日

英國駐華全權代表兼赴華遠征軍總司令懿律因病返英，由英國駐華商務監督義律接任正全權代表一職，陸海軍指揮權由海軍准將伯麥接替。

1840 年 12 月 19 日
清道光二十年
十一月二十六日

欽差大臣琦善上奏，請求批准賠償英國鴉片煙價洋銀 600 萬元，並除廣州以外，再開放福建的廈門、福州為通商口岸，以避免英國強索大嶼山或香港島。

1840 年
清道光二十年

龍躍頭鄧氏建善述書室，為族中子弟提供文武教育。

1821 年 - 1850 年
清道光年間

元朗錦田水頭村建成二帝書院，是同時供奉文昌帝及關聖帝的學塾。

沙頭角山咀村建協天宮，供奉關帝。

圖 032　由 Edward Duncan 所繪的《第一次鴉片戰爭》，描繪了 1841 年的鴉片戰爭，現存於英國國家陸軍博物館。（Mary Evans Picture Library 提供）

1841年1月16日	英國駐華商務監督兼駐華全權代表義律要求清政府欽差大臣琦善接受香港島作為英國寄居貿易之所。
1841年1月20日	義律在〈給女王陛下臣民的通知〉中,聲稱他和琦善之間「達成了初步協議」,其中包含「把香港島和海港割讓給英國」的內容。
1841年1月25日	英艦「硫磺號」士兵登上香港島,進行測量,並成為首批佔領者。(地圖6)
1841年1月26日	英國艦隊到達,英國赴華遠征軍總司令伯麥率兵登陸港島水坑口,升起英國國旗並鳴放禮炮,宣布正式佔領香港島。在中英《南京條約》簽訂前的一年七個月,英國就已經佔領了香港島。(圖033)
1841年1月29日	英國駐華商務監督兼駐華全權代表義律,兼任香港護理總督,實際負責英國在香港的管治。
1841年1月30日	英國駐華商務監督兼駐華全權代表及香港護理總督義律要求清政府欽差大臣琦善撤回尖沙咀炮台軍士,琦善答允,並照此辦理。
1841年2月1日	義律與赴華遠征軍總司令伯麥發表聯名告示,聲稱琦善已同意將香港島割讓給英國,「已有文據在案」,要求港島居民「恭順樂服」英國官員的管治,並保證「鄉約律例,率准仍舊」,但不得與英律相違背,並受英籍巡理府監督。
1841年2月21日	東莞士紳鄧淳率眾上書兩廣總督林則徐,抗議義律與伯麥在香港島發布「偽示」,宣稱「香港一島業經欽差大臣琦善蓋印割讓英國」。
1841年3月6日	清道光帝譴責英國「佔據香港,擅出偽示,種種不法,殊堪髮指」,並令武將楊芳和奕山前往廣州,發兵收回香港島。

圖033 1841年1月25日,英軍登陸香港島,迫使駐島清軍撤離。此圖刊載於1903年2月7日 *Illustrated London News*。(Mary Evans Picture Library 提供)

1841 年 3 月 23 日 | 英軍佔領九龍的官涌、尖沙咀炮台。5 月，英軍拆毀炮台兵房，炸裂台基，且把炮台磚瓦石塊運回港島修路造屋。

1841 年 4 月 22 日 | 羅馬天主教會在香港島及其周圍六里地方正式設立宗座監牧區，從此香港地區脫離澳門大主教教區，直屬羅馬教廷傳信部。原傳信部駐澳門代表若瑟神父獲委任為首任宗座監牧。

1841 年 5 月 1 日 | 義律委任威廉·堅上尉為總巡理府，授權他以中國法律和風俗習慣管理華人事務，並對華人行使刑罰，同時授權他根據英國警政法律和習慣對其餘人士的違法行為執法並判刑。

| 《香港憲報》創刊，主要刊登英國政府、香港政府和主要官員發布的命令、公告和報告。義律在《憲報》第 1 號發布公告，宣布處置土地問題的原則和條件。他宣稱，每塊土地將公開拍賣（實為批租），土地租金出價最高者將投得土地。

1841 年 5 月 14 日 | 英國外交大臣巴麥尊寫信批評義律，説他和琦善之間不像簽署了割讓香港的正式條約，故發布公告為時過早。

1841 年 5 月 15 日 | 《憲報》第 2 號公布人口調查結果，香港全島共 7450 人，赤柱是首府，有 2000 人。這是香港首次人口普查。

1841 年 5 月 26 日 | 清道光帝以「香港地方，豈容被逆夷久據」為由，指令欽差大臣耆英如已準備妥當，則應「乘機進取，明攻暗襲，收復香港，以伸國威」。

1841 年 6 月 7 日 | 義律宣布香港為自由港。

1841 年 6 月 14 日 | 港府在香港舉行香港土地的首次公開拍賣，共售出東起自東角、西至上環的 34 幅土地。

1841 年 6 月 22 日 | 英國駐華副商務監督莊士敦就任為香港護理總督，後於 8 月 12 日離任。

1841 年 7 月 21 日 | 颱風襲港，裙帶路、尖沙咀一帶，船隻、房屋、碼頭損毀嚴重。期間，載有義律一行的帆船在駛回香港途中失事，為附近船隻救起，返回澳門。

1841 年 7 月 31 日 | 海軍上尉畢打獲委任為首任船政司及海事裁判官。

1841 年 8 月 9 日 | 域多利監獄建成啟用，是近代香港首座監獄。

1841 年 8 月 12 日 | 砵甸乍就任為香港護理總督，直至 1843 年 6 月 26 日擔任首任香港總督。

1841 年 8 月 20 日 | 新任英國駐華商務監督兼駐華全權代表及香港護理總督砵甸乍抵港，翌日率領戰艦 14 艘、英兵 2519 人北上，發動新的侵華戰役。

1841 年 11 月 | 香港首間郵政局開設於今花園道口。

| 1841 年 | 香港藥房成立，後發展為屈臣氏（香港）有限公司。 |

英資仁記洋行在香港設立分行，從事進出口貿易、船務等。同年其合資的英資於仁燕梳公司總部亦遷來香港，從事保險業務，為最早將總部設於香港的保險公司。

機利文成立英資太平洋行，從事進出口貿易、船務和保險代理業務。

| 1842 年 2 月 16 日 | 砵甸乍重申香港為自由港，確立香港對外基本不徵收關稅的基調。 |

| 1842 年 2 月 27 日 | 砵甸乍將駐華商務監督署正式從澳門遷到香港，開始親自處理香港政務。 |

| 1842 年 2 月 | 皇后大道建成，是香港早期的近代道路之一。（圖 034） |

| 1842 年 3 月 17 日 | 香港第一份英文報章《中國之友》創刊，並在 24 日與《香港憲報》合併為《中國之友與香港憲報》。 |

| 1842 年 3 月 29 日 | 砵甸乍公布香港暫行貨幣制度，規定西班牙銀元、墨西哥銀元和其他銀元、東印度公司盧比、中國銅錢為香港法定貨幣，同時規定了它們相互的兌換比率。英國銀幣可以在交易會或集市上使用，幣值依其本身價值而定。翌月 27 日，砵甸乍再次公布，墨西哥及其他共和國的銀元，作為香港及其他英佔中國地方的政府收支和商業交易的本位貨幣。 |

圖 034　十九世紀中期港島北部中西區面貌，圖中道路為皇后大道西，旗竿處是船政署。繪於 1846 年 11 月 29 日。（香港大學圖書館特藏部提供）

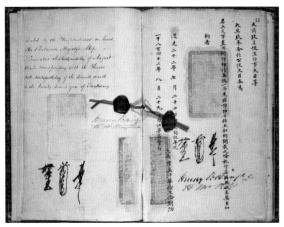

圖 035　1842 年清政府與英國簽訂《南京條約》的畫像。（Brown Digital Repository. Brown University Library 提供）

圖 036　1842 年中英《南京條約》文本。（Mary Evans Picture Library 提供）

1842 年 5 月 15 日｜香港首間浸信教會禮拜堂落成，位於皇后大道，由美國浸信會傳教士叔未士與夫人何顯理創辦，同年 7 月 19 日舉行獻堂禮，設有中英文崇拜。

1842 年 5 月 16 日｜中環街市啟業，是香港首個公共街市。

1842 年 6 月 7 日｜聖母無原罪堂奠基，位於今中環威靈頓街與砵甸乍街交界，是香港第一間天主教堂。

1842 年 6 月｜砵甸乍集結從印度派來的英軍增援部隊，再次揮軍北上進犯長江，並接連攻佔上海和鎮江，切斷南北漕運，最終於 8 月 4 日兵臨南京城下，道光帝唯有妥協。

1842 年 8 月 29 日｜清政府代表耆英、伊里布和英國代表砵甸乍，在南京下關江面停泊的英艦「康華麗號」上簽訂《南京條約》，訂明清政府「准將香港一島給予大英國君主暨嗣後世襲主位者常遠據守主掌，任便立法治理」，香港島正式被割讓給英國。（圖 035、036）

1842 年 10 月 4 日｜總巡理府威廉・堅下令除負責巡夜的更練外，所有華人在晚上 11 時後不准外出，為香港實行宵禁之始。

1842 年 11 月 1 日	馬禮遜紀念學校由澳門遷至香港摩利臣山，校長布朗牧師及黃勝、容閎、黃寬共 11 名學生隨同前來，是香港首間英文書院。
1842 年	印度商人創辦衣巴剌謙洋行。
1843 年 1 月 4 日	英國政府頒布樞密院頒令，將 1833 年在廣州設立的駐華刑事和海事法庭遷到香港，負責審理香港島和中國內地及沿海 100 英里範圍內英國臣民的刑事案件。翌年 3 月 4 日，法庭首次開庭審理案件。
1843 年 4 月 5 日	英國維多利亞女王頒布《英皇制誥》（即《香港憲章》），宣布設置「香港殖民地」，確認香港的地位和政權性質。同時規定派駐香港總督，授予其廣泛的統治權力，對設立行政局（舊稱議政局）、立法局（舊稱定例局）也作了原則規定。
1843 年 4 月 6 日	英國維多利亞女王頒發《皇室訓令》，主要涉及行政局和立法局的組成、權力和運作程序，以及港督在兩局的地位和作用，議員的任免，如何作出決議和制定法律等。
1843 年 4 月 19 日	英國政府委派聖公會史丹頓牧師到香港擔任首位「殖民地牧師」。
1843 年 5 月	發熱病在香港流行，由本月起持續至 10 月，共有 24% 英軍士兵及 10% 歐籍平民得病死亡。砵甸乍及港府要員避居澳門，至 11 月疫情稍減，始回香港。是次疫症被稱為「香港熱」。
1843 年 6 月 1 日	基督教醫藥傳道會在摩理臣山開辦醫藥傳道會醫院，是香港首間醫院。
1843 年 6 月 26 日	清政府欽差大臣耆英到香港與英國駐華商務監督兼駐華全權代表及香港護理總督砵甸乍舉行《南京條約》換約儀式，香港成為英國的「直轄殖民地」。儀式結束後，砵甸乍宣誓成為首任香港總督，後於翌年 5 月 7 日離任。（圖 037）
	港督砵甸乍宣布將香港島北部市區的女王城命名為維多利亞城。
1843 年 6 月 27 日	港督砵甸乍委任麻恭為香港首任布政司。

圖 037　砵甸乍畫像，出自布朗鐫刻版畫。（香港藝術館提供）

| **1843 年 6 月 27 日** | 港督砵甸乍任命首批太平紳士，共 44 名，當中包括威廉・堅和商人安德魯・渣甸。 |

| **1843 年 7 月 21 日** | 華德龍獲委任為首任美國駐香港領事。 |

| **1843 年 7 月 22 日** | 清政府欽差大臣耆英抵港，與英方代表港督砵甸乍簽訂《中英五口通商章程》。《章程》作為 1842 年《南京條約》的補充條款，承認英國在華享有領事裁判權，以及規定中國海關稅率為 5%。 |

| **1843 年 8 月 24 日** | 港督砵甸乍委任曾任香港護理總督的莊士敦、商務總監中文秘書兼傳譯員馬儒翰和總巡理府威廉・堅為行政局及立法局議員。行政局及立法局是港督的決策諮詢機構。 |

| **1843 年 10 月 12 日** | 港府任命安達臣為首任「殖民地醫官」。 |

| **1843 年 12 月 13 日** | 清政府將新安縣的官富司巡檢移駐九龍，改為九龍巡檢，作為「海疆要缺」，並以許文深試署。自此裁撤官富巡檢司，改設九龍巡檢司。其管轄範圍大致包括今九龍和新界地區。 |

1843 年	總巡理府威廉・堅招募香港首批警察共 28 名。
	鐵行輪船公司（即半島東方輪船公司）在香港設立辦事處。
	赤柱墳場建成，是香港現存最早的軍人墳場。
	潮州商人高元盛在今上環文咸西街開設第一家南北行商號 —— 元發行，為香港最早成立的近代華資商行。
	倫敦傳道會將總部和附屬印刷廠由馬六甲遷至香港中環，創辦於 1818 年的英華書院亦同時遷港。

| **1844 年 1 月 11 日** | 立法局召開第一次會議，由港督任主席並委任駐港英軍總司令兼名義副總督德己立少將為議員，填補已故議員馬儒翰的出缺以達會議法定人數。 |

| **1844 年 1 月 13 日** | 首任駐港英軍總司令德己立少將兼任副總督一職。 |

| **1844 年 2 月 14 日** | 在港府擔任華文秘書的郭士立創辦基督教傳教差會福漢會，主張培訓華人傳教士進入中國內地傳教。 |

| **1844 年 2 月 28 日** | 立法局通過首批四項條例草案，分別關於奴隸、書刊出版、土地註冊及商船管制。 |

| **1844 年 3 月 2 日** | 港府頒布《1844 年奴隸條例》，規定英國禁奴法適用於香港，惟後被英女王否決；及《1844 年書刊出版條例》，規定書籍與報章的印刷與出版須事先登記。 |

| **1844 年 3 月 9 日** | 港府頒布《1844 年土地註冊條例》，訂明不動產及土地財產轉換的契據、文書等須向田土註冊處註冊。 |

1844 年 3 月 9 日	總巡理府威廉‧堅發出公告，所有華人更練須向其助理郭士立申請執照，使華人更練擔負維持華人社會公共治安的責任，與警察制度並行。
1844 年 3 月 12 日	港府頒布《1844 年商船管制條例》，規定英國商船船主不得遺棄船員或拒絕帶其回英國，惟後被英女王否決。
1844 年 3 月 14 日	英資怡和洋行將總部遷來香港，辦公室設於其在香港首次賣地購得的東角地段。
1844 年 3 月 20 日	立法局通過《1844 年維護良好秩序及潔淨條例》，規定禁止在公眾地方棄置垃圾，以及禁止破壞社會安寧的行為。
1844 年 4 月 2 日	寶順洋行（又名顛地）由澳門遷來香港，辦公室和倉庫設於皇后大道中，從事進出口貿易、航運和代理保險。
1844 年 4 月 24 日	港府宣布，所有居港華人須向總巡理府助理郭士立登記，以避免香港成為不良分子的集中地。
1844 年 5 月 1 日	立法局通過《1844 年太平紳士條例》，規定太平紳士以簡易程序審理案件及確保其執行該職權的措施。
	立法局通過《1844 年警察條例》，成立香港警察機關，規定警察就職程序、保障、管理等制度。
	立法局通過《1844 年酒肆牌照條例》，規定由 7 月 1 日起，凡零售超過兩加侖的酒精飲品，均須事先申請牌照。
1844 年 5 月 7 日	曉吾獲委任為首任香港正按察司（即首席大法官）。
1844 年 5 月 8 日	戴維斯宣誓就任第二任港督，後於 1848 年 3 月 18 日卸任。
1844 年 5 月 15 日	港府公布任命馬丁為首任庫務司，掌管財政事務。
1844 年 6 月 12 日	港府頒布《1844 年華人保甲條例》，授權港督委任華人為保長，並按中國傳統習慣行使權力，以協助港府管理香港島各鄉村。
1844 年 6 月 26 日	港府頒布《1844 年禁止賭博條例》，規定開設賭場或參與賭博屬違法。
1844 年 10 月 1 日	香港高等法院成立。翌日，高等法院在正按察司主持下展開首次刑事審訊，這是香港首次進行設有陪審團的常設法庭審訊。
	史德靈和錫爾獲高等法院授予出庭律師資格，成為香港首批大律師；方甘士則獲授予律師執業資格，是香港首位執業律師。
1844 年 10 月 19 日	港府頒布《1844 年人口登記條例》，規定由翌月 1 日起，所有年滿 21 歲及以上或有能力謀生的本港男性居民，包括「艇戶」，須向總登記官登記並繳交費用，後者發予憑證，每年重續，俗稱「人頭稅」。
1844 年 10 月 31 日	華人發起罷工，反對於翌日開始實施的《1844 年人口登記條例》，持續到翌月 13 日，立法局通過修訂該條例並於 20 日刊憲，訂明豁免部分人士登記，並取消登記費用。

| 1844 年 11 月 4 日 | 港府執行首宗有紀錄的絞刑，死囚為一名於赤柱謀殺一名歐籍警官的隨軍人員。 |

| 1844 年 11 月 | 根據倫敦指令，港府確定以英鎊及印度的銀元為法定貨幣。 |

| 1844 年 12 月 28 日 | 港府頒布《1844 年售鹽、鴉片牌照稅條例》，賦權港督會同行政局對從事售賣鹽、鴉片、大麻、蔞葉等業務發牌，牌照以公開拍賣或入標形式價高者得。這是香港實行鴉片專賣之始。 |

| 1844 年 | 倫敦傳道會牧師理雅各創立香港愉寧堂（今佑寧堂）。 |

澳門葡萄牙人羅郎也創辦羅郎也印字館，是香港首間印刷公司，後於 1859 年開始承印《憲報》及其他官方刊物。

中環德己立醫院建成，是駐港英軍的首家醫院。

創刊於 1832 年 5 月 31 日的廣州《中國叢報》遷港出版，後於 1852 年 12 月停刊。

| 1845 年 1 月 15 日 | 港府頒布《1845 年三合會及秘密社團條例》，規定任何本地華人加入三合會或秘密社團即為重罪，可處不超過三年監禁，並可加以苦役，服刑完畢後於右頰印字並驅離本港。 |

| 1845 年 2 月 20 日 | 英文報章《德臣西報》創刊，由英國出版商蕭德銳創辦，後於 1974 年停刊，是截至 2017 年 7 月 1 日本港發行時間最長的英文報章。 |

| 1845 年 3 月 7 日 | 行政局通過首份《行政局立法局規則及規例》，就如何處理兩局事務訂定概括框架。 |

| 1845 年 4 月 | 東藩匯理銀行在香港開設分行，翌年發行香港首批面值五元的紙幣，是香港首間營業和發鈔的銀行。1851 年 8 月 30 日，東藩匯理銀行獲頒《皇家特許狀》，其鈔票被接納用以支付政府帳目，一直流通至 1884 年 2 月該行改組為止。該銀行於 1892 年倒閉。 |

| 1845 年 5 月 3 日 | 港府頒布樞密院頒令，規定東印度公司的金摩爾，西班牙、墨西哥和其他南美國家的銀元，東印度公司的盧比，中國的銅錢，與英國的金銀銅幣一樣，是香港的法定貨幣。官方兌換率固定為一銀元兌四先令兩便士；一盧比兌一先令十便士；一先令兌 288 枚銅錢。 |

| 1845 年 6 月 2 日 | 高等法院審理香港首宗誹謗案，案情指《中國之友》編輯卡爾在 1844 年 7 月 13 日刊登文章，誹謗英國海軍少將科克倫。法院最終判卡爾勝訴。 |

| 1845 年 6 月 7 日 | 港府頒布《1845 年徵收差餉條例》，訂明按土地物業每年估值的一定比例收取季度差餉，作為警隊運作經費。 |

| 1845 年 8 月 1 日 | 英國鐵行輪船公司開辦來往香港和倫敦的定期郵遞航線。 |

| 1845 年 8 月 19 日 | 港府頒布《1845 年陪審團條例》，規定陪審團成員人數為六人與擔任陪審員的資格。同時頒布《1845 年簡易司法管轄權條例》，規定債務及索償不超過 100 元的糾紛，高等法院可以在沒有陪審團的情況下進行審訊。 |

| 1845 年 | 位於中環的美利炮台建成，是駐港英軍的首個永久性炮台。 |

跑馬地馬場落成，是香港首個賽馬場，至翌年舉行首場賽事。（圖038）

美國丟杜公司在雪廠街設立香港首個冰庫，冰塊主要供英軍醫院使用。

港府在維多利亞城沿岸建成三個靠岸碼頭。

位於跑馬地的香港墳場建成開放，前稱「殖民地墳場」，是香港首座公眾墳場。

| 1846 年 2 月 4 日 | 海事法庭在港成立，英國政府委任香港正按察司曉吾為海事法庭法官。翌年 1 月 14 日，海事法庭審理第一宗案件。 |

| 1846 年 5 月 12 日 | 位於今中區的域多利兵房內首座建築 —— 被稱為「旗杆屋」的司令總部大樓落成。 |

| 1846 年 5 月 26 日 | 香港會成立，會所位於今皇后大道中與雲咸街交界，是在港歐籍人士高級社交活動中心，並排斥華人與婦女參與。（圖 039） |

| 1846 年 5 月 | 美利兵房內的美利樓建成，位於今中區，是駐港英軍首座固定軍營。（圖 040） |

圖 038　約 1858 年的跑馬地馬場。圖左下方是 1847 年 3 月悼念在英國海軍艦隻 *Vestal* 上殉職水手的紀念碑，該碑後於 1950 年代遷至香港墳場。（Getty Images 提供）

圖 039　1903 年的香港會會所大廈，位於中環皇后大道中。（政府檔案處提供）

圖 040　圖正中位置是中環美利樓，其後在 1980 年初被拆卸，重置於赤柱海旁。（Getty Images 提供）

1846 年 12 月 28 日	馬禮遜紀念學校首任校長布朗牧師攜學生容閎、黃寬與黃勝離港赴美留學，是首批中國留美學生。
1846 年	郵政總局遷往皇后大道與必打街（今畢打街）交界的總登記官署大樓。
	英資德忌利士洋行在港創辦，初期經營鐘錶，後涉足地產、航運和貿易業務。
	廣州濟隆糖薑廠創辦人李濟將廠房遷至香港營業，是香港首家糖薑廠。
	倫敦傳道會委任何福堂為牧師，是香港第一位和中國第二位華人牧師。
1847 年 1 月 14 日	陳天宋於香港海事法庭被判搶劫鴉片商船「比里華沙號」及謀殺其船長罪成，是首位被判處死刑的華人海盜。
1847 年 1 月 20 日	港府頒布《1846 年人口登記及戶口調查條例》，授予總登記官以撫華道、太平紳士和兼任警察司頭銜，同時規定香港華人須接受總登記官全面監督。
1847 年 1 月	英國皇家亞洲學會香港分會成立，於 1859 年停止運作，1959 年重新成立。
1847 年 4 月 10 日	港府頒布《1847 年防治海盜條例》，訂明賦權英國軍艦、商船的船長搜查華人艦隻並視其攜帶攻擊性武器為海盜行為。翌年 1 月 1 日被英女王否決。
1847 年 5 月 31 日	九龍寨城建成，內駐九龍巡檢和大鵬協副將，有大炮 32 門，是清政府防禦英軍進攻的軍事據點。（圖 041、042）
1847 年 6 月	總巡理府威廉・堅被指控利用屬下的華人買辦盧亞景，向中環街市商戶勒索賄賂。當局調查後，宣布威廉・堅無罪。
1847 年 9 月	九龍巡檢許文深、大鵬協副將王鵬年捐資於九龍寨城創辦龍津義學。（圖 043）
1847 年 11 月 22 日	正按察司曉吾出席行政局會議，就港督戴維斯對他經常酗酒的指控答辯，這是香港史上首次對司法機關法官進行紀律聆訊。30 日，港府宣布控罪成立，並即時暫停曉吾職務。曉吾其後上訴。翌年 6 月 16 日，英國殖民地部推翻裁決，並恢復曉吾原職。
1847 年	英國下議院特別委員會發表報告，譴責港府揮霍無度，要求港府減少支出，翌年起每年只撥款 25,000 鎊，並於 1855 年停止撥款。開埠以來，港府的財政收入未能自給自足，英國國會需撥款予港府以紓緩財政赤字。

圖 041　獅子山下的九龍寨城，城牆橫跨白鶴山山頂，約攝於 1906 年。（政府新聞處提供）

圖 042　九龍寨城的城牆，約攝於 1930 年。（政府新聞處提供）

圖 043　龍津義學的大門石額，今存於九龍寨城公園內，攝於 2020 年。（香港地方志中心拍攝）

德國巴冕差會開始差派宣教士來華傳教，並以香港為學習中文的基地。

自本年起，港府從英國運來大量先令輔幣，並將輔幣根據金本位制發行。與本地原屬銀本位的貨幣市場不同，本地華人習慣使用以實際重量計值的銀條、銀錠和銀塊，導致先令要於本地折價使用，流通有限。

位於荷李活道的文武廟落成，後於 1851 年擴建。該廟供奉文昌及關帝，亦是早期華人社會議事和排難解紛的場所。（圖 044）

赤柱居民重修善安公所，用於處理地區事務。

法國巴黎外方傳教會由澳門遷港，是首個來港傳教的天主教修會。

灣仔洪聖古廟建成。

1848 年 2 月 4 日 香港海事法庭就去年 12 月行劫船隻案件，判決涉案 12 名華人海盜罪罪名成立，並即日吊死其中四人。

1848 年 3 月 21 日 文咸宣誓就任第三任港督，後於 1854 年 4 月 12 日卸任。

1848 年 9 月 12 日 法國沙爾德聖保祿女修會派遣的首批四名修女抵港，是首個來港傳教的天主教女修會。

1848 年 10 月 19 日 怡和洋行、寶順洋行和其他香港及廣州的洋行創辦香港廣州郵船公司，是香港首間輪船公司。翌年春，該公司開辦來往香港及廣州的定期航線，至 1854 年公司倒閉。

圖 044　位於上環荷李活道的文武廟，約攝於 1890 年。（香港歷史博物館提供）

| **1848 年 11 月** | 港督文咸以港府財赤嚴重，下令停止所有公共工程的建設。本年，港府本地財政收入 25,072 鎊，英國撥款 40,302 鎊，總收入 65,374 鎊，支出 62,309 鎊。 |

| **1848 年** | 港府設立國家醫院，為香港最早的公立醫院。 |
| | 位於跑馬地的聖彌額爾天主教墳場建成。 |

| **1849 年 2 月 22 日** | 港府頒布《1849 年簡易法庭條例》，設立簡易法庭，授予總巡理府處理輕微刑事案件的管轄權。 |

| **1849 年 2 月 25 日** | 海盜徐亞保在赤柱殺死兩名調戲婦女並打人行兇的英國軍官。 |

| **1849 年 3 月 3 日** | 港府宣布香港土地拍賣租期由 75 年延長至 999 年，以增加賣地收入。 |

| **1849 年 3 月 11 日** | 聖約翰座堂落成啟用，是於同年成立的聖公會維多利亞教區的主教座堂。（圖 045） |

| **1849 年 9 月 28 日** | 英國海軍在香港附近海面與海盜徐亞保交戰。翌月 3 日，海軍殲滅大部分徐的船隻。 |

| **1849 年 10 月 25 日** | 域多利賽艇會成立，至 1872 年與香港游泳會在內的體育組織合併，並易名為域多利遊樂會，是香港歷史最悠久的體育團體。 |

| **1849 年** | 鐵行輪船公司開辦香港至上海的定期航線。 |
| | 聖公會維多利亞教區根據《英皇制誥》諭令在香港成立，管理香港、中國及日本地區的宣教事務，施美夫被委任為第一任主教。 |

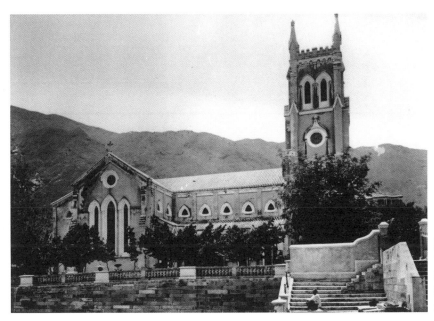

圖 045　坐落於中區花園道的聖約翰座堂，是維多利亞時期哥德式建築，攝於 1870 年。（香港歷史博物館提供）

1849 年	香港首座清真寺 —— 回教清真禮拜堂於些利街建成。
	上水人廖汝翼鄉試中舉。
1850 年 2 月 14 日	英船「蒙塔古夫人號」運載華工 450 人離開香港赴秘魯，途中 300 人喪生。
1850 年 3 月 20 日	港府頒布《1850 年華人罪犯遞解回籍條例》，規定干犯清政府法律及匿藏香港的華人，經巡理府審理確認後，必須遞解回中國內地。
1850 年 6 月 14 日	經英國殖民地部批准，兩位獲提名的太平紳士代表 —— 怡和洋行的大衞・渣甸及占美臣洋行的艾德格就任為立法局首兩位非官守議員。
1850 年 9 月 7 日	法船「亞爾勃號」運載數百名華工離港赴秘魯，途中部分華工暴動，殺死船長及大副、二副、廚師、理貨員共五人，並逼水手返航。10 月 2 日，船抵珠江口老萬山時，約 140 人乘坐漁船逃走，其餘均被香港警察拘捕。
1850 年	美資旗昌洋行於香港開設分行。
	連卡佛在中環開業，初期是向英國海軍及其家屬售賣日常用品的臨時商店，後來發展成香港歷史最悠久的百貨公司。
	四個香港穆斯林社群的代表，組成信託人組織，負責管理香港的清真寺和回教墳場。該組織是香港首個回教團體，後發展為香港回教信託基金總會。
1851 年 3 月 10 日	刑事法庭召開特別聆訊，審理海盜徐亞保在 1849 年 2 月 25 日殺死兩名英國軍官的案件，徐亞保被判無限期遣戍。翌月 2 日，徐亞保在獄中自縊身亡。
1851 年 4 月 15 日	必列者士被高等法院委任為大律師，同年成立香港首家專門協助客戶處理訴訟事務的律師事務所，為的近律師行的前身。
1851 年 6 月	香港木球會在美利兵房操場對面成立，是英人在香港休閒及舉行盛事的主要場所。
1851 年 9 月 8 日	首位葡萄牙駐港領事俾利喇上任，他同時是澳門總領事。
1851 年 12 月 28 日	上環下市場（今蘇杭街）晚上發生大火，其間駐港英軍炸毀房屋以堵截火勢蔓延。大火造成兩名英兵死亡，200 名華人失蹤，450 間房屋被焚毀。
1851 年	聖保羅書院成立，由聖公會牧師史丹頓創辦，初期主要招收華人男童，教授英語。
	潮州商人陳煥榮於西環開設乾泰隆行。

1851 年

巴色差會韓山明牧師在上環成立客家聖會，是香港首間客語教會。

位於上環的廣福義祠建成，又稱百姓廟，用作安放客死香港而無親無故的華人神主牌位。義祠於 1895 年完成重建。

據港府統計，全港人口為 32,983 人，其中華人人口 31,463 人，外籍人口 1520 人。

1852 年 1 月 5 日

刑事法庭判英國人芬頓劫奪船隻無罪，其屬下三名華人則以海盜罪被判死刑。4 月 15 日，案件重審，芬頓以交通海盜罪被判三年有期徒刑。

1852 年 3 月 16 日

立法局通過《1852 年婚姻條例》，規定若擬結婚的雙方或其中一方信仰基督教，可以選擇按本條例的儀式及程序註冊結婚。

1852 年 4 月 17 日

十名葡萄牙水手因在荷屬東印度（今印尼）行劫英國商船「先驅號」及殺害船上七名船員，被香港高等法院判謀殺及海盜罪罪成，判處死刑，為首批海盜罪罪成的外籍海盜團伙。其中四人於 26 日獲特赦，改為終身流放，其餘六人則於 5 月 3 日被處決。

1852 年

鐵行輪船公司開闢來往香港與印度加爾各答的定期航線。

巴斯人米泰華拉來港，其後成立打笠治洋行。米泰華拉同時是天星小輪前身九龍小輪的創辦人。

祆教墳場於跑馬地建成。

港府利用 1851 年上環下市場（今蘇杭街）房屋大火的瓦礫和山邊石材，填平今蘇杭街與今摩利臣街一帶，並將新海旁命名為文咸東街，是香港首個正式填海工程。

1853 年 2 月 3 日

英國樞密院司法委員會審理首宗來自香港的民事上訴案件，案情牽涉匯票兌現問題。

1853 年 4 月 27 日

英國王室公告，10 月 1 日起英鎊正式在香港通用。

港督文咸抵達太平天國天京（今南京）進行訪問，後於 30 日致函太平天國，表示英國在清政府與太平天國的戰爭中維持中立，並重申英國根據《南京條約》享有五口通商的權益。

1853 年 4 月

本月 14 日，由香港端納洋行租賃的「伊米格蘭特號」運載 250 名華工從廣州黃埔港出發，途中有華工死亡。港府立即對該船實施檢疫，轉移船上病人至岸上醫院，其中 63 人發高燒，三人死亡。翌月 18 日，又新增十名病人。港府指派委員會進行的調查結果認為，船上過於擁擠、通風設備差、華工不諳清潔均是導致疫情爆發的原因。

圖 046　1853 年由英華書院印送的《遐邇貫珍》第一號封面。（晭載英華出版委員會編《晭載英華》／ Bodleian Libraries, the University of Oxford）

1853 年 8 月 1 日	英國傳教士麥都思發行香港第一份中文期刊《遐邇貫珍》，後於 1856 年 5 月停刊。（圖 046）
1853 年 9 月 24 日	港府開始獨立發行《憲報》。
1853 年	港府財政支出由 1848 年的 62,309 鎊，減至本年的 36,419 鎊。
1854 年 4 月 13 日	寶寧宣誓就任第四任港督，後於 1859 年 5 月 2 日卸任。
1854 年 5 月 30 日	香港義勇軍成立，成員有 99 名歐籍人士，後於同年解散。
1854 年 8 月 19 日	天地會羅亞添率眾攻佔九龍寨城。31 日，清政府借助香港外國僱傭兵將其收復。
1854 年 9 月 2 日	港府頒布《1854 年市場條例》，規定任何未獲港督准許的買賣交易將受處罰，有關買賣交易會被視為公眾妨擾而取消。
1854 年 9 月 16 日	港府頒令，臨時禁止販運苦力往秘魯欽查群島。
1854 年 10 月 28 日	律師加斯凱爾發起成立香港律師公會，是香港首個律師專業團體。
1854 年	從 1850 年代開始，廣東先後爆發紅兵起事和大規模土客械鬥，大量華人湧到香港避難。據港府統計，香港總人口由 1853 年的 39,017 人，增至本年的 55,715 人，其中華人人口由 37,536 人增至 54,072 人，按年升幅達 44%。

位於中區的威靈頓兵房及炮台建成，兵房其後成為駐港英軍總部。

法國傳道會學校（今聖保祿學校）創辦，後由沙爾德聖保祿女修會負責管理，是香港第一所天主教女子學校。學校於 1914 年遷至銅鑼灣現址。

巴色差會韓山明牧師根據太平天國天王洪秀全族弟洪仁玕口述並以英文寫成的《洪秀全之異夢及廣西亂事之始末》（即《太平天國起義記》）出版。洪仁玕曾於 1852 年 4 月來港投靠韓山明，居港期間向韓山明親述經歷。

1855 年 1 月 20 日	港府頒布《1855 年中立條例》。據此，港府在清政府與太平天國的戰爭中保持中立。
1855 年 3 月 10 日	港府頒布《1855 年船舶註冊條例》，規定任何未經登記的英籍船舶不得在本港港口進行貿易。
1855 年 10 月 1 日	1851 年 10 月動工、位於上亞厘畢道的香港總督府落成，自此成為歷任港督的官邸。（圖 047）
1855 年	德資禪臣洋行在港設分行，主要從事出入口貿易，其後參與成立滙豐銀行。
	本年共有 14,683 名中國人經香港前往外國，當中以廣東人與福建人為主。
	猶太商人沙宣家族在跑馬地購地闢建猶太墳場，並於本年啟用。
1856 年 2 月 2 日	港府頒布並實施英國國會制定的《1855 年華人乘客法令》，規定任何自本港出洋的船隻，以及從中國任何港口或其沿岸 100 英里內載客的英籍船，如航程超過七天並運載超過 20 名亞洲裔搭客，須受管理出洋事務官檢查，否則不得離港。
1856 年 2 月 13 日	載有 301 名華人苦力的英船「加爾文號」在本日停泊香港，準備轉赴古巴。翌月 11 日，船上 89 人堅拒留船，船載餘下 289 名華人及船員離港。9 月 23 日，該船抵達古巴時，有 114 名華工及 11 名船員死亡。香港高等法院遵照英國政府命令對此案進行審理，判處該船在香港的代理人斯蒂爾洋行提供的 1000 英鎊保證金沒收充公。後經該洋行多次請求，以及包括怡和及寶順在內多間洋行的求情，港督寶寧同意免除保證金充公的處罰。

圖 047　位於中環上亞
厘畢道的香港總督府，
約攝於 1875 年。（香港
歷史博物館提供）

| 1856 年 2 月 23 日 | 香港正按察司曉吾頒布首份《大律師辦案規則》。 |

| 1856 年 6 月 14 日 | 港府頒布《1856 年維多利亞城照明條例》，設立街燈，並以應課差餉租值的 1.5% 徵收街燈稅餉。 |

港府頒布《1856 年華人喪葬及滋擾條例》，授權港督會同行政局指定華人墳場地點，並訂定於非指定地點安葬及損毀樹木和公共地方的罰則。21 日，港府首次根據該條例，劃定摩星嶺和黃泥涌兩處華人公眾墳場，為本港首批華人公眾墳場。

| 1856 年 7 月 22 日 | 英國駐港陸軍將其部分於港島的土地轉交予海軍，土地其後發展成金鐘海軍船塢。 |

| 1856 年 8 月 25 日 | 律政司晏士地在一宗歐籍警察被控勒索案件的判決中，建議警察在制服上列明號碼，並在警帽上刻上皇冠標誌，以識別身份。該建議其後獲正按察司曉吾接納。 |

| 1856 年 10 月 8 日 | 曾在香港註冊的中國帆船「亞羅號」，在廣州黃埔以涉嫌走私被清政府水師扣查。亞羅號事件成為英國進攻廣州的藉口，引發英法聯軍之役，即第二次鴉片戰爭。（圖 048） |

圖 048　英法艦隊在維多利亞港聚集，準備進攻北京，攝於 1860 年 3 月。（Wellcome Collection 提供）

1856 年 11 月 21 日	香港華人開設的商店全體罷市，抗議港府於 16 日頒令華人屋宇門窗間隔須一律按歐人屋宇規定。
1856 年 11 月 22 日	港府全面實施《1846 年人口登記及戶口調查條例》，規定任何未向當局登記的華人，均須遞解出境。
1857 年 1 月 7 日	港府頒布《1857 年殖民地社會安寧條例》，規定華人每晚 8 時至翌日黎明前外出，必須攜帶警察簽發的夜間通行證（俗稱「夜紙」）。
1857 年 1 月 15 日	包括港督寶寧夫人在內，超過 400 名歐籍人士進食由裕盛辦館烘製的麵包後，集體砒霜中毒。由於麵包所含砒霜含量不高，因此沒有人死亡。翌月 2 日，案件於高等法院審理，最終以證據不足為由只將裕盛辦館的有關人士遞解出境。
1857 年 4 月 21 日	英軍攻擊九龍寨城，大鵬協副將張玉堂拒絕交出抗英人士，被挾持至香港島，後獲釋。
1857 年 5 月 9 日	港府公布將香港島劃分為維多利亞城、筲箕灣、西灣、石澳、大潭篤、赤柱、香港、鴨巴甸（今香港仔）及薄扶林九個區，維多利亞城再被劃分為俗稱「四環」的西營盤、上環、中環、下環（今灣仔）和太平山、黃泥涌、掃桿埔共七約（後一度發展成為九約乃至十一約）。（圖 049）
1857 年 5 月 12 日	德國禮賢會教士羅存德獲任命為香港首任皇家書館視學官。

圖 049　香港維多利亞城詳圖，圖中①-⑥為 1903 年港府設置，用以標出城市範圍的六塊界石。（香港地方志中心製作）

1857 年 6 月	呵加剌匯理銀行在香港開設分行，同年獲頒《皇家特許狀》，並在 1863 年 10 月開始發鈔，鈔票一直流通至 1866 年 5 月，因金融風暴而停止，所有鈔票被回收註銷。1872 年 12 月 31 日，呵加剌匯理銀行香港分行結業。
1857 年 7 月 4 日	美國人博格斯因策劃多宗海盜行劫案，被香港高等法院裁定海盜罪成，判處終身流放，為香港首名海盜罪成的外籍海盜。
1857 年 7 月 11 日	古柏出任首位荷蘭駐港領事。
1857 年 10 月 1 日	英文《孖剌西報》在香港創刊，初期主筆為孖剌，後於 1941 年停刊。
1857 年 11 月 7 日	港府頒布《1857 年苦力掮客條例》，規定招工館須繳牌照費用，才可合法販運華工出洋。
1857 年 11 月 28 日	港府頒布《1857 年防止性病擴散條例》，規定妓寨須註冊，且只能設在灣仔春園以東、西營盤荷李活道及皇后大道西交界以西，以及太平山除面向皇后大道的地方以外的三個區域，並規定其住客須登記及健康檢查等事宜。
1857 年	印度倫頓中國三處匯理銀行（後稱有利銀行）在香港開設分行，是香港第二間發鈔銀行。1857 年 8 月，該銀行開始發鈔，同年獲頒《皇家特許狀》。翌年，有利發行的鈔票成為港府認可的流通鈔票。
	皇家書館委員會頒布《皇家書館則例》，列明華人學生可以免費入學，並對官校教師、考試和教學紀錄等作出規範，是香港首條官方學校規則。
	香港天主教會在灣仔開辦聖方濟各醫院，運作一年後停辦。
	廣東華商李陞於西環開設和興號金山莊，從事船舶租賃生意。
1858 年 1 月 9 日	港府首次將立法局會議過程摘錄刊憲。
1858 年 2 月 24 日	立法局通過委任黃勝為第一位華人陪審員。
1858 年 3 月 20 日	港府頒布《1858 年熟鴉片條例》，規定以價高者得的方式，拍賣製造和銷售熟鴉片的牌照。
1858 年 4 月 11 日	意大利宗座外方傳教會雷納神父抵港，展開教育和傳教工作。
1858 年 6 月 2 日	英國外交大臣馬姆斯伯里（即詹姆斯·哈里斯）下令駐華全權特使額爾金（即詹姆斯·布魯士）與中方談判時，爭取割讓九龍半島和昂船洲。
1858 年 7 月 17 日	律政司晏士地此前對華民政務司高和爾與海盜黃墨洲勾結貪污瀆職案提出指控，但調查委員會在本日向港督寶寧提交的報告中，指出不適宜繼續委任高和爾為太平紳士，但未建議將其免職。

1858 年 7 月 31 日	港督寶寧以中英兩種文字發布通告，譴責清政府向香港華人下令撤出香港和禁止食物輸港，指其為英國的仇敵，必嚴正追究。
1858 年 7 月	立法局首份《1858 年會議常規及規則》生效，訂明立法局須向議員作出開會通知，並列明在會議上的發言方式、會議法定人數、表決方式、秘書的職責、處理呈請書的程序、處理條例的程序，以及訊問證人的事宜；同時列明議員須向身為立法局主席的港督提交呈請書，呈請書一經宣讀，可由立法局本身跟進，或成立委員會處理，而且可傳召證人。
1858 年 8 月 9 日	阿義拉出任首位西班牙駐港領事。
1858 年 11 月 8 日	繼中英雙方於本年 6 月 26 日簽訂《天津條約》後，中英兩國代表又於本日在上海簽訂《通商章程善後條約：海關稅則》，其中第五款訂明准許英商鴉片納稅進口，令香港鴉片貿易正式合法化。
1858 年 12 月 8 日	港府的財政預算首次由立法局表決通過，此後成定制，立法機關開始擁有控制公共開支的權力。
1858 年	英國海軍「加爾各答號」艦長霍爾及英軍駐廣州司令史托賓斯少將先後提出佔領九龍岬角和昂船洲，並得到英國政府贊同。
	港府擴大維多利亞城的範圍，東至掃桿埔，西至石塘咀，並增設石塘咀約，合共八約。
	立法局首次容許市民在議員及港督的引介下旁聽會議。
	位於皇后大道中的上環街市南座落成。
1859 年 6 月 6 日	布政司馬撒爾完成《九龍半島問題備忘錄》，分析佔據九龍半島對「香港殖民地」的作用。
1859 年 9 月 9 日	羅士敏（即夏喬士・羅便臣）宣誓就任第五任港督，後於 1865 年 3 月 15 日卸任。
1859 年 11 月	德國會成立，會所初設於皇后大道東，於 1902 年 12 月 31 日遷往堅尼地道。
1859 年	印度新金山中國匯理銀行（今渣打銀行）在港開設分行，並在 1862 年成為香港第三間發鈔銀行。
1860 年 1 月 21 日	港府把皇家書館委員會改組為教育諮詢委員會，以管理全港官校。
1860 年 3 月 18 日	英國駐中國暨香港陸軍司令克靈頓中將命令英軍第 44 步兵團在九龍尖沙咀一帶登陸，單方面佔領九龍半島南端作為英軍營地。

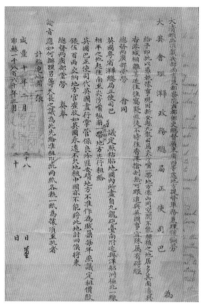

圖 050　1860 年巴夏禮與勞崇光所簽
訂的《租借九龍租約》中文版。（政府
檔案處提供）

1860 年 3 月 20 日　英國駐廣州領事巴夏禮和兩廣總督勞崇光簽訂《租借九龍租約》（又稱《勞崇光與巴夏禮協定》），英方以年租銀 500 兩，租借九龍炮台南端至昂船洲北端的九龍半島部分和昂船洲。（圖 050）

1860 年 4 月 12 日　意大利嘉諾撒仁愛女修會六位修女抵港，開展傳教和教育工作。5月，該會於半山區成立意大利嬰堂學校（今嘉諾撒聖心書院），教授華人女子中、英及葡萄牙文。

1860 年 5 月 12 日　港府頒布《1860 年受託人欺詐治罪條例》，規定任何獲授權處置財產的人士為個人利益佔有、挪用有關財產，屬行為不當，須於最高法院受審。

1860 年 7 月 11 日　理雅各向教育諮詢委員會提交《教育革新計劃》報告書，建議港府建立一所為華人而設的模範官立學校，並以英語教學為主。翌年 3月 23 日，立法局同意撥款 20,500 元以資助該計劃。

1860 年 8 月 25 日　亞當斯獲委任為香港正按察司。

1860 年 10 月 24 日　中英雙方於北京簽署《北京條約》，其中第六款列明清政府將「九龍司地方一區」（即九龍半島今界限街以南部分和昂船洲）割讓予英國。此前，英軍攻陷北京，並火燒圓明園。

1860 年 12 月 15 日　港府刊憲額爾金公告，全文公布《北京條約》及《天津條約》。（圖051）

1860 年　施美夫夫人於半山區設立曰字樓女館，為香港第一所聖公會女子學校，1868 年停辦。1899 年拔萃書室（今拔萃女書院）成立，繼承曰字樓女館的辦學宗旨。

香港首條人工河道 —— 寶靈渠建成。（圖 052）

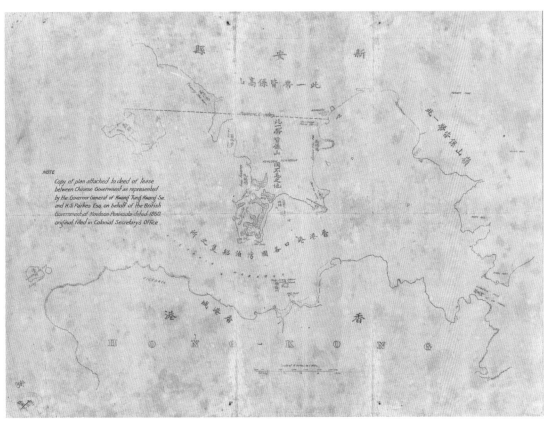

圖 051　1860 年《北京條約》附圖複製本，圖中標示的 Proposed Boundary 便是今日界限街的位置。（政府檔案處提供）

圖 052　位於港島灣仔的寶靈渠，約攝於 1910 年。（香港歷史博物館提供）

1861 年 1 月 19 日	港府舉行接收九龍儀式。英國駐華全權特使額爾金在港督羅士敏的陪同下出席，清政府新安縣令、大鵬協副將、九龍巡檢亦有出席儀式。
1861 年 2 月 4 日	英女王頒布《關於九龍的樞密院頒令》，九龍半島今界限街以南土地由租借地正式成為「香港殖民地」的一部分。翌月 30 日，港府刊憲該頒令，九龍開始實行與香港島相同的法律制度。
1861 年 2 月 9 日	港府公布人口普查結果，以 1860 年 12 月 31 日的時間點計算，全港人口為 94,917 人，其中華人居民及水上人人口 90,691 人，外籍人口 2476 人。
1861 年 4 月	巴色差會黎力基牧師夫人在西營盤創辦女校 —— 巴色義學，是香港客語教會首間女子學校。
1861 年 5 月 29 日	由在港外商組成的香港總商會成立，怡和洋行合伙人波斯富當選首屆主席。
1861 年 6 月 30 日	港府廢除《1844 年華人保甲條例》生效以來實行的華人保甲制度。
1861 年 9 月 24 日	行政局於本日接納港督羅士敏委派的公務員瀆職委員會的調查報告，裁定華民政務司高和爾貪污瀆職和勾結海盜罪罪名成立，解除其職。
1861 年 10 月 12 日	港府刊憲宣布英國政府決定通過考試招聘官學生（後稱政務官）並委派至香港。翌年 9 月，首批官學生迪恩、史密斯和杜老誌抵港。
1861 年	印度東方商業銀行在香港開設分行。1866 年，印度東方商業銀行開始在港發鈔，同年因銀行清盤而停止發鈔。
	西班牙道明會將聖母玫瑰會省的總部從澳門遷往香港，新修道院於同年 7 月 1 日在堅道成立。
	理雅各翻譯的《論語》、《大學》、《中庸》和《孟子》英譯本在香港出版，列為其著作《中國經典》的第一、二卷。
1862 年 1 月 4 日	港府自本日起委託出版商在刊《憲報》英文版外，另刊中文版。
1862 年 3 月 4 日	史劍域出任中央書院（今皇仁書院）首任校長。該校於上環成立，由四所皇家書館合併而成。何啟、韋玉和孫中山等眾多華人社會精英均曾於該校就讀。（圖 053）
1862 年 3 月 22 日	港府頒布《1862 年義勇軍條例》，為香港首條關於徵召志願軍團的條例。
1862 年 6 月	香港中華煤氣有限公司在倫敦成立，自 1864 年開始在港供應煤氣，是香港最早的公用事業公司。
1862 年 7 月 1 日	港府放棄使用英鎊，轉用「圓」為財務記帳的單位，正式採用銀本位制，開啟香港長達 73 年的銀本位貨幣制度。

| 1862 年 7 月 5 日 | 港府頒布《1862 年發明創造專利條例》，規定任何已在英國獲得專利權的發明人可向港督申請在香港取得同樣專利權。 |

| 1862 年 7 月 28 日 | 葛篤出任首位法國駐港領事。 |

| 1862 年 12 月 8 日 | 香港郵政發行首批共七款郵票，面值二仙至九毫六仙。（圖 054） |

| 1862 年 | 香港警隊設立首個水上警署。 |

克德出任首位俄國駐港領事。

| 1863 年 1 月 1 日 | 法國郵船公司在港成立分行，開辦來往香港和歐洲的航線。 |

| 1863 年 1 月 | 麥奇利哥公司在其位於灣仔春園倉庫附近，修築香港第一座可供輪船直接停泊的現代碼頭。 |

| 1863 年 7 月 | 香港黃埔船塢公司在廣州開展業務，鐵行輪船公司香港監督蘇石蘭任主席，至 1866 年開始在本港營運。 |

| 1863 年 10 月 1 日 | 慳度士丹中國日本匯理銀行香港分行開業。 |

| 1863 年 12 月 26 日 | 港府頒布《1863 年防止假冒商標條例》，規定懷有欺詐意圖偽造商標或對商品虛假描述，須承擔刑事及民事責任。 |

| 1863 年 | 奧弗貝克出任首任奧地利駐港領事。 |

薄扶林水塘建成，是香港第一個水塘，初期儲水量為 200 萬加侖。至 1877 年完成兩次擴建工程，容量增至 6800 萬加侖。

以船隻改建、停泊於昂船洲的水上監獄建成，以紓緩域多利監獄的擠迫情況。

會德豐洋行與上海拖駁船有限公司合併，成為會德豐有限公司。

怡和洋行鋪設香港首條電報線，連接其東角總行和中環分行。

圖 053　位於上環鴨巴甸街的皇仁書院，約攝於 1903 年。（香港歷史博物館提供）

圖 054　1862 年發行繪有英國維多利亞女王頭像的藍色通用郵票，面額為 12 仙。（香港歷史博物館提供）

1863 年	大坑蓮花宮建成，供奉觀音，前殿的重檐攢尖頂八角形建築為其特色。
	灣仔玉虛宮（北帝廟）建成，供奉有鑄於明萬曆三十一年（1603 年）的北帝銅像。
1864 年 4 月 30 日	港府頒布《1864 年破產條例》，授權最高法院負責破產申請事宜，並全面規定處理破產申請案件的各項程序。
1864 年 9 月 17 日	港府頒布《1864 年商貿修訂條例》，規定商業擔保的承諾不會僅僅因為未以書面形式作出就被視為無效。
1864 年 11 月 12 日	煤氣公司位於西環屈地街與皇后大道西交界的煤氣鼓落成，每日產量達 3400 立方米。
1864 年 11 月 16 日	由寶順洋行和瓊記洋行合組的於仁船塢公司投得九龍紅磡一幅地皮，用作興建可供軍艦使用的船塢。
1864 年 12 月 3 日	煤氣公司正式開始提供服務，透過 24 公里長的煤氣管道，為中環 500 盞街燈供氣。
1864 年	孔萊出任首任意大利駐港領事。
	中央警署的營房大樓建成，標誌着該警署正式啟用。
	港府發行首批硬幣，包括一毫銀幣、一仙和一文銅幣。（圖 055）
	港府首次公開拍賣九龍半島土地，一共售出 26 幅臨海土地和 39 幅非臨海土地。
	米蘭傳教會高雷門神父於中環威靈頓街設立商科學校聖救世主書院。書院於 1875 年 11 月 7 日易名為聖若瑟書院，改由喇沙會修士主理。
	香港植物公園部分落成開放，至 1871 年全面落成，是香港首個公眾公園。（圖 056）
	西環養正院成立，是香港首間感化院及工藝學校。該校於 1927 年由鮑思高慈幼會接辦，易名為聖類思工藝學院，並在 1936 年擴建成聖類斯中學。

圖 055　1865 年鑄造的香港一文銅幣。（香港歷史博物館提供）

1865 年 3 月 3 日 │ 英資銀行香港上海滙豐銀行成立，總部設於皇后大道中 1 號，並成為香港發鈔銀行，是當時唯一一家總部設在本港的銀行。翌年 8 月 18 日，港府頒布《1866 年香港上海滙豐銀行條例》，規管其發鈔及營運。（圖 057）

1865 年 3 月 9 日 │ 英國樞密院頒令，劃分香港高等法院與在華領事的司法管轄權，高等法院更專注於審理港府管治境內發生的案件。

圖 056　一群華人青年在香港植物公園合照留念，約攝於 1875 年 - 1880 年。（香港大學圖書館特藏部提供）

圖 057　第二代香港上海滙豐銀行總行大廈，約攝於 1895 年。（香港歷史博物館提供）

1865 年 3 月 18 日	港府頒布《1865 年公司條例》，規定任何十人以上組織欲從事銀行業須依本條例登記方可成立；如欲從事其他行業，人數定為 20 人以上。
1865 年 6 月 30 日	教育司署成立，取代教育諮詢委員會，專責香港教育事務。
1865 年 7 月 1 日	港府頒布《1865 年偽造貨幣治罪條例》，規定偽造貨幣可被判處終身監禁，而無合法授權出售、購買、使用、運輸、管有明知偽造的貨幣，皆屬犯罪並會被判刑。
1865 年 10 月 20 日	省港澳輪船公司註冊成立，營運廣州、香港及澳門之間的航線。
1865 年	元朗新田文氏第二十一世祖文頌鑾的府第 ——「大夫第」建成。
	聖士提反堂落成，是香港首間華語聖公會教堂。
	油麻地第二街（今北海街）建天后古廟，後於 1876 年遷往廟街現址，毗鄰設有公所、福德祠及兩所書院，同時兼具祭祀、仲裁及教學的功能。
1866 年 2 月 1 日	西環街坊會議決定，報請港府批准成立「團防局」組織更練，協助警察維持華人社區治安。該建議最終在 8 月 16 日由立法局通過實施。（圖 058）
1866 年 3 月 12 日	麥當奴宣誓就任第六任港督，後於 1872 年 4 月 11 日卸任。
1866 年 5 月 7 日	香港鑄錢局在東角（今銅鑼灣）成立，開始鑄造面額五仙、一毫、二毫、半元（五毫）及一元的銀幣，至 1868 年關閉。（圖 059）
1866 年 5 月	首幅新安縣中、英雙語地圖《新安縣全圖》出版，由意大利神父西米安・獲朗他尼在華人神父梁子馨協助下，歷時四年繪製而成。（地圖 7）
1866 年 7 月 1 日	德資禮和洋行在港設分行，主要從事航運、出入口貿易和保險代理業務。

圖 058　二十世紀初期的更練團員帽。更練是香港警察以外的民間治安組織。（香港歷史博物館提供）

1866 年 9 月 8 日	港府頒布《1866 年印花稅條例》，正式開徵印花稅。
1866 年 10 月 24 日	司馬理就任香港正按察司。
1866 年 12 月 17 日	香港葡萄牙人俱樂部 —— 西洋會所在些利街成立，澳門總督柯邦迪主持啟用儀式。
1866 年	香港首次出現證券買賣活動。

德資美最時洋行在港設亞洲首間分行，從事進出口貿易，並於 1887 年代理北德意志勞埃德在中國內地和香港的航線。

怡和洋行成立香港火燭保險公司，是首間香港火險公司，擁有香港首輛消防車。

1867 年 1 月 23 日	港府公告華民政務司署須恒常對華人開放，以便華人對港府提出申訴或請求。
1867 年 1 月 31 日	美國太平洋郵輪公司的「科羅拉多號」從美國三藩市抵達香港。這是連接兩地首條定期客輪航線的首航。
1867 年 6 月 15 日	位於香港仔的夏圃船塢落成啟用，是香港首個大型旱塢。
1867 年 6 月 22 日	港府頒布《1867 年維持社會秩序及潔淨條例》，將賭博納入政府規管。

港府頒布《1867 年香港出洋移民條例》，任命醫務官負責巡查移民船上的設施，以進一步改善從香港出發船隻上華人移民的健康情況。

圖 059　東角香港鑄錢局，繪於 1860 年代。（香港藝術館提供）

1867 年	德資瑞記洋行在港設分行，主要從事機器貿易、航運和代理保險業務。
	沙田曾大屋建成，是一條客家圍村，由在筲箕灣經營石礦場的商人曾貫萬歷時 20 年建成。（圖 060）
	首批錫克族警察獲聘來港執行職務。
1868 年 2 月 29 日	香港首間高級酒店 —— 香港大酒店開業，位於中環皇后大道和必打街（今畢打街）交界。（圖 061）
1868 年 5 月 23 日	港府頒布《1868 年消防隊條例》，成立消防隊，並從警隊及志願人士中挑選人員。身兼警察司及域多利監獄獄長兩職的梅理獲委任為首任消防隊監督。消防隊於 1961 年易名消防事務處，再於 1983 年改名為消防處。
1868 年 7 月 1 日	兩廣總督瑞麟對香港實施封鎖，以緝拿鴉片走私商販，杜絕逃稅漏稅。清政府在香港海上通道的東西出口：鯉魚門、汲水門，以及九龍城設置關卡、巡船，並截查往來香港與廣東沿海的中國民船，對每箱鴉片徵收 16 兩釐金。
1868 年	唐廷桂與威廉·史密夫合資於東角成立糖局，是香港首家擁有現代生產機器的煉糖廠。
	招雨田、陳煥榮等南北行商人在文咸街成立南北行公所，以訂立行規，解決糾紛，是香港首個華人商會。
1869 年 4 月 22 日	署理華民政務司李斯特巡視廣福義祠，發現衛生環境惡劣，病人與死者同處一室，引起香港報章大篇幅報道。港府隨即展開調查，批評義祠的非人道情況，並於月底下令取締。
1869 年 6 月 1 日	港府成立醫院委員會以籌辦一所華人醫院，成員包括仁記洋行買辦梁安和建南米行東主何裴然在內的 20 名華人街坊領袖和商人。至 11 月，港督麥當奴撥出上環普仁街地段，並資助 11.5 萬元建院費用。

圖 060 沙田曾大屋鳥瞰圖，攝於 2006 年。（Getty Images 提供）

1869 年 9 月	曰字樓孤子院（今拔萃男書院）成立，為英、華和歐亞混血男女童提供教育。
1869 年 10 月 1 日	第一所警察訓練學校開辦。
1869 年 10 月 2 日	港府頒布《1869 年公共集會（交通管制）條例》，規定警察司有權就任何公眾活動制定規管道路使用的規例；船政廳有權為維護香港任何水域的暢行無阻制定規例。
1869 年 11 月 3 日	英國亞爾菲臘王子訪港期間在香港大會堂欣賞歌劇表演，是第一代香港大會堂首場舉行的公開演出。（圖 062）
1869 年	大北電報公司在港設分局，是香港最早成立的電報局。

圖 061　樓高六層的香港大酒店，約攝於 1890 至 1895 年。（香港歷史博物館提供）

圖 062　由香港市民集資興建的第一代香港大會堂，約攝於 1875 年。（香港歷史博物館提供）

1870 年 4 月 2 日	港府頒布《1870 年華人醫院則例》，確定成立東華醫院。醫院創院總理共 13 名，由梁安任創院主席，負責醫院籌建事務。9 日，港督麥當奴主持醫院奠基禮。（圖 063）
1870 年 8 月 27 日	港府頒布《1870 年官地權（重收）條例》，授權港府收回違反政府租契的土地或物業單位。
1870 年	英資太古洋行在港設分行。
	香港首座猶太會堂在荷李活道成立。
	屏山坑尾村鄧氏所建的覲廷書室落成。
	回教墳場在跑馬地建成，是香港首個伊斯蘭教墓園。
1871 年 3 月 11 日	《德臣西報》的中文版面《中外新聞七日報》創刊。
1871 年 4 月 1 日	大北電報局開通連接香港和上海的海底電纜，是香港首條對外的電報線路，也是東亞地區首條海底電報線路。
1871 年 5 月 6 日	港府公布人口普查結果，以 1871 年 4 月 2 日的時間點計算，全港人口為 124,198 人，其中華人人口 115,444 人，外籍人口 8754 人。
1871 年 6 月 3 日	港府頒布《1871 年法律執業者條例》，規範大律師、執業律師、代訴人和公證人制度。
1871 年 6 月 14 日	上午 9 時 45 分，港督收到來自英國倫敦的電報信息，標誌香港與倫敦的電報線路正式開通。
1871 年 6 月 27 日	清政府粵海關監督在汲水門、九龍城、佛頭洲及長洲四處開設常關關廠，向沿途經過的鴉片船隻徵收常關稅，進一步控制經由香港的鴉片走私活動，徵收鴉片稅金。

圖 063　因為捐款賑災而得到清政府賞賜官銜、身穿官服的東華總理，於東華醫院大禮堂合照，約攝於 1885年。（香港歷史博物館提供）

1871 年 7 月 27 日	香港埔頭貨倉公司在灣仔成立，開設香港首個商用貨倉，並於 1873 年 3 月建成碼頭。
1871 年 9 月 2 日	港府頒布《1871 年驅逐危險分子條例》，規定港督會同行政局可命令任何非因血緣世系出生為英國屬民者，或歸化為英國屬民者，不得入境香港或在香港逗留，此禁令時效最長為五年，如上述被驅逐者已身在香港，則可被遞解出境。
1871 年 9 月 9 日	港府公告，華人在晚上 7 時至翌日清晨 5 時外出必須攜燈，否則將被拘禁。
1871 年 9 月 16 日	港府頒布《1871 年輔助警察條例》，規定港督有權以特別條款聘任輔警，以補充香港警隊人力的需求。（圖 064）
1871 年 9 月 23 日	港府公布英女王批准艾姆碧克出任德國統一後首位駐港領事。
1871 年 11 月 18 日	港府頒布《1871 年香港碼頭及貨倉公司條例》，成立香港碼頭及貨倉公司，在維港建設一個公共碼頭和貨倉，經營裝卸和儲存貨物業務。
1871 年	第一代渣打銀行人廈落成，位於皇后大道中及都爹利街交界。
1872 年 1 月 13 日	港府宣布由本月 20 日起廢止港督依《1867 年維持社會秩序及潔淨條例》授權而制定的規管賭博的規則和規例，重新禁止經營賭博行業。
1872 年 1 月 14 日	聖彼得教堂建成開幕，專門向海員傳教。
1872 年 2 月 14 日	港督麥當奴主持東華醫院的開幕典禮，醫院工程費共 45,000 元，可容納 80 至 100 名病人。該院以中醫中藥療法，贈醫施藥，為香港首間華人醫院。

圖 064　中環荷李活道中央警署內的錫克族及華籍警察，攝於 1906 年。（政府檔案處提供）

1872 年 4 月 16 日	堅尼地宣誓就任第七任港督，後於 1877 年 3 月 1 日卸任。
1872 年 4 月 17 日	《華字日報》創刊，前身為本月 6 日停刊的《中外新聞七日刊》。
1872 年 6 月 26 日	港督知會行政局並獲同意，批准滙豐銀行發行一元鈔票，旨在解決銀元流通中耗損貶值問題。但該授權被殖民地大臣強烈反對，並要求港督僅允許無法回收的總值 22.6 萬元的一元鈔票繼續流通。
1872 年 7 月 20 日	港府宣布所有勞工宿舍均須登記，每年登記費為每十個宿位五元。出租房（俗稱「散仔館」）房東將增加的成本開支轉嫁到以苦力為主的租客。25 日，有關措施實施，導致約 10,000 名苦力發起罷工，港府拘捕 60 名頭目。南北行公所召集苦力館的代表開會，要求停止罷工，並保證向港府談判，維護他們的利益，其後華民政務司答應修改法例，降低收費。30 日，苦力結束為期五日的罷工。
1872 年 7 月 27 日	港府頒布《1872 年生死登記條例》，由華民政務司署負責香港居民的出生和死亡登記。
1872 年 7 月	立法局成立財務委員會，是該局首個常設委員會，負責處理港府預算以外的公共開支建議。
1872 年 9 月 24 日	香港多名華人紳商聯名要求港督堅尼地嚴懲逼良為娼的行為。
1872 年 10 月 15 日	林道三郎被任命為首位日本駐港副領事。翌年 4 月 20 日，日本在港正式設立領事館，主管香港境內日本人的對英及對華事務，以及管轄廣東、汕頭、瓊州等地的對華事務。
	於 1871 年始建的聖若瑟堂本日被祝聖啟用。
1872 年 12 月 21 日	港府頒布《1872 年外國罪犯拘留條例》，規定在中國或日本被指控或定罪的外國人在移交回本國經香港期間臨時拘押的事宜。
1873 年 1 月 19 日	輪船招商局「伊敦輪號」貨輪啟航，開辦上海至香港航線。
1873 年 2 月 20 日	香港首屆打吡大賽在跑馬地馬場舉行，是本港歷史悠久的賽馬錦標之一。
1873 年 4 月 26 日	港府宣布推行補助學校計劃，資助五類補助學校，並訂定參加計劃的學校資格和每年補助的標準，受資助的學校需受港府的監督。
1873 年 5 月 3 日	港府頒布《1873 年華人移民船舶條例》，規定所有從香港出發的移民船隻，不得使用任何由法例禁止的設施，包括將乘客活動空間限制在艙內的欄柵。
1873 年 5 月 10 日	港府頒布《1873 年保護華人婦女及華人移民條例》，禁止買賣、誘拐、非法拘禁華人婦女或女童以作娼妓，以及禁止脅迫、誘拐華人以移民的目的來港或離港。

1873 年 6 月 1 日 英資中國太平洋輪船公司運載 641 名華人乘客的「加利洛恩號」，由香港首航出發，在 26 天後抵三藩市，創下當時香港至三藩市最快航程的紀錄。

1873 年 7 月 2 日 立法局通過《1873 年會議常規及規則》，載有名為〈法案流程〉的專屬章節，列明在立法過程的不同階段處理法案的程序，包括把法案交付一個特別委員會詳加審議。《規則》涵蓋議員在法案流程的每一階段應如何行事，以及規定須在《憲報》刊登公告。

1873 年 7 月 12 日 港府頒布《1873 年危險品條例》，規定運輸和儲存指定危險品的各項要求。

1873 年 8 月 6 日 香港首次將廈門、上海和香港的天氣資訊通過電報刊登於《德臣西報》，名為〈中國沿海氣象紀錄〉。

1873 年 9 月 英國海軍向怡和洋行購入一棟位於灣仔小山上的建築物，建成海軍醫院。

1873 年 10 月 4 日 港府頒布《1873 年香港民事訴訟程序條例》，修訂並整合之前的民事訴訟程序、形式，為統一的民事訴訟程序。

1873 年 位於九龍紅磡差館里的觀音廟建成，是九龍規模最大的觀音廟。

1874 年 2 月 4 日 王韜在港創辦《循環日報》，是香港首份由華人出資、編輯的中文報章。（圖 065）

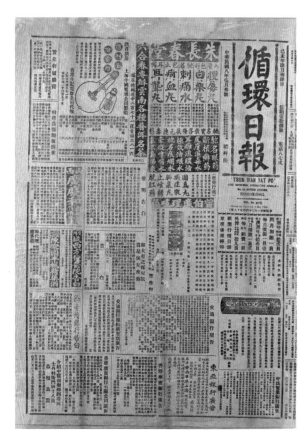

圖 065 1919 年 5 月 3 日的《循環日報》。（香港歷史博物館提供）

1874 年 2 月 14 日	客輪「雲龍輪」在香港水域沉沒,約 100 人喪生。
1874 年 5 月 9 日	港府頒布《1874 年華人移民整合條例》,修訂並整合之前有關華人乘客船舶及運送華人移民的各項規定。
1874 年 9 月 22 日	颱風正面吹襲香港,造成數千人死亡,是為「甲戌風災」,是香港有紀錄以來最嚴重的風災之一。1880 年,東華醫院將在災後撿拾的 399 具死難者遺骸,以及在昂船洲發現的百餘具骸骨收殮,安葬於香港島雞籠環墳場內的「遭風義塚」,並立碑紀念。(圖 066)
1874 年 11 月 17 日	香港宗座監牧區升格為宗座代牧區,管轄範圍擴至廣東省的新安縣、歸善縣(今惠陽市)、海豐縣。
1874 年	蘇格蘭工程師凱爾和班欣成立香港製冰公司,其後在銅鑼灣設立製冰廠。
	屏山鄧氏於塘坊村建成述卿書室,以紀念族人鄧述卿。書室於 1977 年被拆卸,只保留前廳及匾額。
	香港從日本引入第一輛人力車。
1875 年 1 月 2 日	港府首次頒布主要部門及職官的中文譯名。
1875 年 4 月 10 日	港府頒布《1875 年婚姻條例》,規定之前以任何儀式締結婚姻的註冊記錄須提交華民政務司備存,今後所有於香港締結的婚姻須向華民政務司註冊。
1875 年 4 月 16 日	鶴咀燈塔舉行亮燈儀式,正式啟用,是香港第一座燈塔,至 1896 年停止運作。
1875 年 7 月 1 日	第一代青洲燈塔啟用,為從維港以西方向抵港的船隻導航。

圖 066 1874 年颱風過後的九龍海旁,不少船隻被摧毀。(香港歷史博物館提供)

圖 067　約 1898 年的九龍寨城接官亭及龍津石橋（下方），由清政府修建。（政府新聞處提供）

1875 年 7 月 19 日	倫敦鑄造的香港銅元首次在港發行。翌年 6 月 20 日，新鑄的五分、一角和二角的香港銀幣也開始流通。
1875 年 11 月 7 日	在高雷門主教的邀請下，六名基督學校修士會修士來港，開展教育工作，並接管西環感化院及救世主書院。
1875 年	龍津石橋竣工，全長 60 丈（約今 192 米）。該橋在 1873 年動工，是連接九龍寨城東門和維港海面的通道，也是裝卸貨物的碼頭。（圖 067）
	文武廟捐資在西環牛房附近興建義莊，用作暫存等候回鄉安葬的華人先人骨殖。義莊其後交由東華醫院管理，1899 年遷往大口環現址，並改名為東華義莊。
1876 年 1 月 15 日	港府通令華人如需向政府反映意見，必須透過兼任撫華道的華民政務司入稟政府，以加強華人與政府的直接溝通。
1876 年 3 月 1 日	哥連臣角燈塔啟用，為從維港以南或以東方向抵港船隻導航。
1876 年	屈臣氏大藥房設立香港首家汽水廠，主要生產醫藥用途的軟性飲料，是當時亞洲規模最大的汽水廠之一。
1877 年 4 月 1 日	香港加入萬國郵政聯盟，使香港郵費大減。
1877 年 4 月 9 日	英國修訂 1843 年頒布的《英皇制誥》，規定在港督逝世或無法執行職務時，由副港督、護理港督、布政司，或執行布政司法定職權的人依次代行管治香港的職能。

1877 年 4 月 9 日	英國修訂《皇室訓令》，規定行政局當然官守議員為駐港英軍指揮官、布政司、律政司三席，同時允許港督委任臨時官守議員，填補行政局的臨時缺位。
1877 年 4 月 23 日	軒尼詩宣誓就任副港督，6 月 6 日刊憲就任第八任港督，後於 1882 年 3 月 7 日卸任
1877 年 5 月 18 日	伍才（伍廷芳）獲香港高等法院授予執業大律師資格，是香港首位華人大律師。（圖 068）
1877 年 5 月 19 日	華商李陞、何崑山註冊成立安泰保險公司，是香港首間全華資保險公司。
1877 年 6 月 7 日	港府首次舉行公開考試考選政府文員，成功考取者將在華民政務司署任職。
	香港首對依照香港法例結婚的華人夫婦，在港府婚姻註冊官前註冊。
1877 年 9 月 22 日	天主教香港宗座代牧區發行《香港天主教紀錄報》，是香港以至中國首份天主教英文周報。
1877 年	港府廢除公開笞刑。
	三井物產會社香港支店開業，是首間在港發展的日本企業，後於 1882 年 1 月結業。
	英資和記洋行在港開業，主要從事出入口貿易。

圖 068　身穿大律師服裝的伍才（伍廷芳），攝於 1880 年。（政府新聞處提供）

| 1878 年 5 月 7 日 | 港督軒尼詩捐款 5000 銀圓，華商梁安在香港和南洋募捐約 30,000 兩，賑濟同年在華北發生的特大旱災和饑荒。 |

1878 年 9 月 25 日 ｜ 一批海盜洗劫永樂街 52 號的錢莊，警員擊斃其中一人，拘捕另外兩人，其餘海盜乘船逃去，掠去 250 元的財物。事件引起大眾對香港安全的憂慮。

1878 年 11 月 8 日 ｜ 港商盧賡揚、馮普熙、施笙階和謝達盛，聯名上書港督軒尼詩，請求批准集資懸賞懲查拐帶行為，本日後來成為保良局創局紀念日。

1878 年 12 月 14 日 ｜ 伍才（伍廷芳）獲港督軒尼詩委任為首名華人太平紳士。

1878 年 12 月 25 日 ｜ 中環興隆街發生大火，並蔓延至皇后大道中、士丹利街和威靈頓街一帶，導致 368 間房屋被焚，財物損失達 100 萬元。

1878 年 ｜ 香港滙豐銀行貸款 350 萬兩予清政府，作為左宗棠平定中國西北回民起事的開支。

1879 年 1 月 8 日 ｜《憲報》將少數與華人有關的通告，改為中英文並列刊行，但遇有歧義，仍以英文為準。

1879 年 3 月 22 日 ｜ 西環聖心天主教堂建成啟用，後於 1892 年改名為聖安多尼堂。

1879 年 8 月 6 日 ｜ 歐德理接替已改任署理布政司的史釗域，出任視學官。

1879 年 10 月 4 日 ｜ 日本郵船會社前身 —— 郵便汽船三菱會社開辦日本橫濱至香港的航線，是首條日本直達香港的航線。

1879 年 11 月 19 日 ｜ 港府宣布，根據《1867 年性病條例》所徵收的罰款和妓院牌照費將由政府一般收入中獨立出來，用於補助專門服務警察及公務員的性病醫院開支。

1879 年 ｜ 港府修訂「1873 年補助學校計劃」，取消教會學校必須每日有四小時世俗化課程的規定。

｜ 陸驥純創辦《維新日報》，是香港一份主張維新變法的報章，1909 年改名為《國民新報》。

｜ 清光緒帝御賜東華醫院「神威普佑」匾額，表彰醫院於 1875 年至 1878 年間的「丁戊奇荒」中捐助約 66.5 萬元賑濟各省災民。

1880 年 1 月 21 日 ｜ 軒尼詩任命伍才（伍廷芳）暫代返英休假的吉布為立法局非官守議員，成為首位華人非官守議員。

1880 年 4 月 4 日 ｜ 中國天主教會第五區第一屆教會會議在港召開，為期八日。

1880 年 5 月 17 日 ｜ 香港保良局獲港督軒尼詩批准成立，至 1882 年 8 月 5 日頒布《1882 年保良局條例》。其初期借用東華醫院地方辦公，工作為防止誘拐及保護無依的婦孺，亦會協助撫華道調解華人家庭及婚姻糾紛。

1880 年	經香港轉運的中國出口貨值和進口貨值,分別由 1867 年的 14% 及 20% 升至本年的 21% 和 37%。

生源公白行、禮興金山行和德安銀號成功加入香港總商會,成為該會首批華資會員。

慈善組織樂善堂在九龍寨城成立。

文武廟義學創辦,為貧窮學生提供免費教育。

1881 年 1 月 18 日	考試局於本日至 25 日舉行會議,視學官歐德理任主席,決定由教師以外的人員負責書院學生的考試,是香港會考制度的濫觴。

1881 年 3 月 19 日	港府頒布《1881 年人口普查條例》,規定進行人口普查事宜。

1881 年 4 月 2 日	昂船洲東炮台建成,是昂船洲上的首個防禦工事。

1881 年 6 月 3 日	港督軒尼詩對立法局議員說:「本港貿易屬華人者不少,港內殷商巨賈亦是華人。況本港產業原係華人所有,久居港地者,無非都是華人。且本港國餉,華人所輸,十居其九。」

1881 年 6 月 11 日	港府公布人口普查結果,以 1881 年 4 月 3 日的時間點計算,全港人口為 160,402 人,其中華人人口 150,690 人,外籍人口 9712 人。

1881 年 6 月 15 日	士蔑創辦《士蔑西報》,並擔任主筆。該報後於 1951 年 4 月 1 日停刊。

1881 年 6 月 25 日	港府頒布五條以歸化人士冠名的《歸化條例》,合共批准五名居港華人歸化英籍,是首批歸化英籍的華人。

1881 年 9 月 12 日	官立師範學堂在灣仔開學,是香港第一所全日制師資訓練學校,首批共有 12 位學生試讀,後於 1883 年關閉。

圖 069　位於鰂魚涌的太古煉糖廠,約攝於 1895 年。(香港歷史博物館提供)

1881 年	太古洋行成立太古糖業，其鰂魚涌煉糖廠在 1884 年開始投產，不久便發展成為當時全球規模最大和最先進的煉糖廠之一。（圖 069）
	那打素診所在太平山區成立，主要為華人提供醫療服務。
	英國派遣皇家工程師查維克到港，考察香港的公共衛生情況，查維克於翌年發表《查維克衛生調查報告書》，嚴厲批評香港的公共衛生情況。
1882 年 2 月 18 日	港府頒布《1882 年電車條例》，成立香港中華電車有限公司，負責規劃興建包括山頂纜車的六條電車路線。
1882 年 3 月 13 日	費立浦獲委任為香港正按察司，後於 1888 年 10 月 5 日離任。
1882 年	11 位循道會信徒從廣州及佛山來港，在威靈頓街設立學塾。1884 年，學塾改為福音堂，名為惠師禮會。
	東方電話電力公司將公共電話服務引入香港，該公司其後易名為中日電話電力公司。
	太古洋行投得港島鰂魚涌的石礦場牌照，是香港唯一持有石礦牌照的英資公司。
1883 年 3 月 2 日	香港天文台成立，主要負責氣象觀測、地磁觀測，並根據天文觀測報道時間及發出熱帶氣旋警告，杜伯克獲委任為首任天文司。
1883 年 3 月 30 日	寶雲宣誓就任第九任港督，後於 1885 年 12 月 19 日卸任。
1883 年 3 月 31 日	美國公理會差會喜嘉理牧師抵港，開始在粵港之間傳教，後在香港必列者士街設立福音堂。
	大東電報公司與中國電報總局簽訂《上海至香港電報辦法合同》，分別在上海和廣東省鋪設線路，以連接香港的線路，香港與內地城市開始互通電報。
1883 年 4 月 21 日	港府宣布成立潔淨局，負責監管和處理香港市政衛生事宜，是市政局的前身。
1883 年 5 月 23 日	港督寶雲於《憲報》發出公告，指示在未諮詢華民政務司的意見前，不得對被指控違反潔淨及公安規例的華人小販採取司法程序。
1883 年 5 月	銅鑼灣避風塘建成，位於高士威道對開海面防波堤長約 426 米，為香港首個避風塘。
1883 年 7 月 28 日	英資德忌利士輪船公司在香港註冊成立。
1883 年 8 月 7 日	殖民地部大臣德比接納港督寶雲的建議，立法局由五位非官守議員及六位官守議員組成。該五位非官守議員中，最少一人為華人，而一人須由香港總商會提名，另一人由太平紳士提名。
1883 年 10 月 8 日	旗昌洋行註冊成立香港麻纜製造公司，並於堅尼地城設立廠房，是香港首家麻纜廠。

大嶼山耆紳呂景輝在大嶼山鳳凰山鹿湖洞創建純陽、普仙二院。

薄扶林華人基督教墳場落成，是香港現存最早的華人基督教永久墳場。

孫中山自家鄉香山縣翠亨村來港，初入讀曰字樓孤子院（後改名拔萃書室），翌年轉往中央書院繼續學業，1886 年畢業。

1884 年 2 月 26 日

建於 1869 年的第一代水警總部船隻發生火災，焚毀殆盡。其後，第二代水警總部遂遷至尖沙咀岸上。

1884 年 2 月 28 日

港督寶雲委任黃勝接替伍廷芳為立法局非官守議員，同時亦是香港首任華人正式議席議員。

1884 年 4 月 5 日

港府頒布由英女王簽署的《皇室訓令》修訂條文，委任庫務司為行政局當然官守議員，令該局的當然官守議員數目增加至四席。

1884 年 4 月 10 日

港府頒布《1884 年醫生註冊條例》，除中醫外，所有醫生均須向港府註冊方可執業。

1884 年 8 月 16 日

港府公布天文台設立的香港首個熱帶氣旋警告系統，採用一套以鼓形、球狀和錐體形狀的目視系統，用作通知離港船隻熱帶氣旋的位置及移動方向。

1884 年 9 月 11 日

紅磡黃埔船塢華工拒絕協助維修抵港休整的法國軍艦「拉加利桑尼亞爾號」，並展開罷工行動，抗議法國軍艦在中法戰爭中侵犯台灣。

1884 年 9 月 17 日

四家香港中文報章刊登兩廣總督張之洞的文告〈諭港澳華民示〉，稱法軍以厚利誘使香港、澳門的華人登上其兵艦做工、服役，實則是騙其投入中法戰爭的最前線，呼籲兵艦上的華人暗中起事。

1884 年 9 月 18 日

有華工企圖炸毀停泊於紅磡船塢內的法國軍艦，被法國士兵發現，由香港警察制止。

1884 年 9 月 22 日

接駁艇戶抵制法國人，拒絕為其商船運載貨物，本日起數日間多名艇戶因此被港府起訴和罰款五元。

1884 年 9 月 30 日

接駁艇戶發起罷工，把抵制法艦行動擴大至其他國籍船隻，並拒絕接載客人，令港口幾乎停頓。翌日，抵制行動擴大至岸上其他行業。

1884 年 10 月 3 日

罷工群眾在堅尼地城海旁聲討復工艇戶，警察到掘斷山街（今荷李活道）一帶驅散時被投擲石塊。隨後警方派出印籍騎警持劍驅散群眾。事件中一名華人死亡，多人受傷，約 30 人被捕。港府即日起審判被捕者，其中六人被判苦役一年。

1884 年 10 月 5 日

清晨，港島海旁貼滿告示，聲言多個行業已舉行會議，決議所有艇戶和苦力在當日早上復工，但抵制法國人的其他行動仍然持續。

1884 年 10 月 9 日

港府頒布《1884 年維持治安條例》，並實施至翌年 4 月 1 日，冀回復香港的社會安寧與秩序。

圖 070　賽馬會大看台建成前,每逢賽馬日一眾馬迷便聚集在跑馬地馬場的大石鼓上觀看賽事,約攝於 1890 年。(香港歷史博物館提供)

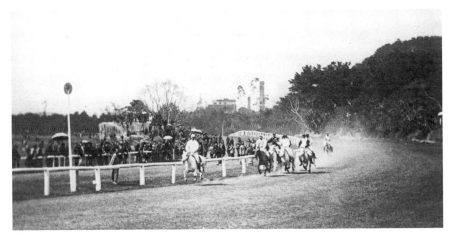

圖 071　1894 年的賽馬活動。(香港歷史博物館提供)

| **1884 年 11 月 4 日** | 34 名洋商及立法局議員在大會堂舉行會議,聯名發起成立香港賽馬會,作為香港舉辦賽馬活動的恒常組織。(圖 070、071) |

1884 年	自本年起,香港總商會和非官守太平紳士可各提名一人為立法局非官守議員。
	立法局通過《1884 年香港立法局會議常規及規則》,首次建立立法局的委員會制度,包括特別委員會及常設委員會。前者負責處理立法局指派的特定工作,後者則負責處理與立法局職能有關的特定事項,分別是財委會、法律委員會及工務委員會。此外,《常規》確立立法局向港府進行質詢的程序,包括須在開會前預告,質詢內容亦只限與公共事務有關。
	香港聖約翰救傷會創立,其轄下的聖約翰救傷隊於 1916 年成立。
	堅尼地城青蓮台魯班先師廟建成,由三行同業籌建。

| **1885 年 1 月 1 日** | 天文台在尖沙咀第二代水警總部設立時間球,開始向海港船隻報時。1907 年,時間球移至訊號山上的訊號塔。 |

| **1885 年 3 月 7 日** | 港府頒布《1885 年度量衡條例》,列明中式、英式標準砝碼和量具,以及標準換算比率。 |

1885 年 5 月 9 日	港府頒布《1885 年匯票條例》，規定匯票的種類、使用等事宜。
1885 年 5 月 23 日	港府頒布《1885 年已婚婦女財產處理條例》，規定已婚婦女在其丈夫同意下，可透過契據處理其所擁有的土地及產業權等。
1885 年 11 月	清光緒帝御賜東華醫院「萬物咸利」匾額，表彰東華醫院捐助洋銀約 46,000 元賑濟同年 6 月珠江三角洲水災的貢獻。（圖 072）
1885 年	歐人精神病院（又稱域多利精神病院）在般咸道落成啟用。1891 年，其附近再建成華人精神病院。
	港府設立首座公眾驗房。
1886 年 2 月 12 日	布政司駱克與一批旅居香港的英國僑民及軍人成立香港足球會，是香港首間足球會。
1886 年 3 月 27 日	港府頒布《1886 年印刷業及出版業條例》，規管報章、書籍與其他印刷品的印刷以及出版。
1886 年 3 月	港府在倫敦發行 20 萬英鎊債券，年利率 4.5 厘，用作支付香港公共工程費用。
1886 年 5 月 8 日	港府頒布《1886 年土地拍賣條例》，引入英格蘭土地拍賣法的規定。
	港府頒布《1886 年買賣憑據條例》，遏止相關詐騙的發生。
1886 年 9 月 11 日	港府和清政府在香港簽訂《管理香港洋藥事宜章程》，授權中國海關總稅務司成立九龍關，以徵收過路鴉片的關稅和釐金。
1886 年 12 月 18 日	港府頒布《1886 年遺囑法令修訂條例》，跟從英國國會修訂的遺囑法令作出相應的修訂。

圖 072　1885 年清光緒帝御賜「萬物咸利」匾額予東華醫院，今此匾額存放於東華醫院禮堂。（東華三院文物館藏）

1886 年

英國陸軍成立香港水雷炮連，為首支以香港為基地的華人正規軍部隊，成員主要是來自香港及珠江三角洲地區的客家及水上人。

英國海外傳道會女傳教士莊思端於半山區創辦飛利女學校。該校於1936 年與維多利亞女校合併，成為現時位於土瓜灣的協恩中學。

遮打與怡和洋行合資成立香港九龍碼頭及貨倉有限公司，是九龍倉集團前身。（圖 073、074）

圖 073　位於九龍尖沙咀的香港九龍碼頭貨倉，約攝於 1900 至 1910 年間。（香港歷史博物館提供）

圖 074　約 1930 年代的九龍倉碼頭。（Getty Images 提供）

圖 075　位於港島中環
雲咸街的牛奶公司，約
攝於 1908 年。（政府新
聞處提供）

| 1886 年 | 蘇格蘭外科醫生白文信及五位商人在香港註冊成立牛奶有限公司，並在薄扶林建成本港第一個牧場。（圖 075） |

由何崑山創辦的天華礦業公司獲准在大嶼山梅窩開採銀礦。

| 1887 年 1 月 3 日 | 青洲英坭公司從澳門遷港註冊成立，是香港首間水泥公司。1900 年，在紅磡鶴園設立廠房。 |

| 1887 年 2 月 16 日 | 荷李活道雅麗氏利濟醫院建成開幕，翌日開放啟用，是專門為香港華人服務的西醫院。 |

| 1887 年 2 月 26 日 | 港府頒布《1887 年誹謗條例》，是香港自行制定的首條關於誹謗須負民事刑事責任的法例。 |

| 1887 年 4 月 2 日 | 中國海關總稅務司轄下的九龍關成立，以英國人摩根為首任稅務司。九龍關總部位於香港皇后大道中銀行大廈二樓，接管了原來清政府粵海關在香港外圍設立的四個關廠。 |

| 1887 年 6 月 1 日 | 港府在船政廳轄下設立出入口管理處，向九龍關通報鴉片進口的資料。翌年，管理處首次提交香港鴉片年度出入口紀錄，是香港首份相關紀錄。 |

| 1887 年 8 月 11 日 | 位於鯉魚門的炮台防衛系統建成。該工事體系以鯉魚門要塞為核心，設多條地底隧道，連接至要塞附近的炮台。 |

| 1887 年 8 月 23 日 | 何渭臣成為香港第一位華人執業律師。 |

圖 076　前排左起為被稱為「四大寇」的楊鶴齡、孫中山、陳少白、尤列，後立者為關景良，約攝於 1888 年西醫書院三樓。（香港歷史博物館提供）

1887 年 10 月 1 日	香港華人西醫書院成立，校舍設在雅麗氏醫院內，以訓練華人西醫為華人提供醫療服務為主。創校校長為白文信，首屆畢業生有孫中山。1907 年書院易名為香港西醫書院，並在 1911 年併入香港大學。（圖 076）
1887 年 10 月 6 日	德輔宣誓就任第十任港督，後於 1891 年 5 月 7 日卸任。
1887 年 11 月 15 日	客輪「華陽輪」由港駛往廣州途中起火沉沒，逾 300 人罹難。
1887 年	加拿大昌興輪船公司開闢首條連接香港和加拿大的航線，並在 1891 年營運來往溫哥華、日本和香港的定期航線。
1888 年 1 月 19 日	英國再次修訂對管治香港作憲制性規定的《英皇制誥》和《皇室訓令》，內容與前並無重大改變，但加入明文規定新任港督須於高等法院法官及行政局成員在場下宣誓，才能履行港督職務。相關規定亦適用於任何港督要求須宣誓的公務人員。另外，規定港督在制定法例的過程中，不但須徵詢立法局的意見，還要取得其同意，使立法局首次擁有立法權。
1888 年 2 月 4 日	港府頒布《1888 年接種疫苗條例》，強制在香港居住六個月以上，且年齡在六個月至 14 歲的兒童接種牛痘以預防天花疫症，是香港首條預防疾病的條例。
1888 年 2 月 18 日	港府頒布《1888 年殖民地書籍（保存及註冊）條例》，規定本地印刷的書刊，須提交樣本予港府保存以及登記註冊。
1888 年 3 月 24 日	港府頒布《1888 年管理華人條例》，規定任何人須登記住戶信息，任何獲委任的團防擁有與警察同等權力，禁止在特定地區喧嘩，以及規定華人夜晚上街須攜帶通行證，未經許可不得在公共地方刊登中文告示或集會。

| 1888 年 5 月 5 日 | 港府頒布《1888 年保留歐人區條例》，規定在條例指定的歐人區內，只准建造西式房屋。 |

| 1888 年 5 月 30 日 | 山頂纜車通車，為香港首條軌道列車服務。（圖 077） |

| 1888 年 6 月 2 日 | 港府頒布《1887 年公共衛生條例》，規定由總量地官、華民政務司、警察司、「殖民地醫官」及不多於六名非官守成員組成潔淨局。非官守成員中四名（其中兩名為華人）由港督委任，另外兩名則由名列陪審團名冊的納稅人選出。 |

| 1888 年 6 月 11 日 | 潔淨局舉行首次選舉，選出兩名非官守議員，由堪富利士及法蘭些士分別以 71 票及 55 票當選。 |

| 1888 年 10 月 5 日 | 羅素獲委任為香港正按察司。 |

| 1888 年 11 月 1 日 | 大潭水塘完工並開始供水，是香港修建的第二個水塘。 |

| 1888 年 12 月 7 日 | 遷至香港半山堅道的聖母無原罪堂落成，舉行首次獻祭，翌日開放啟用。（圖 078） |

| 1888 年 | 香港黃埔船塢公司位於紅磡的第一號碼頭落成，是當時世界建造最大型船隻的船塢設施之一。 |

| 1889 年 1 月 24 日 | 香港電燈有限公司註冊成立，並在翌年開始向港島部分地區提供電力。（圖 079） |

| 1889 年 3 月 2 日 | 遮打和凱瑟克成立香港置地及代理有限公司，從事地產業務，是本港歷史最悠久的地產集團。 |

| 1889 年 3 月 16 日 | 港府頒布《1889 年昂船洲條例》，將昂船洲列為軍事禁區。 |

圖 077　港島中環花園道山頂纜車總站，約攝於 1890 年。（香港歷史博物館提供）

圖 078　仿哥德式設計的聖
母無原罪主教座堂，是天主
教香港教區的主教座堂，約
攝於 1910 年。（香港歷史博
物館提供）

圖 079　位於港島德輔道中
早期的電街燈和電線桿，
圖片左方為第一代中環大會
堂，約攝於 1890 年。（政府
新聞處提供）

| 1889 年 4 月 5 日 | 中日電話有限公司在《德臣西報》刊登首批共 62 戶電話號碼，號碼 1 至 62 由公司或個人持有，電話接線生負責接駁電話兩端的用戶。 |

| 1889 年 5 月 10 日 | 香港哥爾夫球會成立，為香港首個高爾夫球組織。 |

| 1889 年 5 月 11 日 | 港府頒布《1889 年海旁填海條例》，開始中區填海工程，以處理海旁海面泥沙堆積影響深水碼頭以及港島北岸缺乏龐大空地進行商業發展的問題。工程於 1903 年完成。 |

| 1889 年 5 月 18 日 | 港府頒布《1889 年保護婦女及女童條例》，禁止逼良為娼。 |

| 1889 年 5 月 29 日 | 天文台於本日錄得 581 毫米雨量。暴雨導致山泥決毀山頂纜車的一段路軌，是香港最早的山泥傾瀉紀錄。 |

| 1889 年 6 月 29 日 | 港府頒布《1889 年收回官地條例》，規定以公共利益為由收回官地時，若港督與業權人協商不成，有權強制收地，並成立仲裁處決定土地價值及補償數額。 |

| 1889 年 7 月 6 日 | 港府頒布《1889 年華人引渡條例》，以執行英國政府與清政府於 1858 年 6 月 26 日在天津簽署的條約第 21 款規定，訂明移交逃犯的程序及條件。 |

| 1890 年 3 月 1 日 | 何啟獲委任為立法局非官守議員，後於 1914 年 3 月 2 日離任，是擔任立法局非官守議員時間最長的華人。（圖 080） |

中央女子書院於中環創立。學校於 1893 年遷往由庇理羅士捐建的新校舍，並易名庇理羅士女子中學。

圖 080　穿着大學畢業袍的
何啟。（政府新聞處提供）

圖 081　「開埠五十周年」紀念郵票，面額為二仙的紅色維多利亞女王通用郵票加蓋英文的香港金禧紀念字樣。（香港歷史博物館提供）

1890 年 7 月 25 日　英國頒布《1890 年殖民地海事法庭法令》，撤銷包括香港在內的殖民地海事法庭，其管轄權由高等法院接管。

1890 年 12 月 1 日　港燈在下午 6 時開始運作，燃亮位於中環的香港首批電氣街燈。

1890 年 12 月 10 日　從香港開往汕頭的輪船「南武號」遭 40 餘名海盜械劫，船長及船上兩人被殺，55,000 元財物被掠去。翌年，清政府緝拿其中 19 名海盜，押到九龍城斬首，並邀請港府官員監斬。

1890 年　本年，香港佔中國進口貿易總額的 56.7%，出口貿易總額的 38.9%。

鯉魚門軍營首批建築落成，至 1939 年主兵房整體完成。

香港科林斯式航海會成立，1894 年 5 月獲准使用皇家香港遊艇會的名稱。

1891 年 1 月 1 日　英資天祥洋行在港成立分行，從事出入口貿易和航運業務。

1891 年 1 月 22 日　香港郵政發行金禧紀念郵票，在面值兩仙的維多利亞女王通用郵票加蓋英文「1841　Hong Kong Jubilee　1891」字樣，限售 50,000 枚，是香港首套特別郵票，也是世界首套以通用郵票加蓋的紀念郵票。（圖 081）

1891 年 2 月 3 日　香港股票經紀協會成立，是香港首個正式證券交易所。

1891 年 5 月 9 日　港府頒布《1891 年賭博條例》，取締任何公眾賭博及售賣彩票活動的場所。

1891 年 6 月 27 日　港府頒布《1891 年堡壘保護條例》，禁止未獲授權人士進入炮台、工事或要塞。

1891 年 8 月 15 日　港府公布人口普查結果，以 1891 年 5 月 20 日的時間點計算，全港人口為 221,441 人，其中華人人口 210,995 人，外籍人口 10,446 人。

1891 年 11 月 7 日	港府頒布《1891 年破產條例》，全面規定有關破產的法律程序和事宜，本年 12 月 31 日起生效。
1891 年 12 月 10 日	羅便臣宣誓就任第十一任港督，後於 1898 年 2 月 1 日卸任。
1891 年	香港中華滙理銀行開業，是香港一家華洋合資銀行，並於 1894 年開始在港發鈔，後於 1911 年結業。
	掃桿埔樂活道的咖啡園墳場啟用，是本港華人的公眾墳場。
1892 年 3 月 13 日	楊衢雲和謝纘泰等七人於中環百子里創立輔仁文社，由楊擔任社長。該社積極推動西學和愛國思想，成為香港聚集中國革命志士的重要組織之一。
1892 年 4 月 1 日	位處中國水域的蚊尾洲一級燈塔亮燈，是當時中國境內唯一由香港承建商建造的燈塔。
1892 年 6 月 11 日	賈樂獲委任為香港正按察司。
1892 年 8 月 29 日	大埔七約創建的大埔新墟（今太和市）開市。
1892 年 10 月 10 日	香港板球代表隊 11 名成員乘英國客輪「布哈拉號」從上海返回香港途中，在澎湖姑婆嶼附近遇颱風沉沒，與船上乘客合共 125 人一同遇難。
1892 年	尖沙咀威菲路軍營建成首批兵房，是九龍首個固定的英軍軍營。
	大埔七約合資建成文武二帝廟。
1893 年 1 月 18 日	天文台於早上錄得攝氏零度氣溫，是截至 2017 年 7 月 1 日的有紀錄以來最低。由 15 日起，山頂等多處高地出現結冰現象，部分輪船更報稱香港北部水域有降雪。
1893 年 2 月	印度倫頓中國三處滙理銀行因出現財政問題而改組，易名為有利銀行，隨着該行放棄《皇家特許狀》，其鈔票一度停止在香港流通，後於 1912 年恢復發鈔。
1893 年 9 月 5 日	香港第一所護士訓練學校那打素醫院附屬護士學校在般咸道雅麗氏紀念醫院旁開幕。
1894 年 5 月 10 日	港府醫務人員發現本年首宗鼠疫確診病例，疫情在本地爆發，截至 12 月 31 日，僅醫院記錄有 2447 人染病死亡，當中大部分是華人，死亡率高達 93.4%。
1894 年 5 月 11 日	因應鼠疫爆發，港府宣布在潔淨局內成立常設委員會，並制定 12 條條款處理鼠疫疫情的附例，包括設立停泊在維港中央的「海之家」醫療船以隔離病人，以及潔淨局人員有權進入疫者居所進行消毒。（圖 082）
1894 年 5 月 20 日	位於堅尼地城的玻璃廠被徵用為隔離治療鼠疫病人的地方，由東華醫院負責管理。（圖 083）

圖 082　1894 年，潔淨隊伍到太平山區街市街（後稱普慶坊）近普仁街處，進行防疫消毒工作，圖中左方樓宇外牆寫上「DONE」字，代表已完成消毒工作。（香港歷史博物館提供）

圖 083　1894 年的堅尼地城玻璃廠，被港府徵用作為臨時疫症醫院。病人躺臥地上，設施簡陋。（香港歷史博物館提供）

1894 年 5 月 31 日	港府再頒布另外六條條款處理鼠疫疫情的附例,規定如醫務官頒令居所不符衛生居住標準,居民須在 24 小時內遷出。
1894 年 6 月 14 日	日本細菌學專家北里柴三郎在香港發現傳染性桿狀形細菌為感染鼠疫的病原體。
1894 年 6 月 15 日	法國細菌專家耶爾森抵達香港,並在香港發現鼠疫的病源體為鼠疫桿菌。耶爾森後於 1896 年發明鼠疫的抗血清療法。鼠疫桿菌後又被命名為耶爾森氏桿菌,以紀念其貢獻。
1894 年 8 月 15 日	國家醫院署理院長勞森向港府報告,鼠疫的爆發與廁所的衛生情況有重大關係。
1894 年 11 月 9 日	港督羅便臣上書英國殖民地部,建議拓展香港界址。他認為「應當在中國從受到打擊和遭遇失敗中恢復過來以前,向她強行提出這些要求」。
1894 年	位於鯉魚門的布倫南魚雷發射站投入運作。
	法資東方匯理銀行在港設分行。
	日本企業家梅屋莊吉來港開設梅屋照相館。梅屋曾為孫中山的革命事業提供經濟支援。
1895 年 2 月 21 日	孫中山等聯合輔仁文社成立革命團體香港興中會總部,楊衢雲為會長,設於中環士丹頓街,以商舖乾亨行掩護革命行動。
1895 年 3 月 1 日	國家醫院署理院長勞森向港府提交鼠疫調查報告,當中提及東華醫院的治療成效值得懷疑,建議政府規管該院。
	德資捷成洋行在中環成立總部,以代理航運起家,從事出入口貿易和代理生意,自 1906 年起代理藍妹啤酒。
1895 年 3 月 9 日	港府頒布《1895 年防止測繪防禦工事條例》,禁止未授權人士描繪、測量或拍攝軍事設施。
1895 年 3 月 13 日	孫中山、楊衢雲、謝纘泰、黃詠商等人於本日、16 日和 21 日,在乾亨行秘密聚會,討論攻佔廣州城的計劃。
1895 年 3 月 14 日	港府下令各「散仔館」須於 48 小時內註冊,違者予以嚴懲。23 日,數百名船塢苦力發起罷工抗議,隨後罷工範圍擴大到煤炭挑夫和碼頭苦力,至 29 日超過 10,000 人罷工。4 月 3 日,在華人買辦的調解下,各「散仔館」的東主到潔淨局辦理註冊手續。翌日,各行業工人復工,結束為期 12 天的罷工。
1895 年 3 月 23 日	港府頒布《1895 年銀行紙幣發行條例》,規定在港銀行必須經港督取得英國大臣批准,才可發鈔。香港中華匯理銀行被禁止再發新鈔票,已流通的鈔票則可以繼續流通。1911 年,該銀行倒閉,其所發行的鈔票被港府回收銷毀。

| 1895 年 3 月 30 日 | 港府頒布 1895 年 2 月 2 日的樞密院頒令，規定香港的法定貨幣為墨西哥銀元、英國銀元、香港銀元及香港輔幣，其中香港輔幣有支付上限，並規定於同年 4 月 1 日起實施。 |

| 1895 年 4 月 13 日 | 港府頒布《1895 年規管華人移民條例》，若鼠疫、霍亂、天花及其他疫情在香港以外其他地方爆發時，港督會同行政局有權刊憲禁止或規管這些地方的華人進入香港。 |

| 1895 年 5 月 13 日 | 英國殖民地防務委員會向英國政府提交報告，建議永久租借新安縣部分地區。 |

| 1895 年 6 月 1 日 | 港府頒布《1895 年制服條例》，規定除舞台演出者外，禁止非軍事人員穿着英國軍服。 |

| 1895 年 8 月 27 日 | 港府下令查封與策動中國內地起義有關的乾亨行。 |

| 1895 年 10 月 31 日 | 孫中山在廣州起義失敗、抵港兩天後，為免被港府引渡給清政府，偕同陳少白和鄭士良離港赴日。 |

| 1895 年 11 月 12 日 | 香港足球會舉辦首屆香港足球挑戰杯，該賽事同時為亞洲首個足球錦標賽，1898 年更名為香港足球銀牌賽。 |

| 1895 年 12 月 24 日 | 油麻地抽水站啟用，為九龍半島抽取地下水源。 |

| 1895 年 | 美資公司標準石油（後名埃克森美孚）在香港開設分行，銷售煤油。 |

| | 林護與林裘謀兄弟創辦聯益建造有限公司，是香港最早建立的華資承建商之一。 |

| 1896 年 1 月 17 日 | 香港中華會館成立，由中華滙理銀行買辦馮華川等數十名知名華商發起，為香港第一個具近代意義的華人商會。 |

| 1896 年 1 月 18 日 | 保良局太平山街新址舉行奠基禮。 |

| 1896 年 2 月 | 港督羅便臣委任調查東華醫院委員會，檢查東華在應對 1894 年鼠疫的角色，報告建議該醫院引入華人西醫。 |

| 1896 年 3 月 4 日 | 港府向孫中山發出驅逐令，以其「危及本殖民地的社會安寧與良好秩序」為由，「自給票日起計，以五年為期，不准在本港及所屬地方駐留」。港府後於 1902 年 1 月 30 日與 1907 年 6 月 11 日，分別兩次向孫中山頒下為期五年的驅逐令。 |

| 1896 年 5 月 16 日 | 賈靈頓獲委任為香港正按察司。 |

| 1896 年 5 月 28 日 | 英國維多利亞女王銅像在中環滙豐總行大廈前廣場揭幕，以慶祝英女王壽辰及登基 60 周年。 |

| 1896 年 10 月 24 日 | 港府公布遮打及貝伊榮獲委任為香港首兩位行政局非官守議員。 |

| | 立法局增加一位華人非官守議員，由韋玉出任。 |

1896 年	英國海軍決定在今金鐘一帶進行海軍船塢擴建工程，將皇后大道以北海岸劃作海軍區。
	日本橫濱正金銀行在港設分行。
	美國華僑利良奕於中環皇后大道設立禮昌隆公司。
	第一代廣福橋建成，橫跨林村河連接大埔七約與大埔新墟（今太和市）。
1897 年 4 月 3 日	港府委任警察司梅含理兼任域多利監獄獄長。
1897 年 5 月 29 日	港府修訂《1888 年管理華人條例》，廢止第 30 條華人宵禁的法定強制措施，但仍規定港督會同行政局可以隨時命令對華人實施宵禁。（圖 084）
	港府頒布《1897 年笞刑條例》，其中規定鞭打次數上限。
1897 年 6 月 21 日	香港警隊偵破警察非法賭博貪污案件，涉事者共 128 人，包括一名歐籍代理副警察司、13 名歐警、37 名印警及 76 名華警。最終有一人被判處監禁，77 人辭職、退休或被革職和不獲續約。
1897 年 6 月 23 日	英國維多利亞女王登基 60 周年，香港市面舉行會景巡遊，活動持續兩日。
1897 年 9 月 16 日	位於中環美利道的碼頭於重建後啟用，以石質材料代替原來的木質材料。
1897 年	九龍開始引進水錶及食水收費制度。
	香港銀行公會前身 —— 香港外匯銀行公會成立，負責制定經營銀行業務的規則，以及制定外匯買賣的匯率。
	加拿大宏利保險公司開始在香港經營保險業務。

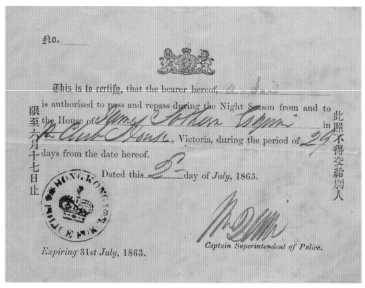

圖 084 1863 年所簽發的「夜間通行證」，華人必須持有「通行證」才能在宵禁期間外出。（香港警務處警隊博物館提供）

1897 年 | 德國信義宗喜迪堪會在香港開設院舍，收容和教導失明女童，是今心光盲人院暨學校的前身。

摩星嶺昭遠墳場落成，是安葬歐亞混血兒的公眾墳場，由商人何東倡建。

1898 年 3 月 5 日 | 港府頒布《1898 年輕罪懲罰條例》，規定行賄與受賄雙方均可判不超過兩年監禁，或不超過 500 元罰款，或兩項並罰，是香港首項與反貪污相關的條例。

1898 年 4 月 2 日 | 中英雙方代表就展界問題舉行談判。4 月 24 日，英方提出要展拓包括九龍寨城在內的深圳灣至大鵬灣一線以南地方。

1898 年 5 月 | 九龍倉收購九龍渡海小輪公司的輪船，並成立天星小輪公司。天星小輪成為來往尖沙咀和港島的主要交通工具。

1898 年 6 月 9 日 | 中英《展拓香港界址專條》在北京簽字。該條約於 7 月 1 日「開辦施行」。通過《專條》的簽訂，英國租借沙頭角海至深圳灣最短距離直線以南、今界限街以北廣大地區、附近大小島嶼 235 個以及大鵬灣、深圳灣水域，租期 99 年。這些原屬中國的領土和領海變為港府管治之下新增的界域，被稱為「新界」。（圖 085）

1898 年 8 月 13 日 | 港府頒布《1898 年奇力島條例》，禁止任何非軍事船艇未授權下進入該島漲潮線 50 碼以內及任何人未授權下登臨該島。

圖 085　九龍半島的中英邊界（即今界限街）附近的清政府哨站緝私員及守衛，約攝於 1898 年。哨站於《專條》簽訂後撤至深圳河一線。（政府檔案處提供）

1898 年 9 月 29 日	百日維新主要領袖康有為在英國協助下乘船抵港，被安排入住中央警署營房，後獲何東邀請下榻其府第「紅行」。10 月 19 日，康離港赴日本。
1898 年 10 月 8 日	布政司駱克向英國政府提交《駱克先生香港殖民地展拓界址報告書》，報告新界概況及管治建議，其中建議將深圳劃入租借地範圍之內。報告書附有新界村莊人口及分布情況的第一份官方紀錄〈新界各個村莊名稱和人口表〉。
1898 年 10 月 20 日	英國頒布樞密院頒令，新界成為「香港殖民地」的一部分，香港所有法律適用於新界，同時允許駐紮於九龍寨城內的清政府官員仍可行使管轄權，但不得對保衛香港的武備有所妨礙。
1898 年 11 月 25 日	卜力宣誓就任第十二任港督，後於 1903 年 11 月 21 日卸任。
1898 年	中環皇后行安裝香港第一部升降機，該升降機使用港燈首座變電站供應的直流電。
	均益貨倉公司成立，由新旗昌洋行營運。
	怡和洋行創辦香港棉紡織染公司，後於銅鑼灣設立紡織及染布廠，擁有 50,000 紗錠。
	法國沙爾德聖保祿女修會在灣仔聖童之家開設醫院，為貧弱社群提供醫療服務。1916 年，醫院遷往銅鑼灣，後發展為聖保祿醫院。
1899 年 2 月 18 日	港府採納立法局議員何啟建議，頒布《1899 年保存宋王臺條例》，禁止在宋王臺聖山範圍建屋或破壞該處遺跡。
1899 年 3 月 16 日	廣東補用道王存善與港府布政司駱克勘定新界北部陸界，豎立木質界樁。（圖 086）
1899 年 3 月 19 日	廣東補用道王存善與香港布政司駱克簽署《香港英新租界合同》，確定新界北部陸界，將整條深圳河劃入英方管轄範圍。

圖 086　1899 年 3 月，新界北部陸界的勘界情況，中方代表王存善（左二）及英方代表駱克（左三），在沙頭角海的岸邊豎起木質界樁「大清國新安縣界」。（政府檔案處提供）

1899 年 3 月 28 日 香港怡和洋行與清政府鐵路督辦大臣盛宣懷簽訂《廣九鐵路草合同》，興建連接香港九龍和廣州的鐵路。

港府於大埔墟附近的一個山丘上搭設蓆棚，作為臨時警署及舉行升旗儀式之用。同日，屏山、廈村及錦田的鄉紳張貼揭帖，宣布武裝抗英。

1899 年 4 月 3 日 警察司梅含理帶同四名錫克警察進入大埔新墟（今太和市）時，被大埔鄉民圍困。晚上，作為臨時警署的蓆棚被焚毀，英方隊伍被迫撤離。4 日，布政司駱克連同駐港英軍司令加士居少將率 125 名英兵乘船抵達大埔，平息事件。

1899 年 4 月 9 日 港督卜力宣布在 4 月 17 日正式接管新界，並在新界各處張貼中文告示，概述港府對於新界的政策。

1899 年 4 月 10 日 新界鄉紳於元朗東平社學成立太平公局，號召各村鄉勇以武力反抗英軍，經費由各村籌集。

1899 年 4 月 14 日 大埔鄉民再次焚毀位於大埔新墟（今太和市）附近用作升旗典禮的蓆棚。

1899 年 4 月 15 日 千餘名鄉勇以抬槍、大炮在梅樹坑阻截 122 名前往大埔新墟途中的英印士兵。下午，英國軍艦「名譽號」抵達，開炮摧毀多個由鄉勇構築的防禦工事，鄉勇潰散。

1899 年 4 月 16 日 港府在大埔舉行儀式，升起英國國旗，宣布正式接管新界。布政司駱克、加士居少將和英國海軍准將鮑威爾等出席。

1899 年 4 月 17 日 新界鄉勇與英軍於大埔林村谷一帶爆發多次戰鬥，為英軍所擊退，其位於林村凹的大炮陣地亦被英軍攻陷。

1899 年 4 月 18 日 約 1200 名新界鄉勇於八鄉石頭圍村附近反攻英軍，但被擊潰。

英軍炸毀錦田吉慶圍及泰康圍的圍牆，並奪去吉慶圍的連環鐵門作戰利品，運回英國。（圖 087）

圖 087 吉慶圍圍牆以及 1925 年歸還的連環鐵門，攝於 1977 年。（政府新聞處提供）

1899 年 4 月 19 日	英軍援兵分別登陸屯門及荃灣，會合英軍主力。同日，錦田、廈村及屏山在內的新界鄉村陸續向英軍投降。
1899 年 4 月 21 日	布政司駱克迫令錦田、廈村各村居民遞交請求歸順的「請願書」，新界鄉民的抗英武裝行動正式結束。抗英期間，超過 500 名鄉勇戰死，兩名英兵受傷。
1899 年 5 月 16 日	英國政府以新安縣官員策動新界鄉民抗英為由，派遣英軍及香港義勇軍攻佔九龍寨城，並驅逐城內的清政府官兵。
1899 年 5 月 27 日	港府首次頒布新界行政區域的劃分，設立七約、41 個分約。同年 7 月 8 日，港府修訂新界行政區域的劃分，增設東海約，將新界分為八約、46 個分約。
1899 年 6 月 3 日	港府田土廳以登記土地業權為藉口，第一次收繳新界鄉民提交的地契。
1899 年 6 月	皇仁書院出版《黃龍報》，是香港歷史最悠久的中學發行刊物。
1899 年 7 月 8 日	港府任命一批新界鄉紳為分約鄉事委員，作為溝通橋樑，協助港府向鄉民解釋政策。
1899 年 8 月 2 日	港督卜力抵達大埔，向鄉民講解港府管治新界的原則。（圖 088）
1899 年 10 月 4 日	在兩廣總督譚鍾麟指示下，九龍關轄下的汲水門、長洲和佛頭洲關廠在午夜關閉，新建的大鏟、伶仃、沙魚涌和三門關廠開始辦公，九龍關則改稱九龍新關。
1899 年 11 月	港府開始丈量新界土地，至 1903 年 5 月完成，丈量的土地面積達 40,737.95 英畝。

圖 088　港督卜力於大埔墟與新界紳耆會面，解釋管治新界的原則，攝於 1899 年 8 月 2 日。（香港歷史博物館提供）

1899 年 12 月 27 日	英國頒布樞密院頒令,聲稱清政府官員在九龍寨城行使管轄權妨礙保衛香港的武備,宣布九龍寨城是「香港殖民地」的組成部分,香港的法例適用於九龍寨城。
1899 年 12 月 30 日	港府頒布《1899 年傳召華人條例》,規定在港督的指示下,華民政務司查究並向其匯報有關新界任何與華人(無論其是否為英國屬民)相關的事宜,後者有權傳召華人親自提供資訊,被傳召者不得拒絕。
1899 年	大埔警署建成,是新界首所永久性的警署建築。
1900 年 1 月 8 日	澳洲華僑馬應彪開辦香港首間華資百貨公司 —— 先施公司,首創貨品真不二價、聘請女售貨員和向顧客發出收據的零售方法。(圖089)
1900 年 1 月 24 日	楊衢雲由日本返港,辭任興中會會長,該會會長由孫中山接替。
1900 年 1 月 25 日	香港興中會機關報《中國日報》創刊,陳少白擔任首任社長,後於1913 年停刊。
1900 年 2 月 23 日	《中國旬報》創刊,宣傳中國革命,每期匯輯《中國日報》的新聞刊行。
1900 年 2 月 26 日	香港天足會會長黎脫爾夫人在香港華人俱樂部演講,談論纏足之害,有百多人出席。
1900 年 6 月 17 日	孫中山於本日及 7 月 17 日,由新加坡抵香港海面,與革命同志籌劃於惠州起義。
1900 年 7 月 18 日	兩廣總督李鴻章訪港,向港督卜力表明自己不能違背清政府命令其北上的詔令,卜力促使李與革命黨合作、圖謀兩廣獨立的計劃失敗。

圖 089　1910 年先施百貨的海報廣告。(香港歷史博物館提供)

1900 年 7 月 28 日	港府頒布《1900 年新界（田土法庭）條例》，規定所有新界土地收歸港府所有，未經准許不得使用，同時新界鄉民須向港府登記其土地；港督會同行政局有權決定地租；港督可終止田土法庭的運作。
1900 年 8 月 4 日	九龍草地滾球會成立，是香港首個草地滾球組織。
1900 年 8 月	何啟主撰、孫中山領銜上書港督卜力，歷數清政府罪狀、擬訂治平章程六項，並請港督將之轉交各國。
1900 年 11 月 10 日	港府頒布《1900 年新界（法律延伸）條例》，設置「新九龍」，並實行適用於香港島及九龍的法律。
	颱風正面襲港，天文台鳴風槍示警。颱風造成超過 200 人喪生，十艘蒸汽艇及 110 艘帆船沉沒，是罕見於 11 月襲港的颱風，是為「庚子風災」。
1900 年 11 月 22 日	位於上環荷李活道的喜來園開業，播放時稱「奇巧明燈戲法」的外國風景片，是香港首間專門放映電影的流動場所。
1900 年 11 月 29 日	卜公碼頭落成啟用，港督卜力主持開幕禮。（圖 090）
1900 年 11 月	猶太商人埃利・嘉道理、華商劉鑄伯等在西區創辦育才書社。1916 年，書社由港府接辦，改名為官立嘉道理爵士中學。
1900 年	華商馮華川、陳賡如組織華商公局，聯繫在香港的華商。1913 年 11 月 22 日，公局更名為香港華商總會，並遷入干諾道中新會址辦公。總會於 1952 年再更名為香港中華總商會。
	位於魔鬼山的砵甸乍和歌賦炮台建成，為魔鬼山的首批防禦工事。
	總部在上海的德資德華銀行在港設分行。
1901 年 1 月 10 日	香港興中會首任會長楊衢雲在中環結志街寓所被清政府派人刺殺，次日身亡。
1901 年 1 月 23 日	港府公布英國維多利亞女王病逝。
1901 年 1 月 25 日	中華電力有限公司註冊成立，其位於紅磡德輔道（今漆咸道）的首座發電廠在 1903 年開始為九龍半島供電。
1901 年 8 月 14 日	中環閣麟街 32-34 號建築物倒塌，造成 43 人死亡。
1901 年 8 月 15 日	港府公布人口普查結果，以 1901 年 1 月 20 日的時間點計算，全港人口為 283,975 人，其中華人人口 274,543 人，外籍人口 9432 人。
1901 年	元安輪船公司、兆安輪船公司成立，合營來往穗港的午夜渡輪服務。
	香港中華基督教青年會創立。
	香港最早的錫克廟在灣仔落成，時稱星尊者協會。

圖 090　中環卜公碼頭，攝於 1905 年。（香港大學圖書館特藏部提供）

1901 年
何啟、胡禮垣合撰的維新政論文集《新政真詮》由上海《格致新報》報館刊印。

1902 年 1 月 15 日
位於金鐘的海軍船塢擴建工程舉行奠基儀式，工程在 1901 年動工，至 1909 年完工。

1902 年 2 月 7 日
香港電車電力有限公司在倫敦成立，負責在香港建造及經營電車業務，同年被香港電力牽引有限公司接管。1910 年，該公司易名為香港電車有限公司，並經營至今。

1902 年 3 月 27 日
葛文獲委任為香港正按察司，後於 1905 年 4 月 30 日卸任。

1902 年 4 月 11 日
蒲魯賢、何啟及伊榮組成的教育委員會，全面調查香港各類書館，發表報告建議設立高等漢文學校。

1902 年 4 月 19 日
九龍英童學校（今英皇佐治五世學校）於尖沙咀建成開幕，5 月 5 日開課。

1902 年 4 月
新九龍自來水廠建成供水。

1902 年 8 月 2 日
颱風正面襲港，天文台鳴風槍示警。颱風造成 21 人喪生。

1902 年 12 月 19 日
港府頒布《1902 年僱主及傭工條例》，全面規管僱傭雙方關係及僱傭合約事宜。

1902 年
美資萬國寶通銀行在港成立分行，後稱花旗銀行，是香港首間美資銀行。

港府分別在深圳黑岩角、大嶼山象山和狗嶺涌，設立三塊海域界碑。

大澳警署落成啟用，是本港首個在離島設立的固定警署。

猶太教莉亞堂落成，位於羅便臣道。

1903 年 2 月 10 日	位於鯉魚門的白沙灣炮台建成。同月，位於鯉魚門的西灣炮台建成。
1903 年 2 月	中日電話公司的香港至九龍海底電話纜鋪設完成，連接北角海景酒店旁至紅磡黃埔船塢旁，位於海底電纜禁區內，長約一英里。
1903 年 6 月 6 日	位於堅尼地城的東華醫院傳染病院開幕啟用，該院是因應 1897 年流行的天花疫情而籌建，於 1901 年 11 月 18 日奠基，可容納 68 名病人。
1903 年 7 月 3 日	港府公布新修訂的《補助學校計劃守則》，取消由學生考試成績決定補助資格的規定，改為由視學官的視察報告決定補助資格，自翌年 1 月 1 日起實施。
1903 年 7 月 17 日	港府頒布《1903 年無線電報條例》，授權港督實行無線電報站發牌制度，是本港首條有關無線電的法例。
1903 年 9 月 25 日	根據 1902 年查維克提交關於香港食水供應的報告，港府頒布《1903 年水務條例》，在全港裝設水錶，讓用戶繳付水費。
1903 年 11 月 6 日	謝纘泰與英國記者克寧漢創辦英文報章《南清早報》，1913 年該報中文名稱改為《南華早報》，刊行至今。
1903 年 12 月 24 日	港府頒布《1903 年公共衞生及建築物條例》，全面規定公共衞生和房屋建造的各項要求。
1903 年	屈臣氏大藥房開設香港首間蒸餾水製造廠，以改善食水衞生。
	荷資渣華中國日本荷蘭輪船公司在港設立分行，作為東亞業務的總部，並開辦爪哇至香港的航線 。
	聖士提反書院在西營盤般咸道成立，是一所為富裕華人子弟提供教育的英文書院，1924 年和 1928 年先後搬至薄扶林及赤柱現址。
	12 間本地華資保險公司組成華商燕梳行，是香港華商保險公會前身。
1904 年 3 月 15 日	位於中環的香港李陞格致工藝學堂開課，首批學生共 40 人，是香港首間工業學校，由李陞三子李紀堂捐資創辦，延聘鄺金龍為校長。
1904 年 4 月 29 日	港府頒布《1904 年山頂區保留條例》，將金馬倫山、歌賦山、奇力山及太平山在內的山頂區劃為禁止華人居住的住宅區。
1904 年 5 月	第一代歷山大廈建成啟用。
1904 年 6 月 7 日	雅麗氏紀念產科醫院落成啟用，是香港第一所產科醫院，由何啟捐資創辦。

| **1904 年 6 月 24 日** | 港府沿用清政府在九龍東的「四山頭人」制度，宣布任命牛頭角的胡譚、茜草灣的盧魁、茶果嶺的羅寬、鯉魚門的劉發為「四山頭人」。「頭人」除繳納稅項外，並須負責管理石塘秩序，以及解決工人的居住問題。 |

| **1904 年 7 月 29 日** | 彌敦宣誓就任第十三任港督，後於 1907 年 4 月 20 日卸任。 |

| **1904 年 8 月 13 日** | 來往堅尼地城至筲箕灣的電車路線正式通車，由香港電力牽引有限公司負責營運。（圖 091） |

| **1904 年** | 簡照南和簡玉階兄弟在灣仔創立南洋煙草公司，後稱南洋兄弟煙草公司，產品暢銷中國和東南亞各地。 |

太古洋行在荔枝角興建的華工屯舍啟用，俗稱「豬仔館」，曾有逾 2000 名華工暫住。

維新派康有為派學生徐勤到香港創辦《商報》，宣傳君主立憲。

| **1905 年 2 月 20 日** | 潘飛聲在《華字日報》副刊《廣智錄》連載《在山泉詩話》，至翌年 8 月 20 日結束，《詩話》後結集出版為香港首部詩歌論著。 |

| **1905 年 5 月 8 日** | 位於尖沙咀的玫瑰堂落成，為九龍半島首間天主教教堂。 |

| **1905 年 5 月 25 日** | 碧葛獲委任為香港正按察司。 |

| **1905 年 6 月 4 日** | 《唯一趣報有所謂》創刊，由鄭貫公擔任總編輯，翌年 7 月改名為《東方報》，後於 1907 年春停刊，是中國第一份粵語報章。 |

圖 091　一輛停靠在德輔道中的第一代單層電車，攝於 1904 年。（香港收藏家協會前任主席張順光先生提供）

| **1905 年 8 月 1 日** | 港督彌敦會同行政局設立兩個田土辦事處管轄新界南約和北約，並進一步明確兩約各自的管轄範圍，南約包括新九龍及東龍洲、佛堂洲、鐵篸洲三個島嶼；北約包括除新九龍以外的新界內陸，及北緯 22.15 度以北、東經 114.1 度以東除上述三島以外的所有新界島嶼。 |

香港花旗火柴公司全面停工，率先響應上海商務總會抵制美貨運動的全國號召，以抗議美國對當地華工施加的不平等待遇。

| **1905 年 9 月 7 日** | 立法局通過撥款，為興建九廣鐵路英段而進行路軌測量工作。翌年，鐵路工程動工。（圖 092） |

| **1905 年 9 月 9 日** | 港府與湖廣總督張之洞簽約，貸款 110 萬英鎊予清政府贖回粵漢鐵路。 |

| **1905 年 9 月** | 連卡佛位於中環雪廠街的旗艦店開業，樓高六層，用於零售的面積達 19,000 平方公尺。 |

| **1905 年 10 月 16 日** | 中國同盟會香港分會成立，孫中山在輪船上主持宣誓儀式。會址設於德輔道中《中國日報》的社址，是同盟會在東京本部以外成立的首個地方分會。 |

| **1905 年 12 月 15 日** | 《德臣西報》發表一篇題為〈在香港設立一所帝國大學〉的社論，建議英國政府於香港設立一所大學，吸引中國南方的學生就讀。 |

| **1905 年** | 港府工務司在沙頭角及蓮麻坑之間設立永久石質界碑，取代臨時木質界樁，以標示粵港陸地邊界線。 |

圖 092　九廣鐵路的興建工程，攝於 1908年。（香港歷史博物館提供）

| 1905 年 | 位於港島龍虎山的松林炮台建成，其後改建成防空炮陣地，於 1941 年香港保衞戰中被日軍炸毀。 |

廣州廣生行化妝品廠在中環設分行，旗下註冊商標「雙妹嘜」是香港首個美容化妝品品牌。

葡資巴利圖洋行創辦帝國啤酒公司，1907 年 12 月於黃泥涌道開設香港首間啤酒廠。

加籍商人連尼創辦香港製造麵粉有限公司，廠房設於將軍澳，是當時東亞最大規模的麵粉廠，1908 年結業。

1906 年 3 月 1 日	荷蘭小公銀行在港設立分行，是香港首間荷資銀行。
1906 年 4 月 1 日	第一代尖沙咀天星碼頭建成啟用。（圖 093）
1906 年 7 月 20 日	位於卑利士道的何妙齡醫院落成啟用，由何福堂女兒、伍廷芳之妻何妙齡捐款興建。
1906 年 9 月 18 日	颱風正面襲港，天文台未能及時預警，死亡人數難以估算。颱風後數日間撈回約 1500 具屍體，颱風造成 670 艘遠洋輪船及 2983 艘漁船損毀，是為「丙午風災」。同月，港府成立颱風救濟基金，援助災民。
1906 年 10 月 4 日	皇仁書院開辦夜間部，設立商業、工程和應用科學等課程，翌年更名為官立技術專科學校。
1906 年 10 月 14 日	凌晨 3 時，停泊於上環碼頭的「漢口號」貨輪大火，約六個小時後始被撲滅，船身燒剩骨架，造成 111 人死亡，55 萬元財物損失。

圖 093　位於九龍尖沙咀第一代天星碼頭，約攝於 1910 年。（香港歷史博物館提供）

| 1906 年 11 月 21 日 | 總行設於新加坡的四海通銀行保險有限公司在港設立分行。 |

| 1906 年 | 九龍半島主幹道 —— 羅便臣道延線建成，在 1909 年 3 月 19 日改稱彌敦道。 |

上環街市北座大樓（今西港城）建成，位於德輔道中，是香港現存最古老的街市建築。

荷資的亞細亞火油公司在香港成立分行，在 1913 年成為華南業務總部。

安樂汽水製造廠創立，是香港首家華資汽水製造廠。

位於上環堅巷的香港病理學院建成啟用。

域多利游泳會舉辦首屆維港渡海泳，每年一度，1942 年停辦，後於 1947 年復辦。

大悦、頓修及悦明三位法師在大嶼山建立道場，名為大茅蓬，至 1924 年更名為寶蓮禪寺。

英國通濟隆旅遊公司在德輔道設分行，提供旅客諮詢、外幣兌換與預訂船票服務。

| 1907 年 1 月 | 《小説世界》創刊，是香港最早的文藝期刊，主要刊登鴛鴦蝴蝶派小説。 |

| 1907 年 5 月 31 日 | 港府公布天文台訂立的颱風預警新措施，由水警燃放三響風炮，每響相隔十秒鐘，同時在尖沙咀警署和船政廳署船隻的桅杆上，懸掛新式大風燈號。 |

| 1907 年 7 月 29 日 | 盧嘉宣誓就任第十四任港督，後於 1912 年 3 月 16 日卸任。 |

| 1907 年 8 月 2 日 | 港府頒布《1907 年人壽保險公司條例》，規管經營人壽保險的公司，是香港首條保險業條例。 |

| 1907 年 8 月 | 澳洲華僑郭樂、郭泉兄弟集資 16 萬元，於皇后大道中開設永安公司，經營百貨業務。（圖 094） |

太古船塢於鰂魚涌落成並啟用，是當時香港最大型的船塢。（圖 095）

| 1907 年 9 月 27 日 | 港府合併新界助理警司和警察裁判官的職位，改稱為理民官，由夏理德擔任，負責處理新界政務工作，其辦事處稱為理民府。 |

| 1907 年 10 月 11 日 | 港府頒布《1907 年煽動性刊物條例》，規定凡在香港印刷、出版、銷售或分派任何會引發中國內亂或罪行的報紙、書籍或文字，將處以監禁兩年，或不多於 500 元的罰款，或兩項刑罰並罰，是港府首次立法限制中文書報言論。 |

| 1907 年 11 月 1 日 | 位於中環德輔道中的維多利亞影院開業，是香港早期專門放映電影的固定場所之一。 |

1907 年 12 月 3 日	港府派六艘軍艦從香港出發，前往西江緝盜。
1907 年 12 月 5 日	李璋、李琪兄弟創辦的香港影畫戲院開業，是香港首間全華資電影院。
1907 年	位於半山區寶雲道的新英軍醫院啟用，取代德己立醫院。
	葉定仕被推選為中國同盟會暹羅（泰國）分會會長，葉出生於新界蓮麻坑村客籍農民家庭，後來成為泰國僑領之一，是新界原居民中的辛亥革命元老。
1908 年 1 月 17 日	港督盧嘉在聖士提反書院致辭，首次公開提出在香港創辦一所大學，提供西方教育，成為遠東一流學府。
1908 年 2 月 3 日	香港足球會與上海足球會合辦友誼賽，港會主場以三比零獲勝，是為第一屆滬港盃。1913 年第二屆起，該賽事正式成為埠際賽。
1908 年 3 月 18 日	港督召集香港大學籌備委員會首次會議，宣布已收到巴斯商人麼地有意捐款的消息，並商討籌款和興建事宜。
1908 年 4 月 5 日	香港發生首次抵制日貨日船事件，抗議清政府在處理走私軍火的日本貨輪「二辰丸」事件上的軟弱態度。
1908 年 4 月 6 日	中國研機書塾成立，翌年 7 月 24 日開幕，1919 年改名為香港華人機器會。
1908 年 5 月 6 日	英國政府要求港府關閉所有煙館，以配合 1907 年中英兩國政府關於十年內遞減印度鴉片進口中國數量的協議。

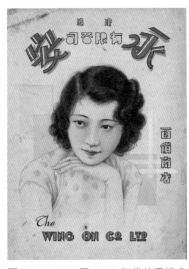

圖 094　1920 至 1930 年代的香港永安有限公司廣告畫。（香港文化博物館提供）

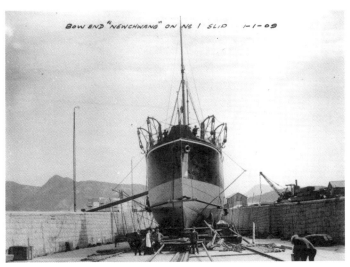

圖 095　位於港島鰂魚涌的太古船塢，約攝於 1909 年。（香港歷史博物館提供）

1908 年 5 月 23 日	太古船塢公司在倫敦註冊成立。10 月 3 日,「松江號」成為第一艘使用太古船塢服務的船隻。
1908 年 6 月 5 日	港府頒布《1908 年文武廟條例》,把文武廟資產移交給東華醫院管理。
1908 年 7 月 11 日	位於佐敦覺士道的九龍木球會會所落成啟用,麼地出任木球會主席。
1908 年 7 月 27 日	颱風於晚上正面襲港,天文台於晚上 11 時半鳴三響風炮,懸掛黑十字颱風信號。颱風導致的塌樓事件造成 59 人死亡。英國輪船「英京輪」於望后石和青山之間海域遇風沉沒,造成 423 人死亡,僅 42 人獲救,是香港有紀錄以來造成最多人死亡的海難事故。
1908 年 7 月	長洲官立學校開課,是香港首間在離島興辦的官立學校。
1908 年 12 月 5 日	第一屆香港甲組足球聯賽在跑馬地陸軍球場開賽,是香港首個足球聯賽。
1908 年	吳東啟成立利民興國織襪廠,是香港早期的成衣製造廠,並鼓勵聘用婦女。
	香港街道上出現第一輛汽車,由一牙科醫生自英國進口。
	香港多所英文學校的華人學生組成華人足球隊,是香港首支全華人的足球隊。1910 年,球隊改組為南華足球會。
	植物及林務部監督鄧恩在《植物學報》判定洋紫荊為新品種,該品種由巴黎外方傳教會神父在十九世紀末於薄扶林海邊發現,其拉丁文學名以紀念前任港督卜力伉儷對香港植物公園的支持而命名。
1909 年 1 月 16 日	港督盧嘉公布成立香港大學的募款情況和籌辦計劃,其中包括巴斯商人麼地捐出 15 萬元建築費和 30,000 元基金。翌月 16 日,盧嘉發表〈港督盧制軍香港大學堂勸捐啟〉,向華人社會募捐,並透過英國駐廣州署理領事霍士轉交給兩廣總督張人駿。4 月,張向廣東官民頒布勸捐告示。
1909 年 3 月 1 日	美資大東甄麥酒有限公司在荔枝角創辦,又名東方啤酒,年產量達十萬桶。
1909 年 6 月 9 日	兩廣總督張人駿去函港督盧嘉,決定以個人名義捐助銀洋 20 萬元,支持香港大學興建。
1909 年 7 月 2 日	港府任命伊榮為首任教育司,統籌全港學校事宜。
1909 年 9 月 1 日	日本人松島宗衞創辦《香港日報》,主要報道對象為在港的日本僑民。該報於 1938 年 6 月和 1939 年 6 月分別增發中文版及英文版,連同日文版成為香港唯一的一份三語並行的報紙。
1909 年 9 月 3 日	港府頒布《1909 年鴉片條例》,禁止出口熟鴉片到中國和向婦女或 16 歲以下人士售賣鴉片,以及關閉所有鴉片煙館。

1909 年 9 月 17 日	港府成立緝私隊,隸屬船政廳,負責向酒精飲品徵稅,是香港海關的前身。
1909 年 11 月 12 日	港府頒布《1909 年建築避風塘條例》,授權在大角咀、旺角及油麻地興建避風塘。
1909 年	同盟會南方支部宣告成立,胡漢民任支部長,汪精衞任書記,林直勉任會計,會所設於黃泥涌道。支部成立後,香港分會僅負責港澳方面會務,西南各省工作則移交支部負責。
	創立於馬來亞的余仁生中藥行在文咸東街設立香港首間分店。
	香港草地網球協會成立,是香港首個網球體育組織。
	華商劉鑄伯、楊碧池成立香港孔聖會。
	妙參和尚的弟子果修比丘尼建立普明禪院,為大嶼山最早的靜室。
	旅港台山、新會、開平、恩平人士成立四邑商工總局,以聯繫鄉親,維護同鄉權益。1951 年,該局通過修訂章程,更名為香港四邑商工總會。
1910 年 1 月 7 日	居港葡萄牙人成立休閒體育會所 —— 西洋波會。
1910 年 3 月 16 日	港督盧嘉主持香港大學主樓的奠基儀式,並頒授爵士銜給麼地,答謝其對香港大學的捐獻。(圖 096)
1910 年 5 月 7 日	港府公布英王愛德華七世病逝。

圖 096　香港大學主樓奠基禮,攝於 1910 年 3 月 16 日。(香港歷史博物館提供)

圖 097　九廣鐵路尖沙咀站開幕當日情況，攝於 1910 年 10 月 1 日。（香港歷史博物館提供）

1910 年 10 月 1 日	九廣鐵路英段建成通車，全長 22 英里，後來成為九龍往返新界及廣州的重要陸路交通管道。（圖 097）
1910 年 10 月 15 日	西醫關心焉及陳子裘成立剪髮不易服會，發起華人剪去辮子但不穿西裝的運動。
1910 年	九龍水塘建成，為新九龍及新界南部提供食水，是新界第一個水塘。
	金銀業行成立，後稱金銀業貿易場，位於中環，是進行實貨黃金、白銀和外幣買賣的交易所。
1911 年 3 月 27 日	香港首次有飛機起降。由比利時機師溫德邦駕駛飛機，於沙田舉行飛行表演。
1911 年 3 月 31 日	港府頒布《1911 年大學條例》，成立香港大學並確定其管治及運作組成規例。
1911 年 4 月 8 日	革命黨人在香港召開起義籌備會議，策劃在廣州發動反清起義。議決分十路在廣州發起進攻，以趙聲為總司令，黃興為副。此即農曆三月二十九日（4 月 27 日）的廣州「三二九」黃花崗之役。
1911 年 6 月 19 日	位於中環必打街（今畢打街）的第三代郵政總局大樓啟用。（圖 098）
1911 年 10 月 4 日	九廣鐵路全線通車，中英雙方各自在廣州和尖沙咀乘坐首班列車至深圳羅湖站，在羅湖橋舉行接軌儀式。
1911 年 10 月 9 日	位於油麻地的廣華醫院落成啟用，是九龍半島首間醫院。

圖 098 位於港島必打街（今畢打街）與德輔道交界的第三代郵政總局大樓，即今環球大廈的所在地。（政府新聞處
提供）

| 1911 年 10 月 18 日 | 武昌起義後八日，在香港的大清銀行、交通銀行、招商局懸掛黃龍旗慶祝孔聖誕，遭市民投石襲擊，後以撤旗平息。 |

| 1911 年 10 月 27 日 | 港府公布人口普查結果，以 1911 年 5 月 20 日的時間點計算，全港人口為 456,739 人，其中華人人口 444,664 人，外籍人口 12,075 人。 |

| 1911 年 10 月 28 日 | 中環聖保羅堂建成開幕，由華人建築師林護及聖公會史超域牧師籌劃興建。 |

| 1911 年 11 月 6 日 | 香港各界和居民燃放爆竹，慶祝辛亥革命成功。 |

| 1911 年 11 月 9 日 | 廣東宣布獨立，紳商代表推選胡漢民為都督，正在香港的胡遂偕同同盟會南方支部主要成員李煜堂及林護等離港返穗履職。 |

| 1911 年 11 月 17 日 | 港府頒布《1911 年社團條例》，規定凡超過十人的團體或組織，除獲豁免以外，均須向華民政務司註冊，否則被視為非法社團。 |

| 1911 年 12 月 21 日 | 孫中山乘坐英國客輪「地雲夏號」抵港，逗留八個小時後離港前往上海籌組中華民國事宜，其間分別與廖仲愷、陳少白、胡漢民、宮崎寅藏等人會面。 |

| 1911 年 | 三軍體育會所成立。 |

香港哥爾夫球會在粉嶺的高爾夫球場落成，成為當時歐籍人士打高爾夫球的重要場所。

| 1912 年 1 月 15 日 | 高等法院大樓揭幕啟用。該大樓在 1899 年底起動工，1903 年 11 月 12 日奠基，工程歷時 12 年。（圖 099） |

| 1912 年 3 月 2 日 | 香港中華游樂會成立，由何啟、韋玉、阮曉繁及王保寧創建，首設游泳部。 |

| 1912 年 3 月 11 日 | 香港大學本部大樓落成啟用，儀禮獲委任為首任校長，首批約 50 名學生於 9 月入學。（圖 100） |

| 1912 年 3 月 23 日 | 美國華僑李煜堂倡辦廣東銀行，總行設於中環，是香港首間全華資銀行。 |

| 1912 年 4 月 1 日 | 九廣鐵路粉嶺至沙頭角支線通車，後於 1928 年 4 月 1 日停止服務。 |

| 1912 年 4 月 19 日 | 港府頒布《1912 年外國銅幣條例》，除 1895 年 2 月 2 日的樞密院頒令訂明的銅幣，或內地銅錢外，禁止外國銅幣的進口和流通，7 月 1 日起生效。 |

戴華士獲委任為香港正按察司。

圖 099　位於港島中環的高等法院大樓及皇后像廣場上的維多利亞女王銅像,攝於 1924 年。(政府檔案處提供)

圖 100　香港大學本部大樓,攝於 1912 年。(香港歷史博物館提供)

圖 101　1912 年孫中山（右坐者）、何啟（後排左一）、護理港督施勳（左坐者）等合影。（香港歷史博物館提供）

1912 年 5 月 18 日　孫中山由廣州抵港停留四日，其間出席港商宴會及接受記者訪談，並獲護理港督施勳邀請赴港督府作客。（圖 101）

1912 年 7 月 4 日　候任港督梅含理從卜公碼頭前往大會堂出席就職典禮途中，在必打街（今畢打街）遭華人李漢雄開槍行刺。梅含理沒有受傷，李則被警方拘捕，其後被判終身監禁。這是香港史上唯一一次行刺港督的事件。

梅含理宣誓就任第十五任港督，後於 1918 年 9 月 12 日卸任。

1912 年 8 月 19 日　晚上，約 40 名海盜襲擊長洲警署，掠去一批軍火及 1000 多元現金。海盜其後再洗劫島上一間押店，劫走大批珠寶和 2000 多元後乘船逃至澳門。事件中共有三名印警殉職。

1912 年 11 月 24 日　香港電車公司依據《1912 年外國銅幣條例》拒收廣東錢幣，引起市民不滿，開始發起抵制乘搭電車抗議，是華人反對港府政策的重要自發抗爭運動。

1912 年　摩星嶺要塞建成。

有利銀行重新發鈔，即使於 1959 年成為滙豐銀行全資附屬機構，仍保留發鈔權，後於 1974 年最後一次發鈔。

劉博端、劉筱雲與何冰甫創立海外吟社，是民國以來香港首個詩社。

1913 年 4 月 28 日　有聲影片在香港大會堂首次放映。

1913 年 6 月 14 日　太平山區差館上街 7 至 9 號兩棟建築物倒塌，造成 18 人死亡、25 人受傷。

1913 年 6 月 16 日 港府撥出香港仔一塊土地，由華人集資，興建香港仔華人永遠墳場，華人永遠墳場管理委員會隨即成立，負責管理該墳場。墳場於 1915 年 10 月 17 日啟用，是香港首個沒有宗教背景、專為華人而設的永遠墳場。

1913 年 7 月 11 日 港府頒布《1913 年外國銀鎳幣條例》，於翌年 3 月 1 日生效，未獲許可，禁止進口外國銀、鎳輔幣，並在港流通。

1913 年 8 月 8 日 港府頒布《1913 年教育條例》，規定除官校、軍校及港督會同行政局指明豁免的學校外，所有學校須註冊才能開辦，並接受港府監督。

1913 年 9 月 香港第一隊童軍 —— 香港第一旅成立，翌年正式向英國童軍總會註冊。1915 年 7 月，香港童子軍總會成立，統籌香港童軍訓練及活動事務。

1913 年 大埔墟火車站建成。

位於油麻地的政府蔬菜市場落成，是香港蔬果批發的集中場所。

香港運動員代表中國參加於菲律賓馬尼拉舉行的第一屆遠東運動會。

黎民偉拍攝香港首部電影 ——《莊子試妻》。

1914 年 3 月 6 日 英國樞密院司法委員會審理首宗來自香港高等法院的刑事上訴案件，案中一名英軍被控在廣州謀殺其上司，香港高等法院使用英國在華的治外法權審理此案。

1914 年 4 月 28 日 美孚公司的九龍第五號儲油池失火，150 萬加侖油燃燒數日。

1914 年 5 月 香港政府華員會成立，是本港歷史最悠久的公務員工會。

1914 年 7 月 6 日 立法局通過從港府經常性收入撥款 50,000 元，賑濟廣東西江水災。

1914 年 8 月 5 日 英國對德宣戰，加入第一次世界大戰，港府宣布香港戒嚴，並執行《1862 年軍事物資（禁止出口）條例》，規管軍事物資出口。

1914 年 8 月 12 日 駐港英軍誤認日本商船「四國丸」為敵國船隻，並對其炮擊，造成一名船員死亡。

1914 年 10 月 6 日 港府頒布《1914 年與敵貿易條例》，禁止本港商人與敵對國家進行貿易通商。

1914 年 10 月 23 日 港府頒布《1914 年後備警察條例》，成立特別警察後備隊，為香港輔助警察隊前身。

1914 年 10 月 27 日 港府頒布《1914 年敵國人士（清盤）條例》，規定港府有權將被驅逐、扣押或監禁的敵國人士的經營業務結業並清盤。

1914 年 10 月 港府開始將滯留在港的德籍男性拘留於紅磡禁閉營。

1914 年	香港股票經紀協會改名為香港證券交易所。
	商人何甘棠位於半山區的府第「甘棠第」落成。
	商務印書館香港分館開辦,是該公司在上海以外最早設立的分館之一。
	港府成立一支以印籍人員為主的反海盜部隊,由正規警隊借調而來的警官率領,負責沿海及內河航道的治安,至於較大的遠洋貨輪,則由英軍負責護航。1930 年,英軍把反海盜工作完全交由香港警察處理,港府並於該年 5 月招聘首批自行組織和訓練的反海盜隊成員,當中包括俄羅斯人、印度人和威海衞的中國人。
	香港足球總會成立。
1915 年 3 月 8 日	上水華山居民通報老虎在樹林出沒,兩名英籍警察擊殺不果。新界助理警司寶靈翰帶同六名印籍警察到場圍捕,開槍擊斃老虎。事件造成兩名警察及一名華人死亡。(圖 102)
1915 年 7 月 12 日	先施保險置業有限公司註冊成立,註冊資本為 120 萬元。
1915 年 7 月 17 日	立法局通過由港府撥款 50,000 元給東華醫院成立的救濟基金,賑濟廣東西江水災和廣州火災的難民。
1915 年 8 月 4 日	位於西環的李苑太白樓開張,內設戲台、舞台、中西式餐廳,是港島西區重要的遊樂場。
1915 年 9 月 15 日	港府公布成立漢文教育組,負責促進香港中文教育發展,並協助籌集經費以補政府教育資助的不足。
1915 年 12 月 16 日	油麻地避風塘建成,主要服務對象為新界和九龍西水域航行的船隻。
1915 年 12 月 17 日	港府頒布《1915 年出入口條例》,規管任何物品的出入口,授權港府出入口管理處搜查任何出入口物品。
1915 年 12 月 31 日	永安公司註冊成立永安火燭洋面燕梳有限公司,涉足保險業務。

圖 102　1915 年 3 月 8 日,新界助理警司寶靈翰(圖片中央穿制服者)射殺在上水出沒的老虎後合影。(政府新聞處提供)

圖 103　九廣鐵路尖沙咀火車總站
大樓及月台，攝於 1917 年。（香港
歷史博物館提供）

1915 年

聖公會於半山區成立聖保羅女書院，後於 1927 年遷往麥當勞道。
1945 年，該校與聖保羅書院合併為聖保羅中學，成為香港首間男
女子中學。1950 年，原聖保羅書院復校，聖保羅中學則改名為聖
保羅男女中學。

華商陸佑向香港大學提供 50 萬元免息貸款，以解決其營運基金短
缺問題。

革命黨人於香港創辦《香港晨報》。1919 年，該報改名為《香江晨
報》，後成為中國國民黨在港機關報。

鐘聲劇社創立，提供音樂與戲劇研習交流。1919 年，劇社改名為
鐘聲慈善社，服務拓展至慈善事業。

香港華人基督教聯會成立，由安立間會（今聖公會）、倫敦會（中
華基督教會）、巴色會（崇真會）、惠師禮會（循道會）、禮賢會、
公理會、浸信會七大基督教公會倡導成立，是一個以堂會為成員基
礎的聯合組織。

1916 年 3 月 28 日　九廣鐵路尖沙咀總站落成並全面啟用。（圖 103）

1916 年 4 月 10 日　區德創立啟德營業有限公司，繼何啟後在九龍灣推動填海工程。

1916 年 7 月 14 日　港府頒布《1916 年煙草條例》，開始對本港進口的煙草徵稅。

1916 年 8 月 16 日　鑑於 8 月初起霍亂在澳門流行，港府在本日下令禁止搭載華人的船
隻從澳門來港。

1916 年 10 月 20 日　港府頒布《1916 年戰爭債券條例》，授權港督以「殖民地債券」形
式貸款不超過 300 萬元，供英國政府應對歐洲戰事。

1916 年

英國開始於香港招募華工，組成派送至美索不達米亞（今伊拉克）
戰線的中國勞工團，負責修築鐵路和駕駛運輸船隻。至 1918 年 10
月，約 6000 名華工於當地擔任後勤人員，大部分來自香港，其中
384 人因疾病或意外身亡。

美國運通銀行在港設分行，除經營銀行業務，亦代理旅遊和船務。

冠益食品廠為其辣椒醬登記商標，是香港最早註冊成立的醬品製造商。

香港華人體育協進會成立，組織本地賽事，以及選拔華人運動員參加國際賽事。

南華遊樂會成立，盧俠父擔任首屆主席，並加入香港足總，1920 年改名為南華體育會。

居港外籍人士成立香港美術會，並舉辦首屆年展，是香港現存歷史最悠久的藝術團體。

旅港梅州地區人士成立旅港嘉應商學公會，聯繫在港的梅州籍工商界人士。2016 年 8 月 26 日，該會更名為香港梅州總商會。

多名華人社會賢達組成香港佛教講經會，是近代香港都市佛教團體的開始。1931 年 7 月，該會改組為香港佛學會。

香港第一隊女童軍於維多利亞英童學校成立。1919 年，英國女童軍總會香港分會成立，負責統籌香港的女童軍活動，後於 1978 年脫離英國總會，成立香港女童軍總會。

1917 年 5 月 3 日　香港憲法革新會成立，由關注香港事務的外籍人士組成，以向港府爭取政制改革為目標，何理玉出任主席。

1917 年 6 月 7 日　立法局通過徵收 7% 特別戰務差餉，以支持英國在歐洲戰事的開支。

1917 年 7 月 1 日　天文台開始使用目視熱帶氣旋警告系統，取代颱風炮風暴信號，以一號至七號反映颱風強度。

1917 年 8 月 31 日　港府頒布《1917 年兵役條例》，規定除豁免情況外，任何通常居住在香港的 18 至 54 歲英籍男性有義務服役，港督有權隨時徵召入伍。

1917 年 9 月 24 日　中國銀行在上環文咸東街開設分號。1919 年 2 月，分號升格為分行，由貝祖詒任分行經理。

1917 年 10 月 12 日　港府頒布《1917 年遞解條例》，修訂並整合 1912 年至 1915 年間制定的遞解相關條例。

1917 年 11 月 22 日　立法局通過向華北水災受影響地區捐款十萬元賑災。

1917 年　旅港福建商會創立，2017 年改稱為香港福建商會。

印度遊樂會成立。

1918 年 1 月 22 日　警方於灣仔機利臣街搜查一個單位時與匪徒爆發槍戰，港府其後調派駐港英軍增援，港督梅含理亦到場指揮及勸降。事件共造成八人死亡，包括五名警察。

圖 104　1918 年 2 月
26 日，跑馬地馬場在
打吡大賽日發生大火
的情況。（香港歷史博
物館提供）

1918 年 2 月 2 日	大潭篤水塘舉行竣工儀式，該水塘建有首座在沒有倫敦工程顧問指導下，由香港工務局獨力完成的水壩。
1918 年 2 月 13 日	汕頭南澳島發生 7.3 級地震後，香港亦發生地震，歷時半分鐘，港九多幢建築物外牆出現裂縫。
1918 年 2 月 26 日	跑馬地馬場進行周年大賽第二日賽事期間，看台上層的竹製棚架斷裂崩塌，下層熟食小販的火爐傾倒點燃竹棚，引發大火，造成 570 人死亡、135 人失蹤。（圖 104）
1918 年 3 月 24 日	商人何甘棠延請高僧、道士，舉行一連七晝夜的佛道法事，以超度跑馬地馬場大火中的死難者。
1918 年 4 月	港府控告兩名華人在德輔道中非法興建無線電站，控方認為兩名被告興建無線電站屬實驗性質，但接收範圍達 50 英里，已觸犯法律。裁判官判兩人罰款 25 元，100 元按金簽保一年，無線電器材充公。
1918 年 6 月 14 日	怡和洋行大班蘭杜創立香港汽車會，該會 1950 年代起參與賽車活動，是香港唯一可以簽發賽車賽事證件的認可機構。
1918 年 8 月 10 日	香港第一艘戰時標準運輸船「戰鼓號」在黃埔船塢建成，舉行下水禮。該船長 325 呎、闊 45 呎，載重量達 5080 噸。
1918 年 10 月 10 日	香港中華基督教青年會的總部及中央會所建成啟用。會所內設有冷暖水游泳池，以及一條懸空式鑊形跑道，為香港首個室內體育場館。

1918 年 11 月 14 日	東亞銀行有限公司由簡東浦、李冠春、李子方和周壽臣等華商註冊成立，翌年 1 月 4 日開業。
1918 年 12 月 29 日	港府為一戰中陣亡的將士舉行追悼會。
1918 年	中華回教博愛社成立。
	商人陳春亭經高鶴年居士介紹赴寧波觀宗寺，師從天台宗第四十三世祖諦閑大師，受三壇大戒，法名得真，字顯奇。顯奇法師把原來青雲觀的擴建計劃，改為興建佛寺，主持青山禪院的修復工程，後被稱為「中興青山」的祖師。
1919 年 3 月 14 日	消防隊開始提供救護運送服務，有一名司機和三名隨車救護員，並維持每日 24 小時服務。
1919 年 4 月 28 日	參加巴黎和會的中國代表團提交《中國希望條件說帖》，其中要求歸還包括新界在內的所有外國租借地，5 月 14 日該歸還要求被否決。
1919 年 6 月 3 日	九名陶英中學學生因手持寫上「國貨」兩字的油紙傘遊街而被捕，是香港首宗與五四運動相關的街頭示威運動。
1919 年 7 月 26 日	300 名苦力在颱風下停工，於灣仔各米舖搶米，搶米風潮後蔓延至銅鑼灣、中環和西環各處。
1919 年 8 月 22 日	颱風正面襲港，天文台懸掛七號颶風信號。風災導致多艘輪船擱淺，約 500 至 600 多艘中式帆船沉沒。
1919 年 9 月 7 日	東華醫院從蕪湖購入食米以開辦平糶，以協助解決香港米荒，至同年 10 月初停止。
1919 年 9 月 19 日	港府頒布《1919 年食米條例》，授權港督在必要時可徵收食米及監管米商經營。
1919 年 9 月 30 日	司徒拔宣誓就任第十六任港督，後於 1925 年 10 月 31 日卸任。
1919 年	港府出入口管理處開始公布詳細的年度出入口統計數字。
	由中國銀行貝祖詒倡議的香港華商銀行同業公會成立。
	中華兄弟製帽公司由許立三、許庇穀和許岳兄弟創辦，以三獅牌羊毛氈帽聞名，曾是香港規模最大的製帽商。
	華仁書院於中環成立，是香港首間由華人開辦的英文學校。1924 年，書院開設九龍分校（即九龍華仁書院），1932 年兩校轉交耶穌會辦理。
	莫敦梅於灣仔克街開設私塾，教授古文和儒學，1934 年私塾更名為敦梅學校。
	英華書院創辦學生報《英華青年》，供學生交流學問，並報道青年會事工及學校活動。

1920 年 1 月 20 日 九龍居民協會成立,向港府提出改善九龍居民生活環境的建議,霍斯出任主席。

1920 年 2 月 3 日 晚上 11 時 30 分,西環堅尼地城 26 號南華公司貨倉發生大火,後蔓延至其他八幢樓宇,造成 34 人死亡。

1920 年 3 月 10 日 中華基督教女青年會香港分會成立,並舉行首次會議。

1920 年 4 月 9 日 港府公布邀請社會人士和教育司署代表合組教育委員會,取代 1915 年成立的漢文教育組,負責制定香港的教育政策。

1920 年 4 月 18 日 香港華人機器會自 3 月起發起罷工,要求加薪,其後各行業機器工人陸續加入,至本日終迫使資方同意加薪 20% 至 32.5%,是為香港首次由工會領導、成功爭取加薪的工業行動,也開創香港工人罷工回廣州接受援助的先例。

1920 年 6 月 25 日 港府頒布《1920 年社團條例》,不再強制所有社團必須註冊,但所有三合會社團,以及與香港社會的安寧及良好秩序相牴觸的社團,均屬非法社團。該條例亦賦予港督會同行政局絕對的酌情決定權,以便基於該條例所訂的理由,宣布某社團屬非法社團。

1920 年 9 月 港府同意撥款 100 萬元予香港大學成立基金,以建立穩健的財政基礎。

1920 年 10 月 28 日 立法局通過撥款十萬元,以賑濟中國內地饑荒。

1920 年 11 月 14 日 元朗博愛醫院啟用。

1920 年 12 月 31 日 監獄署從警察司署分拆成獨立部門,負責管理監獄和囚犯。

1920 年 警察訓練學校於中央警署內成立,自此香港警隊獲得全面的警務訓練。

啟德公司完成第一期九龍灣西岸的填海計劃,該處呈三角形的新填海區名叫啟德濱。

位於何文田的花園城市初步建成,是香港首個引入花園城市概念進行城市規劃的住宅項目。

香港建造商會成立,首任會長為林蔭泉,是香港總承建商認可的發言代表。

王寵益任香港大學病理學首位教授,也是港大首位華人教授。

港府開辦官立漢文男子師範學堂和官立漢文女子師範學堂,專門培訓中文男女師資。男子學堂於 1926 年併入官立漢文中學管理,女子學堂於 1941 年停辦。

香港中華醫學會成立,是香港醫學會的前身。

1921 年 2 月 25 日 油麻地台山電光爆竹廠發生爆炸,造成 32 人死亡,是香港歷來死亡人數最多的爆竹廠事故。

| 1921 年 3 月 3 日 | 搭載約 800 名華人、從香港前往廈門的新加坡輪船「香木號」,在汕頭附近觸礁沉沒,只有 250 人被救起。這些華人大部分為橡膠園苦力。 |

| 1921 年 3 月 27 日 | 中華海員工業聯合總會成立,是中國首個海員工會組織,也是香港海員工會的前身。 |

| 1921 年 4 月 17 日 | 港府公布人口普查結果,以 1921 年 4 月 24 日的時間點計算,全港人口為 625,166 人,其中華人人口 610,368 人,外籍人口 14,798 人。 |

| 1921 年 4 月 | 精武體育會在港成立。 |

| 1921 年 5 月 4 日 | 華民政務司下令,禁止華人集會慶祝廣州國民政府成立。6 日,華民政務司再發布告示,告誡香港居民不要為廣州政府籌款。23 日,港督司徒拔就此道歉,但稱港府只承認北京的民國政府。 |

| 1921 年 6 月 23 日 | 防止虐待動物協會香港分會成立,港督司徒拔成為會長及資助人。 |

| 1921 年 6 月 28 日 | 香港大學首次批准招收女學生,接納時任教育司伊榮女兒艾惠珠及何東女兒何艾齡入讀。 |

| 1921 年 7 月 30 日 | 立法局非官守議員劉鑄伯和何福發起香港首次研究蓄婢問題的大會,會後成立防範虐婢會,協助保良局監察虐待婢女問題。 |

| 1921 年 8 月 1 日 | 旅港潮州八邑商會成立,王少平、陳春泉主持開幕禮,1945 年改名為香港潮州商會。 |

| 1921 年 8 月 8 日 | 26 名堅決反對蓄婢制度人士,舉行反對蓄婢會首次會議,會上通過《反對蓄婢會簡章》。 |

| 1921 年 9 月 | 灣仔海旁填海計劃工程展開,至 1930 年竣工。 |

| 1921 年 10 月 | 《雙聲》創刊,登載小說,文體不限白話文及文言文,第一期的 25 篇作品中,兩篇為文言文,23 篇為白話文。 |

| 1921 年 11 月 26 日 | 九龍汽車公司成立,初期提供來往尖沙咀與深水埗、尖沙咀與九龍城兩條巴士路線的服務。 |

| 1921 年 12 月 4 日 | 華盛頓會議上,英、法、日各列強表示願意歸還威海衞、廣州灣、膠州灣各租借地。英國代表強調新界對香港防衞有重要作用,並不包括於歸還的租借地之列。 |

| 1921 年 12 月 10 日 | 《香江晚報》創刊,是香港首份新聞晚報。 |

| 1921 年 | 香港第二間證券交易所 —— 香港證券經紀協會成立。 |

| | 黎海山、黎北海、黎民偉兄弟投資創辦的新世界影院於上環開業。 |

| | 五邑維持工商業總會成立,並於 1923 年 1 月 15 日揭幕,是香港五邑工商總會前身。 |

圖 105　九龍竹園村黃大仙祠早期的建築面貌，攝於 1925 年。（政府新聞處提供）

1921 年	道侶梁仁庵在九龍竹園村創建供奉黃大仙的赤松仙館，並成立嗇色園作為管理機構，1925 年仙館改名為赤松黃仙祠。（圖 105）
1922 年 1 月 12 日	中華海員工業聯合總會三次要求加薪不果，宣布開始罷工，罷工海員回廣州並刊登〈罷工宣言〉及〈停工規則〉。
1922 年 2 月 1 日	港府以危及香港和平及秩序為由，宣布中華海員工業聯合總會為非法團體，並派軍警搜查其會址，封閉會所和拆除該總會牌匾。
1922 年 2 月 24 日	華人機器總會召開全港工團會議，共有 113 個工團 400 多名代表出席，會議商定嘗試從勞、資、港府三方調停海員罷工事件。
1922 年 2 月 28 日	中午，行政局召開緊急會議，起草緊急條例，同日下午交由立法局討論並通過。晚上，港府頒布《1922 年緊急情況規例條例》，條例規定在港督會同行政局認為屬緊急情況或危害公安的情況時，可訂立任何他認為合乎公眾利益的規例。
1922 年 3 月 3 日	港府公布修訂的《皇室訓令》，行政局及立法局非官守議員任期分別改為五年和四年。
	2000 多名罷工工人徒步離開香港，途徑大埔道近沙田一帶時，遭軍警阻止。副警司經亨利下令開槍，造成工人五人死亡、七人受傷，是為「沙田慘案」。

| 1922 年 3 月 5 日 | 港府、船務公司與海員工會達成協議，船東同意加薪 15% 至 30%，船員回原船復工。 |

| 1922 年 3 月 6 日 | 港府刊憲撤銷中華海員工業聯合總會為非法團體的決定。翌日，港府將該會牌匾送回，同時釋放多名被捕人士。（圖 106） |

| 1922 年 3 月 7 日 | 中華海員工業聯合總會宣布翌日復工，結束海員大罷工。 |

| 1922 年 3 月 24 日 | 港府頒布《1922 年收回官地修訂條例》，規定港府在收回土地時按市價賠償。 |

| 1922 年 3 月 26 日 | 反對蓄婢會舉行成立大會，共 600 多人出席。後該會將其成立緣起和各方關於蓄婢問題的言論著作，輯成《香江蓄婢問題》一書，寄給在倫敦的希士活夫人，並由其出資印刷，分發各界，引發英國反對香港蓄婢制度的輿論。 |

| 1922 年 4 月 6 日 | 英國王儲愛德華王子（後為英王愛德華八世）從印度前往日本途中，抵港訪問兩日，是首位訪港的英國王儲，其間在 7 日為聖士提反女書院（今聖士提反女子中學）半山區校舍舉行奠基禮。 |

| 1922 年 7 月 19 日 | 中華耶穌寶血女修會成立。1929 年獲教廷批准，是香港宗座代牧區的華籍修會。 |

| 1922 年 9 月 29 日 | 港府頒布《1922 年兒童工業僱傭條例》，規定港督會同行政局有權制定規例，以宣布任何行業屬危險行業，規定特定行業僱傭兒童的年齡下限，任何擬僱傭兒童的工業經營須具備的條件及僱主的責任等。 |

| 1922 年 10 月 15 日 | 京劇大師梅蘭芳率 100 多人的劇團抵港，24 日在太平戲院首演，前後演出接近一個月。 |

| 1922 年 10 月 17 日 | 贊育醫院接生院開幕，位於西營盤，由英國基督教會倫敦會創辦，是香港首間華人產科醫院。 |

| 1922 年 10 月 | 旅港崇正工商總會成立，賴際熙擔任首屆會長。1929 年，崇正會館落成啟用。 |

| 1922 年 11 月 9 日 | 香江養和園治療院在跑馬地建成啟用，提供醫療服務，由香港華人西醫界籌建，是養和醫院的前身。 |

| 1922 年 | 教育司署大幅縮減《補助則例》內的資助學校數目，只保留 15 間教育質素符合官方要求的中學。 |

| | 馮平山和李冠春創辦華人置業有限公司。 |

| 1923 年 2 月 15 日 | 港府頒布《1923 年家庭女役條例》，自條例頒布時起，禁止役使婢女或十歲以下的女童，並禁止買賣婢女。 |

圖 106　1922 年 3 月 6 日，香港海員大罷工取得勝利，港府將工會匾額送還。(黎民偉攝，照片由黎錫提供)

1923 年 2 月 18 日	基督教巴色差會香港總會成立，1956 年成為法定團體，定名為基督教香港崇真會。
1923 年 2 月 20 日	孫中山在香港大學本部大樓大禮堂以英文發表演講，指出其革命思想是從香港得來。
1923 年 3 月 20 日	第一批從山東威海衛招聘的警察乘「貴州號」輪船抵達香港。他們被警隊授以「威海衛警察」的番號，番號前面綴以字母「D」來識別。1964 年 4 月 1 日，威海衛警察作為香港警隊獨立警察門類的歷史結束。
1923 年 5 月 24 日	中環和平紀念碑揭幕，悼念一戰的陣亡軍人，其後亦作為悼念二戰為保衛香港陣亡軍人的紀念碑。（圖 107）
1923 年 5 月	啟德汽車有限公司開辦來往尖沙咀至油麻地、紅磡和九龍城的巴士服務。
1923 年 6 月	香港九龍的士公司開業，引入 80 輛法國雪鐵龍房車，以提供的士載客服務，是香港首家的士公司。
1923 年 7 月 14 日	黎民偉、黎海山與黎北海兄弟創辦民新製造影畫片有限公司，是香港首家電影製作公司。

圖 107　位於中環遮打道的和平紀念碑正進行和平紀念日悼念儀式，攝於 1930 年。（政府新聞處提供）

1923 年 8 月 17 日 | 颱風襲港，七號颶風信號懸掛至 8 月 22 日，歷時近 96 小時。颱風造成約 100 人死亡，損毀 11 艘遠洋輪船和 10 艘漁船，是為「癸亥風災」。

1923 年 9 月 2 日 | 顏成坤成立中華汽車公司，在九龍半島和新界經營巴士服務，後在 1933 年投得港島巴士服務的專營權。

1923 年 10 月 5 日 | 港府頒布《1923 年危險藥物條例》，授權出入口管理處規管危險藥物。

1923 年 10 月 18 日 | 加拿大駐港辦事處委任專員，統籌華人移民事務。

1923 年 11 月 5 日 | 香港油蔴地小輪船有限公司註冊成立，翌年 1 月 1 日開始經營來往中環至深水埗、旺角和油蔴地的載客渡輪航線。

1923 年 11 月 27 日 | 利希慎成立希慎置業有限公司，翌年從怡和洋行手中購入東角一帶的土地，興建利園遊樂場及利舞臺。

1923 年 12 月 2 日 | 遠東無線電通訊公司利用一個小型傳聲器收錄尖沙咀景星戲院上演的歌劇，再傳到九龍酒店的發射器發放，鐵行輪船在 60 英里外亦可清楚接收，是香港以至遠東地區首次同類型的廣播。

1923 年 | 位於九龍廣東道與公眾四方街（即今眾坊街）交界的第二代油蔴地警署落成啟用，是九龍半島現存歷史最悠久的警署建築。

新界理民府公布《民田建屋補價規例》，規定各區建屋必須補償地價。新界鄉民強烈反對，多次要求港府和英國政府收回成命。

由公和洋行設計的必打行（即今畢打行）落成啟用，是中環畢打街現存唯一的二戰前建築物。

賴際熙在何東、郭春秧、利希慎、李海東等紳商支持下，發起在西營盤般咸道設立學海書樓，用以講學及藏書。書樓藏書供學術研究，內設閱覽室。

馮菁如創辦利工民織造廠有限公司，廠房設在深水埗南昌街，主要生產針織內衣和線襪。

1924 年 4 月 7 日 | 印度詩人泰戈爾在訪華之旅途經香港，受到僑港印度團體歡迎。

1924 年 5 月 22 日 | 香港華人運動員參加於武昌舉行的第三屆中華民國全國運動會，為香港運動員首次參加該運動會。

1924 年 5 月 31 日 | 美國飛行員亞弼於啟德濱空地試飛，為啟德首次飛行紀錄。

1924 年 8 月 16 日 | 莫鶴鳴、蔡哲夫借得利希慎位於利園山的副經理寓所（即二班行），成立愚公簃詩社，詩社後名北山詩社，於 1925 年解散。

1924 年 8 月 24 日 | 新界各區士紳為反對理民府頒布的《民田建屋補價規例》，在大埔墟文武二帝廟召開會議，會後成立九龍租界維護民產委員會，終以新界農工商業研究總會註冊，是新界鄉議局的前身，亦是代表新界居民的第一個合法組織。

1924 年 8 月 29 日	《小說星期刊》創刊,既載有文言文寫成的文章,也有以白話寫成的連載及短篇小說。1925 年第一、二期刊登許夢留的〈新詩的地位〉,是香港第一篇新詩評論。
1924 年 10 月 17 日	歌倫獲委任為香港正按察司。
1924 年 12 月	廣州嘉華銀號將總行遷往香港德輔道中,註冊為嘉華儲蓄銀行。
1924 年	美國大通國民銀行於香港開設分行。
	香港首條雨水渠建成,連接灣仔道至海旁排水口。
1925 年 1 月 24 日	美籍飛行員亞弼在啟德濱開辦的亞弼飛行學校舉行開幕典禮。
1925 年 3 月 13 日	香港的中文報業停刊一天,中華海員工業聯合總會等工會亦下半旗,悼念於本月 12 日逝世的孫中山。
1925 年 5 月 26 日	英國歸還在 1899 年新界鄉民抗英期間英軍從錦田吉慶圍拆走,以為戰利品的連環鐵門予吉慶圍鄧氏,港督司徒拔親臨主禮。
1925 年 6 月 5 日	《華僑日報》創刊,後於 1995 年 1 月 13 日停刊,是香港首份星期日也出版的報章。
1925 年 6 月 18 日	香港各工會組織舉行全港工團聯席會議,成立全港工團聯合會,決定舉行大罷工,響應全國支援上海「五卅慘案」的行動。此後,香港的船務、印務和電車行業首先罷工,後來其他行業相繼加入,人數達 25 萬人,罷工工人陸續離開工作崗位返回廣州。(圖 108)

圖 108　1925 年,省港大罷工期間,群眾手持「省港罷工委員會」的橫額遊行。(香港歷史博物館提供)

1925 年 6 月 22 日 | 港府刊憲限制指定糧食和金銀貨幣出口，並審查在香港發出的郵件和電報。同月 25 日，再公布授權華民政務司審查中文新聞的刊登。翌月 6 日，再公布授權警務署署長可以遞解無業者出境。

1925 年 6 月 23 日 | 容閎之子容覲彤獲港府批出蓮麻坑礦業地段 3 號的採礦租約。他在蓮麻坑經營礦業八年，曾主持發掘六條礦道，共長約 2100 米。

1925 年 6 月 26 日 | 港府頒布《1925 年電話服務條例》，規定發給香港電話有限公司 50 年專營權，自 7 月 1 日開始營運本地電話網絡。1905 年 2 月 1 日獲專營權的中日電話及電力有限公司在本年 6 月 30 日停止專營權。

1925 年 6 月 | 第一代皇后碼頭落成啟用，是香港唯一進行官方歡迎和送別港督儀式的碼頭。碼頭原稱皇后像停泊處，1921 年重建，1924 年 7 月 31 日，布政司在立法局宣布更名為皇后碼頭。

1925 年 7 月 6 日 | 在港美國人聯誼場所美國會成立。

1925 年 7 月 8 日 | 律師洪興錦創辦《工商日報》，後於 1984 年 12 月 1 日停刊。

1925 年 7 月 10 日 | 在廣州成立的省港罷工委員會宣布即日起經濟封鎖香港，禁止貨物出口到香港。

1925 年 7 月 16 日 | 滙豐銀行買辦何世光、華商總會主席李右泉連同一批華商領袖組成商業維持局，從上海、澳門、越南、檳城和新加坡進口糧食。

1925 年 7 月 17 日 | 上環普慶坊發生山泥傾瀉，一幅護土牆崩塌掩埋五幢房屋，造成 75 人死亡、20 人受傷，其中死者包括前立法局華人議員周少岐及其家屬。

1925 年 8 月 1 日 | 港府首次委任學校醫官，專責官立與補助學校學生的定期體檢和醫療工作。

1925 年 8 月 21 日 | 東華醫院聯合香港華商總會和廿四行商會，以三大機構名義，發電報至中國各大城市和海外各埠的華人社團，呼籲停止援助離港赴穗罷工工人的匯款。

1925 年 9 月 23 日 | 港府向英國政府提出借款 300 萬英鎊，以解決因廣州省港罷工委員會的經濟封鎖，而造成年度赤字逾 500 萬元的財困情況。

1925 年 11 月 1 日 | 金文泰宣誓就任第十七任港督，後於 1930 年 2 月 1 日卸任。

1925 年 12 月 2 日 | 港督金文泰在港督府會見代表廣州國民政府的楊西岩，表示願意透過談判解決省港大罷工。

1925 年 12 月 21 日 | 位於九龍城的九龍醫院落成啟用。

1925 年 | 受省港大罷工影響，港府財政收入減少，由去年 2420.96 萬元，減至本年的 2324.44 萬元，再減至翌年的 2114.16 萬元。至 1928 年，港府財政才回復至大罷工前的水平。

| 港府首次提出將啟德濱發展成機場，但因違反《1922 年華盛頓公約》禁止東亞地區新建空軍基地的規定，提議被英國國防委員會否決。

1925 年	馮強在筲箕灣設馮強製造樹膠廠，生產樹膠鞋和樹膠製品，是香港二戰前最大型的樹膠廠。
1926 年 1 月 1 日	位於中環的香港大酒店大火，財物損失達 250 萬元，一名水兵在救火時喪生。
1926 年 3 月 1 日	官立漢文中學成立，是首間港府開辦的中文中學，1951 年更名金文泰中學，以紀念港督金文泰在任期間積極推動中文教育的貢獻。
1926 年 3 月 8 日	位於啟德濱的民生書院初中男生部正式開課，該校由曹善允倡議，區澤民、莫幹生捐資興建，翌年增辦幼稚園及小學。
1926 年 3 月	港府開辦大埔官立漢文師範學校，是新界首間師資培訓的學校。
1926 年 4 月 3 日	港府派代表赴廣州，偕英國駐廣州總領事與廣州國民政府代表就罷工問題展開談判。至 7 月 23 日，共舉行五次會議，均未有成果。
1926 年 4 月 16 日	香港各界工會在廣州舉行代表大會，歷時九天，議決成立香港總工會，聲援省港大罷工。
1926 年 5 月	港督金文泰建議新界農工商業研究總會改名為新界鄉議局。
1926 年 7 月 1 日	天文台開始從鶴咀無線電站 VPS 台號 600 米波長發放天氣報告和預測，每日時間為中午 12 時和晚上 8 時，在 2800 米波長重播，時間為下午 1 時和晚上 9 時。而颱風消息則在中午 12 時發放，每兩小時重播直至凌晨。
1926 年 7 月 9 日	為了「緩和中國的反英情緒，和鼓勵華人效忠」，港督金文泰委任周壽臣為首位華人行政局非官守議員。(圖 109)
1926 年 7 月 19 日	天文台錄得單日降雨量達 534.1 毫米。
1926 年 8 月 27 日	港府頒布《1926 年無線電條例》，規定擁有包括收音機在內等各種無線電器材的人士須申請牌照，違例者最高可被罰款 1000 元或監禁 12 個月。
1926 年 9 月 27 日	颱風襲港，最高風速達每小時 100 英里，多艘船隻擱淺。截至 30 日止，颱風造成至少 36 人死亡。
1926 年 10 月 10 日	廣州省港罷工委員會宣布取消對香港的經濟封鎖，結束長達 16 個月的罷工。
1926 年	中環消防總局落成啟用。
	張子芳及其表兄黃華岳創辦嘉頓有限公司，於九龍建廠生產餅乾和麵包。
	位於半山區的官立英皇書院創立，前身是創辦於 1857 年的西角書院。
	香港保護兒童會成立。
	屯門青山禪院大雄寶殿及其他主要建築建成。

1927 年 2 月 18 日	魯迅應邀來港兩日,在香港基督教青年會發表題為〈無聲的中國〉和〈老調子已經唱完〉的演講。
1927 年 2 月	無線電協會與港府人員用 355 米波長進行廣播測試,成為港府日後所用的波長。
1927 年 3 月 10 日	皇家空軍啟德基地啟用,為香港首個空軍設施,1930 年升格為航空站。
1927 年 4 月 1 日	港府頒布《1927 年工廠(意外)條例》,規定港督有權委任工廠督察,負責監督、檢查工廠安全,以及港督會同行政局有權制定規例防止工廠意外。
1927 年 4 月 11 日	工務局在深水埗興建的南京和漢口軍營正式移交給駐港英軍,軍營在日佔時期曾被用作戰俘營。
1927 年 5 月 9 日	捷和輪船公司客輪「兩廣號」從香港開往廣東江門,航行至汲水門海域時,與另一艘小輪「滿西號」相撞沉沒,船上 126 人獲救,105 人喪生。
1927 年 5 月 27 日	港府刊憲宣布中華海員工業聯合總會香港分會為非法組織。
1927 年 5 月	中華書局在香港設辦分局。
1927 年 7 月 8 日	港府頒布《1927 年非法罷工及閉廠條例》,規定所有涉及勞資糾紛以外的罷工為非法,所有香港工會非經港督會同行政局同意,不得從屬於境外工會或組織。

圖 109　首位華人行政局非官守議員周壽臣,攝於 1937 年。(香港大學圖書館特藏部提供)

| 1927 年 9 月 15 日 | 立法局通過港府募債 500 萬元，作水利工程、機場及港口發展的公共建設費用。 |

| 1927 年 10 月 | 南昌起義失敗後，中共領導人周恩來和葉挺、聶榮臻等到達香港。周在九龍油麻地廣東道住所養病期間，曾參加當時在港的中共廣東省委召開的策劃廣州起義的會議。 |

| 1927 年 12 月 10 日 | 英國參謀長委員會聯合計劃小組提交首份《香港防務報告》，指出香港是英國海軍在亞洲的戰略重地，要以一切代價守衛，亦提出應在新界與九龍之間設立一道防線。 |

| 1927 年 12 月 16 日 | 港府頒布《1927 年香港後備警察條例》，重新編制後備警察隊，使之成為常設輔助正規警察的紀律部隊。 |

| 1927 年 | 警方在港島區成立香港第一支衝鋒隊，以應付小型騷亂及嚴重罪案。 |

何東家族的私人別墅 The Falls 主樓建成，位於山頂道 75 號，是《1904 年山頂區保留條例》生效以後，非歐籍人獲准在山頂區興建自住住宅的首例。1938 年易名為曉覺園，又稱何東花園。（圖 110）

元興織染布廠成立，廠房設在九龍。

香港大學設立中文學院，由太史賴際熙擔任學院主任，是香港首個推動中文大專教育的學系。

圖 110　位於港島山頂道的何東花園，為何東爵士於 1927 年所建的中式大宅及私人花園，2015 年被拆。攝於 2011 年。（政府新聞處提供）

| 1927 年 | 香港新聞學社成立，是香港第一所新聞教育機構，學制兩年，後於 1931 年停辦。 |

| | 勞工顧問委員會成立，成員包括港府官員、駐港英軍代表及大機構資方代表，是為處理勞工政策的諮詢組織。 |

| 1928 年 3 月 9 日 | 港督金文泰外訪廣州三天，其間會見廣東省主席李濟深，是省港大罷工後港府與廣州國民政府間最高層的會面。 |

| 1928 年 3 月 | 陳郁擔任中共香港市委書記兼中華全國海員工會主席。 |

| | 中共領導人周恩來到香港主持廣東省委擴大會議，處理廣州起義的善後問題。他還指示中共廣東省委組織營救在香港被捕的廣東省委書記鄧中夏。 |

| 1928 年 4 月 1 日 | 中國旅行社香港分社成立，是香港首家中資旅行社。 |

| 1928 年 4 月 9 日 | 日本「長門」、「陸奧」、「扶桑」等 21 艘戰艦訪港六日。 |

| 1928 年 4 月 30 日 | 商人利希慎在中環威靈頓街被槍殺，兇手逃去無蹤。 |

| 1928 年 5 月 18 日 | 灣仔發生擲石破壞日人商店案件，港口法院判處罰款，防止 5 月 3 日「濟南慘案」後華人反日情緒在香港擴散。 |

| 1928 年 6 月 20 日 | 繼 1923 年私人組織的香港無線電學會之後，由港府經營的香港電台於本日開始進行廣播測試，台號為 G.O.W.，為香港首間公營廣播機構。翌年 10 月 8 日，電台正式揭幕啟播。 |

| 1928 年 8 月 15 日 | 《伴侶》半月刊第一期出版，是香港首本純白話文新文學雜誌，出版未滿一年停刊。 |

| 1928 年 12 月 11 日 | 九龍半島酒店建成開幕，樓高七層，是 1950 年代前九龍半島最高的建築物。（圖 111） |

圖 111　九廣鐵路尖沙咀火車總站及鐘樓，相片右側是樓高七層的半島酒店，約攝於 1930 年代。（香港歷史博物館提供）

1928 年　｜ 啟德機場內供水上飛機升降的混凝土下水滑道建成。

｜ 港府以象徵式租金租出跑馬地印度廟後土地,作為居港印度人的墓地,是本港唯一的印度教墓地。

｜ 地質學家韓義理在《中國地質學會會志》第七卷發表首篇香港考古發掘報告。

｜ 東方體育會成立,前身為華人行足球隊,會址設於灣仔莊士敦道。

｜ 《字紙籮》創刊,刊登以廣州一帶和香港為背景或題材的文學作品,並選載繪畫、素描、漫畫、攝影等圖片插畫,1932 年停刊。

1929 年 1 月 1 日　｜ 華商總會圖書館開幕,是香港首間華人現代圖書館。

1929 年 1 月 16 日　｜ 招商局的「新華輪」在橫瀾島附近觸礁沉沒,近 400 人罹難。

1929 年 3 月 11 日　｜ 英皇愛德華酒店發生大火,被燒至倒塌,大火造成 11 人死亡、三人受傷,傷者包括廣東省政府主席陳銘樞及夫人。

1929 年 6 月 4 日　｜ 官立無線電學校成立,翌年 3 月 31 日停辦,其後於 1935 年 1 月 2 日重開,更名為官立船隻無線電報控制員學校。

1929 年 6 月 29 日　｜ 南華體育會在港島東區七姊妹新建的泳棚開放使用,同年被颱風吹毀,翌年 5 月 1 日重建後啟用。

1929 年 7 月　｜ 英國希望無條件歸還威海衞予國民政府,以換取其同意英國永久租借新界,鑑於國民政府強烈希望收回所有中國領土,此方案未有成事。

1929 年 9 月 15 日　｜ 《鐵馬》創刊,刊登小説、散文、詩歌創作和翻譯詩等作品。因銷量和印刷費問題,該雜誌只出版一期。

1929 年 9 月　｜ 本月初鄧小平途經香港,向領導廣西黨組織工作的中共廣東省委了解廣西情況,並與聶榮臻等商議在廣西開展工作的計劃和步驟。

1929 年 11 月 1 日　｜ 港府頒布《1929 年家庭女役修訂條例》,規定該修訂條例頒布後,任何之前未曾身處香港,或未曾根據本條例登記過的婢女,將不得被帶入香港。

｜ 港府頒布《1929 年女性、青年及兒童工業僱傭修訂條例》,在《1922 年兒童工業僱傭條例》保護兒童的基礎上,增加對婦女和青年（15 至 18 歲）工業僱傭的保障。

1929 年 11 月 27 日　｜ 位於銅鑼灣掃桿埔東院道東華東院開幕,設有全套西式醫療設備,為市民服務。

1929 年 12 月 19 日 立法局以英國在 1928 年頒布的《殖民地立法機關會議常規範本草稿》為藍本，通過修訂《會議常規》，規管議員在會議上的行為，包括發言是否與辯論主題相關、避免預議規則、終止辯論、立法局主席在不被打斷的情況下陳辭，以及下令行為極不檢點的議員退席及停職。此外，亦擴大呈請書的範圍至不僅涵蓋法例而同時包括任何事項，但呈請仍須獲得港督同意才能執行。同時，《常規》亦廢除特別委員會，並規定專責委員會負責研究立法局所交付的事宜和在提交報告後解散。

1929 年 啟德濱的機場基礎設施竣工啟用，成為軍事和民事兩用機場。同年，港府委任船政廳出任航空事務處處長。

嘉諾撒仁愛女修會創辦嘉諾撒醫院。

港府公布《中小學中文課程標準》，列明各年級應授科目及指定書目。

本港數個歐亞混血兒家族共同成立同仁會，由何東出任創會會長，為有需要的混血兒提供支援和協助。

北約坦民官傅瑞憲和周壽臣、羅旭龢、馮半山及鄧肇堅等 19 位華人縉紳於青山寺前建立「香海名山」牌樓，以紀念港督金文泰遊歷青山一事。

中共領導人周恩來派人於香港設立地下無線電分台。翌年 1 月，分台與中共中央和南方黨組織的電訊聯絡接通。

船政廳署暨航空事務處成立，負責管理啟德機場，翌年 9 月 11 日，摩斯出任為首任機場監督。

何甘棠成為首位勝出香港打吡的華籍馬主。

1930 年 1 月 鄧小平於香港參加中央軍委召開的對廣西紅軍工作布置的討論會，並在會上就廣西的工作和百色、龍州起義的準備情況作補充報告。

1930 年 2 月 1 日 林柏生創辦《南華日報》，後來成為汪偽政權在香港的機關報。

1930 年 3 月 31 日 穿越維港的首條海底輸水管啟用儀式在皇后碼頭舉行，九龍配水庫用水開始供應港島區使用。

1930 年 4 月 1 日 《島上》創刊，刊登小說、散文和翻譯文學等作品，1931 年停刊。

1930 年 4 月 28 日 研究統一遠東氣象信號的國際學術討論會議在香港召開，為期六日。

1930 年 5 月 9 日 貝璐宣誓就任第十八任港督，後於 1935 年 5 月 17 日卸任。

1930 年 5 月 31 日 英國參謀長委員會聯合計劃小組提交《1930 年香港防務報告》，建議在沙田海至醉酒灣建混凝土機槍堡，即醉酒灣防線。1935 年 12 月，防線首個機槍堡建成。

1930 年 8 月 1 日	金培源獲委任為香港正按察司。
1930 年 8 月 11 日	全港搭棚工人罷工，要求加薪、取消包工制和妥善處理食宿問題。21 日，在商人李右泉和華商總會主席李亦梅的調解下，資方代表聯義堂與搭棚工人代表同敬工會，就包括增加工資和食宿問題達成共識，並簽定協議，搭棚工人復工。
1930 年 10 月	羅明佑、黎民偉和黎北海在內的影業界人士在香港成立聯華影業製片印刷公司，以復興中國電影。
1930 年 12 月 5 日	港府頒布《1930 年團防局條例》，確立團防局的法定地位。
1930 年	九龍塘花園城市落成，是本港第二個落成的花園城市。（圖 112）
	位於中環皇后大道中的萬國寶通銀行大廈落成。
	廈門淘化大同罐頭廠在香港開設分公司，廠房設在牛池灣，生產醬油、醬料。
	巴斯商人傑汗智・律敦治成立香港啤酒廠公司，廠房設在荃灣深井，1933 年正式投產。
	香港救世軍成立，中心初設於太子道，收容無依婦女和女童。
	挪威艾香德牧師在沙田創辦道風山基督教叢林，其具中國建築特色的聖殿於 1934 年 9 月落成。
	油麻地戲院落成，是香港現存唯一於二戰前建成的戲院。
	羅奕輝在沙頭角石涌坳建成羅家大屋。日佔期間，羅家有 11 人參加抗日游擊活動，大屋成為港九大隊的重要活動基地。

圖 112　位於九龍塘的花園城市，約攝於 1930 年代。（香港歷史博物館提供）

1931 年 3 月 1 日 ┃ 天文台擴展熱帶氣旋警告信號至十號颱風信號，其中五至八號颱風信號表示風向。1973 年將五至八號信號改為八號東北、八號東南、八號西南及八號西北，其他信號沿用至今。

1931 年 4 月 17 日 ┃ 港府公布二戰前最後一次人口普查結果，以 1931 年 3 月 7 日的時間點計算，撇除軍人以外的全港人口為 840,473 人，比 1921 年普查的 625,166 人，增加 34.43%。

1931 年 4 月 19 日 ┃ 張秋琴、譚荔垣、張雲飛於本年創辦的正聲吟社舉行首次雅集，翌年出版《正聲吟社詩鐘集》。

1931 年 4 月 20 日 ┃ 豪雨沖毀新界馬料水附近的九廣鐵路路基，一列往九龍方向的列車駛至，路基不勝負荷而塌陷，導致機車及四節車廂出軌，造成 12 人死亡、32 人受傷。（圖 113）

1931 年 6 月 6 日 ┃ 1930 年 2 月 3 日在香港創立越南共產黨的領導人胡志明，本日於本港被捕，囚於域多利監獄。後經數度聆訊，在 1933 年 1 月被港府驅逐離港，前往廈門。

1931 年 6 月 10 日 ┃ 中共廣東省委書記蔡和森在港參加海員會議時，遭香港警方逮捕，再被港府引渡給廣東省政府主席陳濟棠，後被處死。

1931 年 9 月 1 日 ┃ 省港長途電話開通，由港督及廣東省主席首次通話致意。

1931 年 9 月 23 日 ┃ 香港各界舉行集會悼念「九一八」事變東北殉難同胞，商舖、社團下半旗致哀。日本僑商在灣仔山川商店前嘲諷在場華人，並毆斃其中一名華人，引發多日騷動，造成六人死亡、25 人受傷。

1931 年 10 月 16 日 ┃ 港府頒布《1931 年酒精修訂條例》，22 日立法局根據修訂，決定對酒精濃度超過 10% 的化妝品和藥用酒精徵稅。

圖 113　九廣鐵路於新界馬料水（今大學站附近）發生火車出軌事故，攝於 1931 年。（香港歷史博物館提供）

| **1931 年 10 月** | 陳炯明等領導的中國致公黨在香港召開第二次代表大會,遷中央黨部至香港。 |

| **1931 年 11 月 10 日** | 香港紅卍字會成立,該會為宗教慈善組織,致力救濟當時逃難到邊境的難民。 |

| **1931 年** | 郭樂、郭泉兄弟創辦永安銀行,並於 1934 年 9 月 19 日開業。 |

美國友邦人壽保險公司在皇后大道中開設香港分行,經營人壽保險業務。

置地公司於中環建成告羅士打酒店,樓高九層,是當時香港最高的建築物,原址為 1926 年發生火災的香港大酒店北座。

華興礦務有限公司獲港府發出有效期 50 年的經營牌照,翌年開始營運馬鞍山礦場,全盛時期礦產量曾佔香港總產量的一半。

上海康元製罐廠於香港開設分廠,設計、生產各式金屬罐盒,後發展香港首家生產金屬兒童玩具的工廠。

東華醫院、廣華醫院、東華東院合併為東華三院,並統一由一個董事局管理。

香港首間扶輪社成立,名為香港扶輪社。

| **1932 年 1 月 6 日** | 位於九龍界限街的喇沙書院啟用。 |

| **1932 年 2 月 10 日** | 東華醫院舉行籌款集會,賑濟「一‧二八事變」中受害的上海難民,翌日將籌得的 33,000 元捐款匯往上海。 |

| **1932 年 2 月 12 日** | 港府頒布《1932 年青少年犯條例》,成立少年法庭,處理 16 歲以下青少年及兒童的罪行審訊事宜。 |

| **1932 年 2 月** | 施正信、馮慶友共 20 餘人組成香港醫療救護隊,前往上海醫治十九路軍的抗日傷兵。 |

| **1932 年 3 月 10 日** | 拉脫維亞人連伯創立的香港裸體運動會註冊成立,簽名入會的男性 18 人、女性三人。1948 年該會改名為「香港日光浴會」。 |

| **1932 年 5 月 23 日** | 第一屆帝國貨品展覽會在半島酒店舉行,為期兩日,展售來自不同英屬殖民地及自治領的農業和工業產品。 |

| **1932 年 6 月 27 日** | 在「一‧二八事變」中抗敵的十九路軍軍長蔡廷鍇將軍到港,受到盛大歡迎。 |

| **1932 年 8 月 19 日** | 港府頒布《1932 年工廠及工場條例》,整合之前有關女性、青年及兒童工業僱傭,工廠(意外)等條例,規定港督有權委任勞工保護官,並授權港督會同行政局可制定規例保護勞工。 |

| **1932 年 10 月 28 日** | 港府頒布《1932 年英聯邦特惠稅條例》,為配合執行《1932 年渥太華協議》,規定香港對進口的非英聯邦製造的汽車,徵收相當於整車價格 20% 的關稅。 |

| 1932 年 11 月 4 日 | 香港郵政進行試驗性質的空郵運送,郵件先空運至法國馬賽,再以平郵轉寄英國倫敦。 |

| 1932 年 12 月 4 日 | 吳灞陵創辦香港首個登山組織 —— 庸社行友。 |

| 1932 年 12 月 14 日 | 位於香港大學的馮平山圖書館開幕,為香港首間以中國典籍為主要收藏對象的大專院校圖書館,由香港紳商馮平山斥資 15 萬元成立。 |

| 1932 年 12 月 18 日 | 九龍塘天主教聖德肋撒堂舉行祝聖儀式,正式開放。 |

| 1932 年 | 李錦記蠔油莊由澳門遷至香港,辦事處設於中環皇后大道中,經營蠔油和蝦醬生意。 |

本年起,馬會自辦馬票。馬票為一種結合賽馬與抽獎的博彩方式,在早期的香港社會廣受市民歡迎,後於 1977 年停辦。

華商胡文虎將永安堂總行從新加坡遷至香港,並於香港設立製藥廠。

韓義理和蕭思雅在越南河內遠東史前學會發表《香港及新界史前史論稿》,首次公布屯門掃管笏春秋時代石英環珏作坊遺址的考古發現。

| 1933 年 1 月 13 日 | 中巴和九巴分別投得香港島、九龍及新界的巴士服務 15 年專營權,於 6 月 11 日起生效。 |

| 1933 年 2 月 11 日 | 英國著名劇作家及諾貝爾文學獎得主蕭伯納訪港,13 日在香港大學發表演講。 |

| 1933 年 2 月 25 日 | 伍宜孫與伍絜宜創辦的永隆銀號開業,1960 年銀號改組為永隆銀行。 |

| 1933 年 2 月 | 初級工業學堂(今鄧肇堅維多利亞官立中學)成立,首批學生共 40 人,是香港首間為 12 至 16 歲青年提供全日制職業技能培訓的官立學校。 |

| 1933 年 3 月 3 日 | 林炳炎、何善衡、梁植偉、盛春霖創辦的恒生銀號開業,1960 年 2 月 7 日銀號改組為恒生銀行。 |

| 1933 年 3 月 6 日 | 油蔴地小輪的載車渡海小輪「民恭號」於早上 7 時半首航,是香港載車渡海小輪服務之始。 |

| 1933 年 4 月 13 日 | 港府頒布依據《1919 年公眾娛樂場所規例條例》制定的規例,開始對電影及海報實施檢查。 |

| 1933 年 4 月 | 中國國民黨中央通訊社香港分社成立。 |

| 1933 年 5 月 4 日 | 兒童遊樂場協會成立,以興建和管理香港兒童遊樂設施為目標,布政司修頓任首屆會長。 |

| 1933 年 5 月 7 日 | 香港文藝研究會編輯出版的《春雷半月刊》創刊號發行。 |

1933 年 5 月　芬戴禮神父在南丫島進行考古發掘，至 1936 年 12 月期間於《香港自然科學家》先後發表了 13 篇關於南丫島考古發現的論文。

1933 年 6 月 10 日　南約理民府通告九龍寨城內居民，將於同年 9 月前收回他們所居的屋地，並指定城外狗蝨嶺為重新建房地段。城內住戶以所住地方一直歸中國管轄，向當時的國民政府和廣東省政府求助。國民政府多次通過外交途徑與英國交涉，但英方避免同中方正面交鋒。

1933 年 6 月 22 日　香港曲棍球總會成立。

1933 年 9 月 20 日　香港首部有聲電影《傻仔洞房》上映，導演為黎北海。

1933 年 9 月　私立廣州培正中學在香港開設分校，最初只辦小學部和初中一年級，1935 年增辦中學部。

1933 年 10 月 6 日　位於灣仔的六國飯店開幕，是香港首間設有中餐廳的酒店，樓高七層。

1933 年 10 月 10 日　香港女游泳運動員楊秀瓊在南京主辦的第五屆民國全運會中獲得五項冠軍。

1933 年 10 月 25 日　港府宣布取消粵劇男女同班演出的禁令。自此，各戲班陸續聘用女花旦，男花旦漸遭淘汰。此前，本港粵劇戲班分為全男班和全女班，又以全男班居多，花旦或小生均由男藝人扮演。

1933 年 11 月 20 日　根據《1932 年青少年犯條例》設立的少年法庭於中央裁判司署首次開庭。

1933 年 12 月 15 日　新詩與散文月刊《紅豆》創刊號發行，後於 1936 年 8 月 16 日停刊。

1933 年　來自新加坡的華僑銀行在皇后大道中開設分行。

中華百貨公司在中環皇后大道中開業。

位於中環的租卑利街碼頭啟用，提供客運與汽車渡輪服務，後改稱統一碼頭。

1934 年 2 月 6 日　香港首部抗日愛國題材電影《戰地歸來》公映。

1934 年 2 月 23 日　麥理高獲委任為香港正按察司。

1934 年 2 月 26 日　由胡漢民、陳濟棠創辦的德明中學舉行開幕典禮，正式開學。

1934 年 3 月 17 日　南華體育會加路連山運動場館落成開幕。

1934 年 5 月 14 日　石塘咀第一號煤氣鼓爆炸，引發火災，造成 42 人死亡、46 人受傷。

1934 年 5 月 18 日　香港女游泳選手楊秀瓊代表中國，在馬尼拉舉行的第十屆遠東運動會中奪得四項冠軍。

1934 年 8 月 3 日　港府頒布《1934 年公眾娛樂場所規例》，全面規管娛樂場所的註冊、建造、安全衛生等。

1934 年 8 月 4 日 | 香港派出草地滾球代表團，參加於英國倫敦舉辦的第二屆英帝國運動會（後稱英聯邦運動會），是香港代表首次參加該運動會。

1934 年 8 月 10 日 | 港府頒布《1934 年生死登記條例》，規定凡在香港出生的嬰兒和逝世的人上，須分別在 14 日內和 24 小時內，向港府登記。

1934 年 9 月 1 日 | 香港中華廠商聯合會成立，葉蘭泉擔任首屆主席。

1934 年 9 月 | 《今日詩歌》創刊號發行，僅出版一期。

1934 年 10 月 16 日 | 香港羽毛球總會成立。

1934 年 11 月 21 日 | 長洲醫院落成啟用，由胡文虎和葉貴松出資捐建，是首間離島醫院。

1934 年 | 昂船洲軍營建成。

| 港府緝私隊上水管制站啟用，是緝私隊首個在總部以外駐守的地方。

| 北京交通銀行在香港開設海外首家分行。

| 傑志體育會成立，會址設於灣仔莊士敦道，阮有進擔任首屆會長。

| 上海天一影片公司在港開設分廠，邵氏家族開始在港的電影製作事業。1937 年，天一港廠易名為南洋影片公司。

1935 年 1 月 2 日 | 香港汕頭商業銀行開業，是大眾銀行的前身。

1935 年 1 月 5 日 | 學者胡適訪港，6 日在華僑教育會演說，批評香港的中文教育風氣陳舊；7 日接受香港大學頒授榮譽博士學位。

1935 年 2 月 16 日 | 由港府成立的經濟衰退研究專責委員會發表報告，認為香港並不是一個經濟實體，鄰近地區狀況和制度的優劣強弱都會影響香港。粗略估計，香港的外貿中有五分之四的轉口貨由海外或華北送往華南，然後由香港轉運至華北或海外。

1935 年 3 月 1 日 | 港府頒布《1935 年市政局條例》，潔淨局改組為市政局。翌年 1 月 1 日，市政局成立，首任主席為卡麗。

1935 年 4 月 12 日 | 港府頒布《1935 年建築物條例》，詳細規定建築物牆身的長、高及厚度，以改善光照與通風環境。

1935 年 5 月 17 日 | 位於跑馬地的東蓮覺苑開幕，由何東夫人何張蓮覺出資興建，是港島首間佛教寺院。

1935 年 5 月 27 日 | 英國皇家視學官賓尼發表報告，指出香港官立和補助學校實行中英語文混合教育並不理想，建議學校加強英語應用的訓練，以應付社會發展及對外接觸的需要，亦建議港府重新考慮中文科的教學語言。

1935 年 6 月 7 日	港府頒布依據《1915 年出入口條例》制定的規例，自 6 月 15 日午夜起，除獲出入口管理處許可，禁止任何中國製銀幣或任何銀錠（除非該銀錠於香港及中國之外鑄造），出口至除中國以外的任何地方。11 月 9 日，港督會同行政局修訂此規例，規定即日中午 12 時起，除庫務司或其指定人士外，禁止任何人出口英國銀元、墨西哥銀元、香港銀幣或銀錠至任何地方。
1935 年 6 月 28 日	位於上環孖沙街的香港金銀貿易場重建落成開幕。
1935 年 6 月	香港大學舉辦香港首個中學畢業會考，共 691 名男女學生報考，當中考獲及格者有 243 人。
1935 年 7 月 1 日	港府宣布，自本日凌晨 0 時起實行全面禁娼，命令香港地區所有妓院停業。集中於石塘咀的妓院在一夜間結業，一些妓院則改以「導遊社」名義繼續營業。
1935 年 7 月 2 日	東亞銀行新廈落成開幕，位於中環德輔道中 10 號。
1935 年 9 月 1 日	許地山就任香港大學文學院系主任，致力於教學改革，同時參與社會文化活動，並發表文學作品，後於 1941 年 8 月 4 日在港病逝。
1935 年 9 月 2 日	1932 年動工的城門水塘部分落成開幕，並改名為銀禧水塘，以慶祝英王喬治五世登位的銀禧紀念。水塘主壩落成於 1937 年 1 月 30 日，高逾 86 米。該水塘是新界第一個供水給香港島使用的水塘。
1935 年 9 月 4 日	廣東銀行宣布停止支付以待改組，引發擠提。鄰近的香港國民商業儲蓄銀行受波及亦發生擠提，至 16 日宣布停業。
1935 年 9 月 13 日	港府頒布《1935 年遞解外國人條例》，規定若港督會同行政局知悉任何外國人已被英國本土或其他屬土遞解或驅逐，或其在本港犯有罪行，或將其遞解有利本港公共利益，則可經簡易程序在任何時間遞解該人。
1935 年 9 月	真鐸啟喑學校（今真鐸學校）成立，由英國聖公會傳教士寶興惲、龍福英和加拿大青年會總幹事黎理悅共同籌辦，是香港首間聾童教育學校。
1935 年 10 月 10 日	位於中環皇后大道中 1 號的第三代滙豐銀行大廈落成，該大廈於 1934 年 10 月 17 日奠基。（圖 114）
1935 年 10 月 19 日	包括李惠堂在內的香港足球代表隊於上海舉行的第六屆民國全運會足球項目決賽以三比一擊敗廣東隊，奪得冠軍。
1935 年 11 月 9 日	港府頒布《1935 年一元紙幣條例》，規定庫務司有權發行一元紙幣，屬法定貨幣，同時規定庫務司須成立發行擔保基金，作為其發行紙幣的儲備。
1935 年 11 月	港府同意國民政府訂立的《訂定外洋軍火由各國屬地輸運來華簽證辦法案》，對有國民政府簽發通行證的外國軍火予以放行。

圖 114　位於中環皇后大道中的第三代
滙豐銀行總行大廈，約攝於 1945 年。
（香港歷史博物館提供）

1935 年 12 月 10 日	香港孔聖講堂落成啟用，位於銅鑼灣加路連山道，是香港早期少有的華人會堂。
1935 年 12 月 12 日	郝德傑就任第十九任港督，後於 1937 年 4 月 16 日卸任。
1935 年 12 月 13 日	港府頒布《1935 年貨幣條例》，指定印度新金山中國滙理銀行、滙豐銀行和有利銀行發行的紙幣為法定貨幣，設立外匯基金以負債證明書取代白銀作為發鈔的抵押，並負責購買和回收民間銀元。香港貨幣自此脫離銀本位，並按 16 港元兌 1 英鎊開始與英鎊掛鈎。
1935 年	中華廠商會參加新加坡第一屆中國國貨展覽會，以拓展海外市場。
	莊靜庵伉儷創辦中南鐘錶有限公司，專為歐美名錶製作錶帶。
	美北長老會於廣州創辦的真光書院在香港半山區設立分校 —— 真光小學，1947 年增辦中學，1948 年改名為香港真光中學。
1936 年 1 月 21 日	港府公布英王喬治五世病逝。
1936 年 2 月 15 日	香港中華基督教青年會在其必列者士街會所舉辦首屆集體婚禮，由周壽臣主禮，有 11 對新人出席。
1936 年 2 月	啟德機場新機庫及辦公大樓落成啟用。

圖 115　位於港島大坑的虎豹別墅及毗連的商人胡文虎私人花園。相片右側為一座樓高七層的中式白塔——「虎塔」。
拍攝日期不詳。（香港大學圖書館特藏部提供）

1936 年 3 月 24 日	英資帝國航空公司的「多拉多號」飛機從檳城飛抵香港，是首架降落啟德機場及使用民用飛機庫的民航客機。
1936 年 6 月 7 日	鄒韜奮、胡愈之在香港創辦《生活日報》。
1936 年 6 月 10 日	香港優生學會通過會章成立，是家計會的前身。
1936 年 7 月 21 日	由商人胡文虎斥資於大坑興建的虎豹別墅舉行落成典禮，港督郝德傑等政經文化界逾千名人出席。（圖 115）
1936 年 8 月 17 日	颱風襲港，天文台懸掛十號颶風信號。颱風造成 20 人死亡、179 人受傷，經濟損失 1000 萬元。
1936 年 10 月 23 日	泛美航空公司水上飛機「菲律賓飛剪號」，首次橫渡太平洋飛行，抵達啟德機場。
1936 年 11 月 4 日	廣東省政府主席黃慕松及廣州特別市市長曾養甫抵港訪問三天，獲港督郝德傑接待。
1936 年 11 月 5 日	中國航空開始在香港營運往來上海、廣州及香港之間的航線。
1936 年 11 月 15 日	華南電影協會舉行記者會，表示希望國民政府暫緩禁止拍攝方言片的政策，積極推動粵語片救亡運動。

1936 年 11 月	國民政府派駐兩廣外交特派員刁作謙就 1933 年 6 月港府迫遷九龍寨城居民一事，與港府交涉，港府堅持清拆的決定。
1936 年 12 月 12 日	港府公布英王愛德華八世退位。
1936 年	英國駐華陸軍司令巴度苗擬定《1936 年香港防衞計劃》，以日軍為假想敵，計劃依靠醉酒灣防線防守九龍半島，以候援軍抵港，並認為防線足以抵擋日軍 54 天。
	捷和製造廠在香港開設分廠，生產和售賣鋼鐵產品、五金器具，後亦生產軍需品。
	香港小童群益會成立。
	香港乒乓總會成立。
1937 年 1 月 1 日	美北長老會在西營盤般咸道開設廣州培英中學香港分校小學部，秋季增設初中部。
1937 年 1 月	施戈斐侶在大嶼山東灣遺址進行田野發掘，為期兩個月，發現商時期的墓葬及人骨，其間世界著名考古學家安特生來港參與發掘。
1937 年 4 月 1 日	第二代灣仔街市建成開業，具有德國包浩斯建築風格。
1937 年 4 月 13 日	瑪麗醫院落成啟用。
1937 年 4 月 18 日	首屆港澳埠際足球賽於澳門舉行，由澳門隊以二比一擊敗香港隊奪冠。
1937 年 5 月 12 日	香港舉行三軍大會操及會景巡遊，慶祝英王喬治六世登基。
1937 年 5 月 17 日	日本大阪商船公司的接駁小輪「堂島丸」在皇后碼頭附近海面發生爆炸，造成 34 人死亡、20 人受傷。
1937 年 6 月 25 日	港府頒布《1937 年貨幣修訂條例》，規定在 8 月 1 日前，所有英國銀元須上交給庫務司，換取同等面值的港幣，同時廢除《1935 年貨幣條例》允許任何人可向庫務司申請牌照以持有白銀的規定。
1937 年 6 月 26 日	教育司署主辦首屆香港中學畢業會考，考生共 721 名，423 名考生成功獲取證書。
1937 年 6 月 29 日	歐亞航空公司來往香港及北平的航線首次開航。
1937 年 7 月 15 日	赤柱炮台建成。
1937 年 7 月 16 日	港府跟隨英國政府的改制，改庫務司為財政司，並委任金錫儀為首任財政司。
1937 年 7 月 20 日	海員洋務振綏會更名為僑港海員洋務援賑戰區被難同胞聯合會，以把工人運動與抗日工作結合起來。

1937 年 7 月 22 日	香港發現本年首宗霍亂病例，霍亂疫症開始肆虐香港。本年共計有 1690 人染病，其中 1082 人死亡。
1937 年 7 月 31 日	包括華商總會、東華三院、中華廠商會在內的各大社團，組織華北兵災籌款聯席會議，為受「七七事變」以來兵災影響的內地民眾籌款。
1937 年 8 月 15 日	香港海員工會成立，前身為中華海員工業聯合總會。翌年 1 月 21 日，港督會同行政局依據《1931 年緊急情況規例條例》第 16 條，查封該會。1946 年 1 月 6 日，港府批准復會。
1937 年 8 月 17 日	九廣鐵路與粵漢鐵路連接，火車從香港尖沙咀出發，可以直通湖北省，連接長江水域，是中國沿海地區淪陷以後，中國內地獲取軍事物資的重要通道。
1937 年 9 月 2 日	颱風正面吹襲香港，引起風暴潮致吐露港海水倒灌，淹沒沙田及大埔大片地區，是為「丁丑風災」。風災造成約 11,000 人死亡，是香港至今有紀錄以來造成死亡人數最多的颱風。（圖 116）
	上環干諾道西發生火災，波及 131 號至 137 號的建築物，造成 41 人死亡。
1937 年 9 月 22 日	立法局通過撥款 50,000 元，成立防空署，負責興建防空設施和訓練防空救護員。
1937 年 9 月	救國公債勸募委員會香港分會成立，響應國民政府呼籲，發行救國公債，由周壽臣擔任主任委員。截至翌年 2 月，該分會共籌得 535 萬元。

圖 116　1937 年，九廣鐵路沙田一段被颱風吹毀的情形。（政府檔案處提供）

| **1937 年 10 月 28 日** | 羅富國就任第二十任港督，後於 1941 年 9 月 6 日卸任。 |

| **1937 年 11 月 26 日** | 西安事變發起人之一楊虎城結束歐洲考察後抵港發表演講，闡述全民抗戰的意義。 |

| **1937 年 11 月** | 由華南電影界賑災會組織、全港影藝人積極參與的粵語抗戰電影《最後關頭》完成拍攝，其全套子母片於翌年 1 月 3 日捐贈予華人賑災會發行，為全國賑濟募捐。華南電影界賑災會由林坤山及酈山夏發起，並由全球、南粵、大觀、南洋、合眾和啟明六家電影公司組成，拍攝抗戰愛國電影以籌款救國。 |

| **1937 年 12 月 1 日** | 泛美航空公司開通由香港至美國三藩市的直航航線。 |

| **1937 年 12 月 9 日** | 港九市區舉行大型燈火管制演習。 |

| **1937 年 12 月 28 日** | 廣州利豐公司在香港註冊成立分公司，從事出口貿易。1945 年日本投降後，利豐在港復業。翌年，總行改設於香港。 |

| **1937 年** | 由本年起至 1939 年，香港的進出口貿易額由 6690 萬英鎊增至 6930 萬英鎊，其中走私額由中日戰爭爆發前的 5000 萬美元上升至戰爭爆發後的 8000 萬美元。 |

城門碉堡的機槍堡、觀測所及指揮所建成。該碉堡位於城門水塘以南，是醉酒灣防線中的要塞。

赤柱郵政局啟用，是香港現存歷史最悠久而仍然運作的郵政局。

潮商馬錦燦在香港成立大生銀號。1961 年，銀號改組為大生銀行。

尹致中創辦大中工業社，設廠生產鋼針、鈕扣製品。1947 年，公司改為大中實業有限公司。

基督復臨安息日會創辦的三育中學由廣州遷至香港，初期校舍在沙田，1939 年搬入清水灣道新校舍。

位於赤柱的香港監獄建成啟用，設計容納為 1559 名犯人，為當時最高設防的監獄。

胡愈之、范長江等成立的國際新聞社由上海遷港。1938 年，該社總社設於廣西桂林，香港改為分社。

| **1938 年 1 月** | 八路軍駐香港辦事處在中環皇后大道中 18 號設立，對外掛牌「粵華公司」，廖承志擔任辦事處主任。 |

| **1938 年 2 月 3 日** | 日本軍艦封鎖虎門，翌日起來往省港的輪船全部停航。 |

| **1938 年 2 月 4 日** | 中華廠商會與香港基督教女青年會在鐵崗聖保羅書院合辦一連四日的中國貨品展覽會，即第一屆工展會。 |

1938 年 2 月	本月起至 10 月，從香港經由九廣鐵路轉運至華中、華東沿海和西南地區主要戰區的各類軍用物資達 13 萬噸，包括炸彈、飛機及飛機零件、機槍、雷管、安全導火線、TNT 炸藥、高射炮、野戰炮、魚雷、探射燈與防毒面具等。
1938 年 3 月 1 日	上海《申報》遷港出版，後於翌年 7 月 31 日停刊。
1938 年 3 月 18 日	中國中央銀行在香港的通訊辦事處開始辦公，按國民政府財政部規定，中國的銀行購買外匯時，必須向中央銀行總行或香港辦事處申請。
1938 年 3 月 22 日	省港公路通車，九龍關頒布章程，在香港和深圳的邊境設立文錦渡分卡，所有行經公路邊界處的車輛均受其管制。
1938 年 3 月 27 日	香港基督教浸信會聯會在中環堅道香港浸信教會舉行成立典禮。
1938 年 4 月 12 日	香港理工大學前身 —— 官立高級工業學校於灣仔開幕，是香港首間提供專上程度工科教育的政府資助院校，後於 1947 年易名香港工業專門學院。
1938 年 5 月 28 日	荔枝角醫院開始分批接收東華三院無法容納的肺結核病人，該院由港府出資改建原荔枝角拘留營而成，並由東華三院管理。
1938 年 6 月 14 日	宋慶齡在香港創立保衛中國同盟並擔任主席，宋子文任會長。保盟以團結國際友人和海外華僑支援中國抗戰為目的。1941 年 12 月香港淪陷後，保盟遷往重慶，繼續支援抗戰。
1938 年 7 月 13 日	香港中華藝術協進會、中國詩壇社聯合組織香港詩歌工作者初次座談會，嘗試推動香港成為抗戰文學的陣地。
1938 年 7 月	英國參謀長委員會決定縮減香港駐軍的防禦範圍，改以保衛香港島和阻止日軍控制海港為目標。
1938 年 8 月 1 日	胡文虎創辦《星島日報》，開始積極宣傳中國抗戰。13 日，《星島晚報》創刊。
1938 年 8 月 10 日	由全港各界賑濟華南難民會督辦的「八一三」紀念日獻金活動開始，香港華商總會和 12 間銀行分設獻金台和獻金箱，至 19 日結束，共得救國捐款 20 多萬元。
1938 年 8 月 13 日	胡政之創辦《大公報》香港版。11 月 15 日，《大公晚報》創刊。
1938 年 9 月 29 日	香港中國婦女會成立，以團結香港婦女參與救國慈善工作，羅文錦夫人及李樹培夫人分任為會長和主席。
1938 年 10 月 7 日	港府頒布，港督會同行政局根據《1922 年緊急情況規例條例》，制定 33 條維持香港治安秩序的規例，其中包括任何人未經當局許可，不得向中日雙方的軍民船隻提供燃料和維修，令香港在中日戰爭中維持中立。（圖 117）

圖 117　在羅湖橋上對峙的日軍與央軍，攝於 1938 年末。（政府檔案處提供）

1938 年 10 月 11 日	房屋委員會發表《1935 年房屋委員會報告》，指出香港居住環境擠迫問題在於大部分人口無法負擔住屋租金，建議港府成立城市規劃及房屋的委員會和部門處理相關問題。
1938 年 10 月 12 日	港府頒布根據《1922 年緊急情況規例條例》制定的規例，設立營地集中管制外來人士，包括中日兩國軍人、在香港境內沒有固定職業和居住地的難民，以應付廣州淪陷後大量湧港的難民。
1938 年 10 月 28 日	港府公布在北角、馬頭涌、京士柏及八鄉四處設置難民營，以收容自境外進入香港的難民。
1938 年 10 月 31 日	上海國華商業銀行在港分行開業。
1938 年 11 月 14 日	廣州嶺南大學遷港，借用香港大學校舍復課。
1938 年 11 月 18 日	港府公布任命畢特為首位勞工事務主任，主管新設立隸屬於華民政務司的勞工處，負責巡視工作場所、研究改善勞工法例和調解勞資糾紛。1946 年，該處成為獨立部門。
1938 年 11 月 21 日	鄭洪年創立漢華中學。
1938 年 12 月 8 日	華南電影界兵災籌賑會成立，籌款賑濟因日本侵華戰事逃到香港的難民。
1938 年 12 月 31 日	香港《南華日報》發表 29 日汪精衛致蔣介石的「艷電」，表達其支持對日妥協的立場，引起香港報界抨擊。

| 1938 年 12 月 | 位於港島東的哥連臣炮台建成。 |

1938 年

據港府估計,全港人口 102.86 萬人。

本港爆發天花,截至 5 月 30 日,共有 1920 人因此喪命。

位於黃泥涌峽的機槍堡建成。

英軍在港島赤柱以西建成舂坎角炮台。

八路軍駐香港辦事處委託楊琳(秦邦禮)在中環干諾道中成立聯和行,負責採購軍用物資。1948 年,聯和行改組為香港華潤公司。

梁季彝創立廣安銀號,1954 年獲發銀行牌照,改名為廣安銀行。

重慶聚興誠銀行在港分行開業,以匯兌業務為主。

謝汝池、謝麗生及謝汝雄兄弟創辦廣興泰製衣廠,後成為 1950 年代香港大規模的製衣公司之一。

潘壯修於香港成立興華電池廠,並創辦五羊牌,為當時香港主要電池生產商之一。

廣州八和戲劇協進會自廣州遷至香港,薛覺先仍任理事長,為香港八和會館的前身。

美國南方浸信會女傳道會聯會成立的廣州培道女子中學,由廣東肇慶遷至旺角廣華街。

陳公哲沿全港海岸進行為期八個月的考古調查和發掘,發掘出陶器、玉器、銅器和骨器,其中包括中國田野考古首次發掘出土的玉牙璋,並發現沙岡背摩崖石刻,是首位在香港進行考古工作的華人學者。

教會社會服務中心成立,提供居民服務,1949 年 1 月 1 日轉型為獨立非官方的家庭服務機構,並更名為香港家庭福利會,援助貧困家庭。

| 1939 年 1 月 17 日 | 香港《南華日報》社長林柏生在德輔道中被兩名工人以鐵錘鐵棍襲擊重傷。林曾協助汪精衛發表「艷電」,鼓吹對日和談。 |

| 1939 年 2 月 21 日 | 日本軍機在香港境內轟炸羅湖附近的九廣鐵路列車,造成至少 12 人死亡、12 人受傷。 |

| 1939 年 2 月 25 日 | 福建旅港同鄉會成立,胡文虎擔任主席。 |

| 1939 年 3 月 10 日 | 位於摩星嶺的銀禧炮台建成。 |

| 1939 年 3 月 26 日 | 中華全國文藝界協進會的留港會員舉行首次集會,宣布成立中華全國文藝界留港會員通訊處。該處後改為香港分會,是香港凝聚南來文人的重要文學團體。 |

| 1939 年 4 月 11 日 | 勞工事務主任畢特發表《香港勞工和勞工狀況報告》(《畢特報告書》),以檢討香港勞工狀況,並提出改善建議。 |

| 1939 年 4 月 23 日 | 中國新聞學院在香港創辦，舉行開學禮。 |

| 1939 年 5 月 1 日 | 《成報》日報創刊，前身為 1938 年 8 月 5 日創辦的三日刊《成報彙刊》。 |

| 1939 年 5 月 3 日 | 新中環街市開業。 |

| 1939 年 5 月 31 日 | 中英文化協會香港分會成立，許地山和羅旭龢分任正、副主席。 |

| 1939 年 6 月 6 日 | 中國國民黨在香港的機關報《國民日報》創刊，後於 1949 年 8 月 4 日更名為《香港時報》，1993 年 2 月 17 日停刊。 |

| 1939 年 6 月 23 日 | 港府頒布《1939 年城市規劃條例》，授權港督會同行政局在城市規劃委員會提供的意見下，有系統地預備和審議現存或有潛質發展成為城市地域的發展計劃，以改善香港社會的整體福利。30 日，城市規劃委員會成立，負責設計現時及未來市區地帶的布局。 |

| 1939 年 7 月 28 日 | 港府頒布《1939 年強制服役條例》，凡 18 至 55 歲的居港英籍男性均須服役。受徵召者多被編入香港義勇防衛軍或皇家海軍預備隊。 |

| 1939 年 7 月 | 中國國民黨駐港澳總支部成立，其後逐步增設香港、九龍、澳門、廣州灣四個支部，由中央執行委員吳鐵城出任主任委員。 |

| 1939 年 8 月 6 日 | 英文刊物《中國作家》創刊，由文藝協會香港分會與重慶總會合作編製，向外國介紹中國文學作品。 |

| 1939 年 8 月 23 日 | 港府拆毀橫跨深圳河邊界的九廣鐵路鐵橋，以防備日軍入侵香港。 |

| 1939 年 8 月 24 日 | 英國海軍即日起封鎖維港東部的鯉魚門海面，並放置障礙物，以防範日艦侵入。 |

| 1939 年 8 月 25 日 | 因港府勸喻外僑婦孺離港，外僑紛往各家銀行提款並兌換外幣，引發擠提潮。28 日，擠提潮漸趨緩和。 |

| 1939 年 8 月 26 日 | 在英國政府《1939 年緊急情況權力樞密院頒令》授權下，港府頒布《1939 年防衛規例》，對所有電報、書信、報章和刊物的內容進行審查。翌月 4 日，港府增訂該規例，授權港府隨時徵用任何資產，包括船和飛機。 |

| 1939 年 9 月 3 日 | 港府宣布德國已向英國宣戰，下令將德籍僑民拘留於喇沙書院內，並查封德國在港資產。 |

| 1939 年 9 月 8 日 | 港府頒布《1939 年防衛（金融）規例》，禁止外幣和黃金買賣，以及禁止外幣、黃金、證券出口，但香港法定貨幣及指定銀行發行的紙幣除外。 |

| 1939 年 9 月 | 香港師資學院成立，臨時校舍設於西營盤醫院道，是香港首間全日制教師培訓院校。1941 年 4 月 23 日，般咸道正式校舍落成開幕，改名為羅富國師範專科學校。 |

1939 年 11 月 23 日	颱風襲港，天文台懸掛九號烈風風力增強信號，是香港有紀錄以來全年最晚發出的颱風信號。
1939 年 12 月 3 日	旺角上海街 480 號一座樓宇意外起火，波及相鄰的兩座樓宇，造成 46 人死亡、11 人受傷。
1939 年	據港府非正式普查估計，全港總人口 180 萬人，常住人口約 105 萬人，難民 75 萬人。
	旅港蘇浙滬商人協會成立，後於 1946 年改為蘇浙旅港同鄉會。
	廣州周大福珠寶於中環皇后大道中開設首家香港分行。
	香港補助學校議會成立，由 22 所補助中學組成，旨在促進成員學校之間的合作，並向教育司署提供政策建議，是香港最早成立的專業學校團體。
	文藝協會香港分會發起文章義賣活動，紀念 1937 年盧溝橋事變，獲多份報刊作者響應捐出稿費，支援中國抗戰。
1940 年 2 月 3 日	深水埗石硤尾村發生大火，燒毀房屋 700 餘間，登記災民人數達 5000 人。
1940 年 2 月 22 日	中國文化協進會在香港大學馮平山圖書館舉辦為期五日的廣東文物展覽會，展出 12 類共 5000 餘件文物，包括廣東歷代書畫、手跡和金石。黃般若任執行委員兼總務主任，並借出藏品。展覽會結束後，黃與葉恭綽、簡又文、黃慈博、許地山和李景康合編《廣東文物》。
1940 年 2 月 26 日	中電在紅磡興建的鶴園發電廠落成開幕。
1940 年 3 月 4 日	九龍和維多利亞城部分地區降冰雹，造成超過 1000 塊玻璃窗破裂，是天文台有紀錄以來香港第一次降冰雹。
1940 年 3 月 5 日	中央研究院院長、前北京大學校長蔡元培於香港逝世，10 日出殯，安葬於香港仔華人永遠墳場，25 日香港大學為其舉行追悼會。
1940 年 3 月 6 日	羅桂祥成立香港荳品有限公司，於銅鑼灣設廠生產維他奶品牌的豆奶飲品。
1940 年 4 月 26 日	港府頒布《1940 年簡易程序罪行修訂條例》，禁止在公眾地方及公共交通工具上吐痰。
1940 年 6 月 1 日	港府徵召數十名超過服役年齡的外籍人士，組成一支志願部隊，以防止敵方在香港破壞。部隊由香港於仁保險公司總經理、中校曉士指揮，故被稱為曉士兵團。
1940 年 6 月 11 日	港府宣布意大利已向英國宣戰，下令拘捕在港意大利僑民，查封意大利資產，並監視駐港意大利領事館、教會及學校。
1940 年 6 月 26 日	日軍於深圳集結，英軍炸毀粵港邊界上、深圳河的兩座橋樑，以作防禦。（圖 118）

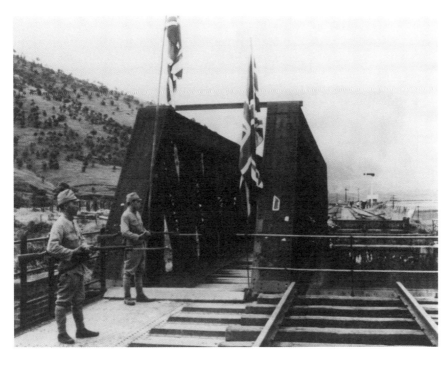

圖 118　日軍封鎖香港
並禁止鐵路通行，攝於
1940 年 8 月。（Getty
Images 提供）

1940 年 7 月 1 日	港府開始強制撤離滯留在香港的英籍婦孺，首批共 1640 名婦孺在港府安排下離港，經馬尼拉撤往澳洲。
1940 年 7 月 19 日	英國參謀長委員會提交《1940 年遠東形勢研判》，認為香港「並非英國核心利益所在，其駐軍無法長期抵擋日軍的攻勢……從軍事角度看，我們在遠東的處境會將因為少了香港而增強」，但重申英國不應即時放棄香港，以免「對我們（英國）的聲譽造成無可估量的損失」。
1940 年 8 月 5 日	九廣鐵路大埔坳隧道發生山泥傾瀉，造成 20 多人死亡、10 多人受傷。
1940 年 9 月 1 日	作家蕭紅開始在《星島日報》副刊連載長篇小說《呼蘭河傳》，至 12 月 27 日完結。
1940 年 9 月 16 日	《文藝青年》創刊，配合抗戰時期的文藝戰線策略，內容包括文藝創作、翻譯、評論和活動通訊等，後於 1942 年 9 月停刊。
1940 年 10 月 9 日	胡文虎兄弟在虎豹別墅旁興建的萬金油花園對外開放。
1940 年 11 月 29 日	港府頒布《1940 年入境管制條例》，凡任何人來港定居或過境，均須持有本國政府簽發的護照或港府簽發的入境證書，凡本港居民則須持有港府簽發的通過證，方可入境。此措施於翌年 1 月 15 日起正式實施。
1940 年	本年香港再度爆發霍亂疫情，截至 9 月底，共有 815 人確診，其中 543 人死亡，死亡率為 66.6%。
	半山區寶雲道天橋落成，是香港第一條行車天橋。

1941 年 1 月 7 日	英國首相邱吉爾拒絕遠東三軍司令樸芳空軍上將增援香港的要求，重申英國必須「避免將有限的資源浪費在守不住的地方」。
1941 年 2 月 14 日	港府成立生活必需品委員會，監控糧食在內的必需品。21 日，港府另成立糧食柴薪統制委員會，專門監控糧食和柴薪。
1941 年 3 月 15 日	沙頭角日軍嚴密封鎖粵港邊界，加置沙包、電網，來往客商完全斷絕。
1941 年 3 月 19 日	董浩雲註冊成立中國航運信託（一九四一）公司，經營中國沿海及東南亞地區航運業務。
1941 年 4 月 8 日	中共籌辦的《華商報》創刊，後於 11 月 30 日香港淪陷前夕停刊。
1941 年 4 月 14 日	廣州日軍自 4 月 9 日起封鎖珠江河道，粵港交通在本日斷絕。
1941 年 5 月 3 日	國民政府戰時公債勸募總會常務理事兼秘書長黃炎培，由渝抵港勸募戰時公債。
1941 年 5 月 17 日	作家茅盾在香港復刊的《大眾生活》連載日記體長篇小說《腐蝕》，9 月刊完。
1941 年 5 月 23 日	港府設立食米專賣局，以穩定香港食米供應。
1941 年 6 月 19 日	荃灣華人永遠墳場落成啟用。
1941 年 6 月 20 日	傅瑞憲出任首位防衛司。
1941 年 6 月	《時代文學》創刊號發行，端木蕻良任主編，戴望舒任特約撰述人。
1941 年 7 月 1 日	保盟舉行一碗飯運動大會成立典禮，為中國工業合作協會籌款，用作支援中國抗戰及救濟難民。運動自 8 月 1 日開始，至 9 月 1 日結束，共籌得 25,000 元。
1941 年 7 月 26 日	港府頒令，凍結所有來自日本及日本佔領區人士在港資產。
1941 年 8 月 11 日	港府成立由副按察司祁樂壽負責的委員會，調查防空署於採購建築材料及軍用品期間有否出現貪污問題。
1941 年 8 月 13 日	香港僑胞在普慶戲院舉行「八一三」事變四周年紀念大會，各界同時進行獻金、義賣活動。
1941 年 9 月 10 日	楊慕琦就任第二十一任港督，日軍侵港後投降被俘。二戰結束後獲釋，續任港督。
1941 年 9 月 12 日	宋之的創作的話劇《霧重慶》一連兩日在港演出，引起轟動。
1941 年 9 月 18 日	為紀念「九一八」事變十周年，僑團舉行擴大紀念會，並呼籲僑胞響應一元獻機運動。

1941 年 9 月 18 日 ｜ 中國民主政團同盟（中國民主同盟前身）在港創辦《光明報》，旋於翌月 10 日在報上發表該組織的「成立宣言」及「對時局主張綱領」。《光明報》於 12 月 14 日停刊。

1941 年 10 月 24 日 ｜ 香港警務處政治部派人與八路軍香港辦事處接觸，希望以軍火和無線電器材來換取中共游擊隊炸毀日軍於海南島的軍用機場。廖承志其後發電報向黨中央請示，並於 26 日獲毛澤東覆電同意。此事最終未能落實。

1941 年 10 月 31 日 ｜ 港府委任懲治貪污局，調查香港公務員的貪污問題。

1941 年 11 月 3 日 ｜ 香港華籍軍團編成，在威靈頓軍營招募首批華人士官共 50 人，為首支香港華人步兵部隊。

1941 年 11 月 6 日 ｜ 日本大本營陸軍部訂定《攻佔香港作戰綱要》及《關於香港作戰的陸海軍中央協議》，計劃以陸軍與海軍協同正面迅速攻佔九龍半島和港島，並迅速以空軍奪得香港制空權。

1941 年 11 月 13 日 ｜ 港督楊慕琦在立法局會議完結時，宣布無限期休會。

1941 年 11 月 16 日 ｜ 來自溫尼柏擲彈兵團及皇家加拿大步槍團的加拿大軍隊抵達香港增援防衛。

1941 年 11 月 30 日 ｜ 日軍第 23 軍司令官酒井隆中將下達戰鬥命令，以攻佔香港為目標。

1941 年 12 月 6 日 ｜ 英軍得到確切情報，顯示日軍三個師團已經到達離邊境 13 公里以內地區。

1941 年 12 月 7 日 ｜ 太平洋戰事爆發，港督楊慕琦發出動員令，要求所有正規軍及義勇防衛軍官兵即時報到。同日，《憲報》出版號外，宣布香港進入緊急狀態。

1941 年 12 月 8 日 ｜ 上午 8 時，日軍向香港發動攻擊，36 架戰鬥機襲擊啟德機場，擊毀機場上 12 架飛機，癱瘓英軍的空中戰力。同一時間，日軍迅速在深圳河架設浮橋越過邊境。主力部隊亦於正午全面突破邊境線。日軍入境後，分為東西兩路向南推進。

｜ 廣東人民抗日游擊隊第三大隊和第五大隊分別派出多支武裝工作隊進入新界，開展敵後游擊戰。

1941 年 12 月 9 日 ｜ 日軍第 38 師團夜襲醉酒灣防線，攻陷城門碉堡。翌日，英軍撤退至沙田金山。

｜ 日本第 23 軍司令部制定「香港‧九龍軍政指導計劃」，計劃在攻佔香港後，實行削減人口及使用軍票的政策。

1941 年 12 月 11 日 ｜ 醉酒灣防線全線失守，英軍撤退至九龍。中午 12 時，駐港英軍司令莫德庇少將下令放棄九龍，撤往香港島。

1941 年 12 月 12 日 ｜ 自醉酒灣防線撤退的英軍殘部從鯉魚門三家村撤退，乘船至香港島，日軍佔領九龍。

圖 119　日軍登陸北角，
攝於 1941 年。（Getty
Images 提供）

| 1941 年 12 月 13 日 | 楊慕琦拒絕日軍勸降。 |

| 1941 年 12 月 14 日 | 日軍開始炮轟香港島的英軍陣地。同日晚上，皇家海軍驅逐艦「色雷斯人號」發起突襲，成功擊沉兩艘停泊於維港內的日軍船隻。 |

| 1941 年 12 月 16 日 | 日軍大規模空襲港島，向鯉魚門及摩星嶺在內的英軍陣地投下 114 枚炸彈。 |

| 1941 年 12 月 18 日 | 晚上，日軍開始於港島東部的北角、太古和愛秩序灣登陸，並擊退英軍的反攻。（圖 119） |

| 1941 年 12 月 19 日 | 日軍沿金督馳馬徑南行期間闖入黃泥涌峽，與英軍爆發激戰。（圖 120） |

| 1941 年 12 月 21 日 | 由 19 日至本日，日軍在黃泥涌峽先後擊退英軍的三次反擊，奪取港島的制高點。日軍在此傷亡 800 多人，英軍則陣亡 461 人，加拿大軍指揮官羅遜准將戰死。 |

| 1941 年 12 月 22 日 | 日軍夜襲金馬倫山，並向淺水灣前進，其間在淺水灣余園附近屠殺 50 多名英軍戰俘。 |

| 1941 年 12 月 23 日 | 凌晨，日軍先後佔領淺水灣酒店和金馬倫山，金馬倫山英軍反攻，失敗。早上，日軍繼續進攻赤柱半島及向香港仔方向推進，同時向灣仔方向進攻。 |

| 1941 年 12 月 24 日 | 下午 5 時，英軍禮頓山陣地陷落。 |

日軍第 23 軍制定《港九地區人口疏散實施要領》，準備於接收香港後即時疏散港九地區的所謂「下層階級」及「流浪者」，但保留與軍事機能相關的工廠工人、造船工人與農民。

| 1941 年 12 月 25 日 | 清晨，日軍攻佔被用作臨時醫院的赤柱聖士提反書院，並屠殺約 70 名英軍傷兵，並強暴殺害醫護人員，是為「聖士提反書院慘案」。 |

下午，日軍攻佔灣仔。傍晚，港督楊慕琦和駐港英軍司令莫德庇少將前往尖沙咀半島酒店，由楊慕琦代表英方與日軍指揮第 23 軍的酒井隆中將簽訂停戰協議，正式向日軍投降。（圖 121、122、123）

國民政府駐港軍事代表陳策等聯同英國官兵共 70 人乘坐五艘英軍魚雷艇，突破日本海軍包圍，逃出香港。

圖 120　日軍炮轟港島山頂
區一帶，攝於 1941 年 12 月
19 日。（日本國立國會圖書
館提供）

圖 121　日軍轟炸機，攝於
1941 年 12 月 25 日飛往香
港途中。（日本國立國會圖書
館提供）

圖 122　1941 年 12 月 25
日，日軍開入本港市區。（日
本國立國會圖書館提供）

圖 123　港督楊慕琦於半島酒店簽署停戰協定，正式投降。後排右二坐者是日軍司令酒井隆，其右為駐港英軍司令莫德庇，他與其餘英軍將領正望向不在畫面中的楊慕琦。(Alarmy 提供)

1941 年 12 月 26 日	凌晨，赤柱英軍停火投降，香港保衛戰正式結束，戰役中，守軍戰死 1679 人、10,818 人被俘，日軍戰死 692 人。
	日軍撤銷位於尖沙咀半島酒店的戰鬥司令部，並成立香港軍政廳。30 日，軍政廳發布《香港軍政廳業務處理暫定規定》，由陸軍中將酒井隆及海軍中將新見政一共同擔任軍政廳長官。
1941 年 12 月 28 日	日軍舉行「入城式」，先後於九龍彌敦道及港島軒尼詩道一帶進行「勝利巡遊」。
1941 年 12 月 29 日	香港軍政廳公布《匯兌行市公定措置要綱》，規定港幣與日本軍票的兌換率為兩元港幣兌一圓軍票，市民可於軍票交換所內兌換軍票，每人每日限兌港幣十元，並設每日軍票兌換總限額。翌日，軍政廳公布十元以下港幣可流通。軍政廳於 31 日和翌年 1 月 5 日，分別在九龍和港島設立軍票交換所。(圖 124)
1941 年	據港府估計，全港人口 164 萬，其中約 75 萬人為難民。
	香港攝製了 13 部愛國電影，而全年電影片總產量為 80 部。其中包括蔡楚生編導、新生影片公司出品的國語片《前程萬里》。
	由於亞太地區局勢緊張，港府決定新增四個行政局席位，由英國海軍駐港司令哥連臣、香港大學校長史羅司、防衛司傅瑞憲及滙豐銀行董事杜維爾擔任議員。
	位於港島東南鶴咀的博加拉炮台建成。

| **1942 年 1 月 3 日** | 香港軍政廳制定《香港九龍經濟復興應急對策綱要》及《香港九龍金融應急對策綱要》。前者提出修復香港海陸軍設施，並以軍票為基本流通貨幣、禁止港幣流通為方針。後者提出查封「敵國」銀行、錢莊及金融機構及維持軍票的流通價值。 |

| **1942 年 1 月 6 日** | 香港軍政廳開始實施歸鄉政策，疏散香港人口，其後日佔政府設立歸鄉事務部，專責相關事宜。香港華人大部分被迫徒步或由海路返回中國內地。截至 1943 年底，共有 993,326 人被迫離港。 |

| **1942 年 1 月 9 日** | 在八路軍駐香港辦事處人員劉少文、潘靜安的組織下，廣東人民抗日游擊隊協助何香凝、柳亞子、鄒韜奮和茅盾等滯港文化和民主人士，成功撤離香港。截至 5 月，估計撤離者約有 800 多人，是為「秘密大營救」。 |

| | 義勇防衛軍中校賴廉士聯同下士李耀標、後備海軍上尉摩利及中尉大衛·戴維斯成功從深水埗戰俘營逃出，並在廣東人民抗日游擊隊協助下逃離香港。5 月，賴廉士在廣東曲江成立英軍服務團，以協助盟軍收集軍事情報及營救被關押於香港集中營內的英國軍民。 |

| **1942 年 1 月 10 日** | 香港軍政廳召集 158 名香港知名人士，並任命羅旭龢、周壽臣、羅文錦及譚雅士在內九人為香港九龍善後處理委員會委員。12 日，委員會成立，至翌月 20 日解散。 |

| **1942 年 1 月 19 日** | 日軍宣布設置香港佔領地總督部，以取代香港軍政廳，至翌月 20 日交接，改軍政統治為民政管治。 |

| **1942 年 1 月 21 日** | 香港軍政廳宣布實施區役制度，將港九劃為多個地區，每區設一區役所，任命華人為所長。 |

圖 124　面額為 100 圓的日軍軍票，票面上並無標明發行編號，亦不能兌換日圓。（香港歷史博物館提供）

| 1942 年 1 月 22 日 | 作家蕭紅於聖士提反女書院內的臨時救護站病逝。 |

| 1942 年 1 月 28 日 | 日本政府大藏省制定《香港金融方面暫行措施條例》，容許大額面值港幣在香港流通，其他金額則須使用日本軍票，並且限制民國政府發行的法幣在香港流通，不合作的金融機關業務全交由橫濱正金銀行或台灣銀行處理。 |

| 1942 年 1 月 | 英美僑民被送到赤柱集中營。（圖 125） |

香港軍政廳開始實施糧食配給制度，規定每人每日只能配給四両白米。

| 1942 年 2 月 3 日 | 中共領導的廣東人民抗日游擊總隊港九大隊在新界西貢黃毛應村成立。原香港淘化大同罐頭廠工人蔡國樑任大隊長，香港學運領導人陳達明任政委，黃高陽任政訓室主任。 |

| 1942 年 2 月 13 日 | 由日本海軍成立的合記公司在香港招收勞工。首批 483 名於本日到達海南島。自本月起到 1943 年 7 月，有 20,565 名香港勞工被從香港運到海南島，並被迫在惡劣環境下工作，不少人客死異鄉。 |

| 1942 年 2 月 20 日 | 香港佔領地總督部成立，直屬由天皇、陸軍參謀長及海軍軍令部長組成的東京「大本營」，陸軍中將磯谷廉介擔任總督。 |

圖 125　赤柱拘留營裏的英國俘虜，攝於 1945 年。（政府檔案處提供）

1942 年 2 月 | 日佔政府進行人口調查。是次人口調查結果，香港島人口 602,566 人、九龍人口 440,542 人，以及新界人口 86,200 人，合計人口 1,129,308 人。

日佔政府成立海軍間諜之助擔任香港憲兵隊隊長，二戰以後因戰爭罪行被香港軍事法庭判處死刑。

日佔政府准許東亞銀行、永安銀行在內十家被日本人或親日人士控制的華資銀行復業；廣東銀行、中南銀行在內九家銀行則以營業困難為由勒令關閉，銀行資產被日本人控制或吞佔。

1942 年 3 月 15 日 | 日佔政府將白米配給由一合增至一合六勺，即六両四錢，俗稱「六両四」。全港合計有 98 所白米配給所，香港島有 57 所，九龍有 41 所。

1942 年 3 月 21 日 | 隨着 2 月中旬軍票交易所關閉，日佔政府下令在橫濱正金銀行、台灣銀行內設置軍票交換所，兌換比率為港幣兩元兌軍票一圓。

1942 年 3 月 28 日 | 日佔政府頒布 1942 年香督令第 9 號《在香港佔領地總督管區出入、居住、物資搬出入及企業、營業、商業行為取締令》，嚴格控制香港的經濟活動。該法例規定，任何人出入香港、在港居住或經營生意，都必須得到總督批准。

日佔政府頒布 1942 年香督令第 10 號《關於制定香港佔領地總督部華民代表會規定的相關文件》及香督令第 11 號《關於制定香港各界協議會規定的相關文件》，成立華民代表會和華民各界協議會，合稱「兩華會」，拉攏華人知名人士維護其在香港的軍政統治。

1942 年 4 月 7 日 | 日佔政府授權日本橫濱正金銀行清算滙豐、渣打、有利、華比在內四家銀行的資產。

1942 年 4 月 10 日 | 日佔政府總督部由半島酒店遷往滙豐總行大樓。

1942 年 4 月 16 日 | 日佔政府頒布 1942 年香督令第 14 號《地區事務所規定》，劃分香港島、九龍和新界三大區，每區設地區事務所，設所長三人、副所長三人、科長九人、所員 126 人。

日佔政府頒行 1942 年香督令第 15 號《私立日語講習所規則》，設立私立日語講習所，推行奴化教育。

1942 年 4 月 20 日 | 日佔政府在本月起，在香港推行日化運動，將香港島改為「香島」、有英國色彩的街道名改為帶有日本色彩的名稱，如皇后大道中改為「中明治通」；德輔道中改為「東昭和通」；半島酒店改為「東亞酒店」。

1942 年 4 月 27 日 | 詩人戴望舒被日軍拘捕囚禁，在域多利監獄寫下新詩《獄中題壁》。

1942 年 4 月 | 本月起，日佔政府嚴格規定不得帶多於 200 圓軍票或 500 元及大於 4 平方呎的行李離港。

| **1942 年 4 月** | 日佔政府將馬會改名為「競馬會」。4 月 25 日，競馬會舉行日佔政府成立後第一次賽馬。 |

| **1942 年 5 月 15 日** | 日佔政府制定《香港佔領地通貨整頓要領》，建議放棄以兩元港幣兌一圓軍票的方針，降低港元價值，轉而以強制方式在香港統一使用軍票作為貨幣。 |

| **1942 年 5 月 30 日** | 日佔政府實施砂糖配給制度。 |

| **1942 年 6 月 5 日** | 日佔政府頒布 1942 年香督令第 22 號《映畫演劇檢閱規則》，規定凡在港即將上映或上演的電影及演劇，事先均須送往總督報導部檢閱，才能上映、上演。 |

| **1942 年 7 月 11 日** | 日軍於 6 月成立的香港經濟委員會，制定《關於香港佔領地區通貨暫行措施》，將港幣兌換軍票的比率由二比一變更為四比一。（圖 126） |

| **1942 年 7 月 16 日** | 日佔政府實施食油配給制度。 |

| **1942 年 7 月 20 日** | 日佔政府頒布 1942 年香督令第 26 號《香港佔領地總督部區政實施之文件》，制定區政制度，在香港島下設 12 個分區、九龍下設九個分區，新界下設七個分區管治，每區設一個區長、一個副區長以及五至十名區會員治理。 |

| **1942 年 7 月 24 日** | 日佔政府頒行 1942 年香督令第 32 號《關於香港佔領地總督管區內通貨並交換規程之件》，命令市民必須以港幣四元兌換軍票一圓的匯率，向軍票交換所繳納所持有的港元紙幣。 |

| **1942 年 7 月** | 國民政府外交部聯絡英國駐華大使薛穆，詢問英國政府會否於戰後交還香港，英方未有正面回應，這是中英雙方就香港前途問題的首次接觸。 |

| **1942 年 8 月 4 日** | 英軍服務團上尉何禮文潛入香港，與港九大隊聯繫，並與該隊大隊長蔡國梁討論雙方合作的方式。 |

| **1942 年 8 月 10 日** | 米、油、柴、砂糖在內的配給品須用軍票購買。米站自本日起只用軍票交易；油站、柴站的交易則以軍票為本位。至於市面商店的交易，港幣仍可使用。 |

| **1942 年 8 月** | 日佔政府宣布將灣仔闢為日人居留地，限令 2000 多名居民三日內遷出。副總督平野茂更授意日軍在駱克道一帶設立 500 家「慰安所」。 |

| | 日佔政府開始允許市民申請取回被日軍扣起的貨物，但大部分貨物已被日佔政府送往日本或運往前線。 |

1942 年 9 月 10 日	日佔政府在牛池灣舉行擴建啟德機場動土禮，以擴建啟德機場為東亞和東南亞主要的民用和軍用機場。
1942 年 9 月 13 日	日佔政府頒布 1942 年香督令第 40 號《戶口規定》，規定香港市民有義務仕出生、死亡、搬遷、移民及入籍後的十大內向總督部登記，以方便總督部制定其人口疏散政策。
1942 年 9 月 18 日	日佔政府頒布 1942 年香督令第 43 號《取締貿易令》，宣布設立香港貿易組合，至 10 月 8 日成立。此後，只允許該組合成員或獲得總督許可的商民從事廣東省、廈門、澳門及廣州灣以外地域的貿易。

日佔政府的人口統計顯示，香港人口已由 1941 年的 164 萬減至 98 萬人。

圖 126　1942 年 7 月 24 日《香島日報》頭版，顯示「軍票一圓等於港幣四元」，香港市民港元資產遭到日佔政府強搶。（香港歷史博物館提供）

| **1942 年 9 月** | 約 2500 名香港英軍戰俘被送往日本,其中近 1100 人於途中死亡。 |

日軍包圍烏蛟騰,強迫村民交出武器並供出游擊隊員,以各種酷刑折磨村長李世藩至死。

| **1942 年 10 月 1 日** | 載有 1834 名英軍戰俘及 778 名日本官兵的日本客貨輪「里斯本丸」於浙江舟山對開海面被美軍潛艇擊沉,日軍派艦船將日兵救起,拒不救援戰俘,造成約 800 人死亡,另有 384 名英軍戰俘被附近島嶼的中國漁民救起。 |

| **1942 年 10 月 25 日** | 12 架美軍轟炸機空襲九龍船塢,為盟軍首次空襲香港。 |

| **1942 年 10 月 30 日** | 日佔政府頒布 1942 年香督令第 46 號《關於禁止收聽短波播音等之件》,禁止市民收聽短波廣播,同時禁止擁有能接收短波廣播的收音機,11 月 1 日起實施。 |

| **1942 年 10 月** | 日佔政府強迫滙豐銀行總司理祁禮賓簽署部分尚未發行的滙豐紙幣。直至 1945 年,共有 1.135 億元的迫簽港幣於市面流通。 |

| **1943 年 1 月 9 日** | 為擴建啟德機場,日佔政府將九龍城的聖山炸毀,並將刻有「宋王臺」三字的巨石丟棄,該巨石於 1956 年被移至今九龍城宋皇臺道現址。 |

| **1943 年 1 月 11 日** | 中英雙方在重慶簽訂《關於取消英國在華治外法權及其有關特權條約》,英國放棄其所有在華特權及租界,但拒絕就新界租借地問題作出承諾,中方則對此表示保留日後提出討論之權。 |

| **1943 年 1 月 25 日** | 日佔政府實施食鹽配給制度,每人每月 0.5 公斤,每斤售價 20 錢。 |

| **1943 年 2 月** | 日佔政府配給市民每人每月糙米 12 斤、麵粉六兩,價錢則比以前上漲一倍。 |

| **1943 年 3 月 3 日** | 港九大隊位於沙頭角老農田晏台山的政訓室基地遇百餘名日軍突襲,三名游擊隊成員陣亡,三人被俘後遭殺害,是為「三三事件」。 |

日佔政府頒布 1943 年香督令第 11 號《關於制定官立香港東亞學院規程之件》,成立東亞學院。5 月 1 日,東亞學院開學,院址為聖士提反女書院,小林宗知任院長,進行奴化教育。

| **1943 年 3 月 16 日** | 日佔政府公布全港人口數目,中國人 967,868 人、日本人 4784 人和外國人 7342 人,合計 979,994 人。 |

| **1943 年 4 月 10 日** | 日佔政府頒布 1943 年香督令第 17 號《重要物資授受制限規則制定之件》,規定一切重要物資如鋼鐵、銅、水銀等的買賣均須事先獲得批准。 |

| **1943 年 5 月** | 一天夜晚,港九大隊大嶼山中隊隊長劉春祥帶領班排骨幹,乘坐木船到大嶼山對岸開展工作,在沙洲、龍鼓洲一帶海域遭遇兩艘日軍炮艇伏擊。經激烈戰鬥,木船被擊沉,劉春祥、曾可送、林容、汪送、譚金火、溫發、劉佳等 11 位指戰員和船家梁克壯烈犧牲。 |

1943 年 5 月 | 日軍憲兵隊拘捕前港府防衛司傅瑞憲、駐港英軍參謀長紐臨上校以及百多名被囚於戰俘營和赤柱拘留營的人士，指控他們秘密與英軍服務團合作，策劃逃走行動。傅瑞憲、紐臨等 30 多人其後被日軍處決。

1943 年 6 月 1 日 | 日佔政府宣布禁止港幣流通，日本軍票成為當時香港唯一合法的貨幣。軍票流通量從 1943 年 4 月的 2534 萬日圓增至 1945 年 8 月日本投降時的 19.6275 億日圓。

1943 年 8 月 1 日 | 自本日起，無戶籍者陸續被日軍強制遣送返鄉。

1943 年 8 月 18 日 | 電氣局宣布自翌月 1 日起再強化節約電力消費。為節省用電，禁止使用裝飾用的電燈、霓虹燈、製造冰淇淋的機器。

1943 年 8 月 | 香港計劃小組在英國成立，隸屬於英國殖民地部，由前港府布政司史美領導，負責研究收回香港的具體工作以及長遠改革措施。小組於翌年 9 月改組，前港府官學生（後稱政務官）麥道高獲委任為主任。

1943 年 9 月 2 日 | 盟軍突襲，摧毀荔枝角油庫。

1943 年 9 月 5 日 | 為節省汽油，香港、九龍市內的汽車被禁止行駛。

1943 年 9 月 | 據日方統計，自日本佔領香港至本月止，離港人數已達 97.3 萬人，當中 38.1 萬人自願離港，57.6 萬人經勸諭後撤離，16,000 人屬強制遣返。

1943 年 10 月 9 日 | 日軍沙頭角憲兵部拘捕 70 多名蓮麻坑村民，指控他們匿藏盟軍戰俘及游擊隊成員，村民葉天祥被酷刑折磨至死。

1943 年 10 月 19 日 | 香港華民代表會主席羅旭龢及三名代表與日佔政府總督會面，提出多項改善的要求和建議，均不被採納。

1943 年 10 月 | 日佔政府公布人口調查結果，香港島 390,137 人、九龍 373,941 人，以及新界 91,810 人，合計人口 855,888 人。

1943 年 11 月 22 日 | 開羅會議舉行期間，美國總統羅斯福與國民政府委員長蔣介石晚宴，提出如果蔣願意與中共聯手抗日，他將會支持中國接收香港，並向英方施壓。

1943 年 12 月 | 廣東人民抗日游擊總隊改為廣東人民抗日游擊隊東江縱隊。此後，直至東江縱隊北撤，港九大隊因其地理和歷史上的特殊性，兩次稱為東江縱隊港九獨立大隊，直接歸東江縱隊司令部領導。

1943 年 | 日佔政府進一步規定留港居民必須申領住民證，並遞解無業者、乞丐、流浪者出境。

圖 127　美國飛行員克爾中尉獲救後於 1944 年 3 月 18 日和東江縱隊司令員曾生合影。（The Family of Lt. Donald W. Kerr 提供）

1944 年 2 月 11 日　中美空軍混合團克爾中尉在指揮轟炸啟德機場時座機中彈，跳傘降落在機場北面觀音山。其後，港九大隊突破日軍重重包圍，將其護送到西貢大浪西村港九大隊基地，然後轉移到大鵬半島土洋村東江縱隊司令部。（圖 127）

1944 年 4 月 15 日　日佔政府的食米配給政策限定為與日本軍政合作者及其家屬，至 12 月，收緊對象至限定為合作者本人。

1944 年 4 月 21 日　港九大隊市區中隊成功炸毀位於九龍窩打老道的四號鐵路橋。

1944 年 4 月　日軍動員 2600 多人、戰艦炮艇 40 多艘和飛機四架，大規模掃蕩港九大隊大嶼山中隊的據點，歷時 21 天，但未能發現游擊隊蹤跡。其間，大嶼山寶蓮禪寺住持筏可掩護在寺內養病的港九大隊副大隊長魯風，被日軍毒打折磨而拒絕泄漏任何消息。

1944 年 7 月　日本憲兵將數百名難民送往港島鶴咀東南的無人荒島螺洲遺棄，多人溺斃或餓死。翌年 4 月，有漁民發現該處海灘上人骨處處。

1944 年 8 月 12 日　日軍將中環皇后像廣場上的維多利亞女王銅像、滙豐銀行門前一對銅獅子和該行總司理昃臣的一座全身立像，拆下來運回東京，以為戰利品。

1944 年 8 月 16 日　港九大隊海上中隊於黃竹角海面突襲日軍的機動海洋分隊，至少擊沉一艘敵艇，擊斃 25 名日兵，並俘獲 13 名船員，同時繳獲大批軍火。

| 1944 年 8 月 20 日 | 因燃料缺乏，全港電力、煤氣暫停供應。 |

| 1944 年 9 月 8 日 | 日軍沙頭角憲兵部拘捕約 60 名蓮麻坑村民，指控他們協助游擊隊盜取蓮麻坑礦山的炸藥，村民葉天送及礦工葉生被酷刑折磨至死。 |

| 1944 年 9 月 | 九龍地區憲兵隊台籍翻譯林台宜在西貢被游擊隊俘虜。日本憲兵隊因此大規模搜查西貢大藍湖、界咸、蠔涌、大洞及南圍等村莊，不少村民因此被捕，部分人更被虐打至死。 |
| | 香港憲兵隊在政治科之下成立秘密警察，監視所有日、華以及中立國市民。 |

| 1944 年 10 月 16 日 | 盟軍派出 30 架轟炸機空襲九龍黃埔船塢，其間誤中紅磡市區。（圖128） |

| 1944 年 11 月 8 日 | 英國副首相艾德禮於下議院回應議員的質詢時表示，英國政府會鼓勵商界準備於戰後前往香港投資發展，是英國政府官員首次公開表示會收回香港。 |

| 1944 年 12 月 24 日 | 客輪「嶺南丸」由香港開往澳門途中，在青山灣對出的磨刀島附近遭美軍戰機襲擊，造成 340 人死亡，包括與日本合作的華民委員會委員陳廉伯。 |

| 1944 年 12 月 28 日 | 大埔南華莆村長鄭保等人被帶到大埔憲兵部嚴刑拷問，追問游擊隊下落。鄭等三人拒不提供消息，被拷打施刑後身亡。 |

1944 年	香港志願連於印度成立，部隊成員大部分是來自香港的華人。
	年初，港九大隊短槍隊隊長劉錦進（劉黑仔）帶隊偷襲啟德機場，炸毀油庫及一架飛機，日軍即從港九大隊根據地西貢回防九龍市區。
	日佔政府發行面值 100 圓的軍票，於香港華人行大廈地庫的印刷廠內大量印製。

| 1945 年 1 月 11 日 | 駐廣州的日本陸軍第 23 軍司令田中久一中將抵港，自 2 月 1 日起，接替磯谷廉介，兼任日佔政府第二任總督。 |

| 1945 年 1 月 15 日 | 盟軍一連兩日大規模空襲香港，共派出 471 架次戰機投下約 150 噸炸彈，擊毀 21 艘日本運輸船及戰艦，為盟軍對香港最大規模的一次空襲。 |

| 1945 年 1 月 21 日 | 盟軍派出 30 架戰機空襲香港。 |

| 1945 年 1 月 | 日佔政府被併入第 23 軍之下，並再次頒令禁止持有港幣。 |
| | 國民黨黨員蘇權協助匿藏一名美軍機師時被印籍警察發現，兩人最終被日軍斬首。 |

| 1945 年 2 月 8 日 | 美國總統羅斯福在雅爾達會議上，建議英國將香港交還中國，並使之成為一個國際化的自由港，英國首相邱吉爾堅決反對。 |

圖 128　盟軍 B-24 型轟炸機轟炸九龍船塢，攝於 1944 年 10 月 16 日。（政府新聞處提供）

1945 年 3 月 24 日	日佔政府公布，十歲以上的本港居民須於 4 月 9 日至 19 日期間，申領由警察總局長發出的住民證，並須隨身攜帶。（圖 129）
1945 年 5 月 1 日	香港計劃小組主任麥道高與太古董事華倫・施懷雅、滙豐銀行主席摩士及殖民地部助理次官根特舉行會議，討論香港的政制改革，包括成立市議會及改組立法局，是後來港督楊慕琦憲制改革的藍本。
1945 年 5 月 16 日	日佔政府頒布 1945 年香督令第 37 號《制定香港佔領地總督部治安維持令之件》，凡干犯紊亂治安行為者，均由特別治安法庭審判。
1945 年 6 月 12 日	盟軍派出 62 架美機空襲港島北岸，是二戰期間盟軍最後一次空襲香港。
1945 年 8 月 13 日	英國駐華大使薛穆通知國民政府，英國將重佔香港。國民政府以香港屬中國戰區為由，表示反對。
1945 年 8 月 15 日	日本天皇裕仁宣布接受《波茨坦公告》，日本無條件投降。此前，盟軍分別於日本廣島和長崎投下原子彈。下午，香港放送局廣播電台，以日、粵雙語先後宣讀日皇投降詔書。
1945 年 8 月 17 日	美國總統杜魯門批准《一般命令第一號》，要求中國境內日軍向中國戰區最高統帥蔣介石投降。19 日，杜魯門決定將香港從中國戰區內剔除，改由英國接受在港日軍投降。（圖 130）

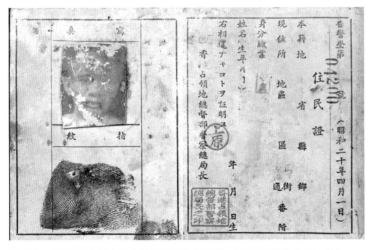

圖 129　1945 年 4 月由日佔政府發出的住民證。（香港歷史博物館提供）

圖 130　日佔時期負責所有在港集中營的日軍德永功大佐成為赤柱監獄的階下囚，攝於 1945 年。（Getty Images 提供）

1945 年 8 月 19 日 | 日軍在大嶼山銀礦灣涌口等地搜捕早前襲擊梅窩軍營的游擊隊，逮捕村長和村民共 300 人。日軍軍官岸保夫斬殺村長，虐打村民，造成 11 名村民被殺，多人受傷，多間房屋被縱火焚毀的銀礦灣慘案。

1945 年 8 月 20 日 | 國民政府委員長蔣介石致電美國總統杜魯門，要求英國應避免在中國境內或香港接受日軍投降。

1945 年 8 月 23 日 | 國民政府委員長蔣介石再次致電美國總統杜魯門，同意以中國戰區總司令身份授權一名英國軍官，代表他接受香港日軍投降。

| 中國陸軍總司令何應欽任命張發奎為香港、廣東、九龍、海南島的受降官。

1945 年 8 月 24 日 | 國民政府委員長蔣介石在國民黨中央常務委員會與國防最高委員會聯合會議中公開表示，將通過外交途徑與英國談判香港問題。

1945 年 8 月 27 日 | 原港府布政司詹遜離開赤柱集中營，並在香港政府廣播電台向市民宣布英軍即將抵港受降。同日，國民政府派遣羅卓英將軍率第 13 軍進入九龍，兩日後奉命撤退。

1945 年 8 月 31 日 | 英國海軍少將夏慤率領英國太平洋艦隊的「111.2 特遣艦隊」進入維多利亞港，並接管海軍船塢。

1945 年 9 月 1 日 | 英國海軍少將夏慤在香港政府廣播電台宣布成立香港軍政府，取代原布政司詹遜在日本投降後成立的臨時政府。

1945 年 9 月 13 日 | 香港軍政府宣布港元在翌日起重新成為法定貨幣，並暫停使用所有面值十圓以上的日本軍票及迫簽港幣，十圓以下的軍票則仍然有效，以應付當時香港紙幣供應短缺的問題。

1945 年 9 月 16 日 | 在港日軍投降儀式在港督府舉行，日本陸軍少將岡田梅吉和海軍中將藤田類太郎，在英國代表兼中國戰區最高統帥代表夏慤少將的見證下，簽署投降書，中方則派出潘華國少將監禮，英國正式重新管治香港。（圖 131）

1945 年 9 月 20 日 | 香港軍政府刊登聲明，廢除鴉片專賣，並將鴉片列為危險藥物，禁止售賣及吸食。

1945 年 9 月 28 日 | 港九大隊發表撤出香港的宣言。據不完全統計，在三年八個月的游擊戰中，該大隊斃傷日軍 100 餘名，斃傷漢奸、偽警及間諜等 70 餘名，俘虜、受降日偽軍 600 餘名，擊沉日軍船隻四艘，炸毀日軍飛機一架；繳獲長短槍支 550 餘支，機槍 60 餘支，炮六門，繳獲車船 40 餘部，以及大批彈藥。

1945 年 9 月 | 月底，東江縱隊應香港軍政府要求，派出 96 名港九大隊成員組成「鄉村警衛隊」，協助英軍維持新界治安，至翌年解散。

| 香港軍政府設立公共關係處，為政府新聞處的前身。

| 據港府估計，全港人口約 60 萬。

圖 131 1945 年 9 月 16 日，日本投降儀式在港督府舉行，日本陸軍少將岡田梅吉交出佩刀，予英國代表轉交英國海軍少將夏愨。（Jack Hawes / Canada. Dept. of National Defence / Library and Archives Canada / PA-114815）

1945 年 10 月 28 日	從汕頭開往香港的客輪「禎祥號」在果洲群島附近沉沒，船上約 220 人喪生，翌日 123 名生還者被漁船救起，送到香港。
1945 年 10 月	中國軍事代表團開始檢收港九的敵人物資、船艦。根據協議，香港由英國接管，但因戰區關係，敵人物資屬於中國。
	香港軍政府成立漁務部及其附屬法定機構魚類統營處，規定漁船捕獲的鮮魚、鹹魚須在指定魚類批發市場拍賣，確立香港魚類統營制度。
1945 年 11 月 13 日	中共在香港公開發行的第一份黨報《正報》創刊。
1945 年 11 月 15 日	九廣鐵路全線恢復通車。
1945 年 11 月	天主教香港教區成立公教進行社，是教區首個提供多元化服務的機構。
1945 年 12 月 19 日	租務審裁處於高等法院首次開庭審訊。
1945 年 12 月 26 日	國民政府海軍部特派員劉永誥來港接收 35 艘日本船艦。
1945 年	西貢公路通車，由駐港英軍將日佔時期日軍修築的泥路改建而成。
	馮堯敬在香港文咸東街設永亨銀號，1960 年銀號註冊為永亨銀行並獲銀行牌照。
	香港佛教聯合會成立。

1946 年 1 月 1 日 | 中國民主同盟在香港成立南方總支部，並於翌月 28 日，另成立港九支部。

1946 年 1 月 4 日 | 《華商報》復刊，後於 1949 年 10 月 16 日停刊。

1946 年 1 月 7 日 | 香港軍政府修訂食米配給方式，要求市民向就近的配給站登記身份，方可領取食米。

1946 年 1 月 20 日 | 香港三大船塢的華籍機工要求加薪。勞資雙方經過一周談判後，在 26 日達成共識，同意時薪增至 25 仙，較 1941 年增加約 56%。

1946 年 1 月 | 聯合國善後救濟總署於九龍設立辦事處，協助統籌分派聯合國援助物資。

1946 年 2 月 11 日 | 中國僑港漁民協進會發表報告，指 1937 年至 1941 年間，日軍共在香港焚毀 1121 艘大型漁船，造成 14,415 人死亡，並將報告轉呈國民政府處理，以向日本追討賠償。

1946 年 2 月 15 日 | 葡英混血人士布力架向英國外交部提交《中國人的反英情緒備忘錄》，建議改善香港華人與英人之間的關係。

1946 年 2 月 19 日 | 香港軍政府提審第一批協助日敵的疑犯，包括四名華人和兩名外籍人士。

1946 年 3 月 21 日 | 鯉魚門阿公岩英軍火藥庫發生爆炸，數十人傷亡，多艘船艇沉沒。

1946 年 3 月 28 日 | 香港軍事法庭開庭審理日軍戰爭罪行，首宗審理的案件為 1945 年 8 月 18 日至 26 日期間在大嶼山銀礦灣發生的戰爭罪行。

1946 年 4 月 1 日 | 英國政府《1945 年殖民地發展和福利法令》生效，香港獲得英國政府撥款 100 萬英鎊，折合約 1600 萬港元，作為二戰後十年發展及社會福利之用。

1946 年 4 月 2 日 | 滙豐銀行宣布，即日起承認所有於日佔時期發行的迫簽紙幣為合法貨幣。8 月 16 日，港府頒布《1946 年銀行紙幣及負債證明書條例》，批准香港所有發鈔銀行承認迫簽紙幣。

1946 年 4 月 11 日 | 天主教香港代牧區獲羅馬教廷晉升為聖統制的主教區。恩理覺神父於 1948 年 10 月 31 日正式升為教區首任主教。

1946 年 4 月 13 日 | 香港軍政府公布，開始辦理登記求償戰時損失事宜。本港商行、機關和私人將所受損失概略報告，交求償戰時損失登記處登記，以備向日本索償。

1946 年 5 月 1 日 | 香港軍政府首長夏慤宣布撤銷軍政府，楊慕琦在港督府宣誓，復任港督。楊慕琦於 1947 年 5 月 17 日卸任。

| 立法局復會，舉行二戰後首次會議。

| 民航處成立，並接替船政廳在啟德機場的民航管理工作。

1946 年 5 月 7 日 | 港府公布二戰後首份行政局成員名單，共有官守議員六名及非官守議員一名。

1946 年 5 月 10 日 ┃ 香島中學註冊成立，位於九龍窩打老道。

1946 年 5 月 17 日 ┃ 港燈華籍工人為改善待遇，向資方提出八項要求，但談判破裂，下午 4 時起，北角發電廠的華籍工人罷工，導致港島部分地區停電，電車停駛。31 日，勞資雙方達成協議，資方答應熟練工人加薪38%，工人遂於晚上 11 時復工。

1946 年 5 月 28 日 ┃ 市政局舉行二戰後首次會議，未設民選議員席位。

1946 年 6 月 6 日 ┃ 港府發起節省糧食運動，並設立演講組，於政府中文廣播電台講解節糧問題、傳授農藝方法、提倡開闢菜圃，以補充糧食的不足。

1946 年 6 月 12 日 ┃ 港九各界僑團代表千多人在位於銅鑼灣的孔聖講堂舉行追悼香港抗戰死難同胞大會。

1946 年 6 月 23 日 ┃ 首次香港小姐選舉在北角麗池夜總會舉行，李蘭當選冠軍，白光、潘江楓獲亞、季軍。該選舉是空軍俱樂部和香中游泳團合辦的國際慈善游泳比賽大會其中一個項目。

1946 年 7 月 2 日 ┃ 港府頒布《1946 年疋頭（統制）令》，規定政府統制疋頭買賣，該命令適用於自 7 月 1 日起從任何地方進口香港的疋頭。

1946 年 7 月 6 日 ┃ 白樂高獲委任為香港正按察司。

1946 年 7 月 7 日 ┃ 國民政府駐港黨政軍機關暨港九僑團，在中環娛樂戲院舉行抗戰死難軍民追悼大會。

1946 年 7 月 10 日 ┃ 廣九公路（前省港公路）恢復通車。

1946 年 7 月 12 日 ┃ 港府實施《1946 年物價管制令》，管制多項糧食及日用品的價格。

1946 年 7 月 18 日 ┃ 颱風襲港，天文台懸掛二戰後首個十號颱風信號。颱風造成兩艘輪船和兩艘漁船損毀，11 人死亡、七人受傷，市區房屋亦大量損毀，港島地區受災尤其嚴重。

1946 年 7 月 26 日 ┃ 港府廢除《1918 年山頂（住宅區）條例》和《1919 年長洲（住宅區）條例》，自此包括華人在內的任何人，無須事先獲批准即可在上述區域內居住。

┃ 繼油蔴地小輪員工後，天星小輪員工發起罷工停航，英國海軍暫時接替港九渡海交通服務。

1946 年 8 月 28 日 ┃ 港督楊慕琦發表被稱為「楊慕琦計劃」的香港政制改革方案，其主要內容是由華、歐籍人士選舉及專業團體提名產生的共 48 個議席，組成涵蓋港島、九龍及新九龍地區的市議會。

1946 年 8 月 30 日 ┃ 港府於中環和平紀念碑前舉行首個「重光紀念日」慶祝儀式，並定每年 8 月 30 日為公眾假期。

1946 年 9 月 1 日 ┃ 培僑中學於跑馬地開辦，為一所招收東南亞華僑子弟的學校。

1946 年 9 月 1 日 港九勞工子弟教育促進會（後更名為港九勞工教育促進會）成立，並於同月創辦首間勞工子弟學校，借位於灣仔駱克道的海軍船塢華員職工會會址上課。1947 年 2 月 21 日，旺角勞工子弟學校開辦，是九龍第一所勞工子弟學校。

1946 年 9 月 6 日 港府頒布《1946 年批發（九龍）市場（蔬菜）令》，規定任何由新界運往九龍的蔬菜須依據政府指定方式運送，並須在政府批發市場售賣。該命令自 15 日起實施，政府開始營運油麻地批發市場，進行蔬菜統制。

香港《新生晚報》發表題為〈我政府將規劃在九龍城設治〉的新聞，稱國民政府外交部已覆文指示依照權益對九龍寨城加以管理，寶安縣政府計劃在九龍寨城設一保長。

1946 年 9 月 14 日 港府發言人發表談話，聲稱至 1899 年，中國官吏在九龍寨城內的治權，已因與英方軍事需要有所牴觸，宣告中止。50 年來，港府已在九龍寨城內行使治權，一如在九龍及新界地區。

港府根據《1940 年防衛規例》下令禁止出口來自中國的棉紗，以防不法商人私運及轉售用以援助中國的物資。

官立鄉村師範專科學校成立，主要為新界鄉村學校培訓師資，後於 1954 年停辦。

1946 年 9 月 16 日 港督楊慕琦會見國民政府外交部駐兩廣特派員郭德華，國民政府就港府於本月 14 日的聲明，重申中方不會放棄九龍寨城的主權。

1946 年 9 月 24 日 國泰航空公司註冊成立，是香港首間提供民航服務的公司。（圖 132）

1946 年 9 月 25 日 英國空軍一架從啟德機場起飛的軍用運輸機在獅子山墜毀，機上 19 人全部喪生。

1946 年 9 月 港府撥款 25 萬元，成立魚類統營處貸款基金，提供低息貸款予漁民改裝機動化漁船及購置漁具。

1946 年 10 月 10 日 達德學院於屯門成立，為中國共產黨和左翼民主人士在香港開辦的一所大專院校。1949 年 2 月 23 日，學院被港府撤銷註冊資格和關閉。（圖 133）

1946 年 10 月 16 日 英文政經時事雜誌《遠東經濟評論》創刊，後於 2009 年 12 月停刊。

1946 年 10 月 17 日 戰時被掠往日本、原放於滙豐銀行大廈前的一對銅獅由東京運返歸還香港，並安置回原處。同時歸還香港的有維多利亞女王銅像，其後改置於 1955 年開幕的維園。

1946 年 10 月 21 日 香港大學復課。

1946 年 10 月 26 日 警方於油麻地砵蘭街取締無牌小販時，華人小販王水祥遭一名印度裔衝鋒隊警員踢死，引發嚴重警民衝突，港府出動駐港英軍協助警方平息騷亂。事件造成十多人受傷，35 人被捕。

1946 年 10 月 27 日　港九各界成立反內戰大同盟，呼籲全國停止內戰，反對戰爭。

1946 年 11 月 7 日　李震之註冊成立大南紡織有限公司，為二戰後香港開辦的第一家紗廠。

1946 年 12 月 9 日　毛澤東在王家坪會見西方記者，表示現階段不會提出立即收回香港的要求，將來可按協商方法解決。

1946 年 12 月　監獄署成立第一所少年罪犯院所，收容八至 16 歲的男童。

香港淪陷期間被掠往日本的中國國立中央圖書館暫存於香港大學馮平山圖書館的藏書，第一批十箱於本月自日本空運回港，第二批 107 箱後於翌年 2 月 8 日空運回港。

1946 年　香港政府駐倫敦辦事處成立，負責處理香港與英國之間的商貿事宜。該處於 1997 年 7 月 17 日被特區政府駐倫敦經貿辦取代。

警務處成立反貪污部，修輔頓為首任反貪污專員。

港府設立發展司署，下設農業、林業、漁業及花園共四個部門，並以香樂思為首任發展司。

在新界理民府安排下，21 個新界鄉村地區進行選舉，產生鄉老會，以協助理民府處理鄉村事務。

醫務署轄下的救濟部開始向貧困人士提供糧食援助。此政策於 1971 年被現金援助所取代。

香港意外保險公會成立。

泰林無線電行成立，後成為香港首間連鎖電器零售商，後於 2008 年 10 月 17 日全線結業。

新界上水鄉舉辦 60 年一屆的太平清醮，為香港周期最長的醮會。

1947 年 1 月 1 日　《香港經濟導報》創刊，是香港至今歷史最久的中文財經雜誌。

圖 132　首架國泰航空 DC-3 型客機 *Betsy* 於香港上空飛行，攝於 1940 年代末。（國泰航空有限公司，太古集團香港歷史檔案服務提供）

圖 133　1947 年的達德學院校園。（劉智鵬提供）

1947 年 1 月 1 日	香港首部 16 毫米全彩色粵語電影《金粉霓裳》上映。
1947 年 1 月 25 日	菲律賓航空一架載有價值 1500 萬美元黃金的貨機,於港島柏架山附近墜毀,機上四人死亡。
1947 年 1 月 30 日	中國共產黨機關刊物《群眾》香港版出版發行,後於 1949 年 10 月 20 日停刊。
1947 年 2 月 4 日	清晨,停泊於上環同安碼頭的客輪「西安號」發生大火,造成約 200 人死亡。
1947 年 2 月 21 日	港府頒布《1947 年香港戰爭紀念基金條例》,規定成立戰爭紀念基金,向香港保衛戰中犧牲或因傷致殘喪失謀生能力的軍人,及日佔期間被殺害或因傷致殘喪失謀生能力的人,及其遺孀或配偶、子女提供撫恤。
1947 年 2 月 26 日	港府炸毀位於金馬倫山(今寶雲山)上、日佔時期日軍興建的「忠靈塔」。(圖 134)
1947 年 3 月 4 日	香港航空公司註冊成立,由英國海外航空創辦,後於 1958 年被國泰航空併購。
1947 年 3 月 31 日	港府首次舉辦健康周宣傳活動,推廣公共衛生。
1947 年 3 月	警務處在中央警署設立無線電通訊指揮部,以統一指揮各區警署,應對突發事件。
1947 年 4 月 1 日	稅務局成立,着手徵收財產稅、利得稅和入息稅。
	港府成立夏愨健康院,是當時香港診治肺癆的中心。
1947 年 4 月 12 日	英軍代表李芝中將到西貢頒授「忠勇誠愛」錦旗予當地居民,以表彰其於二戰期間協助盟軍抗日的功績。
1947 年 4 月 14 日	中國銀行以 374.5 萬元投得第一代香港大會堂舊址,以興建中國銀行新廈。
1947 年 4 月 18 日	大有銀號創辦,後於 1977 年改稱大有銀行。
1947 年 4 月 24 日	港府宣布自即日起,禁止香港所有黃金進口交易,市民只可按港府所定的價格將黃金售予港府。
1947 年 4 月	中共中央南方局黨委在香港成立中華音樂院,馬思聰出任院長,後於 1950 年解散。
1947 年 5 月 1 日	中國致公黨於香港召開第三次代表大會,決定參加由中共領導的人民民主統一戰線。
	大新銀行註冊成立,並於 10 月 30 日開業。
1947 年 5 月 3 日	港府頒布《1947 年稅務條例》,開始正式徵收薪俸稅及利得稅。

圖 134　1947 年 2 月 20 日，炸毀中的日軍「忠靈塔」。（政府新聞處提供）

1947 年 5 月 15 日	中共駐港機構新華通訊社香港分社成立，首任社長為喬冠華，辦公地點位於彌敦道 172 號的原東江縱隊駐港辦事處。
1947 年 5 月 18 日	港府頒布《1947 年業主與租客條例》，准許業主把租金調升至高於二戰前定下的標準租金。
1947 年 5 月 30 日	新華銀行在香港註冊成立。
1947 年 5 月	中共中央香港分局成立，方方任書記，尹林平任副書記。
1947 年 6 月 5 日	葉靈鳳創辦《星島日報・香港史地》周刊，登載香港掌故；1953 年，又開設《大公報・太平山方物志》副刊專欄，登載香港文化風俗、花鳥魚蟲的文章；1958 年輯錄為《香港方物志》出版。
1947 年 6 月 14 日	港府頒布《1947 年進口統制令》，規定除獲豁免物品外，其他所有進口物品皆須領有普通或特別許可證。
1947 年 6 月 28 日	港府宣布，公開招標淺水灣、赤柱、大浪灣及石澳各海灘的經營權。
1947 年 7 月 1 日	原港九大隊國際合作組負責人黃作梅獲英國政府頒發大英帝國員佐勳章，以表揚其在日佔時期協助盟軍作戰的貢獻。
1947 年 7 月 5 日	港府撥捐 50,000 元，賑濟廣東省水災災民。
1947 年 7 月 15 日	僑商陳嘉庚創辦的集友銀行在香港開業。
1947 年 7 月 24 日	港府宣布英國殖民地部有保留地同意港督楊慕琦的政制改革方案。

1947 年 7 月 25 日	葛量洪宣誓就任第二十二任港督，後於 1957 年 12 月 31 日卸任。
1947 年 8 月 1 日	港府頒布《1947 年陪審團修訂條例》，修改了陪審員限於男性擔任的規定，合資格女性亦須擔任陪審員。
1947 年 8 月 6 日	正和銀行在開業十個月後倒閉，為二戰後首宗銀行倒閉事件。
1947 年 8 月 16 日	華籍機器工人發起大規模罷工，以爭取加薪 150%。私營船塢、海軍船塢、泥工、碼頭、九廣鐵路各行業工人先後參與，持續 27 日。翌月 11 日，各行業的勞資雙方各自達成共識，其中船塢工人加薪 20%。
1947 年 8 月 27 日	港府於華民政務司署之下設立社會局，是社會福利署的前身。
1947 年 9 月 23 日	由魚類統營處貸款改裝的香港第一對機動漁船試航成功。
1947 年 10 月 2 日	王雲程註冊成立南洋紗廠，該廠為當時香港第二大紡織廠。（圖135）
1947 年 10 月 15 日	吳昆生創辦偉倫紡織有限公司，該公司又稱偉倫紗廠，是當時香港第三大紡織廠。
1947 年 10 月 18 日	二戰後首屆維港渡海泳比賽舉行，以尖沙咀火車站鐵路碼頭為起點，中環域多利游泳會為終點。
1947 年 11 月 12 日	台灣民主自治同盟在香港成立。
1947 年 11 月 14 日	作家黃谷柳開始在《華商報》連載其長篇小說《蝦球傳》，反映香港社會眾生相。
1947 年 11 月 24 日	香港以準成員身份參加在菲律賓舉行的聯合國亞洲和遠東經濟委員會會議，是香港首次以地區身份參與聯合國組織會議。

圖 135　1948 年的香港南洋紗廠廠房。
（政府新聞處提供）

1947 年 11 月 27 日	港府發出公告，命令九龍寨城居民於翌月 11 日前遷出其居住的木屋。
1947 年 12 月 6 日	國民政府就港府命令拆卸九龍寨城木屋一事發出聲明，表示中方從未放棄對九龍寨城的治權。
1947 年 12 月 18 日	港府頒布《1947 年香港（復興）公債條例》，發行價值 1.5 億元的政府債券，以協助二戰以後的重建工作。
1947 年	國共內戰爆發後，大批內地難民湧入香港，據港府估計，全港人口已達 180 萬。
	港府設立統計處。
	北約理民府分為大埔和元朗兩個理民府，元朗理民府管轄元朗和青山，大埔理民府管轄大埔、沙田、上粉沙打（上水、粉嶺、沙頭角、打鼓嶺，今北區）。
	吳多泰提出分層業主共佔地權的構思，開創香港售樓分層出售的模式。（圖 136）
	林百欣創辦麗新製衣廠，主要生產裇衫和西褲。

圖 136　1960 至 1970 年代，尖沙咀山林道環海大廈分層出售的售樓書。（香港歷史博物館提供）

張沛松成立私立中學威靈頓英文書院。

香港社會服務聯會成立，為非政府社會服務機構的聯會組織，以籌劃和推動本港的社會福利服務為目標，後於 1951 年成為法定團體。

柳亞子與左派文人在香港組成扶餘詩社，響應中國共產黨「解放中國」的號召，主張「提倡新詩」及「解放舊詩」。

漁政司署在大埔、沙頭角、筲箕灣、赤柱、香港仔、長洲與大澳開辦漁民子弟學校，以紓緩漁民子弟失學情況。

香港華仁書院的譚壽天神父和黃展華等人組成華仁戲劇社，在香港首創以英語表演粵劇。

香港經紀商會與香港股份商會合併為香港證券交易所。

錢涵洲創立中元塑膠廠，是香港第一間塑膠廠。

香港僱主聯合會成立。

1948 年 1 月 1 日　中國國民黨革命委員會在香港堅尼地道 52 號舉行成立大會，推選宋慶齡為名譽主席，李濟深為中央主席。

1948 年 1 月 5 日　中國民主同盟在香港召開三中全會，成立臨時總部，並宣布與中國共產黨合作。

港府派遣 200 多名警察及 100 多名工人進入九龍寨城，強行清拆民居。

1948 年 1 月 7 日　港督葛量洪在港督府接見國民政府外交部駐兩廣特派員郭德華，就九龍寨城拆屋事件交涉。寶安縣長亦率代表團抵港慰問九龍寨城居民。

1948 年 1 月 11 日　廣東省議會代表團抵港，慰問九龍寨城居民。

1948 年 1 月 12 日　港府再派 150 名警察進入九龍寨城強拆民居，與民眾發生衝突，警方開槍及施放催淚彈，多人受傷。

國民政府外交部就九龍寨城流血事件，向港府提出抗議。

1948 年 1 月 14 日　船政廳署改稱為海事處，負責港口和船務管理。

1948 年 1 月 24 日　中國駐倫敦大使向英國政府發出照會，重申中國擁有九龍寨城主權。

1948 年 1 月 30 日　港府頒布《1948 年銀行業條例》，是香港首部銀行法例，規定所有從事銀行業務機構均須向港府註冊繳費、申領牌照，呈交年度財務報表，並成立銀行業諮詢委員會。

1948 年 3 月 1 日　《大眾文藝叢刊》創刊，由馮乃超、邵荃麟、胡繩等編輯，內容以文藝理論為主，後於 1949 年停刊。

1948 年 3 月 3 日 | 香港發生輕微地震，為二戰以後首次錄得。

1948 年 3 月 12 日 | 香港大律師公會成立，以規管執業大律師。

| 港府頒布《1948 年職工會及勞資糾紛條例》，規定工會須向政府註冊。

1948 年 3 月 16 日 | 南海紗廠有限公司註冊成立，唐炳源任董事長，後於荃灣設廠，主要生產紗線和紡織品。

1948 年 3 月 30 日 | 王統元成立香港紗廠。1949 年，九龍紗廠從上海遷港。1954 年，兩廠合併，組成香港紗廠國際集團。

1948 年 3 月 | 徐家祥被委任為首位華人官學生（後稱政務官）。

1948 年 4 月 1 日 | 英國財政部自即日起開始放鬆對港府財政的管制，但英國殖民地大臣仍保留某些權力，包括審核港府每年財政預算案。

1948 年 4 月 9 日 | 港府提供的 10,000 包廉價白米，即日起由獲授權米舖以每斤 72 仙的低廉價格公開發售，以打擊黑市炒賣。

1948 年 4 月 15 日 | 中央代表在沙頭角踏勘重豎界石。17 日，雙方簽訂《重豎沙頭角中英界石備忘錄》。

1948 年 4 月 17 日 | 港九工會聯合會成立，1986 年改名為香港工會聯合會，是香港規模最大的工會聯合組織。

| 聖公會會督何明華在香港福利議會組成一個委員會，並召開首次會議，是香港房屋協會的前身。該會經費來自倫敦市長從空襲救災基金撥出的 14,000 英鎊款項。1951 年 5 月 18 日，該會成為協助港府處理房屋事務的法定機構。

1948 年 5 月 5 日 | 李濟深、何香凝、沈鈞儒、章伯鈞等旅港民主人士聯名致電毛澤東，支持中國共產黨提出的「五一口號」，包括迅速召開新的中國人民政治協商會議（新政協）及成立民主聯合政府。

1948 年 5 月 | 啟德機場新控制塔落成。

1948 年 6 月 8 日 | 嶺南書畫名家展覽會在中環聖約翰座堂開幕，展出高劍父、趙少昂、楊善深、關山月、黎葛民書畫作品百餘幅。

1948 年 6 月 12 日 | 港府批准香港有線電廣播公司在港開辦廣播電台麗的呼聲，是港府發出的首個經營有線電台廣播服務牌照。

1948 年 6 月 | 港府開始每月於《憲報》公布由統計處收集得來的各類資料。

1948 年 7 月 16 日 | 國泰航空港澳定期航機「澳門小姐號」被劫持，後失事墜入海中，26 名乘客及機師、劫匪喪生，一名劫匪生還，是香港航空史上首宗劫機事件。

1948 年 7 月 19 日 | 香港基督教女青年會葛慕蓮託兒所開幕，位於九龍元州街，為全港第一間幼兒園。

1948 年 7 月 30 日	港府頒布《1948 年防止貪污條例》，規定律政司可以書面特別授權助理警司以上職級的警察調查貪污案件。
1948 年 7 月	黃竹坑香港警察訓練學校啟用，是香港首間永久性警察訓練學校。
1948 年 8 月 6 日	捷臣獲任命為香港正按察司。
1948 年 8 月 13 日	港府頒布《1948 年警隊條例》，全面規定警隊組成、紀律與職責、警員福利、管理和執法事宜。
1948 年 8 月 17 日	聖公會會督何明華倡議成立香港兒童安置所，臨時收容問題兒童。
1948 年 8 月	政府廣播電台宣布，取消 ZBW 及 ZEK 電台呼號，電台正式命名為香港廣播電台。
	華潤公司在香港掛牌，12 月 18 日註冊。自 1950 年代初起，華潤公司即成為中國各進出口公司在香港的總代理。1983 年，華潤公司改組為華潤（集團）有限公司。
1948 年 9 月 9 日	港九工團聯合總會成立，為親中國國民黨的工會聯合組織。
	《文匯報》香港版創刊。
1948 年 9 月 20 日	本港八家的士公司司機要求日薪由六元加至八元，但被資方及僱主聯會拒絕，明星的士公司司機於本日發起罷工，翌日其他七家的士公司的司機採取怠工行動。翌年 1 月 21 日，勞資雙方簽訂協議，就包括司機復工和年底薪金問題達成共識，結束歷時 124 日的罷工。
1948 年 9 月 22 日	西環永安公司貨倉晚上發生火災，造成 176 人死亡及失蹤、69 人受傷，財產損失逾 2000 萬。
1948 年 9 月	港府發表由英國建築師亞柏康比撰寫的《1948 年香港初步規劃報告》，提出從三個方面作長遠規劃，一是改善城市內部及對外交通，如港口設施、鐵路、隧道；二是發展新市鎮，疏導市區人口；三是完善城市規劃條例和機制，設計功能分區。
1948 年 10 月 12 日	太平紳士司法庭首次開庭審案，自此，由太平紳士輪流出庭協助判案成為常例，使司法機構的專職法官能夠集中審理刑事案件。
1948 年 10 月 18 日	英國駐華大使代表港府與國民政府外交部簽訂反走私協議，容許中國海關於香港水域執法，以打擊鄰近水域的走私活動。
1948 年 10 月 22 日	香港防癆會成立，並成為法定機構，由傑汗智·律敦治、周錫年及胡兆熾創辦。該組織在二戰前已在港九推動防癆工作，後改名為香港防癆心臟及胸病協會。
1948 年 10 月 26 日	生活書店、讀書出版社和新知書店在香港合併組成三聯書店，其總部後於 1949 年遷往北京，並於香港另設分支。

| 1948 年 10 月 29 日 | 港府頒布《1948 年公安條例》,禁止穿着具政治色彩的制服舉行集會,並對擾亂公眾秩序的行為予以懲罰。 |

港府頒布《1948 年外交特權條例》,規定對成員國包括英國的國際組織及其代表,給予外交豁免權及特權。

| 1948 年 11 月 15 日 | 潔淨署舉行首次全港清潔活動,為期兩周,檢舉街道上隨地便溺和傾倒垃圾人士,是清潔香港運動的開始。 |

| 1948 年 12 月 14 日 | 香港天文台加入世界氣象組織。 |

| 1948 年 12 月 16 日 | 中華廠商會主辦的第六屆國展會於尖沙咀開幕,展期一連 18 日,是國展會在二戰後首次復辦。1951 年,國展會改為「工展會」現稱。 |

| 1948 年 12 月 20 日 | 香港軍事法庭對日本戰犯進行最後一次審判。軍事法庭對 46 宗案件的審判持續了兩年八個多月。受審的 122 名嫌犯中,21 人被判死刑,兩人被判終身監禁,85 人被判半年至 20 年徒刑,14 人被判無罪。 |

| 1948 年 12 月 21 日 | 中國航空一架由上海飛往香港的客機於西貢火石洲附近失事墜毀,機上 35 人全部罹難。 |

| 1948 年 12 月 30 日 | 授勳儀式於港督府舉行,羅文錦因在日佔時期受日軍囚禁脅迫仍拒絕主持立法局,獲封爵士勳銜;陳君葆等 18 名華人及二戰軍人則獲授大英帝國員佐勳章,以表揚他們於日佔時期為盟軍作出的貢獻。 |

| 1948 年 12 月 | 港府成立新界民政署,管轄大埔、元朗、南約三個理民府,加強對新界(包括離島)偏遠地區的管理,並委任班輅為首任新界民政署署長。 |

| 1948 年 | 英國文化協會香港總部成立。 |

廖創興儲蓄銀莊創立,1955 年 3 月 17 日註冊為廖創興銀行,後於 2006 年改名為創興銀行。

菲律賓生力啤酒公司在荃灣深井開設啤酒廠。

位於尖沙咀的香港美麗華酒店開業。1957 年,楊志雲購入該酒店,並於該年 8 月 26 日聯同何善衡成立美麗華酒店企業有限公司。

| 1949 年 1 月 20 日 | 香港汽水廠註冊成立,是可口可樂汽水在港特約裝瓶商,1965 年被太古集團收購,1974 年改名為太古汽水有限公司。 |

| 1949 年 1 月 22 日 | 港府頒布《1949 年移民管制條例》,管制非香港出生人士的出入境和逗留。 |

1949 年 2 月 1 日	毛澤東一連三日在西柏坡會見蘇共代表團,其間說:「急於解決香港、澳門的問題沒有多大意義。相反,恐怕利用這兩地的原來地位,特別是香港,對我們發展海外關係、進出口貿易更為有利些。」
1949 年 2 月 9 日	《文匯報》發表社評〈新中國與香港〉,宣布中國共產黨決定暫不解決香港問題和保持現狀。
1949 年 2 月 17 日	《大公報》發表社評〈樂觀香港前途〉,指出中英關係良好,香港前途樂觀。
1949 年 2 月 24 日	律敦治療養院落成開幕,該院由前海軍醫院改建而成,專門收治肺結核病人,並由香港防癆會管理。
	國泰航空一架由馬尼拉來港的客機,在北角半山賽西湖附近墜下,機上 23 人全部喪生。
1949 年 2 月 25 日	香港革新會成立,貝納祺擔任主席,後於 1998 年 3 月解散。
1949 年 3 月 1 日	香港防衛軍成立,成員包括剛重組的香港軍團、香港皇家海軍志願後備隊及香港輔助空軍等,1951 年獲得皇家名銜。
	胡文虎創辦英文報章《虎報》。
1949 年 3 月 22 日	由香港有線電廣播公司開辦的麗的呼聲啟播,是香港首家商營廣播電台,由英國有線廣播公司籌辦。(圖 137)
1949 年 4 月 1 日	港府成立註冊總署,負責土地、公司、商標、破產、婚姻的登記,瓊斯為首任署長。
1949 年 4 月 8 日	首屆香港校際音樂比賽舉行,由香港學校音樂及朗誦協會主辦。

圖 137　1950 年 4 月 9 日出版的《麗的呼聲週刊》,圖中可見位於灣仔第一代「麗的呼聲」廣播大廈。(香港歷史博物館提供)

| **1949 年 4 月 8 日** | 164 名香港粵語片從業人員聯名在《大公報》發表〈粵語電影清潔運動宣言〉，號召製片商停止拍攝違背民族利益、危害社會及毒化人心的影片。 |

| **1949 年 4 月 16 日** | 荔枝園遊樂場開業，後改稱荔園遊樂場。（圖 138、139） |

| **1949 年 4 月 17 日** | 九巴首架雙層巴士投入服務，行駛往來尖沙咀和九龍城間的一號線。 |

| **1949 年 4 月 25 日** | 受國共內戰時局影響，由下午 4 時至晚上 8 時 5 分，有十多架載有國民黨官員和富商的客機從上海飛抵啟德機場。 |

| **1949 年 4 月 29 日** | 港府頒布《1949 年非法罷工及停工條例》，禁止因勞資糾紛以外原因而進行的罷工或停工。 |

| **1949 年 5 月 8 日** | 香港華人革新協會成立，由馬文輝、莫應溎及陳丕士等倡導，爭取有限度民選機制。 |

圖 138　荔園遊樂場內動物園的大象「天奴」（Tino）是本港唯一長期飼養的雄性亞洲大象，更被譽為「鎮園之寶」，攝於 1964 年。（星島日報提供）

圖 139　1964 年荔園遊樂場內的機動遊戲小艇。（星島日報提供）

1949 年 5 月 24 日 | 查濟民成立中國染廠集團有限公司，同年於荃灣青山道設立漂染廠房。

1949 年 5 月 25 日 | 美亞織綢廠全廠工人於本日起罷工。此前，資方制定新的僱傭合約，並因工作待遇問題遭到工人反對，同月 11 日開除港九絲綢業總工會理事長、工人代表樓頌平。在勞工處的調解下，資方在 8 月 14 日答允勞方要求，包括加薪 5%，工人於同日復工，結束長達 81 天的罷工行動。翌年 1 月 4 日，港府以樓頌平「鼓動工潮」，將其遞解出境。

1949 年 5 月 27 日 | 教育司署公開表示，計劃在灣仔和紅磡開辦兩所勞工子弟學校，接收港九勞校學生，原有勞校必須結束，引發港九勞工各界的護校運動。7 月 12 日，教育司署建議由該署改組勞校管委會，只准保留五間勞校，並重新註冊。9 月 15 日，兩所官立勞校正式開學。

| 港府頒布《1949 年社團條例》，規定除本條例規定無須登記或獲豁免登記外，所有社團須依本條例規定之方式向社團登記官登記，否則屬非法社團。

1949 年 5 月 | 摩星嶺平房區首批木屋竣工，接受因木屋被拆遷或焚毀的貧民申請。該平房區是由港府劃定區域、鐘聲慈善社貸款興建，是港府首個安置貧民的房屋計劃，1952 年後被稱為公民村。

1949 年 6 月 1 日 | 隨內戰局勢逐步影響長江以南地區，港府在新界邊境實施戒嚴，為期三個月。

1949 年 6 月 10 日 | 教育司署決定改組香港仔、長洲兩所漁民子弟學校校董會，並由該署委派校長和校董會理事長，以改善漁民子弟的教育和減輕漁民的負擔。

1949 年 6 月 22 日 | 立法局非官守議員首次辯論「楊慕琦計劃」，並通過由議員蘭代爾於 4 月 27 日提出取消設立市議會的計劃，以及增加立法局非官守議席代替的動議案。

1949 年 7 月 10 日 | 華南電影工作者聯誼會成立，是香港第一個專業電影團體，後改名為華南電影工作者聯合會。

1949 年 7 月 18 日 | 中華廠商聯合會、華革會等五人代表，向港督葛量洪提交由 138 個華人團體聯署的全面憲制改革請願書，獲葛量洪接見。

1949 年 7 月 | 港督葛量洪在一本小冊子中寫道：「香港是世界上最大的轉口貿易中心，其 40% 的貿易額是同中國進行的，是我們的商品運往中國內地巨大的潛在市場的主要通道。」

1949 年 8 月 14 日 | 黃紹竑在內的 44 名留港國民黨黨員聯名宣布脫黨，與中共合作。

1949 年 8 月 19 日 | 港府頒布《1949 年人口登記條例》，規定凡年滿 12 歲的在港人士，須向人口登記局登記身份，申領身份證。同日，港府成立人口登記局，並由 10 月起開始辦理居民身份登記和簽發身份證，是港府首次簽發身份證。

1949 年 8 月 29 日 | 英國外交事務大臣貝文和殖民地部大臣鍾斯向內閣提交聯名備忘錄，提出英國應繼續保留香港，但在可見將來不宜與中國政府討論香港前途問題，同時應避免公開發表刺激中方的言論。

1949 年 8 月 | 黃作梅出任第二任新華社香港分社社長。

| 以周壽臣及行政立法兩局議員為首的 2000 多名士紳聯名上書，促請葛量洪支持禁止屠宰狗隻。

1949 年 9 月 2 日 | 港府頒布《1949 年驅逐不良分子出境條例》，規定任何非英籍外國人或在香港通常居住不滿十年的人，主管當局研訊後認為該人依據條例規定被視為不良分子，有權將其驅逐出境。

1949 年 9 月 19 日 | 招商局「海遼號」在駛離香港前往廣東汕頭的途中，脫離國民政府，並於 28 日抵達大連港。

| 民革西南地區負責人、曾批評蔣介石軍事策略和腐敗的楊杰將軍，在軒尼詩道寓所被暗殺身亡。

1949 年 9 月 24 日 | 港府自即日起，將全港水塘列為禁區，除獲警務處處長許可，任何人不准進入水塘最高水位 300 碼內的區域。

1949 年 9 月 28 日 | 香港藥學會成立，代表醫院、社區藥房及製藥業等界別的藥劑師會員，以推動藥劑業在港發展。

1949 年 10 月 2 日 | 港九工會及新聞工作者先後在金陵酒家設宴，慶祝 10 月 1 日中華人民共和國成立。《華商報》、《大公報》及《文匯報》於 1 日至 3 日輪流休假，並出版特刊以示慶祝。

1949 年 10 月 8 日 | 曹達華、關德興主演的《黃飛鴻傳》上集《鞭風滅燭》首映，是香港第一部黃飛鴻電影。

1949 年 10 月 10 日 | 錢穆、唐君毅、張丕介等合創的亞洲文商專科夜校開學，借用華南中學校舍授課。翌年 3 月 1 日，學校改名為新亞書院，校舍遷至深水埗，並改為日校。

1949 年 10 月 23 日 | 深水埗街坊福利事務促進會成立，是香港較早的街坊福利會，各區在社會局的協助下，於此後紛紛成立同類組織。

1949 年 10 月 | 新中國政府為避免與港府產生糾紛，在中國人民解放軍抵達廣東省後，嚴禁野戰軍越過羅湖以北 40 公里的樟木頭一線。

| 珠海大學自廣州遷到香港，改名珠海書院，臨時校址設於旺角。

| 教育司署宣布，本學年起開始推行小學會考，選拔小學畢業學生升讀中學，考試後於 1978 年初被學能測驗所取代。

1949 年 11 月 4 日	港府頒布《1949 年空運（航空服務牌照）規例》，規管編定航程的牌照及編定航程以外航程的許可證事宜。
1949 年 11 月 8 日	東華三院開始收容滯港的中國國民黨傷殘軍人和難民。
1949 年 11 月 9 日	中國航空及中央航空兩家民航公司在港員工通電宣布起義，並駕駛 12 架飛機前往天津和北京，是為「兩航起義」。
1949 年 11 月 11 日	港府任命羅顯勝、譚雅士為首批華人常任裁判司。
1949 年 11 月 14 日	廣南漁業公司在港註冊成立，是香港規模最大、經營時間最長的本地華資漁業公司。
1949 年 11 月 17 日	港督葛量洪表示，在中英航空協定未釐清前，港府不會准許兩航的飛機飛往內地，71 架兩航飛機遂滯留在港。
1949 年 11 月 24 日	台灣當局透過戴安國及中國航空總經理沈德燮，向香港高等法院申請臨時禁制令，凍結兩航在港的所有資產。25 日，兩航在港員工對禁制令提出反對，法院裁定雙方都不能移動兩航在港資產，由港府派員保管。
1949 年 12 月 4 日	前往汕頭的客輪「裕安號」在鯉魚門外海沉沒，造成 80 人喪生，僅四人生還。
1949 年 12 月 9 日	港府頒布《1949 年基要服務團條例》，批准港府成立志願輔助部隊，於緊急時候協助提供基本公共服務和維持內部秩序。
1949 年 12 月 14 日	南洋商業銀行開業。該行此前已於 1948 年 2 月 2 日註冊成立。
1949 年 12 月 19 日	陳納德聯同魏勞爾以早前在美國註冊的民航空運公司負責人名義，向香港高等法院申請接收兩航在香港的飛機及其他資產，並指台灣當局已將該批資產轉讓予該公司。
1949 年 12 月 24 日	電車工人發起怠工行動，抗議資方拒絕改善薪酬津貼，1500 名電車公司員工照常行駛電車，但停止售票，使乘客可以免費乘車。28 日，行動持續，資方下令關閉銅鑼灣羅素街電車廠，停止行車，並開除所有售票員。工潮至翌年 1 月結束。
1949 年 12 月 30 日	港府頒布《1949 年緊急（主體）規例》，將之前根據《1922 年緊急情況規例條例》制定的規例所賦予的緊急權力整合在一起。
1949 年	受全國內戰時局影響，大批難民湧入本港，據港府估計，本年全港人口增至 186 萬。
	聯合國終止對香港的糧食配給工作。
	警方開始沿深圳河邊境興建警察警崗，俗稱「麥景陶碉堡」，直至 1953 年，共建成七座警崗。
	星光實業有限公司成立，創立紅 A 牌，是香港的代表性國際塑膠品牌。

1949 年

陳瑞球創辦長江製衣廠，著名品牌有博士牌裇衫及馬獅龍西裝。

英國特許秘書公會通過成立香港特許秘書公會。

新法英文專修書院在北角電氣道創立，是新法書院的前身。1997 年，該書院成為首間加入教育署直接資助計劃的私立學校，後於 2012 年 9 月停辦。

中國回教文化協進會香港分會改組為香港中國回教協會。

建道聖經學院在劉福群牧師帶領下，由廣西梧州遷至香港長洲，翌年復課，1955 年改名為建道神學院。

原成立於重慶的外國記者協會遷移至香港，1982 年遷往中環下亞厘畢道的會址。

1950 年 1 月 1 日

天文台設立本地強風信號警報系統，系統於 1956 年 4 月 15 日改為強烈季候風信號，沿用至今。

1950 年 1 月 6 日

英國政府正式承認中華人民共和國政府，旋委派駐華臨時代辦，後於 1954 年 6 月 17 日和中國建立代辦級外交關係。

港府頒布《1950 年狗貓條例》，狗主須領取牌照，並為狗隻注射防疫針，以防止瘋狗症蔓延。

1950 年 1 月 7 日

台灣當局關閉原國民政府外交部駐兩廣特派員公署駐港辦事處。中國政府隨即要求英國政府容許中方於香港設立類似的官方機構，被拒絕。

1950 年 1 月 9 日

政務院總理周恩來發布命令，令原國民政府各機關駐香港人員，保護國家財產，聽候中央派員接收。

港九 400 多間米店開始發售港府配售的廉價米。

位於中環皇后大道中的美國大通銀行遭六名匪徒械劫，損失 40 萬港元及 4000 美元，是香港首間被械劫的外資銀行。

1950 年 1 月 10 日

港府宣布停止承認所有由原國民政府發出的旅行證件。

1950 年 1 月 11 日

九龍城東頭村木屋區發生大火，焚毀約 2500 間木屋，登記災民人數超過 17,000 人。

牛奶公司在勞工處進行勞資談判，資方拒絕工人所提出有關改善待遇的要求，並提議交由仲裁決定。晚上，牛奶工會於銅鑼灣一帶舉行集會，約 1200 名工人參加，以反對仲裁。16 日，在工聯會的指導下，牛奶工會答應資方接受仲裁。翌月 2 日，港府根據《1948 年職工會及勞資糾紛條例》成立仲裁會，並於 9 日召開首場會議。3 月 24 日，港府頒布勞資仲裁結果，其中男工獲每月增加津貼 30 元。

1950 年 1 月 14 日	香港招商局及留港 13 艘輪船全體員工宣告起義，所有輪船於翌日懸掛中華人民共和國國旗，並於 10 月 24 日全部駛抵廣州。
1950 年 1 月 17 日	原屬國民政府的中國銀行、交通銀行、中國農民銀行、中央信託局、郵政儲金匯業局、廣東省銀行、廣西銀行和交通部港九材料購運處的香港分支機構同日宣告起義。
1950 年 1 月 27 日	港府頒布《1950 年軍事設施禁區令》，自 2 月 1 日起，將 55 個駐港英軍用地及物業列為軍事禁區。
1950 年 1 月 30 日	約 2000 多名電車工人在銅鑼灣羅素街舉行集會，其間與警方發生衝突。晚上 10 時起，警察多次開槍和發射催淚彈驅散人群，造成 40 多人受傷，是為「羅素街事件」。翌日凌晨 1 時，警方封閉電車工會，並於同日把該會包括主席劉法在內的負責人遞解出境。
1950 年 2 月 10 日	港府頒布《1950 年釋義條例》，為法例用語及專用詞彙提供更好的釋義。
1950 年 2 月 23 日	香港牙醫學會成立。
1950 年 2 月 24 日	政務院派遣代表到達香港設立辦事處，負責接收原國民政府的在港資產。辦事處於 4 月 1 日改名為政務院特派接收港九國民黨政府機構專員辦事處。
1950 年 3 月 10 日	港府頒布《1950 年律政人員條例》，列明各類律政人員的權利和職責。
1950 年 3 月 15 日	中國銀行新大廈奠基，翌年落成，樓高 17 層，是當時香港最高建築物。翌年 11 月 19 日，中國銀行正式遷入該大廈辦公。（圖 140）
1950 年 3 月 28 日	大學入學考試委員會宣布，翌年起中文科將被剔出香港中學畢業會考必修科目。
1950 年 4 月 2 日	七架滯留香港的兩航飛機被國民黨特工宋祥雲炸毀。
1950 年 4 月 3 日	政務院總理周恩來就兩航滯港飛機被炸毀一事發表聲明，認為港府應負完全直接的責任。
1950 年 4 月 4 日	港府宣布放寬白米入口，准許米商進口少量泰國白米，進口後不得再出口，其他地方的白米仍禁止入口。
1950 年 4 月 6 日	警務署成立突擊隊，共設港島和九龍兩分隊，專責處理搶劫和暴動在內的重大刑事案件。
1950 年 4 月 26 日	港府開始規定澳門華人須登記身份並交由香港警察檢查，才能入境香港。同日，警務處入境事務部（俗稱移民局）發出通告，凡入境船隻，均須停泊在其指定的禁區範圍內，待檢查許可後，方能靠岸。

| **1950 年 4 月 28 日** | 港府頒布《1950 年移民管制（修訂）（第 2 號）規例》，自翌月 1 日起，取消對中國內地居民往來香港可無須持有旅行證件或入境簽證的豁免。同時，港府在羅湖設立管制站，並開始於粵港邊境修築鐵絲網，結束了兩地居民自由往來的情況。 |

| **1950 年 5 月 2 日** | 《星島日報》報社遭手榴彈襲擊，造成一名女童死亡，九人受傷，警方懸紅緝兇。 |

| **1950 年 5 月 3 日** | 港府宣布實施《1949 年緊急（主體）規例》的部分條款，包括對攜帶或管有軍火、彈藥、爆炸品，可最高判處終身監禁。 |

| **1950 年 5 月 10 日** | 英國樞密院頒令再次凍結兩航的飛機及其資產，並交由香港高等法院裁定其所有權。 |

| **1950 年 5 月 20 日** | 開發大嶼山考察籌備委員會召開首次會議，由南約理民府主持。該會由九龍總商會及各區街坊福利會在內的 17 個組織和機構組成。 |

| **1950 年 6 月 1 日** | 胡文虎獲英王頒授聖約翰爵士勳章。 |

| **1950 年 6 月 18 日** | 左派工會及學校組織約 150 人的旅行團到港島郊遊，其間途經摩星嶺難民區外跳秧歌舞，與該處親國民黨難民發生衝突，導致 60 餘人受傷，是為「秧歌舞事件」。26 日，港府開始分批移送摩星嶺親國民黨難民到吊頸嶺（今調景嶺）。 |

圖 140　1953 年的中國銀行大廈，較旁邊的第三代滙豐銀行總行大廈高出 6.5 米，成為當時香港最高的建築物。（政府新聞處提供）

1950 年 6 月 23 日	港府公布《1950 年汽車道路交通（修訂）（第 2 號）規例》，限制車輛載重，並禁止私人汽車收費載客。
1950 年 6 月 30 日	港府頒布《1950 年出口管制令》，規定任何貨物未領取執照不准輸出，又禁止向中國內地、台灣和澳門輸出銅鋁、汽油產品及樹膠在內的 11 種貨物。
	港府頒布《1950 年公務員敍用委員會條例》，成立公務員敍用委員會。
1950 年 7 月 3 日	工聯會創辦的首間工人醫療所開幕。
1950 年 7 月 8 日	港府頒布《1950 年出口（禁止）（朝鮮）令》，對朝鮮實施全面禁運。
1950 年 7 月 12 日	英國紅十字會香港分會成立。
1950 年 8 月 1 日	長城電影公司創辦電影雜誌《長城畫報》，是東南亞最早的電影題材月刊雜誌。
1950 年 8 月 11 日	港府公布新一批禁止出口物資清單 100 多項，其中包括五金機器、化學原料和儀器、石油及其器材、無線電器材和海陸交通器材。
1950 年 9 月 21 日	美國商務部宣布，禁止對香港及澳門輸出任何未有領證的戰略物資。
1950 年 9 月 30 日	教育司署發表季度報告，港府決定自翌年起開展十年建校計劃，每年興建五所新學校，以應付不斷上升的學額需求。
1950 年 9 月	《香港公民》開始發售，為教育司署指定的小學公民教育必修課本。
1950 年 10 月 1 日	港九新界工會及各界在中國酒家舉行首次中華人民共和國國慶節慶祝大會。
1950 年 10 月 5 日	《新晚報》創刊，為《大公報》的附屬報刊。
	颱風奧西亞襲港，天文台懸掛九號烈風風力增強信號六個小時。次日，跑馬地春勝街附近山泥傾瀉，掩埋兩間木屋，九人罹難。
1950 年 10 月 11 日	港府頒布《1950 年緊急主體（修訂）（第 2 號）規例》，自 20 日起，對非法持有炸彈或使用武器者判處死刑，以應對持槍行劫案日增。
1950 年 10 月 15 日	大東電報局開始提供香港至夏威夷的跨太平洋無線電通話服務。
1950 年 10 月 17 日	位於大口環的東華三院瘋人收容所建成啟用，能收容 160 名麻風病人，為香港首家麻風病隔離和療養所。
1950 年 10 月	港府將農業部、林務部和漁政署合併，組成農林漁業管理處。
1950 年 11 月 1 日	太平洋航空維修供應公司及怡和飛機修理檢驗公司合併，易名為香港飛機工程公司，總部設於啟德機場，是香港最大規模的飛機維修工程公司。

1950 年 11 月 15 日 　潔淨署在 300 多名防暴警察的協助下，拆除銅鑼灣及炮台山三個寮
屋區。

1950 年 11 月 24 日 　香港業餘體育協會成立，摩士出任首任會長。

1950 年 11 月 25 日 　位於上環干諾道中、由水星大廈拆卸重建而成的香港電氣大廈開
幕，成為大東電報局總部的新址。

1950 年 11 月 29 日 　由孔聖堂創辦的大成中學註冊成立，為香港首間孔教中學，於
1953 年易名為孔聖堂中學。

1950 年 11 月 　由警務處設立的 999 緊急報案電話系統投入運作。

　後備消防隊根據《1949 年基要服務團條例》而成立，後於 1975 年
解散。

1950 年 12 月 1 日 　粉嶺和合石墳場啟用，是香港最大型的公眾墳場。負責運送遺體的
和合石鐵路支線已於 9 月 11 日建成。

1950 年 12 月 3 日 　美國商務部宣布由即日起向所有出口至香港、中國內地及澳門的貨
物實行許可證制度，以禁止戰爭物資出口到中國內地。

1950 年 12 月 4 日 　深水埗李鄭屋木屋區發生大火，約 1500 間房屋被毀，數千人無家
可歸，向深水埗街坊福利會登記災民者達 2419 人。

1950 年 12 月 8 日 　港府頒布《1950 年出口（禁止）（特定物品）（第 2 號）令》，規定
除獲發牌照外，禁止出口附表所列的軍火、機械設備和軍用物品。

1950 年 12 月 22 日 　港府根據《1949 年基要服務團條例》成立醫療輔助隊。

1950 年 　石崗軍營及軍用機場建成啟用。

　據港府估計，全港人口增至 206 萬。

　志願建屋組織香港模範屋宇會成立，為低收入人士提供廉租房屋。

　香港家庭計劃指導會成立，前身為 1936 年成立的香港優生學會，
主要為市民提供節育指導服務，1952 年成為國際計劃生育聯合會
的八個創會成員之一。

　李嘉誠創辦長江塑膠廠。

　基督教中國聖樂院成立，為香港音樂專科學校的前身。

1951 年 1 月 5 日 　港府頒布《1951 年保護婦孺條例》，加強保護婦女及女童，並將保
護範圍擴展至男童。

1951 年 1 月 21 日 　粉嶺聯和墟開幕，是二戰以後香港首個現代化的有蓋市場。

1951 年 1 月 28 日 　警方政治部突擊搜查香島中學、紅磡勞工子弟學校和香港火柴廠等
處，扣查多人問話。

1951 年 2 月 16 日 獲聯合國協助、由港府興建的九龍結核病診療所啟用，為市民免費檢查和治療肺結核病，是港府於二戰後興建的首間診所。

1951 年 3 月 2 日 教育司署創辦官立文商專科學校，初譯為高級漢文夜學院，設有文學、商學及新聞學系。1975 年學校改名為官立中文夜學院，1982 年再改名為語文教育學院。

1951 年 3 月 7 日 財政司霍勞士公布 1951 / 1952 年度財政預算案，首次提出港府財政總儲備應不少於該年度預算收入的準則。

1951 年 3 月 11 日 暹羅太平洋海外航空客機於啟德機場起飛後，撞向港島東部的柏架山及畢拿山之間，機上 24 人全部罹難。

1951 年 3 月 15 日 侯志律就任香港正按察司。

中國人民輪船總公司同意讓招商局輪船公司繼續在香港營運。

1951 年 4 月 4 日 香港廣播電台搬遷至大東電報局總部所在的電氣大廈，繼續提供廣播服務，並改由港府公共關係處管轄。1954 年 4 月，電台成為獨立部門，由廣播處長主管。

1951 年 4 月 9 日 暹羅航空一架由曼谷飛往香港的客機，在惡劣天氣下於港島東南的石澳及橫瀾島之間墜海，機上 16 人全部罹難。

1951 年 4 月 12 日 港府徵用屬於中國政府交通部中國油輪公司轄下的油輪「永灝號」，並在水警護送下駛往海事處碼頭轉交英國海軍。

1951 年 4 月 27 日 港府頒布《1951 年緊急（出口）（綜合貨品）規例》，賦予工商業管理處權力，充公所有企圖運往內地的禁運物資及將之裝運的交通工具。

1951 年 4 月 教育司署開始推行全港學生保健計劃。

1951 年 5 月 2 日 作家舒巷城以筆名秦可在《天底下》周刊發表短篇小說〈鯉魚門的霧〉。

1951 年 5 月 17 日 70 名被香港軍事法庭判囚的日本戰犯被移送回國，繼續服刑。

1951 年 5 月 18 日 港府頒布《1951 年刊物管制綜合條例》，規定所有報紙及新聞社須向港府註冊。根據條例，港府有權撤銷註冊及下令有關刊物停刊，以禁止其刊登任何危害公共秩序、煽動、誹謗、藐視法庭和淫褻的言論。

1951 年 5 月 23 日 香港業餘體育協會獲國際奧委會確認為成員，於 7 月 11 日改名為香港業餘體育協會暨奧林匹克委員會。翌年，香港首次派出代表團參加夏季奧運會。

1951 年 5 月 26 日 香港首批共十名女警學員接受培訓。至翌年 9 月 8 日，首批共 17 名女警開始執勤。

1951 年 6 月 1 日 ┃ 港府公布為擴充啟德機場所徵土地的補償辦法,當中屋地每平方呎 2.25 元,耕地每平方呎補 0.45 元。

1951 年 6 月 5 日 ┃ 位於灣仔的修頓場館啟用,由香港遊樂場協會負責管理。

1951 年 6 月 15 日 ┃ 港府根據《1951 年邊境禁區令》,封鎖粵港邊界,並建立包括沙頭角中英街在內的邊境禁區,只限領取港府簽發許可證的居民出入。(圖 141)

1951 年 6 月 22 日 ┃ 港府頒布《1951 年出口(禁止)(特定物品)令》和《1951 年進口(禁止)(特定物品)令》,自 25 日開始實施,規定除工商業管理處處長簽發的進出口許可證以外,命令附表列明的 13 大類物品禁止進出口,旨在配合聯合國及英國政府對華禁運的舉措。

┃ 鑽石山火葬場投入服務,是二戰後興建的首個火葬場。

1951 年 6 月 29 日 ┃ 津貼學校議會成立,負責向港府提供與教育政策和發展相關的專業意見,後於 1993 年成為津貼小學議會。

1951 年 8 月 1 日 ┃ 颱風露爾斯襲港,天文台懸掛九號烈風風力增強信號超過五個小時,颱風造成一人死亡。

圖 141　來自內地的難民,攝於 1950 年代。(政府新聞處提供)

| 1951 年 8 月 5 日 | 國際麻風救濟會香港分會開始於喜靈洲興建首個永久性麻風病院。 |

| 1951 年 8 月 9 日 | 香港首個蔬菜產銷合作社於粉嶺成立。 |

| 1951 年 8 月 18 日 | 俗稱九龍仔（九龍塘和九龍城之間地區）的大坑西木屋區發生山泥傾瀉，壓毀三間房屋，造成 12 人喪生。 |

| 1951 年 8 月 29 日 | 聖公會港澳教區成立，脫離中華聖公會教省。 |

| 1951 年 8 月 | 世界上首隻被確認的香港湍蛙在大帽山被發現，在《世界自然保育聯盟瀕危物種紅色名錄》中被列作瀕危物種。 |

| 1951 年 9 月 1 日 | 中國政府實施《關於往來香港、澳門旅客的管理規定》，中國公民往來港澳地區時須接受出入境管制，結束中國內地、香港和澳門三地自由出入境的情況。 |

| | 港府實施統一學制計劃，全港所有中小學均改為六年制，學生完成小學階段及通過小學會考後方能升上中學，凡會考及格者，可獲教育司署頒發初等教育文憑。 |

| 1951 年 9 月 8 日 | 英國和 47 個國家一起與日本政府簽訂《對日和平條約》，同意放棄追討權利，不再要求日方就二戰所造成的經濟損失作出賠償。自此，英國政府不再代表香港市民向日本政府追討軍票損失。 |

| 1951 年 9 月 14 日 | 因應英國實行國民兵役制，港府頒布《1951 年強制服役條例》，除獲豁免人士外，通常居港的英籍人士中 18 至 60 歲男性及 20 至 50 歲女性須於香港服役。首輪共有 1800 多人須報到，當中有一半為英籍華人。 |

| 1951 年 9 月 | 葛量洪師範專科學校成立，翌年 5 月 29 日舉行開幕命名典禮，採用一年學制，確保於短時間內提供足夠合資格教師，應付小學學額驟增問題。 |

| 1951 年 10 月 3 日 | 香港聖公會會督何明華聯同廣州嶺南大學校長李應林和上海聖約翰大學校董歐偉國創辦崇基學院，舉行開幕禮。 |

| 1951 年 10 月 12 日 | 中華廠商會在新加坡舉辦第一屆香港廠商華資工業出品星洲展覽會，展示香港工業產品，共 150 餘家廠商參展。 |

| 1951 年 10 月 25 日 | 華人革新會發起向日索償簽名運動，登記日軍侵佔香港期間對市民造成的損失，呈交英國政府，要求落實協助香港爭取賠償的承諾。 |

| 1951 年 10 月 29 日 | 港府成立高等教育委員會，負責研究及規劃香港高等教育的未來發展。 |

| 1951 年 11 月 9 日 | 港府頒布《1951 年汽車保險（第三者風險）條例》，自翌年 6 月 1 日起，規定所有汽車司機必須為其以外所有人士購買第三者保險。 |

| 1951 年 11 月 21 日 | 九龍城東頭村大火，焚毀 3000 間房屋，15,000 餘人無家可歸。 |

| **1951 年 11 月 25 日** | 首先創刊於上海的《西點》在香港復刊，主要刊登翻譯文學作品，劉以鬯任主編。 |

| **1951 年 12 月 10 日** | 余叔韶就任為香港首位華人律政署檢察官。 |

| **1951 年 12 月 14 日** | 第九屆香港華資工業出品展覽會開幕，簡稱工展會，前稱國展會，展期 21 天。1957 年第十五屆工展會以「香港人用香港貨」為口號。 |

| **1951 年 12 月 19 日** | 港府發表由英國曼徹斯特市總視學官菲莎撰寫的《1951 年香港教育研究報告》，被稱為《菲莎報告》，建議港府應加強官辦小學教育，以及負責師資培訓。(圖 142) |

| **1951 年 12 月 21 日** | 警務處入境事務部公布廣東籍人士的新入境辦法，規定廣東省居民若非經由澳門來港，須備有返回內地的證件，由澳門來港則須持香港或澳門的有效證件。 |

| **1951 年** | 港府開始推行用海水作消防救火計劃，在港九建設貯水池，以海水作消防救火。 |

猶人富商人羅蘭士・嘉道理及賀理士・嘉道理連同胡禮、胡挺牛捐款創立嘉道理農業輔助會，主要配合政府的農業政策，向貧困農民贈送工具及農作物種子物資。輔助會於 1956 年在大埔白牛石設立實驗農場，農場於 1995 年 1 月 20 日易名為嘉道理農場暨植物園。

圖 142　1964 年的天台小學。二戰以後，大量移民從中國內地來港，當時已設立的香港學校無法應付龐大的教育需求，設於天台的簡陋小學大量出現。(政府檔案處提供)

1951 年	初設於新加坡的白花油藥廠遷港。

西貢井欄樹村舉行每 30 年一屆的安龍清醮。

健社成立,是香港活躍時間最長的古典詩社。

1952 年 1 月 4 日	港府根據《1949 年基要服務團條例》成立民眾安全服務隊。
1952 年 1 月 11 日	港府頒布《1952 年性病條例》,規定任何醫生若從性病患者處得知,該患者自行判斷的染病源頭,須將有關信息向醫務署副署長報告,若副署長接獲兩個或以上報告,共同指向同一個源頭,則須強制有關懷疑人士接受性病檢查或治療。
1952 年 1 月	港府設立政府印務局,為政府各部門提供印刷服務和相關意見。
1952 年 2 月 1 日	大東電報局開辦香港與新加坡和英國之間的無線電圖文傳真服務。
1952 年 2 月 4 日	香港乒乓球代表隊在孟買舉行的第十九屆世界乒乓球錦標賽中,奪得男子團體賽銅牌,是香港首面世界乒乓球賽事獎牌。
1952 年 2 月 7 日	英王喬治六世病逝,全港下半旗致哀,股市暫停一天。
1952 年 2 月 10 日	香港聖約翰救傷隊總監岳圖倫檢閱全港救傷隊,並為黃泥涌峽豎立的烈士紀念碑揭幕,向 55 名在二戰死難的隊員致敬。
1952 年 2 月 29 日	港府修訂《1951 年統制出口(特定物品)令》,在原有的 13 類清單上再新增七類禁止未經當局批准下進出口的管制物品。
1952 年 3 月 1 日	1000 多名在尖沙咀火車站的群眾,不滿港府禁止粵穗慰問九龍寨城東頭村受災同胞代表團入境香港,在佐敦道一帶與警方發生嚴重衝突,有示威者企圖搶走警署的英國國旗,被警方開槍打死,另造成 30 多人受傷,100 多人被捕,當中 12 人其後被遞解出境,是為「三一事件」。
1952 年 3 月 5 日	《大公報》、《文匯報》及《新晚報》同時轉載北京《人民日報》就「三一事件」發表的評論文章〈抗議英帝國主義捕殺香港的我國居民〉,其後三份報章共 10 名負責人被香港警方以涉嫌刊載煽動性文字罪名起訴。
1952 年 3 月 7 日	港府頒布《1952 年租約(延長期限)條例》,禁止二戰後住宅樓宇的業主於租客入住後三年內驅逐租客,訂明應付租金為雙方協議的水平,業主增加租金需要至少三個月的書面通知。
1952 年 3 月 9 日	林錦公路通車,為連接元朗至大埔的主要通道。
1952 年 3 月 17 日	工聯會一連四天向東頭村災民派發以港九各界捐款購買的白米。香港華商總會亦協助向每名災民派發十元廣東省同胞捐獻的賑災金。
1952 年 3 月	香港模範屋宇會於北角建成模範邨,提供 100 個住宅單位,是香港第一個廉租屋邨。

1952 年 4 月 ▎卡介苗注射運動開展,由聯合國國際兒童緊急救援基金(今聯合國兒童基金會)資助。

▎中英學會中文戲劇組成立,翌月首次演出戲劇《碧血花》。

1952 年 5 月 2 日 ▎港府頒布《1952 年農產品(統營)條例》,建立完整的農產品銷售統營制度。

▎周錫年、顏成坤和律敦治宣布成立香港平民屋宇公司,是為生活貧困人士提供廉價住房的私營公司。

1952 年 5 月 5 日 ▎香港高等法院就《大公報》於 3 月 5 日轉載北京《人民日報》短評一案作出裁決,對涉事報刊處以停刊六個月,並對費彝民及李宗瀛處以罰款或徒刑。案件其後上訴至高等法院合議庭時被駁回,但在政務院總理周恩來與英國駐華代辦的斡旋下,停刊令至本月 17 日終止。

1952 年 5 月 6 日 ▎香港防癆會開始在律敦治肺癆療養院為居民免費注射卡介苗疫苗,繼續推廣防癆運動。

1952 年 5 月 15 日 ▎港府於本午 4 月開始,以 14.5 萬美元開展四項關於兒童醫務福利的工作,包括防癆注射、白喉預防注射、為兒童醫院及徙置區兒童添置相關健康設施。聯合國國際兒童緊急救濟基金於本日宣布,資助其中 8.7 萬美元開支。

1952 年 5 月 16 日 ▎港府頒布《1952 年商業管理條例》,規定三個月內商營機構須作商業登記,否則屬違法,並徵收商業登記稅,在本月 19 日起開始辦理登記手續。

1952 年 5 月 30 日 ▎市政局舉行二戰後首次選舉,由九位候選人競逐兩個非官守議員席位,結果雷瑞德和貝納祺當選。

1952 年 6 月 13 日 ▎市政局根據《1952 年緊急(徙置區)規例》,劃出 19 幅官地作為徙置區,安置木屋區居民。

1952 年 6 月 16 日 ▎教育司署舉行第一屆中文中學高中畢業會考。

1952 年 6 月 27 日 ▎港府頒布《1952 年一般公債及公債股票條例》,列明授權港府發行公債的條件以及程序。

1952 年 7 月 19 日 ▎香港代表隊參加於芬蘭赫爾辛基舉行的第十五屆奧運會,是香港首次派出運動員參加奧運會。

1952 年 7 月 25 日 ▎《中國學生周報》創刊,後於 1974 年 7 月 21 日停刊,是香港文學作品的重要發表園地。

1952 年 7 月 28 日 ▎英國樞密院司法委員會推翻香港高等法院的裁決,判民航空運公司取得兩航飛機的產權,香港警方隨即查封兩航於啟德機場內的飛機和倉庫。

1952 年 8 月	業餘爬蟲學家盧文於南丫島上的山洞首次發現盧氏小樹蛙，樹蛙為香港獨有物種。
1952 年 9 月 11 日	上李屋邨開幕，是房協興建的首個公共屋邨，也是香港最早發展的兩個公屋項目之一。
1952 年 9 月 25 日	「德成號」客輪由香港前往澳門途中被解放軍巡邏艇攔截及轉至垃圾尾島，搜出一名在廣東省進行間諜活動的乘客，最終該輪在英國海軍艦隻的保護下返港。
1952 年 9 月 30 日	華商總會通過中文會名改稱為香港中華總商會。
1952 年 9 月	英國內閣以沒有迫切需要為由，要求港府擱置所有憲制改革計劃。
1952 年 10 月 8 日	高等法院根據英國樞密院的裁決，將兩航飛機的擁有權判歸民航空運公司所有，停泊於啟德機場的兩航飛機被分批運走。
1952 年 10 月 10 日	港府宣布將翌年 4 月 21 日定為英女王伊利沙伯二世壽辰假期。1983 年，香港跟隨英國傳統將假期改為每年第二個星期六。
1952 年 10 月 11 日	《香港商報》創刊，曾任職《大公報》的張學孔是創辦人之一，並擔任首任總編輯。
1952 年 10 月 17 日	二戰後首名日本駐港領事板垣修來港上任，為日本在 1941 至 1945 年間侵略和佔領香港致歉。
1952 年 10 月 20 日	英國殖民地部大臣列堤頓回應下議院有關香港憲制發展的問題時表明，現時香港不適宜進行大規模的政制改革，未來只會於市政局作有限度的變革。22 日，港督葛量洪於立法局宣布，擱置「楊慕琦計劃」。
1952 年 10 月 29 日	九龍仔木屋區發生大火，104 間房屋被焚，造成一名嬰兒喪生、三人受傷。
1952 年 11 月 12 日	港九小販公會成立。
1952 年 11 月 15 日	吳楚帆、白燕及秦劍聯合組成中聯影業公司，提倡拍攝反映社會現實、維護藝術尊嚴的高水平粵語片，首部電影是改編自巴金的《家》。公司於 1967 年停業。
1952 年 11 月 24 日	二戰後維港中區填海工程展開，分為四期進行，第一期於 1955 年 8 月完成，最後一期於 1968 年 1 月竣工。（圖 143）
1952 年 11 月 27 日	韓國銀行在港設立分行，翌年 2 月 3 日正式開業，是首間在港設分行的韓資銀行。
1952 年 11 月 28 日	石硤尾村發生火災，燒毀房屋 300 餘間，4000 餘人受災，造成一人死亡、40 多人傷。

1952 年 12 月 19 日	港府頒布《1952 年教育條例》,設立諮詢機構教育委員會,並嚴格規管學校、校監、校董、校長、教師、校舍設備與教育課程,避免學校成為政治宣傳工具。同年,港府成立課程與教科書委員會,統籌課程與教科書的規劃與審核工作。
1952 年 12 月 25 日	德明錶殼廠創辦,是 1950 年代中香港規模最大、設備最先進、能生產防水錶殼的廠房。
1952 年	亞洲運動會聯合會正式接納香港的入會申請,香港自此可以派運動員參加亞運會。

香港紅十字會開始推動無償的自願捐血服務,免費為全港醫院提供血液予病人使用。

九間中資銀行,包括鹽業、金城、中南、新華信託儲蓄商業、國華商業、浙江興業、中國實業、聚興誠及和成,成立公私合營銀行聯合辦事處,統一領導各行在港分行。1958 年,仍營業的六間銀行統一歸由中國銀行領導,原辦事處取消。

趙從衍創立華光航運。

英國政府的殖民地發展和福利基金頒發大學獎學金,資助 23 名香港學生前往英國深造。

基督教世界服務委員會及世界信義宗開始在香港展開社區工作,分別成立香港基督教世界服務委員會服務處和世界信義宗香港社會服務處。同年,香港基督教福利及救濟協會成立。三間機構經過兩度合併後,於 1976 年改組成為香港基督教服務處,是香港基督教協進會服務社會的機構。

作家張愛玲繼 1939 年至 1942 年在香港求學後,第二次來港,在 1952 年至 1955 年居港期間完成小説《秧歌》和《赤地之戀》。

《人人文學》創刊,由黃思騁擔任主編,後於 1954 年停刊。

陳海鷹創辦香港美術專科學校,校址位於油麻地,是本港二戰後第一所私立美術學校,以普及美術教育,培養美術人才為目標。

利華民裇衫廠成立,曾為香港大型製衣廠商之一。

作家曹聚仁發表一部以人文視角描寫香港難民的長篇小説《酒店》。

1953 年 1 月 13 日	何文田木屋區大火,1600 間木屋被焚毀,16,000 多人無家可歸。
1953 年 1 月 15 日	《兒童樂園》創刊,至 1994 年 12 月 16 日出版最後一期為止,共出版 1006 期,為香港首份彩色印刷的兒童刊物。
1953 年 1 月 20 日	由馬文輝創辦的聯合國香港協會舉行成立會議,協會獲聯合國協會批准為成員組織。
1953 年 1 月 25 日	緝私處與海軍憲兵於一艘英軍戰艦上緝獲走私黃金 3000 兩,總值 90 多萬元。

圖 143　1953 年的維多利亞港中區鳥瞰圖，從中可見首階段的填海工程範圍。（政府新聞處提供）

1953 年 1 月	《祖國周刊》創刊，登載時事評論、文藝創作等文章，並創辦「短篇小說正文李白金像獎」，1964 年 4 月改為《祖國月刊》，1973 年改版成《中華月報》，至 1975 年停刊。
1953 年 2 月 11 日	由農林漁業管理處主辦的首屆漁業展覽會於香港仔魚類批發市場開幕，展示各種新式機械化漁船和捕魚方法。
1953 年 2 月 18 日	港府成立維多利亞、九龍兩個地方法院，取代高等法院簡易法庭。
1953 年 2 月 21 日	二戰後首屆新界農業展覽會在元朗中學舉行。（圖 144）
1953 年 3 月 4 日	港府宣布，在財政預算案中撥出 1000 萬元設立財政儲備基金，以應付未來出現財赤年度的需要。
1953 年 3 月 6 日	港府改建赤柱感化院成為赤柱教導所，為 14 至 18 歲青少年提供感化及教育、技術訓練，是香港第一所教導所。
1953 年 3 月 15 日	荃灣圓玄學院開幕，由趙聿修和呂重德在 1950 年起發起籌建，是以道教為主的儒、佛、道三教修道場。
1953 年 4 月 9 日	香港進行首個性別重置手術，為一名同時擁有男性及女性性徵的男子，進行第二次切除女性器官手術。
1953 年 4 月 15 日	港府接納租務管制調查委員會的報告，調整加租辦法。商業和住宅樓宇按二戰前租值加 50%，一年後再加 50%；商業樓宇兩年後續加 100%，三年後撤銷管制；住宅樓宇兩年後再檢討是否撤銷管制。
1953 年 4 月 29 日	港督葛量洪委任的中國法例及習慣研究委員會在立法局發表研究報告，不贊同港府跟從清朝法例，建議參考現代中國的法律，並配合香港華人情況和習慣，制定相關的婚姻和遺產法例，以確立一夫一妻制。

圖 144　1957 年 1 月，香港農產品展覽會在前往元朗道路旁所豎立的廣告牌。（香港社會發展回顧項目提供）

1953 年 4 月 | 港府獲英國政府的殖民地發展和福利基金撥款 13,000 英鎊,協助發展新界小規模水利計劃。

1953 年 5 月 1 日 | 潔淨署改名為市政事務署,其管轄範圍包括環境衛生、徙置區及公園管理。

監獄署實施犯人工資計劃,在囚人士從事生產可獲工資,代替釋放時發放的酬金。

1953 年 5 月 4 日 | 香港國際婦女會展開廢妾運動,召開小組會議,討論廢妾問題。7 月 24 日,香港基督教女青年會召開各界婦女團體聯席會議,一致贊同廢除妾侍制度。翌年 3 月,由香港國際婦女會代表,向布政司呈交廢妾意見書。

1953 年 5 月 20 日 | 公務員敍用委員會在立法局發表首份報告,建議港府應盡量聘用本地及格人才為各部門公務人員。

1953 年 6 月 2 日 | 英女王伊利沙伯二世加冕,港府舉行多項慶祝活動。

1953 年 6 月 25 日 | 瑪麗醫院放射性治療癌症設備啟用,是英聯邦首個配備此設備的地區醫療機構。

1953 年 6 月 29 日 | 荃錦公路開通,來往荃灣及石崗,初期只容許軍事和政府車輛使用,後於 1961 年 5 月 25 日開放公眾使用。

1953 年 7 月 6 日 | 中華廠商會和九龍總商會發起全港僑團聯名請願,反對港府租務管制的加租辦法,及未來兩至三年內撤銷租金管制。翌日,兩會呈文予布政司和華人代表周錫年。

1953 年 7 月 17 日 | 香港八和會館註冊成立,前身為廣東八和粵劇職業工會香港分會,是具有香港粵劇工作者工會性質的組織。

1953 年 7 月 20 日 | 華民政務司署轄下的租務調查處成立,負責接受市民有關租務問題的查詢,調查和檢舉違反法例的事件。

1953 年 7 月 27 日 | 一架英國空軍運輸機於啟德機場降落時失事衝出跑道、撞毀跑道旁的房屋並着火,造成一人死亡、兩人受傷。

1953 年 7 月 | 天主教香港教區在其轄下公教進行社設立福利會辦事處,救濟平民和協助社會從戰爭中恢復。1955 年,該處加入國際明愛組織,1961 年英文正式命名為 Caritas Hong Kong,1974 年中文亦正式命名為香港明愛,是香港教區規模最大的社會福利機構。

1953 年 9 月 7 日 | 伊利沙伯青年遊樂場館啟用,由馬會和英女王大婚基金贊助興建。場館位於旺角麥花臣球場旁,又稱麥花臣場館,是九龍第一個室內體育館。

1953 年 9 月 8 日 | 紅磡蕪湖街發生樓宇倒塌意外,造成 12 人死亡、25 人受傷。

1953 年 9 月 9 日 | 英國海軍掃雷艇「H.M.M.L. 1323 號」在香港附近海域遇解放軍艦艇炮擊,艇長及五名船員喪生,另外五人受傷。

圖 145　1953 年石硤尾大火，整個白田村被焚毀。（政府檔案處提供）

圖 146　石硤尾邨的重建工程，圖中可見樓高七層的徙置大廈逐漸取代臨時搭建的兩層高平房，攝於 1957 年 6 月。
（政府檔案處提供）

| **1953 年 9 月 25 日** | 港府頒布《1953 年工傷賠償條例》，規定僱主須向工作期間受傷的僱員作出賠償。 |

| **1953 年 10 月 16 日** | 日本東京銀行香港分行開業，是二戰後首間在港開業的日資銀行。 |

| **1953 年 10 月 22 日** | 美國放寬對香港的出口限制，准許美國出口商毋須商務部特別批准，向香港輸出包括食物、紙張和化妝品在內的 13 類非戰略物資。 |

| **1953 年 10 月 26 日** | 港府准許黃金轉口，但轉口商須先申請進出口牌照。 |

| **1953 年 11 月 27 日** | 港府頒布《1953 年電影審查規例》，規定任何電影於放映前須由港督委任的電影審查小組之一名或多名成員負責審查。另由華民政務司、教育司、警務處長及港督指派人員組成複檢委員會，處理不服電影審查結果者的上訴。 |

| **1953 年 12 月 25 日** | 聖誕節晚上，石硤尾木屋區發生大火，焚燒六個小時，災場達 41 英畝，造成三人死亡、51 人受傷，2580 間木屋燒毀，50,000 多人無家可歸。（圖 145、146） |

| **1953 年 12 月 29 日** | 港府頒布《1953 年緊急（立即收回官地）（通用）規例》，劃出 8.5 公頃土地，以安置 58,203 名向港府登記的石硤尾大火災民。 |

| **1953 年 12 月 31 日** | 港府頒布《1953 年市政局（修訂）（第 2 號）條例》，容許教師、應急服務團成員、警隊以外的公務員與曾繳納四年或以上薪俸稅或利得稅的人士，擁有市政局選舉的投票權。 |

| | 英國政府向港府撥捐 20 萬英鎊，用於安置石硤尾大火災民。 |

| **1953 年 12 月** | 電話公司在港九各繁忙街道設置首批 15 座公共電話亭。 |

| **1953 年** | 香港警方於邊境完成修築鐵網圍欄，1962 年再加裝有刺鐵絲網，以加強打擊非法入境與跨境罪行。（圖 147） |

| | 在廣東韶州（今韶關）創立的顯主女修會遷港，並將總修會設於香港。 |

圖 147　1970 年代，正在爬越粵港邊界鐵絲網的難民。（香港歷史博物館提供）

霍英東在油麻地公眾四方街（今眾坊街）興建新樓宇，首次推出賣樓花的售樓模式，即動工興建前先交訂金、以分期方式付款。

創辦於 1930 年代的震歐線衫廠，建立著名香港內衣品牌雞仔嘜。

法國文化協會香港分會成立。

印度廟於跑馬地建成啟用。

1954 年 1 月 1 日　方奕輝成為首位出任警隊總督察的華人。

1954 年 1 月 4 日　美國政府向港府捐款 15 萬美元，用於救助石硤尾大火災民。

1954 年 1 月 5 日　中國人民救濟總會廣東省分會、廣州市分會共捐出 70 萬市斤大米和十億元人民幣（合 1955 年幣值變動後的十萬元），賑濟石硤尾大火災民。（圖 148）

1954 年 1 月 7 日　港府取消食糖及牛油配給。

1954 年 1 月 14 日　香港各婦女團體聯合舉辦一元賑災券活動，共籌得超過 40,000元，用以賑濟石硤尾大火災民。

1954 年 1 月 18 日　香港基督教協進會成立。

圖 148　1954 年 1 月，香港中華總商會和工聯會受中國人民救濟總會粵穗分會委託，在界限街陸軍球場和楓樹街長沙灣球場，向石硤尾大火災民發放慰問金和救濟米。（工聯會提供）

1954 年 1 月 20 日 | 梁羽生開始在《新晚報》發表首部連載小說《龍虎鬥京華》，為香港新派武俠小說流派之治。

1954 年 2 月 12 日 | 港府頒布《1954 年約瑟信託基金條例》，成立同名的信託基金，為農民合作社及農民在農業生產上的需要提供貸款服務。

1954 年 2 月 16 日 | 首座由工務局在石硤尾火災災場附近興建的兩層平房落成入伙，用以安置石硤尾大火災民。同年，在災場原址興建的全港首批八幢第一型徙置大廈落成。

1954 年 2 月 18 日 | 香港新水墨畫家呂壽琨在香港大酒店舉行其首次個人畫展，為期三日。

1954 年 2 月 25 日 | 第四屆國際青年商會亞洲區會議於香港召開，共有 11 個亞洲國家代表出席。

1954 年 2 月 | 中國政府和港府分別在沙頭角加強防禦工事及盤查行人。中英街是特別禁區，非中英街居民不得隨意出入。

| 第一代皇后碼頭因中區填海工程而被拆卸。

1954 年 3 月 16 日 | 香港佛教聯合會舉辦香港首個佛舍利展覽，展出途經香港、由印度贈送予日本的佛舍利，供奉在東蓮覺苑一小時，讓信眾參拜。

1954 年 4 月 1 日 | 黃天石創辦《文學世界》，登載小說、翻譯文學等內容，7 月 21 日休刊，出版 12 期。1956 年 5 月，該刊以香港中國筆會會刊的形式復刊，兼備中外文學、戲劇、理論及創作等內容，1965 年 6 月出版第 46 期後，以《文學天地》雙周刊的形式，附刊於《星島日報》。

1954 年 4 月 30 日 | 港府頒布《1954 年市政局（徙置事務處處長）條例》，成立徙置事務處，並委任何禮文為徙置事務處處長，同時兼任市政局官守議員，負責為市政事務署統籌興建徙置大廈事宜。

| 港府頒布《1954 年房屋條例》，成立半官方機構香港屋宇建設委員會，負責發展及管理公營房屋的事務，為房委會前身。

1954 年 5 月 1 日 | 香港代表隊參加於菲律賓馬尼拉舉行的第二屆亞運會，是香港首次派出運動員參加亞運會。5 日，田徑運動員沙維亞於 200 米賽跑取得銅牌，是香港首面亞運獎牌。

1954 年 5 月 10 日 | 《工商日報》、《華僑日報》、《星島日報》及《南華早報》聯合創辦香港報業公會。

1954 年 5 月 13 日 | 香港首部於弧形大銀幕播放的國語電影《玫瑰玫瑰我愛你》上映。

1954 年 5 月 21 日 | 香港設計和製造的第一艘新式漁船「南強號」舉行移交船主典禮，該船由九龍長沙灣廣長興船廠建造。

1954 年 6 月 10 日	中國旅行社香港分社改組,獨立註冊為香港中國旅行社有限公司,為 1980 年代前香港唯一的中資旅行社。
1954 年 7 月 14 日	新界大埔墟火車站附近的禁山木瓜園發生火災,燒毀五間木屋,造成 14 人死亡、八人受傷。
1954 年 7 月 22 日	俗稱九龍仔的深水埗大坑東木屋區發生火災,焚毀 3800 間木屋,造成九人死亡,登記災民人數達 14,000 人。
1954 年 7 月 23 日	國泰航空一架由曼谷飛往香港的「空中霸王」客機被誤認為台灣當局軍機,在海南島被兩架解放軍軍機擊落,造成十人喪生。中國政府通過外交途徑表示願意承擔責任,並賠償 36.7 萬英磅。
1954 年 7 月 27 日	立信置業有限公司註冊成立,由霍英東創辦,為首間提供分期付款售樓模式的地產企業。
1954 年 8 月 6 日	香港男子草地滾球隊於加拿大溫哥華舉行的第五屆英聯邦運動會獲得一面團體賽銀牌,為香港首面英聯邦運動會獎牌。
1954 年 8 月 12 日	警方搜查中區新藝寫生院,以涉嫌非法經營色情場所為由拘捕三名負責人和兩名模特兒。翌日,港九各區經營人體寫生的負責人到警署接受問話。
1954 年 8 月 13 日	港府頒布《1954 年差餉(修訂)條例》,規定由翌年 4 月 1 日起,新界不同地區物業的差餉水平與市區的看齊。
1954 年 8 月 15 日	1926 年創辦於上海的《良友》畫報在香港復刊。該報社在 1966 年 1 月出版的《錦繡中華》,最早把中外海上通道稱為「陶瓷」之路。
1954 年 8 月 29 日	颱風艾達襲港,天文台懸掛九號烈風風力增強信號超過六個小時,造成一人死亡、12 人受傷。
1954 年 9 月 6 日	新界各區代表 600 餘人出席鄉議局舉行的代表大會,反對港府向新界物業徵收差餉。10 月 7 日,鄉議局代表向港府提交 600 餘人聯署的請求呈文,要求豁免鄉村屋宇差餉,降低擴展市區屋宇稅率。
1954 年 9 月 15 日	警務處總部遷到灣仔軍器廠街的新址辦公。
1954 年 9 月 20 日	沙理士繼任港協暨奧委會主席,推動香港體育界參加國際體育盛事,後於 1999 年卸任。
1954 年 9 月 21 日	孫麟方於石塘咀成立香港麵粉廠,為二戰後香港最大規模的麵粉製造商。
1954 年 9 月	中國新聞社於香港建立代銷處,1975 年撤銷代銷處並成立中國新聞社香港辦事處,1985 年更名為中國新聞社香港分社。
1954 年 10 月 1 日	九龍李鄭屋村及港島天后廟道木屋區同日發生火災,焚毀約 600 間木屋,無家可歸者約 6600 人。
1954 年 10 月 11 日	美國經濟援助協會遠東區會議在香港召開。

1954 年 10 月 15 日	港府頒布《1954 年礦務條例》，對勘探礦物及採礦工業作出規範，並成立礦務處。
1954 年 10 月 18 日	醫務署展開預防白喉病運動，呼籲家長為兩歲以下的嬰幼兒注射疫苗。
1954 年 10 月 26 日	香港公民協會成立，由法籍修士嘉恂擔任主席。
1954 年 11 月 6 日	颱風柏美娜襲港，天文台懸掛九號烈風風力增強信號近五個小時，風暴造成三人死亡、13 人受傷。
1954 年 11 月 20 日	石硤尾大埔道村大火，500 餘屋被焚，造成五人死亡、20 多人受傷，災民達 3000 人。
1954 年	中區政府合署建築群的首幢建築東座落成後，各政府部門開始遷入辦公。
	香港駐東京經貿辦成立，以促進香港與日本之間的經貿聯繫及文化交流。
	香港中華出入口商會成立。
	陳廷驊於荃灣創立南豐紗廠，兩年後正式投產，後成為香港生產量最高的紗廠之一。
	中華基督教會香港區會成立，正式脫離中華基督教會廣東協會。
	香港電話公司在東區設置首批共 1000 組以「7」字開頭的六位電話號碼，由 770000 號至 770999 號，是為香港電話號碼首次由五位升至六位。
1955 年 1 月 1 日	港府放棄官辦白米貿易，轉為特許 29 家米商擁有食米入口專營權。
1955 年 1 月 6 日	聯合國亞洲及遠東經濟委員會貿易小組委員會會議首次於香港舉行，共有 27 國代表出席。
1955 年 2 月 8 日	作家金庸開始於《新晚報》發表其首部連載小說《書劍恩仇錄》。
1955 年 2 月 20 日	紀念 1941 年香港保衛戰陣亡將士的西灣國殤紀念亭揭幕。
1955 年 2 月 21 日	上水石湖墟於凌晨發生大火，全墟八條街道及 80%（約 300 間）房屋被焚毀，造成一人死亡、六人受傷，災民達 4000 人，財失損失達 200 萬元，位於舊墟區中心的報德祠亦被燒毀。
1955 年 3 月 4 日	港府頒布《1955 年葛量洪獎學基金條例》，為有經濟需要的全日制院校學生提供獎學金。
1955 年 3 月 7 日	挪威學者韓寶祿發表其為聯合國難民署撰寫的研究報告，稱 1954 年香港有 66.7 萬名來自中國內地的難民。
1955 年 3 月 15 日	國民黨前高級將領衛立煌秘密由香港前往廣州，並發表〈告台灣袍澤朋友書〉。

港九新界各處佛堂、道院，分別舉行祈雨法會，祈求已歷時兩個月的旱災能早日消解。

電燈公司開始為港島樓宇內分戶安裝電錶，以避免同一單位分租住戶發生電費的糾紛。

1955 年 4 月 1 日

長洲附近出現水龍捲，造成三艘大船沉沒、36 艘漁船被吹翻，14 人死亡。

1955 年 4 月 2 日

由英國文化協會倡辦的第一屆香港藝術節開幕，後於 1962 年停辦。

1955 年 4 月 5 日

香港和倫敦之間的無線電傳真服務啟用，使兩地能於數分鐘內互通圖文訊息。

1955 年 4 月 11 日

印度航空的「克什米爾公主號」包機由香港前往印尼雅加達途中爆炸墜毀，機上 16 名乘客及機組人員喪生，包括準備參加萬隆亞非會議的中、越外交官及新華社香港分社社長黃作梅，僅三名機組人員生還。

1955 年 4 月 12 日

中國外交部發表聲明，就「克什米爾公主號」爆炸事件，指事前已提醒港府加強保安，英國政府應負有嚴重責任，同時要求其對參與事件的「蔣介石和美國特務分子」逮捕查辦。

一條長鬚鯨於上環干諾道西岸邊擱淺。

1955 年 4 月 14 日

中環士丹頓街 64 號一棟唐樓倒塌，造成七人死亡，當中包括一名孕婦，27 人受傷。

1955 年 5 月 7 日

維多利亞公園啟用，位於銅鑼灣，是當時全港面積最大的公園。（圖 149）

圖 149　1967 年位於銅鑼灣的維園，前方是香港首座公共游泳池 —— 維多利亞公園游泳池。（南華早報提供）

1955 年 5 月 13 日	香港出口商會註冊成立。
1955 年 5 月	荔枝角蝴蝶谷衛民村平房落成,出售予木屋區火災的災民,是香港平民屋宇公司籌建的首個建屋項目。
1955 年 6 月 6 日	醫務署設立四個服務站,免費為居民注射預防腸熱症(即傷寒)疫苗。
1955 年 6 月 10 日	港府頒布《1955 年舞弊及非法行為條例》,禁止與選舉相關的非法舞弊行為。
1955 年 6 月 11 日	教育司署頒布《小學國語課程準則》,統一所有香港小學的中文課程內容,規定初小專授語體文,高小則主要教授語體文以及少量淺易文言文,四書五經不再為教授內容。
1955 年 6 月 13 日	位於西營盤醫院道的贊育醫院新址落成開幕。
1955 年 7 月 8 日	港府根據《1955 年嘉道理農業貸款條例》,聯同嘉道理家族設立 50 萬元的農業貸款基金,向農戶提供免息貸款,協助發展農業。
1955 年 7 月 18 日	香港首個獅子會成立,並於 1960 年獲國際獅子總會批准,成立國際獅子總會三〇三區。
1955 年 7 月	包玉剛創立環球航運公司。
1955 年 8 月 2 日	香港華人銀行開業,12 月 10 日註冊成為有限公司。
1955 年 8 月 5 日	教育司署發表七年小學建校計劃,為香港學童提供 18.2 萬個新增小學學位。
1955 年 8 月 9 日	李鄭屋村徙置大廈地盤發現一座東漢墓葬,其後,香港大學中文系教授林仰山帶領學生發掘出東漢文物,包括 58 件陶器和青銅器。(圖 150)

圖 150　1955 年,建築工人在李鄭屋村地盤意外發現東漢墓穴,多名市民圍觀。(香港歷史博物館提供)

1955 年 8 月 19 日	港府頒布《1955 年工廠及工業經營條例》，監管工廠經營及保障工人安全。
1955 年 8 月 28 日	一批小學師生於大埔滘野餐期間被洪水沖走，28 人喪生。港府事後在意外地點豎立紀念碑和設立紀念公園。
1955 年 9 月 3 日	警務處懸紅緝拿涉嫌炸毀「克什米爾公主號」客機、已逃往台灣的香港飛機工程公司員工周梓銘。
1955 年 9 月 5 日	九鐵首批兩架柴油電動機車正式投入運作，分別命名為「葛量洪爵士號」和「慕蓮夫人號」。
1955 年 10 月 8 日	空氣動力學家錢學森一行 39 人由美國經香港返回中國內地，在港發表由一同歸國的 24 名中國留學者聯署、題為〈向祖國致敬〉的聲明。
1955 年 10 月 24 日	位於旺角的伊利沙伯中學校舍開幕，為香港第一所兼收男女學生的官立學校。

圖 151　位於港島掃桿埔的政府大球場，拍攝年份不詳。（星島日報提供）

1955 年 11 月 1 日	太子花墟村木屋區發生大火，造成五人死亡，400 多間房屋被焚，災民達 6000 人。
1955 年 11 月 12 日	一輛英軍坦克於新界進行演習期間與火車相撞，造成四人死亡、20 人受傷。
1955 年 11 月 22 日	何瑾就任香港正按察司，接替任內在英國病逝的侯志律。
	港府與渣華輪船公司合作的本港出品船上展覽郵船出發前往南非及南美各地，本展覽由港府在該公司「羅斯號」郵輪安裝陳列櫃，向世界展示本港工業產品，是港府促進本地產品外銷的新措施。
1955 年 12 月 2 日	第十三屆工展會開幕，展期 32 天，參觀人次突破 100 萬，是工展會舉辦以來首次。
1955 年 12 月 3 日	可容納 28,000 名觀眾的政府大球場啟用，舉行揭幕賽，由港聯對東非鐵路隊，結果主隊以二比一獲勝。（圖 151）

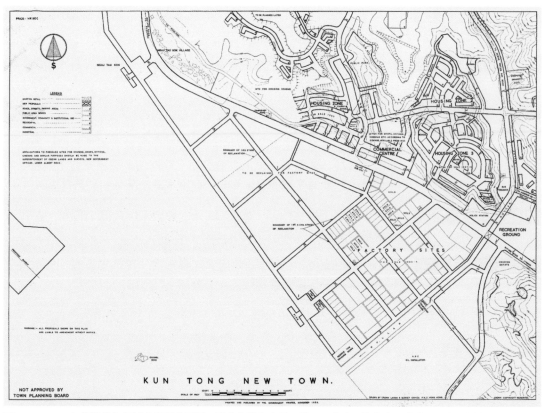

圖 152　1956 年觀塘的衛星城市規劃大綱圖，沿九龍灣海旁是工業區，後方則為住宅及商業區。（政府檔案處提供）

| 1955 年 | 港府完成觀塘的衛星城市規劃大綱圖，是為香港發展新市鎮之始。（圖 152） |

港府完成觀塘的衛星城市規劃大綱圖，是為香港發展新市鎮之始。
（圖 152）

馬會決定由本年起每年把盈餘撥捐慈善及公益項目。

呂志和創立嘉華集團。

何啟榮家族於新加坡成立光藝製片公司，由秦劍出任總經理，以拍攝粵語片為主。

1956 年 1 月 11 日　港府公布「克什米爾公主號」爆炸案的調查報告，稱客機於啟德機場停留期間被國民黨特務裝置定時炸彈，企圖刺殺原本準備乘坐該機的國務院總理周恩來。

1956 年 1 月 27 日　港府頒布《1956 年市政局（修訂）條例》，市政局非官守議員席數增加六席，任期延長至四年，其中民選議員增加四席。改組後的市政局有官守議員六名、非官守議員包括委任議員八名及民選議員八名，合計 22 人。

港府頒布《1956 年賭博（修訂）條例》，規定自 3 月 1 日起，所有需要付費入場的打麻將、天九及其他使用麻將牌、骨牌、撲克牌以作遊戲的場所，將被視為公眾賭場，須事先向警務處長申領牌照。

1956 年 1 月 30 日 │ 英國皇家舞蹈學院分級考試首次在香港進行，考試日期至 2 月 7 日。

1956 年 2 月 10 日 │ 香港和中國內地調整出入境措施，暫停對廣東籍居民入境的配額限制。9 月 3 日，港府恢復入境限額措施，獲准入境人數須與離境人數相等。限制撤銷約七個月間，中國內地來港人士達 54,000 人。

1956 年 2 月 15 日 │ 香港首屆絲織業展覽會開幕，展期三日，陳列本港製造的絲織品。

1956 年 2 月 17 日 │ 香港拯溺總會成立，其創會成員郭漢銘於同年成為香港首位考獲英國皇家救生會最高文憑的人士。

1956 年 2 月 18 日 │ 《文藝新潮》創刊，是香港純文學作家的重要發表園地，後於 1959 年 5 月 1 日出版最後一期。

1956 年 2 月 22 日 │ 立法局通過改善廣播事業的動議，反對香港電台作商業性的廣播，建議港府邀請私人資金開設商業性質的電台。

1956 年 3 月 5 日 │ 獲美南浸信會撥款籌辦的香港浸會書院成立，林子豐為首任院長，並於本年 9 月 11 日開學。

1956 年 3 月 7 日 │ 市政局舉行改制後首次民選議席選舉，革新會和香港公民協會分別有四人及兩人當選，其中革新會的鍾愛理遜是香港首位女性議員。

1956 年 3 月 15 日 │ 華僑張明添創立的海外信託銀行在香港開業。

1956 年 3 月 21 日 │ 國際影片發行公司與永華有限公司註冊成立國際電影懋業有限公司，陸運濤任董事長，鍾啟文任總經理，宋淇則任製片經理，首部作品為《金蓮花》。1965 年 6 月 7 日，公司改組為國泰機構（香港）有限公司。

1956 年 3 月 26 日 │ 兩架英軍軍機於濃霧中演習期間在油塘附近的魔鬼山相撞墜毀，並殃及民居，兩名機師喪生，一名老婦被燒死。

1956 年 3 月 29 日 │ 警務處入境事務部開始簽發回境證（又稱回港證），取代之前的邊境通過證，凡香港居民回港時須持此證才能入境。

1956 年 4 月 3 日 │ 首屆香港植樹節開幕，由農林漁業管理處主辦。

1956 年 4 月 14 日 │ 《青年樂園》創刊，登載知識特寫、報道校園生活及文藝創作等內容。在「六七暴動」期間被港府下令於 1967 年 11 月 22 日停刊。

1956 年 4 月 28 日 │ 為期兩周的撲滅蚊蟲行動結束，衛生局與醫務署合共派出 66 名衛生督察偕同清潔人員，調查及清除共 750 多處有產蚊隱患的地點，是港府首次組織專門人員防治蚊蟲的行動。

1956 年 5 月 10 日 │ 港府回覆鄉議局關於反對徵收差餉的呈文，表示不會減低條例草案訂明的差餉稅率，但暫停徵收新界土地的差餉。

1956 年 5 月 11 日 │ 港府頒布《1956 年領養條例》，規定法院發出領養令以及領養幼兒的資格。

1956 年 5 月 18 日 ┃ 新界鄉民在大埔戲院集會，支持鄉議局反對港府徵收差餉及農地需補地價以建村屋的限制。

1956 年 6 月 8 日 ┃ 宋王臺刻石舉行陞座儀式。因啟德機場擴建工程，港府將原位於今九龍城聖山的宋王臺題刻巨石，移至今九龍城宋皇臺道現址，並將「王」改寫成「皇」，稱為宋皇臺公園。公園至 1959 年 11 月正式開放。

1956 年 6 月 23 日 ┃ 從廣州或上海遷港的廣僑、光夏、華僑、文化及平正共五所私立專上學院合組成立聯合書院，並於 9 月開課。

1956 年 7 月 3 日 ┃ 九龍城碼頭啟用，開辦來往灣仔的航線。

1956 年 7 月 23 日 ┃ 麗的呼聲金色電台啟用，以粵語節目為主，每天播出 17 小時。

1956 年 8 月 14 日 ┃ 筲箕灣阿公岩的石礦場發生山泥傾瀉，造成兩人死亡、十人受傷。

1956 年 8 月 ┃ 張瑛和謝益之成立華僑電影企業公司，首部作品是改編自曹禺的《雷雨》。

1956 年 9 月 1 日 ┃ 亞洲足球協會於香港大球場舉行首屆亞洲盃足球賽，至 15 日結束，香港隊取得季軍。

1956 年 9 月 3 日 ┃ 香港建築師公會成立，1972 年更名為香港建築師學會。

1956 年 9 月 24 日 ┃ 市政局主辦首次香港治蚊周活動，向公眾宣傳防治蚊蟲的知識，為期六日。

1956 年 9 月 28 日 ┃ 礦務總監威廉・基收受 25,000 元賄款罪名成立，被判入獄兩年。

1956 年 10 月 10 日 ┃ 上午，兩名徙置事務處職員於「雙十節」期間，移除違例懸掛於李鄭屋徙置區 G 座的青天白日滿地紅旗及大型「雙十」徽牌，引起親國民黨居民強烈不滿，包圍徙置區辦事處，並要求賠償及道歉。事情演變成連續三天的暴動，是為「九龍及荃灣暴動」，或稱「雙十暴動」。（圖 153、154）

┃ 中國文化協會成立。

1956 年 10 月 11 日 ┃ 中午，港府召開會議，署理港督戴維德決定派遣駐港英軍前往九龍協助警方穩定由「雙十暴動」導致的不穩局勢。

┃ 深水埗、旺角及油麻地繼續發生暴動和襲擊事件。下午，瑞士駐港副領事兼參贊恩斯特及其夫人乘的士駛經大埔道時，被暴動者包圍襲擊，汽車被推翻焚毀，副領事夫人及兩名群眾死亡，副領事被燒傷。

┃ 下午，大批親國民黨工人衝擊位於荃灣的寶星、南海及其他多間紗廠，要求廠方掛上青天白日滿地紅旗及開除左派工人，並襲擊及搶掠左派工會。防暴警察在英軍協助下於凌晨平息騷亂。

圖 153　李鄭屋徙置區 G 座懸掛的青天白日滿地紅旗及大型「雙十」徽牌。警方在外圍戒備。攝於 1956 年 10 月 16
日。（Getty Images 提供）

圖 154　1956 年「雙十暴動」期間，警察裝甲車在大埔道巡邏，維持治安。（星島日報提供）

1956 年 10 月 11 日 | 港府宣布於九龍半島實施戒嚴，其間渡海小輪及九廣鐵路英段在內的公共交通工具全部停駛。翌日，荃灣和深井亦實施戒嚴。

1956 年 10 月 12 日 | 警方與駐港英軍開始大規模搜捕「雙十暴動」參與者，行動持續兩天，共拘捕約 2870 餘人。

1956 年 10 月 13 日 | 國務院總理周恩來就「雙十暴動」事件會見英國駐華代辦歐念儒，指出事件是台灣特務分子挑起，並非港府所說左翼和右翼的派系鬥爭所導致。

1956 年 10 月 14 日 | 港府頒布《1956 年緊急（拘留令）規例》，授權警方可拘留因暴動被捕人士不超過 14 天，以作調查，若 14 天後港督認為有需要繼續調查，可批准以 14 天為一個周期，再次或多次扣留有關人士。

1956 年 10 月 16 日 | 港府解除戒嚴令，市區交通及公共服務恢復正常。「雙十暴動」共造成 59 人死亡、384 人受傷，為香港死亡人數最多的暴動事件；另至少有 6000 人被捕，當中 1455 人被控違反戒嚴令罪，1241 人罪成；740 人被控暴動、劫掠在內的嚴重罪行，291 人罪成。

1956 年 10 月 31 日 | 港府成立貪污問題常設委員會，由律政司提名的主任檢察官擔任主席，成員包括銓敍司和警方反貪部主任，就本港治貪、防貪問題提供諮詢性意見。1960 年 3 月 16 日，港府改組該委員會，由律政司親任主席，成員包括銓敍司、警務處副處長以及行政局三名非官守議員，以強化其作用。

1956 年 11 月 23 日 | 崇基學院在沙田馬料水的校舍落成。

1956 年 11 月 | 香港大學骨科系主任侯信與其團隊首次在學術期刊發表關於「前路清創及融合術」的研究論文，以治療肺結核引起的脊椎結核，該療法被西方譽為「香港手術」。

1956 年 12 月 23 日 | 上水石湖墟發生大火，燒毀鐵屋 300 間，造成三人死亡、三人受傷。（圖 155）

1956 年 | 九龍晏架街隔篩廠啟用，是香港首間污水隔篩廠。

| 徙置事務處向 12 間準備於徙置大廈天台設立學校的志願團體發出指引，確保其校舍設施符合教育司署的要求。

1957 年 1 月 1 日 | 港府發表《九龍及荃灣暴動報告書》，報告認為於九龍暴動是由一批親國民黨的三合會成員煽動的犯罪行為，並無政治預謀；荃灣暴動則是左翼與右翼工會的鬥爭。

1957 年 1 月 21 日 | 九龍大坑西木屋區發生火災，燒毀木屋 20 餘間，造成兩人死亡，100 餘人受災。

1957 年 1 月 22 日 | 徙置事務處開始派員進入竹園村向戶主登記，限期一個月內遷出，引起竹園村以至其他亦受收地影響的衙前圍村新九龍原居民的集體抗議。

1957 年 2 月 13 日 | 旺角廣東道四幢樓高 4 層的舊木樓起火，造成 33 人死亡。

圖 155　上水石湖墟大火後的情況。(政府新聞處提供)

| **1957 年 2 月 15 日** | 第一屆鐘錶業出品展覽會在中環新填海地舉行。 |

| **1957 年 2 月 22 日** | 港府刊憲，公布收回竹園區 200 多個地段的土地，以興建徙置區。 |

| **1957 年 2 月 23 日** | 新亞書院開辦兩年制藝術專修科課程，培訓國畫及西洋畫專才，為香港首間設立藝術學位的高等教育機構。 |

| **1957 年 3 月 1 日** | 港府頒布《1957 年應課稅品（修訂）條例》，規定甲醇儲存容器必須標識「有毒」，甲醇進口商、銷售商和零售商必須在其管有的甲醇中添加染色劑和氣味劑以作辨識，以及未經工商管理處處長書面批准，任何飲用酒的製造商、進口商、銷售商在其場所不得儲存甲醇。 |

| **1957 年 3 月 11 日** | 九龍寨城附近的十個原居民鄉村組成九龍十鄉聯合支援竹園村民會，於竹園聯合村鄉公所舉行記者招待會，發表請願書，要求港府停止竹園區拆遷計劃。4 月 13 日，該會擴大為十三鄉，又稱為九龍十三鄉聯合支援竹園村民會。 |

| **1957 年 3 月 17 日** | 尖沙咀新天星碼頭啟用。 |

| **1957 年 3 月 22 日** | 港府增設房屋管理處，取替原有市政事務署的屋宇部，管理新建的公共房屋，委任魯佐之為首任處長。 |

1957 年 3 月 28 日	屯門的洪水坑水塘和藍地水塘啟用，為元朗至屯門之間的數十條村落提供灌溉用水，是香港首批灌溉水塘。
1957 年 4 月 28 日	國務院總理周恩來在上海工商界人士座談會上講話，對在經濟上如何發揮香港的特殊作用作出闡述：「香港的主權總有一天我們是要收回的」，「對香港的政策同對內地是不一樣的，如果照抄，結果一定搞不好」，「香港可作為我們同國外進行經濟聯繫的基地，可以通過它吸收外資，爭取外匯」。
1957 年 5 月 21 日	香港大學成立校外課程部，為未被該大學錄取的高中畢業生及未受過高等教育的青年提供教育，1992 年改稱香港大學專業進修學院，香港大學是香港首間設置持續教育部門的高等院校。
1957 年 5 月 24 日	港府頒布《1957 年醫生註冊（修訂）條例》，成立香港醫務委員會，規定除獲豁免外，禁止未向醫務委員會註冊的西醫執業。
	香港電影代表團 30 人由陸運濤帶領參加東京舉行的第四屆亞洲電影節頒獎禮，林黛以《金蓮花》獲最佳女演員獎。
1957 年 5 月 29 日	麗的呼聲創辦的麗的映聲開台，是香港第一間電視台。
1957 年 5 月 31 日	大埔賽馬會診所啟用，由醫務署經營，是馬會捐建啟用的第一所公立診所。
1957 年 6 月 1 日	《文藝世紀》創刊，主編為夏果，堅持現實主義路線，後於 1969 年停刊，是香港刊行時間最長的文藝期刊之一。
1957 年 6 月 7 日	港府頒布《1957 年香港機場（障礙管制）條例》，限制航道範圍的建築物高度，以保障航空安全。
1957 年 6 月 21 日	港府頒布《1957 年香港旅遊協會條例》，成立法定機構香港旅遊協會，以在海外宣傳香港，吸引遊客到訪旅遊。
	李鄭屋漢墓博物館開幕，由 1955 年在李鄭屋村發現的東漢墓葬改建而成，是香港首個遺址博物館。
1957 年 7 月 24 日	中國外交部向英國政府提交照會，要求港府停止竹園村拆遷計劃，並妥善安置和賠償已被拆遷的居民。翌月 6 日，英國外交部回覆，指出中方誤解港府的行動，強調已在老虎岩建有新屋安置受影響的居民。
1957 年 7 月	美國總統艾森豪威爾批准國家安全委員會的 5717 號《美國對香港政策》，建議利用香港作文化宣傳活動和搜集中國情報的中心，是美國政府制定的第一份專門關於美國對香港政策綱領文件。
1957 年 8 月 3 日	大嶼山東南公路的第一階段梅窩至長沙段通車，是大嶼山首條公路，在 1969 年易名為嶼南道。
1957 年 8 月 31 日	灣仔摩理臣山發現一個日佔時期的亂葬崗，挖掘出 200 多具被日軍殘殺平民的骸骨。

1957 年 9 月 5 日	第八屆世衛組織西太平洋區會議在港召開，共有 14 個國家代表出席。
1957 年 9 月 6 日	港府頒布《1957 年輻射條例》，成立輻射管理局，規管放射性物質和輻照儀器的入口、出口、管有與使用。
1957 年 9 月 22 日	颱風姬羅莉亞襲港，天文台懸掛香港 1950 年代唯一一次十號颶風信號。颱風造成九人死亡、十人受傷、10,367 人受災。
1957 年 9 月 26 日	瑪利諾外方傳教會於深水埗開辦瑪利諾神父教會學校。
1957 年 9 月	香港工業產品參加西德法蘭克福國際貿易展覽會，並成功獲得價值數十萬英鎊的訂單。
1957 年 10 月 14 日	教育司署首間於二戰後創辦的夜間中學開課。
1957 年 10 月 16 日	位於銅鑼灣的維多利亞公園游泳場啟用，是香港首個政府公眾游泳池。
1957 年 10 月 21 日	香港首幢徙置工廠大廈在長沙灣落成，由徙置事務處管理，主要為無經濟能力建造或租用大型廠房的廠戶提供工場，是港府徙置計劃的一部分。
1957 年 11 月 25 日	香港屋宇建設委員會興建的北角渣華道廉租屋邨（後稱北角邨）落成，是首個由港府興建的公共廉租屋邨，初期可容納 600 戶。（圖156）

圖 156　1968 年北角邨的鳥瞰圖，該邨被譽為低收入家庭中的「豪宅」。（政府新聞處提供）

| **1957 年 12 月 7 日** | 大欖涌水塘落成，總容量約 2000 萬立方米，是當時香港容量最大的食用水塘。該水塘自 1952 年開始興建，其範圍在當時已被劃為造林區。 |

| **1957 年 12 月 8 日** | 香港第一座公共多層停車場在新中環天星碼頭前建成啟用。 |

| **1957 年 12 月 15 日** | 新中環天星碼頭落成啟用。 |

| **1957 年** | 葛量洪醫院建成，位於港島黃竹坑，由香港防癆會管理，初期主要提供肺癆治療服務。 |

中電在大嶼山鋪設環島供電網，自此為大嶼山提供穩定電力。

國務院批准外貿部和廣東省人民政府共同以中國國際貿易促進委員會的名義，在廣州舉辦中國出口商品交易會。這個被國務院總理周恩來簡稱為「廣交會」的展覽會，每年春秋各舉辦一次，一直延續至今。

香港旅行社協會成立，以推動香港旅行社和導遊業的專業化。

旺角工人夜校成立，為香港首間提供業餘工業教育的民辦學校。

成立於 1947 年的中英管弦樂團從中英學會獨立，並改名為香港管弦樂團。

沙田萬佛寺落成開放，月溪法師為首任住持。

香港中國美術會聯同英國文化協會舉辦「中國畫東南亞巡迴展」，於馬來亞、泰國及新加坡等地展出百多幅由鮑少遊、呂壽琨及丁衍庸等 91 名居港畫家創作的書畫，持續兩年，是香港畫家首次集體在海外舉行展覽。

呂壽琨、鄺耀鼎和白連成立香港藝術家協會，以推廣香港現代藝術的發展為目標。

樓高 17 層的銅鑼灣蟾宮大廈落成，取代中國銀行大廈成為當時香港最高的建築物。

| **1958 年 1 月 1 日** | 原屬華民政務司的社會局改為獨立的政府部門，並更名為社會福利署，負責執行社會福利事務。 |

| **1958 年 1 月 5 日** | 香港第一組自動交通燈系統啟用，位於港島中區亞畢諾道、堅道、上亞厘畢道及忌連拿利道（今己連拿利道）交界，以取代之前的手動信號燈。 |

| **1958 年 1 月 10 日** | 港府頒布《1958 年教育（修訂）條例》，加強規管校舍設施，以保障師生安全。 |

| **1958 年 1 月 23 日** | 柏立基宣誓就任第二十三任港督，後於 1964 年 4 月 1 日卸任。 |

1958 年 1 月 | 唐君毅、徐復觀、張君勱、牟宗三在《民主評論》1958 年 1 月號發表〈為中國文化敬告世界人士宣言：我們對中國學術研究及中國文化與世界文化前途之共同認識〉，被稱為「當代新儒家宣言」。

1958 年 2 月 1 日 | 港協暨奧委會聯同 11 個屬會在九龍伊利沙伯青年館舉辦首屆香港體育節，推廣全民運動。

1958 年 3 月 1 日 | 500 名海軍船塢工人不滿資方因船塢關閉計劃而解僱 12 名員工，包圍船塢辦公室抗議，警方到場調停。

1958 年 3 月 3 日 | 首對貫穿維港的海底煤氣管道鋪設完工，從紅磡鋪設至銅鑼灣，港島煤氣自此從九龍廠房輸送，西環煤氣廠其後關閉。

1958 年 3 月 6 日 | 港督柏立基於立法局宣布，下年度起港府可以自行決定財政預算及發行公債和借款，毋需再經英國政府批准。

1958 年 3 月 | 警務處於粉嶺軍營成立警察訓練分遣隊，為一支能應付騷亂的準軍事化部隊。1968 年，分遣隊改組為警察機動部隊。

1958 年 4 月 4 日 | 市政局推出卡通人物「平安小姐」，呼籲市民防治蚊患及飯前先洗手，並開始於徙置區選出清潔和衛生情況最佳的徙置居民。（圖 157）

1958 年 4 月 22 日 | 位於九龍城附近的啟德新村木屋區大火，造成五人喪生，當中包括兩名孕婦，九人受傷。

圖 157　1959 年的平安小姐海報。平安小姐話：「疏通溝渠，免碍衛生。」（政府新聞處提供）

| 1958 年 4 月 25 日 | 警務處實施出入境新例，規定香港居民由澳門返港時必須持有回港證。該措施於本年 3 月 17 日頒布，原定 4 月 1 日起實施，兩度延期至本日起執行。 |

| 1958 年 4 月 | 梁威林抵港就任新華社香港分社社長，後於 1977 年 12 月離任，為該社至今在任時間最長的社長。 |

| 1958 年 5 月 1 日 | 教育司署禁止香港八所左派學校於五一勞動節期間懸掛中國國旗。6 月 10 日，中國外交部發表聲明，譴責港府發出該禁令。 |

| 1958 年 5 月 5 日 | 香港賽馬會捐贈的水上診所船「慈航號」投入服務，由醫務署管理，為香港東部海岸各農村和漁村提供服務。 |

| 1958 年 5 月 17 日 | 油麻地平安戲院於拆卸期間倒塌，造成六人死亡、13 人受傷。 |

| 1958 年 5 月 24 日 | 香港代表隊參加在日本東京舉行的第三屆亞運會，共取得一銀一銅，並首次在乒乓球及射擊項目奪得獎牌。 |

| 1958 年 5 月 30 日 | 港府頒布《1958 年徙置條例》，規定港督可委任執行官員，負責取締非法搭建、審查徙置區居民資格、在徙置區和平房區建屋等職能。 |

| 1958 年 5 月 | 香港專上學生聯會成立。 |

| 1958 年 7 月 | 警方於新界多條主要道路設立檢查站，以打擊偷渡活動。 |

| 1958 年 8 月 6 日 | 港府以培僑中學校長杜伯奎被除去校監職務後，依然繼續管理學校為理由，將其遞解出境。 |

| 1958 年 8 月 10 日 | 香港中國美術會成立，成員包括李研山、趙少昂、張君實和呂壽琨等。 |

| 1958 年 8 月 11 日 | 關山憑電影《阿 Q 正傳》奪得第十二屆瑞士洛迦諾國際電影節銀帆獎，成為香港首位國際影帝。 |

| 1958 年 8 月 26 日 | 警方以建築安全為由查封中華中學校舍，其間與學校師生和在場採訪的記者發生衝突，事後中國外交部向英國政府提出抗議。 |

| 1958 年 9 月 12 日 | 耗資 9000 萬元興建的啟德機場 13/31 跑道正式啟用，機場同日改名為香港國際機場。（圖 158） |

| 1958 年 10 月 3 日 | 港府頒布《1958 年入境（管制及罪行）條例》，綜合之前有關出入境管制的相關法律，全面規管出入香港及使用旅行證件的要求。 |

| 1958 年 11 月 25 日 | 香港零售米商聯合總會成立。 |

| 1958 年 11 月 27 日 | 家計會分別在港島及九龍各開設一間婚姻指導所，提供免費的婚姻及節育指導。 |

| 1958 年 11 月 | 大欖監獄啟用，以收容染有毒癮的犯人為主。 |

圖 158　1958 年落成的啟德機場 13/31 跑道，共有 1.5 英里位於原來九龍灣海面範圍。（政府新聞處提供）

1958 年 12 月 9 日	警方禁止培僑及香島在內十間左派學校於南華體育會足球場舉行聯校體育表演大會。
1958 年 12 月 12 日	崑南、王無邪、葉維廉等人創立現代文學美術協會，翌年 5 月創辦《新思潮》，登載文藝創作、藝術評論介紹、新書推介以及文藝資訊等內容。
1958 年 12 月 27 日	邵氏兄弟（香港）有限公司註冊成立，在香港從事電影製作。（圖 159、160）
1958 年	法國國家工商銀行在港開設銀行業務，現稱法國巴黎銀行。
	蔣震成立震雄機器廠，初期以維修機器為主，1965 年起開始生產注塑機，成為全球注塑機主要生產商之一。
	紹榮鋼鐵有限公司在將軍澳調景嶺建成香港第一間軋鋼廠，利用船板切成的鐵條滾軋鋼筋。
1959 年 1 月 2 日	司法機關於九龍裁判署開設香港首個夜間法庭。
1959 年 1 月 8 日	白英奇主教成立香港教區教友傳教總會。
1959 年 1 月 23 日	港府頒布《1959 年香港輔助警隊條例》，合併後備警察隊與特務警察隊為香港輔助警察隊。
	滙豐銀行收購有利銀行，將其作為附屬公司。
1959 年 2 月 1 日	1958 年 12 月港府與英國貿易委員會簽訂的《蘭開夏協定》於本日生效，香港自動限制出口英國棉織品每年不多於 1.64 億平方碼，有效期三年。這是歐美對香港紡織品實施配額制度以來的首份協定。
	首屆香港高爾夫球公開賽在粉嶺高爾夫球場舉行，由台灣球手呂良煥奪得錦標，是香港首項國際級高爾夫球賽。
1959 年 2 月 4 日	遠東錢莊在荃灣開張，是新界首間經營銀行業務的機構，翌年改組為遠東銀行。
1959 年 2 月 6 日	港府頒布《1959 年商業登記條例》，除特別豁免者外，所有在香港經營業務的人士，均須向商業登記署辦理商業登記。
1959 年 4 月 2 日	中環干諾道中行人隧道啟用，是香港首條地下行人隧道。
	英國聖公會坎特伯雷大主教費希爾抵港，訪問五日。
1959 年 4 月 5 日	香港乒乓球運動員容國團代表中國，在西德多蒙特第二十五屆世界乒乓球錦標賽奪得男子單打冠軍，是中華人民共和國成立以來首位運動項目世界冠軍。
1959 年 4 月	港府撥款在九龍各徙置區安裝海水沖廁系統設備，以改善以往使用旱廁導致的衛生問題。
	出版商羅斌創辦《武俠世界》雜誌，刊登本地武俠小說作品，後於 2019 年 1 月停刊，是香港歷史最悠久的武俠小說雜誌。

圖 159　邵逸夫（左）在電影《大軍閥》新聞發布會上與許冠文（右）握手，攝於 1972 年 4 月
18 日。（南華早報提供）

圖 160　位於清水灣的邵氏片場鳥瞰圖，攝於 1971 年 11 月。（南華早報提供）

| 1959 年 5 月 11 日 | 新界總商會成立,以促進新界地區商業發展和商會合作。 |

| 1959 年 5 月 17 日 | 首屆香港藥物陳列展覽開幕,由港九西藥從業員福利會主辦,展出本港及各國新研發的藥物。 |

| 1959 年 5 月 20 日 | 查良鏞與沈寶新合辦的《明報》創刊。 |

| 1959 年 5 月 22 日 | 港府頒布《1959 年保持空氣清潔條例》,以管制工業燃料燃燒所產生的排放物。 |

| 1959 年 6 月 12 日 | 香港一連四日暴雨,新界受災嚴重。18 日,港府撥款 50 萬元援助受新界水災影響的農民。 |

| 1959 年 6 月 19 日 | 商人黃錫彬之子、體育界及商界名人黃應求遭綁架,後被撕票,是為「三狼案」之始。 |

| 1959 年 6 月 29 日 | 馬會註冊成立香港賽馬會(慈善)有限公司,專責管理捐款事務,並於 1993 年成立香港賽馬會慈善信託基金。 |

| 1959 年 7 月 15 日 | 香港復康會成立,以向傷殘人士提供復康服務為目標。 |

| 1959 年 7 月 17 日 | 啟德機場的夜航燈光系統啟用,自此航機得以於夜間升降,機場可 24 小時運作。 |

| 1959 年 8 月 1 日 | 渣打銀行位於中環德輔道中的新大樓揭幕,樓高 19 層,為當時香港最高的建築物。 |

| 1959 年 8 月 26 日 | 香港商業廣播有限公司經營的商業電台開台。 |

| 1959 年 9 月 23 日 | 港府公布新規定,如公務員財富及生活水平超出其官職收入,須向港督提出合理解釋,否則港督將委任包括司法機構代表擔任主席的三人審裁小組進行調查;若調查違法屬實,被調查的公務員將被強制解僱。 |

| 1959 年 10 月 5 日 | 出版商羅斌創辦的《新報》創刊,後於 2015 年 7 月 12 日停刊。 |

| 1959 年 10 月 9 日 | 港府頒布《香港政府與海軍部所訂協議》,港府需支付 700 萬英鎊予英國海軍,以收回金鐘海軍船塢。 |

| 1959 年 11 月 1 日 | 香港首個安裝無線電通訊設備的士車隊投入服務,車隊屬金邊的士公司所有。 |

| 1959 年 11 月 11 日 | 港府發表《香港毒品問題白皮書》,指出毒品為香港社會經濟最大問題之一,並提出多項解決方法,包括修例加強緝私隊及警方拘控販毒者的權力,以及在青山醫院設立自願戒毒中心。 |

| 1959 年 11 月 26 日 | 港府頒布《1959 年香港盾徽(保護)條例》,規定除經布政司書面許可外,禁止任何人士製作、向公眾展示、出售,或以任何商業、貿易或職業目的使用盾徽的複製品,或任何使人聯想到盾徽的類似標識。 |

| 1959 年 11 月 27 日 | 警務處推出新界的士擴展計劃,公開招募經營者,擁有六部或以上的士者可申請牌照營辦新界的士,並容許新界的士往返九龍的指定停車處。 |

1959 年 11 月 28 日	港府收回金鐘海軍船塢,以興建連接港島中區與東區的道路。
1959 年 12 月 11 日	港府頒布《1959 年鄉議局條例》,鄉議局正式成為港府於新界的法定諮詢機構。
1959 年 12 月 31 日	恒生銀號改名註冊為恒生銀行,其後開始在德輔道中興建恒生銀行大廈作為總部。
1959 年	在香港的出口貿易中,港產品的比重已經上升到 69.9%,超過了轉口貨物的比重,是香港實現工業化的標誌。

公共關係辦事處更名為政府新聞處。

醫務署更名為醫務衞生署。

汪松亮與其妻子顧亦珍創辦德昌電機工業製造廠,並於翌年 4 月 25 日註冊為有限公司。

歐露芙獲任命為香港首位女官學生(後稱政務官)。

房協建成四季大廈,是荃灣新市鎮首個公共屋邨。

《銀燈日報》創刊,為本港首份彩色印刷的娛樂新聞報章。(圖 161)

萬里書店(今萬里機構)成立。

圖 161　1965 年 6 月 3 日的《銀燈日報》。(香港歷史博物館提供)

圖 162　1960 年發行的一元硬幣，正面圖
案為英女王伊利沙伯二世頭像；反面圖案
為手持一顆珍珠的獅子，象徵英國王室，
同時鑄有「香港壹圓」面值。珍珠象徵香
港是「東方之珠」。(香港歷史博物館提供)

1960 年 1 月 1 日　一元硬幣成為香港法定貨幣，取代於 1960 年底停止印行的一元紙幣，並於翌日開始流通。(圖 162)

1960 年 1 月 15 日　香港第二條汽車渡海航線啟航，由油麻地小輪營運，來往上環新填地至佐敦道碼頭。

1960 年 1 月 24 日　港府推行首次 1961 年人口調查試驗性調查，分別在油麻地、維港西部、香港仔及大埔抽查水上人口。翌年 2 月 24 日公布調查結果，水上人口約有 15 萬人。

1960 年 1 月　港府成立 200 萬元漁業發展貸款基金，透過循環貸款方式，推動本地漁船發展深海作業。翌年 12 月，港府再為基金撥款 300 萬元。

1960 年 2 月 12 日　李鄭屋村木屋區發生大火，焚毀 642 間木屋，造成四名兒童喪生，五人受傷，災民 2397 人。

1960 年 2 月 21 日　青山精神病院啟用，接收首批來自西營盤域多利精神病院的病人，翌年 3 月 27 日開幕，後改稱青山醫院。

1960 年 2 月 27 日　《兒童報》創刊，登載童話故事改編的漫畫、單格漫畫等內容，兼有學生投稿、新書推介和學生活動等資訊，後於 1966 年 9 月停刊。

1960 年 3 月 15 日　元朗十八鄉屬田寮及木橋頭兩條村落發生械鬥，數十人參加，造成三人重傷、十多人輕傷。

1960 年 3 月　港府改稱官學生為政務官，是港府重要的人事制度改革措施。

港府就其考察向港府提交《香港專上學院發展報告書》，英國薩塞克斯學院院長富爾敦其中建議新大學須以中文為教授語言。1962 年，富爾敦再次來港，主持一個由國際學者組成的委員會，以審定新亞、崇基、聯合三所書院的教育水平，並定下新大學的組織架構。1963 年 4 月，《富爾敦報告書》公布，明確提出以聯邦制作為三所書院組成大學的模式，成為香港中文大學成立的藍圖和依據。

1960 年 4 月 16 日　滙豐銀行荃灣分行開幕，是新界第一間滙豐分行，也是新界第一間現代外資銀行。

1960 年 5 月 6 日　新界暴雨，大埔、元朗與上水受災嚴重，造成至少七人死亡，5300 英畝稻田和 1300 英畝菜地被浸，財物損失達 300 萬元。

1960 年 5 月 13 日	港府公布《九龍東北部發展草圖計劃》，向公眾進行諮詢，計劃涉及 1300 餘英畝的發展土地，可容納 60 多萬居民，並將九龍寨城列入計劃範圍內。
1960 年 5 月 20 日	港府頒布《1960 年人事登記條例》，規定自翌月 1 日起，全港巿民須分批更換新的身份證。
1960 年 5 月 29 日	位於啟德機場的空郵中心投入運作，專門負責空運郵件和包裹。
1960 年 5 月	人口登記局改名為人事登記處。
	港府在新界開始執行《1960 年藥物規例》，任何禽畜業人士如需購買動物用抗生素或藥物，須向當局申領牌照。
1960 年 6 月 9 日	颱風瑪麗吹襲香港，天文台懸掛十號颶風信號九個小時。颱風造成 45 人死亡、11 人失蹤、127 人受傷，814 艘漁船、六艘遠洋輪船損毀、330 間木屋被毀。
1960 年 6 月 30 日	港府頒布《1960 年香港工業總會條例》，成立法定機構香港工業總會，以保障本地工商界利益，並以周錫年為首任主席，成立典禮於本年 11 月 22 日舉行。
1960 年 6 月	由杜學魁、葉錫恩發起組織的防止自殺會創立，設立電話輔導服務，1963 年該會易名為香港撒瑪利亞會，1976 年更名為香港撒瑪利亞防止自殺會，是亞洲第一間關注自殺問題的組織。
1960 年 7 月 12 日	由美國政府贊助 20 萬美元興建的黃大仙徙置區公共會所開幕，由社署與多個民間福利機構共同營運，是香港首個社區活動中心。
1960 年 9 月 5 日	伊利沙伯醫院護士學校落成。
1960 年 9 月 7 日	王廷歆、王德輝家族註冊成立華懋置業有限公司。
1960 年 9 月 9 日	港府頒布《1960 年精神健康條例》，就精神不健全人士的收容、羈留和治療作出規定。
1960 年 9 月 17 日	九龍大坑東木屋區發生大火，燒毀 300 多間木屋，燒死四人，當中包括一名孕婦，4500 多人無家可歸。
1960 年 9 月 19 日	第三師範專科學校開課，初期為葛量洪師範專科學校的分校，校址借用樂富老虎岩官立小學。翌年 10 月 27 日，學院更名為柏立基師範專科學校。
1960 年 9 月	港府成立首支政府蛙人隊伍，隸屬消防局，負責水下救援。
1960 年 10 月 21 日	受歐洲金價暴升暴跌影響，金銀業貿易場決定，香港 K 金買賣市場停市一日，後再停市至 24 日。
1960 年 11 月 1 日	《天天日報》創刊，是香港首份彩色印刷的綜合性報章，後於 2000 年 9 月 8 日停刊。

圖 163　位於銅鑼灣的日資大丸百貨公司，攝於 1976 年。（南華早報提供）

1960 年 11 月 3 日	香港大丸百貨公司在銅鑼灣開幕，翌日正式營業，是第一家在香港經營的日資百貨公司，後於 1998 年 12 月 31 日結業。（圖 163）
1960 年 11 月 11 日	港府頒布《1960 年道路交通（修訂）條例》，規定警車、消防車、救傷車不受交通燈管制。
1960 年 11 月 15 日	港府與廣東當局達成首份供水協議，規定每年從深圳水庫輸入 2270 萬立方米原水。
1960 年	港府將全港中學分成文法中學、工業中學和職業先修中學三類學校。文法中學主要提供銜接至大學教育的傳統課程，而三年制的工業及職業先修中學則提供應付工商業需求的實用學科。

香港加入國際刑警組織。

警務處設立貪污事件審查委員會，成員包括警務處副處長、刑事偵緝組主任、反貪部主任，其後再增加一名銓敍司代表。

年底，馬會獲英女王批准冠以「皇家」頭銜。翌年 1 月，港府華民政務司為其提供官方中文譯名為英皇御准香港賽馬會。

醉酒灣堆填區建成啟用，後於 1979 年停用關閉，歷年堆積 350 萬噸廢物。1993 年堆填區修復改建成葵涌公園，2000 年完成修復工程，並開放其中的 3.9 公頃用地作小輪車場。

圖 164　張子岱於愉園對精工的甲組聯賽比賽中為愉
園射入第二球，攝於 1975 年 4 月 13 日。（南華早報
提供）

1961 年 1 月 14 日	香港足球員張子岱首次代表英國黑池隊於英格蘭甲組足球聯賽中上陣，是首位於英國頂級聯賽上陣的華人球員。11 月 25 日，張子岱替黑池攻入一球，成為首位於該聯賽有入球紀錄的華人球員。（圖164）
1961 年 1 月 16 日	紅磡山谷道木屋區大火，焚毀房屋約 1200 間，造成六人死亡，災民人數逾 10,000 人。
1961 年 2 月 1 日	香港是日起開始獲深圳水庫供水，每日供水量為 2200 萬加侖。
1961 年 2 月 10 日	商人黃錫彬於渣甸山寓所附近被匪徒綁架，遭禁錮 17 日後獲釋，是「三狼案」的另一事件。
1961 年 2 月 11 日	港府按《1931 年人口普查條例》進行二戰後首次人口普查，至翌月 7 日完成。普查結果顯示，香港總人口為 3,133,131 人，是 1931 年的 3.7 倍。
1961 年 2 月 22 日	英國外交大臣杜嘉菱秘密致函防衛大臣和首相，指如果中國動用武力收復香港，英國「只能利用核武或放棄之」，並建議英國政府應與美國商討使用核武來防衛香港，同時「促使中方以為若攻擊香港，則會遭到核反擊」。
1961 年 2 月	教育司署宣布推行中文中學五年學制計劃，並修訂原有課程，以符合新的修業年限。

| 1961 年 3 月 | 港府開始在食水中加入氟，以保障市民的牙齒健康。 |

| 1961 年 4 月 19 日 | 一架載有 16 名官兵及其家屬的美軍運輸機於濃霧期間，由啟德機場起飛後意外撞向港島東部的柏架山，14 人喪生。 |

| 1961 年 5 月 15 日 | 深水埗荔枝角道一連三幢樓宇發生大火，最終造成 29 人死亡、50 人受傷。 |

| 1961 年 5 月 19 日 | 颱風愛麗斯襲港，天文台懸掛十號颶風信號兩個半小時，颱風造成四人死亡、20 人受傷。 |

| 1961 年 6 月 1 日 | 位於上環的新港澳碼頭啟用。 |

| 1961 年 6 月 2 日 | 港府宣布劃定原來用作安置難民的調景嶺為平房徙置區，未經批准不得擴建或興建房屋。居民經港府登記後，可無限期居留，港府若遷走居民，須為其安排新居所。 |

| 1961 年 6 月 9 日 | 香港數十個道教團體宣布籌組香港道教聯合會，翌年 3 月獲港府批准註冊。 |

| 1961 年 6 月 15 日 | 市面出現廖創興銀行董事長被警方偵查而離港的謠言，導致該銀行總行及分行出現擠提。翌日，滙豐和渣行兩家銀行發表支持廖創興銀行的聯合聲明，擠提風潮漸告平息。 |

| 1961 年 6 月 24 日 | 連接啟德機場和大埔道的龍翔道開放通車，是貫通九龍東部與新界東部的主要幹道，與九龍西部的呈祥道接通後成為貫通九龍東西的主要幹道。 |

| 1961 年 7 月 21 日 | 第二代皇后戲院開幕，位於中環陸海通大廈，後於 2007 年 9 月 30 日結束營業。 |

| 1961 年 7 月 26 日 | 進行環遊世界之旅的著名諧星差利‧卓別靈一行抵港，接受記者訪問。 |

| 1961 年 8 月 4 日 | 港府根據《1961 年入境事務隊條例》，把原轄於警務處的入境事務部改為獨立部門，並改稱為人民入境事務處（1997 年 7 月 1 日改稱入境事務處），專責移民入境事務。 |

| 1961 年 8 月 18 日 | 醫務衛生署證實香港爆發霍亂，港府刊憲宣布香港為疫埠，並成立兩個特別委員會，實行緊急措施，嚴防霍亂蔓延。10 月 12 日，港府宣布香港解除「疫埠」之名，此次疫情結束，共計 129 人感染，其中 15 人死亡。 |

| 1961 年 9 月 1 日 | 城市設計委員會發表《荃灣地區發展大綱草圖》，擬定以 15 年時間，把荃灣發展為人口達 64 萬、自給自足的衛星城市，是荃灣新市鎮的首份法定圖則。 |

| 1961 年 9 月 5 日 | 教育司署宣布 1962 年起取消小學會考，並以中學入學考試（即「升中試」）取代。 |

| 1961 年 9 月 7 日 | 香港戒毒會成立，其後在石鼓洲建立戒毒所。 |

1961 年 9 月 28 日	新界鄉議局舉行會議，24 個鄉事委員會代表出席，決定一致反對政府現行的土地政策，並定 10 月 21 日為「反對新界現行土地政策日」，齊集全新界 27 個鄉事委員會舉行會議，收集鄉民的反對意見，以呈送港府作交涉。
1961 年 10 月 3 日	港府根據《1935 年遞解外國人條例》，扣留涉嫌從事間諜活動的華籍警察總部助理警司、警察學校副校長曾昭科。11 月 30 日，曾連同四名涉案人經由羅湖被港府遞解出境。
1961 年 10 月 27 日	周雪瑩獲任命為香港首位華人女政務官。
1961 年 11 月 3 日	東華醫院成功為病人進行香港首宗眼角膜移植手術。
1961 年 11 月 11 日	位於九龍尖沙咀的重慶大廈獲港府批出佔用許可證，正式落成及入伙。
1961 年 12 月 6 日	邵氏兄弟位於九龍清水灣的邵氏大廈及影城第一期落成並啟用。
1961 年 12 月 7 日	第十九屆工展會開幕三天後發生大火，共燒毀 30 多個攤檔，是工展會舉辦至今最嚴重的火災。會場關閉至本月 20 日重開，並延期至翌年 1 月 21 日閉幕，是工展會唯一一次延期開幕。
1961 年 12 月 10 日	警方於龍翔道處理一宗打鬥事件時，意外發現兩名被捕疑犯為綁架黃應求及黃錫彬的匪徒。13 日，警方於淺水灣挖出「三狼案」被害者黃應求和鄧天福的骸骨。
1961 年 12 月 22 日	霍英東集團以 3000 萬元購得尖沙咀九龍倉部分地段，後發展為星光行。
1961 年	在中國內地經濟困難時期，本年香港居民經郵局寄給國內親友大量糧食、物品，價值達 1.24 億元。從香港寄往中國內地的兩磅裝糧包數目，由 1959 年的 87 萬個，增至本年的 1330 萬個。
	香港佛教僧伽聯合會成立。
	1956 年設立的英國愛丁堡公爵獎勵計劃開始在香港推行，以鼓勵青年發憤自強、服務他人。1963 年首位香港男性成功獲取金章，1997 年 4 月 1 日獎勵計劃易名為香港青年獎勵計劃。
	香港業餘話劇社成立，該社為非牟利組織，以創作話劇及引進外國翻譯戲劇為主，社員包括鍾景輝、鍾偉明和梁舜燕等，後於 1977 年解散。
1962 年 1 月 15 日	摩星嶺癌病療養院揭幕。
1962 年 1 月 18 日	第十一屆太平洋區旅遊會議於香港舉行，32 個太平洋地區國家共 550 名代表出席。

| 1962 年 1 月 29 日 | 位於深水灣的香港鄉村俱樂部開幕，是香港第一個鄉村俱樂部，也是一個國際性聯誼組織。 |

1962 年 1 月 29 日　位於深水灣的香港鄉村俱樂部開幕，是香港第一個鄉村俱樂部，也是一個國際性聯誼組織。

1962 年 2 月 28 日　港府公布 1962/63 年度財政預算案，首次將綜合帳目分為經常性和非經常性帳目，並強調經常性帳目盈餘的重要性，確保政府有足夠儲備提供更多公共服務。

1962 年 3 月 2 日　新香港大會堂開幕，位於中環，是香港二戰後首個為市民而建的多用途公共文娛中心，設有美術博物館、圖書館和劇院。美術博物館於同日啟用，圖書館於 3 月 5 日啟用。（圖 165）

1962 年 3 月 14 日　「三狼案」主犯李渭、馬廣燦和倪秉堅於高等法院被控謀殺黃應求及鄧天福罪名成立，判處死刑。11 月 28 日，三人被處以絞刑。

1962 年 3 月 19 日　香港錄得黎克特制五級強烈地震，持續近一小時，港九新界居民皆感受到震動。

港府為配合九龍東北部發展計劃，向九龍寨城居民發布通告，勒令在限期內進行徙遷登記和遷出。其後寨城居民組成九龍城寨居民反對拆遷委員會，強烈反對遷拆行動。

1962 年 3 月　為便捷運送供港鮮活商品，國家鐵道部和外貿部合作開辦三趟「供應港澳冷凍商品快運貨物」列車，每日分別從上海、鄭州、武漢或長沙載運貨品直達香港，長年不輟。1962 至 1995 年間，列車共向港澳運送活豬近 8000 多萬頭、活牛 500 多萬頭、活家禽 8.1 億餘隻、冷凍食品 135 萬噸，以及大量其他商品。（圖 166）

1962 年 4 月 1 日　香港輸美棉織品配額制度開始實施。

1962 年 4 月 9 日　華僑商業銀行開業，後於 2001 年併入中銀（香港）。

1962 年 5 月 5 日　廣東省寶安縣放寬民眾前往香港。據該縣估計，4 月 27 日至 7 月 8 日之間，經寶安縣邊境外逃者約 80,000 人，當中約 58,810 人其後被港府遣返。

1962 年 5 月 12 日　港督柏立基巡視新界邊境，視察難民逃港路線和粉嶺集中營。同日，港府公布自 5 月 1 日至 11 日，被捕的非法入境者累計約 10,000 人。

1962 年 5 月 15 日　本日內有 6000 餘名非法入境者被捕，是半個月內人數最多的一日。18 日，港府在粵港邊界加築鐵絲網，以阻截非法入境者。

1962 年 5 月 21 日　港府根據《1962 年政府獎券條例》創辦的政府獎券（即政府彩票）第一期開售，於 7 月 7 日開獎，頭獎彩金 684,800 元。最後一期獎券於 1975 年 10 月 14 日開獎。

1962 年 6 月 15 日　業餘爬蟲學家盧文於港島太平山溪澗採集的一隻瘰螈，本日獲美國生物學者美亞及萊維頓發表論文確定為新物種，並命名為香港瘰螈。

圖 165　第二代香港大會堂高座，攝於 1976 年。（政府檔案處提供）

圖 166　上海食品進出口公司活畜分公司從市郊區的 60 個飼養基地挑選活豬、活牛，通過快運列車送往香港，拍攝
年份不詳。（新華社提供）

| 1962 年 6 月 | 《華僑文藝》創刊，登載文藝理論、小說創作、詩作及年輕作者作品，1963 年 7 月改版為《文藝》，後於 1965 年 1 月停刊。 |

| 1962 年 7 月 1 日 | 英國政府頒布的《1962 年英聯邦移民法令》生效，限制香港在內的英國殖民地居民移居英國。 |

| 1962 年 7 月 27 日 | 港府頒布《1962 年緊急（驅逐出境及拘留）規例》，設立遞解及拘留諮詢審裁處，負責向港督建議應否發出驅逐或拘留令。 |

| 1962 年 8 月 1 日 | 深水埗元州街一棟唐樓發生大火，燒毀五棟房屋，造成 44 人死亡，當中包括四名孕婦，21 人受傷。 |

| 1962 年 8 月 3 日 | 水警輪在深圳灣（又名后海灣）追截運輸偷渡者的船隻，致偷渡者兩人死亡，一人受傷，約 80 人被警方扣押。 |

| 1962 年 8 月 17 日 | 港府頒布《1962 年緊急（1958 年入境（管制及罪行）條例）（修訂）規例》，將運載或教唆偷渡者非法入境的最高刑罰，由兩年增至三年。 |

| 1962 年 8 月 24 日 | 港府證實香港發現四名霍亂帶菌者，並設立五個臨時注射站，呼籲市民注射預防疫苗。 |

| | 香港代表隊參加於印尼雅加達舉行的第四屆亞運會，共取得二銀，並首次在網球項目中奪得獎牌。 |

| 1962 年 8 月 30 日 | 香港大會堂紀念花園開幕，以紀念在 1941 年香港保衛戰中陣亡的軍民。 |

| 1962 年 9 月 1 日 | 颱風溫黛襲港，天文台懸掛十號颶風信號八個小時。颱風引發嚴重風暴潮，大埔滘錄得最高潮位 5.03 米，是香港至今錄得的最高潮位。颱風造成 130 人死亡、53 人失蹤、災民達 46,000 多人，36 艘遠洋輪船、2053 艘漁船受損。（圖 167、168） |

| 1962 年 9 月 18 日 | 香港復康會醫療復康院於藍田落成，是全港首間收容住院病人的醫療復康院和首座無障礙建築物，1971 年改名為戴麟趾夫人復康院。2000 年復康院與九龍醫院合併，改名為香港復康會藍田綜合中心。 |

| 1962 年 9 月 21 日 | 港府頒布《1962 年建築物（規劃）（修訂）（第 2 號）規例》，收緊《建築物條例》中的地積比率和樓面面積限制，於翌月 19 日生效。 |

| 1962 年 10 月 2 日 | 遠東音樂會經理協會主辦的首屆亞洲音樂節開幕，活動一連六日在大會堂舉行。 |

| 1962 年 10 月 6 日 | 港島渣甸山谷柏道一洋房發生載至當時最巨額的失竊案，匪徒共劫去 52 件合共價值 40 萬元的珠寶、現金 66,000 美元、25,000 瑞士法郎及 25 萬意大利里拉。 |

圖 167　一艘大型貨船在颱風溫
黛襲港期間，於西環海旁擱淺翻
側，市民圍觀，攝於 1962 年。
（政府新聞處提供）

圖 168　颱風溫黛對香港造成嚴
重破壞，銅鑼灣波斯富街近海一
段，不少車輛和房屋均被摧毀。
攝於 1962 年 9 月。（政府檔案
處提供）

1962 年 10 月 20 日	作家劉以鬯開始在《星島晚報》連載小說《酒徒》，是中國第一部意識流小說。
1962 年 10 月 31 日	電懋公司製作的電影《星星月亮太陽》獲第一屆台灣金馬獎最佳劇情片，尤敏憑該片獲最佳女主角。
1962 年 11 月 2 日	啟德機場新客運大廈落成開幕，於 12 日啟用。
1962 年 11 月 5 日	國際青年商會第十七屆世界大會於香港大會堂召開，為期七日，共 67 個國家及地區青年商會代表 2000 餘人參加。
1962 年 11 月 15 日	柴灣哥連臣角火葬場啟用，由港府興建，設有三處用作禮拜的場地，是當時全球唯一具有此種設備的火葬場。
1962 年 11 月 28 日	一艘偷渡船在柴灣海面沉沒。截至 12 月 7 日，警方一共在海面撈獲 32 具屍體。
1962 年 12 月 24 日	恒生銀行總行新大廈落成開幕，大廈由阮達祖設計，樓高 22 層，高達 73.45 米。
1962 年	港府估計，全港人口由 1961 年的 320.95 萬增至本年的 344.27 萬人，增加約 24 萬人。
	港府開始興建由元朗馬田村至后海灣的明渠，以防元朗一帶受水浸威脅，明渠於 1967 年落成。
	王澤開始創作漫畫《老夫子》，並於《明報》及《星島日報》等報章刊載。
	饒宗頤以專著《殷代貞卜人物通考》獲法國法蘭西學院頒授漢學儒林特賞，成為首位獲此獎項的香港學者。
	應國務院總理周恩來邀請，香港大學榮譽退休教授、著名病理學家侯寶璋到達北京，出任中國醫科大學（今北京協和醫學院）副校長。
	教師朱維德在西貢佛頭洲發現「稅關」石刻殘件，1979 年古蹟辦在附近調查時，尋獲石刻的殘缺部分，確認該處為稅關遺跡，同時發現石柱礎建築構件。2004 年古蹟辦再次調查和試掘，出土青花瓷片、石柱等遺存。
1963 年 1 月 17 日	中國外交部就去年 3 月至本年 1 月 7 日港府拆除九龍寨城民居的行動，向英國政府提出嚴重抗議，重申中國對寨城擁有管轄權，要求英國政府勒令港府停止拆除行動。21 日，英國政府拒絕承認管轄權的說法，但下令暫停拆除行動。
	李兆基、郭得勝及馮景禧成立新鴻基企業有限公司。1972 年 7 月 14 日，三人再註冊成立新鴻基地產發展有限公司，並於 8 月 23 日在香港上市。

1963 年 1 月 22 日	中華巴士公司首架雙層巴士投入服務,行走來往筲箕灣至上環的 2 號線,同時是港島區首架雙層巴士。
1963 年 1 月	警務處在各警署成立少年罪犯調查組(俗稱反飛小組),專門負責杜絕青年犯罪。1965 年 10 月,警務處再成立港九新界少年罪犯調查組總部,統合各警署的反飛小組。
1963 年 2 月 12 日	港府宣布廉租屋計劃,在十年內貸款 2.6 億元予市政局屋宇建設委員會,於港九各區興建廉租屋,供 30 萬人居住。
1963 年 2 月 22 日	港府宣布全面發展中區計劃,優先發展金鐘海軍船塢及中區填海新區。
1963 年 2 月	香港國際婦女會、大學婦女香港協會、香港中國婦女會及婦女演講會聯同其他婦女團體,組成同工同酬委員會,爭取政府機構男女公務員同工同酬。
1963 年 3 月 1 日	《快報》創刊,由星島報業集團董事長胡仙投資經營,後於 1998 年 3 月 16 日停刊。
	《好望角》創刊,刊登詩歌、小說、散文及評論等內容,推介存在主義文學和哲學、現在現代主義文藝作品及理論,並舉辦「一九六三—六四年度《好望角》文學創作獎」,12 月停刊。
1963 年 3 月 8 日	北京《人民日報》發表題為〈評美國共產黨聲明〉的社論,指出香港和澳門的問題是歷史上不平等條約遺留下來的問題,中國會在條件成熟時透過談判和平解決,在未解決以前將維持現狀。
1963 年 3 月 11 日	作家倪匡首本以衛斯理為主角的科幻小說《鑽石花》開始在《明報》副刊連載。
1963 年 3 月 30 日	港府頒布《1963 年加租(住宅樓宇)管制條例》,規定二戰後建造的住宅樓宇的加租限制及解決加租爭議的程序,加租後兩年內,未經租客同意,業主不得加租。本條例有效期至 1965 年 6 月 30 日。
1963 年 4 月 15 日	位於中環花園道口的希爾頓酒店開業,其於 1970 年代的「鷹巢」中式餐廳和夜總會盛極一時。該酒店於 1994 年開始拆卸,後改建為長江集團中心。
1963 年 4 月 23 日	港府正式承認由崇基、新亞和聯合書院頒發的高級文憑,但畢業生須通過英國倫敦大學或香港大學普通科英文入學考試,才可申請港府公務員職位。
1963 年 5 月 2 日	港府實行制水措施,縮減供水時間至每日三小時,於本月 16 日再改為隔日供水四小時。(圖 169)
1963 年 5 月 19 日	全港道教界聯合在荃灣圓玄學院舉行一連七日的祈雨法會。

圖 169　1963 年香港制水，市民在公眾街喉旁輪候食水。（星島日報提供）

1963 年 5 月 23 日	港督柏立基巡視東平洲，考察落成的蓄水池。該批五個蓄水池是由 1962 年 1 月港府撥款興建，以解決村民水荒問題。
1963 年 5 月 24 日	新華社香港分社社長梁威林向港府提出數個從內地取水的辦法，包括興建一條輸水管，將東江水抽取至深圳水庫，然後再輸送到香港。
1963 年 5 月 26 日	香港佛教界 300 名僧人及 3000 名信眾，在跑馬地馬場舉行一連三日的求雨法會。
1963 年 5 月 31 日	港府試驗人造雨計劃，派出香港輔助空軍於長洲以西的上空雲層噴灑乾冰造雨，不果。
1963 年 6 月 1 日	港府進一步實施制水，劃分六個供水區，編定每區供水時間，又規定入屋的旁喉每四天供水兩小時，街喉則仍然維持隔天供水兩小時。
1963 年 6 月 4 日	港府與廣東省達成共識，可使用輪船從珠江區運載淡水到港，以緩解香港旱情。
1963 年 6 月 10 日	亞洲太平洋區科學資料中心會議一連五日在港舉行，由美國國家科學研究院、夏威夷東西文化中心及香港大學聯合主辦。
1963 年 6 月 13 日	港督柏立基致函英國殖民地部，表示引入東江水是穩定香港供水至關重要的方案，希望英國駐華代辦可以向中國政府轉達港府的想法。18 日，英國駐華代辦接觸中國政府，就東江水供港事宜展開會談。
1963 年 6 月 18 日	香港首條跨越行車道的行人天橋落成啟用，該橋位於銅鑼灣怡和街與禮頓道交界。

1963 年 6 月 27 日	港府租用的第一艘赴珠江運水輪船「伊安德號」回程抵達荃灣德士古碼頭,卸下 310 萬加侖淡水。
1963 年 6 月	家計會開始在香港引入子宮環節育手術。
1963 年 8 月 1 日	位於柴灣歌連臣角的柴灣華人永遠墳場啟用,由華永會管理。
1963 年 8 月	港府在中環於仁行設立行政立法兩局非官守議員辦事處,方便市民就公眾利益的事宜提出意見或投訴政府部門。
1963 年 9 月 1 日	新北角小輪碼頭啟用,開設北角至紅磡、九龍城兩條航線。
	位於中環的文華酒店(今香港文華東方酒店)部分開業,至 10 月全面開業。酒店由置地公司興建,樓高 27 層,為香港當時最高的建築物。(圖 170)
1963 年 9 月 6 日	港府頒布《1963 年緝私隊條例》,確立緝私隊的法定地位,由工商署管轄。
	港府頒布《1963 年已拆卸建築物(原址重新發展)(修訂)條例》,須拆卸重建的危樓業主及住客可向土地審裁處申請賠償。9 月 29 日,上環德輔道中 257 號成為第一幢獲政府賠償拆卸的危樓。
	港府頒布《1963 年診療所條例》,規管診療所的註冊、監管及巡查,同時禁止非註冊醫生在診療所工作,翌年 1 月 1 日生效。

圖 170　位於圖片正中央位置的建築是在皇后行原址興建的文華酒店,攝於 1963 年。
(政府新聞處提供)

圖 171　位於九龍京士柏的伊利沙伯醫院，攝於 1963 年 12 月 11 日。（政府檔案處提供）

1963 年 9 月 6 日	港府頒布《1963 年應課税品（輕質柴油染色）規例》，規定輕質柴油未經染色，不得出售予船運或工業使用。
1963 年 9 月 10 日	位於油麻地的伊利沙伯醫院啟用，耗資 7030 萬元興建，設有病床 1338 張，為當時英聯邦規模最大的綜合醫院。（圖 171）
1963 年 10 月 1 日	聯合國香港協會索償委員會，開始重新登記日軍在二戰期間對香港市民所造成的損失，準備向日本政府索償，活動至 10 月 31 日結束。
1963 年 10 月 17 日	香港中文大學在香港大會堂舉行成立典禮，標誌由新亞、崇基、聯合三家書院組成的大學正式成立。11 月，港府委任李卓敏為該校首任校長。（圖 172）
	香港民主自治黨成立，並註冊為合法社團，馬文輝擔任主席，是香港首個政黨形式的政治團體。
1963 年 11 月 27 日	香港書籍文具業公會在香港大會堂高座舉辦第一次大規模圖書文具展覽，為期七日，有 40 個參展商。
1963 年 11 月 28 日	大嶼山石壁水塘啟用，耗資兩億元，歷時八年竣工，儲水量 54 億加侖，是當時香港容量最大的水塘。

圖 172　位於沙田馬料水的香港中文大學校舍鳥瞰圖，攝於 1975 年。（政府新聞處提供）

1963 年 12 月 8 日	國務院總理周恩來聽取廣東省水電廳廳長劉兆倫關於東江 — 深圳供水工程方案的匯報。周指出 95% 香港居民都是同胞,向香港供水問題,與政治談判要分開,不要連在一起。供水計劃可以單獨進行。周要求工程建好後,採取收水費的辦法,逐步收回工程建設投資費用。水費每一噸收一角錢人民幣可定下來,不要討價還價。
1963 年	香港標準及檢定中心成立,是香港首間非牟利的測試、檢驗與認證機構。
	何鴻超創辦香港防癌會,以教育公眾癌症知識,支援癌症患者及家屬。
1964 年 1 月 10 日	港府宣布出售井水的價錢和登記方法,協助小型工業應付水荒。
1964 年 1 月 11 日	香港護士會註冊成立,提供護士訓練課程,1992 年更名為香港護理學院。
1964 年 1 月 16 日	一架雙層巴士在深水埗桂林街撞塌兩層騎樓,造成三人死亡、11 人受傷。
1964 年 1 月 17 日	香港獅子會與香港眼科學會共同成立香港眼庫,是香港首個儲存及供應眼角膜的非牟利機構。
1964 年 1 月 22 日	港府發表《1963 年教育委員會報告書》,又稱《馬殊及森遜報告書》,建議擬定學校資助則例,提出增設津貼學校、向非牟利私立學校買位。
1964 年 1 月 24 日	兩名英國專家來港,研究中電及港燈提出、運用蒸餾方法把海水變為食水的建議。2 月 5 日,兩人向工務司鄔勵德提交研究報告。
	港府頒布《1964 年社團(修訂)條例》,旨在填補《1961 年社團(修訂)條例》的漏洞,該漏洞可令曾因違反社團條例而被定罪之人,未經社團註冊官事先許可而擔任社團幹事,將不會被檢控。
1964 年 1 月 30 日	比利時國王博杜安伉儷抵港,訪問四日。
1964 年 1 月 31 日	香港大學馮平山博物館開幕,在 1994 年改名為香港大學美術館。
1964 年 2 月 3 日	位於柴灣歌連臣角的香港佛教墳場啟用。
1964 年 2 月 12 日	港府發表《香港醫療衛生服務發展報告書》,提出大量增加醫院病床數量,以改善香港人口與病床的比例。
1964 年 2 月 19 日	港府證實香港發現本年首宗霍亂個案,宣布香港為疫埠,並就有關個案通報世衛組織。
1964 年 2 月 20 日	船灣淡水湖動工興建。

1964 年 3 月 2 日	載有數百件香港產品的「錫蘭號」啟程赴歐，舉行由香港總商會、香港工業總會和東亞瑞典航運有限公司聯合主辦的海上展覽會，向各國推介本港產品。
1964 年 3 月 6 日	由任劍輝和白雪仙領導的雛鳳鳴劇團在利舞臺作首次演出，劇目為獨幕劇《碧血丹心》，為香港防癌會籌款。
1964 年 3 月 14 日	由信德船務公司經營的香港第一艘水翼船「路環號」在港澳碼頭首航，翌日正式穿梭港澳兩地。
1964 年 3 月 15 日	上水石湖墟在重建後重新開幕，區內各界聯合舉行會景巡遊慶祝。
1964 年 3 月 20 日	鉛印刊物《晨風藝囿》創刊，為八開報型刊物，1967 年 2 月第五期改成大 32 開書型，並易名《晨風》。
1964 年 3 月 25 日	李曹秀群獲委任為香港首位華人市政局女議員。（圖 173）
1964 年 4 月 12 日	一列電車在灣仔皇后大道東翻側，造成一人死亡、59 人受傷，為香港首宗電車翻側意外。
1964 年 4 月 14 日	戴麟趾宣誓就任第二十四位香港總督，後於 1971 年 10 月 19 日卸任。

圖 173　1964 年市政局會議，左排第一位是李曹秀群。右排第二位則是於 1963 年當選的議員葉錫恩。（政府新聞處提供）

1964 年 4 月 22 日	港府與廣東省政府於廣州簽署《關於從東江取水供給香港、九龍的協議》，廣東地區由翌年 3 月 1 日起向香港供水，每年供水 6820 萬立方米，每一立方米售價為一角人民幣。（圖 174、175）
1964 年 5 月 14 日	中元畫會於香港大會堂舉辦首屆聯展，為期六日。
1964 年 5 月 24 日	大埔林村鄉民林紀平以鳥槍射殺警目林奕仁後拒捕，約 170 名警員參與圍捕行動，將之擊斃。事件造成一名警司、一名警目和一名警員死亡、12 名警員受傷。
1964 年 5 月 29 日	颱風維奧娜的雨帶紓緩香港旱情，港府宣布由原來的四日供水四小時，改為隔日供水四小時，7 月 1 日再改為每日供水八小時。

圖 174　廣東省寶安縣代表曹若茗（右）與港府代表巴悌（左）簽署首份東江水供應協議，攝於 1960 年 11 月 15 日。（政府新聞處提供）

圖 175　裝設於新獅子山隧道口、用於輸送東江水至船灣淡水湖的密封輸水管，攝於 1964 年。（政府新聞處提供）

1964 年 6 月 1 日 ｜ 瑪麗醫院成功處理香港首宗胎中胎病例，為一名約三個月大的男嬰剖腹取出三個胎兒。

1964 年 6 月 5 日 ｜ 九龍仔泳池揭幕，翌日正式開放，是九龍首個公眾游泳池。

1964 年 6 月 8 日 ｜ 英國披頭四樂隊抵港，5000 人在機場迎候，翌日於尖沙咀樂宮戲院演出，於 10 日離港。（圖 176）

1964 年 6 月 12 日 ｜ 港府宣布立法局增加五名非官守議員和三名官守議員，非官守議員數目首次超過官守議員數目，但港督手握原始票和表決票的規定維持不變。

1964 年 6 月 19 日 ｜ 邵氏集團演員凌波憑電影《花木蘭》奪得第十一屆亞洲影展最佳女主角獎。

1964 年 6 月 20 日 ｜ 台灣民航空運公司一架由台灣飛往香港的航機，在台灣失事墜落，機上 57 人全部罹難，包括赴台參加第十一屆亞洲影展後返港的電懋主事人陸運濤夫婦與高層王植波、周海龍。

1964 年 6 月 29 日 ｜ 伊利沙伯醫院輻射治療院開幕，由馬會捐助 600 萬元興建，專門為癌症病人提供輻射檢查與治療。

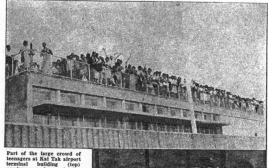

圖 176　1964 年 6 月英國披頭四樂隊來港，在髮型和衣着上帶領香港年輕人潮流。（南華早報提供）

| **1964 年 6 月** | 香港的電子工廠首次成功生產可攜帶輕便電視機，同年輸往美國市場。 |

| **1964 年 7 月 1 日** | 漁農處成立，由農林業管理處與合作專業及漁業管理處兩個機關合併而成，姬達出任處長。 |

港府通過銀行公會與持牌銀行達成的銀行劃一存款利率協議實施，暫定執行至翌年 3 月，規管參與銀行的存款最高和最低利率。

| **1964 年 7 月 17 日** | 四屆亞洲影后林黛在寓所服藥自殺身亡，終年 29 歲。 |

| **1964 年 7 月 22 日** | 黃大仙橫頭磡弱能兒童託兒所開幕，由英聯邦救助兒童基金會香港分會創辦。 |

| **1964 年 7 月 31 日** | 恒生銀行制定恒生指數，以本日為基數日，基數點為 100 點，僅供內部參閱。 |

| **1964 年 7 月** | 《攝影畫報》創刊，後於 2005 年停刊，是至今香港刊行時間最長的攝影刊物。 |

本港首宗由本地人捐贈的眼角膜移植手術，於浸會醫院順利完成。

香港芭蕾舞學會創立，為香港首個芭蕾舞團體。

| **1964 年 8 月 8 日** | 颱風艾黛襲港，天文台懸掛九號烈風風力增強信號約三個半小時。颱風造成五人死亡、四人失蹤、56 人受傷，三艘遠洋輪船和 67 艘漁船受損。其間觀塘徙置區附近發生山泥傾瀉，約 5600 人無家可歸。 |

| **1964 年 8 月 18 日** | 遠生實業有限公司成立，以生產及銷售不鏽鋼錶及錶殼為主。 |

| **1964 年 8 月 31 日** | 香港話劇團成立，首部作品《七十二家房客》於 12 月公演。 |

| **1964 年 9 月 1 日** | 港府宣布，已婚女公務員與未婚女公務員享同等待遇，生效日期追溯至本年 1 月 1 日。 |

| **1964 年 9 月 4 日** | 東京第十八屆奧運會火炬抵港，是奧運聖火傳遞首次經過香港。（圖 177） |

港府頒布《1964 年建築（修訂）（第 2 號）條例》，授權建築事務主任可以安全理由，拒絕批准拆卸、挖掘、打樁工程，以保障樓宇安全不受鄰近地盤工程的影響。自實施至 11 月止，有 300 多處建築工程受影響而停工。

| **1964 年 9 月 5 日** | 颱風露比襲港，天文台懸掛十號颶風信號約四個小時。颱風造成 38 人死亡、六人失蹤、逾 300 人受傷，20 艘遠洋輪船、314 艘漁船受損。 |

| **1964 年 9 月 14 日** | 水務局在試行全日供水兩周後，宣布全港正式恢復全日供水。 |

港府與加拿大達成協議，自本年 10 月 1 日起，限制六類棉織品每年出口至加拿大的配額。

圖 177　香港首次傳遞奧運聖火，曾多次代表香港參與奧運會的游泳運動員張乾文，於皇后大道中負責傳遞最後一棒，攝於 1964 年 9 月 4 日。（南華早報提供）

1964 年 9 月 17 日	美國國際商業銀行香港分行開業。
1964 年 9 月 18 日	港府頒布《1964 年稅務（修訂）條例》，規定若利潤本身不予徵稅，產生利潤的開支不應在評稅中被扣除。
1964 年 9 月 28 日	香港製衣業總商會註冊成立。
1964 年 9 月 30 日	港府發表《管制權宜住所居民、徙置及廉租屋宇政策之檢討白皮書》，制定徙置資格的規例，列出可以獲得優先徙置的對象。
1964 年 10 月 13 日	颱風黛蒂襲港，天文台懸掛十號颱風信號約八個小時。颱風造成 26 人死亡、十人失蹤、85 人受傷，兩艘遠洋輪船、90 艘漁船受損。
1964 年 10 月 16 日	港府頒布《1964 年銀行業條例》，自 12 月 1 日起，規定本地註冊銀行須備有足夠的準備金，並成立香港銀行監理處和銀行諮詢委員會，監管銀行的業務。
1964 年 10 月 27 日	英國政府宣布，翌日起對包括香港出口貨品在內的入口貨品加徵 15% 入口稅。
1964 年 11 月 5 日	警方費時三個月偵破、9 月 1 日開始審訊的油麻地有組織販毒案審結，十名毒犯被判入獄六至七年。
1964 年 11 月 6 日	港府頒布《1964 年電視條例》，規定提供電視廣播服務的公司須向政府申請牌照。
1964 年 11 月 10 日	港府為居於二戰前危樓而必須遷出的貧困住戶，提供免息一筆過預付款項，供住戶遷居之用，減輕其經濟負擔。
1964 年 11 月 18 日	香港中區港內線碼頭落成啟用。
1964 年 11 月 23 日	港府宣布放寬新界鄉村屋宇建築面積的限制，由 700 平方呎放寬至 1000 平方呎。

| 1964 年 11 月 | 友聯銀行成立。 |

| 1964 年 12 月 5 日 | 警方於銅鑼灣英皇道 26 至 28 號天台屋發現大批手槍、子彈及計時炸彈，數量為當時破獲的最大宗。 |

| 1964 年 12 月 8 日 | 香港電影製片家協會註冊成立，以促進香港電影業的發展為目標，並每年代表香港挑選影片參加亞太影展及角逐美國奧斯卡最佳外語片。 |

| 1964 年 12 月 10 日 | 大華國貨有限公司開幕。 |

| 1964 年 12 月 17 日 | 長沙灣明愛醫院啟用。1967 年 2 月 22 日，醫院內升降機塔「文迪尼塔」揭幕，該塔由教宗保祿六世捐資興建。 |

凸版印刷（香港）有限公司開業，由日本凸版印刷株式會社與香港商人胡仙合辦，引進當時最先進的凸版印刷技術，並由會社提供技術協助。

鳳凰影業公司製作的電影《金鷹》上映，是首部票房超過 100 萬元的香港製作電影。

| 1964 年 | 香港中學校長會成立，旨在促進中學校長之間的交流，提升專業領導能力及教育質素。 |

| 1965 年 1 月 19 日 | 港府接納市政局的建議，選洋紫荊為香港市花。 |

| 1965 年 1 月 22 日 | 港府頒布《1965 年市政局（修訂）條例》，市政局增加四個非官守議席，其中兩個為委任方式產生，兩個由民選產生，4 月 1 日生效。 |

| 1965 年 1 月 27 日 | 明德銀號發生擠提，銀行業監理處宣布接管，並停業以稽查其資金債務及地產數目。2 月 4 日，高等法院批准明德銀號破產。（圖 178） |

| 1965 年 2 月 6 日 | 廣東信託銀行香港仔分行發生擠提，近 1000 人在分行門外等候提款。8 日，銀行業監理處宣布接管該行。 |

| 1965 年 2 月 7 日 | 警方在新田牛潭尾更生農場檢獲價值約 225 萬元的毒品，包括 3500 磅鴉片煙土和 180 磅嗎啡，是二戰後 20 年來香港破獲的最大宗毒品案。 |

| 1965 年 2 月 8 日 | 香港多間華資銀行包括恒生、道亨、遠東及永隆均出現擠提，滙豐銀行於晚上宣布無限量支持恒生。翌日，滙豐再宣布無限量支持永隆和遠東，渣打銀行宣布無限制支持廣安和道亨。 |

| 1965 年 2 月 9 日 | 港府頒布《1965 年緊急（銀行管制）規例》，限制本港各銀行存戶每天只能提取港幣 100 元。13 日，行政局決定本月 16 日起撤銷提款限制。 |

1965 年 2 月 10 日 | 港府採取兩項穩定香港紙幣供應的措施：第一，規定所有銀行每日營業結束時，必須將其所存現款額向銀行監理專員報告；第二，各銀行須將所存的剩餘鈔票交回發鈔銀行，即渣打、滙豐及有利銀行。

香港低能兒童教育協進會成立，為智障學童提供特殊教育服務，1997 年改名為匡智會。

1965 年 2 月 11 日 | 首批 500 萬英鎊紙幣空運抵港，讓市民以一英鎊兌 16 港元的兌換率在港流通使用。另外 2000 萬英磅鈔票其後再分批抵港。同日，港府證實 5000 萬港幣現鈔於 10 日從倫敦運抵香港。

1965 年 2 月 26 日 | 《讀者文摘》中文版在港創刊，並在亞洲各地發售。

1965 年 2 月 27 日 | 東江─深圳供水首期工程在東莞塘廈鎮建成。該工程在本年向香港供水 6000 萬立方米，佔當時香港全年用水量的三分之一。3 月 1 日，深圳水庫為供水香港舉行開閘放水儀式，本港水塘開始輸入東江水。

1965 年 3 月 7 日 | 天主教香港教區開始以中文舉行彌撒。

1965 年 3 月 31 日 | 由大東電報局敷設、從香港到新加坡的海底電話線路鋪成。

1965 年 3 月 | 港府設立工業視察組，隸屬工商業管理處，負責巡查所有申請特惠稅證或產地來源證的工廠，執行有關棉織品配額限制事務的調查工作。

1965 年 4 月 1 日 | 香港中文大學校外進修部成立，為在職人士提供專業進修課程。進修部先後於 1994 年和 2006 年易名為香港中文大學校外進修學院及香港中文大學專業進修學院。

圖 178 明德銀號發生擠提的情況，攝於 1965 年 1 月 27 日。（南華早報提供）

| 1965 年 4 月 9 日 | 滙豐銀行以 5100 萬元,收購恒生銀行 51% 控股權,使之成為滙豐集團成員之一。 |

| 1965 年 4 月 12 日 | 港府發表《1963 年至 1964 年家庭消費支出統計與消費物價指數》及《1958 年至 1963/1964 年生活費用調查》,是港府首次公布香港消費物價指數。 |

| 1965 年 4 月 28 日 | 港府發表《教育政策白皮書》,恢復小學六年制,小學入學年齡由七歲改為六歲,並提出普及小學義務教育。 |

| 1965 年 4 月 | 全港首批第四型徙置大廈在九龍城東頭邨落成,單位內設有獨立衛生間和露台,改善公屋的居住條件。 |

漁農處保存自然及生態學顧問戴爾博和戴瑪黛發表《香港保存自然景物問題:簡要報告及建議》,提出成立國家公園及保存自然委員會,建立公園、保留區及遊樂區系統,劃分特定地區,保存海洋生物和野生動物等九項建議,以及對建立國家公園的十項基本觀點。此報告書是本港自然保護和郊野公園的發展藍圖。

| 1965 年 5 月 10 日 | 100 多名廣東信託銀行存戶在港督府請願,要求不要將廣東信託銀行清盤和取回全部存款,最終演變成騷動,警方拘捕九人。 |

| 1965 年 5 月 13 日 | 立法局通過《香港社會福利目標及政策白皮書》,提出多項社會生活保障計劃和社會救濟計劃,其中以援助青年人為主要方向。 |

| 1965 年 5 月 14 日 | 邵氏電影《萬古流芳》獲第十二屆亞洲影展最佳影片獎,邵氏演員李菁憑《魚美人》獲得最佳女主角。 |

| 1965 年 5 月 28 日 | 港府頒布《1965 年各種牌照(修訂)條例》,規定舞蹈學校一律須領取牌照,而且須配置充足燈光,以避免進行不道德行為。 |

| 1965 年 6 月 1 日 | 天星小輪中環至紅磡線正式開航,後於 2011 年 4 月停辦。 |

| 1965 年 6 月 3 日 | 首屆五年制中文中學會考開考,至 16 日結束。8 月 6 日放榜,共 7085 名學生報考,6990 名參加考試,其中 4476 名及格。 |

| 1965 年 6 月 8 日 | 長沙灣蔬菜批發市場揭幕,10 日啟用,取代原設於油麻地廣東道的舊蔬菜批發市場。 |

| 1965 年 6 月 11 日 | 港府頒布《1965 年時效條例》,旨在綜合及修訂有關訴訟時效的法律。 |

| 1965 年 6 月 16 日 | 禁毒行動委員會舉行首次會議,該委員會由港府成立,負責協調各政府機關,就有關撲滅販毒及戒毒工作交換意見。 |

| 1965 年 6 月 23 日 | 首名立法局女議員李曹秀群宣誓就職。 |

| 1965 年 6 月 30 日 | 立法局通過設立獎券基金,以政府獎券及拍賣特別車牌號碼的收益,資助社會福利服務,初始款項是約 740 萬元的政府獎券收益。 |

1965 年 7 月 15 日 ┃ 香港地產建設商會成立，霍英東出任會長。

1965 年 7 月 28 日 ┃ 賭博政策諮詢委員會向立法局提交報告書，建議禁絕非法賭博，禁止傳播關於非法賭博消息，停發麻雀館新牌照，並反對在港開設跑狗場。

1965 年 8 月 9 日 ┃ 醫務衛生署推行全港預防白喉運動，為兒童注射疫苗。

1965 年 8 月 12 日 ┃ 慈雲山新區啟用，1971 年 9 月區內 63 座大廈全部落成，是當時香港規模最大的徙置區。

1965 年 8 月 16 日 ┃ 九龍公共圖書館開幕，翌日正式開放，是市政局在九龍設立的首間公共圖書館。

┃ 香港第一艘機動單拖漁船「海鷹號」在香港仔出海，是漁業計劃研究會貸款新建的第一艘新型漁船。

1965 年 8 月 24 日 ┃ 一架美國軍用運輸機在九龍灣海面墜毀，機上 59 人死亡、12 人獲救。

1965 年 9 月 2 日 ┃ 港府公布公務員薪俸調查委員會報告書，並未採納香港政府華員會要求改善華人公務員待遇的建議。

1965 年 9 月 7 日 ┃ 高等法院裁定，五名涉嫌參與本年 3 月 8 日金舖劫案的被告罪名成立，各被判處入獄八至 15 年。其中兩名被告於 6 月 3 日在南九龍裁判署審訊時，在法庭內奪槍及槍傷警員，凶罪行嚴重，被判處加笞十藤。

1965 年 9 月 ┃ 教育司署設立兩個特殊教育班，專門應對弱能兒童教育。

1965 年 10 月 5 日 ┃ 市政局通過議員胡鴻烈提出政府機關以中文回覆中文來信的議案，其時此項措施已在市政局實行。

1965 年 10 月 12 日 ┃ 香港盲人輔導會扶輪中心圖書館揭幕啟用，為香港首間盲人圖書館。

1965 年 10 月 14 日 ┃ 柏立基夫人香港紅十字會總部落成開幕，位於金鐘夏慤道。

1965 年 10 月 26 日 ┃ 大學教育資助委員會成立，負責香港大學及香港中文大學的撥款事宜，郝禮士為首任主席。

1965 年 11 月 4 日 ┃ 天星小輪宣布向港府申請於翌年 1 月 1 日起加價。10 日，市政局議員葉錫恩發起市民簽名反對運動。23 日，葉錫恩帶同 23,272 封市民簽署的請願書，向港督請願不要批准加價。

1965 年 11 月 5 日 ┃ 政府刊憲公布成立工業訓練諮詢委員會，主要負責工業人才的訓練事宜，並研究有關工業教育及職業訓練的問題。

1965 年 12 月 1 日 ┃ 徐速創辦純文藝雜誌《當代文藝》月刊，後於 1979 年 4 月停刊。

1965 年 12 月 3 日	政府大球場舉行港聯對澳洲足球賽，場內球迷不滿澳洲球員動作粗野及球證執法不公，引發騷動，數百名警察到場鎮壓，拘捕九人。
1965 年	石硤尾大坑西邨首批六座樓宇落成入伙，由香港平民屋宇公司興建，是香港唯一的私人廉租屋邨。
	香港駐布魯塞爾經貿辦成立，負責代表香港在歐洲經濟共同體（今歐盟）的經貿利益。2006 年，該辦事處成為特區政府駐歐洲的總經貿辦，負責統籌駐倫敦和駐柏林等地的經貿辦，以及促進香港與 15 個歐洲國家的雙邊關係。
1966 年 1 月 4 日	市政局通過「君子協定」，容許熟食檔販合法擺放兩張桌子及八張椅子。
1966 年 1 月 7 日	港府頒布《1966 年爆炸品（修訂）條例》，規定無合法理由製造或管有爆炸品，一經定罪可判處 14 年監禁，被告人須自證清白。另外，為公眾安全計，檢方可申請不公開審理有關案件。
	港府頒布《1966 年英國法律應用條例》，規定普通法和衡平法，英國國會制定法令在香港應用的條件與方式。
	港府頒布修訂後的《皇室訓令》，規定駐港英軍三軍總司令不再擔任立法局當然官守議員，同時立法局官守議員數量上限由七名相應增加至八名。
1966 年 1 月 26 日	港府發給香港電視廣播有限公司無線電視專利牌照，有效期為 15 年。
1966 年 1 月	《明報月刊》創刊，由《明報》創辦人查良鏞創辦，是香港歷史最悠久的綜合性文化月刊。
	《海光文藝》創刊，登載藝術、小說、散文、詩歌和論著等內容，次年 1 月停刊。
1966 年 2 月 1 日	麗的映聲第一期電視藝員訓練班開始招生，為本港首個電視藝員訓練班。
1966 年 2 月 10 日	大型運油輪「湯馬斯 P 號」在南丫海峽觸礁擱淺漏油。
1966 年 2 月 22 日	英國政府發表《1966 年國防白皮書》，建議英國在香港保留一定數量的駐軍。
1966 年 3 月 2 日	港府拒絕抵港的蘇聯客輪「M 烏列斯基號」的蘇聯籍船員登岸。其後兩日，港府每日允許船上 50 名船員於日間登岸，晚上則不可離船。
1966 年 3 月 4 日	由香港飛往日本的加拿大太平洋航空公司客機在東京羽田機場降落時，因天氣惡劣失事，64 人喪生，八人生還。
1966 年 3 月 14 日	旺角彌敦道中僑公司因大火被全部焚毀，造成四人死亡、17 人受傷。

1966 年 3 月 19 日	交通諮詢委員會發表報告書，同意天星小輪頭等票價增加五仙。
1966 年 3 月 22 日	尖沙咀海運大廈落成，是香港首個郵輪碼頭。
1966 年 3 月 28 日	美國運通銀行宣布，在香港設立一個地區性總部，以擴展其在束南亞及澳洲的業務。
1966 年 3 月	港府展開青山新城市發展計劃首期工程，填海 220 英畝，用於興建可容十萬人的住宅區及發展其他工業。
1966 年 4 月 1 日	香港中華旅行社開始辦理港澳居民申領護照及赴台簽證。
	港府公布實施發展密度分區政策，將港九各區劃分為市區、市郊區和鄉村區，規定各區住宅用地的發展程度。
1966 年 4 月 3 日	市政局議員葉錫恩向街坊會、宗親會及各個社團郵寄出 200 封信，呼籲公眾共同反對天星小輪加價。
1966 年 4 月 4 日	25 歲的青年蘇守忠於港島天星碼頭絕食，抗議天星小輪加價。翌日，蘇被警察拘捕，九龍則發生反對加價的示威。6 日，示威演變成騷亂。7 日，港府戴麟趾下令宵禁，出動駐港英軍協助警方驅散聚集群眾。事件共造成一名民眾死亡、26 人受傷，1405 人被捕，905 人被起訴，323 人判處入獄，是為天星小輪加價事件。（圖179）

圖 179　1966 年，蘇守忠（戴太陽眼鏡者）在天星碼頭發起絕食抗議，圖中可見是他絕食第二日的情況。（星島日報提供）

| 1966 年 4 月 4 日 | 九龍公主道行車天橋通車,是全港首條高架立交行車天橋。 |

| 1966 年 4 月 12 日 | 港府展開全港預防霍亂注射運動,在港九各區設置固定注射站和流動注射站,為市民注射預防霍亂疫苗。(圖 180) |

| 1966 年 4 月 19 日 | 金鐘夏愨道行車天橋正式通車,是港島首條高架立交行車天橋。 |

| 1966 年 4 月 23 日 | 體罰法律及施行慣例檢討委員會發表報告書,建議廢除對 14 歲以下的兒童施行體罰以及對犯人施行笞刑,試行三年。 |

| 1966 年 4 月 26 日 | 港府與天星小輪達成協議,批准天星小輪自 5 月 2 日起加價,頭等座位由兩角加至兩角五仙,成人月票由八元增至十元。 |

| 1966 年 5 月 3 日 | 港府成立委員會調查九龍騷動事件(即天星小輪加價事件)。翌年 2 月 21 日,委員會發表調查報告,認為是次騷動沒有預謀,屬自發性質,但由經濟、社會和青年問題所引發,需要加強官民的溝通。 |

| 1966 年 5 月 5 日 | 市政局議員葉錫恩在倫敦的記者招待會上提出五項港府政治改革的建議,包括在立法局增設民選議員。 |

| 1966 年 5 月 6 日 | 港府頒布《1966 年市政局(修訂)條例》,擴大市政局的投票權,撤銷選民必須熟悉英文的要求,新增若干選民類別,以社會貢獻、專業資格和教育水平為準,並最少已在港居留三年。 |

| 1966 年 5 月 9 日 | 邵氏電影《藍與黑》獲第十三屆亞洲影展最佳影片獎。 |

| 1966 年 5 月 14 日 | 香港大東電報局荃灣分局成立,是新界首間電報局。 |

| 1966 年 5 月 16 日 | 港府開始進行 1967 年市政局選舉選民登記,選民種類增至 23 項,新增資格包括持有普通教育文憑試及格,以及中學會考及格的青年學生及僧、尼、教士等。 |

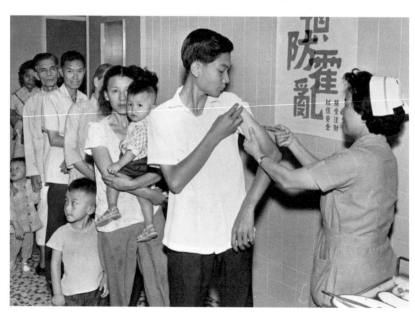

圖 180　市民在接種霍亂疫苗的情況,攝於 1964 年。(政府檔案處提供)

1966 年 5 月 17 日	港府全數清拆有百年歷史的九龍牛頭角村房屋。
1966 年 5 月 26 日	位於中環的皇后像廣場啟用,並由港督戴麟趾主持揭幕禮。
1966 年 5 月 27 日	港府公布新一屆行政局成員名單,非官守議員由六人增至八人,其中四人為華人,官守議員仍為六人。
1966 年 6 月 10 日	《人民日報》發表評論員文章,批評英國容許美國軍艦開進香港,是敵視中國的行為。
1966 年 6 月 11 日	本日起,全港連續三日暴雨成災,引發多處山泥傾瀉和塌屋,造成 64 人死亡、48 人失蹤、29 人受傷、6183 人受災。三日累計降雨量共 495 毫米,其中 6 月 12 日單日降雨量共 383 毫米,是為「六一二雨災」。(圖 181)
1966 年 6 月 15 日	教育司署因應持續大雨引發的山泥傾瀉造成交通阻塞,宣布全港官立、津貼及私立學校在該周停課,至 20 日復課。

圖 181　山洪暴發下,幾十輛汽車被沖落北角明園西街,攝於 1966 年 6 月。(政府新聞處提供)

1966 年 6 月 30 日	《1963 年加租（住宅樓宇）管制條例》原定於 1965 年 6 月 30 日終止效力，在 1965 年經修訂延期一年後，於今日失效。
1966 年 6 月	港府委託的英國倫敦大學教授威廉斯夫人發表《就香港社會福利發展和相關課題進行調查研究的可行性報告》，建議港府於行政機關以外成立獨立研究部門，為政府提供專業學術意見，以便制定更合適有效的社會政策。
1966 年 7 月 7 日	港府採納賭博政策諮詢委員會去年提交的建議，除現行合法的賭博外，嚴禁其他非法賭博，包括外圍馬和跑狗賽，同意馬會增闢馬場。
1966 年 7 月 18 日	首屆中國語言會議在香港大學陸佑堂舉行，由該校中文系講座教授兼系主任羅香林主持，主題是「中國語言作為第一與第二語言之教與學」，會議於 22 日閉幕。
1966 年 8 月 1 日	英國政府將殖民地部與聯邦關係部合併成為聯邦事務部，並將香港事務轉交新部門管轄。該部門後於 1968 年 10 月 17 日與外交部合併，成為外交及聯邦事務部。
1966 年 8 月 25 日	新蒲崗麗宮戲院開業，為香港當時最大型戲院，提供超過 3000 個座位，後於 1992 年 3 月結業。
1966 年 8 月 28 日	英國殖民地事務大臣李輝德抵港，展開七日訪問，與本港政商人士討論政制、軍費、經濟發展和社會福利問題，於翌月 3 日離港。
1966 年 9 月 1 日	香港公共關係學會註冊成立。
1966 年 9 月 6 日	首屆香港節在倫敦開幕，展示香港工業製品，促進港英兩地貿易。
1966 年 9 月 15 日	港府根據《1964 年銀行業條例》，命令滙豐銀行接管有餘商業銀行及其債務。
1966 年 9 月 28 日	連接大嶼山北部東涌至南岸長沙的東涌道通車，耗資 450 萬元，歷時兩年半完成。
1966 年 9 月 30 日	港府頒布《1966 年香港貿易發展局條例》，成立法定機構香港貿易發展局，負責拓展香港對外貿易。
1966 年 10 月 4 日	市政局發表《市政局未來範圍及工作特設委員會報告書》，建議設立一個職權較大的香港市議會，經 16 名非官守議員投票支持而獲得通過。
1966 年 10 月 30 日	趙雷憑電影《西施》奪得第四屆台灣金馬獎最佳男主角。
1966 年 11 月 16 日	謀殺罪成的越南籍華人黃啟基被判處縊首死刑，本日執行，是香港最後一次執行死刑。
1966 年 11 月 17 日	荔枝角美孚新邨奠基，為首個私人興建的新型屋邨，首期於兩年後落成。

1966 年 11 月 21 日	清水灣大埔仔發生山火，邵氏製片廠一處外景場地受波及而被全部焚毀。
1966 年 11 月 25 日	港府頒布《1966 年法律援助條例》，規定在合議庭、高等法院和地方法院進行民事訴訟的當事人，符合條件可申請法律援助。翌年 1 月，港府在司法機構下設立法律援助部，為民事案件提供法律援助。
1966 年 12 月 1 日	市政局議員葉錫恩在該局周年辯論大會上，提出《香港居民人權宣言》，包括要求港府提供公平審訊、強迫免費教育在內的 13 項要求。
1966 年 12 月 4 日	澳門政府因當地發生「一二・三」事件而實施戒嚴，大批澳門居民乘船湧向香港。
1966 年 12 月 9 日	香港代表隊參加於泰國曼谷舉行的第五屆亞運會，取得一面銅牌。
1966 年 12 月 15 日	港協暨奧委會主席沙理士獲選為亞運聯會副會長，1970 年 12 月 14 日獲選為永遠名譽副會長。
1966 年 12 月 20 日	港督戴麟趾宣布，港府與英國政府達成協議，港府在今後四年，每年負擔的香港防務開支由原來每年 4000 萬元，增至 8000 萬元，等於該開支的約三分之一。
1966 年 12 月 23 日	港府成立公營機構香港出口信用保險局，為本地企業提供保險服務，初期負責金額為三億元。
1966 年 12 月 28 日	第一屆世界百貨商品展覽於香港大會堂舉行，由普益商會主辦，為期九日，展售全球各國的日用品、服飾及文具等商品。
1966 年 12 月	因船灣淡水湖建造工程受影響的金竹排、涌背、涌尾、橫頭嶺、大滘和小滘共六村居民，獲港府分配安置房屋，遷至大埔墟的新填地一帶，並於翌年 1 月 30 日舉行遷村開幕禮。
1966 年	港府設立英國駐美國大使館香港商貿事務參贊一職，為香港駐華盛頓經貿辦的前身，負責向港府匯報可能影響香港的美國政策及行政措施，同時促進香港與美國之間的經貿交流。
1967 年 1 月 1 日	香港付貨人委員會成立，以促進香港出入口商在貨物運輸方面的權益為目標。
1967 年 1 月 4 日	船灣淡水湖完成主壩封口。同月 25 日，開始從水塘範圍抽出海水和降低水分鹽度。
1967 年 1 月 15 日	中央音樂學院教授馬思聰秘密出走來港。
1967 年 1 月 20 日	港府成立法定機構香港生產力促進局，負責提供技術創新服務，以協助香港企業提升生產力。
	港府頒布《1966 年婚姻訴訟條例》，取代《1933 年離婚條例》，旨在對婚姻訴訟以及由此附帶的事宜提供更詳盡完備的法律條文。

1967 年 1 月	香港仔附近發現刻有「裙帶路」字樣的香港早期里程碑。
1967 年 2 月 3 日	港府頒布《1967 年退休金（修訂）條例》，恢復公務員的長俸和其他退休待遇按其退休時實薪全額計算，而不是 1959 年規定的薪金 90%。
1967 年 2 月 13 日	港府發表《香港地方行政制度改革工作小組委員會報告書》，又稱《狄堅信報告書》，該報告書建議設立一級地方行政當局，根據所轄人口數量大小稱為「市議會」、「市區議會」和「區議會」，由委任議員和民選議員組成，負責地區諮詢任務及公共衞生、教育、福利、牌照、屋宇管理等行政任務。
1967 年 2 月 16 日	港府實施對澳門來港旅客的管制，規定所有持澳門身份證來港的旅客，均須依照持外國護照者方式辦理，在碼頭入境時填寫白卡以及出境時填寫黃卡。
1967 年 2 月 17 日	英基學校協會根據《1967 年英基學校協會條例》成立，負責營運多間香港的英語國際學校。
1967 年 2 月 20 日	港府設立郊景護理研究委員會，負責推行天然景物保存計劃，以及研究香港動植物和郊區公園保育，並將其研究所得向港督提供意見。
	港府設立英國駐日內瓦代表團香港商貿事務參贊一職，負責維護香港於關稅與貿易總協定內的商貿利益，後演變成為香港駐日內瓦經貿辦。特區政府成立後，辦事處的主要職能為代表香港參與世貿組織和經濟合作及發展組織貿易委員會的會議。
1967 年 3 月 12 日	《盤古》創刊，登載時事評論、文藝、戲劇、哲學等文章，後於 1978 年停刊。
1967 年 3 月 21 日	香港考古學會成立，旨在推廣考古、研究香港考古和保護香港考古文物和遺跡。
1967 年 3 月 22 日	新界鄉議局的維護新界完整小組委員會與研究新界政制小組委員會經商討後，反對荃灣設市議會，以維護新界完整。
1967 年 3 月 28 日	香港中央的士公司因解僱一名的士司機而發生勞資糾紛，其後引發該公司和香港上海的士公司司機連日集體怠工，雙方多次談判不果。4 月 15 日，兩公司宣布結束營業，並出售旗下 150 餘部的士。
1967 年 3 月 31 日	連接香港與東南亞英聯邦地區的海底電話線啟用，耗資 2360 萬英鎊。
1967 年 4 月 1 日	台灣中華航空公司開闢往返台北至香港的定期航線，每天一班。
1967 年 4 月 4 日	天文台推出雷暴及豪雨警告服務，市民可向電話公司申請接收該警告信號。
1967 年 4 月 13 日	香港人造花廠發生勞資糾紛，資方拒絕答覆勞方要求，並於 28 日及 29 日以「生意收縮」為由開除 658 名工人，包括多位工人代表。

1967 年 4 月 14 日 | 位於北角渣華道的消防事務處新總部啟用。

1967 年 5 月 1 日 | 100 多名青洲英坭廠工人手持《毛主席語錄》在辦事處聚集，要求廠方就兩名外籍工程師毆打兩名工人事件道歉，並要求解僱打人的職員，廠方答應翌日與工人會面。4 日，廠方宣布自翌日起關廠。

1967 年 5 月 6 日 | 香港人造花廠資方欲將廠內貨物搬走，但被示威工人制止。警方介入衝突，拘捕 21 名工人，打傷多名工人，是為「大有街事件」。事件發生後，左派工會和左派媒體介入支持示威工人，其後演變為持續七個月的動亂，社會上一般稱為「六七暴動」，左派則稱其為「反英抗暴」。（圖 182）

1967 年 5 月 16 日 | 港九各界反對港英迫害鬥爭委員會（鬥委會）於工聯會工人俱樂部總部成立，成員有 102 人。

| 香港證券交易所停止上牌買賣兩周，於 29 日復市。6 月 6 日，交易所再度停止上牌買賣，至 21 日復市。

1967 年 5 月 17 日 | 港府公布《香港華人婚姻問題白皮書》，決定以立法方式確立一夫一妻制度，納妾不再合法。所有婚姻均須向當局登記註冊。

1967 年 5 月 18 日 | 從本日起一連四日，數千名左派群眾前往港督府遊行示威，張貼大字報，抗議「迫害香港同胞」。22 日，警察鎮壓，造成流血事件，稱為「花園道血案」。

圖 182　1967 年 5 月 12 日，港府防暴隊在九龍城東頭村附近向罷工工人施放催淚彈。（Getty Images 提供）

1967 年 5 月 24 日 港府頒布《1967 年緊急（防止煽動性言論）規例》，禁止煽動性廣播，違者最高刑罰為罰款 50,000 元和監禁十年。

本日及 27 日，周恩來約外交部和港澳工委有關負責人談香港問題，強調左派同港府的鬥爭要嚴格遵循中央規定的方針政策，堅持有理、有利、有節。

1967 年 6 月 1 日 港府頒布《1967 年緊急（防止煽動性標語）規例》，禁止張貼煽動性標語，違者最高可罰 5000 元和監禁兩年。

1967 年 6 月 10 日 政軍醫工會等左派工會發起聯合罷工。6 月 24 日，香港摩托車職工總會等左派工會發起更大規模的「聯合大罷工」。6 月 27 日，32 所左派學校近 20,000 名學生停課一日。6 月 29 日至 7 月 2 日，糧油、百貨、食品、土產山貨等行業舉行為期四天的聯合罷市。

1967 年 6 月 17 日 首屆香港國際小型賽車比賽一連兩日在新界石崗機場舉行。

1967 年 6 月 29 日 自本年 5 月 1 日起本港雨量長期在平均水平之下，加上未收到中國內地額外供水的答覆，本港供水時間由每日八小時，縮減為隔日四小時。

1967 年 6 月 30 日 泰國國際航空公司一架客機於大雨中降落時失事，墜毀於九龍灣海面，機上 24 人罹難，56 人獲救。

1967 年 7 月 13 日 港府進一步實施制水，每隔四日供水四小時，工廠區每日供水四小時。

1967 年 7 月 14 日 港府頒布《1967 年工廠及工業經營（修訂）條例》，授權勞工處處長制定規例以逐步縮減本港女工及青年勞工的工時上限。11 月 29 日，有關規例獲立法局通過，自 12 月 1 日起分四年逐步減少工時至每天八小時及每周 48 小時。

1967 年 7 月 20 日 港府實施《1949 年緊急（主體）規例》中的九項規例，包括禁止傳播虛假言論、進行破壞活動，以及授權警方撿取武器、驅散集會等。

1967 年 7 月 22 日 港府頒布《1967 年緊急（主體）（修訂）規例》，規定任何人阻止警察進入藏有攻擊性武器的建築或在其中逗留為刑事罪行，以及警察可在無搜查令情況下，搜查及撿取攻擊性武器的權力。

1967 年 7 月 28 日 左派開始在市區放置「真假炸彈陣」，港九多處發現炸彈，部分寫上「同胞勿近」等字樣。

1967 年 7 月 31 日 英國海軍派遣航空母艦「赫姆斯號」抵港，以協助本港維持治安。

1967 年 8 月 1 日 港府頒布《1967 年緊急（主體）（修訂）（第 2 號）規例》，規定地方法院法官判刑上限為五年的限制，不適用於《緊急（主體）規例》訂明的罪行。

1967 年 8 月 4 日 警察與駐港英軍採取聯合行動，部分警員乘坐「赫姆斯號」派出的直升機，陸空兩路突擊搜查北角僑冠大廈、新都城大廈和明園大廈，共拘捕 30 人，其中包括漢華中學校長黃建立和華豐國貨公司經理吳麟華。

1967 年 8 月 4 日 中華廠商會獲港府指定為簽發產地來源證的合法機構，是香港首間獲准簽發該證的華人工業團體。

1967 年 8 月 9 日 警方拘捕左派報章五名負責人及 30 餘名職工，其中包括《香港夜報》社長兼《新午報》督印人胡棣周、《田豐日報》社長潘懷偉。17 日，中央裁判署下令該三份報章停刊，於翌年 2 月 18 日獲准復刊。8 月 29 日、9 月 4 日及 9 月 7 日，三份報章的相關負責人被中央裁判署判處入獄三年。

1967 年 8 月 24 日 商台播音員林彬及其堂弟林光海被暴動者縱火襲擊，均受重傷，分別延至翌日及 29 日不治。此前，林彬曾在廣播中不斷批判左派。

1967 年 8 月 28 日 港府在邊境加設第二道鐵絲網，以防止非法移民進入香港。

1967 年 9 月 1 日 教育司署正式實施「一點一」制，即每班配備 11 位教師，全港官立及津貼小學每班人數由 45 人減至 40 人，同時班主任要加強學生的德育訓練。

1967 年 9 月 3 日 譚志成、周綠雲及吳耀忠等中大校外進修部水墨畫課程的學員成立元道畫會，以推廣現代水墨畫運動為目標。翌年 11 月 1 日，在香港大會堂舉辦首屆聯展，為期五日。1971 年，該會部分成員另成立現代書畫團體一畫會。

1967 年 9 月 6 日 港府宣布水塘滿溢，臨時恢復全日供水。

1967 年 9 月 8 日 港府頒布《1967 年緊急（爆竹煙花）規例》，規定除作為貨物進口而貨船未搭載乘客，或經香港轉運出口外，所有煙花爆竹，無論管有人是否持有牌照，一律沒收，以防其中爆炸物成分被用以製作炸彈。管有人因沒收造成的損失可以獲得賠償。

1967 年 9 月 21 日 警方在尖沙咀四間藥房搜出約 10,000 粒迷幻藥，同時搜出一批價值約 20,000 至 50,000 元的抗生素，拘捕四名男子，是香港警察首次搜獲迷幻藥。

1967 年 10 月 1 日 廣東省水務局根據 1964 年的供水協議，由上午 10 時開始供水給香港。下午 4 時，港府宣布恢復全日供水。

1967 年 10 月 3 日 大埔船灣淡水湖工程完成，開始試驗抽水工作。

1967 年 10 月 7 日 摩士公園開幕，由馬會全費捐款興建，耗資 170 萬元，以紀念已故賽馬會董事長摩士而命名，是九龍最大的公園。

1967 年 10 月 17 日 由港府開辦的羅富國師範專科學校、葛量洪師範專科學校及柏立基師範專科學校，一同改稱教育學院。

| 1967 年 10 月 26 日 | 港督戴麟趾於石排灣新區主持第 100 萬名市民獲得徙置房屋的紀念儀式。 |

| 1967 年 10 月 30 日 | 由香港工業總會與貿發局合辦的第一屆香港週在香港大會堂開幕，為期七日，主要推廣香港貨品，活動包括音樂、粵劇、雜技表演、時裝展、球賽、遊藝大會。1969 年 4 月 29 日，行政局決議將香港週改名香港節。 |

| 1967 年 11 月 5 日 | 國泰航空一架由香港飛往南越西貢的康維爾 880M 型客機，於啟德機場起飛時衝出跑道墜海，造成一人死亡、28 人受傷。 |

| 1967 年 11 月 8 日 | 首屆國際圖書展覽會於大會堂揭幕，共 14 個國家 142 個出版單位參展。 |

| 1967 年 11 月 14 日 | 獅子山隧道通車，貫通九龍和新界東部，長 4677 呎，由港府耗資約 2200 萬元興建，是香港第一條行車隧道。（圖 183） |

| 1967 年 11 月 15 日 | 無綫電視出版的雜誌《香港電視》創刊，後於 1997 年 8 月 27 日發行最後一期後停刊。 |

| 1967 年 11 月 17 日 | 港府公布英國政府《英皇制誥》及《皇室訓令》的修訂內容，其中《英皇制誥》規定，如港督職位虛懸、離港或因任何原因無法視事，英王得指派一名署理港督，代行港督職權；如無特定任命，則由布政司代行。 |

港府頒布《1967 年公安條例》，規定公共集會及遊行須向警務處長申請許可，授權警方停止或解散未經准許的集會或遊行，督察或以上警官有權禁止市民懸掛旗幟或徽章。

設於旺角胡社生大廈的仙后旋轉餐廳開幕，是香港首間旋轉餐廳。

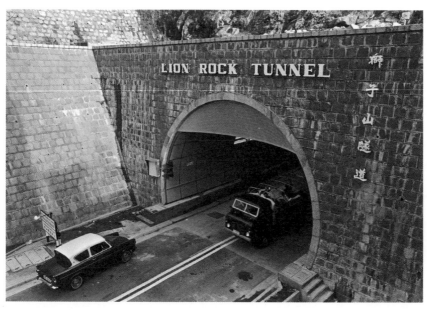

圖 183　獅子山隧道位於沙田一側的出入口，當時港府實施單管雙程行車，攝於 1967 年 11 月 7 日。（南華早報提供）

| 1967 年 11 月 19 日 | 無綫電視翡翠台和明珠台同時啟播,是香港首個製作和播放彩色節目的電視台。(圖 184) |

嶺南書院舉行成立典禮。嶺南書院源於廣州嶺南大學,前身是 1888 年在廣州創辦的格致書院;1952 年因院校調整停辦。1966 年在港嶺南舊生陳德泰等籌備開辦嶺南書院。1978 年 10 月 17 日,該書院獲港府批准註冊成為專上學院,並更名為嶺南學院。

| 1967 年 11 月 20 日 | 港府宣布港元跟隨英鎊貶值 14.3%,以維持 16 港元兌一英鎊的比率。 |

| 1967 年 12 月 1 日 | 香港大學學生會刊物《學苑》發表劉迺強撰寫的文章〈暴動‧民意與中文為官方語言〉,建議港府立法承認中文為官方語言。 |

| 1967 年 12 月 4 日 | 港府設立戶口統計籌審司署,由布政司署的戶口統計籌審處及工商業管理處的統計部門合併而成,負責進行和協調各政府機關的統計工作及人口調查。 |

| 1967 年 12 月 5 日 | 第二十五屆銀禧工展會開幕,港府首次設立政府展覽攤位。 |

| 1967 年 12 月 9 日 | 香港中文大學新校址進行動土和植樹儀式。 |

| 1967 年 12 月 27 日 | 全港 33 間母嬰健康院開始為六個月至四歲的兒童注射預防麻疹疫苗。 |

| 1967 年 12 月 | 「六七暴動」逐步平息。這次暴動是二戰後香港社會的大規模動亂,導致 51 人死亡,832 人受傷,4,979 人被捕。 |

位於香港仔的廉租屋邨華富邨第一期第一座大廈華安樓落成入伙,該屋邨由香港屋宇建設委員會分階段興建,至 1978 年全部落成,共 25 座,可容納人口達 54,000 人。

| 1967 年 | 香港大學成立亞洲研究中心,旨在促進對亞洲的人文和社會科學研究。 |

圖 184　港督戴麟趾在無綫電視開幕式上致辭。坐在後排左起的是邵逸夫、利孝和、祈德尊和唐炳源。(南華早報提供)

| 1968 年 1 月 11 日 | 律政司羅弼時宣布，自本月 14 日午夜起至 28 日的午夜前，如非法藏有爆炸品、軍火及攻擊性武器的人，到警署自首並上繳該等武器，可獲特赦，但不包括曾用之傷人的人。 |

| 1968 年 1 月 17 日 | 《明報周刊》創刊，為截至 2017 年 7 月 1 日本港仍出版中刊行時間最長的娛樂消閒雜誌。 |

| 1968 年 1 月 20 日 | 香港中文大學崇基學院學生會舉辦為期兩日的中文列為官方語文問題研討會，約 100 名本地高等院校代表參加。副布政司黎敦義、市政局議員胡鴻烈和黃夢花亦有出席，俱贊同將中文列為官方語文之一。會後主辦方發表公報，指出將爭取中文與英文地位完全平等，並促請港府表明態度，組織委員會研究技術性問題。 |

| 1968 年 1 月 24 日 | 港府推行民政主任計劃，分別在中區、西區、灣仔、北角、黃大仙、九龍城、油麻地、旺角、深水埗及觀塘設立十個華民政務司分區辦事處，各置一名民政主任，為市民提供與政府直接溝通的橋樑，改善官民關係。5 月 10 日，第一批四名民政主任上任。至翌年 1 月 24 日，十位民政主任全數委出。 |

| 1968 年 2 月 2 日 | 香港心理學會成立，是香港心理學家的專業團體，旨在維持會員的專業操守，及推動心理學在香港的發展。 |

| 1968 年 2 月 14 日 | 港府向立法局提交英國費爾文霍士及施偉拔顧問工程公司的報告《香港集體運輸研究》，建議興建地下鐵路系統，包括荃灣、觀塘、港島及沙田四條路線。3 月 22 日，該顧問公司提交《香港集體運輸計劃研究補充報告》，6 月再提交修訂版補充報告，不主張興建沙田線。1970 年 8 月，該公司正式提交《香港集體運輸計劃總報告書》，具體提出建造地下鐵路方案，以 44 億元建造 48 個車站和 52.6 公里鐵路組成的優先系統，包括連接荃灣至中環、觀塘至中環、堅尼地城至柴灣及鑽石山至上環的路線 。 |

| 1968 年 3 月 11 日 | 警務處設立警察公共關係科，主要負責向外發布與警方相關的資訊，促進警民關係，取代以往政府新聞處關於警務處的工作。 |

| 1968 年 4 月 1 日 | 香港記者協會成立，主要維護新聞行業工作環境，並致力維護新聞自由及新聞操守。 |

| 1968 年 4 月 10 日 | 警方破獲印刷和藏有偽鈔案，搜獲 150 萬元菲律賓披索及美國運通銀行旅行支票，合共價值約 500 萬港元，是當時香港及遠東地區最大的偽鈔案。7 月 15 日，被控告製造偽鈔的五名被告，各被判囚十年。 |

| | 港府發表《社會保障的若干問題報告書》，建議實施高齡退休金及全民醫療方案。 |

| 1968 年 4 月 20 日 | 市政局於卜公碼頭天台花園舉辦首場新潮舞會，2000 餘人參加。 |

| **1968 年 4 月 20 日** | 元朗十八鄉舉行一連三日天后誕活動,在會景巡遊節目中,潮僑花炮會 108 名隊員打扮成梁山泊民間故事人物,是元朗區天后誕首次演出潮州「英歌舞」。 |

| **1968 年 4 月 29 日** | 約 4000 名海上和陸上運輸從業人員於工人俱樂部以「復工、轉廠、改行」為題舉行集會,結束長達十個月的罷工。 |

| **1968 年 5 月 22 日** | 港府批准香港大學於社會科學院內成立法律系,開設三年制法學學位課程,是香港首個本地法律學位課程,翌年 9 月 29 日學系開課。1978 年 7 月 1 日,法律系脫離社會科學院,成立法律學院,是香港首個法律學院。 |

| **1968 年 5 月 24 日** | 港督府自 1855 年建成以來首次向公眾開放,範圍僅限於室外花園,全日訪客逾 46,000 人。 |

| **1968 年 6 月 1 日** | 英國財政部發行以港元為單位的債券,供港府用持有的英鎊購買,上限為香港存放在外地的官方資產總數一半,但不能超過 1.5 億英鎊,以保障港元匯價穩定。該債券同時作為港府存放於英國的儲備金,不能轉讓,唯港府有需要時,可兌換成英鎊。 |

| **1968 年 6 月 4 日** | 大口環兒童骨科醫院啟用,由香港弱能兒童護助會創辦和經營,是本港首間兒童醫院,亦是東南亞地區首間提供整形外科服務的兒童醫院。該院前身為 1956 年 10 月成立的大口環兒童療養院,後於 1974 年易名為根德公爵夫人兒童醫院。 |

| **1968 年 6 月 13 日** | 本港早上連場暴雨,港九多處山泥傾瀉,共造成至少 22 人死,逾 200 人受災,筲箕灣馬山村和銅鑼灣大坑新村受災最嚴重。 |

| **1968 年 6 月 19 日** | 勞資關係協進會成立,旨在培訓工人、促進勞資關係,以及鼓勵工人參加工會運動。 |

| **1968 年 6 月** | 港府規定所有政府機構的公眾文件必須提供中文版本,包括覆函、通告和表格。 |

| | 郊區的運用和保存臨時委員會發表報告《郊區與大眾》,全面檢討香港對康樂和自然保育的需求。 |

| **1968 年 7 月 3 日** | 商台廣播劇《十八樓 C 座》首播,以市民日常生活為創作題材,反映社會百態,為全球播放時間最長的中文電台廣播劇。 |

| **1968 年 7 月 12 日** | 港府頒布《1968 年調查委員會條例》,授權港督會同行政局委任調查委員會,以調查公共機構的營運或管理狀況、公職人員的行為,或任何與公眾利益有重大關係的事宜。委員會的調查研訊屬司法程序,並有權傳召任何人出席作證以協助調查。 |

| **1968 年 7 月 20 日** | 八鄉消防訓練學校開幕,為全港消防員的訓練基地,同時作為消防事務處新界總部。 |

1968 年 7 月	香港爆發新型流感 H3N2。本月 17 日，醫務衛生署向世衞組織報告本港流感個案。按世衞組織估計，至本月底約有 50 萬香港市民受感染。其後流感病毒傳播至世界各地，造成二十世紀全球第三波流感大爆發。
1968 年 8 月 21 日	颱風雪麗襲港，天文台懸掛十號颶風信號約六個半小時，颱風造成三人死亡、四人受傷，一艘遠洋輪船和三艘漁船受損。
1968 年 9 月 2 日	第四屆泛太平洋復康會議在香港大會堂舉行，為期七日，有 30 多個國家逾千名代表參與，討論傷殘者康復問題及交流臨床經驗。
1968 年 9 月 14 日	1968/1969 年度香港甲組足球聯賽展開，首場比賽為九巴對南華。香港足總於本賽季首次容許職業球員參賽，12 隊參賽球隊中五隊有職業球員註冊，成為亞洲首個創立職業足球聯賽的地區。
1968 年 9 月 27 日	港府頒布《1968 年僱傭條例》，是香港首條就僱傭合約、僱員福利、薪酬支付、職業介紹機構在內勞資關係作規定的條例。
1968 年 9 月 30 日	第三屆國際科學管理協會印度洋太平洋區會於香港大會堂舉行，為本港首次舉行的高級科學管理會議，由香港科學管理協會主辦。
1968 年 9 月	《文社綫》以雙周刊的形式附錄於《中報周刊》，登載文學創作和學生社會運動等內容。1971 年的第六十期由 23 篇以保衛釣魚台為題的文章和報道輯成《保衛釣魚台專號》，次期出版後停刊。
1968 年 10 月 9 日	在美孚油庫舊址興建而成的美孚新邨第一期落成入伙。該屋苑共有八期，合共 99 座大廈、13,115 個單位，第八期於 1978 年 5 月 3 日入伙，是香港首個大型私人屋苑。（圖 185）

圖 185　即將落成的美孚新邨，前為荔枝角大橋，攝於 1968 年。（南華早報提供）

1968 年 10 月 9 日 | 立法局通過《1968 年立法局會議常規》，修訂議事規則，其中訂明該局每年有一個會期，同時秘書須負責撰寫會議記錄，並提交紀要給主席簽署，以便在下次會議前把副本分發予各議員。此做法往後沿用。

港府發表委託英國費爾文霍士及施偉拔顧問工程公司完成的《香港長遠道路研究》，提出本港交通網絡發展的長遠規劃，並首次提出幹線編號系統，貫通全港。

1968 年 10 月 22 日 | 教育司署向各中小學派發《中文科教學研究委員會報告書》，諮詢教育界意見。報告書指中文科應着重培養學生的閱讀興趣及理解能力，建議中四及中五中文科分拆為中國語文及中國文化兩科。

1968 年 10 月 29 日 | 荔枝角大橋通車，連接九龍市區及新界荃灣、葵涌工業區，是香港首條跨海橋樑，全長 790 米。

1968 年 10 月 | 大家樂集團註冊成立，由羅騰祥與羅開睦創辦，翌年於銅鑼灣糖街開設首家小食店，售賣漢堡包為主。1972 年 2 月，旗下連鎖快餐店首家分店於九龍佐敦道開業。

1968 年 11 月 4 日 | 天主教福利會總部明愛大廈開幕，位於港島半山區，提供福利服務。

1968 年 11 月 8 日 | 港府頒布《1968 年香港公益金條例》，成立香港公益金，為非牟利及非政府資助的慈善機構，負責為所資助的社會福利機構籌募捐款，是亞洲首個該類型的慈善機構。

1968 年 11 月 9 日 | 駐港英軍第 48 喀喇步兵旅在石崗軍營舉行會操及表演籌款晚會，其間一個竹木搭建的看台倒塌，造成百餘人受傷。27 日，港督委任石崗看台倒塌事件調查委員會，調查事故成因及救援過程。翌年 4 月 9 日，委員會公布調查報告，指出看台設計存在缺陷，導致意外發生，當局應修例加強監管看台設計。

1968 年 11 月 18 日 | 世界中文報業協會於香港舉行成立典禮，旨在促進全球中文報業合作交流及共同提升業界經營技術，首任主席由《星島日報》負責人胡仙擔任，來自香港、台灣、美國及東南亞地區合共 15 家報社代表出任執行委員。

1968 年 11 月 | 天文台設立霜凍警告信號，若預料高山上或新界內陸地區有機會地表結霜，就會考慮發出警告。1991 年 12 月 28 日，天文台首次發出霜凍警告。

1968 年 | 香港以通訊會員身份加入國際標準化組織，該組織為全球最大的非政府、自願性國際標準制定機構。

1969 年 1 月 9 日 | 香港第一宗腎臟移植手術於瑪麗醫院完成。

圖 186　興建中的船灣淡水湖，是全球首個以海中築壩方式興建的水塘，堤壩長約兩公里，攝於 1968 年。（政府新聞處提供）

1969 年 1 月 20 日	船灣淡水湖落成啟用，儲水量為 370 億至 390 億加侖，是當時全港各水塘總儲水量的三倍，也是全球首個於海中築壩興建的淡水庫，落成後全港水塘總儲水量增加至 460 億加侖。（圖 186）
1969 年 1 月 22 日	馬惜珍創辦《東方日報》。
1969 年 2 月 8 日	港府刊憲，因有關規定已在其他法律中體現或已實施，撤銷《1967 年緊急（防止煽動性言論）規例》、《1967 年緊急（防止煽動性標語）規例》、《1967 年緊急（禁區）規例》及《1967 年緊急（公眾假期）規例》。

1969 年 2 月 11 日 ┃ 香港保護自然景物協會成立，創辦人包括香港旅遊協會英籍職員潘恩和香港大學動物學教授碧克，是香港最早成立的本地環保團體，1971 年改名為長春社。

1969 年 2 月 26 日 ┃ 港府發表 1969/1970 年度財政預算案，預算本年度可得 6400 萬元盈餘，是本港二戰後首份出現盈餘的財政預算案。

1969 年 2 月 28 日 ┃ 華民政務司署易名為民政司署，協助港府加強官民溝通。1973 年，民政司署改稱為民政署，隸屬於布政司署同年成立的民政及新聞科。

┃ 港府頒布《皇室訓令》修訂條文，規定涉及委任、紀律處分、辭退公職人員事項，港督亦可不經徵詢行政局意見而作出決定。

┃ 港府頒布《皇室訓令》修訂條文，將立法局可以舉行會議的法定人數由五名增至十名，當時立法局議員共有 26 名。

┃ 耗資 2200 萬元興建的荔枝角垃圾焚化爐啟用，每日可焚化 750 噸垃圾。1990 年 12 月 13 日，該焚化爐全面停用及關閉。

1969 年 3 月 4 日 ┃ 市政局就本由其地方政制委員會撰寫的《市政局地方政制改革報告書》，建議分階段擴大市政局範圍，逐步增加民選成分，同時可擁有獨立於港府的財政自主權等。

1969 年 3 月 28 日 ┃ 香港正式加入亞洲開發銀行，港府撥款 800 萬美元認繳該行股本。該行為亞太地區各成員國組成的區域性金融機構，透過為成員國提供財政與技術支援，促進經濟與社會建設。

1969 年 3 月 ┃ 香港美國總商會註冊成立。10 月 6 日，該商會以觀察員身份參加亞太美國商會理事會第一次會議。

1969 年 4 月 9 日 ┃ 香港兒童合唱團成立，並組織首次練習，是本港首個由兒童組成的合唱團。

1969 年 4 月 15 日 ┃ 位於灣仔的鄧肇堅醫院開幕，並於翌日啟用，由商人鄧肇堅承擔一半興建經費，主要為港島東居民提供急症服務。1994 年，醫院成為本港首間急症科醫護人員訓練中心。

1969 年 4 月 22 日 ┃ 半島電力有限公司青衣發電廠啟用，由香港中電與美國標準石油有限公司合作投資興建和營運，設兩個廠房，至 1977 年全部竣工，分別置有六台和四台燃油機組發電，發電總容量達 1520 兆瓦，向九龍及新界供電，後於 1998 年完全停用。

1969 年 4 月 ┃ 能仁書院註冊成立，5 月開始招生，9 月開課，翌年 5 月更名為香港能仁書院。該校由香港佛教僧伽聯合會及香港佛教聯合會創辦，是本港第一間佛教專上院校。

| 1969 年 5 月 29 日 | 徐誠斌獲羅馬教廷任命為天主教香港教區第三任主教，是香港教區首位華人主教。 |

| 1969 年 6 月 16 日 | 英格蘭足總代表隊與香港足總選手隊於政府大球場舉行友誼賽，入場球迷約 20,000 名，有球迷不滿英格蘭隊踢法粗野，完場後發生騷動，防暴警察出動維持秩序，至午夜平息。 |

| 1969 年 6 月 26 日 | 香港海底隧道有限公司與海底隧道國際聯營集團簽署價值 2.7 億元的紅磡海底隧道興建工程合約，是港府首個採用建造、營運及移交合約模式的運輸工程項目。 |

| 1969 年 7 月 11 日 | 安子介註冊成立南聯實業有限公司，主要從事紡織品生產。10 月 24 日，該公司在香港招股上市，為當時本港大規模的紡織企業之一。 |

| 1969 年 7 月 21 日 | 香港政府華員會舉行全體女會員會議，宣布向港府爭取教師、護士及社會工作者行業實施男女同工同酬。9 月 20 日，華員會召開特別會員大會，要求港府全面實施男女同工同酬，並於月內上書英女王申訴。 |

| 1969 年 7 月 | 社署開展第一屆暑期青年活動計劃，為青少年安排康樂活動，包括戶外活動及領袖訓練。 |

| 1969 年 8 月 6 日 | 港府公布大學生經濟補助計劃詳情，在未來五年每年撥款 550 萬元，資助有經濟需要的大學生。計劃分為最多 2000 元以應付學費和其他學習開支的助學金，以及最多 4000 元以應付生活費用的貸款。 |

| 1969 年 8 月 18 日 | 亞洲高等教育專題會議在香港中文大學舉行，為期兩周，共有 22 所亞洲地區大學逾百名代表參與，會議主題為新社會新人物，由教育界人士交流經驗。 |

| 1969 年 9 月 1 日 | 《1969 年道路交通（修訂）條例》、《1969 年公共交通服務（香港島）（修訂）條例》和《1969 年公共交通服務（九龍及新界）（修訂）條例》生效，14 座公共小型巴士（小巴）開始合法營運，成為香港主要的公共交通工具之一。登記為小巴之車輛，車身必須寫上公共小型巴士和座位數目，並須髹上淡黃色。（圖 187） |
| | 紅磡海底隧道工程舉行動土及奠基禮。該隧道橫越維多利亞港，貫通九龍紅磡和港島銅鑼灣，全長 1.9 公里，採用沉管方式建造，由 15 節沉箱組成。翌年 10 月 8 日，第一節沉箱順利裝設。1972 年 2 月 20 日，管道全部裝設完成，舉行貫通儀式。 |

| 1969 年 9 月 15 日 | 數十名不同院校的大專學生一連兩日在珠海書院門外靜坐示威，抗議珠海書院於 8 月 23 日將 12 名刊文批評校方的學生開除。 |

| 1969 年 9 月 24 日 | 位於赤柱的香港首座人造衛星通訊站啟用，由大東電報局管理，可傳送及接收彩色及黑白的衛星電視節目信號、電報傳真及衛星電話信號。 |

圖 187　1969 年 9 月 1 日，小巴合法化，自此成為香港上要公共交通工具之一，攝於 1979 年（Getty Images 提供）

| 1969 年 9 月 26 日 | 第三屆國際旅行社聯合協會於香港大會堂舉行會議，為期六日，共有 800 位各地代表參與，是該會議首次在港召開。 |

| 1969 年 9 月 27 日 | 元朗一批小巴司機因不滿交通警察票控一輛小巴違例上落客，將約 40 輛小巴停泊在元朗警署外阻塞交通，逾千市民圍觀，防暴警察到場發射催淚彈驅散群眾，至傍晚 6 時，元朗市面回復正常，事件中共有 14 人被捕。 |

| 1969 年 9 月 | 摩理臣山工業學院成立，由教育司署管理，設有各類學徒、半工讀及全日制課程，培訓各類工藝人員，以及建築、機械及電機行業人員，並兼授商業課程，以應付本港工業發展需要。 |

| 1969 年 10 月 6 日 | 港府與三個公務員協會達成協議，實行男女公務員同工同酬。該計劃追溯至同年 4 月 1 日開始，分期實施，至 1975 年 4 月，男女公務員同工同酬全面推行。 |

| 1969 年 11 月 24 日 | 恒生銀行首次公開發布恒生指數（恒指），首日收報 158.5 點。12 月 17 日，恒生銀行與香港證券交易所達成協議，將恒指應用於香港股票市場。在 1986 年 4 月香港聯合交易所成立以前，恒指是以香港證券交易所、遠東交易所和金銀證券交易所報價的中位數計算。 |

| 1969 年 11 月 | 東方海外貨櫃航運開通香港至美洲的太平洋定班貨櫃航線，成為首間推行貨櫃化的亞洲航運公司。1973 年，該公司在香港上市，成為香港首家上市的定期班輪和貨櫃輪船公司。 |

圖 188　維港海旁的首屆香港節霓虹燈招牌，攝於 1969 年。（政府檔案處提供）

1969 年 11 月	位於吐露港老虎笏的香港首座試驗性海魚養殖漁場開始運作，面積約 0.4 公頃，由大埔三門仔村長和漁民何鴻帶建立。
1969 年 12 月 8 日	第一屆香港節於香港大會堂舉行開幕禮，有展覽、體育、音樂等文娛節目超過 470 項。（圖 188）
1969 年 12 月 14 日	香港業餘田徑總會舉辦國際馬拉松大賽，作為同年港府舉辦的香港節其中一項活動，以當日啟用的元朗大球場為起迄點，來自九個地區合共 28 名運動員參加，韓國代表奪得冠軍，這是本港首次舉行國際馬拉松賽事。
1969 年 12 月 17 日	遠東交易所有限公司開業，由李福兆創立，是香港第二間營業的證券交易所，改變了自 1891 年以來只有一間交易所的情況，是日後香港聯合交易所組成機構之一。
1970 年 1 月 1 日	位於九龍界限街的香港中山圖書館啟用，是由中國文化協會創辦的私營圖書館，樓高三層，藏書 75,000 本，並設有文化展覽室等設施，以展出中國文物。
1970 年 1 月 7 日	高級副按察司李比升任香港正按察司。
1970 年 1 月 9 日	港府頒布《1970 年僱傭（修訂）條例》，懷孕僱員可享有十周無薪產假（產前四周，產後六周），其間僱主不得無理解僱。

1970 年 1 月 19 日 | 警方在北角偵破偽鈔集團，檢獲一批價值 770 萬港元的菲律賓披索及美元偽鈔，共拘捕五人。3 月 19 日，三名男被告分別被控製造偽鈔及藏有偽鈔罪成，判入獄兩年。3 月 23 日，一名女被告被控藏有偽鈔罪成，判入獄一年半。

1970 年 1 月 23 日 | 香港首家商人銀行（即投資銀行）怡富公司註冊，由怡和公司及英國商人銀行富林明公司合資成立，提供投資管理及財務顧問服務。

1970 年 2 月 13 日 | 港府頒布《1970 年戴麟趾爵士康樂基金條例》，成立戴麟趾康樂基金，支持康樂、體育、文化及社交活動。

1970 年 2 月 | 《七十年代》雜誌創刊，主持人李怡。該刊於 1984 年 5 月改名為《九十年代》，後於 1998 年 5 月停刊。

1970 年 3 月 13 日 | 港府頒布《1970 年遺囑條例》，整合現行有關遺囑的法例，規管遺囑訂立和撤銷，並將遺囑的適用範圍擴展至所有財產。

1970 年 3 月 14 日 | 世界博覽會在日本大阪舉行，香港首次參加。19 日，香港館舉辦香港日慶祝活動。9 月 13 日，博覽會閉幕，香港館錄得訪客約 919 萬人次。

1970 年 3 月 20 日 | 浸會書院獲港府批准註冊為專上學院，1972 年 4 月獲港府許可，改名為香港浸會學院。

1970 年 4 月 3 日 | 世界佛教弘法大會會議在香港大會堂開幕，由香港佛教聯合會籌辦，26 個國家、地區共 262 位佛教領袖出席，討論宗教發展議題，是香港首次舉辦的國際佛教研討會。

1970 年 4 月 4 日 | 港府撥出葵涌海床發展貨櫃碼頭，由私人企業出資興建及經營。

1970 年 4 月 11 日 | 泛美世界航空公司的波音 747 客機自東京飛抵啟德機場，是當時該款全球最大型的客機首次抵港。翌日，客機復搭載香港首批乘客起飛，經日本飛往美國三藩市。

1970 年 4 月 20 日 | 香港電腦學會成立，為本港首個資訊及通訊科技專業團體，推動業界發展及資訊科技在本港社會的應用。

1970 年 4 月 21 日 | 政府大球場舉行特別銀牌足球賽準決賽，由南華足球會對賽消防足球隊，其間球迷不滿球證過早吹哨完場，約 1000 名觀眾拒絕離開球場，引起騷動，需防暴警察到場平息。

1970 年 5 月 4 日 | 第二十四屆英聯邦商會聯合會代表大會於香港大會堂舉行，為期五日，約 200 名來自英聯邦各國的商會代表參加，討論各地區商會的合作。

1970 年 5 月 8 日 | 嘉禾電影（香港）有限公司註冊成立，創辦人為邵氏兄弟前製片主任鄒文懷。

1970 年 5 月 18 日 | 國際新聞協會第十九屆大會在香港舉行，會議為期三日，有 37 個國家代表參加。

1970年5月22日 港府委任十進制委員會，由立法局議員鍾士元任主席，將就香港應否採用十進制，以及推行進度等問題提出意見。翌年5月26日，港府接納委員會的建議，在官方負責的教育、工務及法例領域使用十進制，但不強制私人採用。

1970年5月29日 新世界發展有限公司註冊成立，由鄭裕彤創辦，主要從事地產業務，1972年11月23日在香港上市。

1970年5月 《大人》創刊，登載文史、藝術和掌故等文章，得張大千的書畫資助，其封面多選用張大千畫作。1973年10月《大人》停刊，兩個月後易名《大成》復刊，後於1995年9月停刊。

1970年6月1日 中環林士街多層停車場啟用，大樓樓高11層，停車場佔八層，設有900個泊車位，是本港泊車位數量最多的政府停車場。

1970年6月19日 港府頒布《1970年多層建築物（業主法團）條例》，規管住宅大廈業主法團的成立和運作。翌年12月1日，土瓜灣美景樓業主立案法團成立，成為香港第一個多層大廈業主立案法團。

港府頒布《1970年稅務（修訂）條例》，新增納稅人供養父母、認可慈善機構捐款的免稅安排。

1970年6月24日 九龍公園開幕，由前威菲路軍營用地改建而成。1989年2月1日，九龍公園完成重建啟用，增設了當時九龍區最大的室內體育館和全港首個可調校底部高低的室內游泳池。

1970年6月26日 港府於布政司署增設銓敘司一職，負責公務員的任命、待遇、訓練及管理，由原首席助理布政司（土地事務）祁德出任，同時撤銷布政司署人事組主任一職。

1970年7月1日 原隸屬於司法機構的法律援助部成為獨立部門，援助範圍由只限民事訴訟擴大至刑事訴訟，為合資格人士委派律師或大律師，確保其不會因缺乏經濟能力，而無法透過法律程序尋求公義。

市政局小販管理新政策生效，所有小販牌照將於牌照持有人去世後收回，不得由他人繼承，但非熟食固定攤位牌照持有人遺孀或鰥夫可向當局申請酌情處理。同日，新措施引起小販集會抗議。

1970年7月10日 港府頒布《1970年婚姻制度改革條例》，規定自港督訂明之日起，香港實行一夫一妻制婚姻且須根據《婚姻條例》締結，以及中國傳統婚姻或視同有效婚姻可補充註冊或解除。港督指定翌年10月7日開始實施條例。

1970年7月12日 17個學生及文化組織舉辦公開研討會，討論中文列為法定語文問題，逾350人參會，與會者認為政府應接納中文為法定語文，會後主辦團體聯名致電聯合國世界青年大會主席爭取支持。19日，「爭取中文成為法定語文運動聯會」成立，由13個學生刊物及團體組成。

| **1970 年 7 月 18 日** | 香港草地滾球隊贏得在英國愛丁堡舉行的第九屆英聯邦運動會金牌，是香港代表隊首面英聯邦運動會金牌。 |

| **1970 年 7 月 22 日** | 港府宣布男女護士將分七期實施同工同酬，自 1969 年 4 月 1 日起女護士薪酬將分七期增加至 1975 年 4 月 1 日與男護士薪酬完全相等。這是首批獲取同工同酬待遇的女性公務員。 |

| **1970 年 7 月** | 呂立勳創辦大一藝術設計學校，初期只提供夜間課程，後逐漸開辦各類文憑課程，涵蓋時裝設計、室內設計、立體動畫、攝影等範疇。 |

| **1970 年 8 月** | 美國《福布斯》雜誌以「世界船業大王」為題刊文，將東方海外貨櫃航運公司創辦人董浩雲列於首位。1980 年 12 月，金山輪船船隊中的超大油輪「海上巨人號」於日本舉行命名，該船總載重噸位達 564,763 噸，採用 50,000 匹馬力的輪機驅動，是當時世界上載重量最大的油輪。 |

| **1970 年 9 月 1 日** | 由中華回教博愛社創辦的伊斯蘭英文中學舉行開學禮，1997 年易名為伊斯蘭脫維善紀念中學，是香港第一所伊斯蘭宗教背景的學校。 |

| **1970 年 9 月 7 日** | 港府派出兩連防暴隊，合共 248 名警務人員及 36 名新界理民府官員和寮仔部拆屋人員，拆除位於新界流浮山的毛澤東思想學習班場所。 |

| **1970 年 9 月 24 日** | 「各界促成中文為法定語文聯合工作委員會」、「爭取中文成為法定語文運動聯會」和學聯的「中文在香港應有的地位研究委員會」組成聯合陣線，爭取實現共同目標，並製作中文運動主題歌曲。 |

| **1970 年 9 月 25 日** | 國際廣告市場會議首次在香港舉行，八個亞太區的國家及地區代表參與。 |

| **1970 年 10 月 2 日** | 婦女雜誌《姊妹》半月刊創刊，內容以時裝、美容、烹飪、家庭生活為主，後於 2005 年改以《姊妹美容》月刊發行，專注推廣美容文化。 |

| **1970 年 10 月 6 日** | 市政局議員胡鴻烈在該局會議上動議，促請港府盡早修訂《市政局條例》第 45 條，以便該局會議可以中英文並用，動議以 17 人支持、五人棄權獲得通過。 |

| **1970 年 10 月 21 日** | 大和證券國際（香港）成立，並於 12 月 28 日註冊，從事日本及其他國家證券的經紀、包銷及自營業務。 |

| | 港府成立「公事上使用中文問題研究委員會」，檢討中文的地位，由行政局非官守議員馮秉芬出任主席。翌年 2 月 5 日，委員會提交首份報告書，建議在立法局、市政局及各政府委員會內使用中文。 |

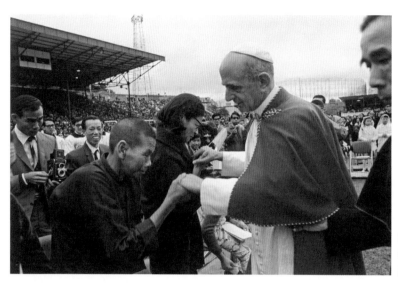

圖 189　1970 年 12 月 4 日，教宗保祿六世訪港，在政府大球場與信眾會面。（政府新聞處提供）

1970 年 12 月 4 日	教宗保祿六世下午抵港訪問，並在政府大球場主持彌撒，出席者約 40,000 人，儀式結束後教宗隨即離港，前後停留三小時，是首次有教宗到訪香港。（圖 189）
1970 年 12 月 9 日	世界球王比利隨同巴西山度士足球隊抵港，訪問十日，其間與香港代表隊及香港聯賽選手隊舉行四場表演賽，合共有超過 78,000 人次現場觀眾。（圖 190）
1970 年 12 月 18 日	港府頒布《1970 年防止賄賂條例》，全面規定涉及賄賂及貪污的罪行、調查權力、證據等事項。
	港府頒布《1970 年皇家香港軍團條例》及《1970 年皇家香港輔助空軍條例》，成立皇家香港軍團（義勇軍）及皇家香港輔助空軍，取代原來的皇家香港防衛軍。義勇軍後於 1995 年 9 月 3 日解散。
1970 年 12 月 27 日	大嶼山塘福監獄近 500 名囚犯，因不滿獄警無理毆打囚犯，於早餐時間騷動，破壞監房並挾持一名獄警。警方出動水警及防暴警察戒備，而監獄署高層人員亦到場調停，承諾徹查事件及改善囚犯伙食，事件平息。
1970 年 12 月	市政局成立保持香港清潔委員會，由市政局議員黃夢花出任主席。翌年 6 月 12 日，委員會改名為全港清潔運動委員會，負責向政府部門提出改善都市環境的建議，以及制定清潔香港的宣傳和教育活動計劃。
1970 年	港府完成編訂《土地利用計劃書》，作為城市規劃的概念文件，根據人口統計和土地利用資料，劃定各分區的大致用途，經土地發展計劃委員會審訂後，呈交港督會同行政局審核，再交由城規會，擬訂法定分區大綱圖則作詳細規劃。
	香港電台成立公共事務電視部，翌年開始製作時事、公共事務和文化教育節目，以及反映社會實況的劇集。

圖 190　世界球王比利（白衣）在政府大球場與香港代表隊對壘，攝於 1970 年 12 月 13 日。（南華早報提供）

1970 年　黃玉郎創作的漫畫《小流氓》創刊發行。1975 年，漫畫第 99 期起更名為《龍虎門》，後於 2000 年 5 月 26 日發行第 1280 期結束，並於該年 6 月 3 日改編發行《新著龍虎門》，是截至 2017 年香港最長篇的武打漫畫。

香港考古學會在港島春坎灣遺址發掘，發現新石器時代的打製和磨製石器，以及白陶、圈足彩陶盤等。

港島大浪灣摩崖石刻被發現，刻有幾何圖紋及抽象的鳥獸紋。1978 年 10 月 20 日，大浪灣石刻被港府列為本港首個法定古蹟。

長洲摩崖石刻被發現，刻有曲線紋飾。1982 年，港府將長洲石刻列為法定古蹟。

1971 年 1 月 15 日　美國大型銀行大通銀行宣布在本港設立東南亞地區總部。

英國投資銀行英商寶源（今施羅德投資）與渣打銀行、嘉道理家族合資創辦寶源投資，主要從事投資管理、企業融資業務。翌年，該公司設立寶源信託基金，該基金為首個在香港管理而投資全球的基金。

1971 年 1 月 22 日　港府頒布《1971 年無遺囑者遺產條例》，旨在消除男女間繼承遺產的不平等，以及在無繼承人情況下加快處理遺產的程序。

1971 年 1 月 26 日　無綫電視綜藝節目《歡樂今宵》，在農曆大除夕夜開始由黑白轉為彩色播映，是香港首個本地製作的彩色電視節目。該節目於 1967 年 11 月 20 日開播，後於 1994 年 10 月 7 日星期五晚播映第 6613 次後，暫停播映。

1971 年 2 月 7 日　香港公益金創辦第一屆公益金百萬行，首場於港島舉行，21 日再於九龍舉行第二場，合共籌得 979,734 元。

1971 年 2 月 14 日　鑑於美日兩國交還沖繩談判涉及釣魚列島的主權歸屬問題，本港保衛釣魚台行動委員會成立，聲援全球華人的保釣運動。

1971 年 2 月 26 日 羅富國、葛量洪及柏立基三所教育學院學生會發表聯合聲明，抗議港府於 1970/1971 年度財政預算案中提出新訂的教師等級和薪俸制度，將學位教師及文憑教師的入職薪酬降低，要求容許現職教師選擇舊制。10 月 18 日，三所教育學院學生會再次發表聲明，譴責港府仍未明確公布教師薪酬制度，但對護士薪制已達成共識，漠視教育工作者的專業。

1971 年 2 月 27 日 港府開展 1971 年人口普查，至 3 月 9 日結束，總人口為 3,948,179 人，當中常住人口為 3,936,630 人，流動人口為 11,549 人。

1971 年 2 月 香港首座海水化淡廠開始運作，設於大欖涌水塘附近海岸，屬試驗性質，使用降壓蒸餾法，每日生產 50,000 加侖淡水。

1971 年 3 月 1 日 港府推出公共援助計劃，開始接受在香港居住滿一年而月入扣除主要生活開支後不足 50 元的人士申請，並於 4 月 1 日開始發放款項。

1971 年 3 月 3 日 1971 年市政局選舉舉行，設有五個直選議席，葉錫恩、張有興、黃夢花、冼祖昭及楊勵賢當選。

1971 年 3 月 15 日 金銀證券交易所有限公司開業，由胡漢輝創立，為香港第三間正式營業的證券交易所，是日後香港聯合交易所組成機構之一。

1971 年 3 月 16 日 馬會舉行特別會員大會，正式通過賽馬職業化議案，自 1971/1972 年度馬季開始，容許職業騎師參賽。

1971 年 3 月 17 日 美國大通銀行主辦的國際金融座談會在港舉行，討論國際金融市場、香港與美國經濟關係等議題。

1971 年 3 月 18 日 天主教亞洲主教會議中央委員會在香港召開會議，為期三日，議決成立亞洲主教團協會，並於香港設立辦事處。

1971 年 4 月 10 日 香港保衛釣魚台行動委員會組織數十人，前往位於中環德己立街的日本文化館舉行保衛釣魚台示威，中途被警方攔阻及封鎖現場。警方以非法集會、交通阻塞為由驅散示威者，拘捕 21 人。

1971 年 4 月 12 日 大欖涌監獄五名年輕女囚犯越獄，襲擊一名女獄警至重傷不治，全部逃犯同日被追捕歸案，及後被控以兇殺罪名。8 月 5 日，案件審結，其中兩名女囚犯獲撤銷控罪，其餘三名則被判入教導所九個月至三年。

1971 年 4 月 15 日 第三十一屆世界乒乓球錦標賽中國代表團成員應香港乒乓總會邀請抵港訪問，並於本日、16 日及 18 日在灣仔修頓場館進行表演賽，香港乒乓總會派代表參加。

1971 年 6 月 6 日 「新界鄉議局爭取新界人民合理權益特別委員會」在元朗新界鄉議局中學，召開爭取新界人民合理權益村代表大會，新界各區村代表約 800 人出席，決議支持鄉議局向政府爭取有關新界居民土地使用的四項權益，並宣布如不獲圓滿答覆，將發動各鄉舉行分區遊行。

1971 年 6 月 8 日	長江企業控股有限公司註冊成立，由李嘉誠創辦，主要從事地產業務，翌年 11 月 1 日以長江實業（集團）有限公司名義在香港上市。
1971 年 7 月 7 日	自本年 6 月 17 日美日兩國簽署《沖繩歸還協定》後，香港及海外華人「保釣」行動進一步升級。本日，學聯把原獲港府批准於政府大球場舉行的保釣集會，移至維園舉行，參加者約 1000 多人，圍觀者約 3000 至 4000 人，警方以非法集會為由，使用警棍驅散群眾，拘捕 21 名集會者。其後，學聯舉行記者招待會，要求警方釋放被捕者。
1971 年 7 月 23 日	港府頒布《1971 年香港理工學院條例》，翌年 3 月 24 日生效。條例改組香港工業專門學院，成立香港理工學院，專門培訓工商界別人才。1972 年 8 月 1 日，學院揭幕，開辦工程、商管、數理、科學、航海及紡織範疇學系，區懷德為首任院長。
1971 年 7 月	首份《香港年報》中文譯本獨立出版，題為《1970 年香港年報》，由《天天日報》翻譯、印刷和發行。
1971 年 8 月 12 日	警方破例批准香港保衛釣魚台聯合陣線於翌日在維園舉行保釣集會，前提是須遵守諸項規則。翌日，集會如期舉行，出席者多逾 3000 人，集會後分別向日本和美國駐港總領事館遞交抗議書。（圖 191）
1971 年 8 月 16 日	颱風露絲襲港，天文台懸掛十號颱風信號近六小時。颱風造成 110 人死亡、五人失蹤、286 人受傷，34 艘遠洋船和 303 艘漁船受損，其中包括風暴期間沉沒的港澳客輪「佛山號」，船上 88 人遇難。
1971 年 8 月 20 日	太空電話通訊有限公司在本港推出首個無線電傳呼服務。

圖 191　1971 年 8 月 12 日，在港島區參與保衛釣魚台遊行的民眾。（香港歷史博物館提供）

1971 年 8 月 22 日	四個保衛釣魚台團體聯名在香港大學舉辦「香港——海外保衛釣魚台聯合聲討大會」，發表確定保釣立場的共同聲明。會後 50 多名參加者前往美國駐港總領事館示威，抗議美國意圖以「一中一台」、「兩個中國」分裂中國。
1971 年 8 月 23 日	中國紅十字會透過中國銀行捐贈人民幣 300 萬元予香港工聯會及香港中華總商會，救濟露絲風災的香港死難者家屬。
1971 年 9 月 3 日	港府正式頒布《1971 年教育條例》，實施小學免費強迫教育，並授權教育司可向缺乏適當理由而拒絕讓其 6 至 11 歲子女入讀小學的家長發出入學令，強制有關家長送子女入學。
1971 年 9 月 6 日	教育司署教育電視中心開幕，教育電視啟播，節目由無綫電視明珠台、麗的映聲第一台及第二台分別於不同時段播映。
1971 年 9 月 20 日	香港樹仁書院舉行首屆開學禮，該書院由胡鴻烈及鍾期榮夫婦創辦，位於跑馬地成和道，胡鴻烈任校監，校長為鍾期榮。1976 年 1 月 29 日，書院獲港府批准註冊為專上學院，並更名為香港樹仁學院。
1971 年 9 月	由徙置事務處在屯門興建的青山新區大廈入伙，是青山衛星城市首個公共屋邨，1973 年更名為青山邨，1974 年易名為新發邨。
1971 年 10 月 10 日	香港專上同學協會成立，吳日波任會長。該會為各大專院校學生提供升學及就業資訊，並從事學術研究和文化交流。
1971 年 10 月 15 日	班佐時獲聖公會港澳教區白約翰主教按立為牧師，成為聖公會全球首位英籍女牧師、香港聖公會首位非華籍女牧師。
1971 年 10 月 22 日	港府頒布《1971 年人民入境條例》，至 1972 年 4 月 1 日正式生效。條例規定本港出生者、在港歸化英籍者及通常在港居住連續不少於七年的華籍移民，有權進入香港。該條例亦對來港居住或就業的英國公民實施入境管制。
1971 年 10 月 27 日	候任港督麥理浩對英國外交及聯邦事務部的官員表示：「我在香港的目標是要確保香港各方面的條件皆比中國優越，以致讓中央人民政府面臨接收香港的問題時猶豫不決。」
1971 年 10 月 30 日	停泊於香港仔避風塘、原定在 11 月 15 日開張的珍寶海鮮舫發生四級大火，焚燒一個半小時後受控，全艘海鮮舫焚毀，造成 34 人死亡、42 人受傷。11 月 9 日，港府委任珍寶海鮮舫火災事件調查委員會，調查事故原因。翌年 5 月 24 日，委員會提交報告，認為當時在船上工作的焊接工及其僱主，以及造船公司需為意外負責，同時批評海事處、消防事務處及勞工處監管不力，建議港府修例及加強監管，避免意外再次發生。（圖 192）
1971 年 11 月 3 日	律政司羅弼時在立法局會議中，提出修訂《1968 年香港立法局會議常規》，准許議員使用英語或粵語發言，動議獲得通過。

| 1971 年 11 月 15 日 | 電影《唐山大兄》票房累積總收入超過 300 萬元，創香港當時最高票房紀錄，這是荷李活武打影星李小龍回港後拍攝的第一部電影。 |

| 1971 年 11 月 19 日 | 麥埋浩就任第二十五任港督，後於 1982 年 5 月 8 日卸任，是香港歷史上任期最長的港督。 |

| 1971 年 11 月 25 日 | 第七屆保齡球世界盃於九龍四海保齡球場舉行，是本港首次主辦該項賽事，美國選手杜爾堅奪冠。 |

| 1971 年 11 月 27 日 | 第二屆香港節於愛丁堡廣場開幕，舉行展覽、音樂、體育、學校活動等超過 600 項文娛節目。 |

| 1971 年 12 月 1 日 | 港府根據《1967 年工廠及工業經營（修訂）規例》，規定所有受僱於工業經營的女工和青年工人，工時調低至每日不超過八小時，每周不超過 48 小時。 |

| 1971 年 12 月 3 日 | 港府頒布《1971 年古物及古蹟條例》，授權古物事務監督根據古物諮詢委員會的意見評定法定古蹟，並規定任何人士不得拆毀或破壞法定古蹟，以確保本港具歷史、考古及古生物學價值的文物獲得適當的保護，條例於 1976 年 1 月 1 日起生效。 |

| 1971 年 12 月 9 日 | 香港大學學生會首屆「回國觀光團」抵達中國內地，在 29 日內訪問內地八個城市，其間參觀政府機構、工廠、學校及名勝古跡，並獲各省市領導接見。 |

圖 192　1971 年 10 月 30 日，珍寶海鮮舫發生四級大火，香港仔避風塘海面濃煙瀰漫。（南華早報提供）

1971 年

香港津貼中學議會成立，旨在維護及提高全港津貼中學的權利、獨立自主，並向港府爭取津貼中學教職員與學生的權益。

港府利用戴麟趾爵士康樂基金，在城門水塘推行試驗計劃，設置桌椅和燒烤爐等郊遊康樂設施。

香港考古學會秦維廉、白德主持南丫島深灣遺址發掘，至 1976 年間進行五次發掘，發現新石器時代、青銅時代及其後歷史時期的疊壓文化堆積，初步建立香港遠古以來人類文化發展的序列。

1972 年 1 月 5 日

九龍證券交易所有限公司開業，由陳普芬創立，為香港第四間正式營業的證券交易所，是日後香港聯合交易所組成機構之一。

1972 年 1 月 20 日

港府宣布，港督與行政局原則上接納「公事上使用中文問題研究委員會」第二份報告書的建議，即有關政府與市民在口頭及文字使用中文通訊的問題，並由民政司出任監督，推行中英雙語並用的政策。

1972 年 1 月 31 日

怡和公司發行 1500 萬美元的歐洲美元票據連認股證，允許投資者在 1972 年 2 月至 1978 年 11 月期間進行買賣，是香港首次出現認股證買賣。

1972 年 2 月

萬宜水庫工程輸水隧道系統動工，由一家香港、瑞典、法國和西德商人合組的國際公司承建；主壩、副壩和附屬建築於 10 月動工，由一家意大利公司承建。

1972 年 3 月 8 日

中國常駐聯合國代表黃華致函聯合國非殖民地化特別委員會主席，指出：「香港、澳門是屬於歷史上遺留下來的帝國主義強加於中國的一系列不平等條約的結果。香港和澳門是被英國和葡萄牙當局佔領的中國領土的一部分，解決香港、澳門問題完全是屬於中國主權範圍內的問題，根本不屬於通常的所謂『殖民地』範疇。因此，不應列入反殖宣言中適用的殖民地地區的名單之內。」

1972 年 3 月 14 日

香港入境處開始辦理台灣居民、台灣當地英聯邦公民及外國人來港及赴英的簽證申請，取代同日關閉英國駐台北領事館的職能。13 日，中英雙方於北京達成協議，英國政府承認中華人民共和國政府為代表中國的唯一合法政府，台灣為中國一個省，是日起雙方派駐對方首都的外交代表由代辦升格為大使。

1972 年 3 月 30 日

港府頒布《1972 年勞資審裁處條例》，至翌年 3 月 1 日生效並成立勞資審裁處，設有審裁專員，審理僱主與僱員之間牽涉欠薪、遣散費、假期津貼等方面的民事訴訟。該處進行的聆訊不會依照一般法庭的嚴謹程序進行，且訴訟雙方不可委派律師代表出庭。

港府頒布《1972 年侵害人身（修訂）條例》，規定若有兩名醫生同意，繼續懷孕將危害孕婦生命或令其身心健康受損，則可終止懷孕。10 月 20 日，港府公布 11 間可進行合法墮胎手術的醫院。

圖 193 「宇宙學府」——全球第一所海上大學。(董氏集團提供)

| 1972 年 4 月 20 日 | 港府於《憲報》刊登《1972 年勞資審裁處條例》中文譯本,是香港第一份設有中英雙語版本的條例。譯本注明如有法律疑點,應以英文原文為準。 |

| 1972 年 4 月 23 日 | 董氏集團創辦人董浩雲所創立的全球第一所海上大學——「宇宙學府」輪載着 57 名教授和 420 名學生首次抵港。「宇宙學府」是替代於同年 1 月被燒毀的「伊利莎伯皇后號」履行董浩雲推動海上教育的願景。(圖 193) |

| 1972 年 5 月 10 日 | 港府接納立法局通過的動議,重新審議對可續期官契土地續期時所用的重估政策。24 日,港府將續租土地的重新估定地稅減少 20%。 |

| 1972 年 5 月 13 日 | 上午 9 時 30 分,香港保衛釣魚台聯合陣線與香港保衛釣魚台行動委員會在維園舉行保釣示威,約 400 多人參加。上午 11 時,學聯於愛丁堡廣場舉行保釣示威,約 600 多人參加,會後列隊前往日本和美國領事館遞交抗議書。 |

| 1972 年 5 月 26 日 | 滙豐銀行創辦獲多利有限公司,負責管理該行的投資銀行業務、投資基金,並協助企業融資、包銷及併購。 |

| 1972 年 6 月 1 日 | 位於大嶼山沙咀的香港首座青年勞役中心啟用,中心內青少年罪犯須接受嚴格紀律規管,並進行體力勞動,以培養尊重法律及他人權利的精神。 |

1972 年 6 月 1 日	《詩風》創刊，登載舊詩與新詩，兼刊詩評，後於 1984 年 6 月停刊。
1972 年 6 月 9 日	港府委任麥健時顧問公司進行專項研究，以改善政府架構和行政業績。同年 11 月，該公司向港府提交首份報告書，指出阻礙施政的主要原因是政府缺乏熟練人手，建議政府需加強行政效率，滿足社會發展，並提出三項改善施政的方針，包括加強現行架構、引進新架構、改善人事管理。
1972 年 6 月 13 日	恒生銀行在香港上市，招股價 100 元，首日收市報 165 元，是香港自二戰後首家上市的銀行股。
1972 年 6 月 15 日	一架由新加坡飛來香港的國泰航空客機，於越南共和國（南越）中部上空爆炸墜毀，機上 81 人全部罹難。
1972 年 6 月 18 日	香港連日暴雨，天文台錄得本日總雨量 232.6 毫米，自 6 月 16 日至本日合共錄得 652.3 毫米，為 1889 年有紀錄以來三日總雨量的最高紀錄。暴雨引發全港多宗水浸、洪水沖襲和山泥傾瀉。上午，秀茂坪乙級安置區 78 間木屋被山泥全部掩蓋，觀塘新區第八座和第九座亦被山泥衝擊，災情共造成 71 人死亡、60 人受傷。晚上，港島半山區寶珊道多處發生山泥傾瀉，旭龢大廈被山泥直接沖毀，落成仍未入伙的景翠園最高四層被山泥削去，災情共造成 67 人死亡、20 人受傷。是日全港合共 149 人死亡，稱為「六一八雨災」或「1972 年雨災」，是香港死亡人數最多的雨災。（圖 194、195）
1972 年 6 月 20 日	信和地產投資股份有限公司註冊成立，由黃廷方創辦，主要從事地產業務，7 月 20 日在香港上市。
1972 年 6 月 22 日	港府成立 1972 年雨災調查委員會，委任地方法院法官楊鐵樑為主席，調查 6 月 16 至 18 日暴雨期間引致全港各處死傷的山泥傾瀉事件，尤其是秀茂坪及寶珊道兩處災情。11 月 28 日，委員會提交報告，檢討事故成因，並對土木工程、土地政策、樓宇發展及拯救行動給予建議。
1972 年 6 月 23 日	合和實業有限公司註冊成立，由胡應湘創辦，主要從事基建和地產業務，8 月 8 日正式在香港招股上市。
1972 年 6 月 24 日	晚上 8 時，無綫電視舉辦籌款賑災慈善表演大會，以賑濟「六一八雨災」的災民，晚會歷時 12 小時，共籌得 900 萬元，打破當年賑災籌款的紀錄，亦是籌款賑災電視節目之始。
1972 年 6 月 28 日	港府頒布《皇室訓令》修訂條文，立法局官守議席除港督及四位當然議員外，由八席增至最多十席，非官守議席由 13 席增至最多 15 席。6 月 30 日，港府宣布立法局新增官守議員及非官守議員各一席，實際人數由 26 席增至 28 席。

圖 194 「六一八雨災」造成嚴重山泥傾瀉，港島半山區旭龢大廈被徹底淹沒。（政府新聞處提供）

圖 195 「六一八雨災」後的秀茂坪區，大量木屋被山泥掩蓋。（Getty Images 提供）

1972 年 6 月 28 日	小欖醫院啟用，是香港首間專門為智障人士設立的醫院，向嚴重智障人士提供護理服務，可收容 200 位病人。
1972 年 7 月 6 日	由於英鎊放棄固定匯率，港府宣布港幣匯率與美元掛鈎，5.65 港元兌一美元。翌年 2 月改為 5.085 港元兌一美元。
1972 年 7 月 23 日	警方政治部拘捕兩名華籍商人，懷疑與蘇聯間諜活動有關，其中一人何鴻恩收押於域多利羈留中心，另一人被釋放。8 月 25 日，警方宣布偵破一個蘇聯間諜組織，逮捕兩名蘇聯人，英國外交部當日召見蘇聯官員提出抗議。11 月 14 日，港府將何鴻恩送上一艘蘇聯貨輪，遞解出境。
1972 年 8 月 2 日	晚上 6 時，港督麥理浩為紅磡海底隧道揭幕，香港首條貫通維多利亞港兩岸的海底隧道啟用。翌日晚上 11 時 30 分，隧道正式通車，車主獲發印有隧道首日通車的紀念標貼 。（圖 196）
1972 年 8 月 3 日	香港代表隊參加於西德海德堡舉行的第四屆殘奧會，為香港首次參加殘奧會。會上乒乓球代表林龍奪得男子單打銀牌，林龍與李冠雄奪得男子雙打銅牌。

圖 196　1972 年 8 月 2 日，紅磡海底隧道通車，由電視藝員沈殿霞乘坐老爺車率先通過。（星島日報提供）

圖 197　打擊垃圾蟲是全港清潔運
動的重點宣傳活動,攝於 1975 年。
(政府檔案處提供)

圖 198　山頂爐峰塔啟用,是第三代
山頂建築物,攝於 1973 年。(政府
新聞處提供)

1972 年 8 月 16 日	全港清潔運動委員會於香港大會堂舉行全港清潔運動宣傳工作開幕儀式,推出由真人扮演的卡通人物垃圾蟲,作為運動的象徵標誌。(圖 197)
1972 年 8 月 21 日	政府土地工程測量員協會註冊成立。24 日,首次向港府請願,爭取職級利益。
1972 年 8 月 24 日	港府設立新聞事務司,由工商業管理處處長姬達出任,負責統籌港府新聞及公共關係事務。
1972 年 8 月 29 日	山頂爐峰塔開幕,是山頂纜車終點站上蓋的餐館建築,1993 年在原址重建凌霄閣,並於 1997 年 5 月 28 日開放。(圖 198)

| **1972 年 9 月 1 日** | 港府頒布《1972 年公眾衛生及市政（修訂）（第 4 號）條例》，規定執法人員有權扣押違反規管法例經營的小販設備及貨品，法庭可判令充公。港府同時訂下長期政策，計劃將全部小販最終遷至固定小販市場、公眾街市及熟食市場內集中經營。 |

| **1972 年 9 月 5 日** | 葵涌貨櫃碼頭一號碼頭啟用，由 1969 年成立的現代貨箱有限公司建設及經營，投資額約 1.5 億元，是香港第一個專門供標準貨櫃船使用的現代化碼頭。同日，巨型標準貨櫃船「東京灣號」抵港，停泊一號碼頭，是第一艘停泊該碼頭的貨櫃船。1973 年，二號和三號貨櫃碼頭相繼啟用。（圖 199） |

| | 1972 年西德慕尼黑奧運會遭受恐怖襲擊，巴勒斯坦武裝組織黑色九月成員衝入奧運村挾持以色列代表團，兩名受波及的香港運動員經香港代表團團長沙理士與武裝分子談判後獲釋。 |

| **1972 年 9 月 6 日** | 16 個教育團體發表聯合聲明，一致反對港府未經勞方同意，準備在 1973 年 4 月起實施新的薪級制，並支持文憑教師應有公平的升級制度和合理的薪酬待遇。16 日，官立、津貼及補助學校 2000 餘名教師再次發表宣言反對新制。 |

| **1972 年 9 月 18 日** | 由聯合國亞洲及遠東經濟委員會主辦的付貨人合作會議在香港大會堂舉行，為期十日，共 19 個國家代表參加，議題包括航運、船務及付貨人團體。 |

| **1972 年 9 月** | 黃麗松出任香港大學校長，是該校首位華人校長。 |

| **1972 年 10 月 2 日** | 電話公司更改全港電話號碼的地區代碼，由英文字母改為阿拉伯數字，新界區的 O 改為 12，港島區的 H 改為 5，九龍區的 K 改為 3，電話號碼仍為六位數字，跨區撥號需加代碼。1981 年 7 月 1 日，電話公司將新界區電話號碼的地區代號由 12 改為 0。 |

| **1972 年 10 月 6 日** | 信德企業有限公司註冊成立，創辦人何鴻燊，主要從事酒店、地產和運輸業務，翌年 1 月 25 日在香港上市。 |

圖 199　葵涌貨櫃碼頭鳥瞰圖，攝於 1978 年。（政府新聞處提供）

| **1972 年 10 月 9 日** | 天文台設立火災危險警告信號,分黃色及紅色兩級,由消防事務處和天文台對外公布。 |

| **1972 年 10 月 14 日** | 銅鑼灣大丸百貨發生煤氣泄漏事故,消防員到場調查期間發生爆炸,造成一名消防員及一名百貨公司收銀員死亡,途人及救援人員合共 211 人受傷。 |

| **1972 年 10 月 16 日** | 翟暖暉創辦《廣角鏡》月刊,初期為一圍繞文化藝術及時事科學的綜合性刊物,1970 年代中期成為專注兩岸三地的政論經濟刊物。 |

| **1972 年 10 月 18 日** | 港府發表《社會福利白皮書》及《社會福利未來五年發展計劃》,建議向傷殘老弱人士提供金錢援助,並且在全港增設社區及社會服務中心,使老人能夠保持與社會的聯繫與接觸。 |

| | 港督麥理浩發表其首份施政報告,提出十年建屋計劃,以改善市民居住環境,及協助市民自置居所。計劃目標在 1973 至 1982 年耗資 33.4 億,為 180 萬人提供有獨立設施的居所。報告同時提出全面展開新市鎮計劃,配合十年建屋計劃,荃灣、沙田、屯門三個衛星城市被劃為首批新市鎮。1987 年十年建屋計劃結束,香港共興建可供 150 萬人居住的房屋單位,較原定計劃的目標受惠人口少30 萬人。 |

| | 立法局會議首次提供英語與粵語即時傳譯服務,鍾士元成為立法局自 1843 年成立以來首位使用粵語發言的議員。 |

| **1972 年 10 月 27 日** | 港府批准巴克萊國際銀行有限公司在香港設立分行,是港府在1965 年收緊《銀行業條例》並停止向銀行發牌後,首次批准新的銀行牌照。 |

| **1972 年 10 月 29 日** | 香港電台製作的電視劇《獅子山下》首播,講述獅子山南麓橫頭磡徙置區居民的日常生活,反映香港草根階層百折不撓的奮鬥精神。羅文於 1979 年主唱的同名主題曲,成為香港流行歌曲。 |

| **1972 年 10 月 30 日** | 香港置地宣布以換股方式收購牛奶冰廠有限公司,以 2 股面值 5 元的置地股票,交換 1 股面值 7.5 元的牛奶公司股票。12 月 14 日,置地公司宣布已持有 90% 以上的牛奶公司股權,並將根據《1932年公司條例》,完成餘下股票的收購。完成收購後,置地將薄扶林牧場重建成置富花園。 |

| **1972 年 11 月 6 日** | 世界中文報業協會第五屆年會在香港舉行,為期三日,世界各地報業協會代表共 110 人參與,會後《星島日報》代表胡仙當選為該協會 1972/1974 年度主席。 |

| **1972 年 11 月 8 日** | 第二十七屆聯合國大會通過第 2908 號決議,批准非殖民地化特別委員會提交的議案,香港及澳門被剔出《關於對殖民地及人民給以獨立之宣言》適用名單。12 月 14 日,英國常駐聯合國大使致函聯合國秘書處,考慮到聯合國大會的上述決議,英國不再向秘書處提交有關香港的信息。 |

香港大學學生會舉辦為期 11 天的文化節,並設立首屆青年文學獎,徵得逾 300 份稿件,古兆申、李輝英、徐訏及黃繼持等人擔任評判,共五位作者獲發獎項。1978 年香港大學、香港中文大學與青年文學獎籌委會出版《青年文學》雙月刊,內容包括詩作、散文、小說、評論和報告文學專輯等。

港督會同行政局通過新界小型屋宇政策,又名丁屋政策。自本年 12 月 1 日起,新界原居民村落年滿 18 歲的男性村民,在其一生中可獲特別許可在其村內或認可村外範圍興建一所面積不多於 700 呎、高度不超過 25 呎的小型屋宇。1975 年 8 月 29 日,小型屋宇被允許建樓高至三層。

港府增加立法局的議員人數至 30 名,官守議員和非官守議員各佔 15 席。

《海洋文藝》創刊,登載小品文、散文、文藝短篇、札記等內容,後於 1980 年 10 月停刊。

醫務衛生署於西營盤美沙酮治療研究中心開展美沙酮療毒計劃,為期三年,計劃治療 550 名吸毒者,預算費用為 210 萬元。

港府頒布《1972 年公司(修訂)條例》,規定上市公司的招股章程須以英文撰寫,並必須附有中文譯本。翌年 3 月 1 日,條例生效。

港府成立課程發展委員會,負責為中、小學編訂教學課程綱要,下設科目委員會及課本委員會。

香港會計師公會根據《1972 年專業會計師條例》成立,為本港會計師提供資歷認證、監管會員的專業操守及推動會計專業在港發展。

港府成立證券事務諮詢委員會,協助制定和執行證券相關法例,加強監察股票市場,施偉賢出任首位證券監理專員。

銀行業監理處發出通告,限定銀行的股票貸款額。

關心越南和平委員會約 40 名美國人,聯同逾 100 名本港大專學界人士,由維園起步經花園道遊行至美國駐港總領事館,抗議美國侵略越南。

港府委任一個專門研究未來十年中學教育發展的教育委員會,由立法局首席非官守議員胡百全出任主席。同年 8 月,委員會發表《教育委員會對香港未來十年內中等教育擴展計劃報告書》。1974 年 11 月 1 日,港府就報告書內容開始接受公眾諮詢。

港府頒布《1973 年電視(修訂)條例》,對申請電視廣播牌照規定了更為詳細和嚴格的條件,同時規定牌照持有人須播放由港府提供的教育類節目及港府製作的新聞及公告類節目或其他節目,同時增強對行業的監管。

1973 年 2 月 20 日 ｜ 位於銅鑼灣的香港怡東酒店開幕，樓高 34 層，設有客房 1003 間，為當時全港最大型的酒店。

1973 年 2 月 26 日 ｜ 首屆香港藝術節於香港大會堂開幕，為期 27 日，節目包括各國樂團、劇團及舞團演出。

1973 年 2 月 27 日 ｜ 全港三間教育學院罷課一日，反對文憑教師新薪級制，參與者約 2000 人。4 月 4 日，教育團體聯合秘書處在兒童節發動官立、津貼、補助學校文憑教師罷課一日，參與教師約 10,000 餘名，至同月 13 日舉行第二次罷課，約八成小學參與。同月 29 日，在三位香港宗教領袖的斡旋下，教育團體聯合秘書處在決定取消 5 月 4 至 5 日的罷課，以免影響升中試舉行。

｜ 馮景禧註冊成立新鴻基證券有限公司，當時稱為新鴻基（私人）有限公司。

1973 年 3 月 1 日 ｜ 港府頒布《1973 年證券交易所管制條例》，規定除港督會同行政局批准的認可證券交易所外，禁止任何人開設並運營證券交易市場，違者罰款 50 萬元，並於持續違法期間每天增加罰款五萬元。

1973 年 3 月 12 日 ｜ 合和實業在發現二張該公司 1000 股的偽造股票後，要求暫停公司股票買賣，部分市民擔心股票作廢，拋售手中股票，觸發的拋售潮導致恒指由 3 月 9 日的當時歷史新高點 1774.96 點跌至本日的 1301.13 點。翌年 12 月 10 日，恒指跌至 150.11 點，是為 1969 年 11 月指數向外發布以來的歷史最低點。這是香港首次股災，一般稱為「七三股災」。

1973 年 3 月 13 日 ｜ 環球航運集團與會德豐船務國際公司發表聯合聲明，宣布雙方達成協議，合組聯營船務公司環球會德豐有限公司。

1973 年 3 月 ｜ 港府成立撲滅暴力罪行委員會，由新聞司姬達任主席，成員包括警務處、民政司署、布政司署、新界民政處及港府新聞處的高級職員，負責策劃及組織撲滅暴力罪行的活動。5 月 14 日，委員會展開撲滅暴力罪行運動。

1973 年 4 月 1 日 ｜ 市政局改制，正式擁有獨立於港府的決策權及財政自主權，廢除官守議員，民選及委任議席各佔一半，主席及副主席由議員互選。該局原有公共衛生、康樂設施及文娛活動的權責不變，營運經費主要來自屬下設施收入及港府每年部分市區差餉收入。10 日，市政局舉行改制後首次大會，沙理士獲選為主席。

｜ 港府推出傷殘老弱津貼，分別供年滿 75 歲和合資格的傷殘人士申請，老弱津貼每月可獲 55 元，傷殘津貼金額根據傷殘程度發放，每月最高可獲 110 元。

｜ 香港屋宇建設委員會改組為香港房屋委員會，負責統籌全港公共房屋的設計、建造和管理事宜；原徙置事務處和市政事務署轄下的屋宇建設處合併為房屋署，作為房委會的執行機關，以配合十年建屋計劃。全港所有徙置區及廉租屋邨此後統稱為公共屋邨。

1973 年 4 月 12 日	亞洲作曲家同盟成立大會在香港大會堂舉行。
1973 年 4 月 19 日	赤柱監獄近 400 名囚犯因伙食及福利問題鼓噪，監獄署署長到場調停。翌日，逾 300 名囚犯再度因伙食問題鼓噪，破壞監房，並一度挾持三名獄警，防暴警察到場戒備，監獄署署長與囚犯代表會面，至晚上監獄回復平靜。
1973 年 4 月 27 日	康力電子製品有限公司在香港註冊成立，創辦人柯俊文。1981 年 8 月 25 日，康力電子以康力投資有限公司名義在港上市，為當時本港大規模電子業公司之一。
1973 年 4 月 28 日	位於中環的康樂大廈舉行平頂儀式，樓高 50 層，採用圓形窗戶設計，為當時香港及亞洲最高的建築物。大廈由置地公司興建，1971 年 10 月 7 日動工，1972 年 12 月入伙，1989 年 1 月 1 日更名為怡和大廈。（圖 200）
1973 年 5 月 3 日	兩名因參與「六七暴動」而被判囚的人士出獄，至此因「六七暴動」而入獄的人士全部獲釋。
1973 年 5 月 9 日	港府與教育團體聯合秘書處重開文憑教師薪酬談判，港府建議修訂薪制，薪酬在七年內由 1250 元按年遞增至 1750 元，再以七年時間升至 2050 元頂薪，由起薪升至頂薪年期由 18 年減至 14 年。20 日，聯秘處召開教師大會，接受港府提出的新薪酬制度，文憑教師薪酬運動至此結束。
1973 年 5 月 14 日	警務處反貪污部引用《1970 年防止賄賂條例》開始調查退休總警司葛柏涉嫌貪污案。本年 4 月，香港警方接獲來自加拿大的情報，指葛柏的海外銀行戶口情況異常。5 月 11 日，警務處長拒絕葛柏於 6 月 30 日提早離港的申請。
1973 年 5 月 23 日	港府接納麥健時顧問公司提交的第二份報告書的建議，在布政司署設立經濟、環境、民政、房屋、保安及社會福利六個決策科，負責制定政策。同日委任姬達出任民政司，盧秉信出任環境司，黎保德出任房屋司。

圖 200　1970 年代的中環康樂大廈（圖中最高者）。（南華早報提供）

1973 年 5 月 26 日 | 副按察司貝理士升任香港正按察司。

1973 年 5 月 30 日 | 撲滅暴力罪行運動辦事處創辦「好市民獎」，以現金獎勵協助警方破案的市民，經費來自社會各大企業的捐款，6 月 22 日首次頒獎予三名市民。

1973 年 6 月 4 日 | 警方搜查涉嫌貪污的總警司葛柏寓所。8 日，葛柏乘搭新加坡航空公司客機前往新加坡。翌日，葛柏抵達英國倫敦。

1973 年 6 月 8 日 | 荃灣基達髮廠宣布將於 7 月 8 日閉廠，並停止僱用 1300 名員工。14 日，工人被廠方拒絕入內，遂前往勞工處交涉。27 日，勞資雙方達成協議，廠方向工人發放合共 39 萬元遣散費。

1973 年 6 月 13 日 | 港督會同行政局行使《1968 年調查委員會條例》第 2 條授予的權力，成立調查委員會，委任高級副按察司百里渠為調查專員，調查葛柏在即將被控貪污罪前離開香港的情況。7 月 26 日，委員會發表首份報告，揭發葛柏擁有資產 4,377,248 元，約等於他在 1952 年 8 月至 1973 年 5 月全部淨收入的六倍。

1973 年 6 月 20 日 | 港府將防衛司改組為保安司，統籌有關外部安全、緊急事故、內部治安、人民入境事務、監獄、毒品及消防事務等的收束與計劃，並委任羅以德為署理保安司。

1973 年 6 月 24 日 | 無綫電視主辦首屆香港小姐競選，於利舞臺戲院舉行總決賽，並首次通過電視公開播映，孫泳恩奪得冠軍。(圖 201)

1973 年 6 月 29 日 | 美國肯德基家鄉雞在美孚新邨開設本港第一家分店，是首家進入香港市場的外國大型連鎖快餐店。

1973 年 7 月 1 日 | 全國人大常委會委員、全國政協委員、中央文史研究館館長章士釗在港病逝，享年 92 歲。7 日，公祭儀式在香港殯儀館舉行，約 1400 人出席。11 日，中國政府派專機運送其骨灰返京。

圖 201 首屆香港小姐競選得獎
佳麗，冠軍為孫泳恩（右三）。
（南華早報提供）

1973 年 7 月 3 日　《信報財經新聞》創刊，是香港首份以財經新聞為主的日報，由林山木、駱友梅夫婦創辦。

1973 年 7 月 10 日　恒基兆業有限公司註冊成立，由李兆基創辦，主要經營地產業務，11 月 21 日開業。

1973 年 7 月 16 日　颱風黛蒂襲港，天文台懸掛九號烈風或暴風風力增強信號約五個半小時。颱風造成一人死亡，至少 30 人受傷。

1973 年 7 月 20 日　武打影星李小龍猝逝，終年 33 歲。25 日，九龍殯儀館舉行公祭，約 30,000 名影迷到場弔祭。9 月 24 日，李小龍死因研訊結束，裁判署法官指李小龍因過敏症引發腦水腫致命，裁定其死於意外。（圖 202）

1973 年 7 月 22 日　行走昂坪至梅窩線路的一輛大嶼山客運巴士，駛至羌山道失事，跌落山坡，駐港英軍出動直升機搶救，意外造成 17 人死亡、39 人受傷。

1973 年 8 月 1 日　港府頒布《1973 年商品交易所（禁止經營）條例》，規定除街市、海魚批發市場、蔬菜批發市場及 1973 年 6 月 20 日已經存在的商品交易所外，任何人不得設立或經營附表訂明商品的商品交易所，或明知而協助經營該等商品交易所。

1973 年 8 月 7 日　警司韓德正式被落案起訴，涉嫌觸犯《1970 年防止賄賂條例》第 10 條，於 1971 年至 1973 年間維持與薪酬不符合的生活水準，並於 9 日在維多利亞地方法院提堂。11 月 1 日，韓德被裁定罪名成立，判入獄一年，成為首名根據該條例第 10 條被成功起訴的警司。

圖 202　1973 年 7 月 25 日，大批影迷聚集在舉行李小龍公祭的九龍殯儀館外。（星島日報提供）

1973 年 8 月 9 日 警方在銅鑼灣破獲香港首個偽造股票集團，搜出柯式印刷機等設備，其中發現 200 餘張約值 300 萬元的怡和洋行假股票。21 日，四家本地證券交易所停止怡和洋行股票交易 48 小時，以便警方查證。9 月 18 日，市面陸續出現利興發展、美漢企業和東方海外等上市公司的假股票。

1973 年 8 月 10 日 港府分別向麗的電視有限公司和商業電視有限公司，發出經營中英文雙頻道及純中文頻道的無線電視台牌照，有效期同為 15 年。

1973 年 8 月 16 日 船灣淡水湖擴建工程完工，主壩及兩個副壩由 27 呎加高至 44 呎，儲水量由 370 億至 390 億加侖增加至 520 億加侖。

1973 年 8 月 18 日 富麗華酒店落成啟用，並於 12 月 3 日開幕，樓高 32 層，設有 600 間客房，並於 30 樓設有旋轉餐廳。酒店位於中環前太古洋行總部舊址，後於 2001 年 11 月結業。

1973 年 8 月 26 日 學聯、天主教大專聯會、《七十年代》雙周刊、每日戰訊、青年先鋒、工人學生聯合陣線、五一行動委員會和青年工人在內的 13 個團體於維園舉行「反貪污、捉葛柏」公開集會，參加者約 500 至 1000 名。大會派出約 200 名糾察員，在集會上派發傳單，要求市民簽名支持從英國引渡涉嫌貪污的葛柏回港受審，會後和平散去。9 月 2 日，13 個團體冒雨於九龍摩士公園舉行未獲警方批准的「反貪污、捉葛柏」集會，參加者約 300 名，警方並未採取驅散行動。（圖 203）

圖 203　約 300 人在九龍摩士公園舉行「反貪污、捉葛柏」集會，攝於 1973 年 9 月 2 日。（南華早報提供）

1973 年 8 月 28 日	荃灣仁濟醫院啟用,並於 10 月 24 日開幕,樓高六層,設有病床 100 張,主要為荃灣區居民提供普通科服務。
1973 年 9 月 10 日	郵政署推出特快專遞服務,以空郵方式投寄商業郵件與包裹。渣打銀行於本日投寄郵件往倫敦,是第一個使用該服務的客戶。
1973 年 9 月 22 日	改編自香港話劇團同名舞台劇的喜劇片《七十二家房客》上映,楚原執導,邵氏兄弟發行。這是香港粵語電影自 1972 年停產後,首部出品的粵語電影,票房逾 540 萬,為當年香港最賣座的電影。
1973 年 9 月 29 日	怡和提出收購業務在菲律賓及夏威夷的貿易機構戴維斯公司,以換股形式進行,交易作價 2.75 億元,交易於本年內完成。這是首次有本地公司建議並成功收購美國掛牌上市的公共機構。
1973 年 9 月	香港青年旅舍協會成立,是國際青年旅舍聯會成員,旨在推廣全球青年旅舍,以擴闊旅客視野,推動文化交流。
1973 年 10 月 5 日	教育司署宣布小學數學科課程全面採用十進制,但為方便學習及生活需要,仍保留部分英制計算單位及中國傳統量度單位。
1973 年 10 月 14 日	學聯舉辦的首屆中國週在利舞臺戲院開幕,為期兩周,由本港八所高等院校共同舉辦圖片展覽、中國文物展、音樂歌曲欣賞、電影放映會及研討會及講座等活動,讓大專學生及社會各界加深對中國內地的認識,往後每年舉辦,至 1978 年舉辦最後一屆。
1973 年 10 月 17 日	跑馬地馬場舉行香港首次夜間賽馬,共六場賽事,全場滿座。
1973 年 10 月	香港訓練局成立,就建設一套完整的工業訓練措施,向港府提出建議。12 日,安子介被委任為訓練局主席。
1973 年 11 月 1 日	港府開始分階段為 11 歲至 18 歲兒童換領兒童身份證,並推出第二代膠面身份證。新款成人身份證與兒童身份證採用相同式樣,刪除舊設計的指紋,及新增顯示出生地點。
1973 年 11 月 8 日	深夜,蜆殼石油公司在鴨脷洲的油庫漏出約 5000 公噸燃油,港島西南大片海面受到污染。13 日,港督委任鴨脷洲油庫燃油外泄事件調查委員會。翌年 2 月 10 日,委員會提交調查報告,指出油庫選址錯誤,同時燃油的重量和壓力導致油庫出現裂口,建議港府將來應加強審批同類建設的圖則。
1973 年 11 月 15 日	中英雙方達成限制內地居民來港的協議,同日入境人數由同年高峰的每日 600 餘人,降至 100 人以下。同年截至本日,由中國內地入境香港人數約 46,000 人。
1973 年 11 月 23 日	第三屆香港節於政府大球場開幕,有文娛活動超過 750 項。此後香港節停辦。
1973 年 11 月 30 日	港府頒布《1973 年博彩稅(修訂)條例》,正式允許馬會接受場外投注,以方便投注者。12 月 22 日,港九 11 個場外投注站開始營業,正式接受四重彩的場外投注。

1973 年 12 月 1 日 ｜麗的映聲轉為無線免費電視台，名為麗的電視，提供中英文雙頻道。1982 年，邱德根收購麗的電視，並改名為亞洲電視。

1973 年 12 月 6 日 ｜觀塘基督教聯合醫院開幕，為急症全科醫院，由香港基督教協進會和雅麗氏何妙齡那打素醫院共同創辦，設有 550 張病床，主要服務東九龍區市民。

1973 年 12 月 7 日 ｜港府頒布《1973 年緊急（管制石油）規例》，授權石油供應處長可發出命令或指示，管制全港石油的儲存、供應、取得、處置或使用，以及煤氣和電力的供應和使用，以應付石油危機。這些措施於 9 日起生效。

1973 年 12 月 11 日 ｜第三十一屆工展會於灣仔新填地開幕，為期 30 日，參展單位共 1166 個。翌年 5 月 16 日，中華廠商會宣布，因未獲港府提供場地，工展會是年起停辦，後至 1994 年復辦。

1973 年 12 月 28 日 ｜港府頒布《1973 年進出口（普通）規例（修訂第一及第二附表）令》，規定自翌年 1 月 1 日起撤銷對黃金及鑽石的進口管制，以及撤銷對黃金、鑽石和通用紙幣及硬幣的出口管制。

1973 年 12 月 30 日 ｜港府進一步收緊本年 12 月 9 日實施的燈火管制措施，將商業照明開啟時間縮短至每晚 7 時至 10 時半，並全面禁止康樂體育場所開啟泛光燈。翌年 5 月 24 日，燈火管制全面撤銷。

｜港府自凌晨 3 時半開始，實施夏令時間，即香港標準時間加 1 小時，以應付石油危機，至翌年 10 月 20 日夏令時間結束。

1973 年 12 月 ｜康樂體育事務處成立，為民政科轄下的諮詢機構，是香港首個官方體育部門。事務處主要工作為向港府建議如何資助各單項體育總會，並與港協暨奧委會合作，發展香港體育事務。

1973 年 ｜工務司署成立新界拓展署，作為新市鎮計劃的統籌部門，負責規劃、收地賠償、土木工程、協調及監察計劃發展進度，重點發展荃灣、沙田和屯門三個新市鎮。

｜年底，市政局成立香港中樂團，由王震東擔任指揮，並於翌年 2 月 3 日在香港大會堂舉行首次演出。1977 年 7 月，市政局將香港中樂團職業化，是本港首個職業中樂團，指揮為吳大江。

1974 年 1 月 18 日 ｜郭鶴年在香港創辦嘉里貿易有限公司，作為其香港及海外投資的總部。

1974 年 2 月 15 日 ｜港府頒布《1974 年總督特派廉政專員公署條例》，成立總督特派廉政專員公署，由民政司姬達擔任首位廉政專員。廉署是獨立及直接向港督負責的紀律部隊及執法機構，由行政總部、執行處、防止貪污處和社區關係處組成，以肅貪倡廉為目標，透過執法、預防及教育三管齊下的策略打擊貪污。

1974 年 2 月 15 日 | 港府頒布《1974 年證券條例》，設立證券事務監察委員會，加強監管證券市場，措施自本年 3 月 1 日起分階段實施。同時，港府頒布《1974 年保障投資者條例》，訂定證券交易中欺詐行為的罰則。兩條法例同時保障投資者的利益。

港府頒布《1974 年法定語文條例》，中文正式成為法定語文，准許裁判司法庭、兒童法庭、勞資審裁處、租務法庭及死因裁判法庭可使用中文進行審訊或聆訊。

1974 年 2 月 26 日 | 英國駐日內瓦領事代表香港簽署《國際紡織品貿易協定》，列出棉織、羊毛及人造纖維在內紡織品的貿易配額限制，香港正式成為該協定的成員。

1974 年 3 月 8 日 | 廉署根據《1970 年盜竊罪條例》第 17 條，以欺騙手段取得財產罪名，起訴一名 19 歲無業青年的案件審結，被告罪名成立，被判送入勞教中心。這是廉署成立以來首宗審結的案件。

1974 年 3 月 13 日 | 港府發表《香港的毒品問題》白皮書，指出香港當時估計有十萬名吸毒者，每年約有 35 噸鴉片、七噸至十噸嗎啡流入，建議將《1969 年危險藥物條例》的罰則加重，包括延長刑期及增加罰款，以阻嚇依靠販毒獲利的罪犯。

1974 年 3 月 24 日 | 由文憑教師薪酬運動而誕生的香港教育專業人員協會，舉行首屆會員代表大會，選出第一屆理事會，司徒華擔任首屆會長。

1974 年 3 月 29 日 | 新界民政署長更名為新界政務司，仍由鍾逸傑擔任，協助港府制定與新界有關的政策、處理包括新市鎮發展及原居民利益在內的新界政務，並領導新界民政署。其時新界民政署下設七個理民府，包括大埔、元朗、荃灣、西貢、離島、沙田及屯門。

1974 年 4 月 2 日 | 港府成立諮詢機構消費者委員會，由簡悅強擔任主席，負責收集及研究市場上各類產品的價格資訊、處理市民提出的投訴和建議，並向政府建議採取合適行動，保障消費者權益。5 月 26 日，消委會職權擴展至監察服務行業，但不包括公用事業。

1974 年 4 月 23 日 | 家計會響應聯合國將 1974 年訂立為世界人口年，於希爾頓酒店舉行世界人口年大會，集中探討香港的人口問題。

1974 年 4 月 29 日 | 置地公司宣布中區重建計劃，在十年內分三期將旗下的歷山大廈、告羅士打行、連卡佛大廈、溫莎行、公主行及公爵行重建。1976 年 5 月 7 日，歷山大廈舉行平頂儀式，成為計劃首座落成的建築物。

1974 年 5 月 14 日 | 由教育司署舉辦的首屆香港中學會考開考，考試由原來的香港中文中學會考及香港英文中學會考合併而成，首屆報考人數為 55,976 名，於 8 月 14 日放榜。

1974 年 5 月 24 日 | 下午，一名匪徒持槍進入寶生銀行旺角分行行劫，挾持銀行職員合共七男四女，並與警方對峙，警方勸降不果。無綫電視新聞部派員採訪，每半小時直播現場情況，並成功與劫匪進行電話訪問，是本港電視史上首次新聞直播。翌日早上，警方入內拘捕被人質合力制伏的劫匪，全部人質安全撤離及送院治理。

1974 年 5 月 30 日	六名中六預科生在鳳凰山觀日出時遭雷擊,其中三人死亡、三人受傷。
1974 年 5 月	香港警務處成立一支名為特別任務連的特警部隊,又稱飛虎隊,主要負責應對高危險性罪案及反恐工作。
	香港博物館與香港考古學會的考古人員,在建築中的萬宜水庫工地沙咀村發掘出土明代陶瓷片和燒焦木板。1977 年 4 月至 5 月,考古隊再於萬宜水庫工地發掘,出土明代船隻木殘件、玻璃珠、古錢幣及陶瓷碎片。
1974 年 6 月 2 日	緝私隊於長洲對出海面截獲一艘載有 119 名南越非法入境者的漁船,至 17 日其中 118 人被港府遣返南越,一人獲暫准留港。
1974 年 6 月 18 日	香港製造的仿漢代帆船「太極號」由香港出發,計劃橫渡太平洋駛達南美洲,考證古代中國與美洲大陸的聯繫。9 月 14 日,「太極號」成功橫渡太平洋。10 月 9 日,「太極號」於美國阿拉斯加海域沉沒,全船七人獲救,未能完成駛達厄瓜多爾的目標。
1974 年 6 月 20 日	太古船塢有限公司與均益有限公司合組的香港國際貨櫃碼頭有限公司註冊成立,興建及管理葵涌貨櫃碼頭四號碼頭。1975 年 四號碼頭啟用。該公司是葵涌貨櫃碼頭最大規模的經營者,管理最多碼頭和泊位。
1974 年 7 月 17 日	港府發表《香港醫療衛生服務的進一步發展白皮書》,制定 1974 年至 1984 年香港醫療服務發展計劃,建議於香港大學設立牙醫學院、香港中文大學設立本港第二間醫學院,以及於沙田區及屯門區興建醫院和分科診所,預計開支達 9.14 億元。
1974 年 7 月 18 日	香港證券交易所聯合會成立,由香港證券交易所、遠東交易所、金銀證券交易所和九龍證券交易所組成,每家交易所主席輪流出任聯合會主席。翌日,聯合會舉行首次會議,香港證券交易所主席施文當選首屆主席。
1974 年 7 月	警務處警察公共關係科創辦非牟利組織少年警訊,並透過電視節目宣傳防止罪惡信息,鼓勵青少年參與撲滅罪行。
1974 年 8 月 9 日	港府與澳洲駐香港代表就限制香港紡織品的出口辦法達成共識,香港出口往澳洲的五類成衣製品受出口限制,措施已於 7 月 1 日實施。
1974 年 8 月 16 日	港府頒布《1974 年土地審裁處條例》,至 12 月 1 日生效並設立土地審裁處,負責審裁港府須向私人作出賠償的土地收回、填海、街道更改、差餉及地租等事宜有關案件。
	港府頒布《1974 年公司(修訂)條例》,規定私人公司核數師須每年向公司註冊處提交公司帳目及董事報告,其中公司帳目須如實編訂資產負債表及損益表,董事報告須包括資產負債表、公司狀況、股份發行、固定資產變更等資料。

1974 年 8 月 19 日	萬宜水庫輸水隧道舉行貫通典禮，隧道連接萬宜水庫、下城門水塘和沙田濾水廠，全長 25 英里。
1974 年 8 月 23 日	港府頒布《1974 年僱傭（修訂）（第 3 號）條例》，規定本港所有體力勞動工人，及月薪不超過 2000 元的非體力勞動僱員，若連續受僱於同一僱主達兩年或以上，在非自身錯失情況下被裁員，有權要求僱主發放遣散費。
1974 年 9 月 4 日	教育司署創辦的香港工商師範學院開課，取代以往摩理臣山工業學院的工業訓練班，是香港第一所提供工業教師訓練的師範學院。
1974 年 9 月 20 日	財政司夏鼎基指出港府需借貸 20 億元，填補預料未來數年出現的赤字。24 日，港府動用部分存放於英國的儲備金以彌補財政赤字。
1974 年 9 月 30 日	港府與美國及加拿大分別簽訂新的紡織品貿易協定，翌日起生效。其中，美國提高香港出口總限額，並彈性調配棉質或人造纖維產品限額，為期三年；加拿大則撤銷對香港棉紗、棉巾和部分棉織衣褲的出口量限制。
1974 年 9 月	視覺藝術協會成立，最初由畢子融、呂豐雅及陳餘生等香港大學校外課程部藝術與設計文憑的畢業生所組成，後於 1994 年易名為香港視覺藝術協會。
1974 年 10 月 3 日	英聯邦第十二屆報業會議首次在香港舉行，為期三日，17 個英聯邦地區共 124 位代表出席，主要討論報業面臨的困難、新聞自由和新聞學。
1974 年 10 月 5 日	大律師郭慶偉的執業儀式於高等法院舉行，成為首位獲准執業的香港大學法律系畢業生。
1974 年 10 月 16 日	港府向立法局呈交《香港未來十年內之中等教育白皮書》，指政府的目標是 1979 年前為所有本地兒童提供九年免費教育。
1974 年 10 月 19 日	颱風嘉曼襲港，天文台懸掛九號烈風或暴風風力增強信號五個半小時。颱風造成一人死亡、16 人受傷，五艘遠洋輪船受損。
1974 年 10 月	位於九龍黃大仙的美東邨落成，是房委會興建的首個公共屋邨。
1974 年 11 月 1 日	長沙灣臨時家禽批發市場啟用，主要負責外地進口及本地農場的活雞批發工作。
1974 年 11 月 12 日	警方刑事偵緝部毒品調查科在全港十多處地方突擊搜查，並在九龍塘根德道拘捕國際販毒集團首腦、酒樓東主吳錫豪（綽號跛豪），指控其涉嫌於 1967 年 1 月 1 日至 1974 年 11 月 12 日期間於本港販運嗎啡磚和生鴉片等毒品。翌年 5 月 15 日，高等法院審結該案，首被告吳錫豪被判入獄 30 年，其副手吳振坤被判入獄 25 年，其餘七名被告被判入獄七至 15 年。1991 年 8 月 14 日，吳錫豪獲港督特赦釋放出獄。

1974 年 11 月 25 日 | 由於美元持續貶值，港府宣布港元與美元脫鈎，實行港元自由浮動制度，由外匯市場的供需決定港元匯率，以保障港元匯價穩定。

1974 年 11 月 26 日 | 中國國家足球隊首次訪港，與香港聯賽選手隊在政府大球場進行表演賽，國家隊以五比二勝出，無綫電視全場轉播。

1974 年 11 月 30 日 | 粵港雙方關於內地入境香港人口管理的協議生效，內地非法入境者凡於進入香港時遭拘捕，即予遣回原地；若成功進入市區（界限街以南）與親友會合或覓得居所，均准予居留香港，稱為「抵壘政策」。本日，警方拘捕五名在東平洲登岸的非法入境者，同日經文錦渡遣回內地，是政策實施後首批被遣回的內地非法入境者。

1974 年 12 月 17 日 | 16 歲少女卞玉瑛的屍體被發現藏於紙皮箱，棄置於跑馬地黃泥涌道。翌年 11 月 3 日，嫌疑人歐陽炳強被高等法院裁定謀殺罪罪名成立，判處死刑，後改為終身監禁。這是香港首宗完全以環境證供和科學鑒證而定罪的謀殺案。

1974 年 | 港府根據 1971 年人口普查結果，完成修訂 1970 年《土地利用計劃書》，並更名為《香港發展綱略》，分為規劃標準和發展策略兩部分，作為政府各部門進行城市規劃的參考指引。1979 年，發展綱略獲土地發展政策委員會核准。

| 香港大學孔安道紀念圖書館建立。該館是全球規模最大的香港資料專門圖書館。

1975 年 1 月 6 日 | 市政局贊助的七五清潔年運動在香港大會堂開幕。本年是全港清潔運動委員會定的首個清潔年，以小白兔為運動吉祥物，在青少年宣傳活動中加入清潔香港元素。

1975 年 1 月 7 日 | 涉嫌貪污的退休總警司葛柏被廉署人員從英國押送抵港。2 月 17 日，案件於維多利亞地方法院開審，主審法官為楊鐵樑。2 月 25 日，葛柏被控兩項貪污罪名成立，各判入獄四年，同期執行，並充公 25,000 元賄款。

1975 年 1 月 13 日 | 全國人大廣東代表團港籍代表隨團參加在北京召開的第四屆全國人大第一次會議，本屆港籍代表人數由兩名增至 14 名。

1975 年 1 月 20 日 | 位於清水灣道的壁屋監獄啟用，分為兩座共 12 個宿舍，可容納 600 人，並附設香港首座監獄訓練中心，可收容 400 名青少年罪犯。

1975 年 1 月 26 日 | 香港首家麥當勞漢堡包餐廳在銅鑼灣百德新街開業，由香港商人伍日照等人與美國麥當勞公司合資的麥當勞餐廳（香港）有限公司經營。

1975 年 1 月 30 日 | 西西署名阿果，在《快報》連載小說《我城》，6 月 30 日完成連載，後於 1979 年出版單行本。

1975 年 2 月 1 日 | 香港藝術館舉辦首屆香港當代藝術雙年展，以兩年一度的公開比賽，為香港藝術工作者提供一個向社會展示創作成果的平台。2012 年，比賽因改組為香港當代藝術獎而停辦。

1975 年 2 月 4 日 ｜ 位於中區的植物公園更名為香港動植物公園，公園內新增的哺乳類動物園與雀鳥園於 25 日開放。

1975 年 2 月 7 日 ｜ 港府頒布《1975 年幼兒中心條例》，規管提供託兒服務的幼兒中心，要求該等中心須符合防火及安全標準，並聘請符合專業資格的幼兒教育導師。

｜ 港督委任香港電話有限公司調查委員會，調查該公司的財政及經營狀況，並對其服務加價申請提供意見。11 月 19 日，委員會公布調查報告，同意電話公司電話費自本年 3 月 1 日起加價 30% 的申請，但須下調電話安裝費及遷移費；提出由港府委派人士加入電話公司董事局、對電話公司實施利潤管制、將超額利潤撥入新成立的發展基金等 34 項建議，大部分獲港府接納。

1975 年 2 月 14 日 ｜ 學聯第十七屆周年大會開幕，為期三日，會上提出放眼世界、認識祖國、關心祖國和爭取同學權益的學運方向。

1975 年 2 月 25 日 ｜ 沙頭角鹽灶下鷺鳥林、城門風水樹林被列為香港首批具特殊科學價值地點。

1975 年 3 月 8 日 ｜ 觀塘協和街建德大廈一個單位發生縱火案，一名男子鎖上該單位鐵閘，並放火燒屋，導致九人死亡（包括一名孕婦），警方於同日拘捕該男子。12 月 23 日，高等法院裁定其縱火及謀殺罪名成立，並判處死刑，翌年 11 月改為終身監禁。

1975 年 3 月 11 日 ｜ 香港中文大學學者榮鴻曾開始於上環富隆茶樓內將職業南音瞽師杜煥的演唱內容錄音，歷時三個月，共錄得 42 節、16 首曲目。該批錄音後來成為保存及研究南音文化的重要材料。

1975 年 3 月 14 日 ｜ 市政局根據《1972 年小販（市政局）附例》，劃定本港首批小販認可區，涵蓋九龍區 20 個路段，規定九龍區小販每日只可以於指定時間內在認可區內擺賣。（圖 204）

圖 204　旺角通菜街的小販認可區，攝於 1977 年。（Getty Images 提供）

| 1975 年 4 月 1 日 | 東亞銀行與美國銀行聯合發行東美信用卡，是本港首張港幣信用卡。 |

| 1975 年 4 月 4 日 | 植物學者胡秀英與白理桃在港首次發現香港綬草。 |

| 1975 年 4 月 13 日 | 香港教育工作者聯會成立，並舉行第一次會員大會，吳康民出任會長。該會旨在促進教育事業的發展。 |

| 1975 年 4 月 14 日 | 在本年 3 月 19 日獲最高人民法院特赦的十名國民黨戰犯由北京抵達香港，計劃轉赴台灣。同月 29 日，其中至少六人向中華救助總會提交赴台申請表。6 月 4 日，其中一名獲特赦戰犯張鐵石在其下榻旅店自殺身亡，其餘九人此後在中國內地、香港和美國居留。該十人屬於最後一批獲中國政府特赦的國民黨戰犯，歷年合共 293 名國民黨戰犯獲特赦。 |

| 1975 年 5 月 4 日 | 英女王伊利沙伯二世偕同王夫菲臘親王訪港三日，其間到訪九龍的公共屋邨、兩間大學、香港大會堂、快活谷馬場等處，並主持紅磡新火車總站開幕儀式，是首位訪港的英國君主。此前，香港大學學生會於 4 月 30 日發表聲明，呼籲杯葛英女王以宗主國元首身份訪港的活動。（圖 205） |

圖 205　英女王伊利沙伯二世訪港期間，參觀中環嘉咸街街市。（Getty Images 提供）

| **1975 年 5 月 4 日** | 接載約 4600 名南越難民的丹麥註冊貨輪「嘉娜馬士基號」抵達香港，停泊於葵涌貨櫃碼頭。全數難民獲港府安排入住新界三個軍營，是香港第一批正式處理的越南難民，為本港越南難民潮之始。 |

| **1975 年 5 月 9 日** | 港府頒布《1975 年地下鐵路公司條例》，成立地下鐵路公司，取代集體運輸臨時管理局。9 月 26 日，地下鐵路公司成立，由港府全資擁有。 |

| **1975 年 7 月 18 日** | 港府頒布《1975 年業主與租客（綜合）（修訂）（第 3 號）條例》，禁止發展商在未獲田土註冊處發出豁免令前，預售擬興建的樓宇單位，否則將來購買者可向發展商索償。 |

| 位於尖沙咀星光行的香港博物館開幕，由 1962 年成立的大會堂香港博物美術館分拆而成，是本港首座以歷史為主題的公共博物館。 |

| **1975 年 7 月** | 由房委會興建的瀝源邨入伙，是沙田新市鎮首個公共屋邨。（圖 206） |

| **1975 年 8 月 1 日** | 港府頒布《1975 年勞資關係條例》，授權勞工處處長調查勞資糾紛，透過談判、調解或仲裁，以促成勞資雙方和解。條例訂明港督會同行政局可按勞工處處長建議，強制向雙方設定 30 日冷靜期，以減輕工業行動對本港社會經濟的打擊。 |

| 港府頒布《1975 年博彩稅（修訂）（第 2 號）條例》，成立香港獎券管理局，發行新的現金彩票，取代原有的政府獎券及馬會發行的馬票；彩票收入扣除博彩稅後，其中 80% 撥入彩票獎池，再償付馬會營運開支後，剩餘部分撥入獎券基金。 |

| **1975 年 8 月 15 日** | 港府頒布《1975 年不良物品發布條例》，禁止發布不雅、淫褻、令人厭惡或反感的內容，禁止向青少年描繪（無論是否包含文字）同情鼓勵犯罪、藐視執法機構、鼓勵模仿犯罪、過度暴力或殘忍、折磨、令人恐懼或墮落的行為、性犯罪等內容。 |

圖 206　1980 年代的沙田望夫石（左），其背景為沙田新市鎮。（香港大學圖書館特藏部提供）

1975 年 8 月　港府發行的兩毫和兩元硬幣開始流通。翌年 8 月，五元硬幣也開始流通。

1975 年 9 月 1 日　由香港獎券管理局推出及馬會管理的多重彩獎券開始發售，市民在 14 個號碼中順序選中 6 個攪出的號碼即可獲頭獎，每注十元。5 日，首期多重彩開獎，投注金額達 64.8 萬元，頭獎無人中獎。翌年 7 月 9 日，最後一期第五十二期開獎。

位於銅鑼灣的香港會議中心開幕，使用同年重建落成的世界貿易中心其中六層，是香港舉辦展覽會及國際性會議的重要場所，設有停車場、辦公室和碧麗宮宴會廳。

國際社會工作年會 1975 年度亞洲及西太平洋區會議在香港召開，22 個國家和國際組織的 387 名代表出席，以社會策劃與城市發展為主題。

1975 年 9 月 7 日　商業電視有限公司開辦的佳藝電視於下午啟播，首個節目為《啟播錄》，晚上播映開台特備綜藝節目《佳視良辰》，是香港第三間免費商營電視台。按牌照規定，佳視逢星期一至五每晚須播放兩小時非商業節目。

1975 年 9 月 10 日　港府成立工業投資促進委員會，由經濟事務司擔任主席，負責協調工商處、貿發局及香港總商會工作。

1975 年 10 月 14 日　颱風愛茜襲港，天文台懸掛十號颶風信號約三個小時。颱風造成 46 人受傷，七艘遠洋輪船和三艘漁船受損。

1975 年 10 月 15 日　位於青山樂安排的海水化淡廠開幕，耗資約 4.8 億元興建，將海水製成淡水輸入大欖涌水塘儲存，最高日產淡水 4000 萬加侖，相當於香港每日用水量 10% 至 15%，是當時全球最大規模的海水化淡廠。1982 年 5 月 16 日，化淡廠停產，及後於 1992 年 11 月 15 日被爆破拆毀，是香港首次使用此技術拆毀的建築物。（圖 207）

圖 207　位於青山樂安排的海水化淡廠，攝於 1977 年。（Getty Images 提供）

1975 年 10 月 20 日	位於荔枝角的瑪嘉烈醫院啟用，其內的傳染病房 162 張病床率先投入服務，全面啟用後設有 1300 張病床。原來的傳染病醫院荔枝角醫院改為供精神科長期病患者及麻風病患者療養之用。
1975 年 10 月 24 日	綜合性文藝刊物《大拇指周報》創刊，1987 年 2 月 25 日停刊。
1975 年 11 月 3 日	地鐵修正早期系統中環至觀塘線路動工，鐵路全長 15.6 公里，共設有 12 個地下和三個架空車站，連接中環和九龍的主要住宅區和工業區，總費用為 56.5 億元。
1975 年 11 月 21 日	港府頒布《1975 年稅務（修訂）（第 6 號）條例》，自翌年 4 月 1 日起，港府引入獨立的物業稅登記冊，物業稅改為按照應評稅值釐定，而非按應課稅差餉租值評定，以使評稅值與市價租值趨於一致。
1975 年 11 月 26 日	海洋貿易會議在香港會議中心開幕，為期兩日，來自 28 個國家及地區的 500 位航運界人士參與。
1975 年 11 月 29 日	下午 2 時 15 分，尖沙咀火車站最後一班北上客車開出，該火車站隨後停用，只留下鐘樓作為標識。九廣鐵路九龍總站自此移至紅磡。翌日，紅磡火車站啟用。
1975 年 12 月 1 日	國際總商會主辦的國際船務會議在香港舉行，為期三日，海外和香港共 70 多名代表參加，討論未來船務發展面臨的威脅。
1975 年 12 月 19 日	港府頒布《1975 年高等法院條例》，自翌年 2 月 20 日起，改組高等法院，設上訴法庭和原訟法庭。高等法院的英文名稱不變，法定中文譯名則改為最高法院。
1975 年	教育司署開始實施小學教科書送審制度，出版社根據小學課程大綱出版教科書後，先交由教育司署課程發展委員會審核，合資格的教科書將列入「適用書目表」。學校如使用不在該表內的教科書，須向司署申請。
	家計會推出「兩個就夠晒數」的新口號，呼籲每個家庭生育兩名小孩為宜，並在本港三間電視台播出配合該口號的宣傳廣告，鼓勵香港市民節育，降低人口增長速度。
1976 年 1 月 1 日	工務司署建築物條例執行處開始同時接受十進制及英制的建築圖則，後於 1977 年 4 月 1 日建築圖則全面使用十進制。
	法定組織古物諮詢委員會根據《1971 年古物及古蹟條例》成立，就古物古跡事宜，向古物事務監督提供建議。同年，古物古蹟辦事處成立，負責相關行政事務。

1976 年 1 月 7 日 ｜ 因參與 1973 年 7 月 19 日一宗兇殺案而被判囚 20 年的梁榮生，其代表律師指梁氏當年在警方利誘下認罪，本日向律政司申請重審。2 月 6 日，港督會同行政局徵詢律政司意見後，決定委任梁榮生案調查委員會，調查梁氏被捕及檢控過程有否涉及不公審訊。6 月 25 日，港府公布調查報告，指出梁氏並無被誣告，檢控和審訊亦無不公。

1976 年 1 月 9 日 ｜ 港府頒布《1976 年接受存款公司條例》，規定接受存款公司須向銀行監理專員註冊，註冊資本不少於 500 萬元，實收資本不少於 250 萬元；同時，接受存款公司不得吸收 50,000 元以下的公眾存款，亦不得提供儲蓄及往來戶口業務。

｜ 新華社香港分社和中國銀行等駐港機構、港督府、港府機構、商業機構如滙豐銀行、渣打銀行及一些報館、學校、社團等下半旗，悼念於 1 月 8 日逝世的國務院總理周恩來。14 日，新華社香港分社在中國銀行大廈舉行弔唁儀式，約 20,000 名香港市民及外國人士前往致哀。（圖 208）

1976 年 1 月 23 日 ｜ 港府頒布《1976 年野生動物保護條例》，列明香港受保護的野生動物，以及進入限制區域沙頭角〔臨〕仕卜村〔鳳〕水林及米埔沼澤區的規管。1980 年 8 月 8 日，港府頒布修訂條例，規定自 1981 年 1 月 1 日起，任何人士未經許可，不得在本港狩獵。

圖 208　1976 年 1 月 14 日，大批市民前往舊中國銀行大廈悼念國務院總理周恩來。（南華早報提供）

港府規定新界丁屋獲發完工證後五年內，不得轉售予非原居民，否則須要補地價。翌年 11 月 15 日，新界民政署以違背政策精神為由，暫緩西貢區所有丁屋的申請。1978 年 8 月 17 日，新界政務司與鄉議局舉行聯席會議，決定領有建築牌照在私人土地上興建的丁屋，五年內轉讓須補地價；以私人協約方式批出在官地上興建的丁屋，則任何時候轉讓均須補地價。

筲箕灣愛秩序灣村木屋區發生五級大火，造成逾 500 間木屋被燒毀，3000 多人受災，兩名消防員及十名居民受傷。

1976 年 2 月 9 日

多邊貿易談判研討會在香港舉行，由英國外交及聯邦事務部亞洲太平洋經濟及社會委員會舉辦，根據關稅及貿易一般協議進行談判，旨在促進世界貿易自由化，為期七日，約 20 個發展中國家代表參加。這是該會議首次在香港舉行。

1976 年 2 月 15 日

國際販毒集團首腦吳錫豪的妻子鄭月英被警方控以兩項串謀販毒罪名，23 日被最高法院判入獄 16 年和罰款 100 萬元，罰款可於一年內繳交，創下當時香港販毒案罰款的最高紀錄。

1976 年 2 月 17 日

廉署製作的首套電視劇集《靜默的革命》在麗的電視首播，第一集名為《浪花》。

1976 年 2 月 18 日

位於薄扶林的瀑布灣公園開幕，由市政局管理。清康熙和嘉慶《新安縣志》中新安八景之一「鰲洋甘瀑」即在此地。

1976 年 2 月

《文學與美術》創刊，主要圍繞文學與美術兩個範疇，內容包括創作、理論及專訪等。1977 年 4 月 1 日，該刊改版為《文美月刊》，至 1978 年 3 月 10 日出版最後一期（第 12 期）。

1976 年 3 月 2 日

國際家庭計劃會議首次在香港舉行，為期七日，來自十個國家的 47 名代表出席。

1976 年 3 月 12 日

港府頒布《1976 年郊野公園條例》，8 月 16 日生效，規管郊野公園和特別地區，並成立郊野公園委員會及郊野公園管理局，由漁農處處長擔任管理局主席。

1976 年 3 月 19 日

香港工程師學會正式成立，是代表本港工程師的專業團體，為會員提供資歷認證。

1976 年 3 月 28 日

首屆國際七人欖球錦標賽在香港足球會球場舉行，有 12 支隊伍參與賽事，來自新西蘭的代表隊奪冠。

1976 年 3 月 30 日

香港鄧麗君歌迷會成立，是香港首個流行歌手的歌迷會。

1976 年 4 月 9 日

港府頒布《1976 年總督特派廉政專員公署（修訂）條例》，授權廉署職員可直接拘捕嫌疑人，以及持裁判官頒發的搜查令搜查嫌疑人及其住所。

1976 年 4 月 12 日 | 佳視首播其攝製的武俠連續劇《射鵰英雄傳》，是首套改編自金庸武俠小說的電視劇。

1976 年 5 月 12 日 | 啟德機場香港空運貨站啟用，採用全自動貨物裝卸系統，每年可處理貨物量 45 萬噸。1984 年 3 月 21 日，空運貨站第二期啟用，每年貨物處理量提升至 68 萬噸。

1976 年 5 月 16 日 | 青年戰士、社會主義青年社、戰訊、70 戰綫四個青年團體百多名成員在維園舉行「北京天安門論壇」，聲援 4 月 5 日於北京天安門事件中被捕的內地人士，數百名市民到場圍觀。警方拘捕三名與組織者政見不同、涉嫌襲擊記者的男子。

1976 年 5 月 17 日 | 第三屆國際公益金會議在香港召開，為期四日，來自世界各地的 80 名代表參與，是該會議首次在香港舉行。

| 麗的電視主辦的首屆亞洲歌唱大賽決賽於碧麗宮戲院舉行，來自本港及亞洲各國參賽者共 11 名，最終由香港代表盧維昌勝出。最後一屆歌唱大賽於 1981 年舉行。

1976 年 6 月 2 日 | 香港舉行首屆國際龍舟邀請賽，賽事於肖其灣海面進行，日本長崎龍舟隊獲邀與香港龍舟隊一同參賽。

1976 年 7 月 7 日 | 新華社香港分社和中國銀行等駐港機構、港督府、港府機構、商業機構如滙豐銀行、渣打銀行及一些報館、學校、社團等下半旗，悼念於 7 月 6 日逝世的全國人大常委會委員長朱德。11 日，新華社香港分社在中國銀行大廈舉行弔唁儀式，約 18,000 人出席。

1976 年 7 月 9 日 | 港府頒布《1976 年十進制條例》，規定香港法例所用的非十進制單位，統一轉用十進制。

| 港府頒布《1976 年僱傭（修訂）條例》，自翌年 1 月 1 日起，僱員每年的法定假期由六日增至十日。

| 首期六合彩開售，13 日開獎，市民在 36 個號碼中選中六個攪出的號碼即可獲得頭獎，由法定機構香港獎券管理局開彩、馬會代為受注。2003 年起，六合彩由香港馬會獎券有限公司全權經營，是香港唯一的合法彩票。

1976 年 7 月 11 日 | 第二十五屆環球小姐總決賽於利舞臺戲院舉行，72 位佳麗參賽，由以色列代表奪冠。這是香港唯一一次主辦環球小姐總決賽。

1976 年 7 月 12 日 | 新界華籍刑事偵緝警長戴福被控擁有財富與官職不相稱罪名成立，被判入獄六年，罰款十萬元，並充公 516 萬元與收入不符的財產。

1976 年 8 月 6 日 | 港府頒布《1976 年商品交易條例》，旨在成立香港商品交易所，同時規定成立商品交易委員會監督、規管商品期貨買賣，以及商品交易商、商品交易顧問及代表必須註冊。12 月 17 日，香港商品交易所有限公司成立，由施彼德出任主席，翌年 5 月 3 日獲港府發出牌照。

1976 年 8 月 10 日 警察毒品調查科搜查九龍、新界共 23 處地點，搜出價值 20,000 元毒品，拘捕八人，包括毒品零售頭目陳文超（綽號沙塵超）。翌年 5 月 25 日，最高法院裁定陳文超串謀販毒罪名成立，判處入獄 18 年，其他四名被告串謀販毒罪名成立，被判入獄 11 至 13 年。

1976 年 8 月 11 日 位於中環康樂廣場的第四代郵政總局大樓開幕，除了提供服務櫃位和郵政信箱外，更設有揀信中心和派遞局。（圖 209）

1976 年 8 月 18 日 世界華人福音會議在香港九龍城浸信會舉行，為期八日，來自 27 個教區的 1600 名教會領袖參與，議題為「異象與使命」，是全球首次由華人籌辦的國際性基督教會議。

圖 209 位於中環康樂廣場的第四代郵政總局，攝於 1980 年。（政府新聞處提供）

1976 年 8 月 25 日 ┃ 秀茂坪下邨斜坡於大雨期間發生山泥傾瀉，第九、十五、十六座被
山泥沖擊，造成 18 人死亡。其後，港督委任國際專家組成填土斜
坡獨立調查委員會，調查事故成因。翌年 2 月 10 日，委員會發表
調查報告，指出事故乃因涉事斜坡填土時未充分壓實泥土，導致大
量雨水由表面滲入所致。港府接納報告，就事故負上全責，向是次
和 1972 年「六一八雨災」受害者作出特惠補償，並成立一個專責
斜坡管理的部門，對 11 個同類斜坡開展補救工程。

1976 年 8 月 26 日 ┃ 港府頒布《皇室訓令》修訂條文，對立法局議席最高限額作出調
整，非官守議席由 15 席增至 23 席，官守議席除港督及四位當然議
員外，由十席增至 18 席。同日，港督委任八名非官守議員及五名
官守議員，其中任職九巴車務主任的王霖獲委任為非官守議員，成
為首名來自基層的立法局議員。鄧蓮如、胡鴻烈等也被委任為立法
局非官守議員。9 月 1 日起，立法局官守議員實際人數由十位增至
15 位，非官守議員實際人數由 15 位增至 22 位。

┃ 港府基於布政司原有英文名稱具殖民地色彩而作修改，布政司由
Colonial Secretary 改為 Chief Secretary，布政司署由 Colonial
Secretariat 改為 Government Secretariat，兩者中文名稱維持
不變。

1976 年 9 月 1 日 ┃ 立法局非官守議員西門士夫人出任行政局議員，是本港首位女性行
政局議員。

1976 年 9 月 9 日 ┃ 新華社香港分社和中國銀行等駐港機構及一些報館、學校、社團等
連續兩日下半旗，悼念本日在北京逝世的中共中央主席、中共中央
軍事委員會主席毛澤東。翌日，港督府、港府機構下半旗，六家戲
院停止放映一日，以示哀悼。16 日，新華社香港分社在中國銀行
大廈舉行弔唁儀式，約 27,000 人出席，港督麥理浩前往致哀。

1976 年 9 月 25 日 ┃ 天地圖書公司成立，同時經營圖書出版及零售業務。

1976 年 9 月 30 日 ┃ 作家陳冠中創辦《號外》雜誌，內容主要包括生活潮流和文化藝術。

┃ 英聯邦財政部長會議於香港會議中心舉行，為期兩日，34 位國家
財政部長、164 位各國代表出席，討論英鎊儲備、商品交易及發展
中國家外債。

1976 年 10 月 1 日 ┃ 小額錢債審裁處投入運作，負責處理 3000 元或以下的金錢申索，
所進行的聆訊不會依照一般法庭的程序進行，且訴訟雙方不可以委
派律師代表出庭。

1976 年 10 月 6 日 ┃ 港府推出居者有其屋計劃，以每年興建 5000 個單位的速度，共興
建 30,000 個單位，協助中低收入家庭和公屋租戶自置居所。

1976 年 10 月 12 日 ┃ 偉易達電子有限公司於本港註冊成立，創辦人為黃子欣與梁棪華。
該公司及後發展成全球最大的嬰幼兒及學前電子學習產品生產商。

1976 年 10 月 13 日	港府發表《香港康復服務的進一步發展綠皮書》，建議擴展弱能人士服務，全港適齡兒童進行全面檢查，及早為有特殊需要的兒童提供復康服務。翌年 10 月 12 日，港府發表《康復政策白皮書：群策群力協助弱能人士更生》，建議為弱能兒童提供九年教育，鼓勵他們入讀一般學校，並為情況較嚴重的弱能兒童提供更多特殊教育學位以及職業訓練。
1976 年 10 月 19 日	位於香港仔的水上餐廳珍寶海鮮舫開幕，翌日開業。海鮮舫樓高三層，採用中國宮廷設計，可容納食客 2000 人。
1976 年 10 月 29 日	布政司署成立金融事務科，專責管理政府資產、債務、貨幣、外匯及金融政策，委任庫務處長白禮宜為署理金融事務司。
1976 年 11 月 5 日	廉署發出拘捕令，通緝警方刑事偵緝處前總探長呂樂，指其涉嫌違反《1970 年防止賄賂條例》第 10 條，擁有財富與其官職收入不相稱，涉及款項達五億元。2010 年，呂樂在加拿大去世，被通緝時間達 34 年。
1976 年 11 月 10 日	市政局主辦首屆香港亞洲藝術節，節目包括亞洲藝術家作品展覽，以及來自亞洲各地藝團的舞蹈、音樂及戲劇表演，至 1988 年均為每年舉辦，其後改為每兩年一屆，最後一屆於 1998 年舉辦。
1976 年 11 月 15 日	消委會發行的月刊《選擇》創刊，刊登各類產品及服務的檢測及調查結果，協助消費者作出選擇。這是全球首本華文消費者雜誌。
1976 年 11 月 26 日	港府頒布《1976 年僱傭（修訂）（第 2 號）條例》，自翌年 1 月 2 日起，本港所有體力勞動工人，及月薪不超過 2000 元的非體力勞動僱員，由每月最少享有四個休息日，改為每七日享有一個休息日，全年總休息日由 48 日增加至 52 日。
1976 年 12 月 16 日	太古城首座住宅大廈落成。太古城是太古洋行由原鰂魚涌船塢和糖廠地段改建而成的住宅區，全部 61 座大廈，共 12,968 個單位，是港島東區首個大型私人屋苑。
1976 年 12 月 22 日	首班接載 177 名滯留越南香港居民的專機抵港。至 1979 年 4 月 7 日，港府共派出 32 班專機，接載 4782 名香港居民及其家屬；另有 5827 名市民乘法國航空班機從胡志明市經曼谷返回香港。
1976 年 12 月	《羅盤》創刊，主要登載香港詩人的詩作，兼載翻譯、介紹外國詩作，後於 1978 年 12 月停刊。
1976 年	港府停止處理永久土葬私人墳場的批核申請，鼓勵以火化代替永久土葬。
	西貢滘西洲摩崖石刻被發現，刻有獸形紋飾。1979 年，港府將滘西洲石刻列為法定古蹟。

1977 年 1 月 6 日 ┃ 廉署要求退休刑事偵緝警長黎民佑解釋超出其收入的資產，交出旅遊證件，並於 2 月 1 日凍結其資產。5 月 27 日，黎民佑控告廉署，稱廉署在其退休後才成立，故無權引用《1970 年防止賄賂條例》對其作出檢控。7 月 11 日，最高法院裁定黎民佑敗訴，並指出其必須解釋在條例生效以後至控訴日期所擁有的資產來源。1979 年 7 月 4 日，黎民佑被判擁有財富與官職收入不相稱罪名成立，入獄兩年，充公 1600 萬元。

1977 年 1 月 10 日 ┃ 位於黃竹坑的香港海洋公園開幕，15 日正式開放，由港府免費撥地、馬會全資 1.5 億元興建，設有三個遊樂水族設施。1987 年 7 月 1 日，非牟利的法定組織海洋公園有限公司成立，負責管理和營運該公園。公園分為黃竹坑園區和南朗山頂園區，是集海陸動物展覽、機動遊戲和大型表演於一體的主題公園。（圖 210）

1977 年 2 月 17 日 ┃ 港府頒布《1977 年香港工業邨公司條例》，成立法定組織香港工業邨公司，負責成立、建造、管理、規管工業邨。3 月 1 日，該公司成立，港府委任立法局議員李福和擔任公司管理局主席。

1977 年 3 月 2 日 ┃ 港府發表 1977/1978 年度財政預算案，until 香港於本年 4 月 1 日止，有 11.6 億元儲備以應付短期赤字及周期性赤字，約佔本年度開支預算的 15%，指出這是港府必須保持的收支比例，往後港府儲備應按每年開支增長幅度而增加。

圖 210　海洋公園開幕首日的海洋劇場海豚表演。（Getty Images 提供）

1977 年 3 月 12 日 | 香港足球隊作客新加坡，以一比零擊敗新加坡隊，奪得 1978 年世界盃亞洲區外圍賽第一組冠軍，晉身亞洲區外圍賽決賽圈。截至 2017 年，此為香港隊參與歷屆世界盃的最佳成績。

1977 年 3 月 16 日 | 香港代表隊參加英國聖彼得港舉辦的第四屆英聯邦乒乓球錦標賽，香港隊首次贏得金牌，包括男女子團體、男女子單打、男子雙打及男女混雙六個項目。

1977 年 3 月 | 《信報財經月刊》創刊，內容以財經、金融、地產及貿易分析報道為主。

| 香港醫務委員會舉辦首屆醫生執業考試，任何非本港及六個指定英聯邦國家畢業的醫生，須在考試取得及格並經過臨床訓練後，方可獲得在港執業資格。1996 年 9 月起，任何非本港畢業的醫科生，須要通過考試，並在公立醫院完成一年實習評核，方可註冊執業。

1977 年 4 月 1 日 | 也斯在《快報》連載小說《剪紙》，5 月 14 日完成連載，後於 1982 年出版單行本。

1977 年 4 月 20 日 | 財政司夏鼎基在立法局會議中，首次指出港府不存在奉行無限制的積極不干預財政方針，強調港府有責任介入外匯市場、促進工商發展、提供基本公共服務，以調控宏觀經濟和保障市民利益。

1977 年 4 月 22 日 | 西九龍區的電腦交通控制系統啟用，是全港首套電腦交通控制系統。1989 年、1995 年和 1998 年，港府相繼在港島、荃灣與沙田裝設此系統。

1977 年 4 月 | 天文台設立黃色及紅色山泥傾瀉警告信號，僅給應急機構使用，不對外公布。

1977 年 5 月 3 日 | 最後一屆香港中學入學考試舉行。

1977 年 5 月 6 日 | 港府頒布《1977 年考試局條例》，成立香港考試局，自 1978 年起負責舉辦原由教育司署負責的香港中學會考，並自 1979 年和 1980 年起分別接替香港中文大學和香港大學舉辦香港高級程度會考（即它們各自的入學試），條例並規定考試局負責籌辦及管理本地或海外其他考試。

1977 年 5 月 9 日 | 香港商品交易所開市，僅提供棉花期貨買賣，後增加大豆買賣、黃金交易及地產經營權。

1977 年 5 月 13 日 | 港府劃定大埔滘自然護理區的範圍，面積 460 公頃，是香港首個被劃為具特殊生態價值的特別地區。截至 2017 年，香港共有 22 個特別地區，合計 1997 公頃，其中 11 個位於郊野公園範圍內。

1977 年 6 月 9 日 | 金禧中學學生罷課靜坐，要求校方解釋財政和教師合約問題。16 日，教育司陶建向金禧所有直接或間接介入罷課的教師發出書面警告，如再有類似事件，將吊銷其教師註冊。

1977 年 6 月 24 日	港府劃定城門郊野公園和獅子山郊野公園的範圍，是香港最早劃定的郊野公園。截至 2017 年，香港共劃定 24 個郊野公園，面積合計 43,467 公頃，約佔香港土地面積四成。
1977 年 6 月 27 日	市政局舉辦的第一屆香港國際電影節在香港大會堂舉行，共有 20 部來自世界各地的電影參展，當中香港代表為李翰祥執導的《瀛台泣血》及胡金銓執導的《俠女》。
1977 年 6 月 30 日	港府頒布《1977 年消費者委員會條例》，自 7 月 15 日起，消委會成為法定機構，職權受到法律保障，並可起訴損害消費者權益的行為。
	港府頒布《1977 年僱傭（修訂）（第 3 號）條例》，本港所有體力勞動工人及月薪不超過 2000 元的非體力勞動僱員，為同一僱主工作滿 12 個月後，可享有七日不包含法定假期在內的有薪年假；若離職僱員已工作滿三個月，但不足 12 個月，僱主亦須按比例發放未放年假的工資。
1977 年 6 月	市政局成立香港話劇團，是香港第一個職業話劇團。8 月 12 日，話劇團於香港人會堂舉行首次公演，劇目為美國劇作家懷爾德的喜劇作品《大難不死》。
1977 年 7 月 1 日	無綫電視於石崗機場舉行電單車競技表演，其間一個竹棚倒塌，造成兩人死亡、65 人受傷。9 月 7 日，港督委任石崗意外事件調查委員會，調查事故原因和責任。翌年 4 月 29 日，港府公布調查報告，指出大批觀眾爬上本來只供放置燈光及攝影設備的竹棚，令竹棚不勝負荷倒塌，主辦方無綫電視須為事件負責；並建議港府修例，規定舉辦同類型大型戶外活動，主辦方須申領牌照或許可證。
1977 年 7 月 24 日	警方搗破與同月 11 日油麻地果欄劫案有關的犯罪集團，共拘捕六人，除了搜獲劫款外，還搜出價值約 70 萬美元的偽鈔及印製偽鈔電版。
1977 年 7 月	港府在工務司署設立土力工程處，該處負責監管全港斜坡及審批斜坡建築圖則，防治山泥傾瀉。
1977 年 8 月 1 日	工商署轄下的緝私隊根據《1977 年緝私隊（修訂）條例》，易名為香港海關。
	徐四民創辦《鏡報》月刊，內容以政經評論為主。
1977 年 8 月 25 日	警方毒品調查科拘捕九人，涉嫌於 1967 年至 1973 年期間串謀《東方日報》社長馬惜如及馬惜珍販毒。27 日，馬惜珍主動投案，被警方拘捕，後於翌年 9 月棄保前往台灣。2014 年 4 月 14 日，香港高等法院拒絕馬惜珍的撤銷通緝令申請，但律政司指當局因證據不足，不會作出檢控，至 2015 年馬惜珍在台灣逝世。此前，在該案調查期間，馬惜如已前往台灣，並於 1998 年在當地去世。
1977 年 9 月 15 日	油麻地避風塘艇戶召開記者會，表示其居住環境惡劣，要求房署盡快安置他們到臨時房屋區，並得到市政局議員錢世年支持。

廉署一連兩日在全港各區拘捕 40 多名曾經在油麻地警區駐守的員佐級警務人員，指控他們涉嫌包庇油麻地果欄販毒活動。21 日，廉署再拘捕 42 名員佐級警務人員。

1977 年 9 月 30 日

維多利亞地方法院審結一宗有關警員恐嚇勒索市民的案件，並頒下中文判詞，為港府自十九世紀建立司法系統以來，法院首次頒布中文判詞。

1977 年 10 月 5 日

港督在立法局宣布將初中免費強迫教育的起始學年由 1979/1980 年提前至 1978/1979 年；非工業行業的法定最低工齡改為 15 歲。

1977 年 10 月 13 日

香港全科醫學院成立，為本地醫生提供全科進修及參加相關專科考試的機會，李仲賢出任院長，1997 年改名為香港家庭醫學學院。

1977 年 10 月 15 日

位於灣仔海旁的香港藝術中心開幕，設有壽臣劇院、音樂演奏廳、小劇場及兩個畫廊，為本地及海外藝術界人士提供展覽和表演場地。

1977 年 10 月 25 日

廉署拘捕 34 名過去五年曾駐守旺角警區的現役及退役警務人員。翌日，全港 100 多名員佐級警務人員在九龍警察總部舉行集會，各警區委派兩名代表組成委員會。委員會向警務處處長施禮榮呈交請願信，不滿廉署的調查手法，並要求於 12 月 28 日前與警務處處長會面，否則將有進一步行動。

1977 年 10 月 27 日

約 5000 名警務人員在旺角界限街花墟球場舉行集會，部分警員親述接受廉署調查的經歷，會上議決成立員佐級警員協會。12 月 9 日，港府頒布《1977 年警隊（修訂）（第 3 號）條例》，規定警務處處長可承認任何只有警隊成員組成的協會，而該等協會將不會被視為本條例及任何法例所指的工會。憑此規定，員佐級協會取得合法地位。

1977 年 10 月 28 日

上午，約 5000 名警務人員在中環愛丁堡廣場集合，遊行至灣仔警察總部，警務處處長施禮榮接見其中五名代表，並同意其部分訴求。中午，約 100 名包括警員在內的人前往和記大廈廉署執行處總部破壞和搗亂，拆下廉署牌匾，並打傷五名廉署職員。11 月 4 日，員佐級警員協會籌委會宣布不滿警務處處長回覆，並將採取進一步行動，保障員佐級警務人員權益。（圖 211）

1977 年 11 月 2 日

九龍國賓酒店一連兩日設滿漢全筵，每席十萬元，供 12 人享用。該宴席由日本 TBS 電視台預訂，是當時香港有紀錄以來最昂貴的宴席。

1977 年 11 月 5 日

百家出版社創辦政論月刊《爭鳴》，翌年再出版姊妹刊物《動向》。

港督麥理浩頒布局部特赦令，宣布除已進入起訴程序及干犯特別嚴重罪行外，廉署不會調查警務人員於本年 1 月 1 日前所犯的貪污罪行，因而終止調查相關的 83 宗案件。

1977 年 11 月 7 日

港府頒布當日立法局通過的《1977 年警隊（修訂）（第 2 號）條例》，授權警務處處長，即時解僱不遵守合法命令的警務人員。

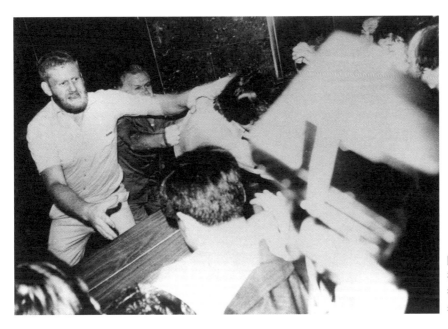

圖 211 警廉衝突期間
被破壞的廉政公署執
行處總部,攝於 1977
年。(南華早報提供)

1977 年 11 月 9 日	港府發表《高中及專上教育綠皮書》,提出多項高中及專上教育體制的改革建議,目標是在 1986 年使約 60% 的 15 歲少年獲得資助高中教育;以及建議香港中文大學學制由四年改為三年,以便統一全港中學預科課程的修讀年期為兩年。翌年 10 月 18 日,港府發表《高中及專上教育發展白皮書》,建議在 1981 年提供 57,000 個高中資助學位,以供 60% 的中三學生升讀。
1977 年 11 月 11 日	港府發表《老人福利服務綠皮書》,建議公共援助津貼應包括老人補助金,並將領取老弱津貼的年齡下限由 75 歲逐步下調至 70 歲,並建議設立老人日間護理中心和老人服務中心。
1977 年 11 月 14 日	港府發表《社會保障發展計劃綠皮書》,諮詢公眾應否設立僱員傷病人壽保險計劃,並建議為申領公援人士提供額外津貼及擴大老弱傷殘津貼計劃。
1977 年 11 月 17 日	鄧小平在廣州談及內地民眾逃港時指出:「生產生活搞好了,還可以解決逃港的問題。逃港,主要是生活不好,差距太大。」
1977 年 11 月 18 日	油麻地避風塘艇戶先後前往港督府及布政司署請願,要求遷往長沙灣臨時房屋區,部分艇戶在布政司署旁露宿。21 日,房署表示不會接受艇戶的安置要求,只按艇戶個別情況安排。
1977 年 11 月 22 日	西九龍走廊的第一期工程加士居道天橋通車,連接加士居道與渡船街。1997 年第四期工程完成,走廊全線通車,連接油麻地至荔枝角。
1977 年 11 月 25 日	港府分別在七個新界行政區成立諮詢委員會,共委任 92 名非官守委員。28 日,荃灣地區諮詢委員會率先舉行首次會議。1981 年諮詢委員會改組為區議會。

| 1977 年 12 月 1 日 | 廉署成立事宜投訴委員會，負責監察對廉署及其職員的投訴，行政局首席非官守議員簡悅強出任主席。 |

| 1977 年 12 月 4 日 | 香港長跑會於石崗舉行首屆香港馬拉松，共 194 名跑手參賽，冠軍為一名港府工務司署職員，成績為 2 小時 30 分 19 秒。該賽事為本港二戰後首個每年舉辦的馬拉松賽，至 1991 年舉辦最後一屆。 |

| 1977 年 12 月 6 日 | 教育司署舉行第一屆香港學業能力測驗，以取代原有香港中學入學考試，並同時以小五下學期及小六上下學期的校內期考成績，作為選派志願中學的參考依據。 |

| 1977 年 12 月 8 日 | 香港大學學生會組織 200 名學生前往油麻地避風塘考察艇戶生活環境，並同意協助艇戶爭取盡快獲房署安置。13 日，港大學生組成關心艇戶委員會，將收集所得的 471 封簽名請願信，摺成紙船轉交房署。 |

| 1977 年 12 月 19 日 | 和記企業有限公司與香港黃埔船塢有限公司獲最高法院批准合併，成立新的和記黃埔有限公司，於翌年 1 月 3 日在香港上市。 |

| 1977 年 12 月 21 日 | 港府宣布香港開始全年採用格林威治時間加八小時的時間制，是為香港標準時間。 |

| 1977 年 12 月 30 日 | 港府成立度量衡十進制委員會，負責推廣和指導十進制的使用。 |

| 1977 年 | 香港加拿大商會成立，以聯繫在港的加拿大商業組織及會員。 |

| 1978 年 1 月 10 日 | 滙豐銀行開始發行面值 1000 元的新鈔票，是香港首次發行該面額的鈔票。 |

| 1978 年 1 月 14 日 | 馬會全體逾 600 名馬伕因不滿沙田馬房馬伕被扣減工資，發起工業行動，拒絕拉馬進場，導致跑馬地賽馬三度取消，是本港首次因勞資糾紛而取消賽馬。21 日，馬會答應改善馬伕的福利津貼，勞資雙方達成共識，跑馬地馬場於翌日回復正常運作。 |

| 1978 年 1 月 18 日 | 第二獅子山隧道通車，為北向單程雙線車道，而 1967 年通車的獅子山隧道由雙程雙線車道改為南向單程雙線行車管道。 |

| 1978 年 1 月 27 日 | 港府頒布《1978 年有利銀行發行紙幣（撤銷）條例》及《1978 年香港上海滙豐銀行（修訂）條例》，規定有利銀行已經發行及流通的紙幣將被視為滙豐銀行發行的紙幣，撤銷有利銀行的發鈔權，並將其移交給滙豐銀行。 |

| 1978 年 2 月 15 日 | 由房委會規劃的第一期居屋計劃開始接受申請，首批推出屋苑包括葵涌悅麗苑、觀塘順緻苑、柴灣山翠苑、何文田俊民苑、香港仔漁暉苑及沙田穗禾苑。 |

| | 香港中文大學學生會舉行師生「團結反對四改三大會」，出席師生約 2600 人，包括校長李卓敏和候任校長馬臨。李卓敏於會上承諾維護中大原有學制。1981 年 2 月，校長馬臨在校務會議上表示，港府已向校方保證未來六年內不再要求該校更改學制。 |

1978 年 2 月 17 日	港府頒布《1978 年儲備商品條例》，自翌年 11 月 1 日起，授權工商署署長訂定白米價格，及管理註冊入口商及批發商出售白米。
1978 年 2 月 26 日	16 名全國人大廣東代表團港籍代表參加在北京召開的第五屆全國人民代表大會第一次會議，本屆港籍代表人數由 14 名增至 16 名。
1978 年 2 月 27 日	香港公務員總工會註冊成立，由 13 個香港公務員職工團體組成，創會時會員人數約 20,000 人。
1978 年 3 月 5 日	香港電台電視節目《鏗鏘集》首播，每集以專題形式探討香港政治、經濟與社會發展，以至中國內地發展及國際時事相關議題，是香港製作和播映時間最長的新聞紀錄片節目。
1978 年 3 月 15 日	港府宣布重新考慮對未領牌但具規模的外資銀行業務機構頒發本港銀行牌照，以加強香港金融業的國際競爭力。5 月 24 日，港府發出首批合共九個新牌照。
1978 年 3 月 17 日	港府頒布《1978 年保險公司（規定資本額）條例》，新保險公司須向公司註冊署署長證明其實收現金股本額不少於 500 萬元，方可在香港註冊成立。
1978 年 3 月 28 日	麥理浩牙科中心落成，是公立牙科診所，設有牙科護士訓練學校及學童牙科診所。
1978 年 4 月 6 日	第一屆亞洲外匯及貨幣會議在香港舉行。
1978 年 4 月 7 日	港府引用《殖民地規例》第 55 條，解僱 118 名警務人員及一名海關督察。該規例訂明英女王有權透過外交及聯邦事務部大臣傳旨，港府可在毋須審訊及不准上訴的情況下，解僱違反規例的公務人員和警務人員。
	港府以串謀罪控告 20 名警務人員、四名退休警務人員及兩名海關督察，涉嫌與油麻地果欄貪污案有關。同年 12 月至翌年 1 月，該案分別在維多利亞地方法院和九龍地方法院審結，其中一名退休警務人員、16 名警務人員及兩名海關督察被裁定罪成，判入獄一年七個月至五年不等。
1978 年 4 月 17 日	國務院批准教育部、國務院僑務辦公室《關於恢復暨南大學、華僑大學有關問題的請示》，對兩校復辦的各方面問題作明確規定，包括以招收海外華僑、港澳同胞和台灣籍青年學生為主。10 月 16 日，暨南大學舉辦開學禮，該學年共招收港澳地區學生 266 名。
1978 年 4 月 18 日	中國出土文物展覽於尖沙咀星光行中國出口商品陳列館舉行，展出多件內地出土的國寶級文物，包括銅奔馬及金縷玉衣。
1978 年 4 月 25 日	中區第二代華人行落成啟用，樓高 23 層，是由滙豐銀行與長實合組的華豪有限公司重建而成的高級商業大廈。

圖 212　屯門公路鳥瞰圖，攝於 1979 年。
（政府新聞處提供）

| **1978 年 5 月 5 日** | 屯門公路第一期通車，連接屯門和荃灣兩個新市鎮，全長 17 公里，是香港首條高速公路，通車初期設有來回方向合共三條行車線。（圖 212） |

由地鐵公司與長實在中環第三代郵政總局舊址興建的環球大廈開始預售樓花，首日沽清，成交額達六億，創下當時香港單日樓花出售額最高的紀錄。

| **1978 年 5 月 9 日** | 金禧中學教師和家長先到港督府請願，再到天主教教區主教府門外開始連月的靜坐露宿。11 日，露宿師生向主教代表提出讓停課學生復課。 |

| **1978 年 5 月 10 日** | 凌晨時分，長洲太平清醮搶包山環節發生意外，三座包山在人群搶先攀爬下倒塌，造成 24 人受傷。翌年 3 月 2 日，新界政務司鍾逸傑與長洲鄉事委員會經商議後，決定以安全理由，此後取消午夜搶包山環節。 |

| **1978 年 5 月 14 日** | 教育司署查封金禧中學，決定下學年原址改辦德蘭中學，並改由天主教教區辦學。28 日，八個團體在維園舉辦金禧事件民眾大會，約 10,000 人參加，大會通過「先復校、後調查」宣言，發起簽名和籌款運動。（圖 213） |

| **1978 年 6 月 7 日** | 市政局紅磡公眾殯儀廳啟用，是由市政局營運的香港第一和唯一的公營殯儀館。 |

1978 年 6 月 16 日	由本港孔教、佛教、道教、基督教、天主教及回教團體聯合發起的首屆香港宗教領袖座談會，於香港會議中心舉行。六個宗教團體的代表討論香港傳媒道德水平與青少年問題，並同意加強在德育方面的工作，決定往後每年舉辦兩次宗教領袖座談會。
1978 年 6 月 23 日	大進國際貿易（香港）有限公司和中國紡織品進出口總公司廣東省分公司簽訂來料加工補償貿易協議，開辦順德縣容奇鎮製衣廠，是國家改革開放前夕試辦的「三來一補」（來料加工、來樣加工、來件裝配及補償貿易）企業。10 月，該廠開始投產。
1978 年 7 月 15 日	由香港大學校長黃麗松領導的金禧中學事件調查委員會發表中期報告書，提出另設五育中學，供金禧中學學生選讀，並請教育司撤銷向金禧中學教師發出的書面警告。教育司署接納上述兩項建議，自 5 月 9 日起於天主教教區主教府門外的靜坐露宿行動結束。
1978 年 7 月 20 日	王匡抵港接任新華社香港分社社長。
	香港紗廠宣布重組業務，遣散 1399 名工人，引發勞資糾紛。8 月 4 日，該廠工人在港九紡織染業職工總會帶領下與資方達成協議，全部工人可於 18 日獲發遣散費、代替通知金及長期服務金等補償，費用達 1200 萬元。
1978 年 7 月 26 日	颱風愛娜斯襲港，天文台於上午 9 時 15 分懸掛八號東北烈風或暴風信號，至翌日下午 1 時 30 分取消。29 日下午 5 時 25 分，天文台再度發出八號烈風或暴風信號，至 30 日早上 7 時 10 分取消。愛娜斯是首個令天文台在短時間內兩度發出八號颱風信號的颱風，颱風造成三人死亡、134 人受傷，67 艘漁船受損。

1978 年 7 月 29 日 | 港府向滿地可銀行、法國巴黎銀行、加拿大帝國商業銀行、德國商業銀行、里昂信貸銀行、法國興業銀行及印度國家銀行等七家國際性銀行發出銀行牌照。

1978 年 8 月 9 日 | 中國藝術團抵港,於 15 日至 25 日期間共出演 19 場,表演內容涵蓋中樂、鋼琴、獨唱、舞蹈及京劇,觀眾總計逾 30,000 人次。

1978 年 8 月 13 日 | 中共中央批准《關於港澳工作會議預備會議情況的報告》,決定成立中央港澳小組,其辦事機構為國務院港澳事務辦公室。9 月 13 日,國務院港澳辦正式辦公。

1978 年 8 月 18 日 | 港府頒布《1978 年稅務(修訂)(第 3 號)條例》,規定香港金融機構利用海外資本在港進行投資而賺取的利息須繳稅,並追溯至本年 4 月 1 日生效。

| 電影雜誌《大特寫》發表題為〈香港電影新浪潮:向傳統挑戰的革命者〉的文章,首次用「新浪潮」一詞,形容香港電影界出現的新創作氛圍。這種氛圍由一批新晉導演帶動,電影以實景拍攝,題材取自社會百態。

1978 年 8 月 22 日 | 佳視宣布因經濟困難,即日起停止營業。9 月 7 日,佳視員工於維園舉行集會,要求港府追究佳視停業責任、恢復設立第三個電視台以及保障失業員工權益。10 月 19 日,最高法院頒令佳視清盤。

1978 年 8 月 31 日 | 香港紡織業商人曹光彪旗下永新企業有限公司及其附屬的澳門紡織品有限公司,與中國紡織品進出口總公司廣東省分公司簽訂針字第一號《籌辦毛紡定點廠協議》,在珠海合辦香洲毛紡廠,是內地首家補償貿易企業。翌年 11 月 7 日,該廠在珠海開幕。

1978 年 9 月 5 日 | 廉署防止貪污處發表《公務員責任承擔問題》報告,建議政府部門主管須要為其屬下公務人員貪污行為負上民事責任,以防止貪污。

| 環球航運集團創辦人包玉剛及其家族成員吳光正以九龍倉最大股東的身份,加入九龍倉董事局。翌年 12 月 7 日,置地公司宣布收購怡和證券持有的九龍倉股票,令置地公司股權增至 20%,接近包玉剛家族持有的股份。

1978 年 9 月 15 日 | 獲得國家工商總局發出三來一補企業粵字 001 號牌照的太平手袋廠投產。7 月 31 日,港商張子彌已與太平服裝廠協商,通過三來一補形式,從香港入口設備到東莞,着手生產手袋製品。

1978 年 9 月 26 日 | 香港大學學生會在內的十個專上學生和社區團體,合組關注艇戶居住問題聯合委員會,協助油麻地避風塘艇戶爭取岸上安置。

1978 年 9 月 | 港府實施九年強迫教育,向全港學生提供六年免費小學教育及三年免費初中教育。

| 香港音樂學院成立,開辦全日制音樂課程,於 1985/1986 學年併入香港演藝學院屬下的音樂學院。

| 1978 年 10 月 1 日 | 港府推出高齡津貼，向年滿 70 歲的合資格香港居民每月發放 100 元津貼，取代以往年滿 75 歲方可申領的老弱津貼。 |

| 1978 年 10 月 7 日 | 沙田馬場開幕，並舉行六場賽事，馬場可容納逾 83,000 人。（圖 214） |

| 1978 年 10 月 19 日 | 香港旅遊業議會成立，以促進旅遊業界與港府、航空公司及相關團體聯絡，並保障業界利益。 |

| 1978 年 11 月 2 日 | 位於尖沙咀的新世界中心開始分階段啟用，設有辦公大樓、大型商場、酒店及服務式住宅，至 1981 年全部啟用。2010 年起，新世界中心各部分，除香港洲際酒店外，陸續清拆重建。 |

| 1978 年 11 月 16 日 | 英國樞密院司法委員會裁定，即使退休刑事偵緝警長黎民佑於《1970 年防止賄賂條例》生效時已不再是公務員，但廉署仍然有權根據該條例對其起訴。 |

| 1978 年 11 月 22 日 | 國際性海運貿易會議在香港會議中心舉行，為期兩日，來自 30 個國家及地區共 400 多名代表參加，主要討論香港及中國內地航運的未來發展機遇。 |

| 1978 年 11 月 23 日 | 考試局宣布自 1980 年度起，凡報名參加高等程度會考的考生，必須在香港中學會考中文及英文兩科考獲 E 級或以上的成績。 |

| 1978 年 11 月 26 日 | 沙田馬場舉行本港自二戰後首次星期日賽馬，舉行七場賽事。 |

圖 214　1978 年 10 月 7 日，沙田馬場開幕。（Getty Images 提供）

1978 年 11 月 27 日	萬宜水庫啟用，耗資 13.5 億元，是香港最大的水塘，儲水量達 2.73 億立方米。1980 年 2 月 9 日，港府為水庫舉行按鈕啟動儀式，開始正式供水。(圖 215)
1978 年 11 月 28 日	香港芭蕾舞學院註冊成立，開辦舞蹈教師文憑課程及全日制專業芭蕾舞課程。
1978 年 12 月 5 日	第十四屆亞洲賽馬會議在香港舉行，來自 11 個國家的 400 多名代表出席，會議議程包括參觀沙田馬場及交流賽馬經驗。
1978 年 12 月 8 日	由 32 個教育、文化和專上學生團體組成的中文運動聯合委員會成立，發起新的中文運動，目標是提升中文的社會地位、推行中學母語教學、提高中文教育的質素，並要求教育司署將中學會考中文科合格列為高等程度會考和高級程度會考的報考資格。
1978 年 12 月 9 日	香港代表隊參加泰國曼谷主辦的第八屆亞運會，共奪得兩銀三銅，並首次在保齡球及羽毛球項目奪得獎牌。
1978 年 12 月 14 日	港府宣布成立公務員薪俸及服務條件常務委員會，負責檢討公務員總薪級表，並向港督提出建議。委員會設有委員四至六人，由非公務員擔任，其中一人必須為立法局或行政局的非官守議員。翌年 1 月 17 日委員會成立，由簡悅強擔任主席。
1978 年 12 月 23 日	原定由曼谷駛往高雄、接載約 2700 名越南難民的巴拿馬註冊貨輪「匯豐號」企圖駛入香港水域，遭到港府水警輪和英國海軍艦隻阻截，遂於蒲台島以南約一海里的公海停泊。翌年 1 月 19 日，「匯豐號」駛進本港海域，在交椅洲以北停泊，港府基於人道立場沒有阻止，引發華裔越南難民大批來港。
1978 年 12 月 24 日	油麻地避風塘艇戶不滿居住環境惡劣以及岸上安置問題，連同「關注艇戶居住問題聯合委員會」於中環卜公碼頭舉行集會。200 多名集會人士企圖前往布政司署請願，向港督呈交請願信，起步前被警方阻擋而自行散去。
1978 年	國務院華僑事務辦公室主任廖承志在北京主持召開關於港澳工作的會議，會議重申了中央對港「長期打算，充分利用」的方針。
	嘉里建設有限公司成立，創辦人為郭鶴年，1996 年於香港聯交所上市。
	香港理工學院醫療服務學院於本學年開辦職業治療學及物理治療學高級文憑課程，接管原由醫務衛生署物理治療及放射學訓練學校辦理的課程，為香港培訓醫務助理專業人員，包括物理治療師、職業治療師、放射治療師、醫學實驗室技術員、視光師等。

圖 215　萬宜水庫鳥瞰圖，攝於 1978 年。（政府新聞處提供）

| **1978 年** | 西貢龍蝦灣摩崖石刻被發現，刻有幾何形及鳥獸狀紋飾。1983 年，港府將龍蝦灣石刻列為法定古蹟。 |

| **1979 年 1 月 1 日** | 港府頒布《1978 年交通意外傷亡者（援助基金）條例》，成立交通意外援助基金，按道路交通意外受害人的傷亡情況，迅速向受害人或其受養人提供經濟援助。 |

| **1979 年 1 月 7 日** | 油麻地避風塘艇戶及聲援人士乘坐兩輛旅遊巴前往港督府請願，於紅隧港島出口被警方截停，包括艇戶、學生和社工在內的 76 人被捕，其中 67 人被控非法集會。2 月 13 日，法庭裁定 67 人全部罪名成立，當中 11 名聲援者守行為 18 個月，其餘 56 名艇戶無條件釋放。 |

| **1979 年 1 月 11 日** | 《電影雙周刊》創刊號發行，2007 年 1 月 11 日發行最後一期，是香港發行時間最長的電影專業刊物。 |

| **1979 年 1 月 21 日** | 首屆省港盃足球賽於廣州越秀山足球場舉行首回合賽事，廣東隊勝一比零。次回合在 28 日於香港政府大球場舉行，廣東隊再以三比一勝出，兩回合共以總比數四比一奪冠。 |

| **1979 年 1 月 26 日** | 港府頒布《1979 年稅務（修訂）條例》，自 4 月 1 日起，豁免所有社團、商會及專業團體，以及宗親、家族或各祖堂名下自置及自用物業的物業稅。 |

| **1979 年 1 月** | 西貢東龍洲石刻被列為法定古蹟。這是香港最早有記錄的摩崖石刻，清嘉慶《新安縣志》已有「石壁畫龍，在佛堂門，有龍形刻於石側」的記載。 |

| **1979 年 2 月 7 日** | 由新加坡出發來港的巴拿馬註冊貨輪「天運號」，接載約 2700 名越南難民闖入西環海域，港府出動水警勒令該輪駛往南丫島附近海域停泊，並於 9 日致函通知船員和乘客不准登岸。6 月 29 日，「天運號」船上難民切斷錨鏈，船隻於南丫島擱淺，警方登船調查時遭難民投擲汽油彈，警方拘捕 12 名難民及 26 名船員，其餘難民被送往芝麻灣監獄安置。（圖 216） |

| **1979 年 2 月 20 日** | 香港電台舉辦首屆十大中文金曲頒獎典禮，選出十首本地製作的中文歌曲頒發金曲獎，是香港歷史最悠久的華語流行音樂頒獎活動。（圖 217） |

| **1979 年 2 月 26 日** | 1979 年度英聯邦測量及地政協會亞洲區際會議在香港舉行，議題包括亞洲房屋及市區發展、1980 年代測量業發展。 |

| **1979 年 3 月 4 日** | 添馬艦駐港英軍總部大樓啟用，由英國王儲查理斯王子主持開幕典禮。1981 年 7 月 21 日，大樓易名為威爾斯親王大廈。 |

| **1979 年 3 月 8 日** | 1979 年市政局選舉舉行，設有六個直選議席，共 12,425 名選民投票，投票率達 39.4%，打破當時歷年紀錄，葉錫恩、譚惠珠、黃夢花、楊勵賢、張有興及鍾世傑當選。 |

圖 216　接載約 2700 名越南難民的「天運號」貨輪在南丫島擱淺，攝於 1979 年。（星島日報提供）

圖 217　1979 年 2 月 20 日，首屆「十大中文金曲」頒獎禮舉行，得獎者包括羅文（後排左一）和鄭少秋（後排左五）。十首得獎金曲中，四首由顧嘉煇（前排右三）作曲、三首由黃霑（前排左二）填詞。（香港電台提供）

| **1979 年 3 月 28 日** | 香港中華電力公司與廣東省電力公司達成協議,將兩地電網聯接,由中電向廣東省供電。31 日,雙方代表在葵涌中電控制中心主持按鈕儀式,中電開始每日供應 100 萬度電力予廣東省。 |

| **1979 年 3 月 29 日** | 鄧小平會見應邀訪問北京的港督麥理浩,席間指出:「我們歷來認為,香港主權屬於中華人民共和國,但香港又有它的特殊地位。香港是中國的一部分,這個問題本身不能討論。但可以肯定的一點,就是即使到了 1997 年解決這個問題時,我們也會尊重香港的特殊地位。」「在本世紀和下世紀初的相當長的時期內,香港還可以搞它的資本主義,我們搞我們的社會主義。」(圖 218) |

| **1979 年 4 月 1 日** | 香港旅行社協會實施旅行保證金計劃,旅客如因該會屬下旅行社的疏忽而造成損失,可向該會申訴,成功後可獲得不超過賠償基金總數 10% 的賠償。 |

| **1979 年 4 月 4 日** | 九廣鐵路省港直通車自 1949 年中斷後恢復行駛,港督麥理浩出席在廣州火車站舉行的通車典禮,並乘搭第一班車回港。(圖 219) |

| **1979 年 4 月 25 日** | 港府發表《進入八十年代的社會福利》白皮書,建議在公援計劃內增設傷殘津貼,合資格傷殘人士可獲發放半額的公共援助金,以及增加兩間大學及理工學院的社會工作學系的學額。 |

| **1979 年 4 月 27 日** | 港府頒布《1979 年外匯基金(修訂)條例》,自 5 月 1 日起,外匯基金存於本地商業銀行的短期結存,須保持百分之百的流動比率,不能用於增加信貸。 |

圖 218 1979 年 3 月 29 日,鄧小平在北京會見港督麥理浩。(新華社提供)

1979 年 4 月	港府將蒲台島南端的摩崖石刻列為法定古蹟,該石刻分左右兩部分,分別刻有動物狀和螺旋狀紋飾。
1979 年 5 月 9 日	港府發表《保持水陸運輸暢通:香港內部交通政策白皮書》,提出三項原則,包括改善道路基礎設施、擴充和改善公共交通服務以及更有效地使用道路系統。
1979 年 5 月 13 日	港府自凌晨 3 時半起實施夏令時間,至 10 月 21 日凌晨 3 時半結束,是香港最後一次實施夏令時間。
	港府實施《1979 年廣告、陳列及泛光燈照明(限制)令》,規定商戶廣告、陳列品照明及泛光燈只限每晚 8 時至 11 時半開啟,以節省能源消耗量,後於 10 月 10 日撤銷該令。
1979 年 5 月 19 日	布政司羅弼時出任香港正按察司,1983 年 10 月成為首位到訪中國內地的香港正按察司,後於 1988 年卸任。
1979 年 5 月 30 日	第一屆旅遊節開幕,由香港華商旅遊協會主辦,為期兩周,向市民推廣假日旅遊活動及聯繫旅遊業界。
1979 年 6 月 1 日	中國海外建築工程有限公司註冊,於 1992 年 7 月 23 日改名為中國海外發展有限公司。該公司主要業務涵蓋本港及中國內地住宅物業發展、房地產代理及管理、基建與土木工程。
	京泰貿易有限公司註冊成立,是北京市政府在海外設立的最大型綜合企業,於 1988 年成為北京市政府直接領導的駐香港窗口公司。1997 年 4 月 9 日,公司改稱京泰實業(集團)有限公司。2005 年 1 月,該公司成為北京控股集團全資直屬企業。

圖 219　1979 年 4 月 4 日,省港直通車恢復通車剪綵儀式在廣州舉行,由國家鐵道部副部長耿振林主禮,港督麥理浩亦有出席。(星島日報提供)

1979 年 6 月 2 日 ┃ 香港國際婦女協會主辦的第八屆亞太區婦女協會周年會議在香港舉行，來自 11 個國家和地區的 100 多名代表出席，討論以八十年代的挑戰為題。

1979 年 6 月 10 日 ┃ 第二屆世界羽毛球錦標賽於杭州開幕，香港運動員陳念慈、吳俊盛奪得混雙金牌，陳天祥、吳俊盛奪男雙銅牌，是本港羽毛球員首次在世界級賽事獲獎。

1979 年 6 月 22 日 ┃ 港府頒布《1979 年人民入境（修訂）（第 2 號）條例》，賦予港府額外權力應付內地和越南的非法入境者，包括授權皇家香港軍團（義勇軍）及皇家香港輔助空軍人員拘捕非法入境者。同日，英國政府宣布增援香港駐軍，協助港府堵截非法入境者。

1979 年 6 月 ┃ 從廣州黃埔起航的中國貨櫃輪「臨江號」抵港，停泊香港國際貨櫃碼頭第六號碼頭卸貨，是香港招商局開辦的首條集裝箱航線 —— 黃埔來往香港線路的首航。

1979 年 7 月 10 日 ┃ 廣東省公安廳宣布，自 8 月 1 日起，簡化港澳人士往來內地手續，停用一次性有效的港澳同胞回鄉介紹書，改為三年內可多次往來的港澳同胞回鄉證。回鄉證由廣東省公安廳簽發，駐港澳中國旅行社代辦申請。

1979 年 7 月 20 日 ┃ 聯合國大會於日內瓦召開關於東南亞難民問題的國際會議，港督麥理浩以英國代表身份出席。翌日，出席會議的 65 個國家代表同意香港在內的六個國家或地區成為第一收容港，無條件地接收越南難民，聯合國難民署允諾承擔相關開支，其他國家則負責日後收留暫居於第一收容港的難民。

1979 年 8 月 2 日 ┃ 超強颱風荷貝襲港，天文台懸掛十號颶風信號近四小時。颱風造成 12 人死亡、260 人受傷，29 艘遠洋輪船、374 艘漁船受損。

1979 年 8 月 6 日 ┃ 超強颱風荷貝襲港後，約 70 名油麻地避風塘艇戶向當局要求岸上安置未果，遂闖入已停用的尖沙咀漆咸道軍營靜坐抗議。翌日，房署提出將艇戶安置到屯門臨時房屋區，艇戶拒絕並要求市區安置。12 日，全部艇戶同意遷往屯門，結束靜坐行動。

1979 年 8 月 9 日 ┃ 中國海關宣布，自 8 月 1 日起，只有憑回鄉證入境的人士，方可攜帶手錶、電視機、錄音機、收音機、照相機、電風扇、自行車與縫紉機等物件，每人每年只准完稅後攜帶其中一件物品入境。

1979 年 8 月 18 日 ┃ 房委會推出高齡人士優先配屋計劃，凡年過 60 歲而合資格申請公屋的香港居民，不論有無親屬關係，可以最少三人為一組申請共住一個公屋單位，一般可獲優先安排於兩年內編配單位。此計劃的受惠對象後來逐步擴展至高齡夫婦、高齡單身人士以及與年老親人共住的家庭。

| 1979 年 8 月 20 日 | 市政局公共圖書館舉辦首屆中文文學周，為期七日，其中重點項目為首屆中文文學創作獎，共徵得逾 960 份散文或小說作品，評得一名散文組冠軍、兩名小說組冠軍。 |

| 1979 年 8 月 29 日 | 一名 16 歲少年於西貢海卜灣游泳時遭鯊魚襲擊喪生。 |

| 1979 年 8 月 | 英國文化協會籌組中英劇團，12 月 5 日於香港大會堂舉行首次公演，為一個專注於社區及學校推廣戲劇教育的職業劇團。 |

| 1979 年 9 月 2 日 | 房署人員在警方協助下接收遷拆令期滿的荃灣西樓角七幢大廈，其間爆發警民衝突，導致業主和住戶七人、數名警員受傷。翌日，衝突再起，導致四名警員、兩名業主及一名房署職員受傷。經市政局議員葉錫恩及鍾世傑斡旋後，業主悉數遷離，事件平息。 |

| 1979 年 9 月 3 日 | 香港道教聯合會圓玄學院第一中學舉行第一屆開學典禮，是香港道教聯合會創辦的第一所中學。 |

| 1979 年 9 月 30 日 | 地鐵修正早期系統第一階段通車儀式在石硤尾站舉行，由港督麥理浩主持，約 1000 名乘客陪同搭乘列車至觀塘站，再返回石硤尾站，歷時 28 分鐘。翌日，該線地鐵正式通車，提供來往觀塘站至石硤尾站的服務。（圖 220） |

圖 220　1979 年 9 月 30 日，地鐵在石硤尾站舉行首班載客列車通車儀式。（港鐵公司提供）

《八方文藝叢刊》創刊，以不定期形式出版叢刊，刊登內地、香港及台灣作家的文學作品，每期內容達 30 萬字，至 1990 年 11 月停刊。

中國國際信託投資公司在北京人民大會堂召開第一次董事會，宣布公司成立，榮毅仁任董事長，44 位董事中，有王寬誠、霍英東、李嘉誠等三位港人。該公司資本為兩億元人民幣，性質為國營企業，是國務院直接領導的業務機構，目的在於吸收外國資本，引進先進技術和設備，促進國家的建設。

本港法律、會計、測量、建築、規劃及工程等界別專業人士，註冊成立促進現代化專業人士協會，會長為廖瑤珠。協會旨在促進本港各界專業人士參與國家改革開放及現代化工作，為內地機構及企業提供各種專業知識。

社聯舉辦首屆老人節，向社會灌輸安老、敬老觀念，活動包括講座、健康諮詢、各種遊藝及老人比賽項目。

麥理浩徑啟用，以港督麥理浩命名，是香港第一條、也是截至 2017 年最長的長途遠足徑，全長 100 公里，共分十段，東起西貢北潭涌，西至屯門，橫跨八個郊野公園。

沙螺洞發展有限公司註冊成立，開始向大埔沙螺洞村民收購私人土地，並承諾免費為賣地村民建造丁屋，從而購得大部分村民的私人土地。1982 年，該公司宣布在沙螺洞興建低密度住宅、丁屋和高爾夫球場，並於 1986 年向郊野公園管理局提交發展計劃。該計劃其後因引起環境保育人士的關注和爭議而大幅修改，免費建造丁屋承諾未有兌現。

港府開始向新入境人士簽發新的簽證身份書，作旅行證件使用，取代以往由非官方機構簽發的身份陳述書。

葵涌火葬場啟用，是新界首座火葬場，由市政署負責營運。

土力工程處出版《斜坡岩土工程手冊》第一版，提供斜坡和地盤平整工程的設計、建造和維護指引。

城市當代舞蹈團成立，為香港第一個職業化現代舞蹈團。

晚上 9 時，由《野外雜誌》主辦的「麥理浩徑通走」舉行開步禮，這是香港首個長途遠足活動，楊振德以 18 小時 28 分最快完成。

廉署成功從英國引渡涉嫌香港電話公司貪污案的物業部經理博素回港。翌日，博素被控涉嫌於 1966 年至 1978 年間利用職權，串同下屬協助他人獲得電話公司維修、改裝及清潔合約，並收受回佣，涉及款項 250 萬至 300 萬元。翌年 5 月 15 日，九龍地方法院裁定博素五項串謀詐騙罪及 12 項收受利益罪成立，判處入獄四年。

1979 年 12 月 14 日 │ 港府發表《1979 年經濟多元化諮詢委員會報告書》，提出 47 項建議，主要包括善用本港作為國際轉口港的優勢以加強與珠江三角洲地區的物流聯繫，增加本港工業用地供應，推動金融和財務行業發展，成立工業訓練局，設立工業發展委員會。報告書由 1977 年 10 月成立的經濟多元化諮詢委員會撰寫，委員會由財政司夏鼎基出任主席，負責檢視本港經濟發展情勢，以長遠提升本港國際競爭力為目標。

│ 東華三院得到無綫電視贊助，製作慈善籌款節目《歡樂滿東華》，晚上於翡翠台直播。這是東華三院首次以獨立節目形式籌募善款。

1979 年 12 月 16 日 │ 地鐵修正早期系統第二階段通車，往來石硤尾站至尖沙咀站、油麻地站及旺角站分別於 22 日及 31 日啟用。

1979 年 │ 聯合國難民專員公署在香港設立常駐辦事處，協助處理港澳地區的越南難民事宜。

│ 香港芭蕾舞團成立。

1980 年 1 月 2 日 │ 香港來往廈門航線開通，客輪「鼓浪嶼號」首航抵港；10 日，香港來往上海航線復航，客輪「上海號」抵港；11 日，香港來往廣州航線復航，客輪「星湖號」抵港。這批往來內地與香港的航線皆停泊大角咀碼頭。

1980 年 1 月 18 日 │ 港府頒布《1980 年海魚養殖條例》，規管和保護海魚養殖，從事海魚養殖者須申請牌照在劃定的區域經營。

1980 年 1 月 │ 國家改革開放後第一套內地與香港合拍電影《忍無可忍》於福建泉州開拍。電影由香港海華電影公司和內地的福建電影製片廠聯合拍攝，香港導演楊吉爻執導、香港演員蕭玉龍主演。

1980 年 2 月 12 日 │ 地鐵尖沙咀至中環段啟用，地鐵修正早期系統全線通車，是香港首條過海鐵路。

1980 年 2 月 15 日 │ 港府頒布《1980 年廢物處置條例》，規定本地廢物處置的計劃、廢物收集及處理，以及申請廢物收集牌照等事宜。

1980 年 2 月 25 日 │ 第一屆亞太區懲教機構首長會議在香港舉行，為期三日，14 個國家和地區的監獄及懲教機構首長出席，討論亞太區懲教機構共同面對的問題。

1980 年 3 月 13 日 │ 死因庭裁定本年 1 月 15 日警隊外籍督察麥樂倫於寓所身亡一事為死因不明。7 月 9 日，港督麥理浩委任調查委員會，調查麥樂倫死因。翌年 9 月 29 日，港府公布調查報告，指出麥樂倫死於自殺。

1980 年 3 月 28 日 │ 鴨脷洲大橋舉行通車典禮，是香港首條連接香港島和其他島嶼的橋樑。

1980 年 4 月 8 日	滙豐銀行於中環總行為易通財自動櫃員機舉行啟用儀式，同日該行 16 部自動櫃員機投入服務，是本港首批自動櫃員機，客戶可全日 24 小時自助提款、轉帳和查詢戶口結餘。
1980 年 4 月 9 日	位於金鐘地鐵站上蓋的海富中心舉行平頂儀式，11 月落成啟用，為相連兩座的 32 層商業大廈。5 月 23 日，位於中環地鐵站上蓋的環球大廈舉行平頂儀式，12 月落成啟用，樓高 29 層。這是地鐵公司和長實共同發展的香港首批地鐵站上蓋商業發展項目。
1980 年 4 月 21 日	港府成立香港法律改革委員會，主要職責為研究由律政司或正按察司轉交該會的有關香港法律的議題，並提出改革建議。法改會由律政司擔任主席，成員包括正按察司、法律草擬專員及十名由社會人士擔任的委員。
1980 年 5 月 1 日	北京航空食品有限公司正式開業，提供航機配餐服務。該公司由中國民航北京管理局及香港美心集團創辦人伍沾德旗下的中國航空食品有限公司合資經營，獲中國外國投資管理委員會發出的外資審字（1980）第一號批覆通知文件，是國家改革開放後第一家中外合資企業。
1980 年 5 月 12 日	粵劇名伶紅線女隨同廣東粵劇院來港演出，這是紅線女自 1955 年返回內地後首次來港。6 月 24 日，《省港紅伶大會串》一連兩晚於新光戲院上演，紅線女與近 300 名粵港兩地藝人參演。
1980 年 5 月 14 日	港府與廣東省政府於廣州就東江水供港簽訂補充協議，自 1983 年起，每年東江供港水量由 2.2 億立方米，按年增加 3000 萬到 3500 萬立方米，以期於 1995 年達至 6.2 億立方米。
1980 年 5 月 19 日	香港貿發局與意大利外貿協會在香港簽署貿易合作協定，拓展香港與意大利之間的雙邊貿易和工業合作。
1980 年 5 月 27 日	油塘中心舉行平頂儀式，9 月第一期落成入伙，鷹君公司參與興建，是香港首個私人機構參與興建居屋計劃落成的屋苑。
1980 年 5 月	由香港工業邨公司營運的大埔工業邨啟用，其中英記夾萬傢俬公司和文宜製罐廠（香港）有限公司開始投產。同月，港府向香港工業邨公司提供 1800 萬元的貸款，在大埔工業邨興建典型廠房。
1980 年 6 月 2 日	香港電子協會（今香港電子業商會）成立，旨在促進本港電子業發展，並主辦每年一度的香港電子展。
1980 年 6 月 3 日	粵海企業有限公司在香港註冊成立，並於翌年 1 月 5 日開業。粵海企業是由廣東省政府出資成立，並派駐香港的窗口公司，旨在促進兩地商貿合作，後於 1985 年 11 月 29 日更名為粵海企業（集團）有限公司。

1980 年 6 月 6 日	港府發表《綠皮書：香港地方行政的模式》，就 1980 年代地方行政制度的改革建議諮詢公眾。翌年 1 月 4 日，港府發表《地方行政白皮書》，決定於全港 18 區成立區議會，負責區內環境改善工程及社區活動；並於各區成立地區管理委員會，參照區議會意見制定政策；改革市政局不分區的投票制度，將港九各區劃為 15 個選區，每區設一個直選議席，只限當區居民投票。
1980 年 6 月 20 日	香港置地宣布以每股 100 元增購九龍倉股份，增購目標為 3100 萬股，使其持有股權由 20% 增至 49%。22 日，包玉剛宣布以每股 105 港元增購 2000 萬股九龍倉股份，於 23 日順利將持有的股權增至 49%，並於 24 日宣布不再增購九龍倉股份。同日，香港置地發表聲明，取消增購九龍倉股份，表示目前持有 1330 萬股，包玉剛家族最終取得九龍倉集團的控制權。
1980 年 6 月 24 日	位於九龍灣的德福花園，首批單位於本日入伙，是首個地鐵上蓋住宅發展項目。至 1982 年，全部 21 座樓宇落成，合共提供近 5000 個單位。
1980 年 6 月 29 日	位於灣仔的合和中心舉行平頂典禮，大廈樓高 66 層，達 216 米，為當時香港及東亞地區最高的建築物，其中 62 樓設有旋轉餐廳。
1980 年 6 月	由房委會興建的大元邨落成入伙，是大埔新市鎮首個公共屋邨。
	《素葉文學》創刊，登載小說、詩作、翻譯作品及評論等內容，後於 2000 年 12 月停刊。
1980 年 7 月 1 日	《中國旅遊》月刊創刊，主要介紹內地旅遊景點、地理風貌及民俗風情，配以實地拍攝照片，推廣中國旅遊文化。
1980 年 7 月 7 日	香港聯合交易所有限公司註冊成立，由香港會、遠東會、金銀會和九龍會四家證券交易所合併而成。8 月 8 日，港府頒布《1980 年證券交易所合併條例》，批准由聯交所取代以往四家證券交易所的法律地位。
1980 年 7 月 11 日	港府頒布《1980 年水污染管制條例》，管制香港河溪和海洋環境的污染，授權港府將全港水域劃為不同水質管制區，並制定水質指標。
1980 年 7 月 16 日	第二十屆國際社會福利會議在香港舉行，來自 70 多個國家及地區約 1000 多位代表出席，議題為經濟動盪的社會發展。
1980 年 8 月 13 日	廉署拘捕至少十名中巴員工，指他們涉嫌於 1977 年 1 月 30 日至 1980 年 8 月 13 日期間行賄或受賄，涉及職位安排或巴士路線分派。翌年 2 月 18 日，十名巴士司機被判行賄罪成，守行為 12 個月。6 月 29 日，編更組正、副主任干犯串謀收受金錢利益罪成，分別被判入獄四年半及四年，至 10 月 28 日上訴得直，分別獲減刑至一年半及一年。

1980 年 8 月 19 日	香港商品交易所在本港首次推出黃金期貨交易,至 1999 年 9 月 24 日終止。2008 年 10 月 20 日,香港交易所重開黃金期貨交易。
1980 年 8 月 27 日	位於灣仔的伊利沙伯體育館開幕,樓高 13 層,主要表演場地可供體育比賽、文娛表演及展覽用途,座位達 3500 個,是香港首座多用途室內體育及文娛場館。
1980 年 8 月 29 日	國際乒乓球聯合會首屆男子世界盃於香港伊利沙伯體育館舉辦,只設單打項目,中國隊郭躍華奪冠。
1980 年 9 月 1 日	英聯邦科學院亞洲太平洋區度量衡學計劃旗下的度量衡學國際性會議於香港舉行,由港府工務司署負責籌備,為期四日,來自聯合國教科文組織及七個英聯邦和亞洲國家及地區的代表參會,全面檢討度量衡學。
	世界偵探總會在香港召開第五十五屆全球偵探會議,為期五日,是該會首次在亞洲區和香港舉辦年會。
	香港環球船務公司贈予倫敦香港節的傳統中式帆船「耆英二號」在英國漢普郡舉行下水禮,展開在英國水域的首次航程,宣揚香港文化傳統,並於 20 日起在倫敦香港節展出。
1980 年 9 月 9 日	中國再保險(香港)有限公司註冊成立,資本為 1000 萬元,是中國首家在香港註冊的專業保險公司。
1980 年 9 月 14 日	《新晚報·星海》主辦「香港文學三十年座談會」,研討 30 年來香港文學的發展情況,以及介紹香港的文藝雜誌。
1980 年 9 月 24 日	沙田第一城第一期七座大廈在尖沙咀新世界中心售樓處公開發售,首批單位兩小時內售罄。該項目由長實、恒基兆業、新鴻基地產及新世界發展等合作發展,是新界首個大型私人屋苑。
1980 年 9 月 26 日	位於沙田小瀝源的恒生商學書院開課,開辦兩年制商學文憑課程,由何雅明擔任首任院長。
	華閩有限公司於香港註冊成立,公司為福建省政府駐香港的窗口公司,負責統一組織協調福建省在港的貿易活動。1985 年 9 月 27 日,公司註冊為華閩(集團)有限公司。
1980 年 9 月 30 日	怡和公司宣布發行金額達十億元的債券,票面息率為 9.5 厘,附帶認股權證,在 1984 年至 1995 年期間還本,以償還怡和增購置地公司股份而導致的短期及中期債務,為當時香港規模最大的公開集資活動。
1980 年 9 月	紅磡國際郵件中心落成,每日處理全港國際郵件及九龍、新界兩區的本地郵件。
	香港大學成立牙醫學院,是本港第一所牙醫學院,本月錄取首批學生 76 人。

1980 年 10 月 3 日 | 國務院副總理兼外交部長黃華抵港,與港督麥理浩會面,商討遏止內地非法入境者問題。

1980 年 10 月 4 日 | 港府證實上水安圍村一名八歲男童在 9 月 30 日死於狂犬症。同日,港府根據《1967 年公安條例》發出命令,嚴禁任何人未經漁農處處長的書面許可,帶同狗隻進出上水安圍村及附近一帶地區,並派出漁農處職員及警員於上述地區搜捕流浪狗隻。

1980 年 10 月 7 日 | 香港太空館揭幕,設有介紹天象及宇宙的常設展覽,並於天象廳內播放全天域電影節目,是尖沙咀火車站拆卸後在原址建成的首個項目。(圖 221)

1980 年 10 月 17 日 | 葵涌醫院啟用,接收首批來自青山醫院的病人,於翌年 10 月 15 日開幕。醫院設有 1336 張病床,提供精神病專科服務。

圖 221　尖沙咀海旁的香港太空館,其半圓形建築成為香港地標,攝於 1982 年。(政府新聞處提供)

1980 年 10 月 19 日	港督麥理浩抵達廣州，翌日與廣東省副省長劉田夫會面，就堵截內地非法入境者來港問題舉行七小時會議，粵方同意合作遏止偷渡問題。麥理浩於 21 日返港。
1980 年 10 月 23 日	立法局緊急三讀通過《1980 年人民入境（修訂）（第 2 號）條例草案》，廢除 1974 年 11 月起實施的「抵壘政策」，實施「即捕即解政策」，遣返所有由內地抵達香港的非法入境者；已在港而未申領身份證的入境者，可於本日晚上 10 時至 26 日午夜前的 74 小時寬限期內，辦理領證手續；並規定自 30 日起，全港年滿 15 歲者出外時須隨身攜帶身份證明文件，11 月 3 日起所有僱主不得僱用無身份證明文件人士。
1980 年 11 月 19 日	遠東國際船務會議在香港召開，為期兩日，來自 36 個國家及地區的 400 名代表參與，議題包括中國海運發展與香港的關係、遠東航運貿易業務。
1980 年 11 月 26 日	亞洲區職業安全及防止意外會議首次在香港舉行，為期三日，議題是促進政府、僱主與僱員對職業安全的意識。
1980 年 12 月 5 日	港府頒布《1980 年公安（修訂）條例》，規定除獲豁免外，公眾集會須於七日前通知警務處處長，後者可以危害公安等理由禁止；公眾遊行須於七日前向警務處處長申請牌照。條例自翌年 5 月 8 日起實施。
1980 年 12 月 10 日	香港汽車保險局註冊，於翌年 2 月 1 日投入服務，所有經港府批准承保汽車保險的保險公司，均須成為該局會員。該局設立中央基金，用作賠償交通意外第三者受害人。
1980 年 12 月 11 日	北京故宮博物院藏名畫真跡和複製品、明清時期文房四寶首次在香港展出，展覽於中華書局油麻地分局舉行。
1980 年 12 月 15 日	位於中環的置地廣場舉行開幕典禮，該項目包括中庭商場及告羅士打大廈，由拆卸舊歷山大廈、告羅士打行、舊連卡佛行及溫莎行重建而成。
1980 年 12 月 24 日	港府頒布《1980 年香港銀行公會條例》，自翌年 1 月 12 日起，香港銀行公會接掌香港外匯銀行公會職務，包括負責執行該會成員銀行共同遵守的利率協定。此後，所有在港營業的持牌銀行必須加入成為其會員。
1980 年 12 月 28 日	位於廣東中山的中山溫泉賓館開幕，全國人大常委會副委員長楊尚昆主禮，是國家改革開放以來第一所中外合作建立的酒店。該酒店由霍英東、何賢、何鴻燊、馬萬祺等人創辦的中澳投資建設公司負責興建，莫伯治負責設計。
1980 年	國家農業部南海區漁業指揮部劃定的南海區機動漁船底拖網禁漁區線實施，香港機動底拖網作業漁船須按規定，禁止在南中國海 40 米水深線以內海域作業。

1981 年 1 月 1 日　長實主席李嘉誠出任和黃董事局主席，成為首位入主英資集團的華人。1979 年 9 月 25 日，滙豐銀行與長實達成協議，將所持有的 22% 和黃股份售予長實，和黃遂邀請李嘉誠加入董事局。

1981 年 1 月 5 日　廣東（香港）旅遊公司開幕，以便利港人前往廣東省訪問或探親，推動當地旅遊業發展，為粵海企業成員。

1981 年 1 月 8 日　第一屆初中成績評核試（又稱中三淘汰試）開考，為期兩日，約 93,000 名考生參加。考生須應考中文、英文及數學三個科目，再配合校內成績，作為中三學生升讀政府資助高中課程的評核標準。

1981 年 1 月 9 日　港府頒布《1981 年人壽保險公司（修訂）條例》及《1981 年火險及水險保險公司保證金（修訂）條例》，規定經營火險及水險，或人壽險的保險公司須維持已發行股本不少於 500 萬元且足額繳付，以及資產多於負債餘額 200 萬元，倘公司同時經營火險及水險與人壽險，資產必須多於負債餘額 400 萬元。

1981 年 1 月 20 日　北角七姊妹道精工髮品廠因焗爐爆炸，引發三級大火，造成 11 人死亡、19 人受傷。同日，66 個工會團體舉行「港九勞工團體緊急聯席會議」，要求勞工處及消防事務處調查火警，避免同類事件發生。

1981 年 1 月　工聯會屬下的工人俱樂部成立業餘進修中心，讓在職工人於業餘時間學習其他知識及技術，課程設計以三個月為一期，一年共有三期。

1981 年 2 月 13 日　港府頒布《1981 年侵害人身罪（修訂）條例》，訂明在兩名註冊醫生同意下，可為診斷懷有畸胎的女性進行合法墮胎。

1981 年 2 月 27 日　鑽石山大磡窩村寮屋區發生五級大火，燒毀約 600 間木屋，災民約 7390 名。

1981 年 3 月 5 日　1981 年市政局選舉舉行，設有六個直選議席，蔡國楨、陳子鈞、陳肇川、鄒偉雄、錢世年、陳普芬當選。4 月 1 日，張有興在市政局主席選舉中擊敗黃夢花，接替沙理士，成為首位華人市政局主席。

亞洲作曲家大會及音樂會在香港舉行，為期一周，超過 150 位來自世界各地的作曲家、演奏家及音樂界人士出席。

1981 年 3 月 6 日　港府開展 1981 年人口普查，至 3 月 15 日結束，結果為常住人口 4,986,560 人，流動人口 13,906 人、越南難民 20,600 人，以及統計時不在港的居民 123,252 人。

1981 年 3 月 24 日　西營盤菲臘牙科醫院開幕，10 月 7 日開始提供服務，是本港首間牙科醫院暨牙醫訓練學校。

1981 年 3 月 25 日　鄺廣傑牧師獲祝聖為聖公會港澳教區第九任主教，是該教區首位華人主教。

1981 年 3 月 27 日	香港首個區議會觀塘區議會成立,港督委任 32 位議員,包括 22 位地區人士擔任的非官守議員、七名官守議員和三位市政局議員,並於 4 月 2 日召開第一次會議。
1981 年 3 月 29 日	世界自然基金會香港分會舉行成立典禮,該會自 1983 年起管理米埔自然保護區,是首個在香港成立分會的非政府國際環保組織。
1981 年 4 月 1 日	新界荃灣、沙田、大埔、北區、元朗、西貢、屯門及離島全部八個區議會成立,港督共委任 165 名議員。
1981 年 4 月 3 日	香港首間 24 小時營業的 7-11 便利店在跑馬地電車總站開業。
1981 年 4 月 21 日	香港植物學者胡秀英於尖山首次發現香港原生、特有種植物秀英竹,其學名亦以胡秀英冠名。
1981 年 4 月 22 日	東九龍高架公路(俗稱東九龍走廊)通車,連接紅磡與土瓜灣,全長 1.5 公里,是今五號幹線的一部分。
1981 年 4 月 27 日	新筆架山鐵路隧道通車,全長 2.3 公里,雙軌鋪設,取代原有單軌鐵路隧道,以應付九廣鐵路電氣化所需。
1981 年 5 月 1 日	港府頒布《1981 年僱傭(修訂)(第 2 號)條例》,受僱滿 40 周的懷孕僱員可享有十周的有薪產假,產假期間薪酬按日薪三分之二計算;而僱主以懷孕為由解僱懷孕僱員,則屬刑事罪行。
1981 年 5 月 5 日	太平洋地區經濟會議在香港舉行,為期三日,以國際經貿合作為題,參會代表來自英國、加拿大、日本、澳洲和新西蘭五個理事國。
1981 年 5 月 15 日	市政局成立香港舞蹈團,是一個表演中國傳統舞蹈及民族舞蹈的職業舞蹈團。
1981 年 5 月 20 日	第四屆亞洲鐘錶工商業促進研討會及亞洲鐘錶業出口展覽會在香港舉行,由香港鐘錶業總會主辦,約 400 多名鐘錶業代表出席研討會,討論鐘錶業的發展。
1981 年 5 月 29 日	港府頒布《1981 年銀行業(修訂)條例》及《1981 年接受存款公司(修訂)(第 2 號)條例》,確立持牌銀行、持牌接受存款公司及註冊接受存款公司三級發牌制度。持牌銀行可接受任何期限的存款,惟須遵守利率協議;持牌接受存款公司亦可接受任何期限的存款,惟最低存款額為 50 萬元,且不可經營往來戶口業務;註冊接受存款公司不可接受不足三個月到期的存款,最低存款額為 50,000 元。發牌制度設有兩年過渡期,至 1983 年 7 月 1 日實施。
1981 年 6 月 15 日	財經雜誌《經濟一週》創刊,內容包括財經界人士專訪以及財經資訊報道。

1981 年 6 月 18 日	港府宣布與經濟合作與發展組織共同檢討本港教育制度，並由國際教育專家組成的顧問團負責調查及撰寫報告，為時一年。同月，港府發表《香港教育制度全面檢討》報告書，內容圍繞 1963 年以來香港教育政策發展，同時作為國際顧問團提供參考依據。翌年 3 月 29 日，顧問團於香港舉辦教育界代表大會，發表其對香港教育發展的建議，並聽取教育界意見。1982 年 11 月，國際顧問團向港府呈交《香港教育透視：國際顧問團報告書》，建議成立教育統籌委員會、推行母語教學、提升教師語文水平、減輕學生的考試壓力、推動專上教育多元化、加強品德教育、改革課程及設立獨立的課程局等。
1981 年 6 月 21 日	廉署拘捕 22 名中巴職員及 11 名市民，涉嫌串謀盜取中華巴士車資，起回款項共 12 萬元現金和價值 40,000 元的黃金。翌年，廉署瓦解整個貪污集團，以貪污及盜竊罪共起訴 69 人，62 人罪名成立，其中九人被判即時監禁。
1981 年 6 月 25 日	文錦渡管制站啟用，供跨境客貨運車輛使用。同日，粵港直通巴士首三條路線投入服務，經文錦渡管制站往來香港與惠陽、汕頭、興寧三地，由粵港汽車運輸聯營有限公司營運。
1981 年 6 月	沙田第一城第一期首兩座大廈入伙，至 1987 年 10 月 28 日最後一期大廈入伙，是新界首個大型私人屋苑，共有 52 座 10,642 個單位，由長實、恒基兆業、新鴻基地產及新世界發展合作發展。
	由房委會興建的水邊圍邨入伙，是元朗被劃為新市鎮後首個新建公共屋邨。
1981 年 7 月 4 日	廉署推出的新電視劇集《廉政先鋒》在無綫電視開播，合共七集，每集一小時，內容根據真實案件改編而成。
1981 年 7 月 17 日	上海實業有限公司在香港註冊成立，是上海市政府於香港的窗口公司，旨在推進滬港兩地商業交流及合作。1993 年 6 月 3 日公司註冊為上海實業（集團）有限公司。
1981 年 7 月 22 日	港府向立法局呈交《小學教育及學前教育服務白皮書》，劃定各階段教育的年齡：小學正常入學年齡為六歲；幼稚園的入讀年齡為四歲至六歲；幼兒中心的入託年齡為四歲以下。同時，該報告亦提出改善師資、推行小班教學、採用活動教學等措施。
1981 年 8 月 17 日	西貢大浪灣白泥頭發生遠足意外，六名童軍及其導師於海邊岩石上觀浪時，遭海浪捲走，意外造成三人死亡、四人受傷。
1981 年 8 月 20 日	秀茂坪安樂村發生五級大火，1500 間木屋被焚毀，6500 名災民無家可歸。
1981 年 8 月 21 日	港府重組環境部門，原環境科解散，其轄下的運輸小組及地政小組升格為運輸科及地政工務科，環保工作則撥歸由行政管理處改組而成的行政及環境事務處負責。

1981 年 8 月 21 日	港府委任張人龍、周梁淑怡及譚惠珠出任立法局非官守議員,張奧偉及李福和卸任,立法局非官守議員總數由 26 名增至 27 名。
1981 年 8 月 26 日	汕頭大學獲國務院批准成立,由教育部、廣東省政府與李嘉誠基金會共同籌建,於 1983 年起開始招生。
1981 年 9 月 1 日	教育司署升格為教育科,是隸屬於布政司署的司級部門,部門首長教育司由原司署署長陶建升任,並於 10 月 2 日履新。教育科下設教育署,作為執行部門。
1981 年 9 月 5 日	無綫電視與保良局在利舞臺聯合主辦《星光熠熠勁爭輝》慈善籌款節目,為保良局籌募經費,並於無綫電視翡翠台全程直播。1989 年起,節目改稱《星光熠熠耀保良》。
1981 年 9 月 9 日	深圳住宅項目東湖麗苑舉行落成儀式。這是第一個深港合作開發的房地產項目,由香港妙麗集團興建,該集團董事長劉天就亦成為第一位於深圳經濟特區投資的香港居民。
1981 年 9 月 21 日	香港中國國際旅遊有限公司開業,代理中國國際旅行社在香港的業務,並辦理外籍人士到中國旅遊的事宜。
1981 年 9 月 28 日	興華半導體工業有限公司在大埔工業邨舉行開幕禮,是香港首間生產硅晶片的集成電路工廠。
1981 年 9 月	香港中文大學醫學院開課,是香港第二間醫學院。
1981 年 10 月 1 日	港府與大東電報局共同成立的香港大東電報局有限公司投入運作。該公司獲發本港經營國際電訊的專利牌照,期限 25 年,至 2006 年為止。
1981 年 10 月 25 日	市政局開展新一輪的全港清潔運動,宣傳海報以一雙怒目而視的眼睛為題,配以「亂拋垃圾、人見人憎」標語,提醒市民注意公眾衛生。
1981 年 10 月 30 日	英國政府頒布《1981 年英國國籍法令》,規定香港屬於「英國屬土」,同時規定法令實施前在港出世、歸化、登記的聯合王國及殖民地公民將取得英國屬土公民的身份,法令實施後在港出世的人,可憑其父或母為英國屬土公民或定居在港的前提,取得英國屬土公民身份,但不享有英國居留權。
1981 年 10 月 31 日	聯交所舉行首屆會員大會暨委員會選舉,金銀會主席胡漢輝當選首屆主席。
	勞顧會舉行 1982 年度勞方代表選舉,工聯會首次派員參選,結果與獨立工會及公務員工會代表各取一席,是本港左派工會首次參與官方的勞工事務諮詢架構。該委員會設有勞方及資方代表,供雙方就勞工事務及相關法例修訂進行協商,並向港府提供意見。
1981 年 11 月 8 日	港燈位於南丫島的發電廠開幕啟用,為香港島、鴨脷洲及南丫島供電,是 1990 年以後港燈唯一的發電廠。

1981 年 11 月 13 日 | 港府改善已婚女性公務員的僱員福利，使之與男性公務員看齊，可為自身、丈夫及子女取得房屋、醫療及牙科服務、教育、留學旅費等福利。

1981 年 11 月 21 日 | 藍田木屋區發生五級大火，玄武山村、嶤華村、藍尾村約 1800 間木屋在五小時內被焚毀，災民約 7000 人。

1981 年 11 月 28 日 | 廣東省公安廳宣布，為進一步便利港澳人士回鄉，公安廳於本月底簽發新的回鄉證，有效期由三年延長至十年，並於 12 月 1 日起開始使用。

1981 年 12 月 1 日 | 民政署與新界民政署合併，組成政務總署，市區與新界的民政機構統一。其轄下部門名稱和長官職銜亦於 1982 年 10 月 1 日統一，港九各區民政處及新界理民府改稱政務處，港九各區民政主任及新界理民官職銜改稱政務專員。自此港府不再使用「理民府」一詞。

1981 年 12 月 12 日 | 首屆亞太區特殊奧運會在灣仔運動場開幕，由香港主辦，為期兩日，香港隊共獲得 60 金、60 銀及 27 銅，合共 147 面獎牌的佳績。

1981 年 12 月 20 日 | 大嶼山芝麻灣越南難民羈留營發生騷亂，難民襲擊監獄署職員，並在營內縱火，警方到場平息騷亂，並將 200 名難民轉送赤柱監獄隔離，事件造成 30 名監獄署職員及三名越南難民受傷。

1981 年 12 月 25 日 | 聖誕節凌晨，中環置地廣場爆發騷亂，逾千名年輕市民因一宗私家車交通意外聚集，破壞街上車輛，警方出動數百名機動部隊人員平息，造成 11 人受傷，18 人被拘捕。

1981 年 12 月 27 日 | 工業傷亡權益會成立，旨在為工業意外死傷者及其家屬爭取權益，推動職業安全教育，並促請政府改善職業安全，預防工業意外。

1982 年 1 月 9 日 | 南洋商業銀行深圳分行開幕，為 1949 年後最早進入中國內地開設分行的境外資本銀行。

1982 年 1 月 21 日 | 電影《少林寺》於香港上映，由香港導演張鑫炎執導、內地演員李連杰主演，是國家改革開放後首套在港上映的香港與內地合拍電影。

1982 年 1 月 25 日 | 首屆香港賀歲煙花匯演在農曆年初一晚上於維多利亞港舉行。

1982 年 2 月 1 日 | 監獄署改名為懲教署，突顯其執行懲罰、防止罪惡及協助囚犯改過自新的職責。

1982 年 2 月 12 日 | 港府頒布《1982 年職業訓練局條例》，成立職業訓練局，取代原有的香港訓練局，統籌香港的工業教育及工業訓練。

| 香港電台於第三屆十大中文金曲頒獎禮中，首次頒發最高榮譽獎，得獎者為顧嘉輝。自 1985 年第七屆開始改為金針獎，不定期頒發，是香港流行音樂界的最高榮譽獎項。

| 港府設立演藝發展局，是隸屬於文康廣播科的諮詢組織，就推動本地音樂、歌唱、舞蹈、戲劇和歌劇表演藝術發展向港府提供意見。

| 1982 年 2 月 19 日 | 新鴻基財務獲港府頒發銀行牌照，於 3 月重組為新鴻基銀行有限公司，成為 1981 年香港確立金融三級制後首家升格為持牌銀行的接受存款公司。 |

| 1982 年 2 月 26 日 | 港府劃定吐露港及赤門水質管制區，是香港第一個指定水質管制區。1987 年 4 月 1 日，水質管制實施。 |

| 1982 年 3 月 4 日 | 新界區議會首次選舉舉行，設有 56 個直選議席，投票率超過五成，是香港於 1980 年代實施新地方行政制度後的第一次選舉。（圖 222） |

| 1982 年 3 月 9 日 | 第一屆香港電影金像獎舉行頒獎禮，由雜誌《電影雙周刊》與香港電台聯合主辦，最佳電影為《父子情》，執導該片的方育平為最佳導演；最佳男、女主角則分別由參演《摩登保鑣》的許冠文及《長輩》的惠英紅奪得。 |

| 1982 年 3 月 12 日 | 香港仔隧道北行管道通車，單管雙程行車，貫通黃竹坑與跑馬地，全長 1.9 公里。翌年 3 月 14 日，隧道南北行全面開通，雙管行車。 |

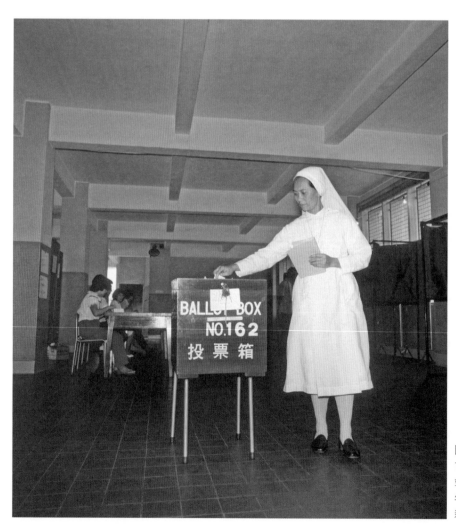

圖 222　一名修女在首屆區議會選舉的票站投票，攝於 1983 年 3 月 4 日。（政府新聞處提供）

1982 年 3 月 18 日 | 中西區區議會成立，並舉行首次會議，是港府根據 1981 年《地方行政白皮書》成立的最後一個區議會。

1982 年 3 月 30 日 | 文錦渡客運站啟用，主要供粵港直通巴士乘客辦理出入境手續。

1982 年 3 月 | 由房委會興建的彩園邨入伙，是粉嶺 / 上水新市鎮首個公共屋邨。

西貢牛尾海近大符角及垃圾洲海灣出現紅潮，約 1.4 噸養殖海魚受侵襲死亡，造成約十萬元經濟損失。

《文藝》季刊創刊，登載宗教文化和文藝創作等內容，1986 年 6 月停刊。

1982 年 4 月 1 日 | 港府裁撤工務司署，以地政工務科處理地政與公共工程。原工務司署轄下的建築拓展署、工程拓展署、新界拓展署、水務署升格為獨立部門；另新設地政署，歸地政工務科管轄。8 月 1 日，地政工務科亦開始管轄由原工務司署電器機械工程處升格為獨立部門的機電工程署。

1982 年 4 月 12 日 | 首屆香港公開羽毛球錦標賽決賽，於灣仔伊利沙伯體育館進行。

1982 年 4 月 15 日 | 香港甲組足球聯賽南華足球會對加山足球隊於政府大球場舉行，雙方賽和零比零，該場為南華護級關鍵賽事。完場後，逾 3000 名球迷於球場出口聚集叫囂。部分滋事者沿加路連山道離去時，焚燒雜物，破壞交通標誌、商店櫥窗及停泊路旁汽車。警方到場驅散人群，共拘捕六人，至午夜平息騷動。

1982 年 4 月 26 日 | 一架由廣州飛往桂林的中國民航客機，於桂林附近恭城縣失事墜毀，機上 112 人全部罹難，包括 50 名從香港出發在廣州轉機的乘客，約半數來自飲食業界，包括港九飲食業群生互助研究社的理事。

1982 年 4 月 27 日 | 鄧小平在平壤與朝鮮國家主席金日成會面，談到香港問題時指出：「在中國，不管哪個人當政都不會同意新界延長租期。而且一建國我們就否定了關於香港的不平等條約，不承認這個條約。賣國的事誰也擔當不起。所以，我們同英國人説，到 1997 年，香港島、九龍半島、新界，中國全收回。在這個前提下，維持香港自由港、國際金融中心的地位。香港的社會制度不變，生活方式也不變。香港由香港人自己管理，組織地方政府，作為中國的特別行政區。」

1982 年 5 月 1 日 | 九龍北啟德難民營來自北越及南越的難民，因進行越戰結束紀念活動引起集體毆鬥。3 日，難民營被人縱火；4 日，警察進入難民營平息事件，並將約 900 名南越船民轉送至亞皆老街的難民營，以免兩派再起衝突。

圖 223　俗稱「黃頭列車」的第一代九廣鐵路電氣化火車,攝於 1980 年代。(港鐵公司提供)

1982 年 5 月 6 日	九廣鐵路電氣化第一期通車,連接紅磡至沙田,車程 12 分鐘,每十分鐘一班。柴油火車仍維持由紅磡來往羅湖,每小時一班。翌年 7 月 15 日,九廣鐵路電氣化列車全線通車,往來紅磡站至羅湖站,行車時間縮短至最快 36 分鐘。(圖 223)
1982 年 5 月 10 日	地鐵荃灣線的荃灣至荔景段通車。17 日,荔景至太子段投入服務,荃灣線全線通車。
1982 年 5 月 13 日	位於灣仔的新鴻基中心啟用,樓高 51 層,其中 40 層為辦公室。
1982 年 5 月 20 日	尤德就任第二十六任香港總督,後於 1986 年 12 月 5 日在任內病逝於北京。
1982 年 5 月 29 日	香港開始連日暴雨,引發多宗山泥傾瀉及水浸,至 6 月 5 日共造成 25 人死亡、四人失蹤、至少 50 人受傷、8000 多人受災。
1982 年 6 月 1 日	港府宣布撤銷所有制水措施,恢復全日供水。
1982 年 6 月 2 日	新界流浮山、天水圍、元朗橫洲一帶遭受龍捲風吹襲,造成兩人死亡、五人受傷。
1982 年 6 月 3 日	深水埗元州邨發生兇殺命案,一名精神失常男子在家殺害其母及妹後,衝進附近的安安幼稚園,揮刀襲擊幼兒,共造成六人死亡、42 人受傷,警察到場後拘捕該名男子。

1982 年 6 月 29 日 | 機場隧道通車，連接九龍城與九龍灣，屬第五號幹線的一部分，是全球首條於機場營運期間進行地下施工興建的隧道，也是香港首條免費行車隧道。2006 年 5 月 4 日，機場隧道更名為啟德隧道。

1982 年 6 月 | 赫墾坊劇團成立，由年輕戲劇工作者籌組，專注推動本地戲劇創作，是香港首個獲政府資助提升至專業劇團的業餘劇團。

1982 年 7 月 2 日 | 港府向南大西洋基金捐助 200 萬英鎊，救濟參與英國對福克蘭群島及南大西洋軍事行動的傷員，包括華籍人員及其家屬。

港府頒布《1982 年人民入境（修訂）條例》，自本日起抵港的越南難民，需安置於懲教署管轄的禁閉式難民營，不能自由出入營房。同日，芝麻灣羈留中心設定為首個禁閉式難民營。

1982 年 7 月 9 日 | 《1980 年海魚養殖條例》正式執行，港府刊憲劃定 24 個指定魚類養殖區，集中於新界東部的西貢海、吐露港和印塘海。截至 2017 年，全港有 26 個魚類養殖區，面積共 209 公頃。

1982 年 7 月 16 日 | 歡樂天地有限公司註冊成立，是香港首個連鎖室內遊樂中心，後於 1999 年 2 月結業。

1982 年 7 月 18 日 | 無綫電視及華星娛樂有限公司合辦第一屆新秀歌唱人賽，只接受香港參賽者參賽，冠軍為梅艷芳。1997 年起，比賽由無綫電視主辦，接受全球華人參賽，並改名為全球華人新秀歌唱大賽。

1982 年 7 月 28 日 | 六個學生團體代表合共 22 人，前往日本駐港總領事館，抗議日本文部省於教科書篡改侵華史實。8 月 5 日，教聯會發表聲明提出抗議。15 日，學聯於港九五個地區發起簽名抗議運動。29 日，工聯會及教聯等 13 個團體發起集會抗議，138 個團體合共逾千名代表出席。

1982 年 7 月 29 日 | 港府以 22.58 億元收回天水圍約 488 公頃土地，並與中資華潤集團作為大股東的巍城公司達成協議，共同發展天水圍公私營房屋，計劃供 13.5 萬人居住。

1982 年 7 月 30 日 | 港府頒布《1982 年吸煙（公眾衛生）條例》，公眾場所設置非吸煙區，公共升降機及陸上公共交通工具下層禁止吸煙，各類香煙廣告及包裝須附上「香港政府忠告市民　吸煙危害健康」警告標語，香煙包裝須注明焦油含量。各項措施由 11 月 15 日起至翌年 8 月 15 日分階段執行。

1982 年 8 月 1 日 | 工商科成立，隸屬於布政司署，主要負責工業署、貿易署、保障消費者事宜，並管轄同日脫離工商署成為獨立部門的香港海關。

1982 年 8 月 10 日 | 中共中央軍事委員會主席鄧小平會見多名美籍華人科學家，談及香港問題時指出：「香港收回後作為特別行政區，制度、生活方式等都不變，力求保持現在的國際貿易中心，金融中心的地位。打中華人民共和國的旗，稱為『中國香港』。香港的管理，北京不派人，香港自己找人管，香港必須由以愛國者為主體的香港人管理。」

1982 年 8 月 18 日	警方拘捕林過雲、林國強兩兄弟及其父,懷疑三人與連環少女碎屍案有關,並在其土瓜灣住所中搜出大批證物,此案被稱為「雨夜屠夫案」。10 月 27 日,該案在新蒲崗裁判署完成初審,林過雲被裁定謀殺罪表面證供成立。翌年 4 月 8 日,林過雲被最高法院裁定謀殺罪名成立,判處死刑,後於 1984 年 8 月 29 日獲港督尤德赦免死刑,改判終身監禁。
1982 年 8 月 30 日	天文台於凌晨 4 時 23 分錄得大嶼山東部海域發生黎克特制 1.5 級輕微地震。
1982 年 8 月	港府委託英國考古學家蒲國傑開展首次全港考古普查工作,至 1985 年 10 月完成調查,提交《香港考古資源調查報告》,並出版《香港考古調查:試掘報告》。
1982 年 9 月 1 日	廣東省實行新措施,凡前往港澳地區定居的居民,須申領《前往港澳通行證》,通稱單程證,初期配額為每日 75 個;而前往港澳地區探親、旅遊則須申請《往來港澳通行證》,通稱雙程證。
	《破土》創刊,登載社會文學作品,後於 1988 年 8 月停刊。
1982 年 9 月 6 日	謝利源金行停業,客戶未能取回實金,而該行向客戶發出的支票亦未能兌現。同日,有傳聞指恒隆銀行因該行停業而虧損,恒隆澄清並否認。翌日,恒隆銀行元朗分行出現擠提,銀行提取六億現鈔,以應付存戶提款。
1982 年 9 月 11 日	香港青年作者協會成立,主席為陳錦昌。該會旨在組織香港青年作家,並與其他文藝團體交流,推廣文學活動。
1982 年 9 月 16 日	香港展覽中心啟用,位於灣仔的華潤大廈副樓(低座)三樓及四樓,展覽場地總面積達 36,000 平方呎,是為香港當時最大的展覽場館。該中心首個展覽 —— 福建省出口商品展覽於 9 月 18 日舉行。
1982 年 9 月 18 日	由學聯、教協及工聯會在內六個團體主辦的「紀念九一八民眾大會」於維園舉行,逾萬人參加,抗議日本文部省篡改侵華史實。同日,學聯發動一連兩天罷買日貨運動。同日一枚小型自製炸彈在銅鑼灣松坂屋店內引爆,導致一名售貨員輕傷,松坂屋在內的三間日資百貨公司停業約三小時。23 日,兩名港大學生代表啟程前往北京,送交一封由約 500 名港大師生署名的請願書,要求中國政府採取強硬態度回應日方。
1982 年 9 月 22 日	英國首相戴卓爾夫人抵達北京。23 和 24 日,中國領導人與她舉行會談,標誌中英關於香港前途問題的談判開始。24 日,鄧小平會見戴卓爾夫人時表示:「主權問題不是一個可以討論的問題。現在時機已經成熟了,應該明確肯定:1997 年中國將收回香港。就是說,中國要收回的不僅是新界,而且包括香港島、九龍。」會面結束前,雙方同意在這次訪問後通過外交途徑繼續進行磋商。(圖 224)

1982 年 9 月 23 日 市區區議會首次選舉舉行,港九十區設有 76 個直選議席,當日投票率為 35.5%。

1982 年 9 月 26 日 英國首相戴卓爾夫人抵港訪問,為期三日。翌日,戴卓爾夫人在記者會上表示,不應推翻中央雙方簽訂關於香港的條約,而應由雙方加以「修改」。香港中文大學和理工學院學生代表在場外示威,標舉「反對不平等條約」和「侵華條約不容肯定」橫幅標語,並遞交抗議信。當晚,學聯所屬的多所大專院校學生會採取集體抵制行動,不派代表出席港府為戴卓爾夫人在港督府舉行的招待會。

1982 年 9 月 28 日 中電投資興建的青山發電廠 A 廠啟用,1986 年 B 廠啟用,兩廠合共發電容量達 4108 兆瓦,是香港最大的發電廠。

1982 年 9 月 港府創立的語文教育學院開課,設於旺角登打士街,提供 16 個星期的訓練,提高教師語文水平。首批學生為約 100 名中小學中英文科文憑教師。

1982 年 10 月 5 日 中英雙方談判代表在北京進行戴卓爾夫人訪華後第一次會晤,先就香港前途談判的議題與程序進行磋商。中方談判代表為外交部副部長章文晉,英方談判代表是英國駐華大使柯利達。不足竹下 2 月,中央雙方進行了五次磋商。

圖 224　1982 年 9 月 24 日,鄧小平在北京人民大會堂與英國首相戴卓爾夫人會面。(Getty Images 提供)

413

1982 年 10 月 7 日	天文台於晚上 10 時 13 分錄得大嶼山東部海域發生黎克特制 1.5 級輕微地震。
1982 年 10 月 31 日	銀禧體育中心舉行揭幕儀式，由馬會捐出 41 英畝土地興建而成，專為培育香港運動員，是香港首座符合國際標準的體育中心，由 1977 年 7 月成立的董事局管理。1991 年 4 月 1 日，該中心易名為香港體育學院，兼顧培育運動員、體育行政人員和運動科學研究。（圖 225）
1982 年 11 月 1 日	沙田威爾斯親王醫院開幕，是全港首間全院設有空調的公立醫院，提供 1448 張病床，並設有一間專科診所、護士學校及職員宿舍，主要服務新界東居民。該醫院於 1984 年開始運作。
1982 年 11 月 19 日	香港代表隊參加印度新德里主辦的第九屆亞運會，共奪得一銀一銅，並首次在滑浪風帆項目獲獎。
1982 年 11 月 20 日	全國人大常委會副委員長廖承志在北京會見香港廠商聯合會訪問團，表示中國將收回香港主權，並設立特別行政區，實行港人治港，承諾社會制度、生活方式、法律制度不變。同月廠商會會長王寬誠在北京接受記者訪問時表示，1997 年後香港可「馬照跑、舞照跳」，以此喻意生活方式不變。
1982 年 11 月 23 日	九倉集團旗下的尖沙咀海港城開幕，是香港當時最大規模的商場、辦公大樓、酒店及服務式住宅綜合發展項目，可容納 600 家商店以及提供面積逾 200 萬平方呎的辦公室。
1982 年 12 月 4 日	第五屆全國人大第五次會議通過修改《中華人民共和國憲法》時，增寫第 31 條和第 62 條第 13 項，列明國家在必要時可設立特別行政區，並賦予全國人大決定特別行政區的設立及其制度的職權。這些增寫形成處理香港問題完整的憲法框架。
1982 年 12 月 22 日	港府與中國政府達成協議，規定訪港的內地旅客於雙程證期滿前必須返回，並由翌日起施行。
1982 年 12 月 24 日	港府頒布《1982 年僱員賠償（修訂）條例》，規定僱主必須為僱員購買保險，並向工傷僱員賠償，同時成立負責評估工傷情況的僱員賠償評估委員會。
1982 年 12 月 27 日	第四屆國際理科教育會議首次在香港舉行，為期五日，超過 20 個國家和地區的代表參與，共約 390 人出席會議。
1982 年 12 月 29 日	香港《新晚報》總編輯、全國政協委員羅孚在北京被捕。翌年 4 月，羅孚被北京市中級人民法院裁定間諜罪成，判處有期徒刑十年，一個月後獲當局假釋，至 1993 年 1 月經中國政府批准返回香港。

圖 225　位於沙田的銀禧體育中心俯瞰圖，攝於 1982 年。(政府新聞處提供)

| 1982 年 | 土地發展政策委員會同意將《香港發展綱略》內容限於規劃標準與準則，並易名為《香港規劃標準與準則》，旨在向港府提供一套基本的城市規劃指引，釐定各類土地用途和設施選址的準則，滿足社會與經濟發展需要。 |

職業劇團「進念・二十面體」成立，劇團表演專注創新與多媒體運用，並推動本港戲劇教育及國際文化交流。

1983 年 1 月 9 日　匯點成立，劉迺強為首任主席。同日，匯點發表有關香港前途的建議書，強調香港是中國不可分割的一部分，香港的主權無可置疑屬於中國，指出現行政制改革應以開放市民參與為原則進行。

1983 年 1 月 10 日　漁農處公布，本港松樹自 1982 年夏季開始受到松材線蟲侵害而出現大規模枯毀的情況，當中以馬尾松最受影響。港府於 1980 年代持續大規模砍伐和燒毀受感染松樹，並種植闊葉類樹木取代，杜絕蟲害。

1983 年 1 月 28 日　英國首相戴卓爾夫人、英國政府官員和港督尤德在倫敦舉行會議，檢討香港局勢。戴卓爾夫人提議：「鑒於談判缺乏進展，我們現在必須發展香港的民主架構，使其在短期內實現獨立或自治的目標，如同我們在新加坡做過的那樣。」

1983 年 1 月 29 日 | 首屆藝穗節開幕，提供舞蹈、戲劇、繪畫、音樂在內的 32 項藝術節目及 22 個展覽會。1999 年起，名稱改為乙城節。

1983 年 1 月 31 日 | 香港市政局與上海博物館合辦，香港藝術館策展的「上海博物館珍藏中國青銅器展」於香港大會堂開幕。這是內地與香港公營博物館首次合辦的文物展。

1983 年 1 月 | 中國銀行香港分行及港澳地區 13 家銀行，包括鹽業銀行、廣東省銀行、中南銀行、交通銀行、金城銀行、國華商業銀行、浙江興業銀行、新華銀行、集友銀行、寶生銀行、南洋商業銀行、南通銀行和華僑商業銀行，組成港澳中銀集團。

1983 年 2 月 1 日 | 教育科改名為教育統籌科，部門首長教育司改稱為教育統籌司。社會事務科改名為衞生福利科，部門首長社會事務司改稱為衞生福利司。

1983 年 2 月 6 日 | 廣州白天鵝賓館開幕，由霍英東、彭國珍與廣東省旅遊局共同興建，總投資額兩億元，是國家改革開放以來首間中外合作經營的五星級酒店。

1983 年 2 月 11 日 | 港府頒布《1983 年保險公司條例》，自 6 月 30 日起，保險公司的受監管範圍擴大至各類保險業務，最低資本額規定維持在 500 萬元；同時承保人壽保險、一般保險及法定保險的保險公司的最低資本額增至 1000 萬元。

1983 年 3 月 8 日 | 1983 年市政局選舉舉行，首次採用分區選舉，將香港及九龍分為 15 個選區，每區選出一位議員，本屆投票率為 22.25%。本屆市政局由 15 位港府委任非官守議員、15 位直選議員及九位區議會代表，合共 39 位議員組成。

1983 年 3 月 10 日 | 英國首相戴卓爾夫人致函中國國務院總理趙紫陽說：「只要英國政府和中國政府之間能夠就香港的行政管理安排達成協議，而這些安排能保證香港今後的繁榮和穩定，又能既為中國政府，也為英國議會和香港人民所接受，我就準備向議會建議，使整個香港的主權回歸中國。」

1983 年 3 月 11 日 | 港府頒布《1983 年稅務（修訂）條例》，物業稅按業主實際租金收入，以及租客為業主繳付的管理費徵收，並要求業主保存物業租金收入紀錄。

1983 年 3 月 13 日 | 中國水利電力部副部長李鵬率領代表團訪港，與英國工業部次官孟思會談，商討興建廣東大亞灣核電廠的經濟問題。代表團與港督尤德會面，並參觀中華電力公司青山發電廠。

1983 年 3 月 28 日 | 港府開始分階段為全港市民更換第一代電腦身份證，新款身份證帶有防偽水印並由電腦編印。

1983 年 3 月 29 日 | 位於土瓜灣高山道公園的高山劇場開幕，佔地 2500 平方米，設有 3000 個座位。

| 1983 年 3 月 | 香港兒童文藝協會舉辦首屆香港兒童文學節,為期五個月,活動包括兒童小說創作比賽、學術研討會、海報設計比賽、兒童圖書博覽會及電影放映會。 |

| 1983 年 4 月 6 日 | 市政局主席選舉結束,張有興、霍士傑分別連任止、副主席。 |

| 1983 年 4 月 12 日 | 華懋集團主席王德輝在山頂百祿徑被綁架,其妻龔如心支付 1100 萬美元贖金後,於 20 日獲釋。 |

| 1983 年 4 月 20 日 | 天文台對外公布山泥傾瀉警告信號,並增設水浸警告信號,讓市民及早防範。 |

| 1983 年 4 月 27 日 | 位於紅磡的香港體育館開幕,通稱紅館。該館採用倒金字塔建築設計,設有 12,500 個座位,面積 1600 平方米,可供舉辦體育賽事及文娛康樂活動。(圖 226) |

圖 226　位於紅磡的香港體育館,攝於 1983 年。(星島日報提供)

1983 年 4 月 29 日	港府頒布《1983 年空氣污染管制條例》，取代 1959 年頒布的《保持空氣清潔條例》，成為本港管制及消減各類空氣污染的法例。
1983 年 4 月	置地廣場上蓋的公爵大廈落成，樓高 47 層，是置地公司中區重建計劃的最後一期。
1983 年 5 月 5 日	許冠傑於紅館一連三日舉辦演唱會，是首位在紅館舉辦演唱會的歌手。
1983 年 5 月 10 日	紫光實業有限公司於本港註冊成立，8 月 18 日開業，創辦人為王光英，翌年 7 月 31 日更名為中國光大集團有限公司，業務以外貿和實業投資為主。
1983 年 5 月 19 日	許家屯獲任命為新華社香港分社社長，6 月 30 日抵港履任。
1983 年 5 月 27 日	深業貿易有限公司在香港註冊成立，是深圳經濟特區第一家海外業務機構，負責深圳與香港和國際的經濟合作和技術交流。1985 年 2 月 8 日，公司註冊為深業（集團）有限公司。
1983 年 5 月	亞洲電視劇集《大俠霍元甲》於廣東電視台播放（內地稱《霍元甲》）。翌年 5 月 6 日，《霍元甲》在黃金時段於央視播出，其後在內地其他電視台陸續開播，成為第一部在全國播出的港劇。
1983 年 6 月 1 日	市政局推出特惠金計劃，任何熟食檔持牌者若交還牌照，可獲發放 36,000 元特惠金。
1983 年 6 月 10 日	港府頒布《1983 年外匯基金（修訂）條例》，規定外匯基金可直接或間接影響港元匯率，為港府進入貨幣市場提供更清晰的法理依據，以達致穩定港幣目的。
1983 年 6 月 20 日	香港駐紐約經貿辦成立，負責促進香港在美國東部 31 個州的經貿利益，由前工商司杜華擔任香港駐紐約商務專員。
1983 年 6 月 22 日	內地普通高等學校招生全國統一考試（高考）首次在本港設立試場，約 450 人應考。
1983 年 6 月 24 日	新華社香港分社舉行弔唁儀式，哀悼 6 月 10 日在北京病逝的全國人大常委副委員長、原國務院港澳辦主任廖承志，3000 多人前往弔唁，包括港府布政司夏鼎基、政治顧問麥若彬。
1983 年 7 月 1 日	香港旅遊協會舉辦禮貌活動，為期九個月，以鼓勵旅客表揚服務業人員，並為從業員提供培訓，提升香港旅遊業的國際形象。
1983 年 7 月 7 日	港督尤德表示將以港督身份參加 12 日在北京進行的解決香港問題第二階段會談。翌日，中國外交部提出反對，表示港府只是從屬於英國的地方政府，港督只能以英國政府代表團成員身份前往北京。
1983 年 7 月 12 日	中英雙方在北京舉行香港前途問題談判第二階段第一輪正式會談，中方首席代表為外交部副部長姚廣，英方首席代表為英國駐華大使柯利達。至 9 月 23 日，本階段共進行四輪會談。（圖 227）

圖 227　1983 年 7 月 25 日，以外交部副部長姚廣（右三）為首的中國政府代表團與英國駐華大使柯利達（左三）為首的英國政府代表團，在北京舉行中英香港問題第二階段第二輪會談。（新華社提供）

1983 年 7 月 27 日	立法局通過修訂《1968 年香港立法局會議常規》，自 9 月 1 日起，刪除「殖民地」字樣，並授權立法局會議主席可自行決定增加議員辯論的時間上限，以及容許財委會公開審查預算案。
1983 年 8 月 26 日	港府委任利國偉、陳壽霖及譚惠珠為行政局非官守議員，另外委任陳英麟、范徐麗泰、伍周美蓮、潘永祥及楊寶坤為立法局非官守議員。譚惠珠成為香港首位四料議員，同時身兼行政局、立法局、市政局及區議會議員。
1983 年 9 月 1 日	銀通卡自動服務系統提供服務，首階段參與銀行包括東亞銀行、浙江第一銀行、永隆銀行及上海商業銀行。該跨銀行櫃員機網絡系統由上述四家銀行與中國銀行於 1982 年成立的銀聯通寶有限公司營運。
1983 年 9 月 9 日	颱風愛倫襲港，天文台懸掛十號颱風信號八個小時。颱風造成十人死亡、12 人失蹤、333 人受傷，44 艘遠洋輪船、360 艘漁船受損。
1983 年 9 月 10 日	鄧小平會見來訪的英國前首相希思時，指出英方「以主權換治權」的主張並不可行，並勸告英方改變態度，以免出現中國單方面公布解決香港問題方針的局面。

1983 年 9 月 24 日	中英雙方關於香港問題第二階段第四輪會談於 9 月 23 日結束，未取得實際進展，香港社會出現信心危機。外匯市場開市三小時後，港匯指數下跌五個百分點，港元兌美元匯率跌至 9.60 港元兌一美元，被稱為「黑色星期六」。市民紛紛到銀行兌換美元，以及搶購白米及日用品。
1983 年 9 月 28 日	港府接管恒隆銀行，以免該行倒閉及保障存戶利益，並以金融事務司出任恒隆銀行董事長，由香港上海滙豐銀行提供全職高級行政人員及行政董事處理該行業務。1989 年 9 月 30 日，財政司法團與道亨集團達成協議，道亨以六億元收購恒隆銀行。
1983 年 10 月 2 日	警方拘捕佳寧集團主席陳松青，指其涉嫌干犯盜竊罪、偽造不正確及誤導性業務報告，在 4 日開始審訊。1987 年 9 月 15 日，最高法院經 281 個審訊日後，因證據不足及證供有疑點，裁定陳松青及涉案的其餘五名被告罪名不成立，當庭釋放，但廉署自 1985 年開始對陳松青及相關人士涉及貪污詐騙的調查及法庭審訊仍然繼續。
1983 年 10 月 5 日	香港德國商會成立，旨在推動香港與德國雙邊貿易及投資，並維護商會會員在香港、中國內地及德國的利益。
1983 年 10 月 8 日	美國信孚銀行以佳寧置業無力償還債務為由，入稟最高法院申請將其清盤，其後馬來西亞裕民銀行和歐聯財務公司也申請將佳寧集團和佳寧置業清盤。11 月 7 日，最高法院批准將佳寧集團及佳寧置業清盤。
1983 年 10 月 15 日	港府宣布兩項穩定港元的措施，一是取消港元自由浮動匯率政策，再度實行港元與美元掛鈎的聯繫匯率制；二是取消港元存款利息稅。
1983 年 10 月 17 日	港府正式實施聯繫匯率制度，將 7.8 港元兌一美元設為官方匯率。香港兩間發鈔銀行發行港元時，須按此匯率向外匯基金繳付美元，作為發行貨幣的準備金；發鈔銀行亦可按上述匯率，以港元向外匯基金換取等額的美元款項。此制度沿用至今。
1983 年 10 月 19 日	中英雙方關於香港前途問題第二階段第五輪會談在北京展開，中方代表姚廣在會上提及 14 日由英國駐華大使柯利達所傳達的首相戴卓爾夫人口信，表明英方願意讓步，同意以中方構想為談判基礎，中方對此表示歡迎，強調中方是以收回整個香港地區為談判前提。11 月 14 日，中英雙方舉行第六輪會談。在上述兩輪會談中，英方確認不再堅持在 1997 年後管治香港。
1983 年 10 月 23 日	市政局議員浦炳榮獲頒世界十大傑出青年稱號，是首位獲得該獎項的香港市民。
1983 年 11 月 15 日	首個廣東省香港遊旅行團抵港，由廣東（香港）旅遊有限公司組織，共 25 人，他們是 30 年來首次以觀光身份來港的內地居民，行程主要包括參觀海洋公園、山頂和珍寶海鮮舫等景點。
1983 年 11 月 20 日	德蘭修女由印度來港，展開一連三天的訪問，行程包括為第三屆國際家庭教育及家庭計劃會議擔任主講。

1983 年 12 月 6 日	天文台於晚上 10 時 26 分錄得米埔發生黎克特制 2.8 級輕微地震。
1983 年 12 月 18 日	廣州中國大酒店局部開業,並於翌年 6 月 10 日全面開業兼舉行開幕禮,由香港新合成發展有限公司與廣州羊城服務有限公司合作興建,總投資額為一億美元。新合成公司負責人包括香港主要地產業商人馮景禧、李嘉誠、郭得勝、鄭裕彤、胡應湘和李兆基。
1983 年	古蹟辦接獲黃竹坑居民報告,在距海岸一公里的內陸發現石刻,刻有三組回旋紋飾。1984 年,港府將黃竹坑石刻列為法定古蹟。
1984 年 1 月 1 日	港府根據《1983 年香港城市理工學院條例》,成立香港城市理工學院,鍾士元擔任校董會主席。10 月 22 日,學院舉行開課禮,臨時校址位於旺角中心,開辦會計、商業管理、電腦及社會管理課程,莊賢智為首任院長。
1984 年 1 月 11 日	港府宣布即日起,增加的士牌照費和首次登記稅,停發市區的士新牌照,並於 2 月 1 日起調高的士車資 17%。翌日,市區 12 個的士商會發起一連兩日於全港主要幹道慢駛及停泊行動,造成交通嚴重擠塞,多達數千輛的士參加。(圖 228)

圖 228　1984 年 1 月 11 日,參加罷駛的市區的士司機。(星島日報提供)

1984年1月13日	的士商會代表先後與新華社香港分社副社長祁烽、政務司鍾逸傑及兩局非官守議員會面，要求港府撤回增加牌照費和首次登記稅的決定。晚上9時許，青少年群眾於旺角區乘機滋事，阻塞交通，焚燒垃圾桶，向警署擲石及搶掠店舖。防暴警察到場，自1969年後首次發射催淚彈驅散人群。衝突造成至少30人受傷，至15日共拘捕172人。18日，立法局否決牌照費和首次登記稅的加價議案。
1984年1月16日	電話公司屬下的香港流動通訊有限公司獲港府發出公共流動無線電話服務牌照，成為香港首家提供相關服務的公司，用戶可透過安裝在汽車內的流動電話裝置，撥打本地及國際電話號碼。
1984年1月25日	港府成立公司法例改革常務委員會，定時檢討現行的《公司條例》、《證券條例》及《保障投資者條例》，向財政司提供修訂意見。
1984年1月27日	港府頒布《1984年公司（修訂）條例》，自8月31日起，公眾公司成立最低人數減至兩人，規管公司修改章程大綱的辦法、控股公司成員不得轉讓股份至附屬公司、公司註冊成立前簽訂合約等事宜，同時賦予公司註冊處處長拒絕具誤導性名稱的權力。
1984年1月28日	無綫電視舉辦首屆十大勁歌金曲頒獎典禮，共有九位歌手獲得金曲獎，其中梅艷芳憑《赤的疑惑》及《交出我的心》獲得兩個金曲獎。
1984年1月31日	寶生銀行中環分行發生械劫案，四名持槍劫匪搶劫該行門前一輛解款車，將車內1.34億日圓（約港幣460萬元）劫走，匪徒於逃走期間與警方爆發槍戰，造成一人死亡、兩人受傷。2月5日，警方攻入匪徒匿藏的銅鑼灣浣紗花園單位，一輪槍戰後成功將四名匪徒擒獲，警方於單位中搜獲軍火及毒品。
1984年2月1日	1984年中央電視台春節聯歡晚會（春晚）於北京舉行，香港歌手張明敏、奚秀蘭於晚會上演唱，演員陳思思擔任主持之一，是香港藝人首次參與春晚。
1984年2月15日	港府公布《進一步發展地方行政的建議》文件，建議自翌年區議會選舉開始逐漸增加民選議席，使民選議席數目達至委任議席的兩倍，擴充區議會職能；另成立與市政局職權相同的區域市政局，負責管理新界文娛康樂與環境衛生事務，鄉議局部分成員將成為當然議員。
1984年2月21日	政論團體太平山學會註冊成立，由本港各方面的專業人士組成，成員包括學者、法律界和工商界人士，創會會長黃震遐。
1984年2月29日	新蒲崗一幢工業大廈發生爆竊案，一間毛衫廠的夾萬被撬開，100多件珠寶被盜走，涉及款項約1.2億元，是當時香港損失最多的爆竊案。
1984年3月1日	市政局與香港雕塑家協會合辦，香港藝術館策展的「現代戶外雕塑展覽」於紅館外的露天廣場舉行，展出30多件協會成員及亞洲各國雕塑家的作品。

1984 年 3 月 5 日　位於中環的中華廠商會會址廠商會大廈重建完成並揭幕。

1984 年 3 月 14 日　立法局通過非官守議員羅保提出的無約束力動議，要求任何有關香港前途的建議，在未達成最後協議之前，必須在立法局辯論。中方認為「羅保動議」是央方企圖再次在中英談判加入香港作為第三方的「三腳凳」做法，表示反對。

1984 年 3 月 26 日　中英雙方關於香港前途問題第二階段第十一輪會談在北京舉行。英方提出「以最大程度的自治」取代中方主張的「高度自治」，要求中方承諾不在香港駐軍，以及提出在香港派駐有別於其他國家駐港領事的「英國專員」代表機構的主張，均遭到中方堅決反對。至此，中英會談第一項議程，即關於香港 1997 年後的安排基本完成。

1984 年 3 月 28 日　怡和控股宣布遷冊至百慕達，為中英就香港問題進行談判後首家將註冊地點遷至海外的英資洋行，5 月 14 日遷冊生效。

1984 年 4 月 11 日　中英雙方關於香港前途問題第二階段第十二輪會談在北京舉行，至 9 月 6 日進行至第二十二輪會談，主要討論香港在過渡時期的安排和有關政權移交的事項。

1984 年 4 月 14 日　香港宣明會於赤柱聖士提反書院舉辦首屆饑饉三十籌款活動，共有 4000 多人參加，參加者在 30 小時內不得進食固體食物，至翌日晚上結束時籌得款項達 33 萬元。

1984 年 4 月 16 日　港大學生會通過發表《香港前途宣言》，重申香港主權屬於中國、香港擁有高度自治權，並提出過渡時期推行民主化、由香港市民代表參與起草基本法。翌日，該會將《香港前途宣言》交往港督府及新華社香港分社。

1984 年 4 月 20 日　由北京抵港的英國外交及聯邦事務大臣賀維在記者招待會上發表聲明，宣布英國放棄 1997 年後香港的主權及治權，並指出中英雙方將研究如何確保 1997 年後，香港在中國主權下取得高度自治權。

1984 年 4 月 23 日　國務院港澳辦副主任李後及外交部西歐司顧問魯平，與訪京的 14 名香港市政局及區議會議員會晤。會後議員引述李後的談話內容，表示香港於 1997 年特區成立後將保持財政獨立，特區政府可自由運用稅收，不用負擔軍費，市民毋須服兵役。

1984 年 5 月 9 日　行政局和立法局九名非官守議員組成代表團赴英訪問，爭取英國與中國談判香港問題時，須以港人意願為依歸。出發前，代表團發表《香港前途問題聲明》，建議英方需獲知基本法詳細條款後才與中方簽訂外交協議。11 日，新華社發表評論文章，指該聲明企圖阻礙中英雙方就香港前途問題達成協議，不利香港的繁榮穩定。

1984 年 5 月 25 日　中共中央軍事委員會主席鄧小平接見港澳地區全國人大代表和政協委員時表示：「我國政府在對香港恢復行使主權之後，有權在香港駐軍，這是維護中華人民共和國領土的象徵，是國家主權的象徵，也是香港穩定和繁榮的保證。」

1984年6月22日 | 本日及 23 日，鄧小平分別會見香港工商界訪京團和香港知名人士，指出：「我們採取『一個國家、兩種制度』的辦法解決香港問題……完全是從實際出發的，是充分照顧到香港的歷史和現實情況的」，「要相信香港的中國人能治理好香港」，「港人治港有個界線和標準，就是必須由以愛國者為主體的港人來治理香港」。

1984年7月1日 | 港府根據《1984 年演藝學院條例》，成立香港演藝學院。翌年 9 月 18 日，演藝學院本部教學大樓開幕。該學院由港府撥地、馬會撥款三億元興建，設有舞蹈、戲劇、音樂及科藝學院，首任校長為丁柏兆，是香港唯一專門培養表演藝術人才的公立院校。

1984年7月2日 | 港府發表城市規劃綱領文件《全港發展策略》，為香港未來的城市發展訂立兩個可行發展模式，皆以維港兩岸開展填海工程為主，包括在西九龍、紅磡灣、中環及灣仔等數處填海，增闢 1000 公頃土地，預計耗資 1900 億元。

1984年7月5日 | 元朗工業邨典型廠房舉行落成典禮，是香港第二座工業邨興建的典型廠房。

1984年7月18日 | 港府發表《代議政制綠皮書 —— 代議政制在香港的進一步發展》，建議立法局引入民選議席，以間接選舉方式選出部分非官守議員，選民組別分為按地區劃分和按社會功能劃分兩組。11 月 21 日，港府發表《代議政制白皮書 —— 代議政制在香港的進一步發展》，表示香港市民普遍贊同《綠皮書》的目標，提出 1985 年立法局選舉 56 個議席中引入 24 個間接民選議席，減少一名委任議員和三名官守議員。

1984年8月8日 | 康怡花園開始發售，是地鐵港島線首個上蓋住宅發展項目，由地鐵公司、恒隆發展及新世界發展合組公司發展，5 月 3 日動工，投資額約 40 億元，1986 年至 1987 年分階段落成，共有 32 幢大廈 6640 個單位。

1984年8月17日 | 港府頒布《皇室訓令》修訂條文，自 9 月 1 日起，立法局非官守議席上限由 29 個增至 32 個。

1984年9月4日 | 國際醫療科技展覽會在香港展覽中心舉行，由展貿管理公司主辦，旨在讓醫療專業人士交流，並讓醫療儀器製造商展示儀器和技術。

1984年9月14日 | 國際眼鏡工業展覽會首次在香港舉行，由工商業展覽有限公司主辦，來自各國逾 90 家參展商參與，展出不同款式眼鏡、眼鏡生產原料和設備。

1984年9月26日 | 中英雙方代表周南和伊文思在北京草簽《中華人民共和國政府和大不列顛及北愛爾蘭聯合王國政府關於香港問題的聯合聲明》，以及附件一〈中華人民共和國政府對香港的基本方針政策的具體說明〉、附件二〈關於中英聯合聯絡小組〉和附件三〈關於土地契約〉。中國政府聲明於 1997 年 7 月 1 日恢復對香港行使主權，英國政府聲明由該日起，把香港交還給中華人民共和國。

1984 年 10 月 10 日	葉繼歡伙同三名匪徒持槍行劫尖沙咀景福珠寶店，搶走店內價值逾 93 萬元的珠寶和手錶後逃去。27 日，葉繼歡與同伙在中區置地廣場迪生鐘錶珠寶店持槍行劫，劫走價值約 800 萬元的金飾和手錶後逃去。12 月 28 日，葉繼歡被假扮買贓物的警察拘捕，並於翌午 10 月 8 日被最高法院裁定無牌管有槍械及處理贓物罪名成立，判囚 18 年。

1984 年 10 月 13 日	香港測量師學會成立，負責制定本港測量專業服務標準。

1984 年 10 月	房委會成立檢討公屋住戶資助小組委員會，鑒別需要資助的住戶，並建議減少對超出入息限額住戶資助的措施。翌年 8 月 5 日，房委會發表《公屋住戶房屋資助問題綠皮書》，建議向住滿十年而經濟狀況好轉的住戶徵收雙倍租金，希望繼續繳交原有租金的住戶，須向當局申報入息。

1984 年 11 月 1 日	香港戲劇協會成立，為本港戲劇團體及戲劇工作者的聯合大會，旨在團結香港戲劇界，推動戲劇發展，促進本港戲劇界的對外交流。

1984 年 11 月 11 日	港九勞工社團聯會成立，由 17 個工會組成，是本港中間工會的聯合組織，會員人數超過 15,000 人，由陳彬出任主席。

1984 年 11 月 12 日	意大利商業銀行由其香港代辦處升格而成的香港首間分行開幕。

1984 年 11 月 15 日	中國人壽保險有限公司香港分公司成立。

1984 年 11 月 23 日	港府頒布《1984 年社會服務令條例》，規定 14 歲或以上犯有刑事罪行並被判監禁的，法庭可以判處該人從事不超過 240 小時的社會服務，用以代替原有刑罰或同時執行。

1984 年 11 月 26 日	曾於 1971 年購得廣東銀行控股權的美國太平洋銀行宣布，已獲香港最高法院批准收購廣東銀行其餘少數股權，共斥資 4600 萬美元，成為其全資母公司。

1984 年 12 月 4 日	鳳凰徑啟用，以梅窩為起點，環繞南大嶼山返回梅窩作結，全長 70 公里，是大嶼山首條長途遠足徑。

1984 年 12 月 8 日	馬會於沙田馬場舉辦百周年紀念大賽，英國騎師戴萊策騎的馬匹「銀星一號」，抵達終點前突然前跪，令戴萊墮馬重傷。戴萊至 10 日不治，是香港首宗職業騎師墮馬身亡事件。

1984 年 12 月 9 日	日資百貨公司八佰伴於沙田新城市廣場開設本港首家分店。1997 年 11 月 21 日，全港九家分店全線結業。

	位於尖沙咀的九龍清真寺重建開幕，樓高四層，頂部建有桃形拱頂，由香港回教信託基金總會管理，是香港規模最大的清真寺。

圖 229　1984 年 12 月 19 日，中英雙方正式簽署《中英聯合聲明》。（新華社提供）

<table>
<tr><td>

1984 年 12 月 19 日</td><td>在北京人民大會堂西大廳，中國國務院總理趙紫陽和英國首相戴卓爾夫人分別代表中英雙方，正式簽署《中英聯合聲明》。中共中央顧問委員會主任鄧小平、中華人民共和國主席李先念出席了簽字儀式。聯合聲明宣布中華人民共和國政府決定於 1997 年 7 月 1 日對香港恢復行使主權，英國政府於同日將香港交還給中華人民共和國。中華人民共和國政府在聯合聲明中宣布了對香港的基本政策方針。（圖 229）</td></tr>
<tr><td>

1984 年 12 月 28 日</td><td>越秀企業有限公司註冊成立，是廣州市政府駐本港的綜合性企業機構，負責從香港及國際引進資金、技術、人才和管理經驗。1992 年 9 月 8 日，公司註冊為越秀企業（集團）有限公司。</td></tr>
<tr><td>

1984 年 12 月</td><td>作家李碧華出版中篇小説《胭脂扣》。1987 年 3 月，由小説改編而成的同名電影開拍，電影並先後獲得 1987 年第二十四屆台灣金馬獎六個獎項，1988 年第十屆法國南特三大洲電影節第一名，以及 1989 年第八屆香港電影金像獎最佳電影、最佳編劇及最佳導演在內的七個獎項。</td></tr>
<tr><td>

1984 年</td><td>香港課程發展委員會發表《幼稚園課程指引》，為一至兩年制的幼稚園課程設立指引，指出幼稚園教育應以遊戲學習為主，並提供切合兒童日常經驗的教材。

廣東省大埔縣田家炳第一中學啟用，是田家炳基金會在內地捐資興建的首間中學。</td></tr>
<tr><td>

1985 年 1 月 5 日</td><td>純文學雜誌《香港文學》創刊，劉以鬯擔任主編，是截至 2017 年香港出版時間最長的文學刊物。</td></tr>
</table>

1985 年 1 月 9 日 教育統籌委員會公布《第一號報告書》，建議取消初中成績評核試（中三淘汰試），增加中三學生升學的機會。

1985 年 1 月 13 日 房署完成葵芳邨 11 座公屋的結構性調查，公布全部樓宇結構安全，但需維修。基於經濟考慮，第五座將曾拆卸重建。23 日，房署再宣布第九、十和十一座皆拆卸重建，四座公屋的居民將遷至荃灣、牛頭角及沙田的新建屋邨單位。這是全港首次大規模對公共屋邨進行重建及維修工程。

1985 年 1 月 18 日 中電全資附屬公司 —— 香港核電投資有限公司與廣東核電投資公司，在北京舉行廣東核電合營公司合同簽字儀式。根據合同，港方佔合營公司 25% 股份，並在核電站投產後，購買七成電力，轉售中電供港使用。

1985 年 1 月 22 日 和黃以每股 6.4 元作價，共斥資 29 億元向置地公司收購港燈 34.6% 股權，成為港燈的大股東。和黃主席李嘉誠表示，此舉是以實際行動，顯示公司對香港前途的信心。

1985 年 1 月 23 日 位於沙田的富山火葬場及骨灰龕安置所啟用，火葬場設有全港首四座由電腦控制的新式火化爐，由區域市政總署負責營運。

1985 年 1 月 滙豐銀行及渣打銀行同時發行面額 100 元和 1000 元的新鈔，新鈔刪除「殖民地」字樣，面積縮小，兩間銀行並統一相同面額新鈔的面積。

1985 年 2 月 4 日 美國王安電腦公司亞洲區業務總部由夏威夷遷至香港，辦事處同日啟用。

醫務衛生署公布本港發現首宗疑似愛滋病病例，病者正在政府醫院接受隔離治療。17 日，病者在瑪嘉烈醫院逝世，根據臨床診斷結果是死於愛滋病。

1985 年 2 月 14 日 香港勵進會註冊成立，成員多具有行政局、立法局和市政局議員身份，譚惠珠為首任主席。該會關注香港前途問題，鼓勵會員參加公共事務及行政管理。1990 年 11 月，該會解散，併入香港自由民主聯會。

1985 年 3 月 1 日 國際書刊展覽會在香港舉行，多國出版商參展，展出各類書籍、雜誌、書法作品及文具。

1985 年 3 月 7 日 第二屆區議會選舉舉行，共設 237 個民選議席，投票率為 37.5%。

1985 年 3 月 楊振寧倡議的京港學術交流中心在香港註冊成立。該中心是一個非盈利的教育科技交流服務機構，旨在促進內地與香港以至海外的學術和科技交流，並提供諮詢、聯絡及資助等服務。

港府成立臨時區域議局、文康市政科和行政科。臨時區域議局負責管轄市政局管理範圍以外的地方；文康市政科負責衞生、康樂及文化事務；行政科負責新聞與公共關係、報章及刊物的註冊及博彩與大眾娛樂等事務。

葵涌及青衣區議會成立，由荃灣區議會分拆而成，使全港區議會數目增至 19 個。何冬青當選該區區議會主席，是首個非港府委任的區議會主席。

香港中華文化促進中心成立，通過舉辦中華文化活動和設立獎學金，提倡、介紹和發揚中華文化，推動海內外華人文化界的溝通，促進本港和各地文化界的學術交流。

1985 年 4 月 4 日

港府頒布《英皇制誥》及《皇室訓令》修訂條文，授權港督制定有關立法局選舉法例及監察選舉、撤銷立法局官守議員及委任議員的職位，以及解散立法局。

英女王簽署由英國下議院和上議院通過的《1985 年香港法令》，批准 1984 年 12 月在北京簽署的《中英聯合聲明》，正式宣布英國在 1997 年將終結對香港的管治。同時，該法令落實《中英聯合聲明》內英方備忘錄的條款，自 1997 年 7 月 1 日起，香港居民的「英國屬土公民」資格被「英國國民（海外）」資格取代。

港府頒布《1985 年破產欠薪保障條例》，設立破產欠薪保障基金，讓因僱主無力償債而遭拖欠薪金的僱員申請特惠款項，最高限額為四個月工資，並以 8000 元為限。及後特惠款項的涵蓋範圍擴展至代通知金、遣散費、未放年假及未放法定假日的薪酬，皆設有賠償上限。

1985 年 4 月 10 日

第六屆全國人大第三次會議通過關於批准《中英聯合聲明》和成立基本法起草委員會的決定。

1985 年 4 月 12 日

馬來西亞政府核數總長諾丁委派代表向香港廉署舉報裕民財務涉嫌貪污案。

1985 年 4 月 20 日

北角寶馬山道郊野公園範圍的山頭發現一對英籍年輕男女被殺害。1987 年 1 月 20 日案件審結，四名被告謀殺罪成，三人被判處死刑，1992 年改為終身監禁。

1985 年 4 月 24 日

港島徑啟用，以山頂為起點，以石澳大浪灣為終點，全長 50 公里，是香港島首條長途遠足徑。

1985 年 4 月

街坊工友服務處成立，翌年 9 月 1 日註冊，由新青學社導師、葵青區區議員梁耀忠帶領創立。

1985 年 5 月 1 日

季炳雄在內的六名蒙面匪徒，持械進入尖沙咀忠信錶行，劫去約值 180 萬元的手錶。匪徒離開時，與到場埋伏的警員三度駁火，其後逃去。事件共造成九人受傷。

1985 年 5 月 7 日 香港商品交易所易名為香港期貨交易所，以反映其業務範圍擴大至金融期貨合約買賣。

1985 年 5 月 19 日 1986 年世界盃外圍賽東亞第四賽區分組賽國家隊對香港隊於北京工人體育場舉行，香港隊以二比一擊敗國家隊，奪得小組出線資格。

1985 年 5 月 24 日 港龍航空公司註冊成立，7 月 23 日獲民航處發出航空營業證書，首班航班於 7 月 26 日啟航，由香港飛往馬來西亞。港龍是香港首間華資創辦、第二間在本地註冊的航空公司。

1985 年 5 月 27 日 中英雙方在北京互換《中英聯合聲明》及其附件的批准書，《中英聯合聲明》正式生效。

中英聯合聯絡小組按照《中英聯合聲明》成立。該小組是中英雙方的聯絡機構，就《中英聯合聲明》的實施，以及確保香港在 1997 年順利過渡進行磋商。小組同時審議中英兩國政府就確保將來香港特區成立後的對外經濟、文化關係，以及國際權利和義務所需採取的行動，並簽訂相關協議。小組每年在北京、倫敦、香港三地各開會至少一次，後於 2000 年 1 月 1 日解散。

中英土地委員會按照《中英聯合聲明》成立，中英雙方委員各佔一半，負責商討《中英聯合聲明》附件三關於土地契約的實施安排，包括審批至 1997 年 6 月 30 日前，香港每年總數不多於 50 公頃、公屋用地以外的批地計劃，並按港府建議考慮提高批地限額。委員會至 1997 年 6 月 30 日解散，前後共舉行了 35 次會議，共批出土地 2,972 公頃，平均每年批出 247.66 公頃。

1985 年 5 月 31 日 地鐵港島線金鐘至柴灣段開放使用，翌年 5 月 23 日，上環站啟用，港島線全線通車。（圖 230）

圖 230　1985 年 5 月 31 日，港督尤德（左二）乘搭首班地鐵港島線列車。（政府新聞處提供）

1985 年 5 月 31 日	日資香港崇光百貨公司在銅鑼灣開業，佔地 13 萬平方呎，共十層，投資額達六億元。2000 年，商人鄭裕彤與劉鑾雄聯手購入崇光百貨的物業及經營權。
1985 年 6 月 5 日	港府委任鄧蓮如出任立法局首席非官守議員，成為香港首位出任該職位的女性。
1985 年 6 月 6 日	海外信託銀行因無力償還債務，被港府下令停業兩日，警方商業罪案調查科介入調查。7 日，港府公布動用估計約 20 億元外匯基金進行注資。8 日，港府頒布《1985 年海外信託銀行（接收）條例》，授權港府接管海託。10 日，海託恢復營業。1993 年 7 月 31 日，港府與國浩集團達成出售海託協議，並於同年 10 月 15 日以 44.57 億元完成交易。
1985 年 6 月 12 日	由迅通電子服務（香港）有限公司經營的易辦事電子支付系統開始提供服務，初期共有 29 家銀行參與。（圖 231）
1985 年 6 月 18 日	第六屆全國人大常委會第十一次會議通過香港基本法起草委員會名單，委員 59 名，包括內地委員 36 名，香港委員 23 名。姬鵬飛任主任委員，安子介、包玉剛、許家屯、費彝民、胡繩、費孝通、王漢斌、李國寶任副主任委員。

圖 231　1985 年 9 月 25 日，易辦事電子支付系統啟用，長江實業董事長李嘉誠（右四）在中環置地廣場進行首次象徵式交易。（星島日報提供）

圖 232　1985 年 7 月 1 日，香港特別行政區基本法起草委員會在北京人民大會堂舉行第一次會議。（新華社提供）

| 1985 年 6 月 28 日 | 位於中環的交易廣場第一及第二座開幕，由置地公司興建，分別樓高 52 層和 51 層，樓高 33 層的第三座於 1988 年建成。香港聯交所設於第一及第二座的第一、二層。 |

| 1985 年 7 月 1 日 | 香港基本法起草委員會在北京舉行第一次全體會議，研究並確定起草委員會如何工作、研究並確定基本法起草工作的大體規劃和步驟等，計劃以四到五年時間完成起草，並決定籌組具廣泛代表性的基本法諮詢委員會。（圖 232） |

| 1985 年 7 月 1 日 | 房委會宣布推出老人住屋計劃，提供院舍式的租住公屋予年滿 58 歲、身體健全的人士申請。老人住屋有舍監當值及康樂設施，而住客則須共用單位內的廚房及洗手間，至 1987 年首批單位於馬鞍山恒安邨落成。1991 年 9 月 5 日，房委會將計劃改稱長者住屋，後於 2000 年 11 月宣布停建。 |

| 1985 年 7 月 15 日 | 中信公司在香港發行五年期的三億元債券，是內地企業首次在港發行的債券。 |

圖 233　1985 年 7 月 17 日，基本法起草委員會香港委員在華潤大廈舉行首次諮詢委員會發起人會議。（南華早報提供）

1985 年 7 月 17 日	基本法起草委員會香港委員舉行第一次基本法諮詢委員會發起人會議，議定由新華社香港分社協助設立籌組辦事處，委託由李福善、毛鈞年、司徒華、李柱銘、廖瑤珠和譚惠珠組成的六人小組，草擬諮詢委員會章程。9 月 28 日，第四次發起人會議通過《基本法諮詢委員會成員產生辦法》及《成員界別劃分及所佔比例》附表和説明。（圖 233）
1985 年 7 月 26 日	港府頒布《1985 年立法局（權力及特權）條例》，擴大立法局的權力並對立法局議員履行職務提供特別的保障。
1985 年 8 月 9 日	港府頒布《1985 年旅行代理商條例》，規定旅行代理商須向旅行代理商註冊處申領牌照方可經營，並設立旅行代理商儲備基金，用作賠償因旅行代理商倒閉而蒙受損失的旅客。
1985 年 8 月 11 日	香港中華文化促進中心主辦「黃河音樂節」開幕，至 26 日結束。節目包括大型音樂會及演唱會，其間中央合唱團與港澳多個合唱團體舉行千人參與《黃河大合唱》，由嚴良堃指揮。
	學友社舉辦省港澳中學生交流活動，接待廣州高中學生一行 15 人訪港參觀兩日，是國家改革開放後首批來港交流的廣州高中學生。

| **1985 年 8 月 28 日** | 廣州花園酒店開幕，由香港花園酒店投資有限公司和廣州嶺南置業公司合作興建。該酒店總投資額約 9 億元，為當時廣州最大規模的酒店，擁有客房超過 1000 間。由香港建築師司徒惠設計。 |

| **1985 年 9 月 9 日** | 九龍中央圖書館開幕，為當時香港最大型的公共圖書館，館內藏書 25 萬冊，設有美術與表演藝術、香港資料、英國皇家亞洲學會（香港分會）以及本港早期報刊四類特藏。 |

| **1985 年 9 月 13 日** | 美國參議院通過增加香港移民限額，由每年 600 人增至 5000 人。 |

| **1985 年 9 月 24 日** | 連接沙田與粉嶺的吐露港公路開幕，翌日通車，是新界東部的主要幹道。 |

| **1985 年 9 月 26 日** | 立法局第一次透過選舉產生部分議員，由選舉團和功能組別各選出 12 名議員。選舉團由市政局議員、臨時區域議員和十個區議會組成 12 個選舉團分組，登記選民總數 433 人，投票率逾 95%；功能組別分為九個組別，登記選民總數 46,645 人，投票率 57.6%。本屆立法局尚有十名官守議員和 22 名由港督委任的議員，合共 56 個議席。（圖 234） |

| **1985 年 9 月 27 日** | 上環海遊俠的揭幕，於 10 月 31 日啟用。 |

| **1985 年 9 月 28 日** | 大埔文娛中心開幕，由臨時區域議局（區域市政局前身）管理，可作音樂、戲劇、舞蹈、會議及學校活動用途，為香港首個以「文娛中心」命名的公共場所。 |

圖 234　1985 年 9 月 26 日，立法局舉行第一次選舉，圖中投票者為行政局首席非官守議員鍾士元。（南華早報提供）

港府撥款 120 萬元成立的香港國際仲裁中心投入服務,為亞太地區的企業提供解決爭議的服務。

滙豐銀行獲中國政府發出牌照,在深圳開設分行,是 1949 年後首家獲中國內地發銀行牌照的英資銀行。

1985 年 10 月 1 日

在本年 6 月新增的副布政司一職,改為專責處理有關政制發展及選舉事宜。

1985 年 10 月 11 日

屯門區民選區議員吳明欽被十名持鐵枝歹徒襲擊,是香港首次民選區議員遇襲事件。翌年 3 月 4 日,法庭宣判兩名青年收受金錢利益後施襲,蓄意傷人罪罪名成立,入勞教中心接受感化。

1985 年 10 月 14 日

英國政府公布《1986 年香港(英國國籍)令》草案,列明英國國民(海外)護照的申請資格,以便執行《1985 年香港法令》。

1985 年 10 月 29 日

香港中國旅行社(集團)有限公司註冊成立,舉辦赴中國內地及世界各地的旅行團,並代辦回鄉證。

包玉剛提議創辦並捐資建設的寧波大學舉行奠基典禮。國務院代總理萬里和包玉剛伉儷為大學奠基。翌年 11 月 26 日舉行首屆開學典禮。

1985 年 10 月 30 日

港督尤德主持立法局大樓開幕儀式。此前立法局會議於中區政府合署舉行。同日,新任議員舉行宣誓儀式,由本屆起,不再硬性規定議員須宣讀效忠英女王誓詞。

1985 年 11 月 21 日

房署決定清拆十個公共屋邨內共 22 座結構有問題公屋,連同已宣布拆卸重建的葵芳邨四座公屋,合共 26 座公屋需拆卸重建,約 80,000 名住客受影響,整個計劃預算四年完成。

1985 年 12 月 7 日

廉署拘捕佳寧集團前主席陳松青、前董事何桂全,指控他們涉嫌串謀詐騙、非法向其兩名高級行政人員提供利益,同日開始長達逾十年的審訊。

1985 年 12 月 18 日

基本法諮詢委員會舉行成立大會,成員共 180 名,安子介為主任委員。此後諮委會展開了香港有史以來時間最長、規模最大的諮詢工作。1990 年 4 月 30 日,諮委會在基本法頒布後解散。

1985 年

明愛徐誠斌書院開課,是香港首間天主教專上院校,提供成人教育課程,2001 年改稱為明愛徐誠斌學院。

香港考古學會在長洲鯆魚灣遺址發掘,出土新石器時代的繩紋陶和泥質軟陶器、骨器、貝殼刮削器及大量貝殼、魚類骨骼等遺物。

香港職業先修學校議會成立,負責代表本港的職業先修學校向港府提供教育意見。

1986 年 1 月 1 日 《1985 年僱傭（修訂）條例》生效，港府推行長期服務金制度。若僱員根據連續性合約受僱 5 至 10 年，加上並非因犯嚴重過失或裁員而遭解僱，可選擇領取長期服務金。僱員領取長期服務金的資格和金額根據僱員年齡而各異。

1986 年 1 月 3 日 立法局首席非官守議員鄧蓮如代表全體非官守議員致函英國上下議院，就《1986 年香港（英國國籍）令》草案提出三項要求，當中包括給予英國國民（海外）護照持有人自由前往英國的權利。4 月 23 日，英國內政大臣韓達德在英國下議院發表聲明，對香港立法局的要求作出讓步，同意讓該護照的持有人毋須簽證赴英旅遊。

1986 年 1 月 8 日 城門郊野公園發生三級山火，火勢迅速蔓延至大帽山，焚燒 35 小時，至翌日被撲滅，兩日內港府動員約 1000 人次救火。900 公頃林區及 13 萬棵樹木被焚毀。11 日，港府關閉城門、大帽山、大欖三個郊野公園及大埔滘自然護理區，於 2 月 18 日重開。

1986 年 1 月 17 日 港府頒布《1986 年證券（證券交易所上市）規則》，自 2 月 1 日起，賦予證券監理專員更大的權力，監管公司的上市和資料公布等事宜；列明申請上市的公司須向專員提交申請書副本、真實和完整的支持文件、與上市交易所簽署的承諾書副本。

1986 年 1 月 21 日 港督尤德授權廉署，不受 1977 年總督特赦令不得調查 1977 年前發生的貪污案之限制，全面調查 26 座問題公屋相關的貪污案件。

1986 年 1 月 港府成立投訴警方事宜監察委員會，是負責監察警務處投訴警察課工作的非法定機構，取代 1977 年成立的行政立法兩局非官守議員警方投訴事宜常務小組。1994 年 12 月 31 日，該委員會改稱投訴警方獨立監察委員會。

1986 年 2 月 20 日 廉署拘捕 22 人，涉嫌與數宗賽馬舞弊案相關，包括事件主謀馬主楊元龍。9 月 3 日，該案在最高法院審結，楊元龍被控於 1985 年至 1986 年間多次操縱賽馬結果，他承認六項串謀詐騙罪，被判處入獄兩年，緩刑兩年，罰款 540 萬元。

1986 年 3 月 6 日 第一屆區域議局選舉舉行，與市政局選舉同日進行，分別設有 12 個與 15 個民選議席，投票率約 27%。

1986 年 3 月 14 日 港府頒布《1986 年區域議局（修訂）條例》，區域議局改名為區域市政局，避免市民將之與區議會混淆，並反映區域議局與市政局部分相同的職能。

1986 年 3 月 25 日 港府發表顧問報告《醫院提供的醫療服務》（《司恪報告書》），建議港府盡快成立一個獨立於政府的醫院管理機構，提升行政效率。

圖 235　1986 年 4 月 2 日，香港聯交所開幕，香港聯交所主席李福兆致辭。（南華早報提供）

| **1986 年 3 月 27 日** | 香港四家證券交易所 —— 香港會、遠東會、金銀會和九龍會結業。4 月 2 日，由四家交易所合併而成的香港聯合交易所開業，位於中環交易廣場二樓，採用自動化電腦報價交易系統。9 月 22 日，香港聯交所成為國際證券交易所聯會會員。（圖 235） |

| **1986 年 3 月** | 警方與廉署聯合專案小組，調查海外信託銀行高層與多明尼加財務公司串謀行騙，令海託虧蝕接近七億元而倒閉一案。5 月 2 日，專案小組獲美國聯邦調查局協助，於美國拘捕涉案前多明尼加財務公司主席葉椿齡及前海託主席黃長贊，並於同月 7 日將其引渡回港候審。7 月 14 日，前海託董事長張承忠因串謀詐騙罪，被最高法院判入獄三年。1986 年 12 月至 1987 年 6 月期間，前海託董事總經理鍾朝發、前海託澳門分行總經理張啟民、葉椿齡和黃長贊亦先後因串謀詐騙罪名成立，被判入獄二年到八年。該案是香港首宗廉署和警務處合作偵破的案件。 |

1986 年 4 月 1 日	區域市政局成立，舉行首次會議。
	環境保護署成立，統籌本港大部分防止及管制污染活動的政府部門，聶德為首任署長。
1986 年 4 月 7 日	位於中環皇后大道中 1 號的第四代滙豐銀行總行大廈開幕，樓高 178.8 米，共 52 層，耗資 52 億元建成，可容納 5000 名員工。
1986 年 4 月 16 日	港府撲滅暴力罪行委員會公布黑社會問題的報告書，指當時香港至少有 50 個三合會，並提出加強保護證人、限制三合會成員活動，及加重罰則在內的方法，以解決問題。
1986 年 4 月 18 日	香港基本法起草委員會在北京舉行第二次全體會議，通過《中華人民共和國香港特別行政區基本法結構（草案）》、《中華人民共和國香港特別行政區基本法起草委員會工作規則》和《關於設立中華人民共和國香港特別行政區基本法起草委員會專題小組的決定》。其中五個專題小組分別為中央和香港特別行政區的關係，居民的基本權利和義務，政治體制，財政和經濟，教育、科學和文化小組。
1986 年 4 月 23 日	香港成為關稅及貿易總協定（世界貿易組織前身）第 91 個締約成員，可以單獨關稅地區身份，在自由貿易原則下按照最優惠條款與其成員國或地區進行國際貿易。
1986 年 5 月 8 日	社署引用《1951 年保護婦孺條例》，破門進入葵興邨一單位，救出一名自出生便被禁錮的六歲女童郭亞女。7 月 29 日，行政及立法兩局福利事務小組向港府提交郭亞女事件檢討報告，建議港府檢討及修訂《1951 年保護婦孺條例》及《1962 年精神健康條例》，並籌組一支專門處理緊急個案的社工隊及擴展相關支援服務。
1986 年 5 月 14 日	香港公民教育委員會成立，並舉行首次會議，由范徐麗泰擔任主席。委員會鼓勵社會推廣公民教育及參與相關活動，並向港府提供建議。
1986 年 5 月 17 日	中國民用航空局與台灣中華航空公司代表在香港舉行談判，討論中華航空 334 號貨機、機員、貨物交接事宜，這是兩岸官方人員自 1949 年後的首次公開對話。該貨機原定 5 月 3 日由曼谷起飛經香港往台北，該日抵港前被機長王錫爵劫持至廣州白雲機場降落。20 日，雙方代表經過在港的四輪談判後，簽署會議紀要，同意在港進行交接。23 日，雙方在啟德機場完成交接貨機、貨物及兩名機員（不包括王錫爵）。
1986 年 5 月 21 日	第三屆國際皮革周年展在香港舉行，由香港交易會集團主辦，來自 26 個國家共 640 家公司派出代表參與，主要展品包括半製成和製成的皮革、相關器材和化工產品。
1986 年 5 月 23 日	教育署發表《中學性教育指引》，建議學校在初中及高中分階段透過正規學科及座談會傳授性教育。

1986 年 5 月 30 日 ┃ 港府頒布《1986 年銀行業條例》，取代《1982 年銀行業條例》及《1982 年接受存款公司條例》，將銀行業三級制內的所有認可機構，納入銀行監理處的監管範圍，以保障存戶利益及促進銀行體系的運作。

1986 年 6 月 23 日 ┃ 首屆中國現代作曲家音樂節在香港開幕，為期七日，活動包括座談會及每晚於演藝學院舉行的音樂演奏會。

1986 年 6 月 26 日 ┃ 八六國際旅遊博覽會在香港展覽中心舉行，39 個地區的旅遊局、32 間酒店、23 間旅行社及 18 間國際航空公司參展。

1986 年 7 月 1 日 ┃ 港督委任招顯洸、謝志偉、王澤長及浦偉士為行政局議員。招顯光、謝志偉成為首兩位獲委任進入行政局的立法局民選議員。

1986 年 7 月 4 日 ┃ 港府頒布《1986 年業主與租客（綜合）（修訂）條例》，自 8 月 1 日起，放寬受規管二戰前建成樓宇的租金管制；自 12 月 19 日起，二戰後建成樓宇加租最低百分率將提高至當時市值租金的 60%。

1986 年 7 月 25 日 ┃ 中英聯合聯絡小組第四輪會議結束，雙方同意在香港設立一個船舶登記處。1990 年 12 月 3 日，香港船舶登記處成立，取代原隸屬於英國船舶註冊處的香港船舶註冊處，使在港登記的船隻在 1997 年特區成立後能繼續停泊本港。

1986 年 8 月 2 日 ┃ 醫務衞生署宣布香港為霍亂疫埠，本地市民前往受世衞組織規定所限制的國家時，須攜帶疫苗注射證明（俗稱針紙）。19 日，霍亂疫埠名稱解除，這是香港最後一次宣布為疫埠。

1986 年 8 月 3 日 ┃ 立法局兩個核電考察團分別出訪法國、奧地利、美國和日本。30 日，考察團發表報告，向中央政府、港府、廣東核電合營公司和香港核電投資公司提出多項建議，包括內地與香港簽訂跨境協議，以便香港能近距離監察輻射量，交換資料及協調應變計劃。

1986 年 8 月 15 日 ┃ 中國政府根據《中英聯合聲明》成立「香港特別行政區政府土地基金信託」，以收存、持有及信託方式管理屬於日後特區政府的地價收入。

1986 年 8 月 17 日 ┃ 香港旅遊協會主辦首屆香港食品節，推廣香港美食天堂形象。

1986 年 8 月 19 日 ┃ 颱風韋恩襲港，天文台懸掛一號戒備信號。翌日，天文台懸掛八號東北烈風或暴風信號。25 日，韋恩再度襲港，天文台懸掛一號戒備信號。9 月 4 日，韋恩三度襲港，天文台懸掛三號強風信號。這是首個令香港天文台在不到一個月內先後三次懸掛警告信號的熱帶氣旋。

1986 年 8 月 20 日 ┃ 香港爭取停建大亞灣核電廠聯席會議 12 名代表，向國務院港澳辦遞交 104 萬香港居民簽名的請願書。

1986 年 8 月 21 日 | 西貢塔門對出海面出現龍捲風，兩艘漁船被捲起，再墮海翻沉，造成兩人死亡、兩人失蹤。

1986 年 9 月 16 日 | 教統會發表《第二號報告書》，建議預科課程劃一為兩年制，並統一專上學院的取錄制度。

1986 年 9 月 17 日 | 港府與荷蘭代表在海牙簽訂《香港政府和荷蘭王國政府關於航班的協定》，指定的航空公司可按協定內容提供定期航班服務。該協定於翌年 6 月 26 日生效，並適用於 1997 年 7 月 1 日成立的特區政府。這是首份獲英國授權、香港自行與其他國家簽訂的協定。截至 2017 年 7 月 1 日，香港與全球 67 個國家簽訂同類協定。

1986 年 9 月 20 日 | 國務院副總理李鵬會晤訪京的立法局核電考察團，考察團提出成立核電安全諮詢機構、核電價格不高於香港煤電價格，並請法國專家參與核電站的初期管理等建議。李鵬支持港方參與諮詢機構，指理解港人憂慮，希望透過議員實地考察、展覽及核電知識教育，逐步加強港人信心。

| 香港代表隊參加韓國漢城（今首爾）主辦的第十屆亞運會，共奪得一金一銀三銅，當中車菊紅於 26 日在女子個人保齡球項目中為香港奪得首面亞運金牌。

1986 年 9 月 | 教育署本學年起將普通話科納入小學課程，在小四至小六課程中加設普通話科。

1986 年 10 月 8 日 | 港府更改立法局和行政局非官守議員的名稱，刪除「非官守」三字，與官守議員統一稱為立法局議員或行政局議員，行政立法兩局非官守議員辦事處亦相應改名為行政立法兩局議員辦事處。

| 葵涌榮來工業大廈一皮革廠因泄漏化學液體引發爆炸，共造成 14 人死亡、10 人受傷。

1986 年 10 月 21 日 | 英女王伊利沙白二世及王夫菲臘親王第二次抵港，進行三日的訪問，並主持香港會議展覽中心的奠基儀式。

1986 年 10 月 26 日 | 香港民主民生協進會成立，陳立僑出任執行委員會主席，旨在爭取 1988 年立法局部分議席直選形式產生。

1986 年 10 月 29 日 | 港府為配合東江供水量增加而擴建的輸水系統第一期工程竣工，在元朗凹頭抽水站舉行啟用儀式。工程包括鋪設多段輸水隧道、輸水管和興建多個抽水站，使輸港東江水可由羅湖邊境附近的木湖抽水站經輸水隧道送抵元朗凹頭抽水站注入大欖涌水塘，每日可處理東江水 51.8 萬立方米。

1986 年 10 月 30 日 | 由地鐵港島線柴灣車廠平台及鄰近新填海地段發展而成的杏花邨首期落成，至 1989 年 11 月全部落成，共有 48 座大廈，約 6500 單位。此項目首批 400 個單位於 1985 年 7 月 26 日在中環售樓處開售，一小時內售完。

1986 年 11 月 2 日	由 91 個團體發起組成的民主政制促進聯委會（民促會）在高山劇場舉行民主政制高山大會，發表大會宣言，提出建立三權分立的制度、促進民主政制、實現「港人治港」、爭取行政長官一人一票普選產生、立法機關部分議席直選產生。民促會領導人是司徒華和李柱銘。
1986 年 11 月 7 日	澳洲商人梅鐸旗下的新聞出版有限公司收購《南華早報》，是該報自 1903 年創刊以來首次脫離英資財團控制。
1986 年 11 月 9 日	總部設於美國紐約的亞洲文化協會於香港成立分會，透過提供資助及舉辦活動，促進亞洲與美國在視覺藝術、表演藝術和藝術教育方面的交流及人才培訓。
1986 年 11 月 12 日	亞洲電視主辦的首屆電視先生選舉總決賽在紅館舉行，孫興奪得冠軍。
1986 年 12 月 2 日	香港貿發局駐北京辦事處開幕。翌日，香港產品展覽會在北京中國國際展覽中心舉行，70 間香港廠商及公司展出 2500 多件產品。
1986 年 12 月 3 日	第六屆全國政協委員、基本法諮委會執行委員會副主任、王寬誠教育基金創辦人王寬誠於北京逝世，終年 80 歲。10 日，王寬誠於北京醫院出殯，國務院總理趙紫陽等 500 多名各界人士向遺體告別，其後安葬於北京八寶山革命公墓。
1986 年 12 月 5 日	港督尤德赴北京出席香港貿發局駐北京辦事處和香港產品展覽會開幕禮後，在北京的英國駐華大使館內心臟病發猝逝，是唯一一位任內去世的港督，享年 62 歲。（圖 236）
	位於蝴蝶灣的新屯門渡輪碼頭啟用，油蔴地小輪提供來往屯門與中環的飛翔船航線服務。該航線於 2000 年 7 月 17 日起停航，但另有其他公司營運往返大澳、澳門及珠海等地航線。

圖 236　1986 年 12 月 9 日，港府為港督尤德舉行喪禮。（香港歷史博物館提供）

1986 年 12 月 12 日 養和醫院公布,本港首名試管嬰兒(體外人工受孕)誕生。

1986 年 12 月 26 日 香港仔避風塘發生四級大火,170 艘船隻被焚毀,兩人受傷,登記
災民共 1657 名。港府宣布八成災民獲安排入住即將落成的鴨脷洲
利東邨公屋單位。

1986 年 香港駐三藩市經貿辦成立,負責推進香港與美國西部 19 個州份之
間的經貿關係。

聯合國兒童基金會香港委員會在香港成立,透過公眾募捐、與其他
機構合作,支援聯合國兒童基金會工作,並向公眾宣揚保護兒童
權利。

香港考古學會在大嶼山竹篙灣遺址進行考古發掘,清理出明代青
花瓷片共 20,000 多片,燒製年代主要為明成化至正德年間(1465
年至 1521 年),大多數來自江西景德鎮民窰。1990 年 9 月至 10
月,古蹟辦對該遺址進行搶救性考古發掘,也出土大量明代景德鎮
民窰青花外銷瓷器碎片,以及少量東南亞陶瓷碎片。1991 年 1 月
至 3 月,該遺址出土文物在香港博物館首次展出。

1987 年 1 月 6 日 警方於全港六處展開搜查行動,並於灣仔大坑扣獲市值約 1000 萬
元的大麻,合共拘捕七人,為本港當時有紀錄以來最大的大麻毒
品案。

1987 年 1 月 8 日 最後一屆初中成績評核試(中三淘汰試)開考,為期兩日。1987
年新學年起改由學校自行根據學額及校內成績,挑選學生升讀中四
課程。

1987 年 1 月 14 日 港府宣布清拆九龍寨城,原址將改建成公園。中國政府發表聲明,
表示充分理解港府決定。九龍寨城約有 40,000 居民,將於三年內
分三批安置。

1987 年 1 月 16 日 九廣鐵路新羅湖車站及大樓落成啟用,大樓共六層,負責辦理出入
境香港及海關檢查的手續,並設有雙層行人橋連接 1985 年 6 月 14
日啟用的深圳羅湖聯檢大樓。

1987 年 2 月 20 日 港府頒布《1987 年淫褻及不雅物品管制條例》,自 9 月 1 日起,設
立淫褻物品審裁處,管制內容屬於或含有淫褻,或不雅資料(包括
暴力、腐化或可厭的資料)的物品,或裁定公開展示的事物是否不
雅,以及將物品評定為屬淫褻、不雅,或非淫褻亦非不雅的類別。

沙田中央圖書館開幕,是區域市政局轄下的首個公共圖書館。

1987 年 2 月 25 日 港府發表 1987/1988 年度財政預算案,制定同時於本地和海外工
作人士的雙重課稅計算辦法。

1987 年 2 月 26 日 位於尖沙咀的消防總部大廈啟用,是香港首座永久性消防處總部
大廈。

| 由太古香港可口可樂有限公司主辦的首屆香港傑出運動員選舉結果公布，陳念慈、許素虹、黃耀榮、張小邁、洪松蔭、長谷川遊子當選。1992 年，康體發展局協辦該一年一度的選舉。2000 年 11月，改由港協暨奧委會與康文署協辦。2004 年，選舉改由港協暨奧委會主辦。

1987 年 3 月 13 日 | 港府頒布《1986 年公安（修訂）條例》，規定任何人發布虛假消息，引起公眾恐慌及擾亂公眾秩序，即屬違法，一經定罪，最高罰款十萬元及入獄兩年。

1987 年 3 月 14 日 | 區域市政局及市政局合辦的首屆香港花卉展覽於沙田中央公園舉行。此後香港花卉展覽每年在維園及沙田中央公園輪流舉辦，至2000 年市政局及區域市政局解散後，改由康文署每年在維園舉辦。

1987 年 3 月 27 日 | 港府頒布《1987 年法定語文（修訂）條例》和《1987 年法律釋義及通則（修訂）（第 3 號）條例》，提供一個立法框架，使香港可同時以中英文頒布法例，兩種文本同屬真確文本，並具相同法律效力；同時成立雙語立法諮詢委員會，就雙語相關問題向行政局提供意見。

1987 年 3 月 30 日 | 旺角工人夜校易名為香港專業進修學校，為公開考試成績未如理想的學生提供進修機會。

1987 年 4 月 1 日 | 港府開始實施公屋住戶資助政策（俗稱雙倍租政策），向住滿十年、家庭入息超過輪候登記冊入息限額兩倍的公屋住戶，徵收雙倍租金。

| 爬蟲學家鮑嘉天於喜靈洲首次發現香港特有爬行動物香港雙足蜥，其拉丁學名亦以鮑嘉天冠名。

1987 年 4 月 8 日 | 港府發表《長遠房屋策略》，主要計劃包括每年興建 40,000 個公屋單位、開展舊型屋邨重建計劃，並推行自置居所貸款計劃，為中低收入人士提供置業資助。

1987 年 4 月 9 日 | 衞奕信（前稱魏德巍）就任第二十七任香港總督，後於 1992 年 7月 3 日卸任。

1987 年 4 月 16 日 | 鄧小平於北京人民大會堂會見香港基本法起草委員會委員時，強調香港在 1997 年政權移交後至少 50 年不變，繼續維持資本主義生活方式。

1987 年 4 月 22 日 | 東莞沙角發電廠 B 廠舉行按鈕儀式，開始為廣東省供電。該廠由深圳經濟特區電力開發公司與胡應湘的香港合和電力（中國）有限公司，共同投資 40 億港元興建。翌年 4 月 29 日，發電廠舉行投產典禮。

1987 年 4 月 27 日 | 港府宣布特赦 4 月 27 日前來港的 14 歲以下非法入境兒童。翌日在入境處登記者約 300 餘人。

1987 年 4 月	《攝影雜誌》月刊創刊，介紹各種攝影器材及技巧，後於 2017 年停刊。
1987 年 5 月 6 日	立法局財委會通過 720 萬元撥款，鼓勵香港出版商為指定 16 個中學科目出版中文課本，每個科目至少有三套課本可供選擇，課本如獲採用，出版商可獲每套 15 萬元的獎金。
1987 年 5 月 19 日	香港英國商會成立，旨在促進英商在港的投資以及中英兩國貿易往來，創會會員 103 名。
1987 年 5 月 27 日	港府發表《綠皮書：一九八七年代議政制發展檢討》，就 1988 年立法局應否有部分議席由直接選舉產生，向公眾諮詢。11 月 4 日，港府公布收集意見的結果，其中約 67% 意見表示不同意 1988 年推行直接選舉。翌年 2 月 11 日，港府發表《白皮書：代議政制今後的發展》，表示鑒於社會上有明顯的分歧，決定不在 1988 年推行立法局直接選舉，會將直接選舉延至 1991 年推行，並強調香港代議政制應該循序漸進。
1987 年 5 月 29 日	港府頒布《1987 年人民入境（修訂）（第 2 號）條例》，規定通常在香港連續居住不少於十年的華籍居民，根據《1986 年香港（英國國籍）令》與香港有聯繫的英國屬土公民，以及 1983 年 1 月 1 日之前享有香港入境權的英聯邦公民屬於香港永久居民，享有香港居留權，可自由入境香港、無條件限制在港居留、免受驅逐或遞解離境。
1987 年 6 月 5 日	法定機構海洋公園公司根據《1987 年海洋公園公司條例》成立。
1987 年 6 月 9 日	位於油麻地的警方九龍總區重案組辦事處遭炸彈襲擊，部分天花倒塌。案發時駐守警員外出執勤，無人受傷。19 日，尖沙咀中心發生爆炸案，造成一人受傷。7 月 8 日，太古城中心再發生爆炸案，造成 14 人受傷，事後一個自稱「香港恐怖主義者組織」承認與本案有關，翌日警方將一名懷疑與此三宗炸彈案有關的男子拘捕。
1987 年 6 月 10 日	香港作家協會成立，翌日舉行第一次會員大會，倪匡擔任會長。
1987 年 6 月 17 日	港府代表與瑞典代表簽訂紡織品協議，自 9 月 1 日起，逐步放寬三類香港紡織品的出口限制，浴衣類產品則由 1990 年開始放寬，協議為期五年。
	香港電訊有限公司於香港註冊成立。10 月 19 日，香港大東電報局與電話公司宣布合併，並由香港電訊收購兩公司全部股權。翌年 2 月 1 日，香港電訊取代電話公司的上市地位。
1987 年 6 月 25 日	海關合作理事會（今世界海關組織）在加拿大渥太華舉行會議，允許香港成為理事會的成員。
1987 年 6 月 26 日	港府頒布《1987 年退休金利益條例》，自 7 月 1 日起，實施公務員新退休金計劃，列明該計劃是公務員的權利，並規定除表列紀律部隊公務員例外規定外，公務員通常退休年齡為 60 歲。

英國政府制定的《1986 年香港（英國國籍）令》生效，香港入境處開始簽發英國國民（海外）護照。該護照的官方註記頁上列明持有人擁有「香港居留權」以及「免簽證入境英國六個月的權利」。1997 年 7 月 1 日起，該護照改由英國駐港領事館簽發，並於該年 10 月 1 日終止接受新登記申請。

港府開始分階段為全港市民更換第二代電腦身份證，該身份證可於 1997 年 7 月 1 日特區政府成立後繼續使用，分為香港永久性居民身份證和香港身份證兩種，前者注明持證人享有香港居留權。

1987 年 7 月 10 日

港府頒布《1987 年度量衡條例》，界定本港可使用的計量單位（長度、面積、體積、容量、質量或重量單位）、計量標準（十進制、英制或中國制）和商用度量衡器具，以保障消費者在貨物交易時免受欺詐，並由香港海關執行法例。該條例於 1989 年 1 月 1 日實施。

1987 年 7 月 18 日

首批由港府選派的 70 位本地教師赴英國進修，港府委託英國文化協會招聘來港的 84 位外籍教師，於 9 月新學年開始任教。這是港府為提升中學英文科教學水準而推行的為期兩年的試驗計劃。

1987 年 7 月 23 日

房委會改組成為獨立決策機構，在策劃與發展公營房屋及財政上具有更大彈性，並負責協助港府監督長遠房屋策略的施行以及與私人發展商協調本港房屋供應。房委會改組後，繼續接受港府財政資助，並以房署為執行機構，而主席不再由政府人員出任，改組後首任主席由前布政司鍾逸傑出任。

1987 年 7 月 29 日

西貢十四鄉的海魚養殖區遭紅潮侵襲，5000 擔活魚死亡，70 戶漁民合共損失 1400 萬元。

1987 年 8 月 14 日

香港藝術家聯盟成立，鍾逸傑為首任主席。

1987 年 9 月 1 日

廣播事務管理局成立，是監察香港電視和電台廣播的法定機構，並負責處理社會各界對廣播事業提出的建議與投訴，李鵬飛出任首任主席。

1987 年 9 月 24 日

房署開展第一期筲箕灣木屋區清拆計劃，1989 年 12 月完成筲箕灣西部馬山村、聖十字徑村及澳貝龍村等六個木屋區的清拆行動，居民遷入柴灣翠灣邨。筲箕灣木屋區與鑽石山木屋區為當時本港最大的兩個木屋區。

1987 年 9 月 27 日

民促會於維園舉行名為民主政制維園大會的集會並發表宣言，爭取立法局 1988 年推行直接選舉，約 8000 人參與。

1987 年 10 月 14 日

逾千名農民不滿立法局通過《1987 年廢物處理（修訂）條例草案》，包圍立法局大樓抗議，事件擾攘一個半小時，令港督及立法局議員無法離去。

中華煤氣位於大埔的煤氣廠開幕，自此取代九龍馬頭角煤氣廠成為主要廠房。廠房自 1986 年底開始分階段投產，喉管設備可輸送煤氣及天然氣至全港各區。

| **1987 年 10 月 16 日** | 港府頒布《1987 年廢物處理（修訂）條例》，自翌年 6 月 24 日起，不准於市區及新市鎮飼養禽畜，其他地區若處理禽畜廢物設備未符合當局要求，亦不得飼養禽畜，以控制水質污染。 |

港府頒布《1987 年凶犯（監管下釋放）條例》，設立監管下釋囚委員會，規定港督可依委員會建議，命令被判刑三年及以上（終身監禁除外）的囚犯，如已至少服滿刑期的一半或 20 個月（以較長者為準），可提前釋放，其間須受監管；港督亦可依委員會建議，命令被判刑兩年及以上（終身監禁除外）的囚犯，如將於六個月內刑期屆滿，可提前釋放，惟須居住於政府管理的宿舍接受監管，並以可行方式就業。

| **1987 年 10 月 19 日** | 香港股市承接環球股市於 10 月 16 日（上周五）的跌勢，恒指全日跌 420 點，收市報 3362 點，跌幅達 11%，恒指期貨更跌至停板。 |

| **1987 年 10 月 20 日** | 鑒於外圍股市急跌，香港聯交所及期貨交易所決定股市和股票指數期貨市場停市四日，以穩定市場情緒，是為「八七股災」，後於 10 月 26 日復市。 |

| **1987 年 10 月 25 日** | 港府從外匯基金撥出十億元，加上期貨市場的莊丁經紀和股東提供的十億元，合成 20 億元的備用貸款，供香港期貨保證有限公司應用，促使恒生指數期貨市場恢復買賣。 |

| **1987 年 10 月 26 日** | 香港股市復市，恒指全日大跌 1120 點，收市報 2241 點，跌幅達 33%，是截至 2017 年港股最大單日跌幅，本日被稱為「黑色星期一」。 |

| **1987 年 10 月 27 日** | 港府再從外匯基金撥出十億元，聯同中國銀行、滙豐銀行及渣打銀行提供的十億元，合成 20 億元的新增備用貸款，以支持恒指期貨市場正常運作。 |

| **1987 年 11 月 2 日** | 第三屆國際反貪污會議在香港舉行，為期五日，來自 31 個國家和地區的 76 個機構代表共逾 100 人參與，以加強國際合作，交流反貪經驗。 |

廉署起訴三名建築商人及七名前政府人員，指控他們涉嫌於 1985 年揭發的 26 座問題公屋興建期間貪污舞弊。翌年 3 月 11 日，前建築公司東主蕭漢森行賄罪成，被判監兩年九個月，罰款 32.5 萬元。該年 4 月 12 日，另一名前建築公司助理經理潘伯勝亦因行賄罪成被判入獄三個月，緩刑一年，罰款 4000 元。其他涉案人無罪釋放。

| **1987 年 11 月 3 日** | 香港中旅社開始辦理台灣人士返回內地探親的證件。 |

| **1987 年 11 月 11 日** | 港府委任證券業檢討委員會，由戴維森出任主席，就 1987 年股票和期貨市場的事件提交報告書，提出改善建議，並為投資者提供緊急保障。翌年 6 月 2 日，委員會發表《香港證券業的運作與監察》報告書，建議重整香港聯交所及期交所的管理制度，並成立獨立於政府的監察組織，確保市場有序運作及保障投資者利益。 |

| **1987 年 11 月 24 日** | 位於九龍塘廣播道的亞洲電視大廈發生四級大火，焚燒八小時，令亞洲電視一度停播十小時。 |

| 1987 年 11 月 25 日 | 港府修訂煙草稅計算方法，由以重量作為徵稅單位，改為以每支香煙作為徵稅單位，每 1000 支煙徵收 165 元。 |

深水埗區由是日起至 12 月 1 日，逾 100 人因進食有毒菜心送院救治。事後港府化驗相關菜心樣本，發現含有令人中毒的農藥甲胺磷。

| 1987 年 12 月 7 日 | 英國樞密院司法委員會作出判決，指香港最高法院上訴法庭在審理葉繼歡處理贓物罪上訴期間誤導陪審團，裁定葉氏上訴得直，案件發還重審。翌年 5 月 31 日，香港最高法院上訴法庭將葉繼歡的刑期由 18 年減至 16 年。 |

| 1987 年 12 月 13 日 | 《亞洲週刊》創刊，為該刊英文版 Asiaweek 的姐妹刊物，亦是全球第一本國際性中文時事刊物，創辦人為奧尼爾和康榮。 |

| 1987 年 12 月 18 日 | 港府頒布《1987 年建築物設計（修訂）規例》，自翌年 1 月 8 日起，放寬樓宇的設計限制，取消 1969 年規定街道兩旁建築物須興建斜面樓頂以確保街道採光的措施；同時劃一所有建築物天花板最低高度為 2.5 米。 |

| 1987 年 12 月 | 財經月刊《資本雜誌》創刊，主要內容包括香港經濟、股市及金融市場的分析。 |

| 1987 年 | 香港中文大學中國考古藝術研究中心與廣州中山大學人類學系及深圳博物館合作，於本年至 1989 年期間，在大嶼山東灣遺址進行三次考古發掘，揭示史前到歷史時期的文化發展序列，是首次在環珠江口發現新石器時代的東灣文化。 |

亦舒發表及出版言情小說《流金歲月》，1988 年開拍同名電影。

《讀書人》創刊，登載圖書評介、圖書專題座談和採訪紀錄等內容，次年停刊後，1995 年 3 月 8 日復刊，1997 年 7 月再次停刊。

香港專業攝影師公會正式成立，目的是推動香港專業攝影，為香港攝影師舉辦專業會議、展覽、比賽及促進攝影師對外交流等。

| 1988 年 1 月 2 日 | 廉署拘捕香港聯交所高層人員，包括前主席李福兆、辛漢權、曾德雄，指控他們涉嫌於 1986 年至 1987 年期間批核公司上市申請中收受利益。1990 年 10 月 18 日，李福兆收取利益罪名成立，被判處入獄四年，充公 865,365 元轉售股票利益。 |

| 1988 年 1 月 15 日 | 法定機構土地發展公司（今市區重建局）根據《1987 年土地發展公司條例》成立，負責市區重建項目，運作獲政府支持，按審慎商業原則運作。 |

| 1988 年 1 月 16 日 | 台灣「外省人返鄉探親促進會」首個「返鄉探親團」經香港赴內地。 |

| 1988 年 1 月 22 日 | 港府頒布《1988 年新界土地契約（續期）條例》，使新界及新九龍於 1997 年 6 月 30 日之前屆滿的土地契約，續期至 2047 年 6 月 30 日，毋須補繳地價，短期租約、特殊用途契約、承租人在田土註冊處註冊紀錄冊以備忘錄形式註冊的契約除外。 |

| 1988 年 1 月 26 日 | 《香港經濟日報》創刊，是以財經新聞為主的日報。 |

| 1988 年 1 月 28 日 | 警方派出逾 150 名警員搜查全港 20 多個地點，破獲一個非法高利貸集團，共拘捕 49 人。該集團放債款項約一億元，佔香港非法貸款業務約 65%。 |

| 1988 年 1 月 31 日 | 香港作家聯誼會成立，由 31 位作家發起，會長曾敏之。聯誼會旨在增進香港作家交流，促進香港文學發展。 |

| 1988 年 2 月 26 日 | 由房委會興建的寶林邨入伙，是將軍澳新市鎮首個公共屋邨。 |

| | 香港雕塑家協會與香港藝術中心合作，舉辦「十年香港雕塑展」，展覽回顧本港過去十年的雕塑作品。 |

| 1988 年 3 月 10 日 | 第三屆區議會選舉舉行，共設 264 個民選議席，投票率為 30.3%。 |

| 1988 年 3 月 15 日 | 楊鐵樑就任首席大法官（前稱正按察司），是香港首位華人首席大法官。（圖 237） |

| 1988 年 3 月 18 日 | 香港出版學會成立，由本港出版界高級管理人員及專業人員組成，旨在推動出版業發展、培養人才以及為業界爭取權益。 |

| 1988 年 3 月 25 日 | 17 名全國人大廣東代表團港籍代表參加在北京召開的第七屆全國人大第一次會議，本屆港籍代表人數由 16 名增至 17 名。 |

| 1988 年 3 月 30 日 | 卜蜂國際有限公司於本港註冊，並於 4 月 28 日在港上市，是泰國大型私有企業卜蜂集團（正大集團）於香港及中國內地業務的控股公司。 |

| 1988 年 4 月 1 日 | 民事檢察專員馬富善出任律政司，任期至 1997 年 6 月 30 日，為香港特區成立前最後一任律政司。 |

圖 237　1988 年 1 月 11 日，候任正按察司楊鐵樑在聖約翰座堂宣布新一個法律年度開始。（南華早報提供）

1988 年 4 月 1 日 | 香港園境規劃師學會成立，旨在制定園境規劃專業標準以培訓人才，並推動本地與海外業界交流。

1988 年 4 月 10 日 | 香港科技大學根據《1987 年香港科技大學條例》成立，並於 1991 年 10 月 10 日開幕，着重科技和專業性學科，設有工科學院、理科學院、工商管理學院及人文社會科學學院，吳家瑋擔任首任校長，為香港第三間大學。

1988 年 4 月 17 日 | 鄒平於大嶼山首次發現香港特有的稀有植物香港細辛，也是細辛屬分布於香港的唯一代表。

1988 年 4 月 26 日 | 香港基本法起草委員會舉行第七次全體會議，通過《香港特別行政區基本法（草案）徵求意見稿》和《關於〈香港特別行政區基本法（草案）徵求意見稿〉的徵詢意見辦法》，以五個月時間在香港和內地展開徵詢。28 日，徵求意見稿在香港公布。

1988 年 5 月 6 日 | 英國大型連鎖零售商馬莎百貨公司於尖沙咀海洋中心開設本港首家分店，主要售賣英式服裝與食品。

1988 年 5 月 13 日 | 67 名來自內地、在港非法居留和工作而被警方逮捕的黑市勞工，全數被法庭判處入獄 15 至 18 個月，是港府首次引用《人民入境條例》成功檢控黑市勞工的案例。

1988 年 5 月 20 日 | 港府頒布《1988 年電影檢查條例》，自 11 月 10 日起，實施電影三級制，規定所有影片在本港公開放映前，必須送呈港府審查及評級；凡獲評定為第三級的電影，只限 18 歲或以上人士進入戲院觀看。

1988 年 5 月 26 日 | 港府宣布將調景嶺平房區納入將軍澳新市鎮第三期發展範圍，計劃於 1990 年代初期完成清拆，以興建公共房屋。30 日，調景嶺居民組成專責委員會，收集居民意見。居民大致反對有關計劃，認為港府違反 1961 年讓已登記居民無限期居留的決定，並表示若港府展開清拆行動，將會激烈抵抗。

1988 年 6 月 16 日 | 港府宣布以本月 15 日午夜為準，開始實施越南難民甄別政策，來自越南的入境者不再自動獲得難民身份，先稱其為船民，並安排於羈留中心暫住，只有通過按照 1951 年聯合國《難民地位公約》所進行的甄別程序，才能獲得難民身份，等待第三國收容；未獲難民身份者，將被視為非法入境而安排遣返越南。

教統會發表《第三號報告書》，提出本地大學學制統一為三年，高等院校學位課程只招收完成兩年預科課程的學生，再度引發香港中文大學四年制改為三年制的討論。

1988 年 6 月 24 日 | 港府頒布《1988 年精神健康（修訂）條例》，訂明精神病患者的監護人制度，授權警方將懷疑精神病患者送院接受檢查，並設立精神健康覆核審裁處，覆核精神病院患者被強制留院治療的決定。

1988 年 6 月 24 日	聯合出版（集團）有限公司註冊成立，其成員包括三聯書店、中華書局、商務印書館、萬里機構等 20 多家出版、印刷和發行機構。該集團是香港最大規模的出版機構。
1988 年 6 月 29 日	天主教香港教區主教胡振中獲教宗若望保祿二世擢升為樞機，成為香港首位樞機。
1988 年 7 月 1 日	港府頒布《1988 年大老山隧道條例》，向大老山隧道有限公司批出 30 年經營專利權。11 日，大老山隧道舉行動土儀式。（圖 238）
1988 年 7 月 15 日	港府金融事務科與負責管理銀行公會票據交換所的滙豐銀行達成協議，自本月 18 日開始實行會計新安排，滙豐銀行須於外匯基金開設戶口，並確保戶口內港元結餘不低於本港銀行體系其他所有銀行的結餘總淨額。由此，外匯基金將成為本港銀行同業市場流動資金的最後提供者，使港府可透過外匯基金加強管理銀行體系，加強聯繫匯率制度的穩定性。
1988 年 7 月 22 日	港府頒布《1988 年噪音管制條例》，管制住宅和公眾場所、建築工地、工商業樓宇的噪音及產生噪音的產品。
1988 年 7 月 25 日	九廣鐵路公司興建的輕便鐵路試車時發生死亡意外，一列試行列車在元朗青山公路與客貨車相撞，客貨車上一名八歲男童喪生，四人受傷。港府要求立即暫停試車。30 日，港府與九廣鐵路宣布輕鐵延期通車。
1988 年 8 月 8 日	香港保險業聯會成立，旨在促進香港保險業發展，由香港保險總會和香港壽險總會共同籌組，創會主席為沈茂輝，是本港保險業的最大代表機構，在 1990 年保險業監理處成立前，負責監管保險公司。

圖 238　1980 年代鑽石山大磡村木屋區鳥瞰圖，遠方為興建中的大老山隧道。（香港歷史博物館提供）

1988 年 8 月 12 日	廣東大亞灣核電站核安全諮詢委員會成立,立法局議員黃保欣出任主席。該委員會是香港市民和廣東核電合營公司的溝通橋樑。
1988 年 8 月 13 日	港府發表英國運輸部專家撰寫的輕便鐵路通車安全報告,強調輕鐵系統安全,並在技術及運作方面提出改善建議,以保障居民安全,港府及九廣鐵路公司接納所有建議。
1988 年 8 月 22 日	職業安全健康局根據《1988 年職業安全健康局條例》成立,負責推廣職業安全意識,設計教育及訓練課程,提高安全管理水平。
1988 年 8 月 28 日	廣東省番禺縣洛溪大橋通車,連接番禺洛溪與廣州市海珠區,總長 1916 米,是當時廣東省最長的公路橋。香港商人霍英東是大橋倡建者之一,出資約 1000 萬元協助興建。
1988 年 8 月 30 日	港府任命三名華人出任司級官員,包括周德熙出任衛生福利司、陳祖澤出任工商司、楊啟彥出任教育統籌司。這是自 1986 年港府宣布不聘用 57 歲或以上外籍公務員政策後,首次以本地華人接替外籍司級官員。
1988 年 8 月 31 日	一架中國民航客機由廣州飛抵香港,於啟德機場降落時,衝出跑道墜海折斷,造成七人死亡、15 人受傷。肇事時天文台發出雷暴警告。
1988 年 9 月 7 日	港府宣布開放禁閉式越南難民營,允許越南難民就學和就業,結束禁閉營政策。
1988 年 9 月 14 日	位於金鐘的奔達中心開幕,設有兩座分別 46 層及 42 層高的辦公大樓,外牆採用八角形凹凸設計,1992 年 11 月 4 日更名為力寶中心。
1988 年 9 月 18 日	輕便鐵路第一期通車,連接屯門至元朗;第二期屯門支線於 1992 年 2 月通車,第三期天水圍支線於 1993 年 1 月 10 日通車。輕鐵是連接屯門、元朗、天水圍主要公共屋邨和私人屋苑的新界西部首個鐵路系統。(圖 239)

圖 239 1989 年,行駛於元朗鬧市中的輕鐵。(政府新聞處提供)

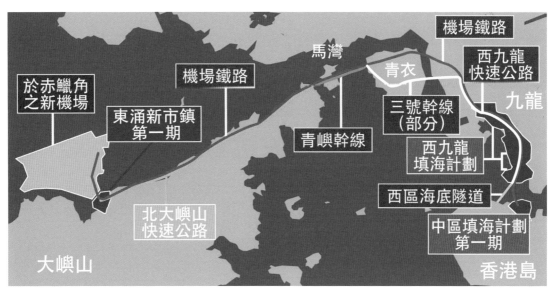

圖 240 「玫瑰園計劃」示意圖。（香港地方志中心製作）

| 1988 年 9 月 20 日 | 港府與聯合國難民公署就處理來港越南船民問題達成協議，公署確認港府同年 6 月推行的甄別政策，協助被港府甄別為非難民的船民上訴時提供律師服務，以及負擔船民中心營運經費。 |

| 1988 年 9 月 22 日 | 1988 年立法局選舉舉行，選舉團設 12 席，由 12 個選舉團分別選出，投票率為 97.4%；功能組別設 14 席，由 11 個組別選出，投票率為 54%。 |

| 1988 年 9 月 | 課程發展委員會改組為課程發展議會，包括主要的議會、六個協調委員會及科目委員會，以提升課程發展議會處理本港教育事務的效率，蘇國榮擔任主席。 |

百富勤國際註冊成立，創辦人為杜輝廉、梁伯韜，以投資銀行及證券為主要業務。自 1992 年起百富勤協助中資公司與內地國有企業在港上市，至 1995 年成為香港最大的證券行。

| 1988 年 10 月 1 日 | 社署推行私營安老院自願註冊制度，將私營安老院分為甲一、甲二及乙三級，以鼓勵安老院提升服務質素，並為立例管制安老院作準備。 |

| 1988 年 10 月 12 日 | 新一屆立法局召開首次會議，全部 19 位新任議員和 12 位連任議員宣誓服務效力港人，不再如以往宣誓效忠英女王。 |

港督衛奕信發表施政報告，提出在赤鱲角興建新國際機場，取代啟德機場。翌年 10 月 11 日，衛奕信發表施政報告，制定《港口及機場發展策略》，提出興建新機場相關的十項工程，即後來的「香港機場核心計劃」，俗稱「玫瑰園計劃」。（圖 240）

| 1988 年 10 月 21 日 | 清水灣無綫電視城落成啟用，並由無綫電視主席邵逸夫主持亮燈儀式。 |

1988 年 10 月 22 日	香港舉辦亞洲地區首次國際現代音樂協會世界音樂日。
1988 年 10 月 26 日	73 名市民進食購自九龍各區街市的菜心後不適入院,至 28 日,港府公布相關菜心樣本被驗出含有農藥甲胺磷。11 月 1 日,港府與深圳當局規定所有從深圳出口香港的蔬菜須附上標籤,列明出產農場、農藥成分及收割日期。截至該日,因進食有毒蔬菜累計入院的至少有 450 人。
1988 年 10 月 27 日	香港藝術家聯盟舉辦首屆藝術家年獎,以表揚於繪畫、文學、時裝及音樂等藝術及設計範疇內有傑出貢獻者。
1988 年 11 月 8 日	位於尖沙咀的中國客運碼頭建成啟用,提供來往香港、廣東省及澳門的跨境客輪服務。
1988 年 11 月 11 日	土地發展公司與長實、新世界發展、新鴻基地產、鷹君公司簽訂意向書,分別合作參與中環、上環、灣仔、油麻地及旺角的八個市區重建項目,涉及總金額約 120 億元。
1988 年 11 月 15 日	醫務衛生署開始為所有在香港出生的嬰兒免費接種乙型肝炎疫苗。
1988 年 11 月 25 日	位於灣仔的香港會議展覽中心揭幕,總建築面積達 40.9 萬平方米,包括兩家酒店及辦公大樓,是亞洲首個專為會議展覽用途而興建的大型綜合設施。(圖 241)
1988 年 11 月 26 日	香港中華文化促進中心舉辦首屆「歷史文化考察報告獎」,推動學界研習香港歷史,翌年 11 月舉行頒獎典禮,2002 年起活動改與香港歷史博物館合辦。
1988 年 11 月 28 日	土地發展公司獲城規會批准,可在港島及九龍五個地點開展市區重建計劃,包括上環皇后街、中環機利文街及永勝街、旺角奶路臣街及油麻地雲南里。

圖 241 灣仔會展第一期,攝於 1988 年。(南華早報提供)

1988 年 12 月 1 日 ┃ 香港電影導演會成立，吳思遠擔任首任會長。

1988 年 12 月 2 日 ┃ 4000 多名香港中文大學師生在本學年上學期最後一個上課日發起罷課，並於學校本部百萬大道舉行大型集會，要求港府擱置教統會提出的大學四年制改二年制的建議，香港大學、嶺南學院、樹仁學院的學生會派代表參加。

1988 年 12 月 3 日 ┃ 港督衞奕信、財政司翟克誠、金融司林定國及副金融司任志剛，在港督粉嶺別墅與秘密訪港的中英金融事務小組中方成員開會，討論香港設立金融管理局的構想。

1988 年 ┃ 香港廉署與廣東省人民檢察院簽訂「個案協查計劃」，容許香港廉署職員及廣東省檢察人員在得到雙方的同意下，就涉及貪污及相關罪案進行跨境調查工作。2000 年，最高人民檢察院加入此計劃，令計劃涵蓋範圍擴展至全中國內地。

┃ 香港辦學團體協會成立，旨在促進本港各辦學團體的交流合作，並向港府提出與教育政策相關的意見，提升本港整體教育質素。

1989 年 1 月 1 日 ┃ 1866 年開始鑄造及流通的五仙硬幣失去法定貨幣地位，停止在市面流通。

1989 年 1 月 9 日 ┃ 香港基本法起草委員會舉行第八次全體會議，審議《基本法（草案）徵求意見修改稿》，並通過《中華人民共和國香港特別行政區基本法（草案）》和《關於設立全國人民代表大會常務委員會香港特別行政區基本法委員會的建議》。

1989 年 1 月 13 日 ┃ 港府頒布《1989 年公安（修訂）條例》，廢除原條例中第 27 條有關發布虛假消息可被定罪的條文。

1989 年 1 月 16 日 ┃ 商台舉辦首屆叱咤樂壇流行榜頒獎典禮，此後每年舉辦。

1989 年 1 月 23 日 ┃ 位於西貢斬竹灣的抗日英烈紀念碑揭幕，紀念於日佔時期為抵抗日軍而犧牲的港九大隊成員。

1989 年 1 月 24 日 ┃ 港督衞奕信會同行政局接納教統會《第三號報告書》的建議，決定所有資助大專院校將統一提供三年制大學課程。

1989 年 2 月 1 日 ┃ 行政事務申訴專員公署根據《1988 年行政事務申訴專員條例》成立，3 月 1 日開始運作，是本港監察公共行政的法定機構，有權依照立法局議員轉介，就條例內列明的政府部門涉嫌行政失當的投訴展開調查。

1989 年 2 月 17 日 ┃ 港府頒布《1989 年〈1988 年噪音管制條例〉（開始生效）公告》，同日起條例分階段生效，其中建築工程噪音管制分兩階段實施，自 8 月 17 日起，若無有效許可證，禁止在夜間及假日使用機動設備進行建築工程；自 11 月 17 日起，所有日間進行的撞擊式打樁工程必須申請許可證，晚間則完全禁止進行。

| 1989 年 2 月 21 日 | 第七屆全國人大常委會第六次會議通過公布《中華人民共和國香港特別行政區基本法（草案）》及其三個附件、《中華人民共和國全國人民代表大會關於香港特別行政區第一屆政府和立法會產生辦法的決定（草案代擬稿）》，以五個月時間在內地和香港就基本法（草案）的內容徵詢意見。 |

| 1989 年 3 月 1 日 | 副布政司改稱為憲制事務司，處理有關政制發展、選舉事宜，以及市政局及區域市政局的立法及修改法例工作，孫明揚擔任首任憲制事務司。 |

| 1989 年 3 月 5 日 | 新香港聯盟成立，發表組織宣言，主張在符合《中英聯合聲明》及基本法前提下，確保港府施政能夠符合香港人的整體利益。 |

| 1989 年 3 月 6 日 | 香港中央結算有限公司成立，主席為賈世德，成員包括香港聯交所、中國銀行、東亞銀行、萬國寶通銀行、渣打銀行、恒生銀行及滙豐銀行，公司保證基金共 6000 萬元。 |

| 1989 年 3 月 9 日 | 1989 年市政局及區域市政局選舉舉行，共設 27 個民選議席，投票率為 17.6%。 |

| 1989 年 3 月 17 日 | 港府頒布《1989 年保險公司（修訂）條例》，調高承保人資產值減去負債的有關數額水平。 |

| 1989 年 4 月 1 日 | 副財政司改稱庫務司，負責港府庫房事務，麥高樂出任首任庫務司。 |

| | 醫務衛生署改組為醫院事務署和衛生署，醫院事務署負責就公共醫院服務所需的資源向港府提供意見，並管理及監督政府補助醫院，周端彥出任首任醫院事務署署長；衛生署負責訂立本港衛生政策，並負責執行衛生法例，李紹鴻出任首任衛生署署長。 |

| 1989 年 4 月 4 日 | 香港電台電視部製作的節目《頭條新聞》於亞洲電視本港台首播，內容主要為觀眾介紹當時報章重要的新聞及社論，後來發展成以幽默方式諷刺時弊的時事節目。 |

| 1989 年 4 月 5 日 | 紀念抗日受難同胞聯合會成立，召集人杜學魁，該會旨在協助相關人士爭取戰爭賠償，防止軍國主義復辟，並從事中日歷史研究。 |

| 1989 年 4 月 14 日 | 港府頒布《1989 年證券及期貨事務監察委員會條例》，成立法定機構證券及期貨事務監察委員會，促進及推動證券及期貨市場團體自律，是本港第一條以中英兩種法定語文制定及頒布的條例。 |

| 1989 年 4 月 17 日 | 新華社香港分社舉行悼念儀式，弔唁 15 日逝世的中共中央前總書記胡耀邦，22 日再舉行追悼儀式，設靈堂弔祭。 |

| | 港府成立中央政策組，直接向港督負責，就重要政策向港府提供意見，顧汝德出任首席顧問。 |

| 1989 年 5 月 1 日 | 證券及期貨事務監察委員會成立，取代原有的證券事務監察委員會以及商品交易事務監察委員會，負責監察香港聯交所、期交所、本港股市運作及企業併購行動、審批於本港進行的公開集資計劃，並負責發牌予本港的證券及期貨交易商。 |

| 1989 年 5 月 2 日 | 世界銀行發行六年期的五億元債券，債券入場費為 50,000 元，在香港聯合交易所掛牌，是首家非本地機構發行港元債券。 |

| 1989 年 5 月 21 日 | 約 50 萬名市民參與歷時八小時的港島區環市遊行，聲援北京學生運動。下午 5 時，參加者在跑馬地馬場舉行集會，宣布香港市民支援愛國民主運動聯合會成立，司徒華出任主席。27 日，支聯會在跑馬地馬場舉行連續 12 小時馬拉松式的民主歌聲獻中華演唱會。28 日，大批市民在港島遊行，組織者指參加人數超過 100 萬，警方則估計下午 2 時出發人數約 50 萬。 |

| 1989 年 5 月 31 日 | 立法局一連兩日辯論基本法（草案）（第二稿），首席議員李鵬飛表示，行政立法兩局議員已就香港特別行政區政制問題達成共識，要求在 1991 年立法局選舉中，首次引進直接選舉，直接選舉議席為 20 席，以後逐屆增加，至 2003 年達到全部議員均由直接選舉產生。此一改制模式被稱為兩局共識方案。中方發表回應，堅持香港民主發展要遵循循序漸進的原則。中方在基本法和全國人大決定中規定，香港特別行政區立法會議員每屆 60 人，其中第一屆直接選舉產生議員 20 人，第二屆直接選舉產生議員 24 人，第三屆直接選舉產生議員 30 人。 |

| 1989 年 6 月 4 日 | 北京發生「六四事件」，香港 20 多萬名市民參加支聯會在跑馬地馬場舉行的靜坐。同日，支聯會展開歷時六小時的港島環市大遊行，約 100 萬名市民參與。 |

| 1989 年 6 月 5 日 | 港府在世界環境日發表《白皮書：對抗污染莫遲疑》，為未來十年制定策略性污水排放計劃（後稱淨化海港計劃）和污染者自付兩項政策，並計劃關閉荔枝角、堅尼地城及葵涌三個焚化爐，以及在新界設三個策略性堆填區，處理固體廢物。這是港府首份重要的環境政策文件。 |
| | 香港股市出現恐慌性拋售，恒指下跌 581.77 點，收市報 2093 點，損失約 1200 億元。同日，部分銀行出現擠提，港府由外匯基金注資 1.94 億元，維持銀行制度和港元匯價穩定。 |

| 1989 年 6 月 13 日 | 聯合國國際難民會議於日內瓦召開，港督衛奕信代表香港在大會上指出，香港作為第一收容港的政策已過時，香港已無法再接收越南船民，強調各國需協助香港安置船民和難民甄別政策的重要性。 |

| 1989 年 6 月 20 日 | 香港公開進修學院成立，1997 年 5 月 20 日獲准升格並改名為香港公開大學，是唯一由港府創辦、具有自我評審資格的自資大學，也是香港第一所採用遙距教學模式的專上院校。 |

1989 年 6 月 23 日 港府頒布《1989 年保護臭氧層條例》，響應國際公約，禁止本地生產的產品含有損害臭氧層的氯氟烴化合物和哈龍，並限制該兩種物質及其產品出入口本港，該兩種物質常用於冷卻劑、發泡劑、清潔溶劑和滅火劑。

行政局首席議員鄧蓮如和立法局首席議員李鵬飛，於倫敦先後會見英國外交及聯邦事務大臣賀維、首相戴卓爾夫人，要求英國政府給予香港居民「居英權」。

1989 年 7 月 3 日 訪港的英國外交及聯邦事務大臣賀維表示，英國無法給予香港 325 萬名「英國屬土公民」居英權。

1989 年 7 月 10 日 新加坡政府宣布未來五至八年對香港的移民限額擴大至 25,000 人，接納包括藍領階層的香港技術人員移居。翌日，逾千人到新加坡駐港領事館索取申請表格。

1989 年 7 月 14 日 港府頒布《1989 年販毒（追討得益）條例》，授權法庭沒收毒販的收益，並列明協助毒販清洗黑錢亦屬違法。

1989 年 8 月 16 日 港府與美國簽訂有關國際航運所得收入的雙重課稅寬免協定，避免雙重課稅和防止逃稅。這是香港與外國簽訂的首份避免雙重課稅的雙邊協定。

1989 年 8 月 24 日 囚犯葉繼歡在瑪麗醫院留醫時，乘看守人員不備，挾持醫院訪客為人質，越獄逃去。

1989 年 9 月 1 日 港府重組布政司署，地政工務科分拆為規劃環境地政科及工務科：規劃環境地政科隸屬布政司，負責管理及策劃環境保護和地政事務；工務科隸屬財政司，負責執行規劃環境地政科的決策，並管轄新設的渠務署。另外，港府增設文康廣播科，負責文化、康樂、體育、古物古跡、郊野公園管理、廣播娛樂等工作。

1989 年 9 月 5 日 警方於西貢檢獲 420 公斤四號海洛英，估計市值逾 32 億港元，當場拘捕四人，為當時歷來本港最大及全球第二大檢獲四號海洛英毒品案。

1989 年 9 月 11 日 無綫電視兒童節目《閃電傳真機》首播，後於 1999 年 12 月 31 日播出最後一集，是香港截至 2017 年播映時間最長的電視兒童節目。

1989 年 9 月 21 日 東區海底隧道通車，連接港島鰂魚涌與九龍茶果嶺，全長兩公里，汽車管道來回雙線行車，並設有管道供地鐵使用，是香港首條公路與地鐵兩用隧道。11 月 8 日，英國王儲查理斯訪港，為隧道主持揭幕典禮。（圖 242）

1989 年 9 月 美國投資銀行所羅門兄弟首次將備兌認股權證（俗稱窩輪）引入香港股市。這種金融衍生工具可讓投資者以較低成本購入股票、貨幣及商品，以換取較高回報，屬高風險的金融產品。

1989 年 10 月 12 日 東區走廊第三期（最後一期）工程完成，道路全線通車，連接銅鑼灣和柴灣，當時屬第八號幹線的快速公路段。

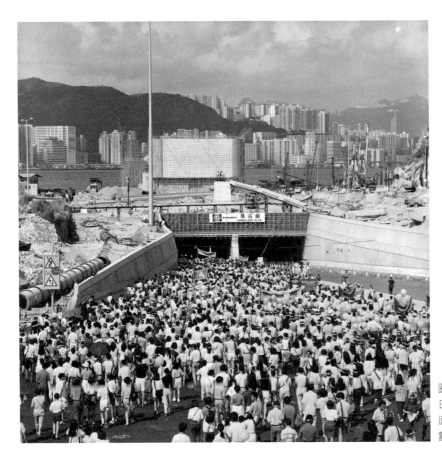

圖 242　1989 年 8 月 27
日，香港公益金於東區海
底隧道通車前舉行百萬行
籌款。（政府新聞處提供）

1989 年 10 月 18 日　美國智庫組織傳統基金會發表一份政策研究報告，指出不干涉政策
　　　　　　　　　　　現已不足夠，美國不能再扮演一個被動的旁觀者，必須摒棄一貫對
　　　　　　　　　　　香港的低調政策，轉為積極參與。

1989 年 10 月 19 日　加拿大政府宣布，翌年可接受 17.5 萬名移民，比往年增加 15,000
　　　　　　　　　　　人，並表示歡迎對 1997 年香港特區成立有憂慮的香港居民申請。

1989 年 10 月 27 日　廉署拘捕律政署副刑事檢控專員胡禮達，指控其涉嫌收取律師賄
　　　　　　　　　　　款，協助該律師的客戶勝訴。1991 年 7 月 6 日，最高法院裁定胡
　　　　　　　　　　　禮達財富與其公職收入不相稱，判入獄八年，歸還 1200 萬元款
　　　　　　　　　　　項。1992 年 6 月 2 日，涉嫌賄賂胡禮達的兩名律師和一名商人被
　　　　　　　　　　　最高法院裁定罪成，各被判入獄七年。

　　　　　　　　　　　香港民主促進會註冊成立，梁智鴻出任主席，以推動香港民主、保
　　　　　　　　　　　障人權和自由為宗旨。

1989 年 10 月 31 日　第七屆全國人大常委會第十次會議決定：「鑒於司徒華、李柱銘近
　　　　　　　　　　　期的言行同基本法起草委員會委員的身份極不相符，在他們未放棄
　　　　　　　　　　　敵視中國政府和企圖否定中英聯合聲明的立場之前，不能再參加起
　　　　　　　　　　　草委員會的工作。」

1989 年 11 月 3 日　日本外相中山太郎來港訪問，其間約 200 名市民於遮打花園集會，
　　　　　　　　　　　後遊行至日本領事館遞交請願信，要求賠償日佔時期香港市民被迫
　　　　　　　　　　　換軍票而蒙受的損失。

圖 243　興建中的香港文化中心，攝於 1980 年代末。（香港歷史博物館提供）

1989 年 11 月 5 日 ｜位於尖沙咀的香港文化中心啟用，由市政局管理，設有大劇院、音樂廳、劇場，合共提供逾 4000 個座位。8 日，英國王儲查理斯王子與戴安娜王妃主持開幕典禮。（圖 243）

1989 年 11 月 7 日 ｜來自 11 個國家的香港協會會長首次共同訪問香港，為期四日，其間與港府高官及本港工商界代表會面。香港協會是貿發局在海外各國成立的工商組織，旨在推動本港與當地的商貿關係。

1989 年 11 月 12 日 ｜香港首次以觀察員身份，參與在新西蘭奧克蘭舉行的太平洋經濟合作會議，會議旨在促進各國經濟政策的協調合作。

1989 年 12 月 1 日 ｜李君夏接任警務處處長，是首位擔任此職的華人。

1989 年 12 月 12 日 ｜香港紡織業聯會有限公司成立，由紡織行業 11 個商會組成，附屬會員佔全港同業廠商約 40%，擔當港府與紡織業界的溝通橋樑。

1989 年 12 月 20 日 ｜英國政府宣布「居英權方案」，計劃給予 50,000 戶香港家庭（總人數約 22.5 萬人）英國公民身份，並以計分方法甄選申請者。

1989 年 12 月 21 日 ｜港府與廣東省政府簽訂《關於從東江取水供給香港的協議》，訂明 1995 年預測東江供港水量修訂為 6.9 億立方米，及後每年供水量遞增 3000 萬立方米，直至 2000 年總供水量達到 8.4 億立方米；2000 年後的每年增幅，則按實際需要由粵港政府磋商，以期在 2008 年達至每年供水 11 億立方米的最終目標。

｜屯門中央圖書館啟用，圖書及視聽資料館藏數量達 22 萬項。

1989 年 12 月 29 日	落馬洲邊境通道啟用,開放初期只供跨境貨車使用,自 1991 年 8 月 8 日起客運車輛亦可使用。
1989 年 12 月 30 日	中國外交部發言人就英國於 12 月 20 日宣布的「居英權方案」發表談話,認為央方此舉嚴重違反了自己的莊嚴承諾,勢必在香港居民中製造矛盾,導致分化和對立,不利於香港的穩定和繁榮。中國政府要求英方以大局為重,改變上述做法,否則必須承擔由此而產生的一系列後果。中方保留對此採取相應措施的權利。
	香港電訊將全港電話號碼統一為七位數字,取消港、九、新界的地區代碼,原來七位數字的電話號碼,撥打時不加地區代碼,而六位數字的電話號碼,則將地區代碼作為首字而成七位數字。
1989 年	將軍澳華人永遠墳場啟用,是華永會轄下最大的墳場,面積約 28.5 萬平方米。
1990 年 1 月 1 日	規劃署成立,隸屬規劃環境地政科,主要負責擬定及檢討全港發展策略、根據港府及城規會指令擬訂各區規劃圖則,提供土地利用和發展的指引。
1990 年 1 月 5 日	港府公布《香港廢物處理計劃》,在未來十年內關閉一個興於 1900 年代及 1970 年代的市區舊式焚化爐,及興建新界西、新界東南及東北三個策略性堆填區及廢物轉運站,這是香港首份固體廢物處理的綱領文件。
1990 年 1 月 15 日	周南被任命為新華社香港分社社長,於 2 月 5 日抵港履任。
1990 年 1 月 17 日	港府發表《邁向二十一世紀:香港運輸政策白皮書》,提出三項指導原則,包括改善運輸基礎建設、改善公共交通以及管理道路的使用。
1990 年 2 月 15 日	港府成立諮詢機構青年事務委員會,就促進本港青少年事務向港督提出建議,譚王䓁鳴出任主席。
1990 年 2 月 16 日	港府根據《1990 年香港康體發展局條例》成立香港康體發展局,負責協調本港康體活動資源運用,以及培養和訓練有潛質的精英運動員。該局於 2004 年 10 月 1 日解散,由香港體育學院接管其工作。
1990 年 2 月 17 日	鄧小平會見參加基本法起草委員會第九次全體會議的起草委員時表示:「你們經過了將近五年的辛勤勞動,寫出了一部具有歷史意義和國際意義的法律。説它具有歷史意義,不只對過去、現在,而且包括將來;説國際意義,不只對第三世界,而且對全人類都具有長遠意義。這是一個具有創造性的傑作。我對你們的勞動表示感謝,對文件的形成表示祝賀!」基本法起草工作至此完成。

1990 年 2 月 20 日 保險索償投訴局成立,設有獨立的保險索償投訴委員會,處理保險的投訴和賠償事宜。

1990 年 2 月 環境運動委員會成立,透過舉辦各類社區參與、教育、宣傳活動,並向環保團體提供撥款資助以及為港府提供政策建議,以提高社會的環保意識。

1990 年 3 月 8 日 屯門醫院啟用,是屯門區的公營綜合性醫院,主要為屯門新市鎮及新界西北區居民提供服務。

1990 年 3 月 15 日 《壹週刊》雜誌創刊,由黎智英創辦。

1990 年 3 月 21 日 港府公布 1991 年立法局產生辦法的安排,民選議席實行地區直選,全港分為九個選區,採用雙議席雙票制,每個選區選出兩席,每位選民可向兩名候選人投票;另新增七個功能組別,共由 20 個功能組別選出 21 個議席;港督委任議員將由 20 席減至 17 席,而除三名當然官守議員外,所有官守議員退出立法局;同時增設立法局副主席一職,負責主持會議。

貿發局舉辦首屆香港國際食品展覽會,有 122 個參展商,入場人數逾 50,000 人。翌年起,展覽會開始以美食博覽名義舉辦。

1990 年 3 月 23 日 港府根據《1990 年香港學術評審局條例》,成立香港學術評審局,負責訂定學術評審制度,確保香港所頒授的學術資格符合國際標準。

1990 年 3 月 27 日 香港消防處職工總會於布政司署門外和各區消防局舉行絕食行動,持續 144 小時,要求將消防員每周工作時間縮減至 48 小時,自發參加該行動的消防員約 1500 人。翌日,職工總會與銓敘科進行談判,達成初步協議,港府同意於 6 月 1 日成立工作小組,檢討消防員工時及編制。絕食行動結束。

1990 年 4 月 1 日 港府開始實行夫婦獨立報稅,每位賺取應評稅入息人士將獲得基本免稅額,而配偶並無賺取任何應評稅入息,則獲給予已婚人士免稅額。

1990 年 4 月 4 日 第七屆全國人大第三次會議審議和通過《中華人民共和國香港特別行政區基本法》及三個附件。會議亦通過關於設立香港特別行政區、第一屆特區政府和立法會產生辦法、設立香港特別行政區基本法委員會等決定。會議還通過了香港特別行政區區旗、區徽圖案。(圖 244)

1990 年 4 月 6 日 港府根據《1990 年臨時機場管理局條例》成立臨時機場管理局,負責規劃、設計及興建新機場。

1990 年 4 月 7 日	搭載於「長征三號」火箭的衛星「亞洲衛星一號」在四川西昌成功發射，是中國首枚成功發射的商用衛星，也是首枚專供亞洲地區使用的商業通訊衛星。該枚衛星由香港和黃與英國大東電報集團、中國中信集團合組的亞洲衛星通訊有限公司擁有。
1990 年 4 月 10 日	華懋集團主席王德輝第二次被綁架，遭勒索十億美元，同月其妻龔如心分批支付合共約 2800 萬港元，綁匪先後於 1990 年至 1993 年分別被港府和台灣當局拘捕及判刑，但王德輝自此下落不明。1999 年 9 月 23 日，最高法院宣判，接納王德輝的父親王廷歆的申請，裁定王德輝在法律上已死亡。
1990 年 4 月 19 日	城門隧道通車，設兩條雙線行車管道，貫通沙田和荃灣，屬第五號幹線的一部分。
1990 年 4 月 23 日	香港民主同盟（民主黨前身）成立，李柱銘為首任主席。
1990 年 4 月 30 日	前新華社香港分社社長許家屯秘密離開香港，翌日抵達美國。翌年 3 月 4 日，中共中央紀律檢查委員會常務委員會決定撤銷其在中共中央顧問委員會的職務，並開除其黨籍。
1990 年 5 月 10 日	港府實施自放資助學校計劃（自資計劃），符合資格的私立學校將獲政府資助，使其在保留自主性的同時，提高教學質素。
1990 年 5 月 14 日	香港首宗骨髓移植手術於瑪麗醫院完成。

圖 244　1990 年 4 月 4 日，第七屆全國人大第三次會議審議並通過《中華人民共和國香港特別行政區基本法》。（新華社提供）

位於中環的中國銀行大廈開幕。該大廈於 1985 年 4 月動工，1988 年 8 月 8 日平頂，樓高 367.4 米，共 70 層，耗資 11 億元，為當時香港及亞洲最高的建築物。大廈由著名美籍華裔建築師貝聿銘設計，外形為玻璃幕牆與鋁合金構成的立體幾何圖形，靈感源自竹子節節高升。（圖 245）

南京紫金山天文台將該台於 1964 年發現的第 2899 號小行星命名為邵逸夫星，是首個以香港市民名字命名的小行星。

1990 年 5 月 18 日 港府頒布《1990 年成年歲數（有關條文）條例》，自 10 月 1 日起，香港市民成年歲數由 21 歲降至 18 歲，年滿 18 歲人士可訂立遺囑和合約，及出任公司董事，但直接選舉的選民年齡則維持 21 歲不變。

1990 年 5 月 20 日 位於中環的渣打銀行新總行大廈揭幕，樓高 191 米，共 45 層，耗資六億元。

1990 年 6 月 4 日 支聯會在維園舉辦六四燭光晚會，要求為 1989 年北京「六四事件」平反。自本年起，支聯會於每年 6 月 4 日皆於維園舉辦同類活動。

1990 年 6 月 16 日 英國政府公布英女王壽辰授勳名單，鄧蓮如被冊封為女男爵，並成為英國上議院議員，是首位成為英國終身貴族的華人。

1990 年 6 月 22 日 貿發局主辦的第一屆國際書刊印刷展於灣仔會展開幕。此後每年舉辦，1992 年起易名為香港書展。

1990 年 7 月 2 日 港府成立知識產權署，負責貨品商標與專利權註冊工作，戴婉瑩出任署長。

1990 年 7 月 10 日 粵港環境保護聯絡小組於本港成立，成員包括粵港兩地政府的高級官員。小組負責就珠三角地區的環境管理和污染控制工作商討兩地合作和協調事宜。

1990 年 7 月 11 日 中環萬寶廊珠寶金行被五名男女持槍匪徒打劫。匪徒劫走約值 2500 萬元珠寶首飾後逃去。

1990 年 7 月 27 日 港府頒布《1990 年證券（內幕交易）條例》，規管證券內幕交易，交代罰款計算準則。

1990 年 8 月 3 日 港府公布 1991 年區議會選區劃分和議席安排，全港 19 個地方行政區中，有 14 區地區分界發生變化，17 區選區分界發生變化；區議會選區由 157 個增至 210 個，民選區議員增至 274 名。

1990 年 9 月 11 日 紅磡機利士路的璟福雀員會被三合會投擲燃燒彈縱火，造成六人死亡、23 人受傷，縱火原因為璟福雀員會拒絕繳交三合會索取的「過節費」。

屯門青山一處天然斜坡發生泥石流，塌下約 22,000 立方米山泥，傾瀉長度達一公里。

圖 245　中國銀行大廈，攝於 1997 年。（政府新聞處提供）

1990 年 9 月 12 日	廉署拘捕 38 人，包括兩名前任及一名現任影視及娛樂事務管理處發牌主任、多名遊戲機中心經營者，涉嫌於 1989 年 5 月至 1990 年 9 月間在遊戲機中心牌照申請事宜上收受及提供利益。翌年 1 月 30 日，地方法院裁定，三人收受利益罪成，兩名前任發牌主任判入獄兩年，現任發牌主任判處入獄 18 個月，充公三人賄款合共 292,675 元。
1990 年 9 月 21 日	警務處處長李君夏官邸被兩名劫匪行劫，劫走一批價值約 37 萬元財物。翌年 3 月 14 日，此案於最高法院審結，兩名匪徒各被判處入獄五年。
1990 年 9 月 22 日	香港代表隊參加北京主辦的第十一屆亞運會，共奪得兩銀五銅，首次獲獎項目包括劍擊及武術。
1990 年 9 月 25 日	新油麻地避風塘工程動工，是西九龍填海計劃首個動工項目。該計劃於油麻地至荔枝角之間的海岸填取土地合共 340 公頃，至 2003 年完成，是歷年來在市區進行的最大規模填海工程。
1990 年 9 月 29 日	香港職工會聯盟（職工盟）成立，由 25 個成員工會發起，代表會員達 97,000 人，首屆執行委員會主席為劉千石，秘書長為司徒華。
1990 年 10 月 15 日	港府公布「英國國籍甄選計劃」（通稱「居英權計劃」）細節，計劃提供 50,000 個家庭名額，申請者必須為「英國屬土公民」或「英國（海外）國民」，從事職業符合專業人士、企業家、紀律部隊或敏感工作之一，並按照年齡、資歷在內準則計算分數以決定獲批次序。11 月 20 日，英國樞密院簽署《1990 年英國國籍法（香港）（甄選計劃）令》，列明詳細甄選方法，12 月 1 日生效。
1990 年 10 月 26 日	位於土瓜灣的唯一工業大廈一道 25 米長的僭建混凝土簷篷倒塌，壓倒 13 名路人，其中九人死亡。
1990 年 10 月 28 日	約 5000 名市民參與保衛釣魚台民眾集會，抗議日本右翼團體在釣魚台上建立航標燈和塗上日本國旗，會後參加者到日本駐港總領事館遞交抗議信。
1990 年 10 月 30 日	地鐵藍田站上蓋物業匯景花園三座單位公開發售，是首個採用消委會及業界團體建議措施的開售樓宇，包括發展商事前一周公布售樓書詳情，提高買樓臨時訂金數額及退訂手續費。翌年 12 月 20 日，匯景花園開始入伙，共 17 座，4112 個單位。
1990 年 10 月	由香港中文大學當代中國文化研究中心主辦的《二十一世紀》雙月刊創刊，內容包括各類人文及社會科學專題文章，為全球中國研究者提供思想交流平台。
	《紫荊》月刊創刊，內容以兩岸三地及國際政經評論為主，輔以各類社會民生及歷史文化專題。
1990 年 11 月 3 日	香港自由民主聯會成立，胡法光為首任主席。

| 1990 年 11 月 9 日 | 將軍澳隧道通車，設兩條雙線行車管道，連接觀塘和將軍澳。 |

| 1990 年 11 月 12 日 | 長洲火葬場投入服務，是本港唯一位於離島的火葬場。 |

| 1990 年 11 月 15 日 | 應中華全國律師協會邀請，香港律師會會長葉天養率該會訪問團出發前往北京、上海訪問，為期八日。訪問團獲國務院港澳辦主任魯平、原主任姬鵬飛、原副主任李後等接見，並與司法部、全國人大常委會法制工作委員會、最高人民法院交流。應中華全國律師協會要求，香港律師會同意，自 1991 年起，內地每年派六位律師到香港，借鑒香港法律經驗，協助內地法制發展。 |

| 1990 年 11 月 16 日 | 尖沙咀麗晶酒店地下商場一間珠寶店遭四名持槍匪徒行劫，匪徒劫去一批約值 2000 萬元的珠寶首飾逃走，無人受傷。 |

| 1990 年 11 月 22 日 | 教統會公布《第四號報告書》，提出本地中小學可自行決定採用中文或英文其中一種語言授課，避免混合語言授課；並建議在小三、小六及中三進行「目標為本」的評核測試，讓校方根據學生質素，使用適合學生的課程大綱。 |

1990 年 11 月	沙田區議會成立青年議會，是代表沙田的青年諮詢組織，參照區議會運作模式，定期討論全港議題及組織社區活動。這是香港首個以年輕人為主的議會，其後觀塘、大埔、荃灣及西貢亦成立同類議會。
	香港考古學會主持赤鱲角島搶救性發掘，為期九個月，在深灣村、虎地灣、蝦螺灣、過路灣等地，發現從史前到不同歷史時期的遺存，包括陶瓷器、石器、青銅器、銅錢等遺物。
	香港中文大學與廣州中山大學聯合發掘南丫島大灣遺址，為期兩個月，揭露十座商時期墓葬，其中 6 號墓出土商代牙璋及一組串飾，當中的牙璋被內地文物鑑定專家楊伯達評為「港寶」。

| 1990 年 12 月 1 日 | 港府開始接受香港居民遞交「居英權」申請，至翌年 2 月 28 日計劃截止，接獲的申請表超過 65,000 份。 |
| | 醫院管理局根據《1990 年醫院管理局條例》以法定機構形式成立，自翌年 12 月 1 日開始管理所有政府醫院、政府補助醫院、專科門診、療養院及相關醫療服務，並僱用該等醫療機構原本的港府僱員，由此取代以往港府醫院事務署的職能。2003 年 7 月 1 日，醫管局再接管衞生署轄下 59 家普通科門診診所。 |

| 1990 年 12 月 13 日 | 荔枝角焚化爐全面停用及關閉，垃圾轉往葵涌焚化爐處理。堅尼地城焚化爐亦於 1993 年 3 月關閉。 |

| 1990 年 12 月 16 日 | 香港中醫學會成立，梅嶺昌擔任會長，旨在為中醫師爭取專業資格及權益。 |

| 1990 年 12 月 17 日 | 滙豐銀行宣布成立滙豐控股。該公司於英國註冊，總部仍設於香港，滙豐銀行將成為其全資附屬公司。 |

| 1990 年 | 債務工具中央結算服務系統面世，為外匯基金票據及債券提供電腦化結算交收服務。 |

香港小交響樂團成立，後於 1999 年成為職業樂團。

| 1991 年 1 月 13 日 | 香港旅遊協會及香港電台合辦「香港關心您」禮貌日，同日將柏麗大道命名為禮貌徑，提醒港人注重禮貌，為外國遊客提供具質素的服務。 |

| 1991 年 1 月 25 日 | 港府頒布《1991 年城市規劃（修訂）條例》，城規會的管轄範圍由市區及新市鎮擴展至新界鄉郊地區，防止鄉郊農地被改作露天貨倉及其他用途後，令環境及交通問題繼續惡化。 |

| 1991 年 2 月 8 日 | 立法局財委會通過撥款 2.3 億元資助英國參與波斯灣戰爭的軍費，列明款項必須用作後勤、醫療及人道用途。 |

| 1991 年 2 月 18 日 | 港府宣布成立外匯基金管理局，推行金融管理及處理外匯基金的投資管理，高級副金融司任志剛出任局長。 |

| 1991 年 3 月 3 日 | 第四屆區議會選舉舉行，共設 274 個民選議席，投票率為 32.5%。 |

| 1991 年 3 月 8 日 | 香港中國企業協會註冊成立，作為在港中資企業的商會組織，旨在促進內地與香港經貿往來，協助保持香港繁榮穩定，並加強兩岸三地及全球華商的聯繫。 |

| 1991 年 3 月 13 日 | 港府發表《跨越九十年代香港社會福利白皮書》，計劃將每年社會福利開支由 50.8 億元逐步增加至 2000 年的 73.8 億元，同時鼓勵非牟利機構提供更多社福服務，並研究就社會福利服務向市民收費的可行性。 |

| 1991 年 3 月 15 日 | 港府開展 1991 年人口普查，至 3 月 24 日結束。10 月，港府公布最終普查結果，香港有常住人口 5,674,114 人、流動人口 35,823 人、越南難民 51,847 人。 |

| 1991 年 3 月 16 日 | 香港崑曲、京劇藝術家鄧宛霞獲頒中國第八屆中國戲劇梅花獎，是首位獲該榮譽的香港藝術家。 |

| 1991 年 3 月 18 日 | 屋宇地政署展開對付附加物行動，成立專責小組，巡查各區危樓、有潛在危險樓宇及違例建築物，以及加強檢控進行違例建築的工程人士。該小組率先巡查曾有樓宇倒塌地區，並拆卸有危險或潛在危險的簷篷等僭建物。截至 6 月底，該小組向 30 幢樓宇發出 3078 項清拆令。 |

| 1991 年 3 月 20 日 | 教統會發表《學校管理新措施》，建議學校清楚界定校董會及校長等重要人員的職務，並賦予學校更多自主權，自行運用其資源提升設備及教學質素。 |

| 1991 年 4 月 1 日 | 港府放寬領取高齡津貼的資格，由 70 歲降至 65 歲。 |

港府根據《1990 年空氣污染管制（汽車燃料）（修訂）規例》，規定全港油站即日起必須備有無鉛汽油以供銷售，以減少汽車廢氣造成的空氣污染。

1991 年 4 月 18 日	位於尖沙咀的香港科學館開幕，設有科學、生命科學、科技及兒童天地四個展廳，館內陳列一件 20 米高的能量穿梭機，向訪客展示能量與運動的轉化過程。截至 2017 年，該展品是世界同類型展品中最大的一件。
1991 年 5 月 5 日	1991 年市政局和區域市政局選舉舉行，共設 27 個民選議席，投票率為 23.03%。
1991 年 5 月 10 日	新城廣播有限公司（新城電台）獲港府發出商營電台廣播牌照，首個頻道新聞台於 7 月 22 日啟播，是香港第二家商營電台。
	法定機構香港規劃師學會根據《1991 年香港規劃師學會法團條例》成立，旨在維護並提高城市規劃專業人士地位，以及確保執業人士擁有足夠專業能力。
1991 年 5 月 16 日	穩定香港協會成立，陳日新為首任主席，後於 2010 年 6 月解散。
1991 年 5 月 20 日	英國政府修訂《英皇制誥》第 7 條，增加一款作為第（3）款，規定 1966 年 12 月 16 日聯合國大會所通過的《公民權利和政治權利國際公約》適用於香港，透過香港法律實施。6 月 5 日，立法局三讀通過《1991 年香港人權法案條例草案》，條例於同月 8 日起生效，用於實施《公民權利和政治權利國際公約》適用於香港的條款。
1991 年 5 月 23 日	香港公園開幕，設有觀鳥園、教育中心、溫室、水禽湖、體育館等設施，同時為茶具文物館及視覺藝術中心所在地。
1991 年 5 月 27 日	維也納航空一架由香港飛往奧地利維也納的客機，途經泰國時，在曼谷機場起飛不久爆炸墜毀，機上 223 人全部罹難，其中包括 46 名香港市民。
1991 年 5 月 30 日	本港首家卡拉 OK 連鎖店 Big Echo 成立，並於年內在尖沙咀開設第一家門市，後在 2003 年 SARS 疫情期間全線結業。
1991 年 5 月	中方代表魯平和英方代表柯利達就新機場問題舉行閉門談判，為期四日。中方關注英方預留給特區政府的財政儲備金額，英方原計劃預留給特區政府 50 億港元，最終提出預留 250 億港元；加上《中英聯合聲明》規定土地基金的估算收益，預計總額有 1000 億港元，中方接受英方建議。
1991 年 6 月 6 日	中國外交部發言人說，英方不顧中國多次申明的原則立場，執意要在香港制定一個將對基本法的貫徹執行產生不利影響的「人權法案」，對此中方表示遺憾。中方保留在 1997 年後適當時候按基本法有關規定，對香港的現行法律包括「人權法案」進行審查的權利。中方重申，保障香港居民的權利和自由是中國對香港基本方針政策的重要組成部分。這一內容已寫進《中英聯合聲明》，並莊嚴地載入基本法，相信通過基本法的實施，香港居民的權利和自由一定會得到充分而有效的保障。

五名匪徒身穿避彈衣，手持 54 式手槍、56 式自動步槍，在觀塘物華街連環搶劫五間金行，其間與警方槍戰，雙方共開 54 槍，匪徒隨後逃逸無蹤。事件造成六人受傷，包括兩名警員，被劫金額合共價值約 650 萬元，是香港首宗使用軍用槍械的行劫案件。翌日，警方懸紅 50 萬元緝兇。

香港工商專業聯會成立，羅康瑞出任主席，28 名工商專業界人士出任執行委員，旨在關注香港經濟政策，消除內地與香港的隔膜。

香港大學內地校友聯誼社在北京和平賓館舉行成立典禮。國務院港澳辦前副主任李後、中外社會文化交流協會理事長羅涵先，以及香港大學前校長黃麗松、香港大學校友高漢釗、文洪磋等約 80 人出席典禮，許乃波任第一屆理事會理事長。

港府將布政司署銓敍科中文名稱改為公務員事務科，銓敍司改稱為公務員事務司，旨在令市民更方便了解部門工作。

香港紅十字會在滙豐銀行設立香港紅十字會中國賑災金，呼籲市民踴躍捐款救助內地受災人士。

大老山隧道通車，連接新界沙田小瀝源和九龍鑽石山，全長四公里，設有兩條雙線行車管道，是至今香港最長的公路隧道。

觀塘繞道第三期工程完成，繞道全線通車，連接鯉魚門道與大老山隧道，全長六公里，屬第二號幹線的一部分，是九龍第一條快速公路，也是九龍東部唯一的法定快速公路。

因應歐美多國自 7 月 5 日起以英國國際商業信貸銀行涉嫌參與商業欺詐及跨國犯罪活動為由，接管國商銀行在當地的業務及凍結資產，港府下令該行所有香港分行停業。7 月 17 日，港府向最高法院申請頒令將國商銀行在港分行清盤，該行部分存戶於中環皇后大道中靜坐抗議，並與警方發生衝突。

張子強伙同三名匪徒在啟德機場貨運站外挾持解款車護衛，搶去解款車內約 1.6 億元現款後逃去，是截至 2017 年香港涉款金額最高的劫案。9 月，張子強因涉嫌串謀行劫被捕，旋被判入獄 18 年，後不服上訴。1995 年 6 月 22 日，香港最高法院法官因證據不足，最後裁定張子強上訴得直，當庭釋放。

港府頒布《1991 年刑事罪行（修訂）條例》，訂明 21 歲或以上男同性戀者性行為可免刑事責任。

港府撥款 5000 萬元救濟華東水災災民，香港各界響應，至 23 日全港已籌得款項 4.5 億元。

港府舉行 1991/1992 年度全港清潔運動，市政局與區域市政局推出共五名成員的清潔龍家族吉祥物，作為本年度全港清潔運動的主角。

香港演藝界在跑馬地馬場舉行忘我大匯演，為華東水災籌款，超過 100,000 名市民入場，籌得款項逾 1.1 億元。

1991 年 8 月 12 日 | 前國立北平美術專門學校校長、前國立藝術院（現中國美術學院）創辦人之一、畫家林風眠在港逝世，享年 91 歲，17 日於香港殯儀館舉殯。

1991 年 9 月 3 日 | 中國國務院總理李鵬與英國首相馬卓安，在北京代表中英雙方簽訂《關於香港新機場建設及有關問題的諒解備忘錄》，訂明港府若批出任何跨越 1997 年 6 月 30 日、與機場相關的專營權及合約，或需於 1997 年 6 月 30 日後償還、超過 50 億港元的舉債，都需要事先得到中方同意，並至少預留 250 億元財政儲備予 1997 年 7 月 1 日成立的特區政府。同時，雙方同意成立機場管理局。

1991 年 9 月 11 日 | 城巴有限公司首條專利巴士路線 12A 投入服務，往來中環舊港澳碼頭與半山麥當勞道。城巴是當時香港第四家專利巴士公司。

1991 年 9 月 12 日 | 立法局舉行換屆選舉，功能組別議席選舉於本日進行，共設 21 個議席，共有 22,883 名選民投票，投票率為 46.9％；地區直接選舉於 9 月 15 日舉行，共 54 名候選人競選 18 個直選議席，共 750,467 名選民投票，投票率為 39.1％。18 個直選議席中，港同盟獲得 12 席，成為議席最多的政治團體。

1991 年 9 月 13 日 | 中央宣布成立香港機場委員會，由中英聯合聯絡小組雙方的首席代表郭豐民和高德年擔任主席。其主要工作，是就跨越 1997 年與機場有關的重要事項，包括專營權、合約及債務擔保等進行磋商。

1991 年 10 月 9 日 | 港督衞奕信發表任內最後一份施政報告，宣布 1995 年立法局議員將全部由選舉產生，最少三分之一的議員由直選選出，取消港督委任議員制度，並由議員自行選出立法局主席。

1991 年 10 月 28 日 | 英國的愛丁堡獎勵計劃第四屆國際會議在香港舉行，為期五日，由菲臘親王親自主持，來自 54 個國家及地區逾 140 名代表參與，主要討論愛丁堡計劃的推行、青年創業計劃及地區發展模式。

1991 年 10 月 | 港府開始實施有秩序遣返越南船民計劃。11 月 9 日，首批 59 名越南非法入境者被遣返回國。

| 香港首宗肝臟移植手術於瑪麗醫院順利完成。

1991 年 11 月 6 日 | 天水圍大型私人屋苑嘉湖山莊第一期樂湖居四座大廈接受登記認購，13 日公開發售，12 月 19 日嘉湖山莊入伙。該屋苑分七期發展，於 1998 年全部竣工，共 58 座住宅大廈，15,880 個單位，以單位數計算，是本港最大型的私人屋苑。

| 港府推出打擊樓市炒風措施，規定樓花或二手樓市場每次交易均須簽署買賣合同，繳交印花稅期限由原定的正式交易完成後，改為簽訂合同後 30 日內，但印花稅稅率維持不變。

1991 年 11 月 11 日 | 兒童癌病基金會成立，由香港中文大學兒童癌病基金會改組而成，服務對象從原來的威爾斯親王醫院患癌病兒童，擴展至八間公立醫院，是香港首個為全港患癌病兒童服務的志願團體。

圖 246　樓高四層的香港藝術館，毗鄰香港太空館及香港文化中心，攝於 1991 年。（政府新聞處提供）

1991 年 11 月 12 日	亞太區經濟合作組織第三屆部長級會議在韓國漢城（今首爾）召開，大會通過香港以地區經濟體名義加入該組織。
1991 年 11 月 15 日	啟德機場二號空運貨站啟用，使啟德機場每年貨物處理量提升至 150 萬公噸。
	位於尖沙咀海旁的香港藝術館新館開幕，耗資 2.35 億，設有六個展覽廳，分別展出中國書畫、本地藝術創作、歷史繪畫等館藏，取代 1962 年啟用的香港大會堂館址。（圖 246）
1991 年 11 月 22 日	港府發表《都會計劃》，為本港未來市區發展提供概念藍圖，建議在市區進行大規模填海、重建及基建工程，以改善市區交通及居住環境，並建立由鐵路和公路組成的交通網絡。
1991 年 12 月 5 日	廉署拘捕立法局議員梁錦濠，指控其涉嫌於 9 月立法局選舉中賄賂多名區域市政局議員，以獲得區域市政局功能組別的選票。1993 年 6 月 1 日，梁錦濠被裁定三項行賄買票罪罪成，被判入獄三年，是首位入獄的立法局議員。
1991 年 12 月 9 日	第三屆國際環保會議及展覽會在香港舉行，由香港工程師學會主辦，會議為期五日，主題是城市環保問題，展覽會同日於灣仔會展開幕，有來自 12 個國家的 20 個機構參與。
1991 年 12 月 12 日	啟聯資源中心成立，是以智庫、研究組及智囊團式運作的政治團體，李鵬飛出任召集人，由 21 位立法局委任議員或功能組別議員組成，1993 年 3 月 31 日解散。
1991 年 12 月 14 日	青衣居民團體 12 名代表在布政司署門外舉行 24 小時絕食，反對政府在青衣興建九號貨櫃碼頭。翌日絕食結束，同時約有 100 名青衣居民在場集會抗議。

1991 年 12 月 21 日 | 市政局公共圖書館舉辦第一屆香港中文文學雙年獎，表揚香港作家的傑出成就，每兩年一屆，分為散文、新詩、小說及兒童文學四個組別，本屆在逾 170 份參賽作品中選出四部獲獎作品。1996 年第四屆起，獎項增設文學評論組。

1991 年 | 香港駐多倫多經貿辦成立，負責促進香港與加拿大兩地的雙邊經貿及文化關係。

| 為配合大嶼山新機場發展，香港中文大學中國考古藝術研究中心進行北大嶼山沿岸 30 多處遺址考古調查及試掘，出土大量新石器、青銅時代文物，並發現由唐宋至明清各時期的陶瓷器及生活遺跡。

1992 年 1 月 15 日 | 演藝界舉行反黑幫暴力大遊行，逾 200 名演藝界人士由中環遊行至灣仔警察總部，抗議黑社會對電影界的敲詐勒索及暴力行為。

1992 年 1 月 31 日 | 港府頒布《1991 年印花稅（修訂）（第 4 號）條例》，規定所有住宅樓宇買賣的協議雙方，均須繳付按樓價而漸進的從價印花稅，以遏抑樓市投機活動。

1992 年 2 月 3 日 | 石崗船民中心的南越和北越船民因使用熱水問題發生衝突，導致居住區發生大火，造成 24 人死亡、約 120 人受傷，是香港自 1975 年收容越南船民以來最嚴重的難民營騷亂。（圖 247）

1992 年 2 月 18 日 | 港府就存款保障計劃進行公開諮詢，為讓小型存戶在銀行清盤時獲得優先索償權，建議每個存戶的存款保障上限最多十萬元，承保存款比例為 75% 或全部，而大型銀行須承擔有關該計劃的大部分成本。翌年 1 月 12 日，港府宣布放棄該計劃。

圖 247　1992 年 2 月 5 日，石崗船民中心爆發嚴重騷亂後，警察機動部隊指揮營內北越船民遷往喜靈洲。（南華早報提供）

| **1992 年 2 月 24 日** | 張曼玉以《阮玲玉》一片，榮獲第四十二屆柏林影展最佳女演員銀熊獎，是首位獲頒此獎的華人演員。 |

| **1992 年 3 月 3 日** | 最高法院頒令自 1991 年 7 月起停業的國商銀行在港分行清盤。9 月 14 日，最高法院批准國商銀行賠償計劃，存款十萬元以下的存戶可獲全數賠償，十萬元以上的存戶則分期償還，或一筆過領取十萬元賠償。 |

| **1992 年 3 月 4 日** | 港府最後一位英籍財政司麥高樂發表任內首份財政預算案，預計 1992/1993 財政年度將錄得盈餘 47 億元。預算案主要措施包括調高利得稅至 17.5%、提高個人薪俸稅免稅額、調高煙酒及燃油稅 10%、不再向電影門票徵收娛樂稅及廢除不含酒精飲品稅等。這是立法局 1991 年實施直選後的首份財政預算案。 |

| **1992 年 3 月 11 日** | 國務院港澳辦和新華社香港分社共同聘任的第一批 44 名香港事務顧問在北京接受聘書，以個人身份受聘，任期兩年，其後於 1994 年和 1996 年兩度續聘至 1997 年 6 月 30 日。 |

| **1992 年 3 月 13 日** | 香港中華文化促進中心主辦的「九十年代的吳冠中」畫展於上環信德中心開幕，展期至 3 月 28 日。 |

| **1992 年 3 月 28 日** | 和記傳訊有限公司第二代無線電話服務（和記天地線）投入運作，是香港首家提供此類服務的公司。 |

| **1992 年 3 月 30 日** | 中國港灣建設總公司投得香港機場核心計劃項目之一的東涌一期發展工程，發展東涌新市鎮，合約總值 7.36 億港元，是中資公司首次奪得香港機場核心計劃的項目投標。 |

| **1992 年 4 月 9 日** | 位於灣仔北的中環廣場舉行平頂儀式，由信和集團及新鴻基地產合作發展，樓高 374 米，共 78 層，為當時亞洲最高及全球第四高的建築物。大廈頂端裝設以四組大型霓虹光管製成的麗光時計，為市民報時。 |

| **1992 年 4 月 13 日** | 最高法院審理地球之友提出的司法覆核，裁定郊野公園管理局批准沙螺洞發展有限公司在當地的發展項目為不合法，並發出禁制令，禁止郊野公園管理局發展沙螺洞為高爾夫球場。 |

| **1992 年 4 月 23 日** | 在聯合國難民公署監督下，越南船民自願遣返計劃第 100 班航機起飛，運送 126 名越南船民回國。自 1989 年遣返計劃實施以來，已有 17,466 名船民自願或透過有秩序遣返計劃回國。 |

| **1992 年 4 月 28 日** | 香港視覺藝術中心開幕，為香港藝術館的分支機構，位於香港公園內。 |

| **1992 年 4 月** | 由房委會興建的天耀邨開始入伙，翌年全部落成，包括 11 座租住公共房屋和三座居屋大廈，合共提供逾 10,000 個單位，是天水圍新市鎮首個公共屋邨。 |

1992 年 4 月

古蹟辦聯同香港考古學會在屯門湧浪遺址發掘，為期 12 個月，發現新石器時代早、晚階段的文化堆積，其中晚期文物具有粵北石峽文化和長江下游良渚文化的特徵。

香港中文大學與陝西省考古研究所合作，發掘大嶼山扒頭鼓遺址，揭露商時期十多處房址。

教育署轄下的課程發展處成立。該處為課程發展議會的秘書處，主要職責包括課程發展工作、協助學校推行各項課程政策與改革、出版課程指引與各學科的課程綱要及審閱教科書，職員包括公務員與外聘專家。

1992 年 5 月 5 日

五名持槍劫匪行劫旺角一間麻將館，搶去約 200 萬元現金及首飾，逃走時與警方駁火並投擲手榴彈，後挾持一輛巴士逃去，事件共造成兩人死亡、19 人受傷。

1992 年 5 月 11 日

港府成立效率促進組，為港府各部門提供管理顧問服務，提升港府整體行政效率及服務水平。

1992 年 5 月 12 日

湛易佳成功登上全球最高峰、海拔 8848 米的珠穆朗瑪峰，是首位完成此壯舉的香港市民。

1992 年 5 月 28 日

港府宣布，由 6 月 8 日起正式實行流動資金調節機制，外匯基金成為本港持牌銀行獲取隔夜流動資金的額外途徑，銀行亦可將過剩的流動資金存入外匯基金賺取利息，使外匯基金成為銀行同業的最後貸款者及最後供款人，有助穩定聯繫匯率。

1992 年 6 月 2 日

香港戲劇協會設立香港舞台劇獎，設有十多個獎項，包括最佳整體演出、最佳導演、最佳男主角、最佳女主角等，以表揚本地戲劇工作者的貢獻。

1992 年 6 月 17 日

天文台推出新暴雨警告信號系統，按降雨量由少至多依次分為綠色、黃色、紅色及黑色四級，其中紅色及黑色會對外公布。同時，教育署決定學校在紅色或黑色信號下需要停課。

1992 年 6 月 23 日

教統會發表《第五號報告書》，提出將現時四間教育學院及語文教育學院合併成一所教育院校，並設立教師高級文憑資格，以提高非學位教師的專業資格。

1992 年 6 月 30 日

英國政府以樞密院頒令方式，將《1911 年至 1989 年官方機密法令》引入香港實施，規定對關乎保安與情報、防務、國際關係、犯罪及調查、因未經授權的披露所得的資料或在機密情況下託付的資料、在機密情況下託付予地區、國家或國際組織的資料進行非法披露，屬犯罪行為。

1992 年 7 月 9 日

彭定康就任第二十八任香港總督，後於 1997 年 6 月 30 日英國結束在港管治而卸任，為最後一任香港總督。

1992 年 7 月 10 日	民主建港聯盟成立，發表成立宣言，定位為一個愛國愛港、民主參政、建設香港的政治團體，曾鈺成出任首任主席。
1992 年 7 月 15 日	財政司麥高樂在立法局會議上首度公布外匯基金總額，至 1991 年底達 2361.21 億港元，基金累積盈利為 986.52 億元，其後港府每年均公布此數據。
	由招商局集團控股的海虹集團在香港上市，上市價為每股 1.5 元，首日收報 4.225 元，上升 181%，為首間在香港首次公開招股的中資控股的香港註冊公司（即紅籌股）。是次公開招股集資 8200 萬元，超額認購 373 倍。
1992 年 7 月 29 日	警方破獲走私案，檢獲冷氣機及電視機等走私貨品，約值 3000 萬元，金額是本港 1991 年全年檢獲的走私貨品總值近兩倍。
1992 年 8 月 1 日	香港醫學專科學院根據《1992 年香港醫學專科學院條例》成立，負責制定本地醫科深造教育計劃，使更多醫生可接受專科訓練，提高本地執業醫生的技能和知識。
1992 年 8 月 2 日	有平民夜總會之稱的上環大笪地最後一日營業，以配合港府於中環及灣仔開展填海工程。
1992 年 8 月 4 日	中信泰富有限公司成為首家被納入恒指成份股的中資公司。
1992 年 8 月 19 日	探險家李樂詩登上喜馬拉雅山脈約海拔 6000 米的位置，她曾於 1985 年到達南極和 1993 年到達北極點，是首位完成地球三極探索的香港人。
1992 年 9 月 1 日	教育署於本學年開始，在初中社會科及預科通識教育科的課程納入基本法的內容介紹，同時向中學派發有關《中英聯合聲明》和基本法的教材套。
1992 年 9 月 3 日	內地國有企業中遠企業（香港）有限公司註冊成立，主要從事航運、集裝箱租賃、碼頭業務，2016 年 11 月起改稱中遠海運（香港）有限公司。
1992 年 9 月 26 日	港府首次在加拿大五個城市舉辦香港節，各市香港節持續約一個月。11 月 12 日，訪問加拿大的港督彭定康，主持溫哥華香港節的閉幕禮。
1992 年 10 月 3 日	首屆香港國際六人板球賽於九龍木球會舉行，為期兩日，巴基斯坦奪得冠軍。該比賽每年一度，2013 年至 2016 年曾停辦，2017 年復辦。
1992 年 10 月 5 日	美國總統喬治・布殊簽署《1992 年美國—香港政策法》，說明 1997 年特區成立後美國對香港政策的方針。《1992 年美國—香港政策法》容許美國根據《中英聯合聲明》中香港實行高度自治的承諾，在金融和文化等領域給予香港最優惠待遇，承認香港為獨立關稅區及經濟體；支持香港參與國際組織和簽署國際協定；在「一國兩制」框架下，保障香港的人權、自治、制度和生活方式。

1992 年 10 月 7 日	上午，港督彭定康會見行政局議員，決定不再委任李鵬飛、周梁淑怡、范徐麗泰、何承天、許賢發、劉皇發和王霈武為行政局議員，另外委任七名沒有政黨背景人士接替，以實施行政及立法兩局分家。范徐麗泰亦辭任立法局議員一職。
	下午，彭定康發表任內第一份施政報告，內容涉及經濟、民生、教育等方面，但重點是對現行政制作出重大改變的「政制發展的建議」，內容包括立法局直選議席增至 20 席，分區直選採用單議席單票制；投票年齡由 21 歲降至 18 歲；增設九個新功能界別，廢除法團投票制，改為個人投票；取消區議會及兩個市政局的委任議席，行政局議員不再兼任立法局議員等等。同日，中國政府表示強烈反對此政制方案。
	彭定康在其任內第一份施政報告指出，政府部門及公營機構須訂立服務承諾，讓市民知悉該服務標準及監察渠道，確保公共服務以「服務市民」的精神運作。1993 年，至少 32 個政府部門已成立顧客服務聯絡小組或類近的內部委員會，收集市民意見。
	彭定康在發表施政報告的同時，宣布改組行政局及立法局，駐港英軍總司令霍立賢少將、公務員事務司屈珩不再任行政局議員，改派經濟司陳方安生、教育及人力統籌司陳祖澤、憲制事務司施祖祥加入。另外，港督不再擔任立法局主席，改由議員互選產生。
1992 年 10 月 8 日	國務院港澳辦發言人指出，在香港發展民主是中方的一貫主張。民主的發展應循序漸進。彭定康在施政報告中對現有的政制體制作了重大的變動，事先既沒有同中方磋商，更無視香港社會的各種不同意見，因而更無從談起同特區籌委會所要決定的第一屆立法會產生辦法相銜接。假如香港在後過渡期發生的任何改變不能同基本法銜接，其責任完全不在中方。
1992 年 10 月 16 日	港府頒布《1992 年僱員再培訓條例》，設立僱員再培訓局及僱員再培訓基金，為本港因經濟結構轉變而失業的工人提供再培訓課程，以便他們重投就業市場。報讀再培訓課程人士，可獲得生活津貼。
1992 年 10 月 20 日	中國人民保險公司在中國保險港澳管理處的基礎上，由中國人民保險公司、中國保險有限公司、太平保險股份有限公司和中國人壽保險有限公司合資，在香港註冊成立香港中國保險（集團）有限公司。2009 年 6 月，更名為中國太平保險集團（香港）有限公司。
1992 年 10 月 22 日	中國外交部長錢其琛接見到訪北京的港督彭定康，指出 1992 年施政報告提出的政改方案違背《中英聯合聲明》，並要求其撤回。翌日，國務院港澳辦主任魯平在記者招待會上指出，港府未與中方商議推出該政改方案，屬於「三違反」，即違反《中英聯合聲明》、基本法及兩國外長關於過渡期政制發展的協議，並指彭定康將成為香港歷史的「千古罪人」。

1992 年 10 月 28 日	大陸海峽兩岸關係協會與台灣海峽交流基金會在香港舉行一連四日的會談，討論「一個中國」的表述方式，雙方未能達成共識。
1992 年 10 月	香港中文大學與廣東省考古研究所、廣州中山大學人類學系合作，發掘北大嶼山白芒遺址，為期兩個月，發現商、春秋至西漢不同時期的文化堆積，填補香港南越國時期至西漢階段歷史的空白。
1992 年 11 月 2 日	港府與荷蘭在香港簽訂《香港政府和荷蘭王國政府的移交逃犯協定》，1997 年 6 月 20 日生效，適用於 1997 年 7 月 1 日成立的特區政府，是香港首份與外國簽訂的移交逃犯協定。截至 2017 年 7 月 1 日，香港與 19 個國家簽訂同類協定。
1992 年 11 月 6 日	港府頒布《1992 年玩具及兒童產品安全條例》，規定任何在本港出售或使用的玩具必須符合國際標準，是本港首條專門管制玩具安全的法例。
1992 年 11 月 15 日	第二屆國際足協室內五人足球世界錦標賽於本港舉行，為期 14 日，巴西奪得冠軍，是香港首次舉辦國際足協的賽事。
1992 年 11 月 18 日	國際藝術博覽會在灣仔會展舉行，展出超過 4000 項展品，總值超過十億港元，包括畢加索、馬諦斯和梵高的作品。
1992 年 11 月 19 日	港府與荷蘭在香港簽訂《香港政府和荷蘭王國政府關於鼓勵投資和保護投資協定》，翌年 9 月 1 日正式生效，並適用於 1997 年 7 月 1 日成立的特區政府。這是首份香港與其他國家簽訂的投資協定，截至 2017 年 7 月 1 日共簽訂了 18 份同類協定。
1992 年 11 月 30 日	國務院港澳辦發言人聲明，港府無權處理香港特區成立後的香港事務，其所簽訂或批准的所有合同、契約、協議，除土地契約按《中英聯合聲明》附件三另有規定外，如未經中國政府同意，有效期至 1997 年 6 月 30 日為止。
1992 年 12 月 2 日	警方出動飛虎隊，於荃灣中心廣州樓圍捕匪徒並爆發槍戰，一名匪徒逃走時從高空向地面的警員投擲手榴彈。事件中有七名警員受傷，六名匪徒被捕。
1992 年 12 月 11 日	港府頒布《1992 年外匯基金（修訂）條例》，以成立金融管理局，擴大外匯基金作用，維持貨幣金融體系穩定和健全，並授權財政司委任金融管理專員，行使原來賦予銀行監理專員及金融司的法定權力。
1992 年 12 月 17 日	香港首家互聯網服務供應商網聯國際有限公司註冊成立，翌年 8 月投入服務。
1992 年 12 月 18 日	衛奕信勳爵文物信託基金根據《1992 年衛奕信勳爵文物信託條例》成立，負責進行保存及保護文物的教育及宣傳活動，以及修繕和收購歷史建築及古跡。

| 1992 年 12 月 18 日 | 葛量洪醫院成功進行香港首個心臟移植手術。 |

| 1992 年 12 月 | 劉啟文、李甯漢、胡秀英三名植物學家首次在青山發現香港特有種植物香港蛇菰，該植物於 2003 年被確定為新物種。 |

| 1992 年 | 香港眼科醫院啟用，翌年 9 月 15 日開幕，設有先進眼科設備及提供專科診治。 |

美國冬青學會以香港植物學家胡秀英冠名成立一個卓越貢獻獎 —— 胡秀英獎，表揚其對植物學研究的貢獻，並將首個獎項頒予其本人，這是國際學術界首個以香港人士命名的學術研究獎項。

| 1993 年 1 月 1 日 | 0 時，約 20,000 人在中環蘭桂坊慶祝元旦，其間發生人踩人事件，造成 21 人死亡、超過 100 人受傷，稱為蘭桂坊慘劇。港督彭定康即日成立非法定的調查委員會，由包致金大法官主持，調查事件。 |

| 1993 年 1 月 6 日 | 彌敦道謝瑞麟金行發生械劫案，三個匪徒手持 AK47 步槍到場行劫，搶去市值約 330 萬元的首飾，後逃走時遭警方圍捕，雙方開槍逾 30 響，一名懷孕女護士身中流彈死亡。 |

| 1993 年 1 月 12 日 | 港督委任保護證人調查委員會，就一宗越南船民羈留中心謀殺案中的一名控方證人、四人人身安全受到威脅而拒絕出庭作供的事件展開調查。7 月 16 日，委員會公布調查報告，建議港府成立一個專門保護證人安全的機構。 |

| 1993 年 1 月 14 日 | 前佳寧集團主席陳松青被廉署檢控的串謀詐騙及貪污案，轉至最高法院審訊。1996 年 9 月 27 日，陳松青承認串謀詐騙 2.38 億美元，被判入獄三年。廉署由 1985 年起調查此案，創下公署至 2017 年案件調查時間最長的紀錄。 |

國泰航空公司空中服務員工會發起罷工，不滿資方解僱三位堅持按章工作的空服員，逾 1000 人參加。同月勞資雙方共進行七次會談，均告失敗。29 日，立法局內務委員會通過無約束力動議，要求勞工處處長向港督彭定康提交報告。同日，工會接納資方建議，雙方成立平台處理員工紀律問題，三名涉事員工獲准復工，罷工結束。

| 1993 年 1 月 | 港府推出香港市花洋紫荊圖案的硬幣，取代原來的英女王頭像圖案系列，本月先發行五元和兩元，10 月發行一元、五毫和兩毫，翌年 11 月最後發行十元。 |

香港中華文化促進中心成立崑劇研究及推廣小組，舉辦「傳」字輩崑劇藝術系列講座，並邀請姚傳薌、鄭傳鑒、張嫻等藝人來港講學。2004 年 5 月 21 日，中心與白先勇合作推出的青春版《牡丹亭》於香港首演，以帶動崑曲藝術欣賞活動。

廉署拘捕 13 人，包括五名海關職員，涉嫌於 1991 年起賄賂海關職員以便利從香港文錦渡及落馬洲口岸走私名車到內地，並搜獲 20 輛總值 1800 萬元的名車。20 日，一名高級海關督察行賄及收取賄賂罪成，被判處入獄兩年。3 月 10 日，一名海關職員行賄及收取賄賂罪成，被判處入獄 20 個月，緩刑三年；4 月 29 日，檢察官就案件上訴得直，被告被改判即時入獄四年。

港府頒布《1993 年空氣污染管制（修訂）條例》，管制石棉，禁止使用對健康危害較大的鐵石棉和青石棉。1996 年 5 月 1 日，港府頒布《1996 年空氣污染管制（石棉）（行政管理）規例》，規定所有石棉消減工程須由合資格人士處理。2014 年 4 月 4 日起，特區政府禁止進口及使用所有種類石棉。

立法局非官守議員施偉賢獲立法局全體議員選為主席，結束立法局自 1843 年成立以來一直由港督擔任主席的安排。

29 名全國人大廣東代表團港籍代表參加在北京召開的第八屆全國人大第一次會議，本屆港籍代表人數由 17 名增至 29 名。

市政局宣布於 1996 年 4 月 1 日前分階段取締市區流動小販，持牌人須在三年限期內決定是否交出牌照或遷往當局設立的小販市場繼續營業。

港府開始清拆九龍寨城，於翌年 4 月完成拆除工程。（圖 248）

香港網際網絡有限公司註冊成立，10 月投入服務，是香港科技大學的初創企業。

安子介及霍英東當選為全國政協副主席，是首兩位擔任副國級職位的香港人士。

港府發表《藝術政策檢討報告諮詢文件》，首次公開討論文藝政策，建議將視覺藝術和文學藝術納入政府資助範圍。

香港金融管理局成立，由外匯基金管理局及銀行業監理處合併而成，扮演中央銀行的角色，負責維持貨幣的穩定、促進金融體系的穩定與健全、協助鞏固香港的國際金融中心地位、管理外匯基金。任志剛獲委任為首位金融管理專員，並擔任其轄下金管局的總裁一職。

政府飛行服務隊成立，取代本年 3 月 31 日解散的皇家香港輔助空軍，為一支 24 小時候命的紀律部隊，負責日常搜索及拯救行動，並協助政府部門執行運輸、巡邏、偵察任務，但不參與涉及武裝衝突的事件。

國務院港澳辦和新華社香港分社共同聘任的第二批 49 名港事顧問在北京接受聘書，他們以個人身份受聘，任期兩年，其中 48 名於 1995 年續聘至 1997 年 6 月 30 日。

| **1993 年 4 月 16 日** | 港府向獲多利有限公司、怡富集團（香港）有限公司發出銀行牌照，是繼 1982 年後再發出相關牌照，香港持牌銀行增至 166 家。 |

| **1993 年 4 月 22 日** | 中國外交部副部長姜恩柱與英國駐華大使麥若彬在北京會談，是中央雙方有關香港 1994 年及 1995 年選舉安排的第一輪正式談判。至 11 月 26 日，中英雙方共進行 17 輪磋商，終未能達成共識。 |

| **1993 年 4 月 23 日** | 港府頒布《1992 年保護婦孺（修訂）條例》，列明兒童需要被照顧及保護的四個先決條件，授權社署署長可帶走需要保護的兒童，同時將原文中給予婦女特別保護的字句全部刪去，使此條例適用於男童、女童及少年，並改名為《1993 年保護兒童及少年條例》。 |
| | 港府頒布《1992 年刑事罪行（修訂）（第 3 號）條例》，廢除死刑，改由終身監禁取代。 |

| **1993 年 4 月 27 日** | 一架地鐵列車由大窩口行駛至荃灣時，途中兩卡車廂間的接駁處因故障突然鬆脫，列車在行駛中分離，事件中無人受傷。事發時為上班繁忙時間，故障導致約 30,000 人受影響。 |

圖 248　九龍寨城，攝於 1987 年。（Getty Images 提供）

港府頒布《1993 年建築物管理條例》，新條例由《1970 年多層建築物（業主法團）條例》大幅修訂而成，以便建築物或建築物群的單位業主成立法團，並規管建築物或建築物群的管理事宜。

香港代表隊參加上海主辦的首屆東亞運動會，共奪得一金兩銀八銅，當中何劍暉在女子輕級單人賽艇獲得金牌。

英國前首相戴卓爾夫人抵港，進行三日的訪問，翌日與新華社香港分社社長周南會面。

醫管局開始實行聯網制度，各醫院與診所將按照所屬地區，劃分至香港西、香港東、九龍中、九龍西、九龍東、新界南、新界東、新界北八個聯網，讓病人可在居住地點所屬聯網，獲得從診症到復康的一站式服務。

添馬艦英國海軍基地關閉，並遷往昂船洲，原基地內的威爾斯親王大廈仍然保留用作駐港英軍總部。

電影《霸王別姬》獲得第四十六屆法國康城影展最佳電影金棕櫚獎，是首部奪得該獎的華語電影。該影片為內地與香港合作拍攝，陳凱歌執導，張國榮、鞏俐、張豐毅主演。

九倉有線電視獲港府發出有效期 12 年的收費電視牌照，並於 10 月 31 日啟播，設有八個頻道，是香港當時唯一的有線電視台，後於 1998 年 10 月 29 日更名為有線電視。

港府成立師訓與師資諮詢委員會，負責就師資培訓政策向港府提供建議。2013 年 6 月 1 日，委員會改組為教師及校長專業發展委員會，負責就教師及校長的專業發展向政府提供意見，並且進行教育研究，及為教師和校長舉辦專業發展課程。

香港法國文化協會聯同法國駐港總領事館舉辦首屆法國五月藝術節，旨在透過美術、音樂及電影等藝術活動推廣法國文化。

一名男子在西貢相思灣游泳時遭鯊魚襲擊致死，另一男子於 11 日在西貢銀線灣游泳時亦遭鯊魚襲擊而死，這是香港歷史上罕見於十日內發生兩宗泳客被鯊魚襲擊喪生的事件。

北角渣華道一個建築地盤的一部地盤用升降機突然由 20 樓下墜至三樓平台，其內 12 名工人死亡。

港府推出夾心階層住屋計劃，協助超越申請公屋及居屋入息限額，而又無法負擔私人住宅樓宇單位的家庭置業，由房協負責推行，利用港府批出的土地興建單位，並為合資格申請人提供最多 50 萬元的低息置業貸款。該計劃於 1998 年 10 月被宣布停止。

首屆世界女排大獎賽總決賽在紅館揭幕，賽事進行三日，古巴隊擊敗中國隊奪得冠軍。

1993 年 6 月 19 日　中國證券監督管理委員會、香港聯交所、香港證監會、上海證券交易所和深圳證券交易所的代表，在北京簽署《監管合作備忘錄》，正式批准內地企業可申請在香港上市。

1993 年 6 月 26 日　自由黨成立，由 3 月解散的啟聯資源中心重組而成，李鵬飛出任首任主席，主張香港平穩過渡，貫徹「一國兩制」，港人治港的目標。

1993 年 6 月 27 日　颱風高蓮襲港，天文台懸掛八號烈風或暴風信號約 12 個小時。高蓮造成 183 人受傷。

1993 年 6 月 30 日　6 月 24 日凌晨於日本東京錄影電視節目時意外墮地送院的香港搖滾樂隊 Beyond 主音黃家駒，本日在當地逝世，終年 31 歲。7 月 5 日，黃家駒在香港殯儀館出殯，逾 3000 名歌迷送別。

1993 年 7 月 1 日　港府與中國政府決定，自本日起，有香港親屬的內地居民以單程證來港定居的配額，由每日 75 名增至 105 名。

綜合社會保障援助計劃實施，取代舊有的公共援助計劃。新計劃將公援基本金額及社會津貼混合計算，統一發放一筆合併金額，讓低收入人士應付日常生活開支。

電訊管理局成立，接替郵政署監管本港電訊發展的職務，並負責管理無線電頻譜及簽發各類無線電通訊牌照。艾維朗擔任首任電訊管理局局長。2012 年 4 月 1 日，該局併入新成立的通訊事務管理局辦公室。

1993 年 7 月 2 日　港府頒布《1993 年業主與租客（綜合）（修訂）條例》，規定逐步提高受管制的租金至市值租金水平，並於 1997 年 1 月 1 日全面撤銷租金管制。

港府頒布《1993 年旅行代理商（修訂）條例》，自 10 月 15 日起，成立旅遊業賠償基金，當外遊旅客參與本港旅行社組織的旅行團時，不幸傷亡或遇上旅行社倒閉，可獲得基金賠償。

第八屆全國人大常委會第二次會議通過設立香港特別行政區籌備委員會預備工作委員會，由 57 人組成，當中有 30 人來自香港。16 日，預委會第一次全體會議於北京舉行。1994 年 5 月 12 日，委員增至 69 人，其中香港委員 37 人。1995 年 12 月 7 日，預委會於北京舉行最後一次全體會議。

1993 年 7 月 5 日　經國務院港澳辦與新華社香港分社同意，港府與北京清華大學合辦的首屆香港公務員中國研習課程開課，為期七周，以讓香港中高級公務員了解內地最新發展與社會民情。

1993 年 7 月 9 日　中國銀行香港分行獲港府批准發行香港貨幣，成為當時香港第三家發鈔銀行，並於翌年 5 月 1 日開始發行港元鈔票。

1993 年 7 月 15 日　青島啤酒在香港上市，招股集資 8.9 億元，是首家以 H 股形式在香港集資的國有企業。

1993 年 7 月 16 日	港府頒布《1993 年遊戲機中心條例》，監管遊戲機中心的發牌制度，並視乎遊戲性質，分為兒童中心（只准 16 歲以下人士進入）和成人中心（只准年滿 16 歲人士進入）兩種。當局同時可就發牌訂立特別條件，包括限制營業時間、不得穿着校服者入內及有關場所不可在教育機構附近開設等。
1993 年 7 月 17 日	荃灣中央圖書館啟用，採用全球首個雙語兼容公共圖書館自動化系統，方便市民借閱館藏資料。
1993 年 7 月 23 日	選區分界及選舉事務委員會根據《1993 年選區分界及選舉事務委員會條例》成立，是專責處理本港各級議會選舉的法定組織，負責向港府建議地方選區分界，舉行選舉，並監管選民登記、候選人競選宣傳、投票、點票、投訴等與選舉有關的事宜。
1993 年 7 月 27 日	中資企業航天科技國際集團有限公司在香港註冊成立，主要從事航天技術、衛星及通訊業務，於 2008 年更名為中國航天國際控股有限公司。
1993 年 7 月	葵涌貨櫃碼頭八號碼頭啟用，由現代貨櫃碼頭有限公司、香港國際貨櫃碼頭有限公司、中遠—國際貨櫃碼頭有限公司聯營，是首次有中資企業參與香港貨櫃碼頭的發展。
1993 年 8 月 5 日	屯門色魔案疑犯林國偉被捕。翌年 8 月 12 日，案件在屯門法院開審，林國偉被控三項謀殺、八項強姦及七項搶劫罪。9 月 28 日，林國偉被裁定全部罪名成立，被判處終身監禁。
1993 年 8 月 20 日	電影《終極標靶》於美國上映，由吳宇森執導，是首部由香港導演執導的荷李活電影。
1993 年 9 月 6 日	馬會撥款 30 億元成立慈善信託基金，專責慈善捐款事宜，並推動本港青年事務、安老服務、體育康樂及文化藝術的發展。
1993 年 9 月 17 日	颱風貝姬襲港，天文台懸掛八號烈風或暴風信號約 12 小時。貝姬造成一人死亡、130 人受傷。
1993 年 9 月 25 日	香港運動員李麗珊在日本柏崎舉行的 1993 年滑浪風帆世界錦標賽奪得女子組金牌，是香港運動員在該項錦標賽獲得的首面獎牌。
1993 年 9 月 27 日	《明報》記者席揚在北京被國家安全局扣留調查。翌年 4 月 4 日，席揚被北京市中級人民法院以竊取國家機密罪判處有期徒刑 12 年。1997 年 1 月 25 日，席揚獲假釋回港。
1993 年 9 月	中區填海計劃第一期展開，屬香港機場核心計劃項目之一，填造約 20 公頃土地，以興建機場鐵路香港站及擴展中環商業區。工程於 1998 年 6 月完工。
1993 年 10 月 1 日	長沙灣副食品批發市場啟用，屬西九龍填海項目（香港機場核心計劃之一），亦為香港機場核心計劃首座落成的建築物。

1993 年 10 月 15 日 | 位於柴灣的東區尤德夫人那打素醫院啟用，可容納 1620 張病床，主要服務港島東區市民。

港島中環至半山自動扶手電梯啟用，電梯連接德輔道中至干德道，全長 800 公呎，是當時全球最長的同類電梯。

政務總署改組為政務科，主要工作範疇包括地方行政、社區和新界事務、人權、政府諮詢委員會、宗教與華人傳統習俗，並負責港府與市政局、區域市政局的溝通協調事宜。

歐洲共同體（今歐洲聯盟）駐港辦事處成立。

1993 年 10 月 25 日 | 港府公布《公務員聘用及服務條件諮詢文件》，首次建議公務員系統引入劃一聘用條款，不再有本地與海外之分，進一步推動公務員本地化政策，以為特區成立作準備。

1993 年 11 月 8 日 | 香港首間胎兒性別選擇中心開幕，提供商業性質的選擇胎兒性別服務。

1993 年 11 月 10 日 | 廉署引用《1992 年總督特派廉政專員公署（修訂）條例》，在未有解釋的情況下即時解僱廉署華人最高級別職員，廉署執行處副處長徐家傑，事件引起社會關注。翌年 11 月 2 日，立法局保安事務委員會完成廉署前執行處副處長徐家傑遭解僱一事的報告書，認為廉政專員施百偉解僱徐家傑的決定是合理及正確。

1993 年 11 月 19 日 | 位於屯門稔灣的新界西堆填區啟用，面積共 110 公頃，設計廢物吸納量為 6100 萬立方米，基本建設費用 22 億元，是香港第一個策略性堆填區。

1993 年 11 月 23 日 | 香港科學館展覽「恐龍 Dinosaur Alive！」開幕，展出八件恐龍機械模型、多媒體資訊等，是香港科學館第一次展示恐龍模型。

1993 年 11 月 29 日 | 公務員事務司陳方安生出任布政司，為香港首位華人布政司。

1993 年 11 月 | 古蹟辦分三期對九龍寨城進行調查發掘，為期八個月，出土刻有「九龍寨城」、「南門」等字樣的石額，並發現寨城城門、城牆、道路及房址等遺跡。

1993 年 12 月 1 日 | 立法局根據《1990 年公共財政（修訂）條例》，通過撥款 5000 萬元予港府成立賑災基金，用作賑濟世界各地的災禍，同時接納市民捐款。翌年 2 月 1 日，賑災基金諮詢委員會成立，就撥款政策提供意見及監察基金運作。

1993 年 12 月 2 日 | 港督彭定康在立法局宣布將其政改方案部分內容刊憲，並提交立法局審議。翌日，國務院港澳辦發表聲明，宣布所有根據政改方案產生的機構將不能過渡至香港特區政治體制之內，並將於 1997 年 6 月後根據基本法「另起爐灶」。

1993 年 12 月 10 日	港府頒布《1993 年檢疫及防疫（修訂）條例》，跟隨《國際衛生條例》修訂傳染病總表，並提高罰則，以加強管控傳染病。
1993 年 12 月 12 日	元朗屏山文物徑開通，長約 1.6 公里，貫連屏山上璋圍至坑尾村九處傳統中式建築景點，是香港首條文物徑。至 2017 年，該文物徑景點達 13 處，當中包括四座對外開放的法定古蹟。
	香港演藝人協會成立，首屆會長為許冠文。
1993 年 12 月 24 日	城規會公布經修訂的 16 個九龍分區計劃大綱圖，住宅及工商業建築的最高地積比率分別為 7.5 及 12。
1993 年 12 月 29 日	大嶼山昂坪天壇大佛舉行開幕儀式暨開光典禮，來自全球的 13 位高僧到場主持。天壇大佛由寶蓮禪寺興建，高約 34 米，重 250 公噸，是當時全球最高的戶外青銅坐佛。（圖 249）
1993 年 12 月 31 日	根據大法官包致金所提交 1993 年元旦蘭桂坊人踩人事件調查報告的建議，是晚除夕夜，警方在蘭桂坊執行人流管制措施，限制人流至 5000 人，而地鐵亦提供通宵服務分散人潮。當局同時完成擴闊蘭桂坊道路並興建欄杆，減低意外風險。
	市政局於維園舉辦大型新年倒數晚會，逾 40,000 人參加。這是維園首次舉行官方大型倒數活動，以避免同年元旦蘭桂坊慘劇再次發生。
1993 年 12 月	運輸署、警務處及社聯聯手推出「殘疾乘客在限制區上落車證明書」計劃，殘疾乘客可在限制區上落的士。1996 年 8 月，計劃適用範圍擴展至私家車；1999 年 5 月，計劃再擴展至私家小巴和私家巴士。
1993 年	市政局舉辦首屆先進運動會，設有 11 項比賽，共 2863 人參與，旨在讓 40 至 59 歲或以上的香港市民，享受運動的樂趣。
	職業劇團劇場組合成立，後於 2008 年重組為「PIP 文化產業」，停止接受政府資助，轉向商業營運方式推廣文化藝術。
1994 年 1 月 7 日	位於九龍塘的香港工業科技中心舉行平頂儀式，並於 8 月啟用，主要向新成立兼採用高科技的小型公司提供支援。
1994 年 1 月 10 日	一名男子在石硤尾一間滙豐銀行分行內以易燃液體縱火，13 名職員被困，造成 12 人死亡。1997 年 3 月 14 日，港府頒布《1997 年消防安全（商業處所）條例》，加強商業建築的消防安全標準，防止同類事件發生。
1994 年 1 月 14 日	港府頒布《1993 年噪音管制（修訂）條例》，嚴格規管高噪音建築設備，以及加強監管於管制時間內於人口稠密地區進行機動和手動建築工程所發出的噪音，並提高罰則。
	市政局與浩洋科技有限公司簽訂合約，進行防鯊網試驗計劃，於西貢清水灣第二灘、西貢銀線灣及屯門加多利灣裝設防鯊網，其中清水灣第二灘是香港首個裝設防鯊網的沙灘。

圖 249　1993 年 12 月 29 日，大嶼山天壇大佛舉行開幕儀式暨開光典禮。（南華早報提供）

| **1994 年 1 月 23 日** | 東江－深圳供水系統三期擴建工程全線通水,工程包括新建抽水站及擴建人工渠道和天然河道,令每年供水能力達 17.43 億立方米,對香港每年供水 11 億立方米,佔全港用水量 70% 以上。 |

1994 年 2 月 1 日 ▎大亞灣核電站一號機組啟用,二號機組也在 5 月 7 日啟用,是中國首座引進外國資金、設備與技術的大型核電站。7 月 18 日,核電站全面建成及投產慶典在北京舉行。

1994 年 2 月 4 日 ▎根據《1993 年香港康體發展局(修訂)條例》,康體發展局與香港體育學院合併成為法定機構香港康體發展局,負責推廣和發展本港的體育活動。

1994 年 2 月 25 日 ▎港府頒布《1993 年選舉規定(雜項修訂)(第 2 號)條例》,訂明自 1994 年及 1995 年各個議會選舉,立法局、市政局及區域市政局、區議會選舉一律採用單議席單票制,每個選區只有一個議席,每名選民投一票,得多數票者勝選;增加兩個市政局民選議席,並取消兩個市政局及全港區議會所有委任議席;同時選民最低投票年齡由 21 歲降低至 18 歲。

1994 年 2 月 28 日 ▎中國外交部發表《中英關於香港 1994/1995 年選舉安排會談中幾個主要問題的真相》,作為英國違反談判伊始雙方達成的諒解、單方面公開會談內容的反制措施,指責英方堅持「三違反」政制方案,無誠意進行談判。

1994 年 3 月 3 日 ▎香港出版總會註冊成立,由本港八家出版同業商會及出版企業聯合創立,會員包括逾 700 個出版商、發行商及零售商,旨在保障業界利益。

1994 月 3 月 4 日 ▎新華社香港分社在香港舉行第一批共 274 名香港地區事務顧問聘書頒授儀式;翌年 1 月 9 日,聘請第二批共 263 人;7 月 13 日,聘請第三批 133 人。前後三批區事顧問共 670 名,俱以個人身份受聘,可表達對香港問題的意見。

1994 年 3 月 10 日 ▎港府接受立法局議員陸恭蕙對《1993 年新界土地(豁免)條例草案》提出的修訂,將新界女性原居民在條例下的繼承權由非農地擴展至包括農地。29 日,國務院港澳辦表示反對,認為港府作出相關修訂前,未有諮詢新界原居民的意見。

1994 年 3 月 11 日 ▎位於銅鑼灣的香港大球場舉行重建落成開幕禮,其中焦點節目為電子鐳射激光音樂會。大球場由馬會捐助 8.5 億元重建而成,設有40,000 個座位,是香港截至 2017 年最大規模的戶外康體場地。

▎渠務署管理的污水處理服務營運基金投入運作,負責管理政府徵收的排污費,以收回策略性排污計劃之下各類基建的興建和營運成本。

1994 年 3 月 22 日 ▎逾 1200 名不滿《1993 年新界土地(豁免)條例草案》的新界原居民,於立法局外舉行示威反對立法,不滿草案建議改變新界的土地繼承權傳統,其間與支持修例的婦女團體互相指罵。立法局議員離開時亦受到示威者襲擊,事件中無人被捕。25 日,鄉議局成立保家衞族抗爭總部,組織新界原居民反對修例。

1994 年 3 月 23 日　怡和集團宣布本年 12 月 31 日起，旗下怡和策略控股及怡和控股在香港的第二上市地位由新加坡取代，股份停止於香港交易，而倫敦則維持第一上市地位。

1994 年 3 月 30 日　特區籌委曾預委會政務小組在北京舉行的第六次會議上發表聲明，指出 1997 年 7 月 1 日特區政府成立後，現任公務員基本上可留任，但必須保持政治中立，不一定要懂得普通話；原有的聘用、考核、紀律、培訓及管理制度按基本法第 103 條予以保留，而主要官員不得由外籍人士或擁有外國居留權的香港永久性居民擔任。

1994 年 3 月　港府設立語文基金，注入三億元作為初期撥款，由教育署以信託形式持有，推行各項提高語文能力的計劃。1996 年 10 月 1 日，語文教育及研究常務委員會成立，負責就語文基金的運用向政府提出意見。

1994 年 4 月 1 日　社署推出「長者咭」計劃，凡 65 歲以上香港居民均可申請，提倡敬老精神。持咭人可以優先使用港府部分服務、享有公共交通票價優惠以及於參與計劃的商戶享有折扣。

1994 年 4 月 9 日　香港首名採用微型注射卵子手術受孕成功的嬰兒誕生。

1994 年 4 月 15 日　港府代表在摩洛哥馬拉喀什，與全球 120 多位國家部長簽署《烏拉圭回合多邊貿易談判結果最後文件》，協議成立世界貿易組織。

1994 年 4 月 25 日　香港教育學院根據《1994 年香港教育學院條例》成立，由羅富國教育學院、葛量洪教育學院、柏立基教育學院、香港工商師範學院及語文教育學院合併而成。

1994 年 5 月 8 日　鄉議局發起遊行，反對港府提出的《1993 年新界土地（豁免）條例草案》，逾 7000 名新界原居民參加。

1994 年 5 月 24 日　港府委任馮華健、阮雲道為法律政策專員及刑事檢控專員，是首兩位華人律政專員，以推動律政司本地化政策。

1994 年 5 月 26 日　國務院港澳辦和新華社香港分社共同聘任的第三批共 50 名港事顧問在北京接受聘書，任期兩年，後於 1996 年 4 月 13 日續聘至 1997 年 6 月 30 日。

　寰亞電影有限公司註冊成立，主要從事電影製作及發行，至 2017 年共有四部作品獲得香港電影金像獎最佳影片，包括《野獸刑警》、《無間道》、《投名狀》及《樹大招風》。

1994 年 6 月 2 日　港府接納選區分界及選舉事務委員會建議，於 1995 年 3 月兩個市政局選舉中，市政局設 32 個選區，而區域市政局則為 27 個。

1994 年 6 月 8 日　物理學家楊振寧和數學家丘成桐、工程學家張立綱一起當選為中國科學院首批外籍院士。截至 2017 年，香港共有七位中科院外籍院士。

1994 年 6 月 9 日 ｜ 港府從賑災基金捐出 200 萬元,通過樂施會救濟盧旺達難民,是賑災基金首筆捐款。本年內賑災基金先後五次撥款通過不同慈善機構援助盧旺達難民,合共捐出 1200 萬元。

1994 年 6 月 22 日 ｜ 港府頒布《1994 年建築地盤(安全)(修訂)(第 2 號)規例》,任何未完成認可訓練的 18 歲以下人士,不得於建築地盤工作。

1994 年 6 月 24 日 ｜ 港府頒布《1994 年新界土地(豁免)條例》,使新界女性原居民在先人沒有訂立遺囑的情況下,有權繼承新界的土地或產業,如同本港其他地區的土地。

｜ 港府頒布《1994 年行政事務申訴專員(修訂)條例》,自 7 月 1 日起,行政事務申訴專員公署改稱「申訴專員公署」。公署的調查範圍由政府部門,擴展至港府設立的法定組織,而社會各界亦可直接向公署作出投訴。若申訴專員認為合適,在無收到投訴情況下,亦可主動展開調查。

1994 年 6 月 29 日 ｜ 《1994 年立法局(選舉規定)(修訂)條例草案》恢復二讀。自由黨於二讀階段提出修訂動議,建議採用「九四方案」,包括功能組別設立新九組,並維持公司票為主要投票方法,令選民人數由港府方案的 200 多萬降至 32 萬人,而選舉委員會則由廣泛代表社會的四類人士組成,修訂動議以一票之差被否決。最終港府提出的條例草案以 32 票贊成,24 票反對,於翌日凌晨 2 時半三讀通過。7 月 8 日,港府頒布《1994 年立法局(選舉規定)(修訂)條例》,以落實港督彭定康 1992 年施政報告提出的政改方案。

1994 年 6 月 30 日 ｜ 中英雙方於中英聯合聯絡小組第 29 次會議上就本港軍事用地的日後用途達成協議,並於 11 月互換照會作實。根據協議,英國政府將於 1997 年 7 月 1 日香港特區成立起,無償移交 14 幅用地予中國政府作軍事用途。同時,英國政府騰出 25 幅地予港府作社會及經濟發展用途,並由港府負責遷建因交還用地而受影響的五個軍事設施,包括昂船洲海軍基地、槍會山軍營的軍用醫院等。

1994 年 7 月 6 日 ｜ 中英雙方於香港就香港排污問題召開首次專家小組會議,主要討論跨越 1997 年的香港污水處理計劃。

1994 年 7 月 8 日 ｜ 港府頒布《1994 年消費者委員會(修訂)條例》,把消委會監管範圍擴大至部分專利及公用事業機構。

｜ 港府從賑災基金撥出 2000 萬元,通過香港紅十字會、香港世界宣明會及無國界醫生救濟華南地區水災災民。

1994 年 7 月 11 日 ｜ 因應 12 名市民進食使用香港仔避風塘海水飼養的海產後感染霍亂,市政局及區域市政局同時宣布,全港零售商及餐廳須使用潔淨水源飼養海產,並禁止於香港仔在內的市區避風塘捕魚。

1994 年 7 月 12 日 ｜ 港府發表《生活有保障、晚年可安享 —— 香港的老年退休金計劃》,就實施強制性供款老年退休金計劃諮詢公眾。翌年 1 月 27 日,港府宣布因社會意見分歧而擱置計劃。

1994 年 7 月 18 日 廣深高速公路臨時試運行，後於 1997 年 7 月 1 日正式營運，全長 122.8 公里，由胡應湘的香港合和實業和廣東省公路建設公司合作修建，是首條內地與香港合作修築的高速公路，連接廣州、深圳及香港皇崗口岸。

1994 年 7 月 24 日 香港協進聯盟成立，由劉漢銓擔任主席。1997 年 5 月 26 日，港進聯宣布併合香港自由民主聯會，併合後仍稱港進聯。

1994 年 7 月 28 日 港府公布經修訂的海外公務員轉制計劃，凡 1995 年 9 月 1 日前約滿的海外合約公務員，可申請轉以本地條件聘用；申請獲批者，若有以本地條件聘用的公務員可接替其職位，申請人須降職一級，但原有薪金及聘用條件可獲延續，以晉升更多本地人員。

1994 年 8 月 1 日 環境及自然保育基金開始運作，由附設的委員會處理撥款申請，以資助全港非牟利機構舉辦各類與環保及自然保育有關的項目。

1994 年 8 月 8 日 恒生中國企業指數（國企指數）推出，設有十隻成份股，反映在港上市中國企業的整體表現。

1994 年 8 月 31 日 第八屆全國人大常委會第九次會議認為，港英最後一屆立法局、市政局和區域市政局、區議會於 1997 年 6 月 30 日終止。會議決定，由特區籌委會根據《關於香港特別行政區第一屆政府和立法會產生辦法的決定》，負責籌備成立香港特區的有關事宜，規定香港特區第一屆立法會的具體產生辦法，組建香港特區第一屆立法會。

1994 年 9 月 7 日 英國政府將聯合國《兒童權利公約》條文適用範圍延伸至香港。1997 年 6 月 10 日，中國政府致函聯合國秘書長，表明公約於 7 月 1 日特區成立以後繼續適用。

1994 年 9 月 13 日 立法局通過《1994 年小販（市政局）（修訂）（第 3 號）附例》，授權市政局取締市區流動小販，但無訂明生效日期。翌年 5 月 2 日，一位售賣雪糕的牌照持有人反對取締，並提出司法覆核，導致市政局擱置取締計劃。

1994 年 9 月 16 日 下午 2 時 20 分，天文台錄得台灣海峽南部發生黎克特制 6.5 級地震，香港亦感受到震動，烈度為修訂麥加利地震烈度表 V 至 VI（五至六）度，未有造成傷亡及破壞，是本港自 1918 年以來震感最強的地震。

1994 年 9 月 18 日 1994 年區議會選舉舉行，投票率 33.1%，共設 346 個地方直選議席。今屆區議會不再設有委任議席，而新界九個區議會仍設有合共 27 個由鄉事委員會主席出任的當然議席。油尖區及旺角區於 1993 年 6 月併為油尖旺區，由本屆起全港共設 18 個區議會。

1994 年 9 月 23 日 一架由香港飛往印尼雅加達的貨機，於啟德機場起飛後墜海，造成六人死亡。

1994 年 9 月 26 日 一名十歲男童於銅鑼灣東院道被綁架。28 日，四名綁匪被捕。29 日，警方在大帽山郊野公園發現男童屍體。翌年 10 月 4 日，兩名撕票的綁匪因謀殺罪被判囚終身監禁。

1994 年 9 月 26 日 位於將軍澳大赤沙的新界東南堆填區啟用,地面及海面的面積共 100 公頃,設計廢物吸納量為 4300 萬立方米,基本建設費用 20 億元,是香港第二個策略性堆填區。

1994 年 9 月 香港中文大學於本學年起,學制由四年改為三年。

1994 年 10 月 1 日 香港銀行公會取消一個月以上港元定期存款的利率上限,是港府撤銷實行了 30 年的利率協議的首階段措施,以增加港元在聯繫匯率下的彈性及加強銀行業內競爭。

1994 年 10 月 2 日 民主黨成立,由香港民主同盟及匯點合併而成,李柱銘為首任主席。

香港代表隊參加日本廣島主辦的第十二屆亞運會,共奪得五銀七銅,當中賽艇及帆船項目首次獲獎。

1994 年 10 月 3 日 最高法院裁定香港大學經濟學教授張五常控告《東周刊》誹謗案勝訴,為本港自 1915 年以來第一宗有陪審員審理的民事案件。

1994 年 10 月 10 日 中國文化協會於尖沙咀文化中心舉辦「雙十國慶」活動,場地申請獲得市政局批准。新華社香港分社表示,活動違反「一國兩制」原則,港府對批租場地負有責任。

1994 年 10 月 21 日 港府頒布《1994 年有組織及嚴重罪行條例》,授權警方偵查有組織罪案時可要求掌握相關資料人士回答問題或提供資料以協助調查,同時授權法庭充公觸犯法例訂明罪行所得的收益,並將參與該等罪行相關的洗黑錢活動列為罪行。

港府頒布《1994 年安老院條例》,自翌年 4 月 1 日起,規定本港所有私營安老院舍須符合港府在建築結構、消防安全及衛生方面的要求,方可獲發牌照或豁免證明書以作經營。

港府頒布《1994 年消費品安全條例》,規定除特定法例管制安全的貨品外,其他消費品的製造商、進口商及供應商有責任確保所提供的消費品符合一般安全規定。

1994 年 10 月 25 日 中共中央軍事委員會宣布,在深圳成立解放軍駐港部隊。

1994 年 10 月 28 日 廉署針對旺角警區特別職務隊進行一連三日的突擊搜查行動,一共拘捕 48 人,包括九名警務人員,涉嫌串謀收受利益並向販毒及色情場所經營者提供保護。

1994 年 10 月 30 日 教育評議會成立,旨在透過政策評論及倡議、專題研究、同業交流,推動本港從幼兒到大專的整體教育發展,創會主席為曹啟樂。

1994 年 11 月 3 日 中華廠商會慶祝成立六十周年,復辦第三十二屆工展會,與第三十一屆事隔 21 年。本屆在灣仔會展五樓舉辦,參展單位共 400 個。自 2003 年起工展會改於維園舉行。

1994 年 11 月 4 日 中英雙方就香港機場核心計劃總體財務安排達成協議，其時該計劃預算總成本為 1582 億元，當中港府注資最少 603 億元，而特區政府成立後所負擔的債務將不多於 230 億元。自 1991 年 9 月中英雙方簽訂《新機場諒解備忘錄》以來，英方先後四次向中方提交該計劃的財務方案，至此達成共識。

1994 年 11 月 11 日 立法局通過撥款 1000 萬元，成立消費者訴訟基金，協助消費者對不法商戶提出訴訟，並委任消委會為基金信託人，負責管理基金。

1994 年 11 月 17 日 中英土地委員會第二十九次會議結束，雙方同意批出 1248 公頃土地用作發展赤鱲角新機場。（圖 250、251）

圖 250　1989 年，發展新機場前的大嶼山赤鱲角。（南華早報提供）

圖 251　1996 年，填海工程已使赤鱲角和欖洲兩島相連。（政府新聞處提供）

| 1994 年 11 月 18 日 | 香港理工學院、香港浸會學院、香港城市理工學院獲准升格為大學，分別改稱香港理工大學、香港浸會大學和香港城市大學。 |

| 1994 年 12 月 14 日 | 港府發表第一份《鐵路發展策略》，建立本地鐵路網絡的規劃框架，並根據各地區需要提出策略性發展方案。 |

| | 立法局議員劉千石不滿港府於立法局通過其就《1994 年僱傭（修訂）條例草案》所提出的修訂動議後撤回草案，即席宣布辭職，成為本港史上首位在會上請辭的立法局議員。 |

| 1994 年 12 月 19 日 | 位於北京天安門廣場東側的「中國政府對香港恢復行使主權倒計時牌」揭幕。計時牌揭幕時，顯示距離 1997 年 7 月 1 日尚有 925 天。 |

| 1994 年 12 月 29 日 | 港府公布公務員公開競逐職位計劃，凡 1995 年 9 月 1 日起約滿、出任晉升職級職位的本地及海外合約公務員，申請續約者須與低一級的人員競逐職位，而職位只限香港永久性居民申請。 |

| 1994 年 | 房委會動用四億元，改善 938 幢租住公屋的保安設施。 |

| 1995 年 1 月 1 日 | 全港電話號碼由七位數字增至八位數字，家居電話號碼前置增加「2」字，傳呼機及手機分別前置增加「7」及「9」字。 |

| | 世界貿易組織成立，總部設於瑞士日內瓦，香港為創始成員之一。 |

| 1995 年 1 月 12 日 | 1925 年創辦的中文報章《華僑日報》在本日出版最後一期後停刊，是截至 2017 年香港經營時間最長的中文報章。 |

| 1995 年 1 月 25 日 | 深夜 11 時，至少八名劫匪闖入元朗一個車場，將兩名當值工人綑綁，通宵將場內 27 輛總值 500 多萬元的左軚車分批駛走。 |

| 1995 年 2 月 6 日 | 黎慶寧出任保安司，為香港首位華人保安司。 |

| 1995 年 2 月 13 日 | 港府公布最終修訂的調景嶺清拆賠償方案，居民可獲發每平方米 7000 元的特惠津貼、按家庭成員數目獲發搬遷津貼，並可獲房署編配公屋或准許優先購買居屋單位。 |

| 1995 年 2 月 20 日 | 蕭芳芳憑電影《女人四十》在第四十五屆柏林影展獲銀熊獎（最佳女演員），12 月 9 日再以此片獲第三十二屆台灣金馬獎最佳女主角獎。 |

| 1995 年 2 月 24 日 | 港府頒布《1995 年人體器官移植條例》，禁止擬作移植用途的人體器官用作商業交易、限制在生人士之間的器官移植及限制移植進口器官。 |

| 1995 年 2 月 26 日 | 屯門高爾夫球中心對外開放，是全港首個公眾高爾夫球練習場。12 月，滘西洲賽馬會公眾高爾夫球場啟用，是全港首個公眾高爾夫球場。 |

| 1995 年 3 月 5 日 | 1995 年市政局及區域市政局選舉舉行，選出合共 59 個地區直選議席，投票率為 25.8%。這是兩局議員首次全由直選產生，也是兩局最後一次選舉。 |

| 1995 年 3 月 27 日 | 廣九直通車高速列車於廣州火車站舉行開通儀式，翌日投入服務，時速可達 160 公里，往返香港與廣州車程縮短約 40 分鐘。 |

| 1995 年 3 月 30 日 | 中英聯合聯絡小組第一次財政預算案編制專家小組會議於北京舉行。專家小組負責與港府共同編制 1996/1997 年度及 1997/1998 年度兩份跨越 1997 年的財政預算案。港府須經中英雙方同意，方可公布預算案。 |

| 1995 年 4 月 1 日 | 港府根據污染者自付原則，引入污水處理服務收費計劃，向全港所有接駁公共排污系統的住宅和工商業用戶徵收基本排污費和工商業污水附加費，以收回政府污水處理服務的成本。 |

廉署 1994 年起偵查的巨額香煙走私案證人徐道仁被證實於新加坡遇害。事後經法院審理，涉案者張偉明、鄭會耀先後在 1998 年及 2004 年被判串謀謀殺罪罪名成立，分別判處入獄 27 年和終身監禁。

| 1995 年 4 月 28 日 | 國務院港澳辦和新華社香港分社共同聘任的第四批即最後一批共 45 名港事顧問在北京接受聘書，任期至 1997 年 6 月 30 日。 |

中央保護證人組成立，隸屬於警務處，為準軍事保鏢，保護經風險評估為受生命威脅的證人、其家人或與案受害人及警察臥底等，並制定與證人保護相關的政策。

| 1995 年 5 月 8 日 | 歌手張學友於蒙地卡羅舉行的世界音樂獎頒獎禮獲「全球最暢銷華人歌手獎」和「全球最暢銷亞洲歌手獎」，成為首名同時獲此兩榮譽的香港歌手。 |

| 1995 年 5 月 9 日 | 中環渡輪碼頭五號碼頭啟用，首班渡輪在早上 6 時從長洲駛達中環，是港府重置港外線碼頭計劃首個啟用碼頭。翌年 3 月，中環渡輪碼頭已有六個碼頭建成啟用，供港內外航線使用。 |

| 1995 年 5 月 11 日 | 港府和深圳市政府簽署治理深圳河工程協議，以解決新界北區水浸問題。第一期由深圳方面執行，費用由雙方平均分擔，主要工程包括拉直料壆及落馬洲兩段河曲、擴闊及挖深河道等，於 17 日動工，至 1997 年 4 月完成。 |

天文台於早上 9 時 59 分錄得大嶼山東部海域發生黎克特制 2.4 級輕微地震。

圖 252　1995 年 5 月 20 日，沙田白石越南船民羈留中心發生騷亂。（星島日報提供）

<table>
<tbody>
<tr><td>**1995 年 5 月 20 日**</td><td>沙田白石羈留中心 1500 名拒遷往萬宜羈留中心的越南船民與約 2000 名紀律部隊人員爆發衝突，警方單日合共施放了 3520 枚催淚彈鎮壓。事件中至少 27 名越南船民、168 名懲教署職員和警察受傷，是截至 2017 年警方施放最多催淚彈的騷亂事件。（圖 252）</td></tr>
<tr><td>**1995 年 5 月 30 日**</td><td>香港政策研究所註冊成立，由葉國華擔任主席。其成立的目標為通過公共政策研究促進「一國兩制」、港人治港的落實。</td></tr>
<tr><td>**1995 年 6 月 1 日**</td><td>淫審處裁定一個放置於騏利大廈的雕像為二級不雅物品，須遮蓋男性性器官才可在公眾場所展示，引起社會廣泛關注。8 月 11 日，最高法院推翻淫審處裁決，指《淫褻及不雅物品管制條例》並不涉及管制藝術品，雕像可以原貌展示。</td></tr>
<tr><td></td><td>香港藝術發展局根據《1995 年香港藝術發展局條例》成立，取代演藝發展局，成為規劃和推動本港藝術發展的法定機構，負責支持和推廣舞蹈、戲劇、戲曲、電影與媒體藝術、音樂、視覺藝術、文學藝術、藝術教育、藝術行政和藝術評論等十個藝術範疇的發展，設有民選成員制度，文化界人士可投票選出業界代表，參與該局決策和資助撥款的分配。</td></tr>
</tbody>
</table>

1995 年 6 月 1 日

港府頒布《1995 年海岸公園條例》，授權漁農處處長擔任郊野公園及海岸公園管理局總監，聽取郊野公園及海岸公園委員會和其轄下各委員會的意見後，劃定、管理及管轄香港海岸公園及海岸保護區。

位於打鼓嶺的新界東北堆填區啟用，是香港第三個策略性堆填區，地面及海面的面積共 61 公頃，設計廢物吸納量為 3500 萬立方米，基本建設費用 11 億元。

1995 年 6 月 2 日

西貢銀線灣一名男泳客遭鯊魚襲擊喪生。6 日，西貢銀線灣再有一名男泳客遭鯊魚襲擊喪生。13 日，西貢清水灣一名女泳客被鯊魚襲擊喪生。香港 13 日內連續發生三宗鯊魚噬殺泳客事件，引起社會關注沙灘安全問題。

1995 年 6 月 7 日

環保署開始每日公布空氣污染指數，分為良好至非常不健康四個等級。1998 年 6 月 15 日，環保署將一般空氣污染指數改為輕微至嚴重五個等級，同時開始每日公布新設立的路邊空氣污染指數。

1995 年 6 月 8 日

中英兩國政府簽訂《中英雙方關於香港終審法院問題的協議》，訂明香港特區將於 1997 年 7 月 1 日成立後，設立終審法院。

1995 年 6 月 20 日

黎智英創辦的《蘋果日報》創刊，是一份綜合性日報。該報並非中文報業公會會員，未跟隨該會於 12 日議決維持全港中文報章售價劃一為五元的決定，於創刊首月附送三元優惠印花，變相減價至兩元促銷。該報年內銷量升至全港第二位。

1995 年 6 月 22 日

國務院副總理錢其琛發表《中央人民政府處理「九七」後香港涉台問題的基本原則和政策》，1997 年 7 月 1 日特區成立以後，在「一個中國」及「一國兩制」原則下，香港與台灣民間各類經濟文化交流、人員往來基本不變；兩地之間的官方往來，包括簽署協議、設立機構等，須報請中央人民政府批准，或經中央具體授權，再由特區行政長官批准，而台灣在港機構及人員，則必須嚴格遵守基本法。

1995 年 6 月 23 日

港府刊憲，廢除根據《緊急情況規例條例》制定的三套附屬規例，未來可以按照保留下來的主體條例，應付任何緊急情況。7 月 18 日，特區籌委會預委會法律小組表示，港府有關修訂未經中方同意，違反《聯合聲明》中原有法律基本不變的原則，破壞香港法律的完整性和連續性。

1995 年 6 月 27 日

港府頒布《1995 年電視（節目）（修訂）規例》，廢除原有條例第 4 條的條文，即有關不准播映為外國政治團體利益服務的電視節目。

1995 年 6 月 29 日

房委會提高自置居所貸款計劃的免息貸款額至 60 萬元，同時向獲審批者發放每月補助金 5100 元，名額 4000 個，措施只適用於 1995/1996 及 1996/1997 兩個財政年度，吸引公屋住戶自置居所，以騰出公屋單位。

中英雙方就機場鐵路及機場管理局兩份財務支持協議達成共識,使兩家機構可向外舉債以進行工程招標。同日,中英雙方將新機場的航空貨運專營權,批予香港空運貨站有限公司及亞洲空運中心有限公司。

1995 年 7 月 1 日

有在港親屬的內地居民以單程證來港定居配額,由每日 105 名增至 150 名。

港府解散警隊政治部,該部大部分工作轉移至警隊的刑事及保安處。

港府開放香港固定電訊網絡市場,並向和記通訊有限公司、香港新電訊有限公司、新世界電話有限公司簽發固網服務營辦商牌照,讓它們可與早前的專營者香港電訊競爭。

1995 年 7 月 7 日

港府頒布《1995 年性別歧視條例》,自翌年 5 月 20 日起,將某些種類的性別歧視及基於婚姻狀況或懷孕的歧視,以及性騷擾定為違法行為。

1995 年 7 月 18 日

香港中小型企業總商會註冊成立,服務中小型企業東主、專業服務提供者和從事中小型企業研究的學者。

1995 年 8 月 1 日

港府開始分階段實施公務員劃一聘用條款,規定所有按本地常額及可享長俸條款受聘的新入職公務員,均須符合指定中文語文要求(中學會考中國語文科及格或同等資格)。1996 年 8 月 1 日開始,所有新入職公務員均不會再享有海外教育津貼。

1995 年 8 月 4 日

港府頒布《1995 年強制性公積金計劃條例》,訂明建立強制性公積金制度的基本框架,並須待附屬法例制定後,計劃方會正式實施。該計劃由非政府機構營辦,訂明本港年滿 18 歲至未滿 65 歲,從事任何行業而獲連續僱用 60 日或以上,平均月薪介乎 4000 至 20,000 元的僱員(除非根據法例可獲豁免),僱員本人及僱主須各自供款月薪 5% 作為僱員的退休金。

港府頒布《1995 年殘疾歧視條例》,自翌年 5 月 20 日起,凡對殘疾人士歧視或中傷均屬於違法。

港府頒布《1995 年個人資料(私隱)條例》,訂明私營機構和政府部門可以按其職能或活動收集直接相關的個人資料作合法目的之用途,並採取合適保安措施,而市民有權向該等機構查閱和更正有關資料;條例並訂明成立個人資料(私隱)專員公署,負責監察條例的執行情況。翌年 8 月 1 日,公署成立,而條例則於 12 月 20 日起實施。

1995 年 8 月 18 日

香港駐新加坡經貿辦成立。

一輛在屯門公路行駛的小型客貨車被山上工地滾下巨石擊中,司機當場死亡。24 日,屯門公路往九龍行車線封閉,進行緊急加固工程,港府開辦屯門至荃灣臨時渡輪航線疏導市民。9 月 9 日,公路全線恢復通車,臨時渡輪航線結束。

1995 年 9 月 1 日 ┃ 庫務司曾蔭權出任財政司,是首位出任該職的華人。

┃ 衛生署開設學生健康服務,為小一至小六學生提供每年一次的體格檢查、生理及心理社交健康篩檢。至 1996 年 9 月新學年起,服務擴展至中一至中七學生。

1995 年 9 月 4 日 ┃ 港府根據世界多國簽訂的《拉姆薩爾公約》,將總面積達 1500 公頃的米埔及內后海灣濕地列為國際重要濕地,保護區內及周邊共有六種濕地生境,為各類野生動植物提供棲息之所,包括瀕危鳥類物種黑臉琵鷺。

1995 年 9 月 5 日 ┃ 行政局宣布,即日起不再設立首席議員一職,由局內各成員推選行政局召集人,負責召集會議等工作,地位與其他議員相同。首任召集人由王葛鳴擔任。

1995 年 9 月 13 日 ┃ 港府公布《公務員使用中文事宜工作小組報告書》,要求政府部門多使用中文與市民溝通、外籍政務官學習廣東話,同時所有政務官需學習普通話,以便特區政府成立後與中方官員溝通,並加強公務員在中文寫作及普通話會話的訓練,以長遠培養一支兼擅兩文三語的公務員隊伍。

1995 年 9 月 17 日 ┃ 1995 年立法局選舉舉行,共設有 60 席,當中地方直選 20 席、功能組別 30 席、選舉委員會十席。地區直選投票率為 35.79%,而功能組別投票率為 40.4%,選舉委員會十席則由現任 283 名區議員投票產生。

1995 年 9 月 25 日 ┃ 香港明天更好基金宣布成立,是一個由本港 20 位商界及社會人士創立的非牟利、非政治團體,旨在提升香港及國際各界人士對 1997 年香港特區成立後經濟和社會發展的信心。

1995 年 9 月 ┃ 港府實施幼稚園資助計劃,向非牟利幼稚園提供資助,按每名學生資助 695 元計算,以提高幼稚園教學質素。

1995 年 10 月 1 日 ┃ 香港駐悉尼經貿辦成立。

┃ 1941 年首次發行的一仙紙幣失去法定貨幣地位,停止流通,至本年底尚有總值 127 萬元的一仙紙幣未被收回。

1995 年 10 月 6 日 ┃ 中國人民建設銀行(今中國建設銀行)香港代表處獲港府發出銀行牌照,12 月正式升格為香港分行,為該行首家海外分行。

1995 年 10 月 16 日 ┃ 國務院港澳辦正式公布香港特別行政區護照樣本,護照採用國際民航組織的規格設計,封面藍色、印有燙金國徽、繁體中文和英文的護照名稱;成人護照有效期為十年,兒童護照有效期為五年;向持有香港永久性居民身份證的中國公民簽發。11 月 15 日,中國外交部發表公告,自 1997 年 7 月 1 日香港特區成立起啟用特區護照。

1995 年 10 月 21 日 ┃ 保護海港協會開始收集市民簽名,呼籲市民反對港府在維多利亞港填海,活動於 12 月 28 日結束,共收集約 14 萬名市民簽名。

1995 年 10 月 31 日 | 立法局議員陸恭蕙將城規會委員徐嘉慎以個人名義草擬的《保護海港條例草案》提交至立法局及律政署，草案建議立法局只有在無選擇及極大原因下，方可批准填海。翌年 12 月 4 日，草案於立法局進行首讀。

1995 年 11 月 2 日 | 一名赤柱監獄囚犯控告懲教署署長抽起囚犯訂閱報章內的馬經屬於違法，最高法院裁定懲教署敗訴，認為懲教署根據內部常規而抽起馬經欠法律依據，而且違反《1991 年香港人權法案條例》。

1995 年 11 月 3 日 | 香港大學化學系教授支志明當選為中國科學院首位港澳地區院士。截至 2017 年，香港共有 26 位中科院院士。

1995 年 11 月 18 日 | 文雅麗與丹麥約阿基姆王子於丹麥哥本哈根舉行婚禮，成為首位在香港出生的外國王妃。

1995 年 11 月 20 日 | 新加坡成為首個宣布給予特區護照持有人免簽證入境待遇的國家。

1995 年 11 月 22 日 | 最高法院上訴庭推翻原訟法庭的判決，裁定港府七項公務員本地化措施，影響海外公務員的晉升機會，違反《1991 年香港人權法案條例》。12 月 23 日，港府決定不上訴至樞密院，並會盡早修改指引，確保本地化政策能繼續推行。

1995 年 11 月 28 日 | 中英聯合聯絡小組財政預算案編制第五次專家小組會議於北京召開，席間中方代表抗議英方大幅增加香港的社會福利開支，認為此舉將令香港特區未來陷入財政赤字，「就好比在一條崎嶇的山路上，開一部高速的賽車。如果再這樣下去，用不了多少年，可能會『車毀人亡』，這個肇事司機就是港督彭定康。」

1995 年 12 月 1 日 | 港府根據《1995 年機場管理局條例》成立機場管理局，負責興建、營運及發展新機場。

1995 年 12 月 5 日 | 港府在國際互聯網設立香港政府資料中心網站，讓訪客閱覽各個政府部門網站及搜尋所需資料。

1995 年 12 月 9 日 | 《東方日報》創刊 28 周年，決定減價至兩元。《成報》、《蘋果日報》、《新報》和《天天日報》先後在 10 至 12 日減價到一至四元。12 至 16 日，《電視日報》、《香港聯合報》和《快報》先後宣布停刊。

1995 年 12 月 13 日 | 最高法院完成審理本港首宗使用中文審訊的民事案件，並頒下最高法院首份中文判詞，案件涉及一宗家事財務糾紛。翌年 2 月 16 日起，區域法院及土地審裁處亦可使用中文審訊。

1995 年 12 月 20 日 | 英美煙草公司香港高層呂健康於美國波士頓被捕，被指控與 85 億元巨額香煙走私案有關，並於 1997 年 5 月 22 日被引渡回香港受審。1998 年 6 月 25 日，最高法院裁定呂健康串謀收受利益罪成，判囚三年八個月及罰款 50 萬元。

1995 年 12 月 22 日	在九龍寨城原址興建的九龍寨城公園落成啟用。
1995 年 12 月	位於青衣的宏福花園落成並供售，是由房協興建的首個夾心階層住屋計劃屋苑，提供 1024 個單位。
1995 年	港府首次制定《政府通用字庫》，輯錄了本港特有而政府部門在日常電腦操作需使用的中文字符。1999 年 9 月，特區政府推出修訂版本《香港增補字符集》。
	區域市政總署博物館聯同香港中文大學中國文化研究所，在大埔碗窰遺址進行發掘工作，清理出長達 30 米的龍窰遺跡，並發現從採礦到燒製各項製瓷工序的遺跡。
1996 年 1 月 1 日	中國銀行首度出任香港銀行公會主席，自此中國銀行與滙豐銀行、渣打銀行兩家發鈔銀行每年輪流擔任銀行公會正副主席。
1996 年 1 月 4 日	鑒於接連收到顧客投訴旗下產品有異味，維他奶宣布全面回收深圳廠房生產的豆奶飲品。9 日，深圳及香港廠房均已告停產，並宣布從香港、澳門及全球華埠回收全部產品合共近 4300 萬盒予以檢驗及銷毀。24 日，維他奶公布調查結果，證實異味乃廠房機件故障及清潔欠妥所致，無礙健康。2 月，廠房復產。
1996 年 1 月 9 日	港府調任印度裔的運輸司鮑文為公務員敘用委員會主席，蕭炯柱接任運輸司。至此，除律政司外，港府所有司級官員均由華人擔任。
1996 年 1 月 21 日	衞奕信徑啟用，以前港督衞奕信命名，是香港唯一一條由南至北橫跨香港全境的長途遠足徑，全長 78 公里，共分十段，南起港島赤柱峽道，北至新界南涌，橫跨八個郊野公園。
1996 年 1 月 26 日	全國人民代表大會香港特別行政區籌備委員會在北京成立，並舉行第一次全體會議。特區籌委會由 150 人組成，當中香港委員 94 名，內地委員 56 名，錢其琛任主任委員。
1996 年 1 月 28 日	國務院及中央軍事委員會宣布，中國人民解放軍駐香港部隊組建完成，並將於 1997 年 7 月 1 日進駐香港。翌日，解放軍駐港部隊在深圳亮相，國務院副總理錢其琛主持授旗儀式。
1996 年 2 月 1 日	港府開始實施補充勞工計劃，僱主如未能聘請本地工人填補職位空缺，可申請聘用外地勞工（不包括侍應、收銀、文員、運輸工等 26 個指定工種），初期名額為 2000 人。
1996 年 2 月 3 日	雲南麗江發生黎克特制七級地震，香港社會各界參與賑災，合共捐贈 1.66 億港元、5220 萬元人民幣、10.3 萬美元以及物資 3280 公噸。翌年 7 月 1 日，香港同胞捐贈紀念碑於當地揭幕。
1996 年 2 月 10 日	香港中國婦女會馮堯敬紀念中學 49 名學生，由五位教師帶領，參與金腳計劃遠足活動，途中於大埔八仙嶺遇上山火，造成兩名教師及三位學生死亡，13 名學生不同程度燒傷。3 月 12 日，八仙嶺春風亭揭幕，以紀念周志齊、王秀媚兩位因保護學生而殉職的教師。

1996 年 2 月 19 日	香港旅遊協會在尖沙咀海旁舉行首次新春花車巡遊。（圖 253）
1996 年 2 月 28 日	港府與中方就鐵路發展策略及西北鐵路項目舉行簡介會，指西北鐵路將在 1998 年初動工。5 月 27 日，港府公布將動工日期提前一年。5 月 29 日，中方指港府不能單方面批出合約，否則特區成立後將不予承認；同日港府聲明尚未就此作定案，事前會諮詢中方意見。
1996 年 2 月 29 日	中英聯合聯絡小組召開關於移動通訊服務問題的第一次專家會議，英方提供了競投六個跨越 1997 年的個人流動通訊服務牌照的投標者資料予中方。7 月 27 日，中英雙方就香港移動通訊服務的十年專營權問題達成協議，並草簽會議紀要，港府可向中標者發出牌照。
1996 年 3 月 1 日	港府成立禁毒基金，向非政府機構提供資助，用作推行各類禁毒計劃，涵蓋防止濫用藥物、教育宣傳各方面。
1996 年 3 月 2 日	英國首相馬卓安來港訪問，為期三日，其間公開表示 1997 年特區成立後，英國對香港的承擔不會終止，並將給予特區護照持有人免簽證入境英國待遇。
1996 年 3 月 6 日	財政司曾蔭權發表任內首份財政預算案，也是在英國管治下港府最後一份可全權決策的預算案，主要措施包括增加薪俸稅免稅額、納稅人修讀認可院校課程的學費可申請扣稅、調低中下價樓宇的物業稅等。
1996 年 3 月 7 日	教統會發表《第六號報告書》，建議設立教師語文基準試、為學校聘請以英語及普通話為母語教師授課，以及把普通話科列為中小學核心課程之一，在小一、中一和中四教授新的普通話課程。

圖 253　1996 年
2 月 19 日，香港
舉辦首屆新春花車
巡遊，迎接鼠年
來臨。（南華早報
提供）

1996 年 3 月 23 日 | 特區籌委會第二次全體會議一連兩日在北京舉行，翌日通過《關於設立香港特別行政區臨時立法會的決定》，訂明臨時立法會在香港特區第一任行政長官產生之後組成並開始工作，主要任務包括制定讓香港特區正常運作所需的法律，並按需要修改和廢除法律，以及同意香港特區終審法院法官和高等法院首席法官的任命等。會議同時通過《關於成立香港各界慶祝香港回歸祖國活動委員會的決定》、《關於 1997 年下半年及 1998 年全年公眾假期安排的決定》、《關於對〈中華人民共和國國籍法〉在香港特別行政區實施作出解釋的建議》。

1996 年 3 月 25 日 | 香港鳳凰衛視有限公司成立，以全球華人為服務對象。31 日，鳳凰衛視中文台啟播。

1996 年 3 月 27 日 | 英國樞密院司法委員會裁定，在越南政府不接收非越裔人士政策之下，四名華裔越南船民被港府拒絕難民身份後，在香港被長期拘禁以等候遣返並不合法，判船民上訴得直。港府因應訴訟結果，釋放四人及其家屬，合共 15 人，全部可在本港安置。至 4 月 3 日，港府再釋放 214 名船民。

1996 年 3 月 28 日 | 港府因市民對進食牛肉感染瘋牛症的恐慌，決定跟隨歐盟，停止簽發英國冷藏牛肉進口簽證，以及禁止本港出售任何英國冷藏牛肉。

1996 年 3 月 30 日 | 約 54,000 名市民前往位於灣仔的人民入境事務處大樓，申請英國國民（海外）護照。由於輪候人數眾多，其間發生多宗爭執及毆鬥事件。

1996 年 3 月 | 區域市政局開始在全港公眾泳灘裝設防鯊網，每個防鯊網預算花費 100 萬元，並須每年支付 100 萬元維修保養費。

1996 年 4 月 1 日 | 港府成立法定語文事務署，負責為港府各部門提供日常翻譯及傳譯服務、編製公文寫作指引，並鼓勵公務員於日常工作多用中文，以培養兩文三語兼擅的公務員隊伍。

1996 年 4 月 13 日 | 特區籌委會就香港特別行政區第一屆政府推選委員會的具體產生辦法在香港展開一連兩日的諮詢活動。

1996 年 4 月 | 房委會實施維護公屋資源的合理分配政策，通稱富戶政策，規定凡繳交雙倍租金的住戶，每兩年須申報資產，如家庭總入息和資產淨值皆超過指定的限額，住戶須繳交市值租金或遷出公屋單位。

1996 年 5 月 1 日 | 廉署一連三日展開拘捕行動，共拘捕 41 人，涉嫌於 1994 年 9 月大埔區議會選舉中以虛假地址作選民登記舞弊，其後 39 人被起訴，包括一名候選人。翌年 5 月 14 日，被告之一的大埔區議會候選人黎偉昌在地方法院被裁定投票舞弊罪罪名成立，罰款 8000 元。

1996 年 5 月 7 日 | 香港主辦第十二屆亞太經合組織能源合作工作小組會議，共有 17 個組織成員出席，就地區能源事宜互相交流。

1996 年 5 月 13 日 | 五至六名持重型槍械裝備的非法入境者在西環域多利道屠房附近登岸時遭警察截查，雙方發生槍戰，通緝犯葉繼歡中槍被捕。

| 1996 年 5 月 15 日 | 第八屆全國人大常委會第十九次會議通過《關於〈中華人民共和國國籍法〉在香港特別行政區實施的幾個問題的解釋》，指出凡在中國領土（含香港）出生、具有中國血統的香港居民都是中國公民，不會因持有「英國屬土公民護照」或「英國國民（海外）護照」而受到影響，並根據《中華人民共和國國籍法》，不予承認任何香港的中國公民因「居英權計劃」而獲得的英國公民身份。 |

| 1996 年 5 月 20 日 | 教育委員會審閱《特殊教育小組報告書》，建議政府下一個財政年度撥款 1.08 億元支援特殊教育服務，包括學校津貼、聘請額外教席及合資格的治療師和護理員。 |
| | 法定組織平等機會委員會成立，以消除歧視及推動平等機會為目標，負責執行《1995 年性別歧視條例》和《1995 年殘疾歧視條例》，並有權調查涉嫌違法的人。 |

| 1996 年 5 月 23 日 | 張子強伙同六名匪徒，於深水灣道附近，持械綁架香港商人李嘉誠長子李澤鉅，在收取 10.38 億元贖金後，將李澤鉅釋放。 |

| 1996 年 5 月 24 日 | 特區籌委會第三次全體會議一連兩日在珠海舉行，會上通過《關於推選委員會產生辦法的原則設想的決議》、《關於建立香港回歸祖國紀念碑的決議》、《關於教科書問題的決議》。 |

| 1996 年 5 月 28 日 | 香港新聞工作者聯會成立，透過舉辦各類培訓，讓本港新聞界更了解內地政策、法律制度及國情。 |

| 1996 年 5 月 30 日 | 銀河映像（香港）有限公司註冊成立，創辦人為杜琪峯及韋家輝。 |

| 1996 年 5 月 31 日 | 港府頒布《1996 年人民入境（修訂）條例》，訂明在港羈留的越南船民，除非遭到越南政府表明拒絕接收，否則港府可繼續合法羈留船民。 |

| 1996 年 6 月 3 日 | 「香港 96 美國巡禮」推廣活動於美國紐約開幕，活動於本日至 11 日在紐約、達拉斯及洛杉磯舉行，向美國社會各界推廣香港，促進商貿關係。 |
| | 董建華辭去行政局議員職務，獲港督彭定康接納。 |

| 1996 年 7 月 1 日 | 中央電視台開始播放大型電視專題片《香港滄桑》，講述香港重大歷史事件，分為上下兩部，每部各六集。 |
| | 國務院港澳辦、國務院新聞辦和文化部聯合舉辦的「香港的歷史與發展」大型圖片展在北京開幕。全國人大常委會副委員長王光英、國務院港澳辦主任魯平、新華社香港分社社長周南等出席。翌年 3 月 26 日，展覽香港站於香港展覽中心揭幕。 |

| 1996 年 7 月 10 日 | 立法局通過接納《1968 年香港立法局會議常規》中文本，由 1996/1997 年度起，立法局主席開始以粵語主持會議。 |

| 1996 年 7 月 15 日 | 港府頒布《1996 年海岸公園及海岸保護區規例》,訂明海岸公園及海岸保護區的具體管理法則,其中在海岸公園釣魚或捕魚,須申請許可證。同月,海下灣海岸公園、印洲塘海岸公園、鶴咀海岸保護區成立。 |

| 1996 年 7 月 19 日 | 港府頒布《1996 年防止賄賂(雜項條文)(第 2 號)條例》,增加廉署在執行職務時的透明度及問責度,包括訂明任何人未經授權而披露廉署有明確調查對象的調查才屬違法,以及傳媒可披露公署調查的六種情況。 |

中國政府與西薩摩亞在該國首都阿皮亞簽訂《中華人民共和國政府和西薩摩亞獨立國政府關於中國香港特別行政區與西薩摩亞互免簽證協定》,豁免香港與西薩摩亞市民的入境簽證,翌年 7 月 1 日起生效,是第一份由中國政府簽署的關於香港與其他國家或地區互免簽證的協定。

| 1996 年 7 月 22 日 | 教聯會及教協派代表前往日本駐港總領事館遞交抗議信,抗議日本右翼團體在釣魚台興建燈塔,侵犯中國主權,要求日本政府盡快移除燈塔。 |

| 1996 年 7 月 29 日 | 李麗珊奪得美國亞特蘭大主辦的第二十六屆奧運會女子滑浪風帆金牌,是香港自 1952 年首次參加奧運以來所獲的首面獎牌。8 月 7 日,李麗珊回港,港府於香港文化中心舉行慶祝活動。12 月,地鐵宣布將位於大角咀對外新填海區的車站命名為奧運站。(圖 254) |

瑪麗醫院完成全球首宗成功活體移植右半肝的手術。

圖 254　1996 年 7 月 29 日,香港運動員李麗珊勇奪美國亞特蘭大奧運會女子滑浪風帆金牌。(南華早報提供)

1996 年 7 月 30 日	港府展開首輪調景嶺清拆行動，數百名村民不滿政府賠償安排，發生警民衝突。8 月 29 日，港府繼續清拆行動，最後一戶居民遷離，港府收回調景嶺。（圖 255）
1996 年 8 月 9 日	港府成立香港運動員基金，旨在為現役及退役運動員提供訓練及教育的資助，以表揚本地運動員在美國亞特蘭大奧運會所取得的成績。基金初期約有 1300 萬元，其中 800 萬元為政府撥款，逾 500 萬元為公眾捐助。
	特區籌委會第四次全體會議一連兩日在北京舉行，翌日於會上通過《香港特別行政區第一屆政府推選委員會具體產生辦法》，訂明推委會共有 400 名委員，全部為年滿 18 周歲的香港永久性居民，包括工商及金融界、專業界、勞工及基層、宗教界、原政界人士、全國人大港籍代表、港區全國政協委員。會議同時通過《關於實施〈中華人民共和國香港特別行政區基本法〉第二十四條第二款的意見》及《香港特別行政區區旗、區徽使用暫行辦法》。
1996 年 8 月 16 日	香港代表隊參加美國亞特蘭大主辦的 1996 年殘奧會，共奪得五金五銀五銅，當中劍擊代表張偉良成為香港首位於同屆殘奧會奪得四面金牌的運動員。
1996 年 8 月 26 日	政治團體前綫舉行成立大會，由劉慧卿、劉千石、李卓人、梁耀忠及黃錢其濂發起，劉慧卿出任發言人。2008 年 11 月 23 日，前綫通過與民主黨合併的議案。
1996 年 9 月 1 日	京九鐵路通車，北起北京，南經深圳連接九龍，全長 2536 公里。翌年 5 月 18 日，往來北京與香港的京九直通車投入服務。
1996 年 9 月 6 日	70 多名 1970 年代曾參與保衞釣魚台運動人士組成全球華人保釣大聯盟，由陳毓祥出任召集人，以發動全球華人參加保釣為目標。

圖 256　1996 年 9 月 22 日，香港保釣運動領袖陳毓祥乘坐「保釣號」出發前往釣魚台。（南華早報提供）

| 1996 年 9 月 9 日 | 國際清算銀行行長會議於瑞士巴塞爾舉行，會上決定邀請香港金管局成為會員，與全球各國中央銀行共同處理國際金融事枌。 |

1996 年 9 月 9 日　國際清算銀行行長會議於瑞士巴塞爾舉行，會上決定邀請香港金管局成為會員，與全球各國中央銀行共同處理國際金融事枌。

1996 年 9 月 18 日　全港超過 600 所學校、共 50 萬師生以靜默方式，紀念「九一八」事件 65 周年，並抗議日本侵佔釣魚台。

1996 年 9 月 22 日　全球華人保釣大聯盟主辦首航釣魚台活動，18 名成員與 42 名中外記者乘坐「保釣號」出發前往釣魚台，計劃在島上插上五星紅旗，宣示中國對釣魚台的主權。26 日，陳毓祥在釣魚台附近水域下水宣示主權時，不幸遇溺身亡。29 日，六個保釣團體聯合主辦悼念陳毓祥的燭光晚會。（圖 256）

1996 年 9 月 23 日　港府與澳洲簽訂《刑事司法互相協助的協定》，加強雙方在調查、檢控、防止罪案及沒收犯罪得益方面的執法效能，協定於 1999 年 11 月 6 日生效。這是香港所簽的首份刑事司法互助雙邊協定，截至 2017 年 7 月 1 日，香港共與 30 個國家簽訂同類協定。

1996 年 9 月 28 日　國際乒乓球聯合會首屆女子世界盃於香港舉辦，只設單打項目，中國代表鄧亞萍奪冠。

1996 年 10 月 5 日　特區籌委會第五次全體會議通過《香港特別行政區第一任行政長官的產生辦法》，參選人必須為香港永久性居民中的中國公民、無外國護照及居留權、年滿 40 歲、在港連續居住滿 20 年、擁護基本法及效忠香港特區，並以個人身份參選；參選人經推委會委員提名為候選人後，再由推委會全體委員以不記名投票選舉，得票過半數者當選。

圖 257　臨時立法會議員合影，前排正中為臨立會主席范徐麗泰，攝於 1997 年 10 月 8 日立法會大樓。（政府新聞處提供）

1996 年 10 月 5 日	特區籌委會第五次全體會議通過《香港特別行政區臨時立法會的產生辦法》，訂明臨立會全部 60 名議員必須為年滿 18 周歲的香港永久性居民，當中非中國公民或有外國居留權者不得超過總數 20%，須擁護基本法及效忠香港特區。臨立會候選人由推委會委員提名並以不記名投票選舉，得票前 60 名者當選。（圖 257）
1996 年 10 月 7 日	香港保釣人士曾健成、陳裕南、何俊仁聯同台灣保釣人士金介壽一同乘坐搶灘小艇，成功衝破日本邊防人員防線，登陸釣魚台，分別插上五星紅旗、青天白日滿地紅旗以及印上「中國領土釣魚台」的旗幟，其後安全回程。
1996 年 10 月 14 日	聯合國《消除對婦女一切形式歧視公約》經中英兩國同意在香港生效，以保障婦女權益。中國政府亦已致函聯合國秘書長，説明公約在 1997 年 7 月 1 日起繼續適用於香港特區。
1996 年 10 月 17 日	由合和實業投資、位於九龍灣的國際展貿中心全面落成啟業，毗鄰九龍灣工業區，是東九龍唯一的大型會議及展覽場地。
1996 年 10 月 18 日	董建華宣布參選第一屆香港特別行政區行政長官，並於 22 日公布治港藍圖，強調「香港好，國家好；國家好，香港更好」。

1996 年 10 月 28 日 | 高等法院上訴庭副庭長鮑偉華獲委任為署理香港正按察司,暫代因參選第一任特區行政長官而辭任的正按察司楊鐵樑,任期至翌年 6 月 30 日止。

1996 年 10 月 | 長者安居服務協會屬下一線通呼喚中心推出的攜帶式平安鐘投入服務,免費為年屆 70 歲領取綜援的獨居老人、60 至 69 歲領取綜援兼患有危疾及嚴重傷殘的獨居老人,提供 24 小時呼援及關懷服務。

1996 年 11 月 1 日 | 港府頒布《1996 年電訊(修訂)條例》,廢除原有第 13C(3)(a)條,即授權廣管局透過訂立發牌條件,規定電台持牌機構在某些情況下不得廣播某些節目,緣起是港府認為這可能會影響香港日後新聞自由或發表意見自由。

1996 年 11 月 2 日 | 特區籌委會第六次全體會議舉行香港特區第一屆推委會委員選舉,選出 340 名委員,加上 26 位港區全國人大代表及 34 位港區全國政協委員,合共 400 人的第一屆特區政府推委會正式成立,並通過推委會委員守則。

特區籌委會第六次全體會議通過《第一任行政長官候選人人選的提名辦法及有關事宜的決定》及共有八人的行政長官參選人名單。推委會全體委員需要從參選人名單中提名候選人並進行投票,凡得到 50 名或以上委員提名的參選人,可成為候選人。

1996 年 11 月 13 日 | 立法局就特區行政長官選舉進行辯論期間,議員梁耀忠因發表「臭罌出臭草」言論,被主席黃宏發以行為不檢為由勒令離場,是香港歷史上第一位被逐出議事廳的議員。

1996 年 11 月 15 日 | 董建華、吳光正、楊鐵樑分別獲推委會至少 50 名委員提名,成為第一屆特區行政長官選舉候選人。

1996 年 11 月 20 日 | 油麻地嘉利大廈發生五級大火,焚燒約 23 小時,共造成 41 人死亡,包括一名消防員,81 人受傷。翌年 8 月 29 日,特區政府公布最終調查報告,提出多項改善消防安排和設施、公眾教育的建議。

位於油麻地的百老匯電影中心開幕,是一所放映藝術片為主的大型電影院。

1996 年 11 月 | 港府在和合石公眾墳場劃出一幅墓地,取名浩園,以安葬殉職公務員。1996 年在嘉利大廈火災殉職的消防隊目廖熾鴻是首位安葬浩園的公務員。

沙洲及龍鼓洲海岸公園成立,海域面積約 1200 公頃,為香港第三個海岸公園,也是面積最大、首個專門保育中華白海豚的海岸公園,設有黃色燈號浮標以標明界線。

香港中文大學與中國社會科學院考古研究所、廣州中山大學人類學系合作,發掘南丫島大灣遺址,為期九個月,發掘面積 250 平方米,揭露兩處 6000 年前房址遺跡,為香港最早的房址遺跡。

1996 年 12 月 9 日	金管局推出即時支付結算系統。新系統讓銀行之間的支付交易透過在金管局開設的戶口即時結算。
1996 年 12 月 11 日	推委會在灣仔會展舉行第三次全體大會,選舉第一任行政長官,董建華以 320 票當選,其餘兩位候選人楊鐵樑得 42 票、吳光正得 36 票。
1996 年 12 月 12 日	特區籌委會第七次全體會議在深圳舉行,會上確認行政長官選舉結果及 130 人的臨立會候選人名單,同時決定若港府強行通過《1996 年刑事罪行(修訂)(第 2 號)條例草案》,自行修訂有關危害國家安全犯罪的現行法律,特區籌委會將建議全國人大常委會根據基本法第 160 條的規定,宣布上述修訂與基本法第 23 條互相牴觸,自 1997 年 7 月 1 日起不採用為特區法律。
1996 年 12 月 16 日	國務院總理李鵬任命董建華為香港特別行政區第一任行政長官。
1996 年 12 月 21 日	400 名推委會委員在深圳選出 60 名臨立會議員,當中包括 33 名時任立法局議員和八名前任立法局議員。
1996 年 12 月 23 日	港府全面實施《公開資料守則》,訂明政府向市民提供資料的規則,適用於所有政府決策局和部門,以及金管局、廉署、司法機構政務長轄下所有法院與審裁處的登記處及行政辦事處;任何人可根據該守則,向港府各部門提出申索資料的要求。
1996 年 12 月 30 日	全國人大常委會通過《中華人民共和國香港特別行政區駐軍法》,列明香港駐軍的組成、職責、與香港特區的關係、司法管轄,以及駐軍人員的義務和紀律等,1997 年 7 月 1 日實施。
1996 年	啟德機場全年處理貨物達 156 萬噸,超越日本成田機場,首次成為全球貨運吞吐量最高的機場;國際客運量達 2950 萬人次,位居當時世界第三。
	幼稚園教育工作小組發表《學前教育課程指引》,將教育署的《幼稚園課程指引》及社署的《日間幼兒園活動指引》合併,統一兩種學前服務的課程,成為首部同時適用於兩種學前服務的課程指引。
	古蹟辦進行第一次全港歷史建築普查,至 2000 年完成,記錄約 8800 座歷史建築,當中大部分建築建於 1950 年以前。
1997 年 1 月 4 日	市政局在香港大會堂圖書館舉行首屆香港文學節,主題為香港文學 50 年,活動包括文學研討會及展覽。
1997 年 1 月 17 日	漁農處將沙螺洞溪流及兩邊河岸共約 22.1 公頃土地列為具特殊科學價值地點,加強該區的生態保護。沙螺洞是世界珍稀蜻蜓的重要棲息地,分布約有 70 種蜻蜓,包括 1990 年代初全球首次發現、香港獨有的伊中偽蜻。

1997 年 1 月 24 日 候任特區行政長官董建華公布特區第一屆行政會議成員名單，共
15 人，包括行政長官本人、三名當然官守成員和 11 名非官守成
員，並由非官守成員鍾士元擔任行政會議召集人。

港府發表《長遠房屋策略評議諮詢文件》，提出幫助所有家庭獲得
合適與可負擔的住屋，鼓勵市民自置居所，建議增加房屋單位供
應，讓私人機構發揮最大作用，以及為真正有需要人士提供租住
公屋。

1997 年 1 月 25 日 尖沙咀寶勒巷一間卡拉 OK 場所被縱火，引發三級火警，造成 17
人死、13 人受傷，事件涉及三合會衝突。事後五名嫌疑犯中四人
被判終身監禁，另一人被判 11 年監禁。

臨立會於深圳舉行首次會議，范徐麗泰當選為主席。特區籌委會副
主任周南在會上表示，臨立會作為香港特區的立法機關，法律依據
和權力來自全國人大及特區籌委會，不需要待香港立法局解散後才
開始工作。

1997 年 1 月 26 日 郵政署發行全新一套以維多利亞港為主題的通用郵票，繪有英女
王頭像的舊款通用郵票同日起停售，至 7 月 1 日特區成立前仍可
使用。

1997 年 1 月 31 日 特區籌委會第八次全體會議一連兩日在北京舉行，會上通過《關於
香港特別行政區第一任行政長官、臨時立法會在 1997 年 6 月 30
日前開展工作的決定》、《關於設立香港特別行政區臨時性區域組織
的決定》以及《關於處理香港原有法律問題的建議》。

1997 年 1 月 貿易通電子貿易有限公司推出首個電子服務紡易助，協助成衣及紡
織業辦理受限制紡織品出口證，為港府首個向商業機構推出的公用
電子貿易服務。

1997 年 2 月 4 日 英國內政大臣夏偉明宣布讓 8000 名原屬「英國國民（海外）」身
份的香港少數族裔人士申請英國公民資格，避免他們於 1997 年
6 月 30 日後成為無國籍人士。3 月 17 日，根據該宣布而制定的
《1997 年英國國籍（香港）令》生效。

1997 年 2 月 5 日 港府頒布《1997 年環境影響評估條例》，自翌年 4 月 1 日起，指定
的工程項目於開展前，須通過環境影響評估程序並獲當局發出環境
許可證，以減少對環境造成負面影響。

1997 年 2 月 16 日 首屆渣打香港馬拉松舉行，以上水為起點，穿越香港與深圳邊境，
以深圳為終點，超過 1000 人參與。賽事每年一度，歷屆皆由香港
業餘田徑總會主辦，並由渣打銀行冠名贊助，是香港最大型的公路
長跑比賽，2016 年獲國際田徑聯會升格為金級道路賽事。

1997 年 2 月 20 日 候任特區行政長官董建華公布中央政府任命的 23 位特區政府主要
官員名單，包括陳方安生任政務司司長，曾蔭權任財政司司長，梁
愛詩任律政司司長，其餘官員全數來自當時的公務員團隊。

圖 258　連接青衣與汀
九的汀九橋通車，攝於
1998 年 5 月 6 日。（南
華早報提供）

1997 年 2 月 20 日

西九龍快速公路及三號幹線葵涌段通車，是香港機場核心計劃項目
之一。5 月 22 日，三號幹線青衣段通車。翌年 5 月 6 日，汀九橋
通車，至此三號幹線全部開通。（圖 258）

新華社香港分社下半旗致哀，悼念 2 月 19 日在北京逝世的中共中
央顧問委員會前主任、中共中央軍事委員會前主席鄧小平。同日，
新華社香港分社設靈堂接待前往弔唁的香港各界人士，約 1000 人
致祭。

1997 年 2 月 23 日

第八屆全國人大常委會第二十四次會議通過《全國人民代表大會常
務委員會關於根據〈中華人民共和國香港特別行政區基本法〉第
160 條處理香港原有法律的決定》：香港原有法律除與基本法牴觸
外，採用為特區法律；以附件一和附件二的形式列舉不採用為特區
法律的原有條例、附屬立法，或其中的部分條款；採用為特區法律
的香港原有法律，在適用時應作出必要的變更、適應、限制或例
外，以符合香港特區的地位和基本法的規定；採用為特區法律的香
港原有法律的名稱或詞句的解釋，須遵循附件三的替換規則；採用
為特區法律的香港法律，如以後發現與基本法相牴觸，可依照法定
程序修改或停止生效。

1997 年 2 月 26 日

北京控股有限公司於本港註冊成立，5 月 29 日於香港上市，當時
為港股市場首次上市集資額最高、市盈率倍數第一及新股超額認購
倍數最高的企業。2005 年 1 月，該公司重組為北京控股集團有限
公司，業務集中於北京的公共事業。

1997 年 3 月 3 日

香港按揭證券有限公司註冊成立。該公司由港府外匯基金擁有，旨
在引導保險及退休基金等長期資金作為按揭貸款資金來源，以減低
銀行風險，改善銀行倚賴短期資金的情況。

1997 年 3 月 21 日

第二屆世界盃七人欖球賽於香港大球場舉行，為期三日，斐濟擊敗
南非奪冠，是本港首次主辦該項賽事。

1997 年 3 月 24 日 ┃ 房委會宣布清拆 13 個臨時房屋區，並動用 22 億元興建逾萬個中轉
房屋單位，以安置臨時房屋區居民。

┃ 教統會審閱《九年強迫教育檢討報告》，建議政府應維持向所有適
齡兒童提供九年免費強迫教育，並以學習能力評估取代學能測驗，
考核學生的語文、數學能力、思考方法及解難技巧。

1997 年 3 月 26 日 ┃ 昂船洲解放軍海軍基地竣工，7 月 1 日由駐港解放軍接管。

1997 年 3 月 31 日 ┃ 有 48 年歷史的大型主題遊樂場荔園遊樂場最後一日開放，逾
30,000 人購票進場。

1997 年 3 月 ┃ 市政局會議通過恢復因 1995 年司法覆核而擱置的取締流動小販牌
照政策，但未有訂下取締限期。2000 年 1 月 1 日，市政局及區域
市政局的小販管理工作由食環署接管，維持原有政策。

┃ 教育署發表《職業先修及工業中學教育檢討報告書》，建議工業中
學及職業先修學校可自行決定刪去「工業」及「職業先修」字樣，
同時修改課程，刪除過時的工業科目，並加入新的科目，包括資訊
及科技、設計和商業科。

┃ 香港及澳門意大利商會成立，旨在促進香港、澳門及意大利三方的
貿易來往，並為港澳地區的意大利企業提供交流平台。

1997 年 4 月 1 日 ┃ 社署推出綜援長者自願回廣東省養老計劃，讓領取綜援不少於三年
並選擇到廣東省養老的受助長者，可以繼續獲發綜援。

1997 年 4 月 15 日 ┃ 港府與美國簽訂《移交被判刑人的協定》，容許雙方被判刑人返回
原居地服刑，免除語言和文化障礙，同時使於親友探訪。這是香港
首份移交被判刑人的雙邊協定，截至 2017 年 7 月 1 日，香港共與
15 個國家簽訂同類協定。

1997 年 4 月 17 日 ┃ 候任行政長官董建華在新界鄉議局主席劉皇發陪同下，訪問屏山文
物徑，參觀鄧氏宗祠。（圖 259）

圖 259　1997 年 4 月 17
日，董建華（前排左三）
在劉皇發（前排左二）陪
同下，訪問屏山文物徑，
並在鄧氏宗祠留影。（鄧
昆池提供）

1997 年 4 月 27 日	青嶼幹線開幕，由青馬大橋、汲水門大橋及馬灣高架公路組成，設一條雙程三線行車公路及雙軌鐵路，連接大嶼山、青衣及馬灣。5月 22 日，青嶼幹線及北大嶼山快速公路通車。至 2017 年，青馬大橋為全球跨度最長的行車和鐵路兩用吊橋。(圖 260)
1997 年 4 月 30 日	西區海底隧道通車，是香港機場核心計劃項目之一。西隧是香港第三條穿越維多利亞港的海底隧道，也是香港第一條通車的三線雙管行車隧道。(圖 261)
1997 年 5 月 2 日	港府頒布《1997 年社會工作者註冊條例》，自 6 月 6 日起，建立社會工作者註冊機制，任何未經註冊人士，不得使用社會工作者或社工等名義工作。翌年 1 月 16 日，社會工作者註冊局成立，負責社工的註冊，並對違規的社工進行處分。
1997 年 5 月 3 日	律政司法律草擬科完成所有原本只以英文制定的 514 條現行法例的中譯工作。中英文本同為真確版本。
1997 年 5 月 7 日	國務院第五十六次常務會議通過《中華人民共和國香港特別行政區行政區域圖》，訂明香港特區行政區域界線，7 月 1 日正式公布。
1997 年 5 月 10 日	臨立會三讀通過《假日（1997 年及 1998 年）條例草案》，為該會通過的首條條例草案。
1997 年 5 月 12 日	北京人民大會堂「香港廳」竣工，以紀念國家對香港恢復行使主權。
1997 年 5 月 14 日	秀茂坪一名 15 歲男童被一群童黨誘騙至秀茂坪邨一單位內虐待而死，並企圖燒毀屍體。警方先後拘捕 14 名涉案童黨，分別控以謀殺、嚴重傷人及非法處理屍體罪名。1999 年 1 月，高等法院審結案件，其中四人被判處終身監禁。
1997 年 5 月 18 日	王家衛憑《春光乍洩》奪得第五十屆法國康城影展最佳導演，是第一位獲得該獎項的香港導演。
1997 年 5 月 19 日	國際貨幣基金組織將香港、台灣、新加坡、韓國及以色列等地提升至先進經濟體，與世界七大工業國看齊。
1997 年 5 月 22 日	特區籌委會第九次全體會議一連兩日在北京舉行，會上通過第一屆立法會的具體產生辦法以及政府人員就職宣誓事宜等決定。
	長青隧道通車，接駁長青橋和青衣西北交匯處，三線雙管行車，也是香港機場核心計劃項目之一。
1997 年 5 月 23 日	港府頒布《1997 年職業安全及健康條例》，旨在保障受僱人士於工作期間的安全及健康，涵蓋全港從事工業及非工業經濟活動的勞動人口。
1997 年 5 月	廉署成立「廉政之友」，鼓勵香港市民透過積極參與倡廉活動，深入認識廉署的工作，共同維護廉潔公平的社會。

圖 260　約 80,000 名市民參加青嶼幹線舉
行的公益金步行籌款，攝於 1997 年。（政
府新聞處提供）

圖 261　西九填海區的西
區海底隧道入口，攝於
1997 年。（政府新聞處
提供）

| **1997 年 5 月** | 葵涌焚化爐關閉，是最後一個停用的市區舊式焚化設施。 |

| | 昂船洲污水處理廠啟用，每日最多可處理 170 萬立方米的污水，2001 年 12 月全面投入使用。這是策略性污水排放計劃第一期工程的核心部分，是香港首間、亦是世界最大和最高效率的化學強化一級污水處理廠。 |

| **1997 年 6 月 1 日** | 九七回歸香港北京接力跑於灣仔運動場起步，及後於內地九個城市分站進行，合共 30 名內地與香港運動員參加，並於 7 月 1 日抵達最後一站北京。這是內地體育界舉辦的慶祝香港特區成立活動。 |

| **1997 年 6 月 5 日** | 港府推出居屋第二市場計劃，由首次發售日起計，樓齡第四年至十年的居屋單位可以毋需補地價轉售，但對象只限於公屋住戶及準公屋住戶，售價由買賣雙方自行議訂，但買方將來在公開市場出售單位時須補地價。 |

| **1997 年 6 月 7 日** | 臨立會三讀通過《1997 年市政局（修訂）條例草案》、《1997 年區域市政局（修訂）條例草案》、《1997 年區議會（修訂）條例草案》，市政局、區域市政局、18 區區議會於 7 月 1 日特區成立後分別由臨時市政局、臨時區域市政局及臨時區議會取代。兩個臨時市政局組成人數分別不多於 50 人，而每個臨時區議會人數則不多於 40 人，全部成員由行政長官委任，任期不超過 1999 年 12 月 31 日。 |

| **1997 年 6 月 11 日** | 國務院發出通知，本年 7 月 1 日全國放假一日，以慶祝香港特區成立。 |

| **1997 年 6 月 12 日** | 英國駐華大使館向中國政府發出照會，委任駐港高級商務專員鄺富劭出任首任英國駐香港特別行政區總領事。19 日，中國外交部表示同意。 |

| **1997 年 6 月 13 日** | 港府頒布《1997 年官方機密條例》，以本地立法的形式，使英國《1911 至 1989 年官方機密法令》中不與該條例相牴觸的內容繼續適用於本港。該條例管制未經授權而取得或披露的官方資料。 |

| **1997 年 6 月 14 日** | 臨立會三讀通過《1997 年國旗及國徽條例草案》、《1997 年區旗及區徽條例草案》；同時三讀通過《1997 年公安（修訂）條例草案》及《1997 年社團（修訂）條例草案》，將「國家安全」的概念引入相關法例條文。 |

| **1997 年 6 月 15 日** | 馬會舉行香港特區成立前最後一次賽馬，全日總投注額為 25.4 億元，當中三 T 投注額達 6.7 億元，彩池高達 7.1 億元，成為當時世界上最大彩金的彩池。當日跑馬地及沙田馬場入場人數共 112,069 人，創歷來最高紀錄。 |

| **1997 年 6 月 16 日** | 候任特區行政長官董建華宣布，現任市政局、區域市政局、18 區區議會全部議員於 7 月 1 日特區成立後留任，同時額外委任九人加入臨時市政局、11 人加入臨時區域市政局及 96 人加入各區臨時區議會。 |

1997 年 6 月 19 日 | 粵港雙方簽署《粵港邊界管理範圍線諒解備忘錄》，界定新界北部與深圳之間的陸地界線、后海灣與大鵬灣的邊界，以及香港西面、南面和東面海域的界線。

1997 年 6 月 21 日 | 東涌新市鎮落成開幕，是香港第九個、唯一位於離島的新市鎮。

1997 年 6 月 24 日 | 行政局舉行最後一次會議後解散，於 7 月 1 日特區政府成立後被行政會議取代。

1997 年 6 月 25 日 | 大埔海濱公園開幕，佔地 22 公頃，設有昆蟲屋、植物園、海濱長廊，以及香港回歸紀念塔，是截至 2017 年香港最大的公眾公園。

1997 年 6 月 27 日 | 港府頒布未經中方同意的《1996 年刑事罪行（修訂）（第 2 號）條例》，刪除原來計劃新增的顛覆、分裂國家罪行條文，但保留有關叛逆和煽動叛亂的條文。候任特區行政長官辦公室表示不接受相關修訂，並認為應留待特區第一屆立法會處理相關事宜。

| 港府頒布《1997 年宣布更改職稱及名稱（一般適應）公告》，訂明自 1997 年 7 月 1 日起特區政府部門名稱和首長職稱的變更。司長級方面，布政司、財政司和律政司分別改稱政務司司長、財政司司長和律政司司長；13 個決策科和兩個資源科由「科」改為「局」，首長由「司」改為「局長」，並除去不同部門中「皇家」或「總督特派」等具殖民地色彩的字眼。

| 恒指於特區成立前最後一個交易日收報 15196.8 點，創當時歷史新高。

1997 年 6 月 28 日 | 早上 8 時 02 分，立法局主席黃宏發宣布「本局休會，待續無期」，立法局於最後一次會議結束後解散。是次會議自 23 日開始一連五日舉行，前後持續 72 小時，審議 31 項條例草案，是立法局自 1843 年成立以來最長的一次會議。（圖 262）

圖 262　香港特區成立前最後一屆立法局議員拍照留念。（政府新聞處提供）

港府頒布《1997 年保護海港條例》，訂明不准在維多利亞港「中央海港」範圍進行填海工程，東起紅磡、北角，西至西區海底隧道。

下午 4 時 10 分，港督彭定康向港督府告別。6 時 15 分，彭定康陪同英國王儲查理斯王子、英國首相貝理雅和英國外相郭偉邦，出席於添馬艦東面會場舉行的英國告別香港儀式，英國國旗和英屬香港旗降下。晚上 8 時 55 分，英國政府代表在灣仔會展舉行告別宴會。（圖 263、264、265）

晚上 9 時，509 名解放軍駐港部隊先頭部隊官兵分乘 39 輛汽車，由皇崗口岸進入香港，將於 7 月 1 日 0 時進駐各個軍營。首任駐港部隊司令員為劉鎮武少將。（圖 266、267）

晚上 11 時 45 分，香港政權交接儀式在灣仔會展新翼舉行。中國國家主席江澤民、國務院總理李鵬和英國王儲查理斯王子、首相貝理雅等出席。約 4000 名各國嘉賓參加儀式。11 時 47 分，查理斯致辭，表示按照《中英聯合聲明》，英國將香港歸還給中國。11 時 59 分 15 秒，英國國歌奏起，英國國旗及舊香港旗徐徐降下，宣告英國對香港 156 年的管治結束。（圖 268）

圖 263　彭定康在港督府舉行告別儀式。（政府新聞處提供）

圖 264、265　1997 年 6 月 30 日傍晚，位於中區政府合署、標誌英國管治的香港徽號被除下，翌日凌晨 0 時換上中國國徽。（星島日報提供）

圖 266　解放軍駐港部隊先頭部隊由皇崗口岸駛進香港。（Getty Images 提供）

圖 267　解放軍駐港部隊裝甲車從文錦渡檢查站駛入香港，市民冒雨夾道歡迎，並揮動國旗致敬，攝於 1997 年 7 月 1 日。（南華早報提供）

圖 268　灣仔會展新翼舉行香港政權交接儀式，見證香港在 1997 年 7 月 1 日凌晨 0 時正式回歸中國。（新華社提供）

0 時 0 分，中華人民共和國國旗和香港特別行政區區旗在中國國歌聲中升起，國家主席江澤民致辭，標誌中國政府對香港恢復行使主權。英國王儲查理斯及卸任港督彭定康於儀式後乘「不列顛尼亞號」離港。

0 時 0 分，解放軍駐港部隊正式接管香港防務，4000 名解放軍從陸、海、空三方面進駐香港，接收 14 個軍營及軍事用地。

凌晨 1 時 30 分，中華人民共和國香港特別行政區成立暨特區政府宣誓就職儀式在灣仔會展舉行。特區行政長官、主要官員、行政會議成員、臨立會議員、終審法院法官及高等法院法官依次宣誓就職。首任特區行政長官董建華發表就職演說：「我們在這裏用自己的語言向全世界宣告：香港進入歷史的新紀元。」（圖 269）

凌晨 2 時 45 分，臨立會舉行香港特區成立後首次會議，並在凌晨 3 時 55 分三讀通過《香港回歸條例草案》，旋即交由行政長官董建華簽署生效，以確認臨立會在特區成立前通過的所有條例草案；同意終審法院首席法官、常任法官和高等法院首席法官的任命；設立高等法院、區域法院、裁判法院，其他法院、審裁處、委員會及仲裁處；延續原有香港法例、法律程序、刑事司法體系、司法及社會公正、司法和公務人員體系當中，與基本法相符的部分。（圖 270、271）

圖 269　董建華宣誓就任香港特別行政區首任行政長官。（Getty Images 提供）

圖 270　董建華簽署《香港回歸條例草案》，確保香港司法系統繼續正常運作。（政府新聞處提供）

圖 271　香港特別行政區第一屆行政長官及 23 名主要官員，攝於 1997 年 7 月 3 日。（政府新聞處提供）

上午 10 時，香港特別行政區成立慶典在灣仔會展舉行，國家主席
江澤民、行政長官董建華分別致辭。典禮上，副總理錢其琛代表中
央政府將約 1700 億元的土地基金資產移交予特區政府，成為特區
政府部分的財政儲備。下午 4 時，特區政府舉行特區成立慶祝酒
會，5000 多名中外嘉賓出席。同日，中央政府贈送「永遠盛開的
紫荊花」貼金銅鑄雕（即金紫荊），在灣仔會展新翼揭幕，紀念香
港回歸。（圖 272）

國務院公布《中華人民共和國國務院令（第 221 號）》，劃定香港
特別行政區行政區域圖，確定特區政府管轄的海陸地域界線。

特區政府發表首份《香港特別行政區政府憲報》號外，頒布《香港
回歸條例》和公布首任行政長官、首屆政府主要官員、行政會議成
員、臨立會議員和終審法院首席法官、常任法官及高等法院首席法
官名單，以及行政長官制定的《關於展示及使用國旗、國徽及區
旗、區徽的規定》。

中華人民共和國外交部駐香港特別行政區特派員公署成立，由國務
院外事辦公室副主任、前中國駐英國大使馬毓真出任首任特派員，
馬後於 2001 年 4 月 12 日離任。

圖 272　圖為中央政府贈送的「永遠盛開的紫荊
花」貼金銅鑄雕，位於灣仔會展新翼的金紫荊廣
場，攝於 2009 年。（Getty Images 提供）

| **1997 年 7 月 1 日** | 終審法院根據基本法第 19 條及《香港終審法院條例》而成立，取代英國樞密院司法委員會，成為香港特區最高的上訴法院。從此，香港特區享有獨立的司法權和終審權。 |

第八屆全國人大常委會第二十六次會議決定成立香港基本法委員會，由內地和香港人士組成，項淳一為首任主任。

第一列「健康快車」眼科火車醫院從香港駛往安徽阜陽，為貧困白內障患者提供免費治療服務。

| **1997 年 7 月 2 日** | 首次大紫荊勳章頒授儀式在前港督府（後稱禮賓府）舉行，行政長官董建華向安子介、杜葉錫恩、李福善、利國偉、查濟民、徐四民、黃克立、曾憲梓、莊世平、霍英東、鍾士元與羅德丞 12 人頒授最高榮譽的大紫荊勳章。 |

| **1997 年 7 月 3 日** | 約 500 人在入境處灣仔總部示威，其中包括 200 名非法入境的港人在內地所生子女，要求根據基本法第 24 條第 2 款第（二）及第（三）項規定取得居港權。 |

入境處開始簽發中華人民共和國香港特別行政區護照。

本港連場暴雨，天文台發出紅色暴雨警告信號，信號維持九個半小時。暴雨期間，全港發生 220 多宗山泥傾瀉及水浸事故。

| **1997 年 7 月 4 日** | 特區政府公布《1997 年全國性法律公布（第 2 號）》，經全國人大常委會決定，自 7 月 1 日起，將下列五項全國性法律加入基本法附件三，並於香港實施：《中華人民共和國國旗法》、《中華人民共和國國徽法》、《中華人民共和國領海及毗連區法》、《中華人民共和國香港特別行政區駐軍法》、《中華人民共和國領事特權與豁免條例》。 |

| **1997 年 7 月 5 日** | 香港回歸紀念塔揭幕，坐落於大埔海濱公園，選址在港府接管新界時首次登陸的地點，以紀念新界鄉民在抗英、抗日及新界發展上的重要貢獻。 |

| **1997 年 7 月 7 日** | 外交部駐香港特派員馬毓真首次官式拜會行政長官董建華，並轉交副總理兼外交部長錢其琛的信件。該信授權特區政府與其他國家商談有關航機過境、促進和保護投資、遣返逃犯、移交被判刑人士及刑事司法協助的雙邊協議。 |

| **1997 年 7 月 8 日** | 行政長官主持首次行政會議，全體成員宣誓將遵守保密及集體負責原則。會上討論港人在內地所生子女問題，以及 1998 年第一屆立法會的選舉辦法。 |

| **1997 年 7 月 10 日** | 特區政府公布《1997 年入境事務（修訂）（第 5 號）條例》，授權入境處處長實行居留權證明書計劃，以核實聲稱擁有居港權的內地兒童的資格，並將不符合資格人士遣送離境，使符合基本法第 22-24 條規定的合資格港人在內地所生子女有秩序及以合法途徑來港定居。法例有效力追溯至 1997 年 7 月 1 日基本法正式實施的日子。 |

行政長官發布特區成立以來的首份行政命令《1997 年公務人員（管理）命令》，取代《英皇制誥》和《殖民地規例》中涉及管理公務員的條文，並制定《公務人員（紀律）規例》。

特區籌委會最後一次全體會議於北京召開，並在會上根據全國人大常委會的決定宣布結束籌委會工作。

1997 年 7 月 15 日

行政會議通過特區政府根據基本法第 7 條及第 123 條所授權力，處理土地契約及有關事項的方法。新批土地租契約為期 50 年，每年須繳納相當於該土地應課差餉租值 3%的租金。

入境處首次公布可免簽證訪港並可逗留七日至六個月的約 170 個國家和地區的名單，以及須簽證訪港的約 40 個國家和地區的名單。

1997 年 7 月 17 日

香港特區駐倫敦經貿辦開幕，取代港府於 1946 年在倫敦設立的香港政府駐倫敦辦事處。

1997 年 7 月 24 日

中央政府任命姜恩柱為新華社香港分社社長。

1997 年 7 月 25 日

中央政府正式授權特區政府與其他國家談判互免簽證協定，當時香港特別行政區護照持有人已可享有 36 個國家的免簽證入境安排。

特區政府與英國簽署民用航空運輸協定，是特區政府簽署的首份民航協定。

1997 年 7 月 27 日

1950 年創刊的《新晚報》停刊。

1997 年 7 月 28 日

中央政府任命廖暉為國務院港澳事務辦公室主任，廖後於 2010 年 10 月 8 日離任。

衛生署展開麻疹疫苗加強劑注射活動，向一至 19 歲從未注射麻疹疫苗或只曾注射一劑的人士提供免費疫苗。

1997 年 7 月 29 日

特區政府成立安老事務委員會，負責統籌各項安老計劃及服務的策劃和發展工作。

新成立的高等法院上訴法庭繼續審理 1995 年馬維騉大律師等三人涉嫌串謀妨礙司法公正案，被告提出普通法在特區無效，臨立會頒布的文件不合法。法庭裁決，普通法案例在特區成立後繼續有效，臨立會為合法；同時指出香港法院無權審查全國人大常委會通過的立法或法令的有效性。

1997 年 8 月 2 日

颱風維克托襲港，天文台懸掛九號烈風或暴風風力增強信號近七個小時。英籍人士 Thomas Larmour 於赤柱海堤為拯救兩名被困大海的青年而不幸被大浪捲走，遇溺身亡。特區政府於翌年 7 月 1 日向 Larmour 追授金英勇勳章，為首批獲得此勳章的市民之一。

1997 年 8 月 4 日

美國海軍第七艦隊旗艦「藍嶺號」抵港停泊，為特區成立以來首艘獲中央政府批准在香港靠岸的外國軍艦。

1997 年 8 月 11 日 | 特區政府決定參與國際貨幣基金組織為泰國安排的融資計劃，動用十億美元外匯基金，協助泰國推行經濟改革。

1997 年 8 月 20 日 | 臨立會通過有關越南船民的議案，促請特區政府取消第一收容港政策，立即遣返所有滯港越南船民及非法入境者，並與越南政府簽訂對越南非法入境者即捕即解的協議。同時促請政府從速向聯合國難民專員公署追討香港為其墊支的 11 億元費用。

衛生署公布，香港首次於人類身上發現以往只感染雀鳥的甲類流行性感冒病毒（H5N1 亞型，俗稱禽流感），是該病毒傳染人類的全球首例。

1997 年 9 月 1 日 | 「非接觸式」智能儲值卡 —— 八達通卡及八達通電子收費系統面世，取代舊有的地鐵儲值車票。市民可於乘搭公共交通工具時以此付款，後來擴及購物等範圍。

1997 年 9 月 3 日 | 行政長官董建華赴馬來西亞及新加坡訪問四日，是其上任以來首次海外官式訪問，其間會晤馬來西亞總理馬哈蒂爾、新加坡總理吳作棟。

1997 年 9 月 8 日 | 行政長官董建華赴美國訪問五日，其間會晤美國總統克林頓。訪美期間，董建華主持香港特區駐華盛頓經貿辦新址開幕禮。

終審法院首席法官李國能與英國上議院大法官艾偉儀會晤，艾偉儀承諾英國提供兩名現任上議院法官，作為香港特區終審法院非常任法官的人選。

1997 年 9 月 11 日 | 終審法院首次審理案件，駁回一宗遺產上訴申請。

1997 年 9 月 12 日 | 期交所推出恒生中資企業指數（即紅籌指數）期貨及期權，界定具有中資背景並於海外註冊及在香港上市的公司，為投資者提供一種參考指標。

1997 年 9 月 15 日 | 經全國人大常委會授權，香港入境處即日開始接受加入中國國籍的申請，同時接受已經放棄中國國籍的港人申請恢復中國國籍。

1997 年 9 月 23 日 | 第五十二屆世界銀行和國際貨幣基金組織理事會年會在港召開，為期三日，國務院總理李鵬、副總理朱鎔基出席開幕儀式。

1997 年 9 月 25 日 | 教育署向全港官立和津貼中學發出《中學教學語言指引》，除符合要求的學校可申請用英語教學外，其他官津學校必須從 1998/1999 學年起，在中一用中文教授所有學科，並按年把母語教學擴展至各年級。

1997 年 9 月 29 日 | 土地基金信託於運作 11 年後解散，其基金交由金管局管理。翌年 11 月 1 日，土地基金的資產被併入外匯基金，繼續由金管局管理。

選舉管理委員會成立，以取代 1993 年成立的選區分界和選舉事務委員會，確保公共選舉在任何時候均在公開、公平和誠實的情況下進行。

| **1997 年 9 月 29 日** | 商人郭炳湘被張子強為首的犯罪集團綁架勒索，其家人於 10 月 3 日支付六億元贖金，郭在翌日獲釋回家。 |

| **1997 年 9 月 30 日** | 特區政府宣布由 10 月 1 日起，每天在金紫荊廣場舉行升國旗和區旗儀式。 |

| **1997 年 10 月 1 日** | 特區成立後的首個國慶日，灣仔會展金紫荊廣場舉行國旗和區旗的升旗儀式。同日，特區政府舉行首次國慶酒會，駐港部隊軍營第一次對公眾開放。 |

| **1997 年 10 月 3 日** | 特區政府頒布《立法會條例》，規定特區第一屆立法會在 1998 年 7 月 1 日開始運作，由 20 名分區直選議員、30 名功能組別議員，以及十名選舉委員會選舉產生的議員組成。 |

| **1997 年 10 月 6 日** | 英文報章《中國日報》香港版創刊，是特區成立後首份在香港發行的內地報章。 |

| **1997 年 10 月 7 日** | 教統會發表《第七號報告書》，建議成立優質教育基金，以鼓勵學校和社會人士提出教育創新計劃和改革措施；全港學校在 2000 年前實行校本管理。 |

| **1997 年 10 月 8 日** | 行政長官董建華發表特區政府首份施政報告《共創香港新紀元》，提出三個房屋施政目標，包括每年興建不少於 85,000 個公營及私營房屋單位、全港 70% 家庭於十年內可以自置居所，將輪候租住公屋平均時間縮短至三年，以及宣布大型鐵路系統和道路網的興建計劃。(圖 273) |

圖 273　董建華發表特區政府首份施政報告後舉行記者招待會，攝於 1997 年 10 月 8 日。(政府新聞處提供)

1997 年 10 月 9 日 高等法院審判無證兒童案，裁定四宗共五名具有代表性的港人內地所生子女爭取留港的司法覆核全部敗訴，只有婚生與非婚生子女權利一項獲得接納。他們均須取得內地政府簽發的單程證和入境處簽發的居留權證明書，才能合法留港定居。

1997 年 10 月 12 日 香港代表團參加在上海舉行的第八屆中華人民共和國全國運動會，是香港首次參加全運會。15 日，香港單車選手黃金寶於男子 180 公里單車公路賽奪得金牌，成為首位獲得全運會獎牌的香港運動員。

1997 年 10 月 13 日 世界經濟論壇在港召開的為期三日的「1997 年東亞經濟高峰會」。

1997 年 10 月 15 日 行政長官董建華抵達東京訪問兩天，其間與日本首相橋本龍太郎會面。

1997 年 10 月 16 日 香港與內地跨界大型基建協調委員會成立，在深圳舉行首次全體會議。委員會在特區成立前香港與內地跨境基建協調委員會的基礎上工作，設立海上航道、道路橋樑、皇崗—落馬洲旅客過境通道、空中交通管制四個專門小組，就跨越兩地的大型基建項目交換意見及資料。

1997 年 10 月 19 日 行政長官董建華前往布魯塞爾及倫敦訪問，其間先後會晤歐洲委員會主席桑特和英國首相貝理雅。

1997 年 10 月 20 日 在亞洲金融危機的背景下，以美國索羅斯為首的國際炒家開始針對港元進行投機性買賣，致使港元息口趨升，外國基金外流，恒生指數單日大跌 630 點，其後三日港股繼續急瀉，四個交易日累跌逾 3000 點，下跌至 10,426 點。

1997 年 10 月 23 日 金管局公布，截至 1997 年 9 月底，香港的外匯儲備（包括土地基金）達 881 億美元，位列世界第三，僅次於日本和內地。

財政司司長曾蔭權表示，特區政府有決心捍衛港元和聯繫匯率。曾指出國際炒家已於日前抵港，在拋空港元和大幅吸納美元後再進行補倉，導致市場出現波動。特區政府決定採取以下措施：（1）土地基金入市吸納藍籌股；（2）外匯基金入市吸納港元，並向個別港元不足的銀行收取懲罰性高息；（3）滙豐、渣打、恒生三家銀行率先提高最優惠利率，以控制港元匯價，並利用高息率以應對炒賣活動。

1997 年 10 月 28 日 恒生指數單日下跌 1438.31 點，跌幅高達 13.7%，收市報 9059.89 點，是 1987 年股災後最大的單日跌幅。翌日恒指大幅反彈，全日上升 1705.41 點，升幅高達 18.82%，收市報 10,765.3 點，以百分率計算，創下至 2017 年 7 月 1 日為止的單日最大升幅。

1997 年 10 月 29 日 挪威國王哈拉爾五世和王后抵港訪問三日。

| 1997 年 10 月 31 日 | 特區政府頒布《1997 年僱傭及勞資關係（雜項修訂）條例》，廢除《1997 年僱傭（修訂）（第 4 號）條例》及《僱員代表權、諮詢權及集體談判權條例》，並修訂《1997 年職工會（修訂）（第 2 號）條例》，以規管全港的職工會。 |

| 1997 年 11 月 1 日 | 地產代理監管局成立，負責規管地產代理的操守，以及設立地產代理發牌制度，處理對地產代理的投訴及進行巡查工作。 |

| 1997 年 11 月 5 日 | 特區政府獲中央政府授權，與英國政府簽署移交逃犯和被判刑人士兩項協定，是特區政府成立後首次簽署此類協定。 |

| 1997 年 11 月 10 日 | 有消息指港基國際銀行財政出現問題，引發存戶擠提。特區政府及該行發聲明指銀行財政穩健，金管局亦表示可提供資金。翌日，事件平息，該行於兩天內共被提取 16 億元存款。 |

| 1997 年 11 月 20 日 | 波蘭總統克瓦希涅夫斯基訪港兩日。 |

| 1997 年 11 月 22 日 | 外交部宣布，中國政府會繼續向聯合國匯報由特區政府撰寫的有關香港履行《公民權利和政治權利國際公約》和《經濟、社會與文化權利國際公約》規定的情況報告。 |

| 1997 年 11 月 24 日 | 行政長官董建華首次以「中國香港」名義，代表香港參加在溫哥華舉行的亞太經合組織首腦會議，為期兩日。 |

| 1997 年 11 月 25 日 | 聯合國亞太經社會和世界氣象組織颱風委員會第三十屆會議揭幕，是該會首次在香港舉行年會，為期七日，來自 12 個成員國家地區逾 70 人出席。香港天文台台長林鴻鋆在會上當選為新一屆颱風委員會的主席，並獲頒颱風委員會防止自然災害獎。 |

| 1997 年 11 月 30 日 | 特區政府成立批地委員會，以監察五年批地計劃進度。政府透過該計劃及重建房屋，以在 1999 年起，實現每年供應不少於 85,000 個房屋單位的施政目標。 |

| 1997 年 11 月 | 古蹟辦與中國社科院考古研究所組成的聯合考古隊完成在馬灣東灣仔北的搶救性考古發掘工作，出土 20 座新石器時代晚期至青銅器晚期的墓葬，其中 15 座發現人類骸骨。是次考古發掘獲中國內地專家評為 1997 年度全國十大考古發現之一。 |

| 1997 年 12 月 1 日 | 《中學教學語言指引》評審委員會完成採用教學語言申請的評審工作，在 124 個英語教學的申請中，共評審出 100 間符合條件的學校（後又增至 114 間），可繼續採用英語教授所有學科。 |

| 1997 年 12 月 2 日 | 中英聯合聯絡小組在北京舉行特區成立以來第一次全體會議，為期兩日，討論滯港越南船民問題及向聯合國呈交人權狀況報告事項。 |

| 1997 年 12 月 3 日 | 中國社會科學院與香港大學合辦的「香港與近代中國國際學術研討會」一連三日在香港大學舉行，共有 135 位來自中國內地、港澳台，以及美國、英國、日本、加拿大、澳洲等國家和地區的學者參加。 |

| 1997 年 12 月 8 日 | 第九屆香港全國人大代表選舉舉行，419 名選舉會議成員不記名投票，選出 36 名香港全國人大代表。 |

房委會推出租置計劃，鼓勵公屋租戶以市值的 12% 購買所住單位。12 日，房屋署公布計劃選定的首批六個公共屋邨。

| 1997 年 12 月 9 日 | 行政長官董建華首次前往北京述職，向國家主席江澤民和總理李鵬匯報香港特區在經濟、金融和社會民生各方面的發展情況。 |

| 1997 年 12 月 12 日 | 臨立會財委會批准 50 億元撥款，成立優質教育基金，以資助各項有助推動香港優質教育的計劃。翌年 1 月 16 日，特區政府設立優質教育基金督導委員會，就基金的運作政策和程序，以及所有撥款申請，向政府提供建議。 |

| 1997 年 12 月 15 日 | 特區政府成立跨部門工作小組，統籌各部門預防和控制甲型流感病毒（H5N1 亞型，俗稱禽流感）的工作。翌年 12 月 14 日，世衞組織及 18 位國際相關權威專家讚揚特區政府的抗疫工作，成功控制該疫症在全球蔓延。 |

香港藝術館舉辦「國寶——中國歷史文物精華展」，共展出 163 組新石器時代至清代的國家級歷史文物，其中包括南丫島大灣遺址出土的牙璋。

| 1997 年 12 月 23 日 | 解放軍總參謀長傅全有上將率中央軍委檢查團來港，檢查駐港部隊工作，為期一周，其間與行政長官董建華會面。 |

香港暫停進口內地活雞。29 日，特區政府首次以銷毀所有本地雞場的雞隻以及批發市場和零售家禽檔舖家禽的方式，杜絕禽流感的感染源頭。（圖 274）

| 1997 年 12 月 31 日 | 截至本日，共有 44 個國家給予香港特區護照持有人免簽證入境的待遇，特區政府亦允許約 170 個國家的護照持有人免簽證入境。 |

圖 274　漁農處人員於元朗白沙村的農場收集雞隻後放於黑色垃圾袋銷毀，攝於 1997 年 12 月 29 日。（政府新聞處提供）

1997 年 | 香港大學教授陳清泉當選中國工程院院士,是香港第一位中國工程院院士。截至 2017 年 7 月 1 日,香港共有七位中國工程院院士。

1998 年 1 月 8 日 | 基本法推廣督導委員會舉行第一次會議,研究如何向香港社會、教師學生、公務員隊伍和海外人士推廣基本法。

1998 年 1 月 9 日 | 特區政府取消 1979 年 7 月以來對非法抵港越南人士實施的第一收容港政策,自此非法抵港的越南人與其他國家或地區的非法入境者受到同等待遇。

房協獲臨立會財委會撥款 180 億元,推行首次置業貸款計劃,為期五年。該計劃每年可向 6000 名申請人提供 36 億元貸款,每個合資格受資助家庭最高可獲 60 萬元或樓價三成的貸款額,協助他們首次在香港購買自住居所。該計劃於 4 月 17 日起接受申請,至 2002 年 3 月 31 日結束。

1998 年 1 月 12 日 | 司法機構舉行特區成立後的首個法律年度開啟典禮。

香港最大華資證券公司百富勤集團宣布清盤。

1998 年 1 月 16 日 | 策略發展委員會成立,由行政長官董建華擔任主席,委員包括政務司司長、財政司司長以及包括本港工商、金融、基層等界別人士和學者,以就香港長遠發展的事宜向行政長官提供意見。

1998 年 1 月 21 日 | 漁農處在西貢海下灣沉下一艘舊水泥駁船,以展開人工漁礁計劃。該計劃首階段是在海下灣海岸公園和印洲塘海岸公園,用舊船和船骸敷設人工魚礁,藉以改善現有魚群棲息地,增加漁業資源。

1998 年 1 月 25 日 | 律政司司長梁愛詩就《東方日報》人員 24 小時跟蹤高等法院上訴庭法官高奕暉和刊登多篇聲稱受政府迫害的文章,控告《東方日報》和東方報業集團藐視法庭。6 月 30 日,高等法院裁定該報總編輯黃陽午藐視法庭罪罪名成立,判監四個月,是香港首次有報章總編輯因藐視法庭罪成而被判刑。

1998 年 1 月 26 日 | 特區政府訂立行政長官授勳及嘉獎制度,包括大紫荊勳章、紫荊星章、榮譽勳章、英勇勳章和行政長官獎狀,以表揚服務社會的傑出人士,同時對行為英勇人士予以嘉許。截至 2017 年,共有 92 人獲大紫荊勳章。

期交所實施新收市時間,由原來的下午 3 時 55 分延長至下午 4 時正,與聯交所的現貨股票交易時間劃一。

1998 年 1 月 27 日 | 油蔴地小輪停辦來往北角至九龍城的汽車渡輪航線,僅保留運載危險品車輛的汽車渡輪服務,結束 65 年歷史的公眾汽車渡輪服務。

1998 年 1 月 31 日 | 度量衡十進制委員會任期屆滿,正式解散,結束其 30 年的歷史。原由委員會負責的推廣十進制政策制定的工作,交由工商局負責。

1998 年 2 月 7 日 | 香港恢復從內地進口活雞,並採用新的管制措施,僅限獲內地動植物檢疫局發牌及監察的農場活雞供港,並須進行五天隔離檢疫,以確保未受 H5 病毒感染。

1998 年 2 月 11 日 | 特區政府與國家稅務總局簽署《內地和香港特別行政區關於對所得避免雙重徵稅的安排》，香港企業如非通過設於內地的常設機構在內地營業，其利潤只須在香港繳稅。

1998 年 2 月 14 日 | 特區政府發表《建屋安民 邁向二十一世紀：長遠房屋策略白皮書》，提出為期 13 年的建屋計劃，每年興建不少於 85,000 個單位，是特區政府的首份主要政策文件。

1998 年 2 月 18 日 | 財政司司長曾蔭權發表特區政府首份財政預算案，主題為《利民紓困 自強不息》。

1998 年 2 月 | 位於新界上水的北區醫院本月起分階段投入服務，其急症室服務於 8 月 6 日啟用，是首間由醫管局全盤籌劃和興建的醫院。

1998 年 3 月 2 日 | 港區全國人大代表首次單獨組成代表團，出席在北京的第九屆全國人大第一次會議。

1998 年 3 月 3 日 | 行政長官會同行政會議決定，自 1998 年起在每年的 10 月 1 日國慶舉行煙花匯演。

1998 年 3 月 5 日 | 行政長官董建華首次列席全國人大會議，獲安排往主席台就坐。

1998 年 3 月 6 日 | 特區政府頒布《1997 年公積金計劃立法（修訂）條例》，強制性公積金計劃在 2000 年 12 月 1 日正式實施，成為香港僱員的強制性退休保障安排。

1998 年 3 月 11 日 | 香港按揭證券公司發行的總值五億元之三年期票據舉行投標，獲超額認購 5.44 倍。這是該公司總值 200 億元票據發行計劃的首批，整個計劃由金管局安排、保管、代理及管理，為按揭證券公司籌集資金以購買按揭貸款。

1998 年 3 月 13 日 | 特區政府接納教學語言指引上訴委員會的決定，除已批准使用英語教學的 100 間學校外，另在 20 間提出上訴的學校中，容許其中 14 間繼續使用英語為教學語言。教統局並決定由本年 9 月起，向所有採用中文教學的學校提供額外支援措施，使學生能掌握兩文三語（即中、英文書寫與粵語、普通話及英語口語）的同時，推動母語教學。

1998 年 3 月 18 日 | 香港按揭證券公司分別與美國大通銀行及道亨銀行簽訂協議，推行首份定息按揭試驗計劃，有助置業人士免受按揭利率的波動所影響。

1998 年 3 月 19 日 | 高等法院就有關調景嶺平房區居民遷出賠償的司法覆核作出裁決，凡在 1961 年 6 月前獲港府批准於調景嶺平房區無限期居住、因將軍澳新市鎮發展而需搬遷的居民，特區政府須根據法院定下的計算公式調整賠償金額，以彌補他們失去在區內繼續居住及享有低廉租金的機會。

1998 年 3 月 20 日 | 特區政府公布行政長官特設創新科技委員會成員名單，委員會對推動香港的產品創新提供意見。

行政長官會同行政會議接納《全港發展策略檢討》最後摘要報告中，假定廣東省和其他內地省份為香港經濟腹地和 2011 年香港人口達 810 萬的方案，以訂定二十一世紀香港在土地使用、運輸及環保方面的發展大綱。

1998 年 3 月 30 日
粵港合作聯席會議成立，於廣州舉行首次會議。特區政府與廣東省政府在會上討論跨界客貨運和基建發展。此聯席會議其後成為粵港兩地討論經濟、金融、環保、科技等合作事宜的官方平台，至 2017 年 7 月 1 日共召開過 19 次會議。

1998 年 3 月 31 日
香港國際電訊有限公司交回其專營牌照，較原定的 2006 年 10 月的屆滿期提早了八年半。香港對外電訊服務及設施市場亦分別於翌年 1 月 1 日及 2000 年 1 月 1 日起正式開放。

1998 年 4 月 1 日
特區政府成立雙語法律制度委員會，就雙語法例制度的政策、長遠目標、方法等問題，向政府提供意見，以符合基本法的規定及香港作為國際貿易和金融中心的地位。香港自 1989 年開展雙語立法計劃，至今所有成文法例都具有中文真確本，與英文真確本具有同等法律意義。

1998 年 4 月 3 日
特區政府頒布《1998 年消防安全（商業處所）（修訂）條例》，自 6 月 1 日起，所有 1987 年 3 月 1 日或之前已建成的商業建築物，均需按照政府要求改善消防設備，包括自動噴灑系統、緊急照明、消防栓及喉轆系統等。

1998 年 4 月 8 日
臨立會舉行最後一次會議後宣告休會，議員任期則至 6 月 30 日屆滿，其間仍然要履行議員職責。

1998 年 4 月 9 日
資訊科技及廣播局由原文康廣播局改組而成，負責制定資訊科技的發展政策及統籌政府內的資訊科技應用事宜。

1998 年 4 月 17 日
特區政府頒布《法律適應化修改（釋義條文）條例》，修訂《釋義及通則條例》中關於法例的釋疑、適用及釋義的條文，使其符合基本法和切合香港作為中華人民共和國之特別行政區的地位。

特區政府頒布《土地（為重新發展而強制售賣）條例》，規定由 6 月 7 日起，當業主擁有某個適宜重建地段不少於 90% 的不分割份數時，可向土地審裁處申請指令，出售整個地段。

1998 年 4 月 23 日
首個集中屠宰活鴨和水禽的設施在西區副食品批發市場投入運作，以配合把活雞與水禽隔離的新措施，防止禽流感再次爆發。

特區政府發表《金融市場檢討報告》，分析 1997 年 10 月以來亞洲金融風暴對香港的衝擊，指出聯繫匯率在香港行之有效，同時建議香港按揭證券公司更積極推動定息按揭計劃，以減少利率波動對置業人士的衝擊。

1998 年 4 月 26 日
廉署搗破一大型盜版集團，檢獲 700 萬隻盜版光碟以及多部製造設備，總值 6.5 億元。一名海關署理高級監督亦因受賄被捕，其後被判囚四年。

| 1998 年 5 月 6 日 | 三號幹線汀九橋路段通車,連接青衣與汀九。25 日,包括大欖隧道及元朗引道的三號幹線郊野公園路段啟用。 |

香港電訊推出超級網上行家用寬頻國際電腦網絡服務,是香港首間提供家居寬頻上網服務的商業機構。

| 1998 年 5 月 9 日 | 藍田平田邨內的一幢長者住屋開幕,是房署興建的首幢長者住屋。 |

| 1998 年 5 月 13 日 | 警務處處長許淇安率代表團到內地,與公安部部長賈春旺會晤,是特區成立以來兩地警方首次會談。 |

| 1998 年 5 月 16 日 | 特區政府派遣兩名入境事務主任前往雅加達,協助滯留印尼的香港居民,以應對印尼的排華騷亂。 |

| 1998 年 5 月 20 日 | 高等法院首席法官陳兆愷、上訴庭副庭長黎守律、馬天敏,就五名無證兒童爭取居留權上訴案作出判決,確定子女必須在出生時而非出生後,父母其中一方已擁有居留權,該子女才能根據基本法第 24 條第 2 款第(三)項,享有居留權。 |

| 1998 年 5 月 24 日 | 香港特區舉行第一屆立法會選舉,共選出 60 名議員,其中包括地方選區選出 20 名議員、功能界別選出 30 名議員、選舉委員會選出十名議員。地方選區、功能界別、選舉委員會的投票率分別為 53.29%、63.5% 及 98.75%。 |

暴雨襲港,天文台發出紅色暴雨警告,新界北區受深圳水庫排洪影響而發生嚴重水浸,當局接獲 42 宗水浸及一宗山泥傾瀉報告,並派出橡皮筏及直升機在上水、沙頭角及粉嶺各區執行拯救行動,救出 113 人。(圖 275)

| 1998 年 5 月 26 日 | 香港最後一間用作羈留越南船民的萬宜羈留中心正式關閉。 |

| 1998 年 5 月 27 日 | 教育署向全港學校發出《升掛國旗指引》,解釋在學校升掛國旗時的須知事項,包括同時懸掛國旗與區旗的優先次序和位置,國旗的尺寸及其他情況。 |

圖 275 被洪水嚴重淹浸的上水天平山村,攝於 1998 年 5 月 24 日。(南華早報提供)

1998 年 5 月 27 日	香港中文大學外科學系成功進行全球首宗新生嬰兒腹腔鏡腸道手術，患者為一名出生 12 天、患有全結腸型巨結腸病的嬰兒。
1998 年 6 月 1 日	世界知識產權組織亞洲區會議在港舉行，為期三日，共同商討實施《與貿易有關的知識產權協議》的技術問題，以加強保護與貿易有關的知識產權。香港自 1996 年起已開始遵守該協議，並於 2000 年 1 月 1 日起強制實施。
1998 年 6 月 8 日	位於赤鱲角新香港國際機場內，耗資 5.66 億元興建的香港郵政空郵中心落成，可以自動化技術處理所有空郵郵件。
1998 年 6 月 9 日	水電技工李仍光在黑色暴雨警告生效時於鰂魚涌郊野公園拯救兩名被洪水沖走的小童，不幸遇溺身亡。7 月 1 日，特區政府向李追授金英勇勳章，使其成為首批獲得此勳章的市民之一。
1998 年 6 月 12 日	行政長官會同行政會議批准永久封閉整條俗稱雀仔街的旺角康樂街，以配合土地發展公司（今市區重建局）的市區重建計劃。為保留雀仔街的風貌特色，該處的雀鳥市場遷移至位於旺角的園圃街雀鳥花園。
1998 年 6 月 14 日	行政長官董建華往澳洲及新西蘭訪問五天，其間與澳洲總理霍華德、新西蘭總理希普利會面，並先後在澳洲悉尼的亞澳研究所論壇、澳大利亞國際論壇和亞洲 2000 基金會論壇演說。
1998 年 6 月 21 日	地鐵機場快線通車，連接赤鱲角香港國際機場和九龍、港島市區。翌日，地鐵東涌線亦全線通車，連接東涌新市鎮至港島中環。（圖 276）
1998 年 7 月 1 日	國家主席江澤民抵港出席特區成立一周年的慶祝活動，翌日到昂船洲海軍基地檢閱解放軍駐港部隊，並主持赤鱲角香港國際機場的開幕典禮，隨即乘坐航機離港，是首位從新機場離港的國家元首。（圖 277、278）

圖 276　1998 年 6 月 21 日，機場快線列車正式通車。（港鐵公司提供）

圖 277　國家主席江澤民（右）視察解放軍駐港部隊昂船洲海軍基地，解放軍總參謀長傅全有上將（中）及駐港部隊
司令員劉鎮武中將（左）隨同。（政府新聞處提供）

圖 278　1997 年，香港新國際機場的客運大樓俯瞰圖。（政府新聞處提供）

圖 279　香港特區首任立法會主席范徐麗泰主持會議，攝於 1998 年 7 月 2 日。（南華早報提供）

| 1998 年 7 月 2 日 | 特區政府首屆立法會第一次會議舉行，范徐麗泰當選首任立法會主席。會議通過第一項決議案《香港特別行政區立法會議事規則》。（圖 279）

美國總統克林頓抵港訪問兩日，是首位蒞臨赤鱲角香港國際機場的外國國家元首，行政長官董建華在前總督府設宴款待。

| 1998 年 7 月 6 日 | 凌晨 0 時 2 分，啟德機場最後一班離港客機 —— 國泰航空 CX251 班機起飛前往倫敦，此後該機場正式關閉。

赤鱲角香港國際機場啟用，首日運作出現混亂。21 日，特區政府成立調查委員會，以調查新機場啟用的運作情況及問題成因。翌年 1 月 22 日，特區政府發表調查報告，總結事件起因為航班資料顯示系統失靈和貨物處理系統運作停頓，機管局和空運貨站需負主要的責任。

香港和內地商定的擴大內地居民香港遊計劃實施，內地居民香港遊每日配額由 1142 人增至 1500 人。

| 1998 年 7 月 10 日 | 粵港兩地政府簽署東深供水改造工程貸款協議，特區政府向廣東省政府貸款 23.64 億元，以支援興建密封式輸水道系統，便利輸送東江水到港。

| 1998 年 7 月 11 日 | 國際清算銀行在香港成立亞太區辦事處，是該組織首個海外辦事處。

| 1998 年 7 月 23 日 | 房委會推出重建置業計劃，所有於三年內受整體重建計劃影響的公屋住戶，若購買居屋單位，可連續六年獲每月按揭補貼。

| 1998 年 8 月 13 日 | 港元及港股連月遭國際投機者狙擊，恒生指數大幅下挫，由 5 月 12 日的 10,096.37 點，跌至本日收市的 6660.42 點。

| 1998 年 8 月 14 日 | 特區政府動用外匯基金入市，承接港元沽盤和大批購入香港恒生指數成份股，將外匯市場穩定於 7.75 港元兌換一美元的水平，以反擊國際投機家沽空行動。特區政府連續 15 天入市，至本月 28 日恒生指數收市報 7829.74 點，較入市之初高收 18%，期指結算日成交創 790 億元新高，成功擊退國際投機家的雙邊操控。 |

| 1998 年 8 月 31 日 | 擁有 65 年歷史的中巴專營權結束，旗下 88 條巴士路線翌日起交由城巴及新巴接手經營。此前，2 月 17 日，行政長官會同行政會議決定不再延續中巴的專營權。 |

| 1998 年 8 月 | 香港傷健運動員蘇樺偉於英國伯明翰舉行的 IPC 世界田徑錦標賽男子 T36 級別的 100 米及 200 米項目中奪得金牌，同時首次打破該兩個項目的世界紀錄。蘇其後聯同陳成忠、張耀祥及趙國鵬於男子 T36 級別 4×100 米接力賽奪得金牌，並打破該項目的世界紀錄。 |

特區政府賑災基金諮詢委員會先後共批出 900 萬元撥款予慈善組織，救濟自 7 月起內地長江流域發生的嚴重水災。本月 15 日，無綫電視舉行「齊心同抗長江水賑災大行動」，為災民籌款。香港特區合共捐出 6.8 億元善款，為全國之冠。（圖 280）

圖 280　無綫電視舉行「齊心同抗長江水賑災大行動」，為災民籌款。（南華早報提供）

| 1998 年 9 月 3 日 | 特區政府通過九龍東南發展計劃，擬把舊啟德機場、九龍灣及毗連地區發展成可提供房屋、運輸基建及休憩用地的策略性增長地區。 |

| 1998 年 9 月 5 日 | 金管局公布七項措施，包括向香港所有持牌銀行提供明確保證，按 7.75 港元兌一美元的固定匯率，把其結算戶口內的港元兌換為美元，以維持聯繫匯率制度和減低投機者操控市場的機會。 |

| 1998 年 9 月 7 日 | 特區政府推出 30 項收緊證券及期貨市場紀律的措施，包括嚴格執行 T+2 結算制度，並嚴格規管違規沽空及未有按時交收的經紀。 |

| 1998 年 9 月 9 日 | 立法會金融服務界功能界別議員詹培忠，因在 8 月 3 日被高等法院以串謀偽造文件罪名成立判監三年，經立法會投票通過解除其職務，是首名按基本法第 79 條第（六）項喪失立法會議員資格者。 |

| 1998 年 9 月 10 日 | 為慶祝香港特區首屆敬師日，教育署、敬師運動委員會及香港電台在灣仔會展合辦敬師日酒會，以加強市民尊師重道的意識。特區政府於 1997 年施政報告中訂定每年 9 月 10 日為敬師日，以表彰教師的貢獻。 |

| 1998 年 9 月 11 日 | 房委會開始實施公屋申請人資產審查制度，全面評估申請人的經濟狀況，以合理分配公屋資源，資產限額水平由一人家庭的 22 萬元至八人或以上家庭的 70 萬元不等。 |

| 1998 年 9 月 17 日 | 強制性公積金計劃管理局成立，負責規管及監督強制性公積金計劃的運作與執行。 |

| 1998 年 9 月 28 日 | 香港歷史博物館從九龍公園搬遷至尖沙咀漆咸道南 100 號的永久館址，並與中國歷史博物館合辦首個專題展覽「天工開物 —— 中國古代科技文物展」。 |

| 1998 年 9 月 | 特區政府推出專上學生免入息審查貸款計劃，配合專上學生資助計劃，提供貸款以協助本地全日制專上課程學生繳付學費。 |

| 1998 年 10 月 1 日 | 解放軍駐港部隊開放石崗空軍軍營、昂船洲海軍基地和赤柱陸軍基地予市民參觀，當中石崗空軍軍營是首次舉行開放日。 |

| 1998 年 10 月 7 日 | 特區政府成立國際顧問委員會，成員包括來自世界各地的工商金融界知名人士，以擴闊政府的國際商業視野。 |

| | 特區政府決定設立應用科技研究院，旨在推動學術機構與工業界合作研究和發展科技，並加強與內地科研機構的聯繫，將基本科研成果轉化為商品，同時撥款 50 億元，設立創新及技術基金。該研究院其後於 2000 年成立。 |

| 1998 年 10 月 9 日 | 英國首相貝理雅抵港訪問兩日，為其首次訪問中國之旅的最後一站。 |

| 1998 年 10 月 14 日 | 位於屯門的香港內河碼頭第一期落成啟用，是香港首個專為內河集裝箱貨運而設的現代化碼頭。 |

| 1998 年 10 月 25 日 | 香港聖公會教省成立，首任大主教鄺廣傑陞座為教省主教長。 |

| 1998 年 10 月 26 日 | 九鐵公司動工興建西鐵第一期，連接九龍市區及新界西北，全長 30.5 公里，共設九個車站。 |

| 1998 年 10 月 28 日 | 特區政府首次舉行官方儀式，悼念於二戰期間為保衛香港而捐軀的人士。行政長官董建華在儀式上將為保衛香港捐軀的 115 位東江縱隊港九獨立大隊成員名錄，放入紀念龕，與原有陣亡戰士名錄並列。 |

| 1998 年 11 月 3 日 | 香港藝術館舉辦「大英博物館藏埃及珍寶展」，展出 105 項古埃及文物。 |

| 1998 年 11 月 4 日 | 全國人大常委會根據基本法第 18 條規定，將《中華人民共和國專屬經濟區和大陸架法》加入基本法附件三，列為在香港實施的全國性法律。翌月 24 日，特區政府刊憲公布實施該全國性法律。 |

| 1998 年 11 月 5 日 | 環保署推出《減少廢物綱要計劃》，在各區設置三色廢物分類回收桶，分別收集廢紙、塑膠及金屬。 |

| 1998 年 11 月 23 日 | 為促進香港與內地在科學技術上的合作研究，香港研資局和國家自然科學基金委員會在北京簽署協議，成立聯合科研資助基金，以資助雙方在共同感興趣以能優勢互補的科學技術領域上的實質合作研究。 |

| 1998 年 11 月 | 香港進入持續 68 個月的通縮期，至 2004 年 8 月結束。 |

| 1998 年 12 月 5 日 | 香港犯罪集團首腦張子強本年 1 月在內地落網，張曾在港綁架商人李澤鉅和郭炳湘，與五名同黨及後被內地法院判決犯非法販賣軍火罪並判處死刑，本日執行。 |

| 1998 年 12 月 6 日 | 香港代表隊參加於泰國曼谷舉行的第十三屆亞運會，是首次以「中國香港」名義參加該運動會，共奪得五金五銀五銅，並首次在英式桌球、壁球和單車項目獲獎。 |

| 1998 年 12 月 18 日 | 龍虎山郊野公園被劃定為本港第二十三個郊野公園，面積只有 47 公頃，是全港最細小的郊野公園 。 |

| | 香港歷史博物館、林則徐基金會和中國史學會合辦的「林則徐、鴉片戰爭與香港國際研討會」在香港歷史博物館舉行，為期兩日。林則徐第五代孫、前中國常駐聯合國代表凌青以及來自香港、內地、澳洲的學者參加。林則徐基金會向博物館贈送林則徐石雕塑像。 |

| 1998 年 12 月 31 日 | 特區政府全面撤銷根據《業主與租客（綜合）條例》實施的針對特定類別住宅的租金管制，自此業主可自由增加租金，而且可以在租約期滿後收回物業。 |

| 1998 年 12 月 | 廉署對廣南集團信用狀詐騙案展開調查，先後起訴 23 人涉嫌以虛假帳目詐騙銀行發出信用狀，涉款達 18 億元。2002 年 7 月 29 日，案中最後一名被告被判刑，合共 15 人罪名成立，被判囚兩至十年不等。此案另有 23 名涉案人士至今仍被通緝。 |

1998 年	世界華人數學家大會主席丘成桐與香港企業家陳啟宗創立「晨興數學獎」，表揚在純數學與應用數學方面有傑出成就的華人年輕數學家。
1999 年 1 月 2 日	香港銀行開始接受歐元存款。4 日，香港首次進行歐元外匯買賣。
	地鐵公司停用儲值車票，由八達通卡全面取代。（圖 281、282）
1999 年 1 月 6 日	第三屆亞太區基建發展部副部長會議在香港舉行，為期三日，共 14 個國家或地區代表出席，以交流不同的基建發展議題。
1999 年 1 月 14 日	香港高等法院首席法官與最高人民法院代表簽署《內地與香港法院相互委托送達民商事司法文書的安排》，兩地分別經各自法律程序認可，該安排於 3 月 30 日生效。
1999 年 1 月 15 日	港澳居民來往內地通行證啟用，並逐步取代自 1979 年 7 月 20 日以來簽發的回鄉證。（圖 283）
1999 年 1 月 18 日	國家財政部首次在香港聯交所發行十億美元國債。
1999 年 1 月 27 日	由特區政府撥款一億元設立的電影發展基金開始接受申請，旨在解決香港電影製作及市場萎縮、人才流失的問題。
1999 年 1 月 28 日	行政長官董建華前往瑞士達沃爾出席世界經濟論壇周年會議，是首位出席該論壇的香港政府首長。

圖 281　自 1984 年沿用至 1999 年的地鐵儲值車票。（港鐵公司提供）

圖 282　第一代八達通。（香港地方志中心拍攝）

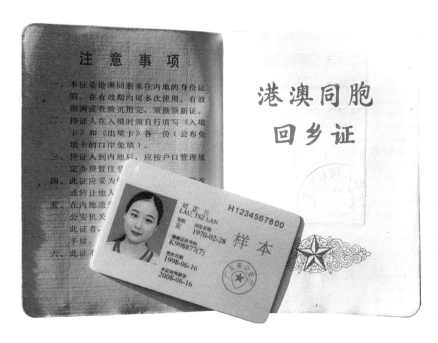

圖 283　底圖為以往港澳居民來往內地的回鄉證，為期十年，出入境時需要蓋印；面圖則為 1999 年至 2012 年通用的回鄉卡，背面設有電腦條碼，並使用電腦查驗身份，以提升防偽冒功能。（南華早報提供）

| **1999 年 1 月 29 日** | 終審法院就吳嘉玲案作出裁決，已擁有居留權人士不屬於基本法規定進入特區的「中國其他地區的人」，吳等人因此不得被遣返。同時，裁決指特區法院有權審核全國人大及其常委會的行為是否符合基本法。 |

終審法院就陳錦雅案作出裁決，出生時父或母是否符合香港永久性居民條件並不影響該人後來憑藉父或母成為香港永久性居民而擁有居留權，陳等人因此擁有居留權。

1999 年 2 月 4 日　律政司司長梁愛詩發表聲明，指在《英文虎報》誇大發行量案中，基於證據不足及公眾利益，不對星島集團主席兼大股東胡仙作出檢控。

1999 年 2 月 5 日　房委會實施新的公屋住戶資產審查政策，在公屋單位戶主去世後，須重新對除配偶外的其他成人家庭成員進行入息及資產評審，未能通過的成員，須在 12 個月內遷出。

特區政府頒布《空氣污染管制（汽車燃料）修訂規例》，禁止在本港供應、出售和分配含鉛汽油以及任何含鉛的燃料添加劑。

1999 年 2 月 20 日　香港在美國保護知識產權的「一般監察名單」中被剔除，為自 1996 年 4 月以來首次。

1999 年 2 月 24 日　入境處處長向終審法院提出申請，要求就該院在同年 1 月 29 日吳嘉玲案判決中有關全國人大及其常委會的部分作出澄清。26 日，終審法院開庭審理該申請，並澄清 1 月 29 日的裁決沒有質疑全國人大常委會根據第 158 條所具有解釋基本法的權力，也沒有質疑全國人大及其常委會依據基本法的條文和基本法所規定的程序行使任何權力。

| 1999 年 3 月 3 日 | 區域法院判決平機會給予協助的首宗性騷擾申訴個案，裁定被告須向原告賠償 80,000 元，並作出書面道歉。 |

特區政府發表《證券及期貨市場改革政策》諮詢文件，改革以往規管制度的不足，建立靈活多變且現代化的規管機構，以保持香港作為國際金融中心的競爭優勢。

1999 年 3 月 4 日	香港特別行政區政府駐北京辦事處成立，首任駐京辦主任為梁寶榮。
1999 年 3 月 11 日	中央政府首次贈予特區政府的兩隻大熊貓安安和佳佳抵港，隨即遷入海洋公園。5 月 17 日，園內的香港賽馬會大熊貓園開幕。（圖 284）
1999 年 3 月 12 日	特區政府頒布《區議會條例》，規定區議會的設立、組成與選舉辦法，以及區議會議員的資格及喪失資格的理由。
1999 年 3 月 18 日	《太陽報》創刊，每份售價兩元，較一般報章便宜幾元，引發香港報紙減價戰，該報在 2016 年 4 月 1 日停刊。
1999 年 3 月 23 日	中央軍委主席江澤民簽署命令，任命熊自仁為解放軍駐港部隊司令員，熊後於 2003 年 1 月離任。
1999 年 3 月	香港按揭證券公司與按揭保險公司合作推出按揭擔保計劃，讓置業人士可獲銀行提供高達 85% 物業價值的按揭貸款，有助港人置業及樓市回穩。31 日，按揭證券公司與首批 26 位核准賣方簽訂按揭保險總保單。
1999 年 4 月 1 日	特區政府恢復已暫停九個月的定期土地拍賣，並首次推出申請售賣土地表（俗稱勾地表制度）。

圖 284　在海洋公園賽馬會大熊貓園進食的大熊貓安安（左）和佳佳（右），攝於 1999 年 5 月 17 日。（南華早報提供）

1999 年 4 月 2 日 首批長江學者獎勵計劃特聘教授授聘儀式及首屆長江學者成就獎頒獎典禮,在北京人民大會堂舉行。該獎勵計劃和獎項是由國家教育部和香港長實主席李嘉誠合作設立,以培養人才,提高高等學校的學術地位為目標。

1999 年 4 月 10 日 房委會推出可租可買計劃,市民除可按正常程序獲編配公屋單位外,亦可以折扣價格,在首六年獲得 16 萬元按揭資助,購買公屋單位。

1999 年 4 月 11 日 香港高級公務員參加國家行政學院在北京特設的第一期進階中國事務研習課程,為期 14 日,以加深對國情及重要改革政策的認識,並加強和內地高級官員的聯繫與交流。

1999 年 4 月 30 日 特區政府核准大嶼山南岸的分區計劃大綱草圖,涵蓋土地面積約 2449 公頃,其中約 1565 公頃劃作郊野公園地帶,約 475 公頃劃作綠化地帶,約 138 公頃劃作海岸保護區。

1999 年 5 月 1 日 五一國際勞動節首次成為香港的法定假期。

1999 年 5 月 6 日 特區政府向立法會提交資料,估計因同年 1 月 29 日終審法院的裁決,享有本港居留權的內地人士可達 167.5 萬人。

1999 年 5 月 18 日 特區政府決定,經由國務院提請全國人大常委會解釋基本法第 22 條第 4 款及第 24 條第 2 款第(三)項中有關香港居留權條文的立法原意。

1999 年 5 月 21 日 中央政府首次拒絕美國軍艦來港。此前,北約的美國戰機於 5 月 8 日轟炸中國駐南斯拉夫大使館。

1999 年 5 月 22 日 農曆四月初八的佛誕首次成為香港的公眾假期。香港佛教聯合會為此向中央政府及中國佛教協會申請釋迦牟尼佛牙舍利來港,舉行為期七日的佛牙舍利瞻禮法會。

1999 年 6 月 13 日 望后石越南難民中心發生騷亂,大批警員以催淚彈驅散滋事者,共 17 人受傷。

1999 年 6 月 21 日 外匯基金投資有限公司推出與恒生指數掛鈎的單位信託基金,將特區政府在 1998 年購入的香港股票回歸市場,後來命名為盈富基金。11 月 12 日,盈富基金上市,是香港首隻交易所買賣的信託基金。

1999 年 6 月 24 日 行政長官董建華採納香港回歸祖國紀念碑及前總督府新名稱工作小組建議,將前總督府定名為香港禮賓府,7 月 1 日啟用。

原訟法庭確認非中國籍人士申請居港權的資格,申請人必須在申請日起計之前通常在港居住七年。

1999 年 6 月 26 日 ┃ 全國人大常委會審議國務院應行政長官提交報告作出的提請解釋基本法有關條款的議案，認為終審法院在判決前未依據基本法提請全國人大常委會對有關條款解釋且其解釋不符合立法原意，決定作出解釋：基本法第 22 條第 4 款「中國其他地區的人」，包括香港永久性居民在內地所生的中國籍子女，進入香港特別行政區須依法辦理手續；基本法第 24 條第 2 款第（三）項規定的「所生的中國籍子女」是指其出世時，父母至少一方須符合第 24 條 2 款第（一）項或第（二）項的規定條件。特區法院在引用有關條款時須以本解釋為準。本解釋不具有追溯力。

1999 年 6 月 29 日 ┃ 高等法院原訟法庭裁定，3 月 2 日的石湖塘村村代表選舉，限制非原居民及已婚女原居民參選權，違反《香港人權法案條例》和《性別歧視條例》，因而無效，需要重選。

1999 年 6 月 30 日 ┃ 特區政府設立 50 億元的創新及科技基金，為有助提升本地創新及科技能力的各類活動提供財政資助，以提高香港生產力和競爭力。

1999 年 7 月 1 日 ┃ 香港回歸祖國紀念碑於灣仔會展揭幕。

┃ 行政會議成員梁振英接替退休的鍾士元，出任行政會議召集人。

1999 年 7 月 11 日 ┃ 議政團體新世紀論壇成立，立法會議員吳清輝及馬逢國擔任正、副召集人。

1999 年 7 月 16 日 ┃ 立法會通過保安局局長動議修訂《入境條例》附件一的決議案，以確定擁有居留權人士的資格。

1999 年 7 月 23 日 ┃ 特區政府頒布《中醫藥條例》，成立中醫藥管理委員會，規管中醫註冊執業及中藥的使用、製造及買賣。

┃ 特區政府頒布《1999 年工廠及工業經營（修訂）條例》，所有進行建築工程及貨櫃處理作業的工人均須接受基本安全訓練，並在工作時持有效證書（俗稱平安卡），而有關僱主及承建商亦須確保其僱員已完成安全訓練課程及持有效平安卡。條例於 2001 年 5 月 1 日生效。

1999 年 7 月 30 日 ┃ 嶺南學院升格為嶺南大學，是特區成立以來首間獲准升格的大專院校。

1999 年 8 月 17 日 ┃ 金管局成立香港金融研究中心，以研究香港和亞洲貨幣政策、銀行及金融業。

1999 年 8 月 22 日 ┃ 颱風森姆襲港，天文台懸掛八號烈風或暴風信號近 14.5 小時。其間，由曼谷來港的台灣中華航空 CI642 號班機在降落時失事，造成三人死亡、203 人受傷，為新機場啟用以來首宗致命航空事故。乘客郭錦明及譚忠強在意外中不顧自身安危，協助多人撤離機艙，其後於 9 月 29 日獲頒授金英勇勳章。

1999 年 8 月 26 日 | 平機會公布《中學學位分配辦法正式調查報告》，顯示中學學位分配辦法存有系統性歧視，並建議特區政府檢討，確保男女生公平地獲派中學學位。

1999 年 8 月 31 日 | 紅磡海底隧道的 30 年專營權屆滿，特區政府收回隧道，並委託香港隧道及高速公路管理有限公司由翌日開始營運紅磡海底隧道。

1999 年 9 月 16 日 | 颱風約克襲港，天文台懸掛十號颱風信號 11 小時，為香港二戰以後生效時間最長的十號颱風信號。本次颱風造成兩人死亡、500 多人受傷，有 338 宗樹木倒塌報告。

1999 年 9 月 17 日 | 特區政府放寬境外銀行只能在香港設立一間分行的規定，境外銀行最多可於三幢不同的樓宇內設立辦事處，亦撤銷其設立地區和後勤辦事處數目的限制。

1999 年 9 月 29 日 | 應中央政府邀請，行政長官董建華率香港各界人士國慶觀禮團 200 多人，赴北京出席國慶 50 周年慶祝活動。

1999 年 9 月 | 特區政府推出展翅計劃，為期六個月，專門為 15 至 19 歲的離校青年，提供一系列職前培訓、工作實習及擇業輔導服務，以提升其工作技能及人際溝通技巧。

| 教資會推行試驗計劃，自本學年起，每年錄取 150 名優秀內地學生來港就讀教資會資助院校，修讀學士學位課程。

1999 年 10 月 1 日 | 北京天安門廣場舉行慶祝中華人民共和國成立 50 周年大會。香港觀禮團部分成員獲邀登上天安門城樓觀禮。香港、澳門、台灣的彩車首次參加國慶檢閱方陣。

| 上午，香港特區慶祝中華人民共和國成立 50 周年升旗儀式在金紫荊廣場舉行，署理行政長官梁愛詩主禮。外交部駐港特派員公署特派員馬毓真、新華社香港分社副社長王鳳超、解放軍駐港部隊司令員熊自仁、特區政府官員、立法會議員在內 400 多名嘉賓出席，近 3000 名市民觀禮。下午，行政長官董建華在香港大球場主持香港特區慶祝建國 50 周年匯演，其中解放軍首次在內地以外地區進行軍操表演。

| 民安隊成立指揮中心，統一以往分別運作的三個區域總部，以提高應急行動的效率。

1999 年 10 月 18 日 | 郵政署發行首套印有「中國香港」字樣的通用郵票。

1999 年 10 月 21 日 | 中國香港代表團參加在菲律賓馬尼拉舉行的太平洋經濟合作議會第十三屆全體大會，為期三日。

| 1999 年 10 月 | 特區政府進行首次少數族裔人口調查,至翌年 1 月 2 日公布結果,全港少數族裔人口約 28 萬,當中以菲律賓人為最多,有 15.8 萬人,佔 56.6%;其次為印尼人,有 40,000 人,佔 14.4%。 |

| 1999 年 11 月 2 日 | 特區政府與美國華特迪士尼公司達成在香港興建主題公園的協議,政府在該公園的總投資額達 224.5 億元。(圖 285) |

| 1999 年 11 月 15 日 | 香港聯交所創業板市場成立,為新興公司提供主板以外另一集資渠道,申請者毋須符合盈利要求,並且只需向聯交所提供兩年業務紀錄。 |

| 1999 年 11 月 16 日 | 特區政府為進行梧桐河改善河道工程,開始清拆上水石湖新村。多名村民、廠家及商戶不滿房署的搬遷賠償安排,阻止清拆人員入村,並與在場的防暴警察發生衝突,共有十人受傷,14 人被捕。 |

| 1999 年 11 月 17 日 | 香港大學校長鄭耀宗、常務副校長張佑啟、眼科學系教授蘇國輝、生物研究所所長孔祥復和香港中文大學化學系教授黃乃正五人,當選為特區成立以來的首批中國科學院香港院士。 |

| 1999 年 11 月 28 日 | 香港特區舉行首屆區議會選舉,選出 390 個民選區議員,其中 314 個須經選舉產生,另外 76 個選區的候選人在無對手情況下自動當選,投票率為 35.82%。本屆區議會另設有 102 個委任議席和 27 個由各鄉鄉事委員會主席出任的當然議席。(圖 286) |

圖 285　行政長官董建華公布與迪士尼公司達成協議,在港興建迪士尼主題公園,攝於 1999 年 11 月 2 日。(政府新聞處提供)

1999 年 12 月 3 日	終審法院就劉港榕案作出裁決，全國人大常委會的解釋對香港法院有約束力，自 1997 年 7 月 1 日起生效。
1999 年 12 月 4 日	粉嶺龍躍頭文物徑開幕，是新界設立的第二條文物徑，長約 2.6 公里，沿途有松嶺鄧公祠、天后宮、老圍及善述書室等重要歷史建築物和遺跡。
1999 年 12 月 10 日	特區政府頒布《提供市政服務（重組）條例》，制定負責提供市政服務的組織架構，準備撤銷臨時市政局及臨時區域市政局，兩局運作至 12 月 31 日。
1999 年 12 月 15 日	終審法院裁決侮辱國旗案，維持去年 5 月 18 日原審裁判官對吳恭劭及利建潤在去年 1 月 1 日支聯會的示威活動中，展示被塗污及損毀的國旗及區旗的判罪。法院裁定《國旗及國徽條例》第 7 條和《區旗及區徽條例》第 7 條符合基本法。
1999 年 12 月 17 日	特區政府推出輸入優秀人才計劃，以吸引高技術人才或優才來港定居，提升香港的競爭力。該計劃設有配額，獲批准的申請人毋須在來港定居前先獲得本地僱主聘任。
1999 年 12 月 21 日	臨時市政局舉行最後一次全體大會，臨時區域市政局則於 12 月 30 日召開最後一次會議。
	中英聯合聯絡小組一連兩日在禮賓府舉行第四十七次也是最後一次會議。該小組於 2000 年 1 月 1 日，根據《中英聯合聲明》結束工作。（圖 287）
1999 年 12 月 23 日	高等法院原訟法庭裁決取消臨時市政局及臨時區域市政局案，指特區政府解散兩局的做法不違反基本法第 97 及 98 條對區域組織的規定。

圖 286　行政長官董建華到銅鑼灣社區中心點票站倒出第一個投票箱的選票。（星島日報提供）

圖 287　中英聯合聯絡小組第 47 次會議，圖左方為英方代表包雅倫，圖右方則為中方代表吳紅波。（星島日報提供）

1999 年 12 月 31 日	香港多處舉辦大型跨年慶典活動。跑馬地馬場舉行「龍騰燈耀慶千禧」活動,並於翌日凌晨 0 時 45 分舉行特設的千禧盃賽事,為新紀元伊始全球舉行的第一場賽馬。臨時市政局及臨時區域市政局在維園合辦「市政兩局迎千禧嘉年華」,是兩局舉辦的最後一次活動。
	特區政府中央協調中心投入運作,負責處理 2000 年的電腦數位問題。政府各部門在跨年的前後四日期間,額外派出 13,000 名公務員當值,以應對突發事故。2000 年 1 月 1 日,金管局宣布本港銀行體系順利過渡,自動櫃員機、電話銀行服務和信用卡系統亦如常運作。
1999 年	香港直接資助學校議會成立,負責維護直資學校的辦學自主權,及提高其會員學校的教育質素。
2000 年 1 月 1 日	環境食物局成立,負責監督新設立的食物環境衞生署、漁農自然護理署和環保署的工作。其中食環署接管原由兩個市政署負責的環境衞生事務及有關設施、衞生署負責的食物安全和管制工作,以及前漁農處負責的禽畜檢驗工作。2002 年 7 月 1 日,其職能分別歸入環境運輸及工務局和衞福局。
	康樂及文化事務署成立,隸屬於民政局,負責為市民提供康樂、體育及文化設施和活動。
2000 年 1 月 7 日	特區政府頒布《電子交易條例》,確立電子交易和數碼簽署的法律架構,以推動電子商務發展。
	香港環保署與國家環境保護總局簽署首份合作備忘錄,以管制內地與香港特區之間的廢物轉移。
2000 年 1 月 8 日	房署揭發沙田圓洲角居屋地盤短樁問題,並暫停其中兩座樓宇的上蓋建築工程。3 月 16 日,房委會決定拆卸該兩座樓宇。自 1999 年起,共六宗公屋和居屋地盤的短樁問題被揭發。
2000 年 1 月 15 日	油蔴地小輪的專營權終止,其經營的其中 8 條航線由新世界第一渡輪服務有限公司接辦,至此油蔴地小輪有 76 年歷史的客運渡輪服務結束。
2000 年 1 月 18 日	新華社香港分社更名為中央人民政府駐香港特別行政區聯絡辦公室。原新華社香港分社社長姜恩柱出任首位香港中聯辦主任。中聯辦於 2001 年 5 月由跑馬地皇后大道東遷至西環的西港中心。至於原新華社香港分社承擔的新聞業務,則由新華通訊社香港特別行政區分社承擔。(圖 288)
2000 年 1 月 25 日	香港電影工作者總會成立,由香港電影業界 10 個專業屬會聯合組成,成龍擔任創會召集人。
2000 年 1 月 27 日	房委會發表《優質居所,攜手共建》諮詢文件,提出包括改善樁柱工程質素在內等 40 項提高公營房屋質素的建議。

圖 288　原新華社香港分社社長姜恩柱為位於跑馬地皇后大道東的中聯辦揭幕。姜同時成為首任中聯辦主任。攝於 2000 年 1 月 18 日。（新華社提供）

| 2000 年 1 月 28 日 | 特區政府頒布《1999 年有組織及嚴重罪行（修訂）條例》，以加強香港打擊清洗黑錢活動的制度及工作。 |

| 2000 年 2 月 10 日 | 特區政府宣布以一筆過撥款模式，取代原有對社會服務機構的津貼及資助機制。 |

| 2000 年 2 月 18 日 | 科技公司 tom.com 在聯交所創業板公開招股，超額認購 690 倍，掀起香港科網熱潮，吸引眾多市民認購。 |

| 2000 年 2 月 23 日 | 特區政府對越南難民實施擴大本地收容計劃，規定所有在 1998 年 1 月 9 日前到港、從未離開香港的越南難民及合資格越南船民，可申請成為香港永久性居民。 |

| 2000 年 2 月 29 日 | 李澤楷旗下的香港盈科數碼動力公司以 359 億美元，向英國大東電報局集團收購香港電訊 54% 股權，成為香港電訊最大股東。 |

| 2000 年 3 月 3 日 | 特區政府頒布《選舉（舞弊及非法行為）條例》，對選舉廣告、捐贈和支出作出規範，包括要求參選人須申報所有獲得的選舉捐贈，以確保選舉能在公平及廉潔的情況下進行。 |

圖 289　港交所上市儀式，
首排左一是行政長官董建
華，左二致辭者是港交所首
任主席李業廣。（南華早報
提供）

| 2000 年 3 月 6 日 | 香港交易及結算所有限公司成立，由聯交所、期交所和香港中央結算有限公司合併而成。6 月 27 日，港交所在聯交所上市，成為香港首個上市的交易所公司。（圖 289） |

| 2000 年 3 月 9 日 | 香港專上學院持續教育聯盟推出毅進計劃，讓中五離校生或成年學生有機會修讀一年全日制或兩年兼讀制銜接課程，其後可銜接其他專上院校，修畢課程者可獲等同中學畢業資格。課程於 10 月 9 日開課。 |

| 2000 年 3 月 21 日 | 香港直接資助學校議會成立，負責維護直資學校的辦學自主權，及提高其會員學校的教育質素。 |

| 2000 年 3 月 27 日 | 特區政府成立文化委員會，負責統籌香港文化政策及資源分配，同時推動本港文化和藝術的長遠發展。 |

| 2000 年 3 月 28 日 | 特區政府公布，截至 1999 年 12 月 31 日，香港外匯基金資產值達 10,144 億元，較去年增加 10.1%，位列世界第三，僅次於日本和內地。 |

| 2000 年 3 月 | 特區政府開始縮減公務員編制。2002 年 10 月，公務員編制從 19.8 萬減至 17.2 萬；2005 年 6 月，再減至 16 萬。 |

上水屠房正式啟用。屠房耗資 18 億元興建，使用現代化設備及先進技術屠宰牲畜，為亞洲最大型的高科技屠房之一。

香港古蹟辦與北京大學考古學系合作，對屯門掃管笏遺址進行考古發掘，共發現商周時期陶器、漢代五銖錢、宋代和明代的墓葬及人骨。2008 年至 2009 年，古蹟辦與中國社科院考古所合作，再度發掘該遺址，揭露面積 3750 平方米，發現商、春秋、東漢及明等不同時期的文化堆積，其中 6 號墓葬出土東漢銅耳杯、銅盤和鐵斧。

2000 年 4 月 7 日　教統局設立語文基準試，強制所有在學校任教英語及普通話的語文教師參加。在職教師須於指定時間前達到有關基準；新入職教師則必須於入職後首年達到基準，未達基準或在指定年期內仍未取得全數及格成績者，不能任教語文科目。

列為全日行人專用街道的銅鑼灣羅素街啟用，是香港首個行人環境改善計劃項目。

2000 年 4 月 22 日　特區政府就台北駐港「中華旅行社」問題發表聲明，指出台灣機構在香港須遵守「一個中國」原則和以非官方身份運作。

2000 年 4 月 27 日　香港首次主辦亞洲太平洋經濟合作組織旅遊工作小組會議，為期兩日，共 21 個國家或地區代表出席，主要議程為討論該組織的成員國草擬的旅遊事務約章。

2000 年 4 月 30 日　香港佳士得拍賣行拍賣圓明園獸首中的牛首和猴首銅像。5 月 2 日，虎首銅像亦在香港蘇富比拍賣行拍賣，均由中國保利集團成功投得。

2000 年 4 月　天文台本月先後發出四次紅色及一次黑色暴雨警告信號，錄得總雨量達 547.7 毫米，是香港自 1884 年有記錄以來 4 月的最高雨量。

《文學世紀》創刊，登載文學創作、人物專訪、書評、文學評論及研究等內容，同年 12 月一度停刊，2002 年 1 月復刊。

2000 年 5 月 1 日　內地首次實行「五一黃金周」，民眾享有一連七日的勞動節假期。假期首兩日，共 246 個內地旅行團、約 7000 人次經羅湖抵港，為內地民眾首次訪港熱潮。

2000 年 5 月 5 日　金管局發出首份虛擬銀行業務指引，在港成立的虛擬銀行必須有實質業務和辦事處，不能單純建基於概念，即有關機構必須符合適用於傳統銀行的相同審慎準則。

2000 年 5 月 9 日　漁護署以陳日標（亦稱陳伯）違反《野生動物保護條例》，非法管有及飼養猴子為由，帶走其寵物獼猴「金鷹」，並安置於上水動物中心。7 月 17 日，新蒲崗裁判法院以人道理由，運用酌情權，裁定漁護署須把「金鷹」發還陳並發出飼養猴子牌照，陳因此成為香港首名擁有飼養猴子牌照者。

2000 年 5 月 16 日　特區政府公布《鐵路發展策略 2000》，規劃至 2016 年香港鐵路的發展藍圖，包括興建港島線延線、沙田至中環線、九龍南環線、北環線、區域快線和港口鐵路線，使香港的鐵路長度增加 70%。

2000 年 5 月 17 日　特區政府與盈科數碼動力及其成立的香港數碼港管理有限公司，簽訂數碼港計劃協議。數碼港位於港島薄扶林鋼線灣，佔地 24 公頃，為一個雲集科技與數碼內容業務租戶的數碼科技樞紐，由香港數碼港管理有限公司負責發展、管理及營運。

2000 年 5 月 18 日	志蓮淨苑重建落成啟用，位於鑽石山，是一所佛教女眾清修道場。苑內殿堂以傳統榫接木構技術建築，與其旁同時開幕的蓮園合為一個大型仿唐建築群。
2000 年 5 月 22 日	梁朝偉憑電影《花樣年華》獲得第五十三屆法國康城影展最佳男主角獎，是首位獲得該獎項的香港演員。
2000 年 5 月 26 日	特區政府頒布《2000 年道路交通（交通管制）（修訂）（第 2 號）規例》，禁止司機在車輛行駛時使用手提式通訊設備。
2000 年 5 月 27 日	愉景灣隧道及連接道路通車，連接愉景灣、東涌新市鎮和香港國際機場。
2000 年 5 月 31 日	七家美國納斯達克上市公司股份首日在聯交所掛牌，包括微軟、星巴克和英特爾。
2000 年 5 月	為慶祝千禧年而特製的傳統中國巨型彩燈、長達 277.2 米的「千禧金龍」，獲得健力士世界紀錄確認為「世界最大的巨龍花燈」。
2000 年 6 月 1 日	屯門望后石越南難民中心正式關閉，為本港最後一個難民營。（圖 290）

圖 290　民安隊隊員於 2000 年 6 月 1 日凌晨在望后石營房大門掛上「此難民營已於六月一日正式關閉」的門牌，標誌着長達 25 年歷史的香港越南船民問題至此結束。（星島日報提供）

| **2000 年 6 月 1 日** | 特區政府改革公務員制度，開始以合約制形式聘用新入職公務員，並在聘用一定年期後考慮是否轉為較長年期的聘用條件；又以公務員公積金計劃取代以往的長俸制度，作為長期聘用人員的退休福利。 |

| **2000 年 6 月 3 日** | 全國政協副主席安子介病逝，享年 88 歲。其喪禮於 12 日舉行，是首位獲得國葬待遇的香港人。 |

| **2000 年 6 月 4 日** | 喜靈洲戒毒所發生騷亂，至翌晨平息，33 名所員（包括 13 名越南籍所員）、24 名懲教署職員及 8 名警員受傷。54 名所員事後被控暴動、縱火、嚴重傷人及刑事毀壞各項罪名。 |
| | 香港馬匹「靚蝦王」在日本東京勝出安田紀念賽，成為首匹代表香港勝出海外賽事的賽駒。 |

| **2000 年 6 月 18 日** | 香港記者協會、香港新聞行政人員協會、香港新聞工作者聯會及香港攝影記者協會聯合制定《新聞從業員專業操守守則》，要求新聞從業員以公平、客觀態度處理新聞材料，確保報道正確，避免淫褻、不雅或煽情，尊重個人私隱，以及保護消息來源。 |

| **2000 年 6 月 30 日** | 高等法院原訟法庭裁定，聲稱享有居留權的內地人士，除非已獲入境處處長接納是涵蓋在寬免政策之內，其身份一律須按全國人大常委會於 1999 年 6 月 26 日就基本法相關條文所作出的解釋而決定。 |

| **2000 年 7 月 2 日** | 大澳棚屋發生四級大火，焚燒五小時，近 100 間屋焚毀，約 300 名居民受災。 |

2000 年 7 月 7 日	特區政府頒布《廣播條例》，為電視廣播業設立公平、明確及方便營商的規管制度。
	特區政府頒布《2000 年知識產權（雜項修訂）條例》，由翌年 4 月 1 日起，將《版權條例》內對侵犯版權的行為定義擴大至所有使用侵權物品的商業機構，不論其業務是否涉及經營該物品。條例亦同時禁止未獲授權人士於電影院或表演場地內管有攝錄器材。
	香港大學民意研究計劃主持人鍾庭耀撰文，稱特區政府通過「中間人」傳話施壓，要求其停止對特首及政府的民意調查。香港大學校委會委任三人獨立調查小組進行調查。9 月 1 日，調查小組發表報告，指未能證實相關指控。

| **2000 年 7 月 25 日** | 香港報業評議會成立，由 11 份報章及兩個新聞專業團體組成，自 9 月 1 日起接受市民對報章侵犯私隱的投訴。 |

| **2000 年 7 月** | 特區政府推出公務員第一輪自願退休計劃，讓已經或預期出現人手過剩的 59 個職系員工可以自願退休，並獲得退休福利和補償金，以減少公務員數目。 |

| 2000 年 8 月 2 日 | 一批爭取居留權的示威者在灣仔入境事務大樓 1301 室縱火，造成高級入境事務主任梁錦光和一名示威者傷重不治、46 人受傷，是歷來發生於政府部門最嚴重的縱火事件。9 月 22 日，梁獲追授金英勇勳章。2002 年 2 月 2 日，原訟法庭裁定其中七名示威者謀殺和誤殺罪名成立，分別判處終身監禁和 12 至 13 年有期徒刑。 |

| 2000 年 8 月 16 日 | 香港中醫藥管理委員會首次開始接受中醫註冊申請，至 12 月 30 日截止。2002 年 11 月 29 日，該委員會公布首批註冊中醫名單，共有 2384 名中醫獲接納為註冊中醫。 |

| 2000 年 8 月 17 日 | 盈科數碼動力與香港電訊完成合併，改名為電訊盈科，市值達 476 億美元，名列當時香港上市公司市值第四位。 |

位於山頂凌霄閣的倫敦杜莎夫人蠟像館香港分館開幕，設有七個展覽廳，內有 100 尊名人蠟像，包括李嘉誠、李麗珊、成龍及楊紫瓊。

| 2000 年 8 月 22 日 | 香港科學館由本日起至 10 月 22 日舉辦「中國航天科技成就展」，展出一系列與中國運載火箭和人造衛星有關的實物展品和複製品，包括預作載人的「神舟號」太空船，以及曾經由「神舟號」帶上地球軌道的香港特區區旗。(圖 291) |

| 2000 年 8 月 23 日 | 民建聯副主席程介南被揭發出任立法會議員時以權謀私及沒有申報個人利益。9 月 19 日，程辭去議員職務，並被民建聯撤銷所有黨內職務。翌年 12 月 20 日，程被裁定公職人員行為失當及收受利益罪成，入獄 18 個月。 |

圖 291 「神舟號」太空船的複製品正在香港太空館展出，攝於 2000 年 8 月 22 日。(星島日報提供)

2000 年 8 月 24 日	智障少年庾文翰在沒有持身份證的情況下，自香港經羅湖口岸出境後失蹤。事件引起兩地社會關注出入境措施的漏洞。行政長官董建華為此致電深圳市市長，雙方同意盡力尋找，惟庾至今下落不明。
2000 年 8 月 31 日	位於筲箕灣的香港海防博物館開幕，該館前身為建於 1887 年的鯉魚門炮台及要塞。
2000 年 9 月 1 日	特區政府在全港 450 間中學落實「一校一社工」政策，每間中學均可獲派一名全職學校社工，以提供更全面的學生輔導服務。
2000 年 9 月 8 日	有 40 年歷史的《天天日報》停刊。
2000 年 9 月 10 日	香港特別行政區舉行第二屆立法會選舉，共選出 60 名議員，包括地方選區選出 24 名、功能界別選出 30 名、選舉委員會選出六名。地區直選投票率 43.57%，功能界別投票率 56.5%，選舉委員會投票率 95.53%。
2000 年 9 月 12 日	浩園和公眾墳場實施新土葬期限安排，因英勇行為而犧牲的公務人員及市民可在此永久安葬。
2000 年 9 月 15 日	香港代表團首次以「中國香港」名義參加於澳洲悉尼舉辦的第二十七屆夏季奧運會。
2000 年 9 月 25 日	金管局推出全球首個外匯交易同步交收系統，美元兌港元的交易可在亞洲時區內即時完成結算，毋須等待 12 小時以上的紐約時區結算。
2000 年 9 月 28 日	教統會發表《香港教育制度改革建議》報告，建議鼓勵理念相近的中小學建立一條龍服務、高中實行三年制，開辦多元化和職業相關課程，又建議小學及初中設立中英數基本能力評估。
	中央政府與世界銀行集團的國際復興開發銀行和國際金融公司簽訂在港設立辦事處的諒解備忘錄。
2000 年 10 月 4 日	香港特別行政區第二屆立法會舉行首次會議，范徐麗泰當選為第二屆立法會主席。
2000 年 10 月 5 日	以特區政府為大股東的地鐵公司在港交所正式上市。
2000 年 10 月 13 日	特區政府與內地公安部簽署《內地公安機關與香港警方關於建立相互通報機制的安排》，自翌年 1 月 1 日起，建立兩地通報機制，香港警方和內地公安機關將互相通報涉及對方居民的刑事檢控、刑事強制措施及非自然死亡個案。
2000 年 10 月 14 日	康文署與香港足球總會推行地區足球隊訓練計劃，首次成立香港 18 區地區足球隊。
2000 年 10 月 18 日	中國香港代表團參加澳洲悉尼主辦的第十一屆傷殘人士奧運會，一共奪得八金三銀七銅。

2000 年 10 月 23 日	港交所推出第三代自動對盤系統及成交系統，每秒可處理 200 宗交易，較第二代系統效率提升 1.6 倍。
2000 年 10 月 30 日	世衞組織宣布，小兒麻痺症已絕跡於香港在內的西太平洋地區。
2000 年 11 月 1 日	入境處將持中國護照的海外中國公民到香港工作的海外居住年限，由兩年減至一年，以便更多海外中國公民來港工作。
2000 年 11 月 5 日	全國政協主席李瑞環抵港，考察訪問五日，其間參加香港中華總商會 100 周年會慶活動。
2000 年 11 月 11 日	位於九龍荔枝角公園的「嶺南之風」開幕，是香港首個以嶺南風格設計的中式公園。
2000 年 11 月 25 日	康文署於香港藝術館舉辦「當代香港藝術 2000」展覽，展期至 12 月 27 日，展出陳福善、呂壽琨、韓志勳、張義、文樓、王無邪、朱興華、蔡仞姿、呂振光、何兆基、王純傑、陳育強、甘志強等香港藝術家逾 500 件展品，包括雕塑、裝置、平面設計、西畫、篆刻及書畫等。
2000 年 11 月	香港考古學會與廣東省文物考古研究所合作，發掘元朗輞井圍鶴洲嶺遺址，為期兩個月，發現新石器時代陶器和石器、宋代建築構件，以及明代陶瓷器、磚瓦建築構件和銅錢。
2000 年 12 月 1 日	強制性公積金制度實施，除獲豁免人士外，凡年滿 18 歲而未滿 65 歲的一般僱員、臨時僱員以及自僱人士，均須參加該計劃，由僱主及僱員雙方共同供款。在一般情況下，僱員要年滿 65 歲才可取得供款，以作退休之用。
	歐盟司法及內政部長理事會達成原則性協議，給予香港特區護照持有人免簽證入境的安排。
2000 年 12 月 2 日	元朗牛潭尾濾水廠啟用，每日濾水量約達 23 萬立方米，為元朗、天水圍、牛潭尾、新田及米埔區提供食水。
2000 年 12 月 9 日	特區政府展開公共服務電子化計劃，市民可透過網絡辦理 60 多項公共服務，包括繳交政府收費、遞交報稅表、登記成為選民、換領駕駛執照和車輛牌照以及更改個人地址。
2000 年 12 月 12 日	中華廚藝學院開幕，提供全日制或兼讀制的中菜烹調課程。
2000 年 12 月 16 日	香港中文大學文學院舉行首屆新紀元全球華文青年文學獎頒獎典禮。
	位於沙田的香港文化博物館開幕，設有六個長期展覽廳及六個專題展覽廳，是香港佔地面積最大的公營博物館。翌日，該館展覽「萬壽無疆——乾隆八旬賀壽」開幕，展出來自故宮博物院的超過 100 件清廷國宴文物，並邀請香港酒樓業供應清代宮廷菜式。

2000 年 12 月 18 日 ┃ 滙豐銀行發行新增防偽特徵的 1000 元面值的新鈔票,包括在鈔票上加入一條三毫米寬的反光金屬開窗式保險線、高透光度的「1000」字樣水印以及在紫外線下可見的紅、藍、綠三色熒光纖維,以提升防偽功能。2001 年 6 月 20 日,中國銀行和渣打銀行同時發行具相同防偽特徵的 1000 元面值的新鈔票。

2000 年 12 月 22 日 ┃ 終審法院就新界非原居民村代表選舉案作出裁決,指以非原居民為由排除其選舉權與參選權,違反《香港人權法案條例》第 21 條(甲)項的規定;法律規定村代表是代表整條由原居民和非原居民組成的鄉村,所以上述限制並不合理。

2000 年 ┃ 人稱「Uncle Ray」的唱片騎師郭利民獲健力士世界紀錄大全頒發全球持續主持電台節目最長久唱片騎師的獎項。郭利民自 1949 年起和 1964 年起先後在麗的呼聲和香港電台主持音樂節目,至 2017 年已長達 64 年而不輟。

2001 年 1 月 3 日 ┃ 位於西灣河的香港電影資料館開幕,翌日起對外開放。該館耗資 1.85 億元興建,收藏超過 3800 部電影及 80,000 多項包括海報、劇照、劇本和影評各類型的電影資料。

2001 年 1 月 11 日 ┃ 國際貨幣基金組織香港分處啟用,是該組織駐北京代辦處的附屬單位,以協助其監察香港的經濟及金融發展。

┃ 中國數學奧林匹克競賽首次在香港舉行,其中香港選手獲得一個二等獎獎項及 14 個三等獎獎項。

2001 年 1 月 12 日 ┃ 政務司司長陳方安生宣布,經行政長官同意並報請中央政府批准,將於本年 4 月底退休,是香港特區成立以來首位離職的司級官員。

2001 年 1 月 15 日 ┃ 婦女事務委員會成立,負責研究和確定婦女的需要,並就婦女關注的問題,向特區政府提出建議。

2001 年 1 月 22 日 ┃ 前身是青龍水上樂園的大圍主題公園歡樂城結業,以騰出空間擴建大圍鐵路站。

2001 年 1 月 23 日 ┃ 房委會放寬公屋擠迫戶、加戶、分戶等調遷安排,使住戶得以早日改善居住環境,但需接受入息及資產審查。

2001 年 2 月 6 日 ┃ 聯合國人權委員會副主席巴格瓦蒂及成員沙內應特區政府邀請,本日起一連五日到港訪問。巴格瓦蒂表示,相較世界其他很多地方,香港人權狀況令人滿意。

2001 年 2 月 9 日 ┃ 世貿組織中國香港常設代表夏秉純當選為世貿組織理事會 2001 年度主席。理事會是該組織最高常設決策機構。

2001 年 2 月 23 日 ┃ 西貢滘西洲洪聖古廟工程獲聯合國教科文組織頒發亞太區 2000 年文物古蹟保護獎傑出項目獎,是本港第一個獲得該獎項的文物保育項目。

2001 年 2 月 26 日	區域法院裁定一間公司歧視一名懷孕女職員，僱主須賠償原告因辭職而造成的金錢損失，是香港首宗經法院裁定的懷孕歧視個案。
2001 年 2 月 27 日	屋宇署、地政總署和規劃署聯合發出興建環保樓宇指引，樓宇環保設施可獲豁免計入《建築物條例》所訂的總樓面面積或上蓋面積內，以鼓勵私人發展商以環保原則設計和興建新樓宇。
2001 年 3 月 3 日	特區政府首次舉辦英文及普通話教師語文能力評核基準試，共 650 名現職教師應考。
2001 年 3 月 14 日	警員徐步高殺害同僚梁成恩及搶去其配槍，再於同年 12 月 5 日以梁成恩的配槍打劫荃灣麗城花園恒生銀行，並殺害巴基斯坦籍銀行警衞 Zafar Iqbal Khan。梁及 Khan 事後分別獲追授銀英勇及金英勇勳章。
2001 年 3 月 15 日	特區政府展開特區成立以來首次全港人口普查，至 27 日結束。香港總人口為 6,708,389 人，當中常住人口為 6,523,851 人，流動人口為 184,538 人。
2001 年 3 月 21 日	中央政府任命吉佩定為外交部駐港特派員公署特派員，吉後於 2003 年 7 月 25 日離任。
2001 年 3 月 26 日	由李安執導、周潤發與楊紫瓊主演的電影《臥虎藏龍》，在美國第七十三屆奧斯卡金像獎典禮中獲四項大獎，是華語電影歷來取得的最佳成績，香港攝影師鮑德熹和電影美術指導葉錦添分別獲最佳攝影和最佳美術指導獎項。（圖 292、293 ）

圖 292　香港電影美術指導葉錦添獲得第 73 屆奧斯卡金像獎「最佳美術指導」，攝於 2001 年 3 月 26 日。（Getty Images 提供）

圖 293　香港攝影師鮑德熹（中）奪得第 73 屆奧斯卡金像獎「最佳攝影」，獲其姊、資深演員鮑起靜及姊夫方平擁吻，攝於 2001 年 3 月 27 日。（南華早報提供）

| 2001 年 4 月 1 日 | 香港旅遊協會更名為香港旅遊發展局，加強其在全球宣傳香港作為世界級旅遊目的地的重要角色。 |

| 2001 年 4 月 11 日 | 新加坡發展銀行以 440 億元向國浩集團收購道亨銀行及其旗下的海外信託銀行。2003 年 7 月 21 日，新加坡發展銀行宣布統一旗下的道亨銀行、海外信託銀行及廣安銀行，並改名為星展銀行（香港）有限公司。 |

| 2001 年 4 月 18 日 | 第九屆全運會武術散打預賽暨 2001 年全國武術散打錦標賽在香港伊利沙伯體育館舉行，為期六日，是香港首次舉辦全運會項目的預賽。 |

| 2001 年 4 月 25 日 | 香港保齡球運動員許長國參加阿聯酋阿布扎比舉行的第一屆世界保齡球大師賽中奪得冠軍，是香港首名世界排名第一的保齡球手。 |

| 2001 年 5 月 1 日 | 市區重建局成立，取代土地發展公司負責市區重建工作，開展一項為期 20 年的市區重建計劃，包括 25 個原土地發展公司尚未完成的項目及 200 個新項目。 |

| 2001 年 5 月 8 日 | 第七屆《財富》全球論壇在灣仔會展舉行，為期三日，超過 600 名政界及商界領袖出席，包括國家主席江澤民、美國前總統克林頓和泰國總理他信。 |

| 2001 年 5 月 10 日 | 行政長官董建華在第七屆《財富》全球論壇上為「香港品牌」主持揭幕儀式。「香港品牌」以飛龍形象代表香港積極進取的精神和創新思維。飛龍標誌和「亞洲國際都會」的品牌主題口號，沿用至今。（圖 294） |

圖 294 財政司司長梁錦松在屈地街電車廠為特區飛龍標誌畫龍點睛，攝於 2001 年 5 月 11 日。（南華早報提供）

| 2001 年 5 月 10 日 | 香港應用科技研究院成立香港賽馬會中藥研究院有限公司，以發展香港成為國際中藥中心為目標，至 2011 年 9 月 28 日解散。 |

| 2001 年 5 月 11 日 | 特區政府頒布《更生中心條例》，落實懲教署的更生中心計劃，以協助年滿 14 歲而未滿 21 歲的青少年犯人改過自新。位於大嶼山的勵志更生中心於翌年 8 月 1 日啟用，收納第一位所員。 |

| 2001 年 5 月 15 日 | 香港科技大學納米科技研究所成立，是香港第一所專門從事納米材料與技術研究的中心。 |

| 2001 年 5 月 16 日 | 位於銅鑼灣的香港中央圖書館開幕，並於翌日起啟用。該館耗資 6.9 億元興建，樓高 12 層，總樓面面積 33,800 平方米，是全港面積最大、藏書量最多的公共圖書館，並取代大會堂圖書館成為香港公共圖書館的總館。 |

| 2001 年 5 月 22 日 | 以頭號通緝犯季炳雄為首的四名匪徒，在旺角窩打老道槍擊三名特遣隊警員，造成兩名警員重傷。 |

| 2001 年 5 月 23 日 | 立法會通過反對日本篡改歷史教科書的動議，強烈譴責日本使用竄改並美化侵略歷史的教科書，要求日本政府必須徹底放棄軍國主義，正視歷史事實，並向在二戰期間受其侵略的國家和人民作出誠懇道歉和合理賠償。 |

| 2001 年 5 月 25 日 | 人類生殖科技管理局成立，負責規管香港的生殖科技活動。 |

| 2001 年 5 月 | 香港爆發甲型流感病毒（俗稱禽流感）疫情。5 月 18 日，特區政府關閉全港活雞零售檔舖，徹底消毒和清洗三日，暫停輸入內地活雞，並於 5 月 21 日銷毀本港農場適齡雞隻。6 月 15 日，特區政府恢復輸入內地活家禽。 |

| 2001 年 6 月 1 日 | 特區政府推出輸入內地專才計劃，並開始接受申請，吸引具有認可資歷的內地優秀人才和專業人才來港工作，以滿足本港人才的需要，提高香港特區在國際市場的競爭力。 |
| | 特區政府頒布《2001 年空氣污染管制（車輛設計標準）（排放）（修訂）規例》，自 8 月 1 日起，所有新登記的士必須使用石油氣或無鉛汽油。 |

| 2001 年 6 月 4 日 | 世界報業公會在灣仔會展舉辦 2001 年年會。 |

| 2001 年 6 月 6 日 | 第十七屆國際建築展覽在灣仔會展舉行，為期四日。 |

| 2001 年 6 月 7 日 | 位於廣東道政府合署的香港首個超級數碼中心啟用，由民政總署、資訊科技及廣播局和資訊科技署共同設立。其中有逾 100 部接駁至互聯網絡的個人電腦供市民免費使用，並設有學習室，供政府部門和非牟利團體舉辦電腦課程。 |

| 2001 年 6 月 8 日 | 香港首次參與「第四十九屆威尼斯視藝雙年展」，展覽策劃人張頌仁聯同藝術家何兆基、梁志和及鮑藹倫，以「臨街的觀照」為主題，展示香港都市文化特色。 |

2001 年 6 月 22 日 高等法院裁定，教育署自 1978 年沿用的中學學位分配辦法，其中男女生分列的機制違反《性別歧視條例》。翌年 4 月 25 日，教育署開始實施男女生混合的升中派位辦法。

2001 年 6 月 香港展能精英運動員基金成立，為傷殘運動員在運動事業的各階段及退役後提供支援，服務於翌年 3 月 2 日開展。

2001 年 7 月 3 日 金管局全面撤銷《利率規則》，港元儲蓄及往來戶口不再受到利率限制，所有各類銀行存款的利率將會由市場競爭來決定。其後，一些銀行推行存款結餘不足最低規定便須收取服務費的政策。

2001 年 7 月 6 日 特區政府放寬內地學生來港入境政策，內地學生來港修讀學士學位課程，其入境名額不再局限於特定的獎學金計劃或收生計劃，以推動私營機構設立獎學金計劃及鼓勵更多優秀內地學生自費來港進修。

2001 年 7 月 9 日 房委會推出長者租金津貼試驗計劃，為 500 名合資格高齡申請人提供租金津貼，容許他們在本地租住私人樓宇，以代替公屋單位編配，照顧其迫切的房屋需要。

2001 年 7 月 13 日 課程發展議會發表《學會學習：課程發展路向》報告書，規劃香港未來十年學校課程發展的方向。

2001 年 7 月 20 日 終審法院就莊豐源案（莊豐源是在香港特區出生的中國公民，出生時其父母均非香港永久性居民。）作出裁決，香港法院沿用普通法方法解釋基本法，是根據背景及目的詮釋法律文本所用的字句，以確定其表達的立法原意。因此，基本法第 24 條第 2 款第（一）項的字句含義清楚無誤的，法院不能偏離該條款清楚無誤的含義而去支持該條款字句並不具有的含義。根據此裁決，雖然莊豐源出世時其父母並非香港永久性居民，其亦享有居留權。此裁決引起全國人大常委會法制工作委員會的關注。

終審法院就談雅然案裁定，領養子女不符合基本法第 24 條第 2 款第（三）項的規定。此裁決在當時社會引起廣泛討論。同年 10 月，內地有關部門向談雅然批出單程證，使其可以合法留港定居。

特區政府頒布《行政長官選舉條例》，訂定行政長官任期、出缺和選舉的規定。

特區政府頒布《定額罰款（公眾地方潔淨罪行）條例》，自翌年 5 月 27 日起，賦予執法人員權力，對亂拋垃圾和隨地吐痰等違例事項，實施 600 元定額罰款，並簡化罰款制度，毋須違例者上庭。

2001 年 7 月 25 日 粵港合作聯席會議於香港禮賓府舉行第四次會議，雙方簽訂意向書，在廣州南沙合力發展高新科技產業及運輸和物流服務；另就多項加強粵港合作的事宜達成共識，包括邊境口岸管理、環境保護、東江水質、信息網絡互聯及香港國際機場和珠海機場的合作。

| 2001 年 7 月 25 日 | 食環署執行首個每月一次的休市清潔日，售賣活家禽的街市檔位及店舖，必須在中午前屠宰其內所有剩餘的活家禽，整個下午和晚上暫停營業，進行徹底清潔及消毒。 |

2001 年 8 月 15 日 民航處首次發出飛船飛行許可，准予一架飛船自翌日起在香港飛行，有效期三個月。該飛船獲准進行空中廣告及推廣，並宣傳一項籌款活動。

2001 年 8 月 21 日 香港海關首次利用流動 X 光車輛掃描系統，在葵涌海關驗貨場檢獲貨櫃內 410 多萬支未完稅香煙，價值 576 萬元，應課稅約 331 萬元。

2001 年 8 月 24 日 位於西貢沙角尾的香港最後一個臨時房屋區清拆完畢，結束臨時房屋區在香港 41 年的歷史。

2001 年 8 月 30 日 香港歷史博物館常設展覽「香港故事」開放予公眾參觀，該展覽介紹從四億年前至 1997 年 6 月 30 日特區成立前香港的自然環境、民俗文化和歷史變遷。

2001 年 9 月 3 日 特區政府因應私人物業市場復蘇緩慢，暫停發售房委會的居屋和房協的資助房屋，直至翌年 6 月底。2002 年 7 月 1 日起，特區政府恢復出售居屋。

2001 年 9 月 13 日 2001 年全球婦女高峰會議在港舉行，以婦女如何應用資訊科技超越界限為主題，來自 28 個國家或地區共 400 位代表出席。

2001 年 9 月 18 日 行政長官會同行政會議通過採納九鐵的建議方案，應用鑽挖隧道方式興建上水至落馬洲支線，以保護塱原濕地的生態環境。

2001 年 9 月 24 日 中華全國新聞工作者協會發布《港澳媒體常駐內地記者須知》，中央政府准許港澳傳媒機構申請在內地設立常駐記者站和派駐常設記者。

2001 年 9 月 28 日 因應美國在 9 月 11 日發生的恐怖襲擊，香港民航處即日起嚴禁旅客攜帶刀、刀狀物體或利器進入飛機艙或機場離境候機大堂；位於機場禁區內的商店亦不准售賣或提供上述物品。

2001 年 9 月 廣東省公安廳出入境管理處開始接受港人非婚生子女往香港定居的申請。

2001 年 10 月 1 日 中銀集團重組其在香港的業務，中國銀行（香港）有限公司成立，由十間中資銀行合併重組而成，包括中國銀行香港分行，七家內地成立銀行（廣東省銀行、新華銀行、中南銀行、金城銀行、國華商業銀行、浙江興業銀行和鹽業銀行）的香港分行，以及香港註冊的華僑商業銀行和寶生銀行。

2001 年 10 月 3 日 郵繳通代收政府帳單服務啟用，全港 126 間郵局可代收政府帳單，成為一站式的繳費中心。

2001 年 10 月 18 日 全球最大的法國保險公司安盛集團（AXA）在香港設立亞太區總部，舉行開幕儀式。

2001 年 10 月 22 日 | 特區政府將經營第三代流動服務（3G）牌照，分別發給香港移動通訊、和記 3 香港、數碼通及 SUNDAY。

2001 年 10 月 29 日 | 油塘四山街一座拆卸中的工業大廈倒塌，造成六人死亡、八人受傷。

2001 年 10 月 | 投資推廣署署長盧維思宣布已放棄英國國籍，歸化為中國公民，是香港首位歸化中國國籍的外籍高官。

香港古蹟辦與河北省、河南省、陝西省及廣州四個省市文物考古研究所合作，在西貢沙下遺址進行大規模的搶救發掘，為期 12 個月，總發掘面積約 3000 平方米，發現新石器時代晚期至青銅時代的遺存。

2001 年 11 月 2 日 | 香港電視廣播有限公司（即無綫電視）與中央電視台簽署協議，合組業務公司，共同開拓海內外傳媒業務，是港資公司與內地官方媒體的首次合作。

2001 年 11 月 9 日 | 特區政府頒布《選舉程序（行政長官選舉）規例》，訂明舉行香港特區第二屆行政長官選舉的法定程序，並闡明處理候選人提名的程序、委任代理人進行競選活動的方式、投票和點票安排。

2001 年 11 月 10 日 | 解放軍海軍艦艇編隊來港訪問四日，停泊昂船洲海軍基地，是特區成立以來解放軍海軍艦艇首次訪港。（圖 295）

2001 年 11 月 16 日 | 位於黃竹坑警察訓練學校內的戰術訓練大樓啟用，是香港首座提供警察戰術模擬訓練的室內設施。

圖 295　解放軍導彈驅逐艦「深圳號」訪港，停泊於昂船洲海軍基地，不少市民排隊參觀驅逐艦。攝於 2001 年 11 月 11 日。（南華早報提供）

| 2001 年 11 月 22 日 | 香港專業聯盟成立,由十個專業界別的代表組成,行政會議召集人梁振英任主席。 |

| 2001 年 11 月 28 日 | 香港數碼港首座辦公大樓舉行平頂儀式,並於 2003 年 6 月 27 日正式啟用。 |

| 2001 年 12 月 1 日 | 羅湖及落馬洲邊境管制站由本日起,延長通關時間至由上午 6 時 30 分至午夜 12 時。 |

| 2001 年 12 月 7 日 | 特區政府頒布《2001 年申訴專員(修訂)條例》,落實申訴專員公署脫離政府架構,並將平機會和私隱專員公署納入申訴受理範圍。 |

| 2001 年 12 月 10 日 | 策略性污水排放計劃(今淨化海港計劃)第一期工程竣工,工程 1994 年動工,耗資 82 億元,包括興建六條收集污水輸送至昂船洲的深層隧道系統、提升昂船洲污水處理廠的一級污水處理設施、興建排放經處理污水的管道。 |

| 2001 年 12 月 11 日 | 香港物流發展局成立,為加強香港作為區域物流樞紐的地位,向特區政府提供意見。 |

| 2001 年 12 月 14 日 | 天主教香港教區決定無條件接收約 170 名等待居留權審批的無證兒童,到其屬下兩所私校作旁聽生,並由教區負擔全數學費、書簿費及交通費用。 |

| 2001 年 12 月 20 日 | 房署清拆荔枝角平房區,至此全港平房區均已清拆。 |

| 2001 年 12 月 28 日 | 特區政府推出「1823 政府一線通」的一站式電話查詢服務,讓市民可就參與計劃的政府部門作出查詢或投訴。 |

| 2001 年 | 香港中文大學中文系成立香港文學研究中心,設立香港文學特藏、香港文學資料庫及香港文學檔案等。 |
| | 香港營養師協會成立,以建立認可營養師制度,為合資格營養師提供專業持續進修。 |

| 2002 年 1 月 1 日 | 長洲信號站停止懸掛熱帶氣旋及強烈季候風信號,是香港最後一個關閉的信號站。同時,晚間燈號標誌系統亦告廢除。 |
| | 國家旅遊局取消內地旅客赴港澳旅遊的配額限制,並增加可為內地居民主辦「香港遊」的指定旅行社數目。同時,多次有效的商務旅遊簽注有效期,由六個月延長至最長三年,每次逗留時間延長至 14 天,方便商務旅客訪港。 |

| 2002 年 1 月 10 日 | 終審法院就吳小彤案裁決,代表約 5000 名申請人中只有少數個案上訴得直。內地公安機關保證不予追究在 3 月 31 日之前自願返回內地的非法入港或逾期留港人士;特區政府表明在該日之前不會對逾期留港人士採取遣返行動。 |

| 2002 年 1 月 25 日 | 特區政府就與內地成立自由貿易區的建議,與中央政府對外貿易經濟合作部進行首次磋商,並將該建議命名為內地與香港更緊密經貿關係安排,涵蓋商品貿易、服務貿易及貿易投資便利化。 |

| **2002 年 2 月 8 日** | 中國香港代表團參加於美國鹽湖城舉行的第十九屆冬季奧運會,是香港首次參加該運動會。 |

2002 年 2 月 18 日 | 港交所修訂《主板上市規則》和《創業板上市規則》,准許發行人派發財務摘要報告,代替完整年報。

2002 年 2 月 28 日 | 為期兩周的香港特區第二屆行政長官選舉提名期結束,董建華為唯一被提名的候選人,獲 714 位選舉委員會委員有效提名,自動當選並連任香港特區第二任行政長官。3 月 4 日,國務院總理朱鎔基簽署國務院第 347 號令,任命董建華為香港特區第二任行政長官。

2002 年 3 月 6 日 | 財政司司長梁錦松發表任內首份財政預算案,提出政府財政儲備水平指標,應維持在相等於 12 個月的政府開支,是特區政府成立以來首次提出政府財政儲備水平指標。此外,梁錦松在解決財政赤字問題上,為公共財政管理定下在 2006/2007 年度完成的三項中期目標,包括恢復經營帳目收支平衡、恢復綜合帳目收支平衡、把公共開支佔經濟的比重控制在 20% 或以下。

2002 年 3 月 19 日 | 民航處頒發航空營運許可證予中富航空,是特區政府成立以來首次發出的航空營運許可證,中富航空後於 2006 年改名為香港航空。

2002 年 3 月 26 日 | 教資會發表由愛丁堡大學校長宋達能撰寫的報告《香港高等教育》,檢討香港高等教育的工作;建議從策略上突出少數院校為政府和私人的重點捐助對象,以增強其國際競爭力;同時建議成立延續教育局,以引領公私營副學士課程發展。

2002 年 3 月 28 日 | 特區政府頒布《證券及期貨條例》,以取代當時實行的十條證券條例,全面涵蓋金融和投資產品、規管證券及期貨市場,以及保障投資者。

2002 年 4 月 12 日 | 行政長官董建華率領特區政府代表團出席在海南省舉行的博鰲亞洲論壇首屆年會。

2002 年 4 月 15 日 | 全球規模最大的免費報章企業 Metro International S.A.,在香港創辦香港版《都市日報》,在地鐵站免費派發。

2002 年 4 月 16 日 | 香港公共圖書館舉辦當代傑出學人文史、科技公開講座系列,邀得包括楊振寧、饒宗頤和高錕在內八位著名學者主講。

2002 年 4 月 19 日 | 師訓會就提高中小學教師最低入職資歷取得共識,新入職教師必須具專上教育程度。

2002 年 4 月 21 日 | 第二十一屆香港電影金像獎頒獎典禮舉行,周星馳憑《少林足球》成為首位同時獲得該獎最佳男主角、最佳導演和傑出青年導演獎的演員。

2002 年 4 月 22 日 | 香港互聯網註冊管理有限公司成立並開始運作,以非牟利方式管理香港互聯網域名「.hk」,並代表香港出席國際的互聯網論壇,取代以往大學聯合電腦中心的職能。

2002 年 4 月 ┃ 社署開設首批 15 間綜合家庭服務中心,試辦兩年,後於 2004 至 2005 年度重整家庭服務資源,分階段轉型為 61 間綜合家庭服務中心。

2002 年 5 月 8 日 ┃ 特區政府開始拘捕並遣返終審法院本年 1 月 10 日裁決無權留港的人士。

2002 年 5 月 12 日 ┃ 廉署推出德育資源網,透過互聯網為教師提供逾 600 套多媒體德育教材,以協助教師教育學生誠實、廉潔的重要性。

2002 年 5 月 31 日 ┃ 特區政府頒布《2002 年香港終審法院(修訂)條例》,規定在訂明準則下,可就原訟法庭任何民事訟案或事項的判決,向終審法院提出上訴。

2002 年 6 月 1 日 ┃ 特區政府成立持續進修基金,並於同日開始接受申請,為有志進修的人士提供資助,申請人在完成修讀有關課程後,可獲發還 80% 的學費或最多 10,000 元。

2002 年 6 月 20 日 ┃ 特區政府發表《公營房屋架構檢討報告書》,指出經濟不景和私人住宅市場疲弱,不會改變政府長遠的房屋目標,並總結自 1997 年以來政府共為 130 萬人提供公營房屋資助,而家庭輪候公屋的平均時間亦縮短至 3.2 年。

2002 年 6 月 22 日 ┃ 深港兩地正式開通港幣支票雙向聯合結算業務。兩地的票據結算將由過去的國際結算變成同城結算,資金在途時間可由過去的七至 14 天縮短為兩天。

2002 年 6 月 27 日 ┃ 香港科學園開幕,以推動香港的科技產業發展,並匯聚世界各地優秀的創新科技公司來港發展。

2002 年 6 月 28 日 ┃ 首屆優質建築大獎由志蓮淨苑奪得。該獎項由九個本地專業團體和商會共同創辦,兩年一度,表揚優質的建築項目及充分發揮團隊精神的項目隊伍。

2002 年 6 月 ┃ 天文台在赤鱲角裝置全球首台用於機場天氣預警的激光雷達系統,以加強機場的風切變及湍流預警服務。

2002 年 7 月 1 日 ┃ 香港特區成立五周年,特區政府於灣仔會展金紫荊廣場舉行升旗儀式。儀式後,在國家主席江澤民監誓下,行政長官董建華及新一屆政府主要官員先後宣誓就任。隨後,行政長官董建華主持行政會議成員的宣誓就職儀式。

┃ 特區政府實施主要官員問責制,三位司長及 11 位局長級官員不再屬公務員編制,改以合約制聘用,並須為其施政過失承擔政治責任,是香港特區成立以來的首次重大政府架構改革。同時,行政會議改組,將所有問責制官員列為行政會議官守議員。(圖 296)

圖 296　行政長官董建華與第二屆香港特區政府管治團隊合照，攝於 2002 年 6 月 24 日。（政府新聞處提供）

2002 年 7 月 1 日　特區政府根據當時經濟社會環境需要重組政策局，對架構作出改組：成立環境運輸及工務局、衛生福利及食物局；由原有政策局合併而成經濟發展及勞工局、房屋及規劃地政局、工商及科技局、財經事務及庫務局。

香港特區政府駐粵經貿辦在廣州成立，為特區政府首個在內地設立的經貿辦，負責加強粵港兩地經貿合作。

2002 年 7 月 12 日　特區政府頒布《卡拉 OK 場所條例》，所有卡拉 OK 場所必須申領許可證或牌照，符合消防、樓宇和公眾安全標準，方可經營。條例於翌年 1 月 8 日實施。

特區政府頒布《消防安全（建築物）條例》，規定 1987 年或以前已建成的綜合用途樓宇和住宅樓宇均須按照政府要求改善消防設備，包括自動噴灑系統、緊急照明、消防栓及喉轆系統等。條例延至 2007 年 7 月 1 日生效實施。

2002 年 7 月 19 日　特區政府頒布《公職人員薪酬調整條例》，自 10 月 1 日起，下調公務員薪酬，首長級和高層級別減 4.42%、中層級別減 1.64%、低層級別減 1.58%，為自 1936 年以來香港首次以立法方式削減公務員薪酬。

| 2002 年 7 月 19 日 | 考試局更名為香港考試及評核局，負責策劃及舉辦香港各項考試及評核。 |

香港中學生代表隊參加英國主辦的第四十三屆國際數學奧林匹克，奪得香港首面金牌、兩面銀牌和兩面銅牌。

特區政府頒布《聯合國（反恐怖主義措施）條例》，落實聯合國安理會要求成員國採取有效措施打擊資助恐怖分子活動的決議。當中包括界定恐怖主義行為；賦權行政長官在憲報公告指明恐怖分子、與恐怖分子有聯繫者或恐怖分子財產，以及授權保安局局長凍結恐怖分子資金。

| 2002 年 7 月 25 日 | 港交所公布《首次上市及持續上市資格及除牌程序有關事宜之上市規則修訂建議諮詢文件》，建議把股價持續低於五角的上市公司除牌，翌日引發香港股票市場細價股股災，在主板上市的 761 隻股票中有 577 隻（佔 76%）的股價同時下跌。28 日，港交所宣布撤回諮詢文件部分建議。9 月 10 日，特區政府公布調查報告，建議港交所改善諮詢程序。 |

| 2002 年 7 月 29 日 | 教資會宣布採用國際英語水平測試（簡稱雅思），作為即將畢業的資助院校學士學位課程學生統一評核英語水平。 |

| 2002 年 7 月 30 日 | 特區政府與上海市政府簽署協議，以啟動兩地的專業職系公務員交流計劃。 |

終審法院就 Gurung Kesh Bahadur 訴入境處處長案，裁定基本法明文規定香港非永久性居民有出入香港的自由，這項權利不能由本地法律除去，即使受限制，亦應取決於基本法的正確解釋，最終由法院處理。

| 2002 年 8 月 2 日 | 香港海關與國家版權局首次簽訂《國家版權局與香港海關保護版權及打擊盜版光碟合作互助安排》，以加強保護版權及打擊盜版活動。 |

| 2002 年 8 月 18 日 | 地鐵將軍澳線全線通車，全線長 12.5 公里，連接將軍澳至港島北角，工程於 1999 年 4 月 24 日動工，耗資 180 億元。 |

| 2002 年 8 月 19 日 | 教育署向一名自 2000 年 2 月起堅持在家教學而不准女兒上學的家長，發出入學令，規定其於翌月 15 日前讓 11 歲的女兒重返學校。 |

| 2002 年 8 月 21 日 | 中央政府任命高祀仁為香港中聯辦主任，高後於 2009 年 5 月 24 日離任。 |

| 2002 年 8 月 28 日 | 招商銀行香港分行開業，以拓展其在內地以外的業務。 |

| 2002 年 8 月 | 亞洲電視本港台及國際台獲得國家廣播電視總局批准，進入廣東珠三角地區的有線電視網絡。 |

| 2002 年 9 月 13 日 | 香港設計中心開幕，旨在透過設計和創新，為工商界、政府和公營機構創造價值，並以促使香港成為亞洲設計之都為目標。 |

民間人權陣線（民陣）成立，由三十多個社會團體組成，胡露茜為召集人。

2002 年 9 月 21 日 香港首次發現本地感染登革熱個案，患者為三名在馬灣一個地盤工作的男子。

2002 年 9 月 23 日 香港海關與美國海關總署就香港加入貨櫃安全倡議簽署《原則聲明》，雙方將加強情報交換及港口海關合作，保障遠洋貨櫃的安全。

2002 年 9 月 24 日 特區政府發表《實施基本法第二十三條諮詢文件》，包括關於叛國罪、分裂國家罪、煽動叛亂罪、顛覆罪、竊取國家機密、外國政治性組織、調查權力和程序的內容。是次基本法第 23 條立法主要增加三項調查權力，包括緊急進入、搜查及檢取；財務調查；有組織及嚴重罪行條例。諮詢期至 12 月 24 日結束，共收到超過 90,000 份意見書。

2002 年 9 月 特區政府成立人口政策專責小組，研究香港人口趨勢和特徵。翌年 2 月 26 日，小組發表首份報告《人口政策專責小組報告書》，釐定香港長遠的人口政策。

2002 年 10 月 4 日 教統局局長李國章表示，希望香港中文大學及香港科技大學於 2005 年合併，建立為一所世界級大學。其言論在教育界引起爭議，合併最終在 2004 年 3 月擱置。

2002 年 10 月 6 日 中國香港代表團參加由韓國釜山主辦的第十四屆亞運會，共奪得四金六銀 11 銅，並首次在健美及空手道項目得獎牌。

2002 年 11 月 1 日 香港懲教博物館開幕，位於赤柱懲教署職員訓練院，面積 480 平方米，樓高兩層，向公眾介紹香港懲教制度的歷史演變。

2002 年 11 月 3 日 約 500 名香港影藝界人士在政府總部前，抗議《東週刊》雜誌刊登一名女藝人過往被迫拍下的裸照，引起社會關注傳媒操守問題。

2002 年 11 月 8 日 民政局公布《有關在香港提供區域 / 地區文化及表演設施的顧問研究》報告，並展開公眾諮詢。報告建議建立全港性設施和社區設施的新架構，並以西九龍藝術區為重點，發展新文化資源；重建香港文化中心，對部分公共文化設施進行公司化。

2002 年 11 月 13 日 房屋及規劃地政局局長孫明揚公布九項穩定房屋市場措施（俗稱孫九招），包括停止定期土地拍賣、停止興建所有資助房屋、繼續為有需要的人士提供房屋或房屋資助，2003 年起停止興建及出售居屋計劃和私人參建計劃的單位，並終止租置計劃，以穩定樓市。

2002 年 11 月 15 日 特區政府頒布《2001 年入境（修訂）條例》，規定內地派駐香港的國家公職人員，其在港工作期間不計入通常在港居住的時限，即不會因連續留港七年而成為香港永久性居民。

影視製作人邵逸夫設立邵逸夫獎，表彰國際上在科學學術研究領域取得對人類生活產生深遠影響之成果的科學家，分別設有天文學獎、數學科學獎、生命科學與醫學獎，每項獎金 120 萬美元。2004 年 9 月 7 日，首屆頒獎禮在香港舉行。

2002 年 11 月 18 日	國務院總理朱鎔基抵港，出席翌日在香港舉行的第十六屆世界會計師大會。他於翌日出席特區政府在禮賓府舉行的歡迎晚宴時發言，建議為解決特區政府的財政赤字，特區政府可到內地發行 50 年長期債券。
2002 年 11 月 26 日	公務員事務局局長王永平與多名高級官員啟程前往上海及杭州訪問三日，是特區政府人員首次根據內地與香港高層官員互訪計劃至內地城市訪問。
2002 年 11 月 27 日	特區政府公布香港高等教育未來發展藍圖，修訂大學的撥款模式，促使各院校在各自卓越領域以表現競逐資源；調整本科課程和非本地生學額限制；大學教職員薪酬，不再與公務員薪級表掛鈎。
2002 年 11 月 29 日	凌晨起，公立醫院急症室服務由免費改為每名收費 100 元，以打擊濫用急症室的情況。
2002 年 11 月 30 日	中環陸羽茶室發生槍擊案，商人林漢烈被職業殺手近距離射殺。事後買兇者及行兇者一干疑犯八人，在深圳被捕。
2002 年 12 月 1 日	中山紀念公園啟用，該公園由填海所建，原來為三角碼頭對出的海面，是當年孫中山在港府對其發布驅逐令後，與在港革命人士會面的船隻停泊位置。
2002 年 12 月 9 日	由聯合國世界氣象組織主辦、香港天文台建立的世界天氣信息服務網站投入運作，是世界上首個全球官方城市天氣預報網站。
2002 年 12 月 18 日	中國工商銀行推出香港首張集人民幣、港幣於一卡的雙幣信用卡。
2002 年 12 月 30 日	政府新聞處推出「香港政府新聞網」，以助特區政府解釋政策，加強與本地及海外人士的聯繫。
2002 年	國家教育部發布《教育部關於協助香港、澳門八所高校在內地招收自費本科生有關事宜的通知》，香港八所高等院校可以在內地招收自費本科生。
2003 年 1 月 1 日	教育統籌局和教育署根據《2003 年教育重組（雜項修訂）條例》合併，仍稱教育統籌局。
	特區政府開放食米貿易，取消食米進口配額限制，僅維持有限度的管制，包括貯存商註冊、維持存糧、申報承諾進口量等，以確保本港有穩定的食米供應。
	香港開放本地固定電訊網絡服務市場，特區政府不預設發牌數目，也不設定申領牌照的時限，以推動電訊市場的發展、保障消費者和商業用戶的利益。
2003 年 1 月 6 日	香港考古學會與深圳市博物館合作，在元朗上白泥虎地凹遺址發掘，為期 24 日，清理出房基、排水溝、墓葬等遺跡。其中一號墓出土兩件完整的大型石鉞，年代距今約 4000 年，與粵北石峽文化同類器物相近。

| 2003 年 1 月 21 日 | 香港大學中醫藥學院舉行首屆中醫全科學士畢業典禮，17 名中醫全科學士及 18 名中醫學碩士（針灸學）畢業生，成為本港首批獲得本地中醫學位的學生。

| 2003 年 1 月 22 日 | 立法會公營房屋建築問題專責委員會發表第一份報告，就天頌苑、沙田第 14B 區第二期、東涌第 30 區第三期及石蔭邨第二期四區公屋「短樁事件」，列出調查結果和建議。報告建議，當局需檢討如何減輕房委會身兼非官方委員在興建公屋方面的行政責任，將公屋納入《建築物條例》規管以及建立分判商註冊及制裁制度等。

廉署首次與國際刑警在香港合辦跨域攜手滅貪污國際反貪會議，為期三日，來自世界各地 61 個司法區域和八個國際組織的逾 500 名代表出席。

| 2003 年 1 月 23 日 | 中央軍委主席江澤民簽署命令，任命王繼堂為解放軍駐港部隊司令員，王後於 2007 年 12 月離任。

| 2003 年 1 月 26 日 | 香港成為上海至台灣春節包機首航的中轉站。

| 2003 年 1 月 27 日 | 落馬洲管制站開始提供全日 24 小時通關服務。

| 2003 年 2 月 11 日 | 終審法院裁決一名印度籍男子居港滿七年後，申請香港永久居民資格被拒的上訴案件，裁定上訴人勝訴，指出《入境條例》在基本法第 24 條「持有效旅行證件進入香港、在香港通常居住連續七年以上並以香港為永久居住地的非中國籍的人」的條款外，加入該等人士向入境處宣稱以香港為永久居留地時，須已在港定居的額外規定，屬違反基本法。

| 2003 年 2 月 14 日 | 特區政府根據基本法第 23 條所規定的責任，刊憲公布《國家安全（立法條文）條例草案》，啟動立法程序，旨在透過修訂《刑事罪行條例》、《官方機密條例》、《社團條例》以及其他相關條文完成 23 條立法。

特區政府頒布《村代表選舉條例》，容許女性參選村代表，並實行雙村長制，讓非原居民亦能參與村長選舉，以確保符合《香港人權法案條例》及《性別歧視條例》。7 月 12 日，首次根據此條例的新界村代表選舉舉行。

| 2003 年 2 月 18 日 | 保險公司（僱員補償）無力償債局註冊成立，從翌年 4 月 1 日起，處理保險公司無力支付僱員補償的案件，以保障僱員補償保單持有人。

| 2003 年 2 月 21 日 | 廣州中山大學附屬第二醫院一名退休教授入住京華國際酒店（今九龍維景酒店），至翌日前往廣華醫院急症室求診，被送入深切治療部，後被確定為香港爆發 SARS 的源頭病人。

| 2003 年 2 月 25 日 | 特區政府按照通縮一次性削減健全受助人綜援 11.1%，而非健全受助人綜援，則分別在同年 10 月及翌年 10 月削減 6% 及 5.1%。

| 2003 年 3 月 5 日 | 特區政府發表 2003/2004 年度財政預算案，總結 2002/2003 年度財政赤字為 700 億元，提出節流及開源各 200 億元，爭取在 2006/2007 年度達到收支平衡；以及調整財政儲備的目標水平。

2003 年 3 月 10 日	醫管局證實，威爾斯親王醫院 8A 病房有醫護人員過去數日陸續出現發燒及上呼吸道感染徵狀。翌日，該院有 23 人發燒並入院觀察，其中八人出現肺炎病徵。
2003 年 3 月 13 日	霍英東當選為第十屆全國政協副主席。
	特區政府成立專家小組，調查威爾斯親王醫院的病毒性呼吸系統疾病；同時成立由衞福局局長楊永強率領的督導小組，統籌預防病毒措施。15 日，該病被世衞組織定名為嚴重急性呼吸系統綜合症（SARS），屬致命疾病。
2003 年 3 月 22 日	香港大學公布 SARS 病原體為一種冠狀病毒。
2003 年 3 月 25 日	特區政府成立嚴重急性呼吸系統綜合症高層督導委員會，行政長官任主席，成員包括相關主要官員，以應對疫情。
2003 年 3 月 26 日	青年事務委員會發表《青少年持續發展及就業機會報告書》，建議特區政府為失學和失業的青少年提供就業及持續發展機會。
	衞生署前往九龍牛頭角淘大花園 E 座調查，發現有五個家庭共七人感染 SARS。31 日，淘大花園確診感染人數增至 213 人。
	全港當時唯一的傳染病醫院瑪嘉烈醫院被指定為 SARS 醫院，自 29 日起專門接收所有 SARS 新症病人，由午夜起關閉急症室。
2003 年 3 月 27 日	特區政府公布對抗 SARS 的措施，包括全港中小學、幼稚園自 29 日起停課九天，其後多次延期至 4 月底；規定於 31 日起曾與 SARS 病人有密切接觸的人士，必須十日內每日向衞生署診所報到。
2003 年 3 月 29 日	特區政府規定，所有抵港旅客必須在機場、各水路及陸路邊境管制站填寫健康申報表。此舉成為後來香港爆發傳染病危機時的恒常應對措施。
2003 年 3 月 31 日	文化委員會向特區政府提交《文化委員會政策建議報告》，其中包括建議編纂《香港地方志》，讓更多人能更有系統地認識香港的人文和風土歷史。
	衞生署宣布，隔離爆發 SARS 疫情的淘大花園 E 座至 4 月 9 日。翌日，衞生署安排該大廈居民遷往麥理浩夫人度假村及鯉魚門公園度假村隔離。（圖 297）
2003 年 3 月	漁護署與中國科學院華南植物研究所合作的香港植物標本審定計劃，歷時五年完成，重新審定香港植物標本室內約 37,000 個館藏，以修訂《香港植物名錄》，建立植物資料庫。
2003 年 4 月 1 日	著名藝人張國榮於中環文華東方酒店跳樓身亡，終年 46 歲。
2003 年 4 月 2 日	世衞組織對香港發出旅遊警告，呼籲如非必要，應避免前往香港；後於翌月 23 日取消該旅遊警告。

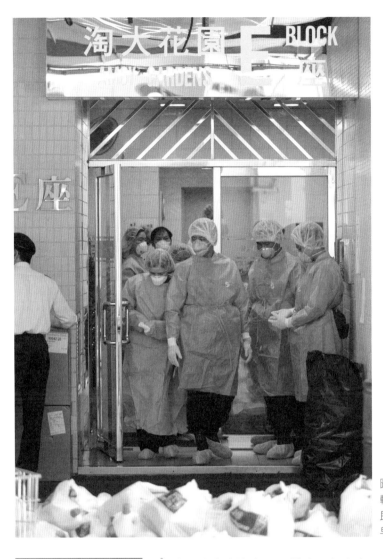

圖 297 衛生署人員準備將家居用品
轉送予家居隔離的淘大花園 E 座居
民，攝於 2003 年 3 月 31 日。（南華
早報提供）

| 2003 年 4 月 10 日 | 特區政府實施家居隔離令，規定與 SARS 患者有緊密接觸的人士，須於住所或指定設施內接受最多十日的隔離。 |

| 2003 年 4 月 11 日 | 特區政府與廣東省政府召開會議，就有關 SARS 數據交換、醫療合作、通報機制、邊境檢疫等疾病防治事宜達成共識，並同意成立專家小組，遏止疫情擴散。 |

| 2003 年 4 月 12 日 | 立法會《國家安全（立法條文）條例草案》委員會舉行首次公聽會，收集公眾意見。 |

| 2003 年 4 月 15 日 | 終審法院首席法官委任陳文敏為名譽資深大律師，是特區政府成立以來首次。 |

| 2003 年 4 月 17 日 | 特區政府公布淘大花園 SARS 疫情調查結果，3 月 14 日至 4 月 15 日期間，淘大花園共有 321 人感染 SARS，調查發現是次疫情病源，並指出病毒經大廈污水渠傳播。同日，全港 SARS 的感染人數上升至約 1300 人，而死亡人數則上升至 65 人。 |

特區政府頒布《2003 年防止傳染病蔓延（修訂）規例》，賦予獲授權人員為抵港或離港人士量度體溫的權力，並禁止曾與 SARS 患者接觸的人士離港。

六間電子傳媒機構與不同界別社會人士組織及參加一連兩日的「心連心全城抗炎大行動」，推動全民清潔運動，宣傳防疫資訊，活動經費由馬會贊助。（圖 298）

特區政府舉行一連兩日的全民清潔保健行動日，清潔全港不同地區、設施及衛生黑點，獲不同政府部門、區議會、非政府機構、慈善團體、商界、少數族裔人士及家庭響應及參與。

特區政府公布 118 億元紓困措施，協助市民度過 SARS 疫症難關並振興香港經濟，其中包括寬免差餉及多項政府收費、退稅，以及為商業機構提供貸款計劃。

世衞組織環境衛生專家小組應邀來港，協助研究 SARS 疫情在淘大花園住宅大廈爆發的原因。翌月 16 日，世衞組織公布調查結果，認為該處疫情是因一連串環境及衛生因素同時出現，引發 SARS 病毒出現不尋常的擴散。

圖 298　衞福局局長楊永強（左二）帶頭清理灣仔街市，為全港清潔日活動之一，攝於 2003 年 4 月 19 日。（政府新聞處提供）

2003 年 4 月 26 日	護士劉永佳因照顧 SARS 病人染疫病逝，為香港首名因 SARS 殉職的醫護人員。翌月 13 日，主動要求搶救病人而感染 SARS 的謝婉雯醫生殉職，終年 35 歲。SARS 疫情期間，共有 386 名醫護人員受感染、其中八人殉職。6 月 30 日，特區政府向謝婉雯追授金英勇勳章，以及向鄭夏恩、劉永佳、鄧香美、劉錦蓉、王庚娣五名醫護人員追授銀英勇勳章。（圖 299）
2003 年 4 月 28 日	由金管局籌建的歐元結算系統啟用，以渣打銀行為結算銀行，香港及亞太區的金融機構可在亞洲時區內進行即時歐元交易結算。
2003 年 4 月 30 日	特區政府設立 5000 萬元的電影貸款保證基金開始接受申請，以支持香港電影業發展。
2003 年 5 月 4 日	工聯會、教聯會等八個團體，發起「齊健體、抗肺炎、促消費、振經濟全民抗炎大行動」，鼓勵市民健身及消費，並為醫護人員籌款。
2003 年 5 月 5 日	特區政府成立全城清潔策劃小組，以政務司司長曾蔭權為主席，成員包括多個政府部門及決策局，旨在制定和推廣跨界別及可持續的方案，以改善香港環境衛生。

圖 299　謝婉雯醫生的靈柩運抵浩園時，人們向她表達最後的敬意，攝於 2003 年 5 月 22 日。（南華早報提供）

| 2003 年 5 月 6 日 | 香港海關和漁護署獲瑞士日內瓦《瀕危野生動植物種國際貿易公約》秘書處頒發嘉許證，以表揚其於去年 10 月充公一批 506 公斤非法出口象牙，香港是首個獲頒此嘉許證的地區。 |

| 2003 年 5 月 8 日 | 行政長官董建華在深圳皇崗出席中央政府支援香港抗擊非典型肺炎醫療物資交接儀式，接收中央政府贈予香港的首批抗炎醫療物資。29 日，特區政府再接收中央政府支援的另一批醫護用品。（圖 300、301） |

| 2003 年 5 月 12 日 | 特區政府實施貨櫃安全倡議試驗計劃，以配合美國在 2001 年「九一一事件」後對提升全球輸美貨運安全的需要。 |

| 2003 年 5 月 20 日 | 教統會公布《高中學制檢討報告》，指出現行「五加二」中學學制中，中六及中七課程內容過於專門及艱深，建議未來實行中學「三加三」學制時，學生在高中三年課程須修讀中文、英文、數學和通識教育四個核心科目，以及兩個選修科目及其他學習經歷，以擴闊視野。 |

| 2003 年 5 月 28 日 | 特區政府成立由七位外國和兩位本港專家組成的嚴重急性呼吸系統綜合症專家委員會，檢討本港對抗 SARS 的工作，以衞福局局長楊永強為委員會主席。10 月 2 日，委員會發表調查報告，認為香港醫護體制在 SARS 爆發初期出現缺失，並提出包括設立衞生防護中心的 46 項建議。 |

| 2003 年 5 月 29 日 | 特區政府宣布，中央政府簽訂的《聯合國氣候變化框架公約》及《京都議定書》適用於香港。 |

| 2003 年 5 月 31 日 | 凌晨 4 時 45 分，香港業餘攀山愛好者鍾建民成功登上珠穆朗瑪峰，並插上香港特區區旗，使特區區旗首次在世界最高峰飄揚。 |

| 2003 年 6 月 7 日 | 港產動畫片《麥兜故事》代表中國參加 2003 年法國安錫國際動畫電影節，獲得最佳電影獎。 |

| 2003 年 6 月 11 日 | 香港發現最後一宗 SARS 確診個案。SARS 疫情於香港一共造成 1755 人染病，其中 299 人死亡。 |

| 2003 年 6 月 15 日 | 行政長官董建華動用七億元推行新的就業計劃，創造 32,000 個新職位或培訓名額，以紓緩青少年及中年人的失業問題。 |

| 2003 年 6 月 18 日 | 立法會通過感謝中央政府支持香港對抗 SARS 疫情的議案。 |

| 2003 年 6 月 23 日 | 香港從世衞組織 SARS 本地傳播地區名單中除名。 |

| 2003 年 6 月 28 日 | 東深供水改造工程竣工，包括興建密封式輸水系統，將東江水直接送至深圳水庫，避免沿途受到污染，確保輸港東江水的水質。 |

圖 300　2003 年 5 月 8 日，中央政府援港物資交接儀式。（政府新聞處提供）

圖 301　2003 年 5 月 8 日，第一批中央政府支援香港抗炎醫療物資抵達深圳。（南華早報提供）

國務院總理溫家寶抵港訪問三日，並於翌日參加「表揚醫護及各界成功克服非典型肺炎聚會」，訪問淘大花園及沙田威爾斯親王醫院，感謝醫護人員抗擊 SARS 時臨危不懼及無私奉獻。（圖 302）

香港與內地簽署《內地與香港關於建立更緊密經貿關係的安排》（CEPA），在國務院總理溫家寶和行政長官董建華見證下舉行簽署儀式。該安排涵蓋三大範疇，包括貨物貿易、服務貿易和貿易投資便利化。這是香港與內地簽訂的首份雙邊自由貿易協議，於翌年 1 月 1 日起生效。（圖 303）

2003 年 7 月 1 日

下午，民陣發起反對基本法第 23 條立法的大規模遊行，自維園出發，以政府總部為終點，之後和平散去。主辦單位估計遊行人數達 50 萬人，警方則估計為 35 萬人。（圖 304）

教資會資助的大專院校教職員薪酬與公務員正式脫鈎。

2003 年 7 月 4 日

特區政府頒布《2003 年立法會（修訂）條例》，依基本法規定 2004 年第三屆立法會選舉取消選委會議席，分區直選議席增至 30 個。

2003 年 7 月 5 日

特區政府公布對《國家安全（立法條文）條例草案》作出三項重大修訂，包括取消取締從屬於已遭中央政府禁制內地組織的本地組織的條款；在非法披露官方機密的條文中加入「公眾利益」作為抗辯理由；取消在沒有法庭手令下，總警司級或以上警務人員能授權入屋進行緊急調查的條文。同時，保證立法不會影響市民的權利和自由，並決定如期在 9 日對《草案》恢復二讀。

2003 年 7 月 6 日

身兼行政會議非官守議員、立法會議員的田北俊於立法會就《國家安全（立法條文）條例草案》恢復二讀前，宣布自由黨不支持該草案，並即時辭去行政會議職務，令特區政府在立法會無法取得通過條例草案的足夠票數。

圖 302　國務院總理溫家寶向醫護人員致送慰問卡。前排左二是中大醫學院院長鍾尚志，後排中間位置是醫院內科部門主管沈祖堯，攝於 2003 年 6 月 30 日。（南華早報提供）

| 2003 年 7 月 8 日 | 香港佳士得舉行的拍賣會上，三種中國宮廷御製藝術精品拍賣分別刷新當時中國家具、文房用具及石刻拍賣最高成交價的世界紀錄。 |

| 2003 年 7 月 10 日 | 一輛九巴雙層巴士在屯門公路與一輛貨櫃車相撞後墜下高架橋，造成 21 人死亡、20 人受傷。 |

| 2003 年 7 月 11 日 | 特區政府頒布《2003 年博彩稅（修訂）條例》，自翌月 1 日起，馬會開始接受 18 歲以上人士作合法足球投注。 |

| 2003 年 7 月 14 日 | 博鰲亞洲論壇和世界旅遊組織在港合辦以重振亞洲旅遊業為題的會議，為期兩日，來自 30 個國家或地區逾 1000 名代表出席，是 SARS 疫情完結後首個在港舉行的大型國際會議。 |

圖 303　財政司司長梁錦松（左）和國家商務部副部長安民（右）簽署 CEPA 一刻。（新華社提供）

圖 304　2003 年 7 月 1 日在銅鑼灣維園集合，準備出發參加遊行的市民。（Getty Images 提供）

2003 年 7 月 15 日 ┃ 特區政府實施輸入內地人才計劃，取代原有的輸入優秀人才計劃及輸入內地專業人才計劃，不限行業及不設限額，以吸引內地優秀人才及專業人才來港工作。

2003 年 7 月 16 日 ┃ 財政司司長梁錦松因在 1 月中的 2003/2004 年度財政預算案公布調高汽車首次登記稅前，購置一部汽車，引起輿論批評，本日向行政長官董建華請辭，獲得接納。

┃ 保安局局長葉劉淑儀向行政長官董建華請辭，獲得接納。

2003 年 7 月 18 日 ┃ 中央政府任命楊文昌為外交部駐港特派員公署特派員，楊後於 2006 年 2 月 15 日離任。

2003 年 7 月 22 日 ┃ 位於青衣東南岸的九號貨櫃碼頭啟用，至 2005 年全面落成，由香港國際貨櫃碼頭有限公司和現代貨箱碼頭有限公司聯合經營，共設有六個泊位。

2003 年 7 月 28 日 ┃ CEPA 下的個人遊計劃（自由行）開始在廣東省的東莞、中山、江門、佛山推出，四個城市的居民可以個人身份到香港旅遊。計劃推出後不斷擴展，後來逐步在內地 49 個城市推行，包括廣東省 21 個城市、北京、上海、天津、重慶和一些省會城市。

2003 年 8 月 1 日 ┃ 房署正式實施屋邨清潔扣分制，設即時扣分項目八個、預先警告項目十個。2006 年，該制改名為屋邨管理扣分制。

2003 年 8 月 15 日 ┃ 房協長者安居樂住屋計劃的首個項目，位於將軍澳的樂頤居開始接受申請，共提供 243 個單位。

2003 年 8 月 18 日 ┃ 政府統計處發表最新勞動人口統計數字，顯示香港失業率達 8.7%，為截至 2017 年 7 月 1 日止，有紀錄以來最高。

┃ 入境處展開全港市民換領身份證計劃，全港 690 萬名身份證持有人須在指定限期內，按出生年份分批前往任何一間智能身份證中心換領智能身份證。

2003 年 8 月 26 日 ┃ 飛行服務隊一架直升機在大嶼山路伯公坳附近失事墜毀，兩名飛行服務隊隊員死亡，是飛行服務隊自 1993 年成立以來，首次有隊員墜機殉職。

2003 年 8 月 ┃ 粵港保護知識產權合作專責小組成立，以加強粵港雙方在知識產權領域的交流和合作。12 月 3 日，小組在香港舉行首次會議，並進行粵港澳知識產權資料庫的啟用儀式。

2003 年 9 月 1 日 ┃ 教統局實施新規定，所有新入職幼稚園教師須具備及格幼稚園教師（QKT）或同等的資歷。

2003 年 9 月 5 日 ┃ 特區政府宣布擱置《國家安全（立法條文）條例草案》，《草案》最終在翌年 7 月 22 日第二屆立法會會期完結時自動失效。

2003 年 9 月 18 日 ▎ 商人何鴻燊將國寶——圓明園豬首銅像捐贈予國家。銅像本日在香港亮相，翌日送抵北京。該銅像由何鴻燊出資約 600 萬人民幣從美國收藏家購入，屬流失海外的圓明園十二獸首銅像之一。2007 年 9 月 20 日，何再以 6910 萬元購得馬首銅像，後亦捐贈予國家。(圖 305)

2003 年 9 月 26 日 ▎ 由電訊盈科全資擁有的收費電視台 Now TV 啟播。

2003 年 9 月 28 日 ▎ 特區政府舉辦香港首個亞洲文化合作論壇，為期三日，來自印尼、日本、韓國、菲律賓、新加坡、越南和珠三角地區的文化部部長及領袖出席。

2003 年 9 月 29 日 ▎ 特區政府與中央政府簽署 CEPA 的六份附件，內容包括貨物貿易零關稅的實施、貨物貿易的原產地規則、原產地證書的簽發和核查程序、開放 18 個服務貿易領域的具體承諾、服務提供者的詳細定義和相關規定以及貿易投資便利化措施。

2003 年 10 月 15 日 ▎ 特區政府公布多項措施，包括由翌年起恢復實施勾地表制度、有秩序出售兩鐵的物業發展項目，以及在 2006 年底以前停售居屋貨尾單位，以進一步穩定樓市。

2003 年 10 月 16 日 ▎ 特區政府為振興旅遊業，於金鐘添馬艦舉辦維港巨星匯，活動的成本效益和籌辦方式引起社會關注和質疑。12 月 12 日，行政長官委任兩人獨立調查小組調查事件。翌年 5 月 15 日，調查小組提交報告，指出倡議者香港美國商會經驗不足、籌辦者監督不力，建議政府未來舉辦同類活動時，應派員加入活動籌備委員會，並由公私營機構共同承擔費用。

2003 年 10 月 19 日 ▎ 香港女子羽毛球運動員王晨在印尼雅加達舉行的第二十三屆亞洲羽毛球錦標賽奪得冠軍，是特區成立後首位成為亞洲冠軍的香港女子羽毛球運動員。

圖 305　2003 年，商人何鴻燊捐贈圓明園豬首銅像予國家永久收藏。(中新圖片提供)

2003 年 10 月 27 日	為推進香港和上海經貿合作而成立的滬港經貿合作會議，在香港舉行首次會議，由行政長官董建華和上海市市長韓正率領，雙方同意就投資商貿、金融服務、專業人才交流在內的八個方面加強合作。
2003 年 10 月 29 日	立法會通過委任專責委員會，調查特區政府與醫管局對 SARS 爆發的處理手法及須承擔的責任。翌年 7 月 5 日，立法會發表調查報告，指出衞福局局長楊永強在應對疫情的各方面表現未能令人滿意。
2003 年 10 月 31 日	中國首次載人航天飛行代表團抵港，展開為期六日的訪問，進行多項公開活動，代表團成員包括中國第一位進入太空的航天員楊利偉。（圖 306）
2003 年 11 月 2 日	教統局舉辦首屆行政長官卓越教學獎，是一個為教師而設、由優質教育基金贊助的獎勵計劃。
	元朗山貝河發現一條小灣鱷，翌年 6 月 10 日被漁護署擒獲，安置於嘉道理農場暨植物園，並被命名為「貝貝」。2006 年 8 月 15 日，「貝貝」遷入香港濕地公園的「貝貝之家」飼養。
2003 年 11 月 3 日	香港獲得 2009 年第五屆東亞運的主辦權。
2003 年 11 月 7 日	特區政府設立 1.5 億元的嚴重急性呼吸系統綜合症信託基金，向 SARS 病故者家屬發放特別恩恤金，以及為符合資格的 SARS 康復者與疑似患者提供經濟援助。13 日，信託基金開始接受申請。
2003 年 11 月 13 日	基本法四十五條關注組成立，以推動 2007 年普選行政長官為目標。其前身為基本法二十三條關注組。
2003 年 11 月 18 日	經國務院批准，中國人民銀行同意為香港試辦個人人民幣業務提供清算安排，提供存款、兌換、匯款、人民幣卡四類服務，以促進兩地經濟融合及方便兩地居民互訪。12 月 24 日，中國人民銀行委任中銀（香港）為首家香港人民幣業務清算行。

圖 306　中國首名進入太空的航天員楊利偉出席在香港大球場舉行的歡迎會，攝於 2003 年 11 月 1 日。（政府新聞處提供）

2003 年 11 月 23 日	香港特區舉行第二屆區議會選舉,選出 400 個民選區議員,其中 326 個須經選舉產生,另 74 個選區的候選人在無對手情況下自動當選,投票率為 44.1%。本屆區議會繼續設有 102 個委任議席和 27 個由各鄉鄉事委員會主席出任的當然議席。
2003 年 12 月 9 日	由中國文化研究院設立的大型中國歷史文化網站「燦爛的中國文明」獲聯合國信息社會全球峰會頒發全球最佳文化及旅遊網站大獎。中國文化研究院於 2000 年 8 月 4 日註冊成立,旨在弘揚中華文化,加深市民與學生對中國歷史文化的認識。
	特區政府與國家旅遊局簽訂《加強內地與香港更緊密旅遊合作協議書》,雙方同意積極鼓勵相互旅遊,並採取措施保障旅遊消費者合法權益。
	特區政府實施中成藥註冊制度,任何在香港製造、進口或管有的中成藥,必須在本日起至翌年 6 月 30 日向香港中醫藥管理委員會轄下中藥組申請註冊,以將中藥行業規範化。
2003 年 12 月 19 日	特區政府頒布《公職人員薪酬調整(2004 年 /2005 年)條例》,從翌年 1 月 1 日起,分兩階段削減全體公務員薪酬,並以在 2005 年 1 月 1 日將公務員薪酬回復至 1997 年 6 月 30 日的水平為目標。
2003 年 12 月 20 日	九廣鐵路西鐵線通車,全長 30.5 公里,設有九個車站,連接西九龍深水埗地區及新界屯門,與地下鐵路及輕便鐵路系統接駁,組成一個綜合鐵路網絡。2009 年 8 月 16 日,該線路延伸至紅磡站。(圖 307)
2003 年 12 月 24 日	警方於晚上攻入油麻地文景樓內的一個單位,拘捕季炳雄及一名同伙,搜獲出大批軍火。2005 年,高等法院裁定季炳雄非法藏有軍火及於 2001 年意圖使用槍械拒捕罪名成立,合共判監 24 年。

圖 307　元朗一段的西鐵線高架行車橋,前方為天水圍。(政府新聞處提供)

2003 年 12 月	東涌鄉事委員會被環保團體揭發於東涌河進行非法採石工程，為政府負責興建的迪士尼樂園人工湖提供 400 噸卵石，嚴重破壞河流生態。翌年 4 月 14 日，廉署以涉嫌貪污受賄及詐騙罪名拘控鄉委會主席等 12 人，當中四人罪名成立，被判監 11 個月至兩年。
2003 年	因體操意外受傷而全身癱瘓、臥床 12 年的鄧紹斌（人稱斌仔），致函行政長官董建華及立法會，公開要求安樂死。翌年 4 月 20 日，行政長官覆函，鼓勵鄧積極生活。
2004 年 1 月 1 日	CEPA 實施，273 項符合原產地規則的香港產品可獲零關稅優惠輸往內地，18 種香港服務行業亦可優先進入內地市場。此外，兩地成立聯合指導委員會，展開貿易投資促進、通關便利化、商品檢驗檢疫、電子商務、法律法規透明度、中小企業合作、中醫藥產業合作七個領域的貿易投資便利化合作。
	綜援計劃實施新規定，綜援及公共福利金申請人，必須成為香港居民最少七年，方符合申請資格。
2004 年 1 月 5 日	地鐵發生縱火案，一列列車在尖沙咀駛往金鐘時被縱火，造成 14 人受傷，縱火犯人嚴金鐘被捕，後於 2006 年被判終身監禁，是港鐵自 1979 年啟用以來首次。
2004 年 1 月 7 日	特區政府成立由政務司司長領導的政制檢討專責小組，就基本法內有關政制發展的原則和程序作深入研究，並就此徵詢中央有關部門的意見，和聽取市民對有關問題的意見。
2004 年 1 月 10 日	香港文化博物館舉辦「四寶獻瑞：圓明園生肖頭像展」，為期 16 日，展出的圓明園四尊生肖銅首，均為國家一級文物，當中的豬首銅像更是首度來港展出。
2004 年 1 月 12 日	特區政府成立創新及科技督導委員會，負責統籌制定創科政策及其推行工作，並確保各項創科計劃能發揮協同效應，後於 2015 年 4 月 1 日重組為創新及科技諮詢委員會。
2004 年 1 月 17 日	「幻彩詠香江」燈光音樂匯演開始每晚於維多利亞港海旁上演，維港兩岸共 33 幢建築物參與。翌年 11 月 21 日，該活動獲列入《健力士世界紀錄大全》，成為全球最大型燈光音樂匯演。（圖 308）
	永隆銀行成為 CEPA 實施後，首家獲中國銀監會批准於內地設立分行的港資銀行。
2004 年 1 月 18 日	內地銀行發出的人民幣銀聯卡開始在港使用。
2004 年 1 月 27 日	和黃屬下電訊公司 Hutchison 3G HK 成為香港首家推出第三代移動通訊技術（3G）服務的電話服務營運商。
2004 年 2 月 9 日	特區政府與私人參建居屋紅灣半島的發展商就修訂售樓條件達成協議，發展商只需向政府繳付 8.64 億元土地補價，便可把該項目由居屋轉為私人屋苑在公開市場發售。12 月 10 日，發展商宣布鑑於公眾反對拆卸該屋苑，將會予以保留。2008 年 1 月，屋苑經改裝後改名為海濱南岸出售。

2004 年 2 月 10 日 ┃ 本月 8 至 10 日，政務司司長曾蔭權與政制事務專責小組到北京商討香港政制事宜。本日，新華社發稿，指出「一國」是「兩制」的前提，「港人治港」是以愛國者為主體的香港人來治理香港，此說隨後在本港引起「愛國者問題」的討論。

2004 年 2 月 13 日 ┃ 民政局主辦「都市神韻—藝術與公共空間」國際研討會，為期兩日，是特區政府首次主辦的大型公共藝術討論會。

2004 年 2 月 25 日 ┃ 本港銀行開始提供個人人民幣銀行服務，包括存款、兌換和匯款服務。4 月 30 日起，本港銀行可發出人民幣扣帳卡和信用卡，供香港市民在內地使用。

2004 年 2 月 26 日 ┃ 特區政府在中央政府與聯合國經濟和社會事務部合辦的「聯合國亞太領袖論壇：城市的可持續發展」論壇上，發表《香港宣言：城市的可持續發展》。

2004 年 2 月 28 日 ┃ 香港文化博物館舉辦「美食配美器 —— 中國歷代飲食器具展」，展出中國國家博物館藏 100 多件歷代食器、炊器、酒器等文物。

圖 308　每天晚上 8 時在維港上演的幻彩詠香江，是全球最大型的燈光音樂匯演。（政府新聞處提供）

| 2004 年 3 月 8 日 | 婦女事務委員會推出自在人生自學計劃，是香港首個以婦女為中心而設計的大型自學計劃。 |

香港神經生物學家葉玉如以其對神經生物學研究的貢獻，獲得歐萊雅—聯合國教科文組織世界傑出女科學家成就獎。

| 2004 年 3 月 17 日 | 貿發局旗下的香港 CEPA 商機中心揭幕，備有內地省市營商法規資料，並可安排內地官員為港商提供諮詢服務。 |

| 2004 年 3 月 26 日 | 特區政府頒布《2004 年古物及古蹟（歷史建築物的宣布）公告》，將馬禮遜樓（達德學院舊址）宣布為法定古蹟。這是政府首次引用《古物及古蹟條例》禁止拆卸私人歷史建築。 |

| 2004 年 3 月 30 日 | 政務司司長領導的政制發展專責小組在深圳向中央有關官員提交及介紹第一號報告《〈基本法〉中有關政制發展的法律程序問題》。報告中對於基本法附件一第七條所載「2007 年以後」的條文，指出 2007 年第三屆行政長官產生方法可以修改。 |

| 2004 年 4 月 1 日 | 特區政府與新加坡簽訂《文化合作共識備忘聯合聲明》，促進文藝領域的合作，包括文物及博物館、藝術和圖書館三方面，是香港首次以官方身份簽訂與外地文化交流的備忘錄。 |

| 2004 年 4 月 2 日 | 特區政府頒布《2003 年版權（修訂）條例》，放寬電腦軟件產品的平行進口，範圍包括商用電腦軟件產品，以及作教學或娛樂用途的電腦軟件產品，但載有電腦程式、電影、電視劇、音樂視聽紀錄及電子書的產品除外。 |

| 2004 年 4 月 6 日 | 全國人大常委會第二次解釋基本法，主動就附件一第七條和附件二第三條作以下解釋：一、兩個附件中規定的「2007 年以後」包含 2007 年；二、兩個附件中規定的「如需」修改，指可以進行修改，也可以不進行修改；三、對於是否需要進行修改，行政長官應向全國人大常委會提出報告，並由全國人大常委會按基本法第四十五和第六十八條規定，根據香港特區的實際情況和循序漸進的原則確定。相關的修訂應由特區政府向立法會提出。四、若兩個附件中規定的內容不作修改，則兩個附件的相關規定仍然適用。 |

| 2004 年 4 月 15 日 | 行政長官向全國人大常委會提交《關於香港特別行政區 2007 年行政長官和 2008 年立法會產生辦法是否需要修改的報告》和政制發展專責小組第二號報告《〈基本法〉中有關政制發展的原則問題》。 |

| 2004 年 4 月 19 日 | 特區政府以紅磡海底隧道、獅子山隧道、將軍澳隧道、香港仔隧道、城門隧道及青嶼幹線收入作抵押，發行 60 億元證券化債券（即五隧一橋債券），為特區政府首次發行、香港當時歷來規模最龐大的證券化債券。 |

| 2004 年 4 月 26 日 | 全國人大常委會就行政長官在 15 日提交關於 2007 年行政長官和 2008 年立法會產生辦法是否需要修改的報告作出決定:一、2007 年行政長官選舉不實行由普選產生的辦法,2008 年立法會選舉不實行全部議員由普選產生的辦法且功能界別和分區自選議員所佔比例不變,立法會對法案議案的表決程序不變;二、在不違反前述規定下,可按照基本法的有關規定,作出符合循序漸進原則的適當修改。 |

| 2004 年 4 月 27 日 | 尖沙咀海旁的香港星光大道開幕,由新世界集團資助 4000 萬元興建、特區政府直接管理,以供遊客觀光及市民休憩。大道按年代排列了香港傑出電影工作者的紀念牌匾,牌匾上鑲嵌了其姓名、手印及簽名。(圖 309) |

| 2004 年 4 月 30 日 | 由香港歷史博物館與中國國家博物館合辦的「百載香江風情展」在國家博物館開幕,展期至 7 月 29 日。香港歷史博物館借出館藏文物共 150 件、歷史照片 128 張,是該館首次外借館藏展品到內地展出。 |

解放軍海軍艦艇編隊訪港,停泊在昂船洲海軍基地,為期六日,該編隊由八艘艦艇及兩架艦載直升機組成。

| 2004 年 4 月 | 16 家香港銀行獲中國銀聯董事會批准加入銀聯,成為銀聯的正式成員,香港自此可以發行銀聯卡。 |

| 2004 年 5 月 11 日 | 特區政府發表政制發展專責小組第三號報告《2007 年行政長官及 2008 年立法會產生辦法可考慮予以修改的地方》,建議考慮是否增加行政長官選舉委員會的委員數目和界別、是否增加立法會議席的數目以及考慮增加第四屆立法會直選議席的數目。 |

圖 309　成龍於尖沙咀星光大道與自己的手印紀念牌匾合照。(政府新聞處提供)

| 2004 年 5 月 18 日 | 香港物流國際會議暨展覽舉行，為期三日，是香港物流發展局首次舉行國際性物流推廣活動。 |

| 2004 年 5 月 23 日 | 香港影星張曼玉憑其主演的法國電影《錯的多美麗》奪得法國康城影展影后，是該影展首位華裔影后。 |

| 2004 年 6 月 1 日 | 香港特區、澳門特區和內地九個省區在香港聯合舉辦首次泛珠三角區域合作與發展論壇，以推動區內經濟合作。 |

特區政府在衛生署轄下設立衛生防護中心，以加強預防及控制傳染病，此前衛生署副署長梁栢賢已於 4 月 1 日獲委任為首任總監。

| 2004 年 6 月 5 日 | 北京大學及清華大學一連四日在香港舉行免試招生，各提供 50 個港生學額，逾 2000 名學生到場。 |

| 2004 年 6 月 17 日 | 特區政府和深圳市政府簽署《加強深港合作的備忘錄》和其他八份合作協議。 |

| 2004 年 6 月 20 日 | 特區政府成立東亞運動會籌備委員會，以策劃 2009 年第五屆東亞運的前期工作，由港協暨奧委會會長霍震霆擔任主席。 |

| 2004 年 6 月 21 日 | 香港賽馬會藥物資訊天地開幕，是香港首個以藥物教育為主題的永久展覽館，亦是亞太區首間以禁毒為主題的資源中心。 |

| 2004 年 6 月 24 日 | 中國平安保險（集團）股份有限公司在香港上市，為內地首間以集團形式在境外上市的金融保險企業。 |

| 2004 年 6 月 28 日 | 美資花旗銀行（香港）有限公司獲金管局授予有限制銀行牌照，可於 CEPA 框架下以香港公司身份享受 CEPA 優惠。 |

| 2004 年 7 月 1 日 | 香港存款保障委員會成立，旨在為香港建立有效的存款保障計劃，促進銀行體系及金融系統的整體穩定。 |

渣打銀行完成在香港註冊程序，並將銀行在香港分行的業務注入在香港註冊的渣打集團全資附屬公司 —— 渣打銀行（香港）有限公司旗下。

| 2004 年 7 月 2 日 | 教統局委託考評局施行的全港性系統評估實施，先在小三推行，全港小三學生需進行中、英、數三科評估，其後在翌年及 2006 年分別推展至小六及中三。 |

| 2004 年 7 月 5 日 | 鮮魚行學校獲教統局安排「特別視學」，獲准繼續辦學。本年初，該校因收生不足，被教統局根據政策命令停止錄取小一學生，引發該校師生遊行抗議。校方最終於 2004/2005 學年取錄足夠的小一新生，毋須停辦小一課程。 |

| 2004 年 7 月 11 日 | 國家教育部與香港教統局在北京簽訂《內地與香港關於相互承認高等教育學位證書的備忘錄》，簡化兩地大專院校學歷相互承認的程序，以便兩地學生在認可的院校進修。 |

| 2004 年 7 月 13 日 | 英國皇家特許測量師學會成立香港分會,為 4000 名香港會員提供服務。 |

| 2004 年 7 月 15 日 | 可持續發展委員會發表首份公眾諮詢文件《可持續發展:為我們的未來作出抉擇》,就固體廢物管理、可再生能源與都市生活空間三個議題,收集公眾意見。 |

| 2004 年 7 月 16 日 | 香港學生往韓國參加第三十五屆國際物理奧林匹克競賽,獲得一金一銀一銅及一項優異獎,而獲得金牌的學生更獲得「最佳新秀獎」。 |

| 2004 年 7 月 22 日 | 特區政府發行 200 億元環球債券,為政府開拓一個非經常收入來源,進行必要基建及其他方面的投資,並且有助發展香港債券市場。 |

| 2004 年 7 月 23 日 | 特區政府頒布《2004 年教育(修訂)條例》,自翌年 1 月 1 日起,所有資助學校必須於 2009 年 7 月 1 日前成立包括家長、教員及校友等人士的法團校董會,推行校本管理。 |

| 2004 年 8 月 1 日 | 解放軍駐港部隊於石崗軍營首次舉行公開閱兵儀式,以慶祝解放軍建軍紀念日,共有 15,000 多名市民入營參觀。 |

| 2004 年 8 月 21 日 | 香港運動員李靜和高禮澤在希臘雅典奧運會乒乓球男子雙打項目獲得銀牌,是香港以「中國香港」名義參與奧運會後所獲第一面奧運獎牌,亦是本港乒乓球選手參與奧運比賽以來的最佳成績。(圖310) |

圖 310　香港乒乓球運動員高禮澤(左)和李靜(右)登上領獎台,領取奧運銀牌,攝於 2004 年 8 月 21 日。(Getty Images 提供)

2004 年 9 月 2 日	特區政府與北京市政府於香港舉行京港高層會晤暨京港經貿合作會議第一次會議，雙方同意設立京港經貿合作會議三層合作機制，並確立七個合作範疇，包括經貿、專業人才交流、教育、文化、旅遊、環保及奧運經濟。
2004 年 9 月 6 日	在雅典奧運會上奪得金牌的 50 名國家代表隊運動員訪港三日，並參與在政府大球場舉行的匯演。
2004 年 9 月 12 日	香港特別行政區舉行第三屆立法會選舉，由本港逾 320 萬名登記選民選出 60 名立法會議員，當中地方選區及功能界別議員各佔 30 名。是次選舉投票率分別為 55.6% 及 70.1%，均較前兩屆高。
2004 年 9 月 18 日	香港居民在 CEPA 落實後第一次參加國家司法考試，共有 396 人應考。
2004 年 9 月 20 日	中區警察服務中心啟用，全日 24 小時為市民服務，是香港首個警察服務中心。
2004 年 10 月 1 日	公民教育委員會及青年事務委員會製作的《心繫家國》電視短片首播，後於 12 月 31 日配上國歌歌詞，以令公眾更熟悉國歌內容。
2004 年 10 月 2 日	星展銀行美孚分行在裝修擴建工程期間，誤將 83 個客戶保險箱銷毀，是香港首宗銀行意外銷毀客戶保險箱事件。
2004 年 10 月 19 日	香港按揭證券有限公司發行 30 億美元零售債券，這是亞洲首次發行的零售按揭債券。
2004 年 10 月 24 日	九鐵尖沙咀支線啟用，全長一公里，連通紅磡站與新啟用的尖東站。
2004 年 10 月 25 日	司法機構發表《法官行為指引》，為現任法官提供處事的指引。《指引》以法官必須獨立、大公無私，以及在法庭內外行事正直誠實、言行得當為指導性原則。
2004 年 10 月 27 日	特區政府與中央政府簽署 CEPA 補充協議，增加 713 項享有零關稅措施的產品，法律、會計、醫療、視聽、建築、分銷、銀行、證券、運輸、貨運代理在內領域進一步對香港服務及服務提供者開放。協議於翌年 1 月 1 日生效。
2004 年 10 月 29 日	香港科學園第一期落成開幕，園內可租用面積達 100 萬平方呎，吸引 70 多間進行應用研究發展、新產品開發和設計工作的高科技公司進駐。
2004 年 11 月 1 日	香港商業信貸資料庫啟用，由香港銀行公會、存款公司公會、金管局和鄧白氏（香港）有限公司聯合成立，以收集中小型企業的整體欠款和信貸記錄，供銀行公會及存款公司公會審批、檢討或延續中小企信貸之用。
2004 年 11 月 9 日	大坑東蓄洪池啟用，是香港首個地下蓄洪池，總容量為十萬立方米，防止旺角一帶因大量雨水從獅子山向南湧下而發生水浸。

| 2004 年 11 月 11 日 | 香港東亞銀行羅湖支行開業，為 CEPA 簽署後首間於深圳設立的港資銀行支行。 |

特區政府公布新自然保育政策，選定包括鳳園、塱原及沙羅洞等 12 個地點，透過管理協議及公私營界別合作等試驗計劃，加強保育工作。

《關於持久性有機污染物的斯德哥爾摩公約》於香港生效，締約方須採取措施管制或限制指定十種持久性有機污染物的貿易、本地生產和使用。

| 2004 年 11 月 | 特區政府大型體育活動事務委員會成立「M」品牌制度及支援計劃，以負責將「M」品牌授予在香港舉行並獲認可的大型體育活動，並提供適切的宣傳和免息貸款協助。 |

香港考古學會與中山大學、中國科學院古脊椎動物與古人類研究所合作，在香港深涌黃地峒遺址發掘，為期三個月，出土大量石器製品，初步斷定屬舊石器時代。其後一些學者研究指出，該遺址為新石器時代的石料採集及石錛毛坯作坊。

| 2004 年 12 月 6 日 | 房委會因財政困難，通過成立領匯房地產投資信託基金以間接出售商場和停車場。本日該基金在香港公開發售，是首個在港交所上市的房地產投資信託基金。 |

滙豐銀行宣布鄭海泉將自明年起接任主席，是該行首位華人主席。

| 2004 年 12 月 15 日 | 特區政府發表政制發展專責小組第四號報告《社會人士對 2007 年行政長官及 2008 年立法會產生辦法的意見和建議》，認為需要在日後適當時間才處理訂定最終普選時間表的問題。 |

| 2004 年 12 月 16 日 | 入境處在羅湖管制站首次推出自助出入境檢查系統（e- 道）。翌年 4 月 21 日，入境處於落馬洲管制站推出首批兩條車輛司機自助出入境檢查通道（e- 道）。 |

| 2004 年 12 月 21 日 | 馬鞍山鐵路通車，由九鐵耗資約 100 億元興建，全長 11.4 公里，設有九個車站，連接烏溪沙至大圍。 |

| 2004 年 12 月 27 日 | 特區政府派員前往泰國，為受南亞海嘯影響的香港居民提供協助。翌年 1 月 1 日，特區政府舉辦籌款活動，為南亞海嘯災民籌得 3300 萬元。 |

| 2004 年 12 月 | 教統局設立小學教師自願離職計劃，容許年資十年或以上、年齡不超過 55 歲的超額教師接受補償後離職，以解決超額教師問題。 |

| 2005 年 1 月 1 日 | 天文台在早上錄得市區氣溫為 6.4℃，是自 1962 年以來在元旦錄得的最低氣溫。 |

特區政府成立體育委員會，負責整體督導和協調香港的體育發展。

2005 年 1 月 6 日	特區政府首次啟動流感爆發應變計劃戒備應變級別，加強對公眾的健康忠告，以應對越南發現禽流感個案。翌日，醫管局啟動黃色應變警示。
2005 年 1 月 7 日	香港演藝界發起「愛心無國界演藝界大匯演」，為南亞海嘯災民籌款。匯演由下午 4 時至晚上 11 時連續七個小時演出，籌得善款逾 3600 萬元。
2005 年 1 月 14 日	渠務署展開明渠覆蓋工程十年計劃，對全港其中 16 段明渠分三階段進行覆蓋工程，以改善社區衛生環境。
2005 年 1 月 20 日	特區政府與房協就樓宇管理維修綜合計劃，簽訂合作備忘錄，房協撥出 30 億元，以加快舊樓維修進度。
2005 年 1 月 25 日	位於旺角的朗豪坊開幕，設有商場、辦公大樓及酒店，為當時香港最大型的舊區更新項目，由市建局及鷹君集團策劃。
2005 年 2 月 5 日	香港藝術館舉行「法國印象派繪畫珍品展」，為法國文化年的重點項目，於香港、北京和上海巡迴展出，以促進中法兩國文化藝術的交流。
2005 年 2 月 9 日	農曆年初一，訪港的巴西國家足球隊與香港足球代表隊舉行 2005 嘉士伯盃國際足球賽，吸引逾 23,000 名觀眾入場。
2005 年 2 月 12 日	新界大埔林村許願樹的一條主幹，因長期被大量寶牒纏繞，不勝負荷倒塌，造成兩人受傷。其後特區政府禁止將寶牒拋至該樹上，並改以木製許願架代替。
2005 年 2 月 16 日	民建聯與香港協進聯盟港進聯合併為民主建港協進聯盟，仍簡稱為民建聯。
2005 年 2 月 18 日	扶貧委員會舉行第一次會議，負責向特區政府就扶貧政策提供意見。
2005 年 3 月 10 日	行政長官董建華舉行記者會，宣布因健康理由向中央政府提出辭去行政長官職務，並對全國政協提名其為全國政協副主席建議人選表示感謝。3 月 12 日，董建華當選為第十屆全國政協副主席。
2005 年 3 月 12 日	中央政府批准董建華辭去行政長官職務，由政務司司長曾蔭權擔任署理行政長官。曾蔭權宣布根據《行政長官選舉條例》規定，在 7 月 10 日舉行行政長官選舉。
2005 年 3 月 21 日	首屆香港影視娛樂博覽開幕，向本地及國內外的業界展示香港影視、音樂、數碼娛樂等多項創意產業。
2005 年 3 月 31 日	特區政府推出新版《公務員良好行為指南》，增加「公職人員行為失當」新章節，向公務員提供相關指引。

2005 年 4 月 6 日	署理行政長官曾蔭權向國務院提交報告，建議國務院提請全國人大常委會就基本法第 53 條有關原行政長官出缺後新任行政長官的任期規定作出解釋。4 月 27 日，全國人大常委會進行第三次釋法，就基本法第 53 條第 2 款作出解釋，任原行政長官未能完成五年任期下，補選產生的新行政長官任期為原行政長官的剩餘任期。
2005 年 4 月 24 日	香港馬匹「精英大師」勝出女皇銀禧紀念盃，取得自出道以來 17 連勝，打破 1990 年代美國馬王「雪茄」所創下的 16 連勝紀錄，是香港至今最長的連勝紀錄。（圖 311）
2005 年 5 月 5 日	李嘉誠基金會宣布向香港大學捐款十億元，以支持港大的教研工作。18 日，香港大學校委會通過接受捐款，並決定將港大醫學院改名為李嘉誠醫學院，以表彰是次捐款的貢獻。
2005 年 5 月 16 日	長洲太平清醮搶包山活動因包山倒塌意外而停辦 26 年後復辦。為安全起見，竹棚包山改為鋼架承托，活動由傳統搶太平包改為體育競賽項目，每場只容許 12 人同時參與。（圖 312、313）

圖 311　賽馬「精英大師」創下 17 連勝的紀錄，攝於 2005 年 4 月 25 日。（Getty Images 提供）

圖 312　經特區政府規管的搶包山比賽，參賽者戴上安
全帶，在包山上競奪平安包，攝於 2016 年 5 月 16 日。
（政府新聞處提供）

圖 313　1963 年的搶包山活動。（政府新聞處提供）

| 2005 年 5 月 18 日 | 金管局宣布三項優化港元聯繫匯率制度運作的措施，一、推出強方兌換保證，金管局會在 7.75 元的水平向持牌銀行買入美元；二、將弱方兌換保證由 7.80 元移至 7.85 元的水平；三、在強方及弱方兌換保證水平所設定的範圍內，金管局可選擇進行符合貨幣發行局制度運作原則的市場操作。 |

教統局發表《高中及高等教育新學制 —— 投資香港未來的行動方案》報告，以落實三三四新學制。新高中課程將於 2009/2010 學年實施，大學四年制則於 2012/2013 學年實施；新高中課程包括核心科目、選修科目、學習經歷三部分。

2005 年 5 月 20 日　香港特區政府與澳門特區政府簽署移交被判刑人安排，使在澳門和香港分別服刑的香港和澳門居民，可以返回原居地繼續服刑。

大嶼山心經簡林開幕，由 38 條花梨木柱組成，其中 37 條刻有饒宗頤的墨寶《般若波羅蜜多心經》，是全球最大的戶外木刻佛經群。（圖 314）

圖 314　饒宗頤教授於心經簡林
打坐，攝於 2008 年。（饒宗頤基
金提供）

2005 年 5 月 24 日	特區政府發表《首個可持續發展策略社會參與過程報告》，提出至 2014 年止每年減少都市固體廢物總量最少 1%，2012 年最少 1% 至 2% 的香港電力產自可再生能源，以及市區重建特別考慮提供額外休憩用地、保存當地文物古跡和社區特色。
2005 年 5 月 26 日	香港地鐵公司與深圳市政府就深圳地鐵四號線二期簽訂特許經營協議，項目採取「建設—運營—轉移」模式，由該公司營運 30 年。
	香港環保署與國家環境保護總局簽訂《內地與香港特別行政區開展空氣污染防治合作的安排》，雙方就空氣污染管制事宜交流知識、意見及經驗，聯合開展課題研究，以及探索空氣污染防治政策和技術。
	房委會容許居屋及租置計劃的單位業主，在轉讓限期屆滿後，可於補地價後轉售單位。

| 2005 年 5 月 27 日 | 特區政府頒布《行政長官選舉（修訂）（行政長官的任期）條例》，規定經補選產生的行政長官的任期為原行政長官任期的餘下時間。 |

| 2005 年 6 月 16 日 | 選舉主任宣布曾蔭權以唯一的候選人身份當選為香港特別行政區行政長官，完成第二任餘下的任期。 |

| 2005 年 6 月 23 日 | 交通銀行在港交所上市，是內地首家全國性股份制商業銀行成功在港上市。 |

| 2005 年 7 月 8 日 | 國際奧林匹克委員會接納北京第二十九屆奧林匹克運動會組織委員會的建議，將 2008 年奧運會和傷殘奧運會馬術比賽項目移師到香港舉行。 |

終審法院就梁國雄案作出裁決，《公安條例》中要求主辦集會或遊行的團體事先通知警方的規定沒有違反基本法；該規定有助警方採取合適的措施，使合法的示威能和平進行。

| 2005 年 7 月 12 日 | 星島新聞集團旗下的免費報章《頭條日報》創刊。 |

| 2005 年 7 月 13 日 | 香港護士馮玉娟獲紅十字國際委員會頒發南丁格爾獎，是首名獲得該獎的香港人。 |

終審法院就劉國輝案作出裁決，特區政府實行公務員減薪並未違反基本法第 103 條，確認該條保證的是香港公務人員的僱用和管理制度得以延續，而不是公務人員的任何薪金及服務條件制度得以延續。

| 2005 年 7 月 16 日 | 亞洲電視首次舉辦亞洲先生競選，是香港首個開放予全亞洲地區男士參加的選美活動。 |

| 2005 年 7 月 20 日 | 終審法院就公屋居民盧少蘭對領匯上市的司法覆核作出裁決，裁定房委會出售轄下街市、商場和停車場設施屬合法，因此可以安排領匯重新公開招股。 |

教統局與解放軍駐港部隊合辦首屆香港青少年軍事夏令營。

| 2005 年 7 月 29 日 | 特區政府推出香港境外緊急應變行動計劃，以協助在香港境外陷於困境或遇到嚴重災難的香港居民。 |

| 2005 年 7 月 30 日 | 中原集團主席施永青創辦免費報紙《am730》。 |

| 2005 年 7 月 | 立法會財委會通過向教統局撥款 5.2 億元設立基金，於 2006/07 至 2008/09 學年，推行資助中學教師提早退休計劃，以解決現有師資與新高中課程不配對的問題，並紓緩中學超額教師的情況。計劃幾經延長，至 2012/13 學年後結束。 |

| 2005 年 8 月 1 日 | 地鐵迪士尼線啟用，該線全長 3.5 公里，均位於大嶼山島上，設有欣澳和迪士尼兩個站，為全港首條自動駕駛的鐵路。 |

社署放寬綜援長者自願回廣東省養老計劃，容許領取綜援不少於一年的長者參加，並將其適用範圍由廣東省擴展至福建省，同時更名為綜援長者廣東及福建省養老計劃。

| 2005 年 8 月 4 日 | 粵劇界代表聯同民政局局長與新光戲院業主達成協議,業主答允繼續保留新光戲院,租期至 2009 年 1 月。 |

2005 年 8 月 5 日　《執法(秘密監察程序)命令》刊憲並於翌日生效,行政長官於 7 月 30 日作出該行政命令,用以規管進行秘密監察行動的授權、程序及保障。

特區政府推出活家禽業自願退還牌照計劃,活家禽農戶、批發商和運輸商可申請自願選擇退還牌照,並可獲特惠補助金。

2005 年 8 月 24 日　高等法院就男同性戀者 T. C. Leung 對《刑事罪行條例》提出司法覆核的案件作出裁決,指該條例將與 21 歲以下男性發生性行為列作刑事罪行的條文屬歧視男同性戀者,與基本法第 25 條和《香港人權法案條例》有所抵觸。

2005 年 8 月 26 日　特區政府頒布《2005 年食物內有害物質(修訂)規例》,禁止出售所有含孔雀石綠的食物。

2005 年 8 月 31 日　香港電影《七劍》及《如果·愛》分別被選為第六十二屆威尼斯影展開幕和閉幕影片,是首次有香港電影獲選。

2005 年 8 月　房委會推出最後一期租置計劃,首先推山南昌邨讓公屋租戶選購,其後該期計劃再推出長發邨、富善邨、朗屏邨及翠林邨。

2005 年 9 月 8 日　香港海事博物館開幕,位於赤柱美利樓,是一所非牟利私營博物館,主要保存、收藏、展示香港和珠江三角地區海事及貿易的歷史和文物。2013 年 2 月 25 日,該館遷至中環八號碼頭現址。

2005 年 9 月 12 日　國家副主席曾慶紅主持香港迪士尼樂園開幕典禮。該樂園於 2003 年 1 月 12 日動工興建,是全球第五個、亞洲第二個、中國第一個迪士尼樂園。(圖 315)

圖 315　香港迪士尼樂園開幕典禮,前排左起:行政長官曾蔭權、國家副主席曾慶紅、美國華特迪士尼公司行政總裁邁克·艾斯納、美國華特迪士尼公司總裁及營運總監羅伯特·艾格。(政府新聞處提供)

2005 年 9 月 16 日	終審法院裁決商人龔如心與其家翁王廷歆爭產案，五位法官一致裁定龔如心勝訴，可根據其丈夫王德輝在 1990 年生前訂立的最後遺囑，確認擁有逾 400 億元遺產。
2005 年 9 月 25 日	行政長官曾蔭權率領全體立法會議員訪問珠江三角洲地區兩天，當中包括十多年來從未返回內地的泛民主派議員，在當時被視為與中央政府改善關係的重要之旅。
2005 年 9 月	房委會推行全面結構勘察計劃，以審視落成接近及超過 40 年的公屋樓宇結構安全，以及評估持續保存樓宇所需的修葺方案和其經濟效益。
2005 年 10 月 4 日	新發傳染性疾病國家重點實驗室、腦與認知科學國家重點實驗室於香港大學成立並啟用，是香港首兩個國家重點實驗室。
2005 年 10 月 18 日	特區政府與中央政府簽署 CEPA 補充協議二（第三階段）。協議規定自翌年 1 月 1 日起，除禁止進口的貨物外，內地對原產自香港的進口貨物全面實施零關稅。協議亦涵蓋十個服務範疇的 23 項開放措施，給予香港服務提供者進入內地市場優惠待遇，同時放寬香港品牌手錶的原產地規則。
2005 年 10 月 19 日	特區政府發表《政制發展專責小組第五號報告》，就 2007 年行政長官及 2008 年立法會產生辦法提出建議方案，建議行政長官選舉委員會人數由 800 人增至 1600 人，立法會議席則增加十席至 70 席。
2005 年 10 月 21 日	香港衞福局與國家衞生部、澳門社會文化司簽署《關於突發公共衞生事件應急機制的合作協議》，議定當內地和港澳發生重大突發公共衞生事件時，就人力、技術及物資上互相協調及支持的機制。
2005 年 10 月 24 日	屯門裁判法院裁定一名男子非法使用點對點檔案分享（P2P）軟件 BT，在互聯網非法發放電影供下載，罪名成立，翌月 7 日被判處三個月監禁。這是香港首宗引用屬於刑事條文定罪的同類案件。
2005 年 10 月 27 日	中國建設銀行在港交所上市，集資超過 620 億元。
2005 年 10 月 29 日	香港文物探知館開放，位於尖沙咀九龍公園內，為文物宣傳及教育活動的場所，由原威菲路軍營 S61 及 S62 座改建而成。
2005 年 11 月 1 日	海關在各香港口岸實施紅綠通道系統，以便利入境旅客報關及確保特區政府稅收。
	排水量逾 11 萬噸的豪華郵輪「鑽石公主號」首次訪港，短暫停泊於葵涌貨櫃碼頭。
	特區政府改組行政會議，將非官守成員數目由七名增加至 15 名。
	國際天文學聯合會批准將小行星 20780 命名為「陳易希星」，使時年 16 歲的中學生陳易希成為香港最年輕的小行星命名者。

| 2005 年 11 月 3 日 | 香港按揭證券有限公司聯同其中六間參與按揭保險計劃銀行,首次推出年期長達十年的優惠定息按揭計劃。 |

| 2005 年 11 月 4 日 | 香港浸會大學文學院創辦「紅樓夢獎:世界華文長篇小説獎」,兩年一度,對象是全球華文作家,設獎金 30 萬元。翌年 9 月 13 日,首屆頒獎禮在香港舉行,賈平凹憑《秦腔》獲首獎。香港作家董啟章憑《天工開物・栩栩如真》獲第一屆紅樓夢獎的決審團獎。 |

| 2005 年 11 月 9 日 | 香港民政局與國家文化部在香港簽署《內地與香港特區更緊密文化關係安排協議書》,以鼓勵和加強雙方在保護知識產權,藝術、文化及創意工業的交流與合作。 |

| 2005 年 11 月 11 日 | 特區政府頒布《2005 年收入(取消遺產税)條例》,廢除遺產税。 |

| 2005 年 11 月 12 日 | 中國香港代表團參加由泰國曼谷主辦的第一屆亞洲室內運動會,共取得 12 金九銀五銅,於獎牌榜上在 37 個參賽國家或地區中位列第四,並刷新六項游泳香港紀錄。 |

| 2005 年 11 月 16 日 | 香港國際機場與蛇口碼頭推出全球首創跨境預辦登機服務,旅客從蛇口乘搭渡輪前往香港機場乘搭飛機,可在蛇口碼頭預辦登機手續,抵達香港機場後便可立即登機。 |

| 2005 年 11 月 18 日 | 香港浸會大學與北京師範大學於珠海合辦的聯合國際學院舉行成立及奠基典禮,是香港和內地首間合辦的高等院校。 |

| 2005 年 11 月 27 日 | 尖沙咀星光大道的李小龍銅像揭幕,以紀念香港武打巨星李小龍 65 歲冥壽。(圖 316) |

圖 316　高兩米的李小龍銅像揭幕,其造型來自香港功夫電影《龍爭虎鬥》,攝於 2005 年 11 月 27 日。(星島日報提供)

圖 317 「神舟六號」載人航天飛行代表團進入香港大球場時受到熱烈歡迎,中央持花者為航天員費俊龍(右)和聶海勝(左),攝於 2005 年 11 月 28 日。(星島日報提供)

| 2005 年 11 月 27 日 | 包括航天員費俊龍和聶海勝的「神舟六號」載人航天飛行代表團訪港,為期三天。(圖 317) |

粵劇發展基金成立,由民政局局長擔任基金信託人,以推廣粵劇藝術。

| 2005 年 11 月 30 日 | 粵港政府聯合啟動珠三角區域空氣質素監測網絡,並每日發布各監測站的區域空氣質量指數。 |

| 2005 年 12 月 1 日 | 特區政府推行建築廢物處置收費計劃,任何人士在使用廢物處置設施處置建築廢物前,須按每公噸計算及繳交費用。 |

| 2005 年 12 月 13 日 | 世貿組織第六次部長級會議在香港舉行,為期五日,為包括農業和非農業產品的市場准入等領域的「多哈發展議程」最後階段的談判訂立了路線圖。(圖 318) |

| 2005 年 12 月 17 日 | 世貿組織第六次部長級會議在香港舉行期間,大批韓國農民來港,並在會場外示威,最終演變為騷亂,警方施放催淚彈驅散,共 1153 人被捕,其中 14 人被控參與非法集會,後全部獲撤控。(圖 319) |

| 2005 年 12 月 21 日 | 立法會就特區政府提出有關 2007 年行政長官和 2008 年立法會選舉安排的建議方案進行投票,方案因未獲全體議員三分之二多數支持而被否決。 |

圖 318　世貿組織第六次部長級會議開幕禮在灣仔會展舉行，行政長官曾蔭權致辭，攝於 2005 年 12 月 13 日。
（南華早報提供）

圖 319　世貿會議期間，大批韓國農民來港示威，與警方發生激烈衝突，攝於 2005 年 12 月 13 日。（南華早報提供）

| 2005 年 12 月 21 日 | 亞洲國際博覽館啟用，位於香港國際機場東北面，耗資 23.5 億元建成，有 70,000 呎可租用面積及能容納 13,500 名觀眾的場館，是香港最大型展覽及活動場館。（圖 320） |

| 2005 年 12 月 23 日 | 特區政府頒布《2005 年收入（自訂車輛登記號碼）條例》，申請人在不違反現行車輛登記號碼規例的情況下，可就其喜歡的車輛登記號碼向運輸署提出申請。 |

| 2005 年 | 特區政府容許教資會轄下八間大專院校的非本地學生，佔整體公帑資助學額的比例增至 10%。 |

| | 由邵氏兄弟、邵氏置業有限公司和中國星娛樂控股有限公司合作投資 11 億元興建的香港電影城開始運作，位於將軍澳工業邨。 |

| 2006 年 1 月 4 日 | 香港導演王家衛獲邀出任第五十九屆康城影展評審團主席，為首名獲邀擔任此職的亞洲導演。 |

| 2006 年 1 月 6 日 | 香港警察學院啟用，是本港唯一一間授予專上教育資歷的紀律部隊學院。 |

| 2006 年 1 月 9 日 | 國家科學技術獎勵辦公室舉行頒獎典禮。香港大學外科系范上達教授及其領導的肝移植組憑「成人右葉活體肝移植」項目，獲頒 2005 年度「國家科學技術進步獎」一等獎。這是首次有香港學者獲頒「國家科學技術獎」一等獎項。 |

| 2006 年 1 月 12 日 | 行政長官曾蔭權遷入禮賓府居住。16 日，行政長官辦公室開始在禮賓府運作。 |

| 2006 年 1 月 16 日 | 位於交易廣場的港交所新交易大堂啟用。（圖 321） |

| 2006 年 1 月 21 日 | 香港首間試行人雞分隔的家禽檔在元朗開業，每日先在街市內屠宰活雞，然後真空包裝出售，預防禽流感傳播。 |

圖 321　港交所內的交易大堂能容納逾 100 名證券經紀，現已改建為展覽館，攝於 2006 年 3 月 6 日。（南華早報提供）

| 2006 年 1 月 26 日 | 高等法院頒令四家互聯網供應商須向國際唱片業協會，披露 22 名涉嫌侵犯唱片版權的用戶資料，成為全球首宗就唱片侵權所作的民事索償案件。 |

| 2006 年 2 月 8 日 | 特區政府頒布《公眾衞生（動物及禽鳥）（禽畜飼養的發牌）規例》及《廢物處置條例》，自 2 月 13 日起，禁止散養任何家禽，以保障公眾健康及減低香港爆發禽流感的風險。 |

| 2006 年 2 月 12 日 | 《聯合國反腐敗公約》開始適用於香港，公約提供了一套綜合性的措施和規則供成員引用，以加強打擊貪污的規管機制。 |

| 2006 年 2 月 15 日 | 中央政府任命呂新華為外交部駐港特派員公署特派員，呂後於 2012 年 4 月 12 日離任。 |

| 2006 年 2 月 18 日 | 第九屆世界消防競技大賽在香港舉行，共有 3300 名來自 35 個國家和地區的消防人員參加。比賽於 25 日閉幕，香港代表隊共獲 134 面金牌、169 面銀牌和 186 面銅牌，於獎牌榜名列首位。 |

| 2006 年 2 月 19 日 | 特區政府向三間專營巴士公司批出新專營權，同時實施票價可加可減機制，容許巴士公司按照既定方程式，計算路線票價調整的合適幅度。 |
| | 香港音樂人金培達以電影《伊莎貝拉》配樂，奪得第五十六屆柏林國際影展最佳電影音樂銀熊獎。 |

| 2006 年 2 月 22 日 | 天主教香港教區主教陳日君獲教宗本篤十六世擢升為樞機。 |

| 2006 年 2 月 23 日 | 港燈於南丫島大嶺興建的南丫風采發電站啟用，是香港首座具商業規模的風力發電機，每年平均可生產 100 萬度綠色電力，可有助減少 800 公噸二氧化碳排放。 |

| 2006 年 2 月 27 日 | 教統局落實長遠支援教師的措施，改善學校人手編制，全面推行專科教學，增加常額教席，以減輕教師的工作量，使之專心於教學工作。 |

| 2006 年 3 月 5 日 | 國務院公布「十一五」規劃綱要草案，強調繼續支持香港發展金融、貿易及航運等中心的地位。 |

| 2006 年 3 月 6 日 | 金管局及中銀香港共同推出全新的人民幣交收系統，包括清算及交收由香港銀行付款、用作支付在廣東省的消費性支出的人民幣支票；自動化處理匯款、人民幣銀行卡支付及人民幣平倉，為系統參與機構提供即時查詢服務。 |

上水鄉舉行每 60 年一次的太平清醮，是本港每屆相隔年期最長的太平清醮，吸引上萬村民及市民圍觀。（圖 322）

| 2006 年 3 月 10 日 | 特區政府頒布《2006 年收入（豁免離岸基金繳付利得稅）條例》，規定離岸基金在香港獲利毋須繳交 17.5% 的利得稅，以吸引新資金在香港管理。 |

| 2006 年 3 月 12 日 | 香港第一所監獄域多利監獄舉行結役典禮，結束該監獄運作逾 160 年的歷史。 |

| 2006 年 3 月 14 日 | 九鐵公司市務總經理黎啟憲和 19 名高層人員公開要求主席田北辰辭職。翌日，黎啟憲被即時辭退，其餘 19 人收到警告信，署理行政總裁黎文熹為事件引咎辭職。 |

圖 322　上水鄉太平清醮啟壇大典盛況，除舞龍活動外，背後以竹棚搭建而成的花牌，反映了香港紮作藝術的傳統，攝於 2006 年 3 月 8 日。（星島日報提供）

2006 年 3 月 17 日　休班警員徐步高在尖沙咀開槍殺害警員曾國恒、重傷警長冼家強，徐在交火中被曾擊斃。翌月 4 日，警隊為曾舉行最高榮譽喪禮，遺體安葬浩園。7 月 1 日，冼及曾分別獲頒授及追授金英勇勳章。

2006 年 3 月 18 日　昂坪污水處理廠啟用，採用生物、過濾及消毒等高級技術處理污水，是全港首間三級污水處理廠。

2006 年 3 月 19 日　公民黨成立，由基本法四十五條關注組成員及多位學者組成，關信基出任創黨主席，余若薇出任黨魁。

2006 年 3 月 23 日　泛珠三角區域金融服務論壇在香港召開，逾 600 名來自泛珠三角區域的政府官員、中央部委官員、企業家及金融界人士參與，是香港首次舉辦以泛珠區域金融合作為主題的論壇。

2006 年 3 月 24 日　法改會發表《私隱權：規管秘密監察》報告書，建議政府立法規管秘密監察以及侵入私人處所取得個人資料的行為。

2006 年 4 月 10 日　東南亞最大型的水母館在香港海洋公園揭幕，養殖水母達 10 種、共逾 1000 隻。

2006 年 4 月 12 日　香港地鐵公司及其合營伙伴與北京市政府，簽署北京地鐵 4 號線項目的特許經營協議，為期 30 年，這項目是內地城市軌道交通建設中，首個以公私合營模式進行的項目。

2006 年 4 月 13 日　特區政府宣布與廣東省政府達成新東江水供港協議，新協議採用統包總額方式實行，自本年起生效，為期三年，特區政府每年向廣東省繳付固定水費 24.9 億元，而廣東省則根據香港水務署每月需求預測，彈性調節實際輸水量，每年向本港供水最多 8.2 億立方米。

2006 年 4 月 17 日　中國人民銀行、中國銀監會和國家外匯管理局發布《商業銀行開辦代客境外理財業務管理暫行辦法》，落實合資格境內機構投資者制度，容許獲批的內地公司投資香港在內的境外市場。

2006 年 4 月 20 日　特區政府成立五所香港研發中心，包括汽車零部件研發中心、物流及供應鏈管理應用技術研發中心、納米科技及先進材料研發中心、資訊及通訊技術研發中心、紡織及成衣研發中心，推動和統籌有關選定重點範疇的應用研發工作，以促進研發成果商品化及技術轉移。

《保護世界非物質遺產公約》在香港生效。2008 年 7 月 1 日，特區政府成立非物質文化遺產諮詢委員會，就非遺普查和保護的措施向政府提供意見。

2006 年 5 月 2 日　食環署轄下的食物安全中心成立，專責監督食物安全，確保在香港出售的食物安全和適宜食用。

香港國民教育促進會成立，以推動國民教育，提高國民意識為目標。

| 2006 年 5 月 12 日 | 香港孔子學院成立，由香港理工大學承辦，提供漢語課程及推廣中國文化。 |

| 2006 年 5 月 19 日 | 天水圍香港濕地公園開幕，是香港首個集自然護理、教育及旅遊用途於一身的景點，包括佔地 10,000 平方米的室內展館和超過 60 公頃的戶外濕地保護區，以展示本港濕地生態的多樣性。園中的室內展覽館已在 2000 年 12 月 29 日開放。（圖 323） |

| 2006 年 5 月 20 日 | 粵港澳三地政府共同申報的粵劇和涼茶，獲國務院批准列入首批國家級非遺代表性項目名錄。 |

| 2006 年 5 月 26 日 | 香港科技大學電子及計算機工程學系破格免試取錄陳易希，陳是本港首位直升大學的中五畢業生。 |

| 2006 年 5 月 29 日 | 國際郵輪營運商歌詩達郵輪公司宣布於香港設立地區總部。 |

| 2006 年 6 月 1 日 | 特區政府推出豬農自願退還牌照計劃，向自願退還禽畜飼養牌照並永久結業的豬農，發放特惠輔助金，以減低公共衛生和環境污染問題。 |

| 2006 年 6 月 9 日 | 國泰航空全面收購港龍航空。9 月 28 日，港龍航空成為其全資附屬公司，仍繼續獨立營運。 |

| 2006 年 6 月 12 日 | 入境處實施新安排，台灣居民本日起可持《台灣居民來往大陸通行證》（台胞證）及有效簽注，訪港不超過七天，不需事前申請入境許可。 |

圖 323　香港濕地公園俯瞰圖，中間偏左的建築物為濕地探索中心，攝於 2007 年 12 月 10 日。（Getty Images 提供）

| 2006 年 6 月 12 日 | 港交所旗下證券市場，開始提供結構性產品牛熊證買賣。 |

著名英國物理學家霍金抵港訪問六日。

| 2006 年 6 月 16 日 | 終審法院首席法官李國能發出《關於非全職法官及參與政治活動的指引》，規範法官參與政治組織及活動。 |

| 2006 年 6 月 24 日 | 由北京大學語文教育研究所研發、獲國家教育部港澳台辦公室批准開辦的港澳地區中小學普通話水平考試，首次在港舉行。 |

| 2006 年 6 月 27 日 | 特區政府與國家商務部簽署 CEPA 補充協議三，當中包括考獲內地律師執業資格的香港人士，可以內地律師身份從事涉及香港的婚姻和繼承案件，亦允許香港大律師以公民身份擔任內地民事訴訟的代理人。 |

全國政協主席賈慶林訪港，為期三日。

| 2006 年 6 月 28 日 | 特區政府推出優秀人才入境計劃，吸引內地及海外的優秀人才來港發展，每年設 1000 個名額，採用計分制的形式，將名額分配予最優秀的申請者。 |

| 2006 年 7 月 3 日 | 特區政府公務員實施第　階段五天工作制，除須輪班工作崗位和紀律部隊外，其他公務員星期一至五的辦公時間延長，星期六停止辦公。 |

| 2006 年 7 月 8 日 | 外交部駐香港特派員公署首次舉辦開放日。 |

| 2006 年 7 月 12 日 | 終審法院就《執法（秘密監察程序）命令》司法覆核一案作出裁決，指該命令違反基本法，但給予政府在半年寬限期內就有關問題制定新法例，期限自高等法院在 2 月 9 日就同案作出判決起計算。 |

| 2006 年 7 月 14 日 | 特區政府與最高人民法院簽署《關於內地與香港特別行政區法院相互認可和執行當事人協議管轄的民商事案件判決的安排》，使內地和香港特區法院的判決，能在兩地簡易地相互執行。 |

| 2006 年 7 月 21 日 | 特區政府頒布《2006 年博彩稅修訂條例》，政府向馬會徵收博彩稅金額，由按投注額徵稅，改為按毛利徵稅。 |

| 2006 年 7 月 25 日 | 環保署開展環保宣傳項目「藍天行動」，以改善香港城市空氣質素。 |

| 2006 年 7 月 26 日 | 香港跳繩代表隊於加拿大多倫多舉行的第六屆世界跳繩錦標賽獲得四金七銀，並首次於男子團體初級組成為世界總冠軍。 |

| 2006 年 8 月 6 日 | 深圳南山區的 MCL 洲立影城開幕，是在 CEPA 第二階段開放安排下，第一家由香港公司在內地獨資開設的電影院。 |

| 2006 年 8 月 7 日 | 香港學生代表潘瑛在新疆烏魯木齊舉行的全國女子數學奧林匹克比賽取得金牌，是香港於該賽事中首次奪金。香港代表隊其餘七名隊員亦同時取得一銀六銅成績。 |

| 2006 年 8 月 9 日 | 特區政府頒布《截取通訊及監察條例》，規定除非獲得授權，否則任何公職人員不得直接或間接進行任何截取通訊及任何秘密監察，以保障香港境內人士的通訊自由。 |

| 2006 年 8 月 26 日 | 全球最大的網上百科全書 —— 維基百科的第一屆中文年會在香港中文大學揭幕，為期兩日。 |

| 2006 年 9 月 1 日 | 香港兆基創意書院開課，是香港首間以創意理念辦學的直資中學，招收中四至中七學生。 |

| 2006 年 9 月 6 日 | 特區政府推出新網站「香港政府一站通」，以主題分類形式供市民網上查閱政府資訊及服務。 |

| 2006 年 9 月 14 日 | 天文台錄得黎克特制 3.5 級地震，震央位於香港東南偏南約 36 公里擔杆島附近海域。 |

| 2006 年 9 月 25 日 | 香港存款保障委員會推出香港存款保障計劃，合資格的港幣及外幣存款，均獲得最高十萬元的保障。 |

| 2006 年 9 月 28 日 | 香港特區駐成都經貿辦開始運作，工作範圍覆蓋四川、雲南、貴州、湖南、陝西省及重慶直轄市。 |

| 2006 年 9 月 | 香港特區駐上海經貿辦開始運作，工作範圍覆蓋上海市及江蘇、浙江、安徽和湖北四省。 |

| 2006 年 10 月 27 日 | 中國工商銀行在香港和上海同步上市，是內地首家將 H 股及 A 股分別在香港及上海證券交易所同步上市的企業，其招股創下當時全球首次公開發行總集資額（191 億美元）最高、香港新股招股凍結資金額（4250 億元）最高的紀錄。 |

多哈主辦的第十五屆亞運會火炬傳遞活動在香港舉行，25 名火炬手接力完成全程 4.5 公里的火炬傳遞。

特區政府頒布《銀行業（資本）規則》及《銀行業（披露）規則》，訂明本地銀行機構計算資本充足比率的方法，並須披露其事務狀況、利潤與虧損等相關資料，以符合巴塞爾銀行監管委員會（巴塞爾委員會）所制定的《新巴塞爾資本協定》。

特區政府頒布《2005 年吸煙（公眾衛生）（修訂）條例》，自翌年 1 月 1 日起，將禁煙區範圍擴展至食肆、酒吧、辦公室、學校、醫院和街市在內的室內範圍。

| 2006 年 10 月 28 日 | 全國政協副主席霍英東在北京逝世，終年 83 歲。香港的公祭及悼念儀式在 11 月 7 日舉行。 |

| 2006 年 10 月 29 日 | 社會民主連線成立，舉行第一屆會員大會，黃毓民為首任主席。 |

| 2006 年 10 月 31 日 | 全國人大常委會通過《關於授權香港特區對深圳灣口岸港方口岸區實施管轄的決定》，授權香港特區對深圳灣口岸港方口岸區依香港法律實施管轄，港方口岸區的範圍和使用期限由國務院規定。12 月 30 日，國務院批覆，指定港方查驗區總面積為 41.565 公頃，以租賃的方式取得，土地使用期限直至 2047 年 6 月 30 日。 |

2006 年 11 月 9 日 前衛生署署長陳馮富珍獲國家推薦，當選為世衛組織總幹事。2012年 5 月，陳馮富珍獲連任至 2017 年 6 月。

旅遊項目昂坪 360 觀光纜車開幕啟用，連接大嶼山昂坪及東涌市區。

2006 年 11 月 11 日 有 49 年歷史的愛丁堡廣場渡輪碼頭（舊中環天星碼頭），因開展中環填海工程而停用，在碼頭建築上的香港最後一個機械鐘樓亦在同一天停止運作。翌月 12 日，渡輪碼頭開始拆卸。（圖 324）

2006 年 11 月 13 日 香港與內地及澳門三地舉行首次重大傳染病防控聯合應變演練，以測試三地在處理跨地區性突發公共衛生事故的應變及通報機制。

2006 年 11 月 14 日 南蓮園池開幕，位於九龍鑽石山，以唐代園池為建築藍本，由特區政府與志蓮淨苑共同出資興建，佔地 3.5 公頃。

2006 年 11 月 18 日 全球最大商用飛機空中巴士 A380 型飛抵香港國際機場進行試飛並停留一日。

2006 年 11 月 22 日 首屆香港資訊及通訊科技獎頒獎典禮舉行，設有七個資訊及通訊科技範疇的類別，以表揚本港資訊及通訊科技業界及組織的成就。

2006 年 11 月 24 日 邵逸夫在台北舉行的第五十一屆亞太影展中獲頒發終身成就獎，邵是邵氏兄弟創辦人、亞太影展創辦人之一。

2006 年 12 月 1 日 中國香港代表團參加由卡塔爾多哈主辦的第十五屆亞運會，共取得六金 12 銀十銅，並首次在三項鐵人及舉重項目奪獎。

2006 年 12 月 3 日 國際電信聯盟 2006 年世界電信展在亞洲國際博覽館舉行，為期六日，是聯盟首次在日內瓦總部以外的地方舉行，該展覽被譽為「電信界奧林匹克」。

2006 年 12 月 11 日 位於中區衛城道的孫中山紀念館開幕，並於翌日起開放。該館原址是建於 1914 年的甘棠第，2004 年由特區政府向耶穌基督後期聖徒教會收購，2010 年被確定為法定古蹟，改建成博物館。

圖 324 舊中環天星碼頭，攝於 2006年 8 月 28 日。（南華早報提供）

| 2006 年 12 月 14 日 | 「學藝兼修：漢學大師饒宗頤教授九十華誕國際學術研討會」一連兩日在香港大學舉行，由香港九所大學合辦。 |

| 2006 年 12 月 15 日 | 特區政府頒布《2006 年防止殘酷對待動物（修訂）條例》，把殘酷對待動物的最高刑罰增至罰款 20 萬元和監禁三年。 |

| 2006 年 12 月 19 日 | 地政總署公開拍賣港島山頂加列山道一幅住宅用地，成交價 18 億元，較開價 7.68 億元高出 1.3 倍。以可建築樓面地價每平方呎 42,149 元計算，創下當時全球每呎樓面地價最高紀錄。 |

行政長官會同行政會議批准建於 1971 年的香港樹仁學院升格為大學，是香港首間私人創辦的大學。

| 2006 年 12 月 21 日 | 醫管局推出多項加強公立醫院產科及初生嬰兒深切治療服務的措施，以確保本地孕婦優先得到服務，包括進一步增加非本地孕婦使用公立醫院進行產前檢查及分娩的收費，以及建立中央預約系統，進行本地及非本地孕婦預產服務的分流。 |

特區政府與深圳政府共同簽署《優質誠信香港遊公約》，自翌年 1 月 1 日起，內地香港遊旅行團的行程須明碼實價、保證遊覽時間、自由購物和全程不可指定購物點。

| 2007 年 1 月 2 日 | 房委會恢復出售居屋單位，共發售 3056 個單位，於翌月 12 日攪珠。（圖 325） |

| 2007 年 1 月 3 日 | 外交部駐香港特派員公署舉辦第一屆香港杯外交知識競賽，活動期至 6 月，考核中學生對中國外交史、香港近代史及時事的認識，近 50,000 名學生參與。 |

| 2007 年 1 月 9 日 | 國家發改委牽頭成立的港珠澳大橋專責小組，在廣州舉行第一次會議，以推動港珠澳大橋籌建計劃。 |

| 2007 年 1 月 11 日 | 人民幣在市場自由兌換以來幣值首次超越港元，100 港元兌換 99.96 人民幣。 |

圖 325 資助房屋小組委員會主席蔡涯棉主持「出售剩餘居屋單位 2007 年第 1 期攪珠儀式」，攝於 2007 年 2 月 12 日。（政府新聞處提供）

2007 年 1 月 24 日	創刊於 1979 年的專業電影刊物及曾主辦香港電影金像獎的《電影雙週刊》，出版最後一期即第 724 期，其後宣布停刊。
2007 年 2 月 14 日	馬會與康文署合作啟動「香港記憶」計劃，在五年內建立一個香港歷史文化遺產的網上資料庫，將有關香港歷史回憶的資料、故事或物品數碼化，以方便公眾閱覽。計劃由前亞洲研究中心副主任冼玉儀及亞洲研究中心主任黃紹倫主持。
2007 年 2 月 15 日	行政長官曾蔭權委任獨立調查委員會，就與香港教育學院有關的指控進行調查。6 月 20 日，調查委員會發表報告，指出有任何方面削減教院的學生名額迫使其與香港中文大學合併的指控不成立；沒有足夠證據顯示，教統局局長或其他政府官員干預教育學院的院校自主。
2007 年 2 月 18 日	天文台錄得最高氣溫 25.3℃，是有紀錄以來香港最暖和的農曆年初一。
2007 年 2 月 27 日	香港大學化學系教授支志明以「金屬配合物中多重鍵的反應性研究」，獲得 2006 年度國家自然科學獎一等獎，是首位獲此獎項的香港科學家。
2007 年 2 月	香港國際機場二號客運大樓開始分階段投入運作，並於 6 月 1 日開幕，總面積達 14 萬平方米，設有 56 個航空公司旅客登記櫃枱，是航天城的核心項目。
2007 年 3 月 1 日	第三屆行政長官候選人答問大會在灣仔會展舉行，立法會主席范徐麗泰擔任主持，由兩名候選人曾蔭權、梁家傑分別發表政綱、與選委和公眾答問及雙方辯論，全程由電視台和電台直播。（圖 326）

圖 326　范徐麗泰（正中央）主持行政長官候選人答問大會。左為曾蔭權、右為梁家傑。（南華早報提供）

2007 年 3 月 6 日	香港電影《伊莎貝拉》在第二十七屆葡萄牙波圖國際電影節的亞洲競賽單元中,獲得最佳電影獎項;梁洛施亦憑該電影獲得最佳女主角獎項,成為首位在該影展中獲頒影后的香港演員。
2007 年 3 月 20 日	第一屆亞洲電影大獎在香港舉行,香港演員劉德華和蕭芳芳分別獲得亞洲電影票房巨星大獎和亞洲電影傑出貢獻大獎。
2007 年 3 月 21 日	香港國際機場實施新保安措施,規定離港旅客隨身攜帶登機的液體、凝膠及噴霧劑,每支均不得多於 100 毫升,並須放在容量不超過一公升的密封透明膠袋內供檢查。
2007 年 3 月 25 日	特區政府第三屆行政長官選舉進行,曾蔭權以 649 票對 123 票擊敗對手梁家傑,當選為香港特別行政區第三屆行政長官,任期由 2007 年 7 月 1 日開始,為期五年。4 月 2 日,國務院總理溫家寶簽署國務院第 490 號令,任命曾蔭權為香港特區第三屆行政長官。
2007 年 3 月 28 日	公共廣播服務檢討委員會發表檢討報告,建議特區政府斥資成立全新的公共廣播公司,並認為擁有 79 年歷史的香港電台應擺脫政府身份再重組,才可履行公共廣播法定機構的責任。
2007 年 3 月 30 日	市建局展開觀塘市中心重建計劃,並對區內受影響居民進行凍結人口調查。
2007 年 3 月 31 日	香港單車運動員黃金寶於西班牙馬略卡世界場地單車錦標賽奪得 15 公里捕捉賽冠軍,並獲頒單車運動員最高榮譽的彩虹戰衣,是首位華人獲得單車項目的世界冠軍。
2007 年 4 月 1 日	環保署推出 32 億元資助計劃,鼓勵車主把歐盟前期和歐盟一期商用柴油車輛更換為歐盟四期的新車,以改善路邊空氣質素。
	房署開始將轄下屋邨所有公共地方列為禁煙區,並納入屋邨管理扣分制,可在毋須預先警告的情況下將違例的公屋住戶扣減五分。
	特區政府恢復招聘公務員。
2007 年 4 月 3 日	香港地方志辦公室成立,劉智鵬任主任、丁新豹與劉蜀永任副主任。香港地方志辦公室運作期間,一直致力於向特區政府和香港市民推廣地方志工程。
2007 年 4 月 14 日	特區政府成立香港電影發展局,就發展香港電影業的整體政策和策略,向政府提供意見。
2007 年 4 月 21 日	首屆全港運動會揭幕,至翌月 6 日結束,設有田徑、羽毛球、籃球、乒乓球四個比賽項目,全港 18 區區議會派出 1287 名運動員參加。
2007 年 4 月 25 日	死因庭經過 37 個聆訊日,裁定警員徐步高非法槍殺警員梁成恩、巴基斯坦籍警衛 Zafar Iqbal Khan 及警員曾國恒,是香港史上歷時最長的死因研訊。

| 2007 年 4 月 26 日 | 中央政府送贈給香港特區的一對大熊貓「樂樂」和「盈盈」抵港，以慶祝香港特區成立十周年。 |

| 2007 年 5 月 9 日 | 古諮會通過，將建於 1953 年的第二代皇后碼頭評定為一級歷史建築。該碼頭主要用作舉行官方儀式，自 1958 年起，共有六任來港履新的港督於皇后碼頭登岸。 |

| 2007 年 5 月 11 日 | 中國銀監會把內地商業銀行代客理財業務的境外投資範圍，擴大至香港的上市股票和認可基金。 |

| 2007 年 5 月 15 日 | 粵港供港食品安全專責小組首次會議在北京舉行，再次確認繼續沿用以源頭管理為主軸，輔以兩地抽檢食物的雙重把關模式。 |

| 2007 年 5 月 21 日 | 高等法院裁定，民主黨就《公司條例》要求政黨公開黨員名冊提出的司法覆核敗訴，指出該條例並沒有違反基本法第 27 和第 30 條保障結社自由和私隱的條文。 |

| 2007 年 5 月 25 日 | 大嶼山發展專責小組發表經修訂的《大嶼山發展概念計劃》，原有「北發展、南保育」的整體規劃願景維持不變，主要修訂包括所有發展以對天然資源的影響減至最低為原則、增設生態文化保育項目、南大嶼闢建三項鐵人賽場地和水上活動設施。 |

| 2007 年 5 月 29 日 | 由特區政府主辦的「全球氣候變化會議 2007」在灣仔會展舉行。 |

| 2007 年 6 月 1 日 | 特區政府頒布《非應邀電子訊息條例》，分兩階段實施，首階段於本日起生效，禁止與電子訊息有關的非法活動；第二階段於 12 月 22 日起生效，容許公眾拒絕接收商業電子訊息。 |

| 2007 年 6 月 2 日 | 前全國人大代表與全國政協常委、南洋商業銀行創辦人莊世平逝世，享年 97 歲。 |

| 2007 年 6 月 7 日 | 公共專業聯盟成立，成員包括 100 多名來自不同專業界別的選舉委員會委員，黎廣德擔任主席。 |

| 2007 年 6 月 18 日 | 金管局推出人民幣即時支付結算系統，由中銀香港作清算行。 |

| 2007 年 6 月 22 日 | 瑪嘉烈醫院傳染病中心揭幕，是香港首個傳染病中心，可容納 108 張隔離病床。 |

| | 特區政府頒布《2007 年房屋（修訂）條例》，確立以租戶入息變動為基礎的公屋租金新調整機制。 |

| 2007 年 6 月 25 日 | 特區政府推出交通費支援試驗計劃，每名居於屯門、元朗、北區和離島的合資格人士，可申請交通津貼，可獲最多每月 600 元的津貼。 |

| | 港交所實施香港發行人資訊的發布新機制（披露易計劃），規定在主板的上市公司必須通過電子呈交系統披露資料。 |

| 2007 年 6 月 26 日 | 國家開發銀行發行香港首批境外人民幣債券。 |

圖 327　胡錦濤參觀香港體育學院，並勉勵兩位年輕的乒乓球員趙頌熙（右）和李皓晴（左）要努力練習，攝於 2007 年 6 月 29 日。（Getty Images 提供）

2007 年 6 月 29 日	國家主席胡錦濤抵港訪問三日，其間出席香港特區成立十周年紀念慶祝活動。（圖 327）
	特區政府與國家商務部簽署 CEPA 補充協議四，自本年 7 月 1 日起，已確定 CEPA 原產地規則的產品增至 1465 項；自翌年 1 月 1 日起，內地將在 28 個服務領域實施 40 項市場開放措施，包括 17 個原有的服務領域，以及 11 個新增領域。
	香港藝術館舉辦「國之重寶 —— 故宮博物院藏晉唐宋元書畫展」，展品包括首次離開內地展出的北宋張擇端名畫《清明上河圖卷》。（圖 328）
2007 年 7 月 1 日	香港特區第三屆政府就職典禮在灣仔會展舉行，國家主席胡錦濤為行政長官曾蔭權及主要官員監誓。
	國家主席胡錦濤主持深圳灣口岸及港深西部通道開通儀式。深圳灣口岸是首個實施一地兩檢安排的跨境口岸；全長 5.5 公里的港深西部通道則是香港與深圳之間第四條行車過境通道。（圖 329）
	特區政府架構重組，成立發展局、環境局；原有決策局職責調整，改組為勞工及福利局、運輸及房屋局、商務及經濟發展局、食物及衛生局；政制事務局改名為政制及內地事務局，教統局改名為教育局。
2007 年 7 月 9 日	塑膠製十元鈔票本日起流通使用，由金管局發行。

圖 328　市民欣賞反映北宋汴梁
城市風貌的《清明上河圖卷》。
（Getty Images 提供）

圖 329　胡錦濤乘坐的專車穿過
代表深港分界線的彩帶，象徵深
圳灣公路大橋正式開通。（政府新
聞處提供）

2007 年 7 月 11 日	特區政府發表《政制發展綠皮書》，就落實行政長官和立法會普選的模式、路線圖及時間表，徵詢公眾意見。
2007 年 7 月 24 日	天文台發出酷熱天氣警告，至翌月 5 日取消，歷時 286 小時 10 分鐘，是截至 2017 年 7 月 1 日生效時間最長的酷熱天氣警告。
2007 年 7 月 25 日	香港歷史博物館展覽「中國考古新發現」開幕，展期至 9 月 24 日，展出全國九個省市 20 多處考古遺址出土文物。
2007 年 7 月 27 日	國家廣播電影電視總局批准，港產粵語電影可不設限額進入廣東市場。
2007 年 8 月 1 日	特區政府決定收回皇后碼頭所在位置的政府土地，拆卸有 82 年歷史的皇后碼頭，以進行中環第三期填海工程。
2007 年 8 月 2 日	特區政府宣布廣深港高速鐵路香港段將以專用通道方案建造，鋪設專用路軌，由西九龍總站通往深港邊界，以縮短往來香港及廣州的行車時間。
2007 年 8 月 8 日	紮鐵工人發起罷工，爭取加薪，至翌月 12 日勞資雙方最終同意日薪加至 860 元，每天工時減至八小時，持續 36 天的工潮結束。
2007 年 8 月 10 日	高等法院就民政局局長沒有將皇后碼頭列為法定古蹟的司法覆核案裁決，裁定古物事務監督（前民政局局長）決定不將皇后碼頭列為法定古蹟，實屬合法。
2007 年 8 月 15 日	九鐵落馬洲支線及福田口岸開通，該支線全長 7.4 公里，連接上水至落馬洲福田口岸，是深圳和香港之間第二條跨境鐵路通道。
2007 年 8 月 23 日	九歲男童沈詩鈞獲浸會大學理學院破格取錄，入讀五年制數學學士及碩士課程，是截至 2017 年 7 月 1 日，香港入學年紀最小的大學生。
2007 年 9 月 3 日	第十四屆亞洲國際航空展覽會暨論壇首次在香港舉行，逾 500 個參展商參展，吸引來自 83 個國家、超過 10,000 名訪客登記參觀。
2007 年 9 月 10 日	《英文虎報》改為免費報章，為香港首份免費英文報章。
2007 年 9 月 14 日	香港科學園第二期啟用。
2007 年 9 月 15 日	特區政府頒布《古物及古蹟（暫定古蹟的宣布）（司徒拔道 45 號）公告》，將正在拆卸的景賢里列為暫定古蹟，禁止對其進行任何工程，為期 12 個月。翌年 4 月 25 日，政府刊憲公布以非原址換地方案，保育景賢里。7 月 11 日，景賢里正式被列為法定古蹟，並進行修復工程。景賢里建於 1937 年，建築糅合中西風格，主樓採用了嶺南傳統的三合院式的布局。
2007 年 9 月 20 日	特區政府成立保護古樹名木專家小組，由樹藝專家組成，就保育和護理古樹名木向康文署提供意見。
2007 年 9 月 21 日	特區政府與貿發局首次合辦亞洲金融論壇，共有 800 多名來自全球各地的專家代表出席。

圖 330 「葛量洪號」滅火輪
於退役後被安放在鰂魚涌公
園內，並作為展覽館，介紹
本港的海上消防歷史。（星
島日報提供）

| 2007 年 9 月 29 日 | 位於香港鰂魚涌公園的葛量洪號滅火輪展覽館開幕。「葛量洪號」是本港第一艘列為歷史文物保存的船隻。（圖 330） |

2007 年 9 月　教育局推行學前教育學券計劃，以學券形式向非牟利和符合條件的私立幼稚園學童的家長提供學費資助。

2007 年 10 月 2 日　中國香港代表團參加上海主辦的世界夏季特殊奧運會，在十個項目奪得 67 金 50 銀及 37 銅，為香港代表團參加世界夏季特殊奧運會以來的最佳成績。

2007 年 10 月 5 日　房委會推出「天倫樂房屋計劃」，允許年長租戶與其成年子女共住，配合特區政府的居家安老政策。

2007 年 10 月 11 日　規劃署發表《香港 2030：規劃遠景與策略最後報告》，建議特區政府因應未來人口增長，將古洞北、粉嶺北、坪輋、打鼓嶺和洪水橋列為優先發展區。

2007 年 10 月 22 日　香港桌球運動員傅家俊在格蘭披治桌球賽決賽中獲得冠軍，是首位香港運動員奪此成績。

2007 年 10 月　特區政府成立人口政策督導委員會，以促進人口政策的規劃及協調政府部門的工作，政務司司長出任主席。

2007 年 11 月 6 日　內地電子商務公司阿里巴巴在香港上市，集資額 116 億元，招股錄得超額認購 256 倍，凍資逾 4500 億元，是本港截至 2017 年集資額最大的科網股。

2007 年 11 月 13 日　香港道教聯合會在圓玄學院舉行啟壇大典，展開連續 12 日的大型祈福活動羅天大醮。

2007 年 11 月 18 日　香港特區舉行第三屆區議會選舉，選出 405 個民選區議員，其中 364 個須經選舉產生，另 41 個選區的候選人在無對手情況下自動當選，投票率為 38.83%。本屆區議會繼續設有 102 個委任議席和 27 個由各鄉鄉事委員會主席出任的當然議席。

2007 年 11 月 19 日	中港考古研究室在大嶼山鹿頸村遺址發掘，發現青銅時代及唐代遺跡，為期兩個月，其中青銅器鑄造的石範與夏商階段幾何印紋陶器共存，證明香港在此階段已掌握青銅器鑄造的技術。
2007 年 11 月 22 日	恒生銀行推出香港首隻獲證監會認可的伊斯蘭基金。
2007 年 12 月 2 日	地鐵公司和九鐵合併，九鐵結束了 97 年的鐵路業務，並將其鐵路網絡交由地鐵公司管理及營運。地鐵公司將保留其英文名稱，而中文名稱則改為香港鐵路有限公司。（圖 331）
2007 年 12 月 6 日	港島東醫院聯網東區尤德夫人那打素醫院的微創外科訓練中心開幕，設有全港首間綜合內鏡微創手術訓練室。
2007 年 12 月 11 日	特區政府在歌連臣角火葬場內建設的公眾綠色殯葬紀念花園投入服務，供市民撒放先人骨灰。
2007 年 12 月 12 日	行政長官曾蔭權就《政制發展綠皮書》公眾諮詢結果向全國人大常委會提交報告，指出香港社會各界均認同早日訂定普選時間表，提出不遲於 2017 年普選行政長官，以及「特首先行、立法會普選隨後」的方案。曾蔭權提請全國人大常委會確定 2012 年行政長官和立法會選舉辦法是否可以修改。
2007 年 12 月 16 日	重建後的石硤尾邨開幕，是香港首條全面採用通用設計的公共屋邨，該設計使住宅單位內部及公共地方的設施，均能夠讓長幼傷健人士方便共用。

圖 331　兩鐵合併後，港鐵更換尖東站其中一個出口的標誌，大批市民拍照留念。（星島日報提供）

| 2007 年 12 月 29 日 | 全國人大常委會就行政長官於本月 12 日提交的報告，作出以下決定：2012 年行政長官和立法會產生具體辦法可以作出適當修改，立法會功能團體和分區直選議員所佔比例不變，立法會對法案議案表決程序不變；2017 年行政長官可以實行由普選產生的辦法；在行政長官由普選產生以後，可以實行立法會全部議員由普選產生的辦法；行政長官和立法會全體議員產生辦法實行普選須依照法定程序進行；行政長官產生辦法、立法會產生辦法和法案議案表決程序如果未能依照法定程序修改，繼續適用上一任行政長官產生辦法和上一屆立法會的產生辦法和表決程序；行政長官實行普選產生時，須依據基本法組成一個有廣泛代表性的提名委員會，提名委員會可參照選舉委員會的現行規定組成。 |

| 2007 年 12 月 | 中央軍委主席胡錦濤簽署命令，任命張仕波為解放軍駐港部隊司令員，張後於 2012 年 10 月離任。 |

| 2008 年 1 月 7 日 | 特區政府與中電及港燈簽署新《管制計劃協議》，協議將兩電的准許回報率由 13.5% 至 15% 下調至 9.99%，並把環保表現與回報率掛鈎，確保它們控制污染排放，以改善空氣質素。 |

| 2008 年 1 月 19 日 | 賽馬會滙豐世界自然（香港）基金會的海下灣海洋生物中心開幕，是香港首個建於水上的海洋教育設施。 |

| 2008 年 1 月 24 日 | 本日起香港連續 21 天最低氣溫低於 12℃，是自 1968 年以來歷時最長的寒潮。天文台於同日發出寒冷天氣警告，至 2 月 18 日取消，歷時 594.5 小時，是截至 2017 年 7 月 1 日，生效時間最長的寒冷天氣警告。 |

| 2008 年 1 月 25 日 | 新界東北堆填區沼氣應用項目落成啟用，是本港最大規模的堆填區沼氣輸出應用計劃。 |

| 2008 年 1 月 27 日 | 互聯網上流傳涉及多名香港女星的不雅照片，引起社會廣泛關注。翌年 5 月 13 日，一名電腦技術員以涉嫌竊取並展示有關照片，被九龍城裁判法院裁定三項不誠實使用電腦罪罪名成立，判囚八個半月。 |

| 2008 年 2 月 1 日 | 食安中心啟用快速警報系統，以加強與業界溝通，就食物安全事宜迅速採取行動。 |

| 2008 年 2 月 22 日 | 特區政府推出第一期活化歷史建築伙伴計劃。 |

| 2008 年 3 月 10 日 | 港深邊界區發展聯合專責小組在深圳舉行首次會議，商討深港兩地邊界鄰近地區土地規劃發展的研究工作。 |

| 2008 年 3 月 11 日 | 世界港口峰會在灣仔會展舉行，為期兩日，商討有關港口保安、安全及環境保護等議題。 |

| 2008 年 3 月 22 日 | 烏克蘭拖船「Neftegaz-67 號」於當晚在大嶼山以北小磨刀洲以東海面與內地貨船相撞後沉沒，18 名船員喪生、七人獲救。 |

| 2008 年 3 月 | 特區政府設立十億元的香港特別行政區政府獎學金，向就讀於公帑資助大學本地及非本地的傑出學生頒發獎學金。 |

2008 年 4 月 3 日	特區政府頒布《2008 年食物及藥物（成分組合及標籤）（修訂：關於營養標籤及營養聲稱的規定）規例》，規定預先包裝食品須附有「1+7」的營養標籤，2010 年 7 月 1 日起生效。
2008 年 4 月 8 日	中國證券監督管理委員會頒布《關於證券投資基金管理公司在香港設立機構的規定》，准許內地基金管理公司根據 CEPA 補充協議四申請批准來港設立分公司、辦事處及子公司在內的機構。
2008 年 5 月 1 日	西貢南邊圍發生嚴重車禍，一輛旅遊巴士因超速而翻側，造成 19 人死亡、43 人受傷。
2008 年 5 月 2 日	2008 年北京奧運聖火傳遞活動中國區首站在香港舉行，由 119 名火炬手傳遞聖火。首棒及末棒分別由運動員李麗珊、黃金寶執跑。（圖 332）
2008 年 5 月 5 日	教育局推出資歷架構，涵蓋學術、職業專才及持續教育及培訓等不同界別，藉此推廣及支持終身學習，並提升勞動人口的專業性和競爭力。
2008 年 5 月 9 日	特區政府公布《能源效益（產品標籤）條例》，分階段規定電器供應商須在指定耗用能源產品上展示能源標籤。首階段於 2009 年 11 月 9 日開始實施。
2008 年 5 月 13 日	特區政府從賑災基金撥款 3.5 億元，以救濟 5 月 12 日發生的四川汶川黎克特制 8 級地震的災民，翌日在立法會特別會議獲通過。19 日下午 2 時 28 分，即當天發生地震的時間，所有政府人員肅立默哀三分鐘；全港各界下半旗三日誌哀。

圖 332　香港單車運動員黃金寶擔任最後一名火炬手，將北京奧運聖火送抵灣仔金紫荊廣場。（南華早報提供）

| 2008 年 5 月 14 日 | 首屆香港國際藝術展在灣仔會展舉行，為期五日，共有 102 間國際性現代及當代藝術畫廊參展。 |

| 2008 年 5 月 20 日 | 行政長官曾蔭權委任首批共八名副局長，兩日後再任命首批共九名政治助理。 |

| 2008 年 5 月 26 日 | 香港奧運馬術沙田場館落成，以舉辦 2008 年奧運和殘奧馬術賽事。 |

| 2008 年 5 月 27 日 | 香港建造業專業團體成立「香港建造界 5．12 重建工程聯席會議」，為四川汶川大地震災區重建工作，提供義務專業顧問支援。 |

| 2008 年 6 月 7 日 | 香港暴雨，天文台發出黑色暴雨警告近五個小時，多處山泥傾瀉、交通中斷，造成兩人死亡、16 人受傷。其中泥石覆蓋通往大澳一段公路，同時截斷交通和食水、無線電話供應，影響近 6000 名大澳居民。 |

| 2008 年 6 月 20 日 | 全國野生動物保護協會向香港海洋公園送贈五條有「水中活化石」之稱、中國獨有的國家一級受保護水生動物中華鱘，是國家首次向香港送贈中華鱘。 |

| 2008 年 6 月 22 日 | 雲南省政府向特區政府贈送一具侏羅紀年代恐龍化石，是內地首次將出土的恐龍化石贈予境外地區，該化石現放置於香港科學館作永久展出。 |

| 2008 年 6 月 27 日 | 特區政府頒布《2008 年食物業（修訂）規例》，禁止在零售點存留活家禽過夜，預防禽流感。 |

| 2008 年 7 月 4 日 | 特區政府頒布《防止賄賂（修訂）條例》，將《防止賄賂條例》第 4、5、10 條的適用範圍擴大至行政長官，以規管行政長官索取及接受利益，以及管有來歷不明的財產等貪污行為。 |
| | 特區政府頒布《2008 年道路交通法例（修訂）條例》，由翌年 2 月 9 日起，授權警務人員毋須合理懷疑下，可對司機進行酒精呼氣測試，以打擊醉酒駕駛。 |

| 2008 年 7 月 6 日 | 國家副主席習近平抵港視察三日，其間會見特區政府派往四川參與抗震救災的救援隊成員，檢查特區協辦 2008 年奧運馬術比賽的籌辦工作，並到市民家中探訪。 |

| 2008 年 7 月 10 日 | 醫管局公布 2007 年 10 月 1 日至 2008 年 3 月 31 日期間的嚴重醫療事件進度報告，涉及 23 宗事件，是醫管局首次公布此類報告。 |

| 2008 年 7 月 11 日 | 特區政府頒布《西九文化區管理局條例》，成立西九文化區管理局，負責推動及執行西九龍綜合藝術文化區的發展工作。 |

| 2008 年 7 月 15 日 | 特區政府與馬會合作開展保育中區警署建築群項目。2011 年 11 月建築工程展開，完成後作為「大館—古蹟及藝術館」營運，於 2018 年 5 月起分階段向公眾開放。 |

2008 年 7 月 16 日	中銀香港發行北京 2008 年奧運會港幣紀念鈔票，面值為港幣 20 元，是現代奧運史上首次發行紀念鈔票。
2008 年 7 月 18 日	特區政府成立支援四川地震災區重建工作信託基金，並已於此前的 6 月 26 日成立香港特區支援四川地震災區重建督導委員會，統籌災區支援重建工作。至 2010 年，特區政府共撥款 90 億元，馬會亦捐出十億元。
	特區政府頒布《種族歧視條例》，自翌年 7 月 10 日起，訂明基於種族的歧視、騷擾及中傷定為違法行為，並授權平機會負責執行及推廣工作。
2008 年 7 月 29 日	特區政府與國家商務部簽署 CEPA 補充協議五，加強粵港經貿合作及便利化。翌年 1 月 1 日起，內地在 17 個服務領域實施 29 項市場開放措施，除原有包括銀行、建築及會計的 15 個領域外，採礦及勘探相關的服務領域首次受惠。
2008 年 8 月 3 日	香港文化博物館舉辦「古代奧林匹克運動會 —— 大英博物館奧運珍藏展」，展出超過 110 件大英博物館的奧運藏品，包括獎牌、雕塑、錢幣等。
2008 年 8 月 9 日	2008 年第二十九屆奧運馬術比賽在香港舉行，是香港首次協辦夏季奧運項目。（圖 333）
2008 年 8 月 10 日	旺角嘉禾大廈發生五級大火，造成四人死亡、55 人受傷，死者包括消防隊目蕭永方及消防員陳兆龍，是香港二十一世紀至 2017 年 7 月 1 日首宗和唯一一宗五級火警。8 月 29 日，兩名殉職消防員獲追授金英勇勳章。
2008 年 8 月 19 日	特區政府與法國農業和漁業部簽署《葡萄酒相關業務合作諒解備忘錄》，是香港簽訂首份與葡萄酒有關的合作協議。

圖 333 香港馬術運動員林立信於北京奧運會馬術項目的個人場地障礙賽中馭馬跳躍，攝於 2008 年 8 月 17 日。（南華早報提供）

2008 年 8 月 22 日	颱風鸚鵡襲港,天文台發出九號烈風或暴風風力增強信號,並創下長達 11 小時的懸掛紀錄。颱風造成兩人死亡,超過 112 人受傷,122 宗樹木倒塌,以及 39 宗危險招牌或棚架倒塌。
2008 年 8 月 27 日	赤柱大街一棵刺桐古樹突然倒塌,造成一人死亡、兩人受傷。
2008 年 9 月 1 日	語常會推出四年計劃,協助中小學推行以普通話教中文(普教中),計劃分四期,合共為 132 所小學及 28 所中學提供支援。
2008 年 9 月 7 日	香港特區舉行第四屆立法會選舉,共選出 60 名議員,地方選區及功能界別議員分別各選出 30 名議員,地區直選投票率 45.2%,功能界別投票率 60.3%。
2008 年 9 月 16 日	受美國雷曼兄弟事件影響,恒生指數下跌 1052.29 點。事件導致雷曼兄弟於香港發行的約 127 億元信貸掛鈎票據(迷你債券)價值暴跌,使香港投資者大受損失,引發之後多次索償潮。(圖 334)
2008 年 9 月 20 日	一名三歲半女童飲用受三聚氰胺污染的內地製奶品後,腎臟出現結石,是本港首宗個案。
2008 年 9 月 23 日	特區政府頒布《2008 年食物內有害物質(修訂)規例》,禁止在本港出售的食物中含有過量三聚氰胺。
2008 年 9 月 24 日	海牙國際私法會議第三屆亞太區會議於本日在香港舉行,為期三日,來自 27 個亞太區國家逾 100 位代表出席。
2008 年 9 月 26 日	賽馬會創意藝術中心揭幕,由石硤尾工廠大廈活化而成,為創意藝術工作者提供低於市值的租金空間進行創作。
2008 年 10 月 1 日	《世界知識產權組織版權條約》及《世界知識產權組織表演和錄音製品條約》開始適用於香港,以使版權及有關數碼科技的權利受到更妥善保護。
2008 年 10 月 8 日	第四屆立法會舉行第一次會議,民建聯曾鈺成當選第四屆立法會主席。

圖 334　雷曼苦主於中環立法會外要求政府處罰行為不當的銀行,攝於 2008 年 10月 29 日。(南華早報提供)

2008 年 10 月 10 日	運房局統一樓宇實用面積定義，納入地政總署預售樓花同意方案的規管範圍。實用面積只包括單位、露台和工作平台的面積的總和，不包括如窗台以外的地方面積。
2008 年 10 月 11 日	特區政府與四川省政府簽署《就香港特別行政區支援四川地震災後恢復重建合作的安排》，由特區政府直接捐資開展首階段的 20 個援建項目，經費由支援四川地震災區重建工作信託基金承擔。
2008 年 10 月 14 日	特區政府推出兩項新措施，以鞏固香港市民對本地銀行體系的信心：一是運用外匯基金，為本地存款提供全額擔保；二是設立備用銀行資本，向本地註冊銀行提供資本保障。
2008 年 10 月 20 日	港交所重新推出黃金期貨交易，是自 1999 年暫停以來首度重開。
2008 年 10 月	土木工程拓展署展開啟德發展計劃考古勘探工作期間，發現建於 1873 至 1875 年的龍津石橋及相關遺跡，考古勘探至 2009 年 2 月結束。2011 年 5 月，特區政府建議保育該遺跡。8 月 26 日，城規會修訂啟德分區計劃大綱核准圖，以配合原址保育石橋遺跡。
2008 年 11 月 11 日	雄濤廣播有限公司獲特區政府批出有效期為 12 年的牌照，設立一條 24 小時粵語廣播的新電台頻道。
2008 年 11 月 12 日	立法會成立雷曼迷債小組委員會，對雷曼事件及迷你債券進行調查。2012 年 6 月，委員會發表兩份報告，建議改由《證券及期貨條例》規管結構性金融產品，由單一監管機構處理調查和紀律處分事宜，研究將銀行業的證券業務納入證監會規管範圍，以及加強投資者的教育工作。
2008 年 11 月 19 日	國際商會旗下的國際仲裁院在香港設立亞太區秘書處分處。
2008 年 12 月 2 日	《米芝蓮指南香港及澳門 2009》創刊，為全球首本以中英雙語出版的法國米芝蓮集團餐飲和旅遊的指南。
2008 年 12 月 5 日	「神舟七號」載人航天飛行代表團一行 40 人，包括三名實現中國史上首次太空漫步的航天員翟志剛、劉伯明和景海鵬，訪港四日，其間參與大匯演、座談會及與學生對話等交流活動。
2008 年 12 月 13 日	旺角西洋菜南街行人專用區有人從高空投擲腐蝕性液體，造成 46 人受傷。其後於翌年 5 月 16 日和 6 月 8 日，同一地點亦發生同類案件，分別造成 30 人、24 人受傷。案件截至 2017 年 7 月 1 日止尚未偵破。
2008 年 12 月 15 日	特區政府推出特別信貸保證計劃，由政府為受 2008 年全球金融危機的企業作擔保，協助它們向參與計劃的貸款機構取得貸款，以解決資金周轉問題。計劃申請期於 2010 年 12 月 31 日結束。
2008 年 12 月 20 日	一名男子在明愛醫院門外心臟病發，失救死亡。醫管局後為事件致歉，並以加強公立醫院在院內外範圍的緊急應變機制、增設可攜式自助心外除顫機等作為改善措施。

| 2008 年 12 月 | 林舜玲憑英文詩作 Vanilla in the Stars 於第二十四屆國際詩詞比賽 Nosside International Poetry Prize 中奪得特別表揚獎,為首位獲得該獎的香港詩人。 |

| 2009 年 1 月 1 日 | 特區政府推出長者醫療券試驗計劃,為期三年,向年滿 70 歲的長者每人每年派發總值 250 元的醫療券。計劃其後獲延至 2014 年,並在同年轉為恒常計劃。2017 年,合資格年齡降低至 65 歲。 |

| 2009 年 1 月 2 日 | 香港銀行公會及存款公司公會聯合發布新修訂的《銀行營運守則》,加強對金融業及銀行業的規管和監督,以應對 2008 年全球金融危機對香港銀行及金融業的衝擊。 |

| 2009 年 1 月 9 日 | 香港大學李嘉誠醫學院王振宇、王繼德團隊聯同中國人民解放軍第四軍醫大學,憑論文〈胃癌惡性表型相關分子群的發現及其序貫預防策略的建立和應用〉,獲頒 2008 年度國家科學技術進步獎一等獎。 |

| 2009 年 1 月 15 日 | 招商銀行完成強制性收購,永隆銀行正式成為招商銀行全資附屬公司,並易名為招商永隆銀行。 |

| 2009 年 1 月 16 日 | 饒宗頤獲國務院聘任為中央文史研究館館員,是首位獲聘此職的香港學者。 |

| 2009 年 1 月 21 日 | 港交所與上海證券交易所簽訂《滬港交易所更緊密合作協議》,雙方管理層定期會晤,在產品發展方面加強合作,探討合作編制以兩所證券為成份股的指數等。 |

| | 教育局成立「薪火相傳」國民教育活動系列委員會,並舉行就職典禮,以更有策略和系統地推行國民教育為目標。 |

| 2009 年 2 月 16 日 | 政府統計處公布,截至 2008 年 12 月 31 日,香港人口已逾 700 萬,為 7,008,900 人,較 2007 年底增加 56,100 人。 |

| 2009 年 2 月 19 日 | 香港特區政府與廣東省政府、澳門特區政府召開粵港澳共同推進實施《珠江三角洲地區改革發展規劃綱要》聯絡協調會議。 |

| 2009 年 3 月 9 日 | 香港特區駐柏林經貿辦投入運作,以促進香港和德國以及七個歐洲中部和東部國家的經貿關係。 |

| 2009 年 3 月 12 日 | 香港金管局與中國人民銀行簽訂《有關建立內地與香港多種貨幣支付系統互通安排的諒解備忘錄》,自 16 日起運作,首先開通港元、美元、歐元和英鎊的跨境支付業務,建立覆蓋多幣種的跨境支付清算合作機制。 |

| 2009 年 3 月 18 日 | 天文台將颱風強度重新分為三級,以中心風力時速計算,分別為颱風、強颱風和超強颱風。 |

| 2009 年 3 月 19 日 | 古諮會完成全港 1444 幢歷史建築的文物價值的評估工作,當中 212 幢獲評為一級歷史建築、366 幢獲評為二級歷史建築,576 幢獲評為三級歷史建築,餘下 290 幢歷史建築物則不予評級。 |

2009 年 3 月 31 日	特區政府成立樹木管理專責小組，研究有關本港樹木管理的各項事宜。6 月 29 日，專責小組發表《人樹共融，綠滿家園：樹木管理專責小組報告》。翌年 3 月，特區政府根據報告建議，在發展局工務科之下成立綠化、園境及樹木管理組，倡導新的策略性綠化、園境及樹木管理政策。
2009 年 4 月 1 日	中央政府實施深圳戶籍「一簽多行」措施，合資格的深圳戶籍居民可辦理一年多次來港的「個人遊」簽注。
2009 年 4 月 6 日	第十六屆英聯邦法律會議在香港舉行，是該會議首次於非英聯邦司法管轄區舉行，亦是香港繼 1983 年後再次舉行該會議。
2009 年 4 月 23 日	香港科學園生物科技中心開幕，專門作生命科學研發實驗室之用，亦設有生物科技支援實驗室，支援一般生物醫藥研發項目。
2009 年 4 月 27 日	特區政府刊憲，規定將甲型豬型流感（H1N1）列為法定須呈報的傳染病，以防控當時在墨西哥及美國爆發的人類豬型流感。
2009 年 4 月 30 日	海洋公園「亞洲動物天地」開幕，佔地 25,000 平方米，是全球首個融合室內外環境、集合多個有關亞洲動物品種的綜合展館，包括熊貓、娃娃魚及揚子鱷等。
2009 年 4 月	灣仔會展擴建計劃工程竣工，7 月 22 日舉行中庭擴建落成典禮。
2009 年 5 月 1 日	香港確診首宗人類感染甲型豬型流感（H1N1）個案，由墨西哥傳入，亦為亞洲首宗確診病例。特區政府即時封鎖患者曾入住的灣仔維景酒店，並嚴令當中近 300 名住客及員工即時原地隔離七日，同時把流感大流行應變級別提升至緊急。
2009 年 5 月 7 日	發展局與房協、市建局合資十億元，推行「樓宇更新大行動」，資助私人舊樓業主維修及保養樓宇公用地方。
2009 年 5 月 9 日	特區政府與中央政府簽署 CEPA 補充協議六，香港服務提供者在 42 個服務領域可享優惠待遇進入內地市場，包括在 20 個服務領域的 29 項新開放措施，當中新增兩個服務領域，包括研究和開發以及鐵路運輸。
2009 年 5 月 11 日	聯合國國際海事組織在香港舉行拆船公約外交大會，為期五日，是該組織首次在亞洲舉行外交大會。
2009 年 5 月 24 日	中央政府任命彭清華為中聯辦主任，彭後於 2012 年 12 月 18 日離任。
2009 年 5 月 25 日	馬灣公園內的「挪亞方舟」開放，為全球唯一根據《舊約聖經・創世記》記錄的原尺寸而建的方舟實物，內設花園、展館及酒店。
2009 年 5 月	特區政府成立一億元的盛事基金，資助本港非牟利機構在港主辦藝術、文化和體育盛事，為期三年，至 2012 年 3 月止。2012 年 4 月，特區政府再撥 1.5 億元，延長基金運作五年，至 2017 年 3 月終止。

2009 年 6 月 1 日	警監會成為法定機構，並更名為獨立監察警方處理投訴委員會（監警會），以觀察、監督和覆檢警務處處長就須匯報投訴的處理和調查工作。
	商務及經濟發展局成立「創意香港」辦公室，負責推動香港創意產業發展。
2009 年 6 月 26 日	特區政府頒布《在囚人士投票條例》，自 10 月 30 日起，容許正在服刑或受羈押的合資格選民於在囚期間投票。
2009 年 6 月 30 日	特區政府與迪士尼公司就香港迪士尼樂園擴建計劃達成協議。翌月 10 日，特區政府決定將約 62.5 億元借予主題樂園公司的貸款轉換為股份，持有該公司約 52% 股權，以便落實擴建計劃。
2009 年 7 月 1 日	本港所有室內公共場所全面實施禁煙。
2009 年 7 月 6 日	根據中國人民銀行聯同其他內地有關部門在 7 月 2 日公布的《跨境貿易人民幣結算試點管理辦法》，香港開始成為指定境外地區實行跨境貿易人民幣結算的試點。
2009 年 7 月 7 日	特區政府實施塑膠購物袋環保徵費。
2009 年 7 月 10 日	本港首次出現死於人類豬流感的個案，死者是一名菲律賓籍男子。
2009 年 7 月 22 日	證監會、金管局與 16 間分銷銀行達成協議，由分銷銀行向香港投資者以原價的 60% 至 70% 回購其出售的雷曼兄弟迷你債券。雷曼苦主大聯盟反對賠償方案，並要求銀行以百分百價錢回購。2011 年 3 月 28 日，雷曼兄弟迷你債券抵押品接管人羅兵咸永道會計師事務所公布，合資格客戶可取回的款項增加至相當於其最初投資額的 85% 至 96.5%。
2009 年 7 月 24 日	香港動畫電影《麥兜響噹噹》在內地上映，是首部獲特區政府電影發展基金資助製作的香港動畫電影。
2009 年 7 月 26 日	港鐵將軍澳線康城站啟用，是兩鐵合併以來首個啟用的鐵路車站。
2009 年 7 月	特區政府試用通過外部電源充電的混合動力車，為期三個月，多個政府部門參與。
2009 年 8 月 4 日	颱風天鵝掠過本港西南 100 公里，天文台發出八號烈風及暴風信號六小時，造成四人死亡、11 人受傷。
2009 年 8 月 16 日	港鐵西鐵線柯士甸站啟用，西鐵線九龍南線全面開通。
2009 年 8 月 19 日	粵港雙方在粵港聯席會議上，簽訂《粵港環保合作協議》，同意加強空氣污染防治、水質保護和環保產業發展等範疇的合作，建設綠色大珠三角地區優質生活圈。
2009 年 9 月 1 日	特區政府將本地免費教育年期由九年擴展至 12 年。

| 2009 年 9 月 1 日 | 教育局開始在中四級別推行新學制下的新高中課程（中四至中六）。學生修讀畢業後，可銜接四年制的本地大學課程。 |

| 2009 年 9 月 3 日 | 政府債券計劃發行首批兩年期的機構債券，總值 35 億元。 |

| 2009 年 9 月 13 日 | 在九龍站上蓋興建中的環球貿易廣場工地發生工業意外，六名工人從位於 30 樓的升降機平台下墜至十樓，先後傷重不治。 |

| 2009 年 9 月 14 日 | 研資局成立香港博士研究生獎學金計劃，以吸引世界各地優秀的研究生來港，在受教資會資助的大學修讀以研究為本的博士學位課程。 |

| 2009 年 9 月 17 日 | 特區政府成立香港檢測和認證局，就發展本港的檢測和認證業向行政長官提供意見。檢測及認證業為經濟機遇委員會推動的六項優勢產業之一。 |

| 2009 年 9 月 21 日 | 香港主辦世衞組織西太平洋區域委員會第六十屆會議，為期五日，來自西太平洋區域的 37 個國家及地區的衞生官員出席。 |

| 2009 年 9 月 28 日 | 國家財政部首次在香港發行 60 億元人民幣的國債，中銀香港和交通銀行香港分行擔任聯席牽頭行及入帳行。 |

| 2009 年 10 月 1 日 | 渣打銀行發行 150 元面額的紀念鈔票，以慶祝該行成立 150 周年，為全球首款 150 元面額的鈔票。 |

| 2009 年 10 月 2 日 | 粵劇獲列入聯合國教科文組織《人類非物質文化遺產代表作名錄》，是粵港澳三地政府透過中央政府共同申請的項目，為香港首項世界非物質文化遺產。（圖 335、336） |

| 2009 年 10 月 6 日 | 前香港中文大學校長高錕獲頒 2009 年諾貝爾物理學獎，表彰其在光學通信的開創性成就。 |

| 2009 年 10 月 16 日 | 香港單車運動員黃金寶獲邀擔任山東濟南主辦的第十一屆全國運動會開幕禮火炬傳遞的火炬手，是首位獲邀擔任全運會火炬手的香港運動員。 |

| 2009 年 10 月 20 日 | 行政長官曾蔭權會同行政會議批准興建廣深港高速鐵路香港段項目。同日，特區政府公布為受清拆影響的石崗菜園村住戶提供特惠安置方案。 |

| | 保安局外遊警示制度生效，以風險的輕重分為黃色、紅色和黑色三個級別，協助市民掌握前往海外國家及地區時可能面對的風險。 |

| 2009 年 10 月 24 日 | 荷里活廣場地庫停車場的電動車充電站啟用，提供六個電動車充電及泊車位，是全港首個提供免費電動車充電服務的私人停車場。 |

| 2009 年 10 月 29 日 | 聯合國世界知識產權組織在香港召開「知識資本、知識資產和知識產權管理」地區研討會，為期兩日，逾 200 名各地政府、機構代表參與。 |

圖 335　民政局局長曾德成在北京的「中國入選聯合國教科文組織非物質文化遺產名錄項目頒證儀式」上接受粵劇成為人類非物質文化遺產代表作名錄項目的證書。後排列席者包括國務委員劉延東（右）和教育部副部長郝平（左），攝於 2010 年 8 月 19 日。（政府新聞處提供）

圖 336　仙鳳鳴戲寶《帝女花》之〈辭殿〉劇照。前排坐者為任劍輝、跪者為白雪仙；二排左為梁醒波、右為靚次伯。（香港中文大學圖書館提供）

2009 年 11 月 3 日 ｜ 香港國家地質公園開幕，並獲中央政府批准成為中國國家地質公園成員。公園包括新界東北沉積岩和西貢東部火山岩兩大園區等合共八大景區，佔地 5000 公頃。2011 年 9 月 17 日，公園獲聯合國教科文組織列入世界地質公園名錄，更名為中國香港世界地質公園。2015 年 11 月 17 日，公園又更名為香港聯合國教科文組織世界地質公園。

2009 年 11 月 9 日 ｜ 中電舉行電動車充電站啟動儀式，首批位於九龍和新界的 21 個充電站陸續於年底前啟動，其中龍翔中心停車場和富盛大廈停車場於本日啟用。

2009 年 11 月 30 日 ｜ 香港知專設計學院位於調景嶺校舍平頂，並於 2010/2011 學年啟用。學院由職訓局於 2007 年合併其轄下的葵涌、青衣、觀塘及沙田設計學科而成。

2009 年 12 月 1 日 ｜ 香港地產建設商會制定的樓花銷售指引生效，規定發展商必須在價單上以實用面積計算每平方呎售價。

2009 年 12 月 5 日 ｜ 香港主辦的第五屆東亞運開幕，開幕式由國際奧委會主席羅格及國務委員劉延東主禮。中國香港代表團派出 383 名運動員參與全部 22 個比賽項目，共取得 26 金 31 銀 53 銅。當中男子足球代表隊奪得首項國際性大型綜合運動會金牌、壁球隊更囊括其項目全部七面金牌。13 日，運動會閉幕式在紅館舉行。（圖 337、338、339）

2009 年 12 月 18 日 ｜ 香港攝影文化協會成立，該協會每兩年舉辦一次國際攝影節，以推廣香港攝影藝術及文化。

2009 年 12 月 20 日 ｜ 昂船洲大橋通車，連接昂船洲和青衣島九號國際貨櫃碼頭，落成時是世界上第二長的斜拉橋，是八號幹線最後開通部分。

2009 年 12 月 24 日 ｜ 特區政府頒布《2009 年家庭暴力（修訂）條例》，新增性別中立的同居關係定義，將同性同居者及前同性同居者納入條例保障範圍。

2009 年 ｜ 香港首度成為全球集資額最大的首次公開招股市場，此後連續三年位居世界第一。

2010 年 1 月 5 日 ｜ 社運組織「80 後反高鐵青年」舉行一連四日的「五區苦行」，途經五個立法會選區，反對興建廣深港高速鐵路香港段。

2010 年 1 月 11 日 ｜ 公民黨及社民連發起「五區公投」，由五個立法會選區各派一名議員辭職，試圖以補選為「變相公投」。26 日，港島區陳淑莊、九龍東梁家傑、九龍西黃毓民、新界東梁國雄、新界西陳偉業遞交辭職信。

2010 年 1 月 15 日 ｜ 國務院港澳辦發表聲明，指出基本法沒有「公投」制度，特區亦無權創制「公投」制度，在香港進行「公投」並無法律效力。

圖 337 第五屆東亞運動會開幕式上，香港乒乓球選手李靜（前排中）代表全體參賽運動員宣讀運動員誓詞。（政府新聞處提供）

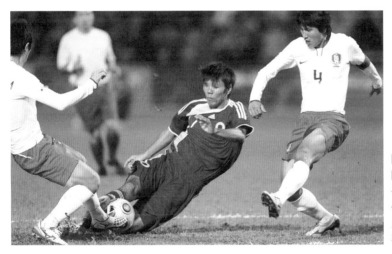

圖 338 香港男子足球代表隊成員陳肇麒（紅色球衣）與韓國球員爭球。他於 2017 年以 37 球成為代表隊歷史上最多國際賽入球的球員，攝於 2009 年 12 月 3 日。（南華早報提供）

圖 339 香港壁球代表隊成員展示於第五屆東亞運動會所囊括的全部七面金牌，攝於 2009 年 12 月 12 日。（南華早報提供）

2010 年 1 月 16 日	立法會財委會通過廣深港高速鐵路香港段的 669 億元撥款申請後，示威者反對興建高鐵及不滿特區政府徵用石崗菜園村土地興建車廠，包圍立法會並與警方發生衝突。
2010 年 1 月 19 日	香港特區政府與上海市政府簽署《關於加強滬港金融合作的備忘錄》。
2010 年 1 月 27 日	廣深港高速鐵路香港段動工，全長約 26 公里，由香港西九龍站開始，經過專用隧道直達深圳福田站連接全國高鐵網絡。2018 年 3 月 23 日竣工，9 月 23 日通車，列車命名為港鐵「動感號」。
2010 年 1 月 29 日	土瓜灣馬頭圍道一幢五層高唐樓倒塌，造成四人死亡、兩人受傷，相連兩座唐樓亦因此出現結構危險。（圖 340）
	中環灣仔繞道及東區走廊連接路舉行動土儀式，繞道全長 4.5 公里，連接中環林士街天橋與東區走廊，是港島北岸東西行策略性幹道的一部分，可縮短交通行程。
2010 年 1 月	牛頭角下邨（二區）清拆工作完成。至此，根據 1987 年《長遠房屋策略》所制定、關於有序地清拆舊式公屋和政府廉租屋邨以進行重建的整體重建計劃宣告完成。
2010 年 2 月 1 日	滙豐集團將集團行政總裁主要辦公室由倫敦遷至香港，並以即將上任的行政總裁紀勤兼任滙豐亞太區主席。
2010 年 2 月 2 日	高等法院就已故華懋主席龔如心遺產案作出裁決，裁定華懋慈善基金勝訴，陳振聰所持聲稱 2006 年的遺囑無效，2002 年所立遺囑為最後及有效的版本。2013 年 7 月 5 日，高等法院裁定陳振聰偽造及使用虛假文書罪成，判監 12 年。
2010 年 2 月 18 日	天文台啟用寶珊地震站，以監測南海一帶發生的地震，該地震站設有寬頻地震儀和強震儀，探測南海地震的地震波。同年 5 月，地震站成為全球地震台網的成員。
2010 年 2 月 21 日	香港電影《歲月神偷》在第六十屆柏林國際電影節奪得水晶熊獎新世代最佳影片，是首部奪得此獎項的香港電影。該電影獲特區政府電影發展基金的資助。
2010 年 3 月 15 日	最後一屆香港中學會考開考，是屆共有 16 名考生考獲十優成績。
2010 年 4 月 1 日	特區政府實施活化工廈計劃。
2010 年 4 月 7 日	特區政府與廣東省政府在北京簽署《粵港合作框架協議》，進一步推動粵港發展合作。
2010 年 4 月 14 日	特區政府公布《2012 年行政長官及立法會產生辦法建議方案》，建議選舉委員會成員由 800 人增至 1200 人，四大界別各增加 100 個名額，其中第四界別新增名額中的 75 個分配予民選區議員，使選委會中的區議員數目增至 117 個，並且只能由民選區議員互選產生；立法會議席數目由 60 席增加至 70 席，分區直選及功能界別議席各 35 席。

圖 340　2010 年 1 月 29 日，土瓜灣馬頭圍道 45 號唐樓倒塌現場，消防員全力拯救被困傷者。（南華早報提供）

2010 年 4 月 14 日 | 香港義工黃福榮於青海省玉樹地震中救災時罹難。16 日，特區政府向黃追授金英勇勳章。

2010 年 5 月 1 日 | 香港參與上海主辦的 2010 年世界博覽會，香港館及「城市最佳實踐區」香港展覽本日開幕。

2010 年 5 月 7 日 | 特區政府頒布《2010 年僱傭（修訂）條例》，僱主如在故意及無合理辯解的情況下拖欠勞資審裁處或小額薪酬索償仲裁處裁斷的款項（涉及工資或其他權益），可被罰款 35 萬元及入獄兩年。條例於 10 月 29 日實施。

2010 年 5 月 14 日 | 恒生商學書院獲准升格為自資專上學院，改名為恒生管理學院，同年 9 月開辦學士學位課程。

2010 年 5 月 16 日 | 特區政府舉行立法會補選，以填補因「五區公投」行動造成的五個空缺，結果由五名辭職的前議員補選當選，此次補選的投票率為 17.19%，是特區成立以來最低，同時亦是首個為在囚的已登記選民作出投票安排的選舉。

2010 年 5 月 24 日 | 民主黨主席何俊仁、副主席劉慧卿及立法會議員張文光，獲邀進入中聯辦，與副主任李剛、法律部部長馮巍和副部長劉春華會面。這是民主黨成立以來首次進入中聯辦與中聯辦官員會面。

2010 年 5 月 27 日 | 特區政府與中央政府簽署 CEPA 補充協議七，涵蓋 19 個領域、共 35 項市場開放和貿易投資便利化措施，並於翌年 1 月 1 日起實施。補充協議包括涉及 14 個服務領域、共 27 項的開放措施，其中八項屬「先行先試」措施。

2010 年 5 月 29 日 | 行政長官曾蔭權帶領問責官員落區接觸市民，以「起錨」為口號，呼籲市民支持 2012 年政制改革方案。（圖 341）

2010 年 6 月 1 日 | 特區政府實施多項調控樓市措施，規管一手住宅樓宇銷售和示範單位設置，以及規定發展商首張價單須包括更多單位出售，俗稱「九招十二式」，同時要求香港地產建設商會發出相關的新指引。

2010 年 6 月 4 日 | 康文署舉辦首屆「中國戲曲節」，包括北京京劇院及紹興小百花越劇團等 12 個劇團參演。

2010 年 6 月 17 日 | 行政長官曾蔭權與公民黨黨魁余若薇於政府總部就政改方案進行電視辯論。這是香港史上行政長官首次就政制問題進行公開的電視辯論。（圖 342）

2010 年 6 月 18 日 | 特區政府頒布《廢物處置（醫療廢物）（一般）規例》、《廢物處置（醫療廢物處置的收費）規例》和《2010 年〈2006 年廢物處置（修訂）條例〉（生效日期）公告》，翌年 8 月 1 日起，醫療廢物的收集、運送和處置均受法例規管，指定醫療廢物處置設施會徵收處置費用。

圖 341　行政長官曾蔭權
及一眾司局級官員向市民
派發傳單，宣傳 2012 年
政制改革方案，並向傳媒
發表講話。（政府新聞處
提供）

圖 342　行政長官曾蔭權
（左）正在政制改革方案辯
論中發言，主持人吳明林
（中）及公民黨立法會議
員余若薇（右）則在旁聆
聽。（Getty Images 提供）

2010 年 6 月 25 日　立法會以超過三分之二的多數票，通過 2012 年行政長官和立法會
產生辦法和法案議案表決程序的修正案。2012 年行政長官選舉委
員會由 800 人增至 1200 人，不少於 150 名的選舉委員可聯合提名
行政長官候選人；2012 年立法會議席由 60 席增至 70 席，其中五
個新增議席由分區直接選舉產生，另外五個由新設的區議會（第二）
功能界別選舉產生，區議會（第二）功能界別由全港在其他功能界
別無投票權的選民組成。

2010 年 7 月 16 日　中國農業銀行繼 15 日於上海證券交易所發行 A 股上市後，本日於
港交所發行 H 股上市，招股價為 3.2 元，超額認購 4.87 倍，凍結
資金 260 億港元。至此，內地四大國有銀行均完成 A 股及 H 股的
上市。

2010 年 7 月 16 日　香港海關首次破獲冰毒製造工場及毒品儲存中心，拘捕五人，檢獲各類冰毒總值 1.75 億元，是截至 2017 年 7 月 1 日最大宗冰毒案件。

2010 年 8 月 13 日　為管控銀行按揭貸款風險，金管局要求銀行向價值 1200 萬元或以上物業及所有非自住物業，實施 60% 按揭上限，借款人供款與入息比率的上限統一為 50%，同時銀行須為按揭借款申請人承受利率回升的能力進行壓力測試。

香港按揭證券有限公司修訂按揭保險計劃，暫停接受超過 90% 按揭貸款申請，將 90% 或以下按揭貸款的貸款額上限由 1200 萬元調低至 720 萬元，以及將供款佔入息比率上限劃一為 50%。

2010 年 8 月 23 日　香港康泰旅行社一個 25 人旅行團，在菲律賓馬尼拉遭持槍挾持。事件持續逾 12 小時，造成八名人質死亡，七名人質受傷。特區政府宣布，翌日起一連三日為全港哀悼日，下半旗誌哀，保安局亦向菲律賓發出香港首個黑色外遊警示。翌年 7 月 1 日，兩名團員傅卓仁、梁錦榮及領隊謝廷駿獲特區政府追授金英勇勳章。（圖 343）

2010 年 8 月 28 日　全國人大常委會批准香港特別行政區提出的《基本法附件一行政長官產生辦法修正案》和將《基本法附件二立法會產生辦法和表決程序修正案》備案。

2010 年 9 月 1 日　教育局於中一開始實施微調中學教學語言政策，不再硬性規定中學使用中文或英文作為教學語言，改為按學校情況及學生能力作出合適安排。

圖 343　菲律賓警察正在使用鐵鎚打破玻璃，強行攻上被劫持的旅遊巴士，攝於 2010 年 8 月 23 日。（Getty Images 提供）

| **2010 年 9 月 2 日** | 立法會首次根據《議事規則》第 15（2）條，在休會期間召開特別會議，辯論「本港旅行團在菲律賓被挾持事件」議案並獲通過，要求菲律賓政府向馬尼拉人質挾持事件中的死傷者及其家屬公開道歉及賠償。 |

2010 年 9 月 3 日 | 高等法院首席法官馬道立宣誓就任特府第二任終審法院首席法官。

香港導演吳宇森於第六十七屆意大利威尼斯國際電影節獲終身成就金獅獎，是首位獲得該獎項的華人導演。

2010 年 9 月 13 日 | 香港按揭證券有限公司推出補價貸款擔保計劃，為銀行按揭成數超過六成或七成的補價貸款提供擔保，最高可至九成，為居屋業主籌措資金完成補價，以配合政府活化居屋第二市場的措施。

2010 年 9 月 15 日 | 第一屆國際刑警資訊保安會議於香港警察總部舉行，為期三日，逾 300 名來自 50 個國家的代表參加。

2010 年 10 月 8 日 | 中央政府任命王光亞為國務院港澳辦主任，王後於 2017 年 9 月 22 日離任。

2010 年 10 月 12 日 | 特區政府與房協合作，推出置安心資助房屋計劃，由房協興建中小型單位，市民可以先租後買，租金的一半可當作購買單位或其他私人單位的首期。首個發展項目為青衣綠悠雅苑，提供 1000 個單位，原定於 2012 年接受申請，但特區政府於 2012 年 8 月宣布計劃中止，並改為出售項目。2013 年 1 月，特區政府宣布停止興建其他「置安心」項目。

2010 年 10 月 18 日 | 私隱專員公署就八達通公司未經同意出售客戶資料予商戶的事件，發表調查報告。

2010 年 11 月 9 日 | 香港亞洲國際博覽館展出電子動態版《清明上河圖》，為期三周。該圖是 2008 年上海世博會中國國家館的鎮館之寶。

2010 年 11 月 11 日 | 特區政府任命關愛基金督導委員會，負責督導和統籌基金的工作。翌年，該基金由政府注資 50 億元，以及目標向商界募捐 50 億元，以援助社會保障制度未能惠及的有需要人士。

香港亞運足球代表隊在 2010 年第十六屆廣州亞運會男子足球賽打入 16 強，繼 1958 年亞運後再次於男子足球分組賽晉級。

2010 年 11 月 12 日 | 特區政府公布《仲裁條例》，涵蓋進行仲裁時的程序、仲裁庭下達的臨時措施和初步命令及仲裁裁決的執行等不同範疇。

中國香港代表團參加在廣州舉行的第十六屆亞運會，共取得八金 15 銀 17 銅，並首次於七人欖球和馬術項目奪獎。

2010 年 11 月 19 日 | 特區政府首次推出額外印花稅，翌日起凡購入任何價值的住宅物業，在購入後 24 個月或以內轉售，須繳交 5% 至 15% 的額外印花稅，以打擊樓市炒賣。因應有關措施，金管局要求銀行加強住宅物業按揭貸款的風險管理，樓價 600 萬元以上物業的按揭成數均下調一成；按揭保險計劃亦只接受樓價 680 萬元以下的物業申請。

| 2010 年 11 月 19 日 | 深圳后海灣發生強度 2.8 級地震，香港感受到震動。 |

| 2010 年 11 月 26 日 | 特區政府刊憲公布沙田至中環線鐵路方案，全長約 17 公里，設有十個車站。 |

| 2010 年 11 月 27 日 | 香港攝影文化協會舉行「香港攝影節 2010」，是香港首個頗具規模的跨區攝影活動，總共吸引逾 100 位來自香港、國際的攝影大師，以及攝影愛好者參與。 |

| 2010 年 12 月 1 日 | 特區政府根據《2010 年吸煙（公眾衛生）（指定禁止吸煙區）（修訂）公告》，將禁煙範圍擴大至 131 個露天及有蓋公共運輸設施。 |

| 2010 年 12 月 6 日 | 特區政府推出「我的政府一站通」網站，為市民提供個人化的一站式網上公共資訊和服務。 |

| 2010 年 12 月 | 環球貿易廣場竣工，位於九龍地鐵站上蓋，樓高 118 層，取代港島 88 層的國際金融中心二期，成為當時全港最高及唯一樓層超過 100 層的建築物。 |

| 2011 年 1 月 9 日 | 新民黨成立，葉劉淑儀出任主席。 |

| 2011 年 1 月 23 日 | 「人民力量」成立，劉嘉鴻出任主席。 |

| 2011 年 1 月 25 日 | 位於添馬艦的政府總部大樓和立法會綜合大樓舉行平頂儀式，於同年 8 月陸續啟用。 |

| 2011 年 1 月 28 日 | 特區政府頒布《古物及古蹟（暫定古蹟的宣布）（何東花園）公告》，將 1927 年落成的何東花園列為暫定古蹟，為期 12 個月。翌年 12 月，特區政府表示因未能與業主就保育取得共識，放棄將何東花園列為法定古蹟，花園大宅其後被拆卸。 |

| 2011 年 2 月 11 日 | 特區政府成立最低工資委員會，研究如何釐定最低工資水平和訂立檢討機制。 |

| 2011 年 3 月 2 日 | 特區政府公布「$6000 計劃」，向 18 歲以上香港永久性居民一次過發放 6000 元現金津貼，是香港首次直接派發現金予市民的計劃。 |

| 2011 年 3 月 3 日 | 香港大學化學系任詠華憑發光材料及太陽能創新技術研究的貢獻，獲得歐萊雅－聯合國教科文組織世界傑出女科學家成就獎。 |

| 2011 年 3 月 9 日 | 石崗菜園村居民同意港鐵公司在菜園新村興建臨時房屋，並承諾在臨時房屋落成後遷入。4 月 24 日，該村舉行惜別會答謝支持者，其後村民開始分批遷入菜園新村臨時房屋。 |

| 2011 年 3 月 11 日 | 特區政府頒布《汽車引擎空轉（定額罰款）條例》，自 12 月 15 日起，汽車停車每小時，熄匙時間不得少於 57 分鐘。 |

| 2011 年 3 月 14 日 | 第十一屆全國人大第四次會議表決通過《中華人民共和國國民經濟和社會發展第十二個五年規劃綱要》，港澳部分首次單獨成章。 |

| 2011 年 3 月 17 日 | 民航處聯同本地航空業界機構舉辦拉飛機活動,邀請 360 名參加者以人力方式拉動五架不同類型的飛機,慶祝香港航空業發展 100 周年。活動創造了「同一時間拉動飛機的最重紀錄」、並打破「由團隊拉動最重飛機前進 100 米」的健力士世界紀錄。 |

| 2011 年 3 月 21 日 | 市建局推出「樓換樓」計劃,讓受重建項目影響的業主在現金補償及特惠金外,可選擇購買在原址重建的單位,以及該局在同區項目或啟德發展區內的預留單位(今煥然壹居)。 |

| 2011 年 3 月 22 日 | 東華學院獲准升格為一所可頒授學士學位的專上學院。 |

| 2011 年 4 月 1 日 | 經中央政府與特區政府協商,香港永久性居民在內地超過 14 歲的子女(超齡子女),本日起可申請單程證來港定居,與親生父母團聚。 |

| 2011 年 4 月 8 日 | 特區政府頒布《食物安全條例》,規定本地的食物進口商和分銷商須向食環署登記,確保政府處理食物事故時可追蹤食物來源,並要求食物商保存食物進出紀錄。條例於 8 月 1 日生效。 |

| 2011 年 4 月 18 日 | 特區政府舉辦《國家十二五規劃綱要》論壇,以增加社會各界對該規劃及香港配合工作的認識。 |

| 2011 年 5 月 1 日 | 法定最低工資實施,首個法定最低工資定為每小時 28 元。2013 年 5 月 1 日起增至每小時 30 元;2015 年 5 月 1 日起增至 32.5 元,2017 年 5 月 1 日起再增至 34.5 元。 |

| 2011 年 5 月 23 日 | 長洲太平清醮、大澳端午龍舟遊涌、大坑舞火龍和香港潮人盂蘭勝會被國務院列入第三批國家級非物質文化遺產名錄。(圖 344、345、346、347) |

圖 344　銅鑼灣大坑於每年中秋節都會舉行舞火龍的傳統習俗,祈求驅瘟逐疫。圖中的健兒們正為火龍燃點香枝。(政府新聞處提供)

圖 345　香港各區每年盂蘭節都會舉辦盂蘭勝會，祭祀祖先，超度孤魂。圖為西貢盂蘭勝會的花牌神棚，色彩鮮明，甚富傳統特色。（政府新聞處提供）

圖 346　每年農曆四月初八，長洲居民都會舉辦太平清醮，酬謝北帝。圖為飄色巡遊，由小孩打扮成歷史人物或知名人士，站在特製支架上，穿街過巷巡遊。（政府新聞處提供）

圖 347　每年端午節，大澳都會舉辦傳統「龍舟遊涌」的民俗活動。大澳漁民團體於農曆五月初四到大澳四間廟宇「接神」，請出楊侯、天后、關帝、洪聖的小神像，並於翌日端午節進行遊神活動。（政府新聞處提供）

2011 年 5 月　明愛徐誠斌學院改名為明愛專上學院，合資格開辦學士學位課程。

2011 年 6 月 8 日　終審法院就剛果（金）案提請全國人大常委會釋法，為特區成立以來終審法院首次提請釋法。

2011 年 6 月 10 日　金管局發出指引，要求銀行採取措施加強物業按揭貸款業務的風險管理，包括下調價值 700 萬至 1200 萬元住宅物業的最高按揭成數、主要收入來自香港境外申請人的貸款按揭成數上限，以及以資產淨值為依據所批出的按揭貸款最高按揭成數。

2011 年 6 月 30 日　特區政府展開 2011 年人口普查，至 8 月 2 日結束。普查結果顯示，香港總人口為 7,071,576 人，當中常住人口為中 6,859,341 人，流動人口為 212,235 人。

特區政府頒布《2011 年印花稅（修訂）條例》，實施額外印花稅，以打擊樓市炒賣行為。

2011 年 7 月 4 日　社會福利諮詢委員會公布《香港社會福利長遠規劃報告書》，分析香港人口結構與變化、社會發展及福利服務等資料，提出未來福利發展的指導原則和策略方針。

2011 年 7 月 11 日　特區政府首次發行與通脹掛鈎債券（iBond），供香港居民認購。

香港按揭證券公司推出安老按揭試驗計劃，讓 60 歲或以上的長者可以向銀行抵押自住物業，以換取每月現金收入的同時，繼續在原有住所居住。首批共有七家銀行參與計劃。

2011 年 7 月 12 日　香港電影導演兼製片人徐克在第十屆紐約亞洲電影節，獲頒亞洲星終身成就獎。10 月，徐克在第十六屆釜山國際電影節，獲頒亞洲電影人獎。

2011 年 7 月 18 日　立法會舉行惜別昃臣道立法會大樓活動，超過 150 名現任和前任立法會議員出席，並見證時光錦囊出土。9 月，立法會遷往添馬艦的新立法會綜合大樓。（圖 348）

圖 348　新立法會綜合大樓內的會議廳，攝於 2011 年 10 月 4 日。（南華早報提供）

| 2011 年 7 月 25 日 | 港交所於香港證券市場的中央結算及交收系統推行「T+2 日完成款項交收」安排，證券及款項將同於 T+2 日（交易日後第二個營業日）完成交收。 |

| 2011 年 8 月 8 日 | 行政長官辦公室由禮賓府遷往添馬艦政府總部。 |

| 2011 年 8 月 18 日 | 添馬艦政府總部落成，與立法會綜合大樓毗鄰而建，設計以「門常開」為概念。10 月 10 日，添馬公園啟用，佔地約 1.76 公頃，以「地常綠」為設計概念，為添馬艦發展工程組成部分之一。 |

| 2011 年 8 月 23 日 | 特區政府與廣東省政府舉行粵港合作聯席會議第十四次會議，同意成立粵港應對氣候變化聯絡協調小組，協調兩地減少溫室氣體排放的措施、活動、相關科研及技術開發。 |

| 2011 年 8 月 26 日 | 全國人大常委會應終審法院提請，對基本法第 13 條第 1 款和第 19 條作以下解釋：中央人民政府有權決定在香港特區適用的國家豁免規則或政策；香港特區，包括特區法院，有責任適用或實施中央人民政府決定採取的國家豁免規則或政策，不得偏離；「國防、外交等國家行為」包括中央人民政府決定國家豁免規則或政策的行為；香港原有法律中有關國家豁免的規則，自 1997 年 7 月 1 日起，須作出必要的變更、適應、限制或例外，以符合中央人民政府決定採取的國家豁免規則或政策。 |

| 2011 年 9 月 11 日 | 葉德嫻憑電影《桃姐》獲第六十八屆威尼斯國際電影節最佳女演員獎，為首位獲此獎項的香港演員。 |

| 2011 年 10 月 3 日 | 行政會議成員夏佳理接替辭職準備參選行政長官的梁振英，出任行政會議非官守議員召集人。 |

| 2011 年 10 月 12 日 | 特區政府在本年度的施政報告中，公布恢復興建居屋，以及優化「置安心資助房屋計劃」。 |

| 2011 年 10 月 13 日 | 終審法院駁回天主教香港教區就《2004 教育（修訂）條例》牴觸基本法的司法覆核，結束該案長達六年的訴訟。 |

| 2011 年 10 月 15 日 | 十餘個團體響應美國「佔領華爾街」行動，佔據中環滙豐銀行大廈地下，並設立營地，呼籲「打倒金融霸權」。 |

| 2011 年 10 月 16 日 | 維港渡海泳自 1978 年後首次復辦，以「新世界維港泳」的名義舉行，由香港業餘游泳總會主辦。翌年起，賽事獲特區政府認可為「M」品牌大型體育活動。（圖 349、350） |

| 2011 年 10 月 28 日 | 特區政府頒布《建築物（檢驗及修葺）規例》、《2011 年建築物（管理）（修訂）規例》、《2011 年建築物（小型工程）（修訂）規例》及《2011 年〈建築物（修訂）條例〉（生效日期）公告》，翌年 6 月 30 日起實施強制驗樓計劃和強制驗窗計劃。 |

| 2011 年 11 月 6 日 | 香港特區舉行第四屆區議會選舉，選出 412 個民選區議員，其中 336 個須經選舉產生，另 76 個選區的候選人在無對手情況下自動當選，投票率為 41.49%。本屆區議會另設有 68 個委任議席和 27 個由各鄉鄉事委員會主席出任的當然議席。 |

圖 349　大批游泳選手參加在鯉魚門出發的 2011 年「新世界維港泳」比賽，攝於 2011 年 10 月 16 日。（南華早報提供）

圖 350　約有 60 名游泳選手參加第六十六屆維港渡海泳比賽，並於尖沙咀海旁出發，攝於 1978 年 10 月 15 日。（南華早報提供）

2011 年 11 月 23 日	特區政府頒布《2011 年道路交通（修訂）條例》，訂立與服用或使用藥物後駕駛汽車有關連的新罪行，條例於翌年 3 月 15 日生效。
2011 年 11 月 30 日	旺角花園街小販排檔遭縱火，波及鄰近樓宇，演變為四級大火，造成九人死亡、34 人受傷。
2011 年 11 月	香港中文大學人類學系在大嶼山礲頭和田心調查發掘，為期一個月，應用雷達探測地下金屬勘察墓葬存在，初步確認 16 處唐中晚期墓坑。經試掘七處墓葬，發掘者推測此處墓域所埋葬死者身份，可能是來自北方的軍人或商人。
2011 年 12 月 13 日	特區政府與中央政府簽署 CEPA 補充協議八，涵蓋 32 項服務貿易開放和便利貿易投資的措施，包括 16 個服務領域的 23 項開放措施，以及加強兩地在金融、旅遊和創新科技產業等領域的合作。雙方另同意完善貨物貿易原產地標準和放寬香港服務提供者的定義及相關規定。協議於翌年 4 月 1 日起實施。

2011 年 12 月 14 日	港珠澳大橋香港口岸工程動工，坐落於香港國際機場東北水域的人工島上，面積約 150 公頃。
2011 年 12 月 16 日	饒宗頤接受西泠印社社長聘任書，成為該社第七任社長。
2011 年 12 月 18 日	工黨成立，李卓人為首任主席。
2011 年 12 月 19 日	香港經濟貿易文化辦事處在台灣開始運作，藉此促進香港和台灣之間的經貿及文化合作。
2012 年 1 月 3 日	入境處擴展 e- 道自助過關服務至經常訪港內地旅客。
2012 年 1 月 6 日	天主教香港教區主教湯漢獲教宗本篤十六世擢升為樞機，成為首位於香港出生的樞機。
2012 年 1 月	證監會認可全球首隻以人民幣計價及交易的黃金交易所買賣基金（簡稱 ETF），該基金亦是香港第一隻人民幣 ETF。
2012 年 2 月 13 日	行政長官候選人唐英年公開承認其九龍塘約道大宅有違規僭建。
2012 年 2 月 15 日	特區政府實施第一階段的邊境禁區範圍縮減。縮減範圍涵蓋米埔至落馬洲管制站段及蓮麻坑至沙頭角段共 740 公頃土地，同時撤銷該地區的封閉道路限制。
2012 年 2 月 26 日	針對媒體報道行政長官接受富豪款待所引起的社會關注，行政長官曾蔭權宣布成立獨立委員會，由前任終審法院首席法官李國能出任主席，檢討適用於行政長官、行政會議非官守成員和政治委任官員，用以防止及處理潛在利益衝突的規管架構和程序。委員會於 5 月 31 日提交報告，提出 36 項建議，以期完善現行制度，重拾公眾信心。
2012 年 3 月 7 日	明德學院舉行成立典禮，提供四年制自資學位課程。該學院是香港大學機構成員之一。
2012 年 3 月 16 日	第四屆香港特別行政區行政長官選舉電視辯論舉行，候選人梁振英、唐英年和何俊仁進行公開辯論，由香港電台製作，並由十間本地電子媒體主辦及直播。
2012 年 3 月 20 日	行政長官會同行政會議決定批准機管局建議，採納「三跑道方案」作為機場未來發展的方案。（圖 351）
2012 年 3 月 23 日	特區政府頒布《2012 年空氣污染管制（車輛設計標準）（排放）（修訂）規例》，6 月 1 日起實施新車輛排放標準，除設計重量不超逾 3.5 公噸的柴油輕型貨車外，所有新登記車輛必須符合歐盟 5 期車輛排放標準。至於餘下的車輛類別，則須於 12 月 31 日起符合新排放標準。
	最後一屆香港高級程度會考首場開考，共 31,666 名學生應考。6 月 29 日，考試放榜，是屆共有四名考生考獲六優成績。

2012 年 3 月 25 日 | 香港特區舉行第四屆行政長官選舉，梁振英取得 689 票，擊敗唐英年和何俊仁，成功當選。4 月 10 日，國務院總理溫家寶簽署《國務院令》，任命梁振英為香港特區第四任行政長官。

2012 年 3 月 28 日 | 首屆香港中學文憑考試開考。新制度下，考生的表現等級標示改為由最高「5**」至最低「不予評級」。

2012 年 3 月 30 日 | 特區政府推行的過境私家車一次性特別配額試驗計劃（自駕遊計劃）開始接受申請，讓符合資格的五個座位或以下香港私家車車主可申請一次性特別配額，經由深圳灣口岸進入廣東省一次，作不超過七天的短暫逗留。

| 中國民生銀行香港分行開業。民生銀行是內地首家民間資本成立的全國性股份制商業銀行，香港分行則是該行首次在內地以外所開設。

2012 年 4 月 1 日 | 屋宇署推行新界村屋僭建物申報計劃，供村屋業主向署方申報現存僭建物，合資格僭建物若經安全檢驗和核證且沒有迫切危險，可以暫時保留。申報計劃於 12 月 31 日結束。

| 通訊事務管理局成立，負責規管廣播及電訊業。

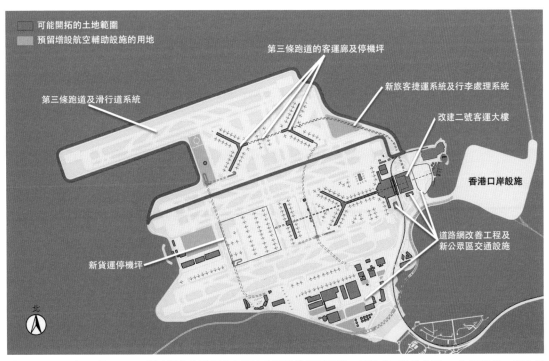

圖 351　2012 年 3 月 20 日，行政長官會同行政會議決定批准機管局建議，採納「三跑道方案」，包括建設一條全長 3800 米的三跑跑道及滑行道系統、面積逾 28 萬平方米的新客運大樓、57 個停機位以及停機坪，以及進行二號客運大樓的擴建工程。（香港地方志中心繪製）

2012 年 4 月 2 日	終審法院就醫管局向非合資格人士收取較高費用司法覆核案作出裁決,一致裁定醫管局的做法無違反基本法第 25 條規定,駁回申請人的上訴。
2012 年 4 月 12 日	中央政府任命宋哲為外交部駐港特派員公署特派員,宋後於 2017 年 6 月 10 日離任。
2012 年 4 月 13 日	特區政府頒布《2012 年道路交通(修訂)條例》,規定公共小巴必須安裝認可的車速限制器,為公共小巴訂立最高每小時 80 公里的車速限制。
2012 年 4 月 25 日	香港佛教界迎請國家一級文物佛頂骨舍利到港,是現存世上唯一的佛陀頂骨舍利重新出土後首次離境展出,香港更成為唯一迎請過中國三大佛教聖物(佛牙、佛指、佛頂舍利)的城市。
2012 年 4 月 30 日	特區政府接納課程發展議會修訂的小學及中學德育及國民教育科課程指引,教育局將建議小學及中學分別於 2012/2013 學年及 2013/2014 學年開始推行德育及國民教育科。
2012 年 5 月 8 日	九巴由 1949 年引進全港首部非空調雙層巴士起,至今天全港最後一批非空調巴士退役,自此九巴全面提供空調巴士服務。(圖 352)
2012 年 5 月 9 日	香港傳統醫藥合作中心成立,是全球第一間重點協助世衞組織制定傳統醫藥政策、策略及規管標準的合作中心。
2012 年 5 月 14 日	香港科學館舉辦展覽「I Love Lyuba:冰河時期長毛象寶寶」,是首次在亞洲公開展出全球保存最完整的 40,000 年前幼年長毛象,以及冰河時期絕種哺乳動物的骨骼。
	2012 年亞洲太平洋郵政聯盟執行理事會年會首次在香港召開,來自亞太郵聯 32 個成員國和觀察員團體的 160 餘名代表出席。

圖 352　大批巴士發燒友在尖沙咀天星碼頭巴士總站拍攝最後一輛提供載客服務、俗稱「熱狗巴」的非空調雙層九巴巴士。(南華早報提供)

2012 年 5 月 17 日 立法會主席曾鈺成引用《議事規則》第 92 條，讓《2012 年立法會（修訂）條例草案》修正案的動議人在三小時內總結發言，並宣布結束辯論，終止長達 33 小時的「拉布」，是香港立法機關主席首次引用此規則來終止辯論。

2012 年 5 月 19 日 香港文化博物館舉辦「畢加索—巴黎國立畢加索藝術館珍品展」，展期至 7 月 22 日，展出 56 件畢加索畫作與雕塑，吸引近 30 萬人次參觀。

2012 年 5 月 21 日 新光戲院經裝修後重新開幕，並更名為新光戲院大劇場。

2012 年 6 月 8 日 特區政府頒布《2012 年立法會（修訂）條例》，規定立法會議員辭職後六個月內，不得參與任何選區或界別的立法會補選。

2012 年 6 月 15 日 特區政府頒布《漁業保護條例》，由 12 月 31 日起禁止在本港水域內使用拖網捕撈等破壞性捕魚方法，以保護魚類和其他海洋生物。翌年 2 月，特區政府推出拖網漁船自願回購計劃，以及向符合資格的漁民發放一筆過特惠津貼。

2012 年 6 月 21 日 立法會以一票之差，否決優先處理「五司十四局」政府架構重組議案的決議案。「五司十四局」是候任行政長官梁振英計劃在原有特區政府三司十二局架構上增加政務司副司長、財政司副司長、文化局以及科技及通訊局，並請第三屆政府提出動議，以便在 7 月 1 日新一屆政府就職時實施。

2012 年 6 月 22 日 特區政府頒布《競爭條例》，禁止任何妨礙、限制或扭曲在香港各行業內的競爭行為，並成立競爭事務委員會及競爭事務審裁處，負責推行相關政策和執法工作。條例於 2015 年 12 月 14 日全面實施。

位於荔枝角的饒宗頤文化館第一期下區開幕，該館由前荔枝角醫院活化而成，是活化歷史建築伙伴計劃的首批項目。

2012 年 6 月 25 日 香港特區政府、廣東省政府和澳門特區政府共同發表《共建優質生活圈專項規劃》，是粵港澳三地首份共同編製的區域性專項規劃。

2012 年 6 月 28 日 特區政府實施首階段長者及合資格殘疾人士公共運輸票價優惠計劃，合資格人士可以每程兩元使用指定公共交通工具及服務。

2012 年 6 月 29 日 特區政府與中央政府簽署 CEPA 補充協議九，並於翌年 1 月 1 日實施，共有 43 項服務貿易開放和便利貿易投資的措施，當中包括 22 個服務領域的 37 項開放措施，以進一步加強內地和香港在金融和貿易投資便利化領域的合作，以及推動兩地專業人員資格互認。

2012 年 7 月 1 日 國家主席胡錦濤出席慶祝香港回歸祖國 15 周年大會暨香港特別行政區第四屆政府就職典禮，為行政長官梁振英及特區政府主要官員就職監誓。

| 2012 年 7 月 1 日 | 行政長官梁振英任命林煥光為行政會議非官守議員召集人。 |

| 2012 年 7 月 4 日 | 香港海關在葵涌貨櫃碼頭一個從厄瓜多爾抵港的貨櫃內檢獲約 649 公斤可卡因毒品，價值約 7.6 億元，為截至 2017 年 7 月 1 日最大宗販運可卡因案件。 |

| 2012 年 7 月 6 日 | 特區政府頒布《一手住宅物業銷售條例》，以規管一手住宅物業的銷售，加強對消費者的保障。條例於翌年 4 月 29 日生效。 |

| 2012 年 7 月 17 日 | 現存唯一的二戰前戲院建築物油麻地戲院，在活化後重新開幕，成為粵劇新秀和新晉劇團的主要演出場所。 |

| 2012 年 7 月 24 日 | 颱風韋森特襲港，天文台發出十號颱風信號，持續約三個半小時。颱風造成 138 人受傷，587 宗塌樹報告。 |

香港歷史博物館舉辦展覽「一統天下：秦始皇帝的永恒國度」，展出包括秦俑在內的 120 件秦朝文物，吸引超過 42 萬人次參觀，創當時該館專題展覽參觀人次的最高紀錄。

| 2012 年 7 月 27 日 | 特區政府頒布《2012 年商品說明（不良營商手法）（修訂）條例》，對違反公平營商條文的營商手法予以禁止及打擊。條例於翌年 7 月 19 日生效。 |

藝發局舉辦「ADC 藝評獎」，嘉許優秀的本地文化及藝術評論文章。

| 2012 年 8 月 1 日 | 本港各銀行開始提供非香港居民開設人民幣戶口及各類人民幣服務，而不受每日兌換人民幣的數量限制。 |

| 2012 年 8 月 4 日 | 單車運動員李慧詩在英國倫敦舉行的第三十屆奧運會女子場地單車凱琳賽奪得銅牌，為香港歷來贏得的第三面奧運獎牌。（圖 353） |

圖 353　李慧詩於倫敦奧運會女子單車凱琳賽中奪獎後舉拳慶祝，攝於 2012 年 8 月 4 日。（南華早報提供）

| 2012 年 8 月 10 日 | 特區政府頒布新《公司條例》，以加強企業管治、方便營商、確保規管更為妥善以及使公司法例現代化；將其原有關於公司清盤事宜的條文分拆，獨立成為《公司（清盤及雜項條文）條例》。新例於 2014 年 3 月 3 日實施。 |

| 2012 年 8 月 15 日 | 香港七名保釣人士乘搭保釣船「啟豐二號」，突破日本艦艇包圍，登上釣魚台唱中國國歌，是自 1996 年以來再度有華人成功登上釣魚台宣示中國主權。其後，船上 14 人均被日本警方拘留，至 17 日，所有人獲釋離開日本。 |

| 2012 年 8 月 21 日 | 特區政府公布「人人暢道通行」政策，在實地情況許可下，於超過 230 個地點的高架行人路加裝升降機和斜道等無障礙設施。 |

| 2012 年 8 月 22 日 | 港島西雨水排放隧道啟用，是香港最長及直徑最大的雨水排放隧道，亦是渠務署規模最大的防洪工程。 |

| 2012 年 8 月 30 日 | 行政長官梁振英宣布推出十項短、中及長期增加房屋及土地供應的措施，其中包括 1000 個置安心計劃單位轉為資助房屋出售；將 36 幅政府、機構或社區用地改撥為住宅用地，提供 11,900 住宅單位；成立跨部門小組制定長遠房屋策略檢討工作報告書和諮詢文件。 |
| | 團體「學民思潮」於政府總部外集會抗議，要求特區政府撤回德育及國民教育科。 |

| 2012 年 9 月 6 日 | 特區政府推行「港人港地」政策，根據該措施的落成單位只可出售予香港永久性居民，在其後 30 年內若轉售，亦只可轉售予香港永久性居民。翌年 3 月 19 日，特區政府推出兩幅位於啟德發展區用地為該措施的先導計劃，並在 6 月 5 日售出。 |

| 2012 年 9 月 8 日 | 行政長官梁振英宣布取消德育及國民教育科的三年開展期，交由辦學團體自行決定是否開設該學科。翌月 8 日，特區政府接納開展德育及國民教育科委員會的建議，正式擱置該科的課程指引。 |

| 2012 年 9 月 9 日 | 香港特別行政區舉行第五屆立法會選舉，共設有 70 名議員，地方選區及功能界別分別各選出 35 名議員。地區直選投票率為 53%，區議會（第二）功能界別投票率為 52%，傳統功能界別投票率為 69.7%。 |

| 2012 年 9 月 13 日 | 特區政府成立長遠房屋策略督導委員會，檢視本港社會的房屋需要和緩急次序，向行政長官提出建議，以確保房屋政策有效落實。 |

| 2012 年 9 月 14 日 | 金管局向香港銀行發出指引，要求銀行收緊涉及多於一個物業按揭貸款的審批標準，申請人的供款與入息比率上限由原來的六成下調至五成，最高按揭成數上限亦由四成下調至三成，以加強物業按揭貸款業務的風險管理。 |

| 2012 年 9 月 15 日 | 近百名示威者在上水站附近抗議水貨買賣影響物價及民眾生活，旋又打出「光復上水站」的口號。 |

2012 年 9 月 17 日	港交所推出美元兌人民幣（香港）期貨，為全球首隻人民幣可交收貨幣期貨合約。
2012 年 9 月 28 日	香港漫畫星光大道開幕，坐落於尖沙咀九龍公園，全長 100 米，兩旁豎有 30 個香港經典漫畫角色彩繪雕塑及十位香港知名漫畫家的銅製手印，是全球第一條以漫畫為主題的長廊。
2012 年 10 月 1 日	載有 124 名港燈員工及家屬的「南丫四號」在前往港島中環海面觀看國慶煙花匯演期間，於南丫島對開海面與港九小輪「海泰號」相撞後沉沒，造成 39 人死亡、92 人受傷。特區政府將本月 4 日定為全港哀悼日，悼念在事故中的遇難者。（圖 354）
2012 年 10 月 7 日	七名候任立法會議員組成香港經濟民生聯盟，主席為梁君彥。
2012 年 10 月 11 日	大埔林村新村一棵百年細葉榕樹幹斷裂，導致一人死亡、一人受傷，事後專家推斷意外與該樹出現結構性問題有關。
2012 年 10 月 22 日	行政長官梁振英委任獨立調查委員會調查 10 月 1 日的南丫島撞船事故，由高等法院上訴法庭法官倫明高為委員會主席兼委員。翌年 4 月 19 日，委員會完成調查，並向行政長官呈交報告。4 月 30 日，特區政府公開報告部分內容，指出事故原因與海事處的監督疏忽有關，提出 13 項建議，並強調海事處有必要作出制度上的改變。
2012 年 10 月 24 日	教育局在資歷架構制度下推出資歷名銜計劃與資歷學分，以簡化和統一資歷名銜，建立可量度修畢資歷架構認可課程所需的學習時間標準。

圖 354　南丫島海難發生後，被撞沉的船插入海中，僅三分之一船頭露出水面。（星島日報提供）

| 2012 年 10 月 | 中央軍委主席胡錦濤簽署命令，任命王曉軍為解放軍駐港部隊司令員，王後於 2014 年 7 月離任。 |

| 2012 年 11 月 9 日 | 特區政府重設扶貧委員會，負責訂立貧窮線和處理扶貧政策，達致防貧及扶貧。12 月 10 日，委員會召開首次會議。 |

| 2012 年 12 月 6 日 | 港交所以 166.7 億元完成收購倫敦金屬交易所。 |

| 2012 年 12 月 12 日 | 香港小四學生在「全球學生閱讀能力進展研究 2011」中，首次名列全球第一。同時，在「國際數學及科學趨勢研究 2011」中，小四學生和中二學生亦位列全球前五名。 |

| 2012 年 12 月 13 日 | 海牙國際私法會議在香港設立的亞太區域辦事處舉行開幕典禮。 |

| 2012 年 12 月 16 日 | 香港藝術館舉辦展覽「安迪・華荷：十五分鐘的永恆」，展出由美國安迪・華荷美術館收藏的 468 件展品，是亞洲歷來最大型的安迪・華荷作品巡迴展，吸引 26 萬人次參觀。 |

| 2012 年 12 月 18 日 | 中央政府任命張曉明為香港中聯辦主任，張後於 2017 年 9 月 22 日離任。 |

| 2013 年 1 月 1 日 | 特區政府實施「零雙非」（父母皆非香港永久性居民）政策，所有公私立醫院均停止非本地孕婦的預約分娩。 |
| | 二手住宅物業交易實施 2012 年 5 月地監局發出的規定，要求二手住宅交易須提供實用面積資料。 |

| 2013 年 1 月 4 日 | 特區政府推出擴展居屋計劃第二市場至白表買家臨時計劃（白居二），提供 5000 個名額予合資格的白表買家，免補地價購買二手居屋。2018 年，計劃獲准恒常化推行。 |

| 2013 年 1 月 8 日 | 香港大學李嘉誠醫學院臨床腫瘤學系關新元、香港中文大學醫學院防疫研究中心孔祥復團隊聯同中國人民解放軍第三軍醫大學、北京大學、南京醫科大學等醫療機構，憑「腫瘤血管生成機制及其在抗血管生成治療中的應用」項目，獲得 2012 年度國家科學技術進步獎一等獎。 |

| 2013 年 1 月 9 日 | 彈劾行政長官梁振英的動議遭立法會否決。這是首次有議員提出彈劾行政長官的動議。 |

2013 年 1 月 17 日	特區政府成立中醫中藥發展委員會，就推動香港中醫中藥業發展的方向及長遠策略，向政府提出建議。
	特區政府成立經濟發展委員會，包括航運業、會展及旅遊業、製造高新科技及文化創意產業以及專業服務四個工作小組，就如何擴闊香港經濟基礎及促進香港經濟增長及發展的整體策略和政策，提供前瞻性的意見。3 月 13 日，委員會舉行首次會議。
	特區政府成立香港金融發展局，負責徵詢業界意見，並向政府提出建議，以推動香港金融業的更大發展及金融產業策略性發展路向。

| 2013 年 1 月 29 日 | 香港歷史博物館舉辦「探本溯源：美索不達米亞古文明展」，自翌日起至 5 月 13 日，首次在港展出大英博物館館藏的 170 件兩河流域古文明文物，吸引共 18 萬人次參觀。 |

| 2013 年 2 月 6 日 | 香港文化博物館舉辦「法貝熱──俄羅斯宮廷遺珍」展，展出超過 200 件來自俄羅斯克里姆林宮博物館及費斯曼礦物博物館的工藝品。 |

| 2013 年 2 月 21 日 | 香港單車選手李慧詩於白俄羅斯明斯克舉行的世界場地單車錦標賽女子 500 米計時賽中奪得金牌，並獲頒彩虹戰衣，成為香港首位女子單車世界冠軍。 |

| 2013 年 2 月 22 日 | 香港按揭證券有限公司修訂按揭保險計劃的合資格準則，只有 400 萬元或以下的住宅物業才可取得最高九成按揭貸款，適用於自翌日起簽署臨時買賣合約的按保計劃申請。 |

特區政府頒布《2013 年進出口（一般）規例》，自 3 月 1 日起，除獲發出口許可證外，任何人士不可從香港輸出供 36 個月以下嬰幼兒食用的配方粉，包括奶粉或豆奶粉。

廣東河源發生黎克特制 4.8 級的地震，本港超過 5000 名市民報告感到震動，是天文台有紀錄以來接獲最多的有感地震報告。

| 2013 年 2 月 23 日 | 特區政府推出進一步打擊樓市炒賣的措施，200 萬元或以下的物業交易，印花稅增至樓價的 1.5%，200 萬元以上交易統一將印花稅稅率增加一倍至 8.5%；修訂《印花稅條例》，令非住宅物業在簽訂買賣協議後，便繳付印花稅。 |

| 2013 年 2 月 28 日 | 特區政府宣布自 2013/2014 財政年度起，取消勾地機制，並公布該年度的賣地計劃，包括提供 46 幅住宅用地，可興建約 13,600 個住宅單位。 |

| 2013 年 3 月 18 日 | 民政局推出為無律師代表訴訟人提供法律意見試驗計劃，為期兩年，向已在區域法院或更高法院提出訴訟或身為訴訟一方但未獲法律援助的人士，就民事法律程序提供免費法律意見。 |

| 2013 年 3 月 21 日 | 「真普選聯盟」成立，由 27 名泛民主派立法會議員連同 12 個政治團體和工會組成，鄭宇碩擔任召集人。 |

| 2013 年 3 月 25 日 | 終審法院就 Vallejos 案作出裁決，外籍家庭傭工受僱合約限定其獲准來港的條件，並且在合約完結後必須返回原居地，所以不屬基本法第 24 條第 2 款第（二）及（四）項中「通常居住」一詞的涵義範圍內，故不能取得香港永久性居民身份。 |

| 2013 年 3 月 27 日 | 戴耀廷、陳健民、朱耀明三人聯合發表「讓愛與和平佔領中環」的「信念書」，宣稱要以和平非暴力的「公民抗命」方式，爭取 2017 年普選行政長官。 |

圖 355　罷工進入第二日，數百名碼頭工人在葵涌貨櫃碼頭遊行示威，攝於 2013 年 3 月 29 日。（南華早報提供）

2013 年 3 月 28 日	和黃集團旗下香港國際貨櫃碼頭的逾 100 名外判工人發起罷工，要求加薪 20%。5 月 6 日，罷工工人接納四間外判商 9.8% 的加薪方案，結束歷時 40 日的工潮，是為香港特區成立以來歷時最長的工潮。（圖 355）
2013 年 3 月	警務處開始為部分警務人員配備隨身攝錄機，以提升警員處理對抗場面和破壞社會安寧事件的效率和透明度。2017 年 5 月，警務處宣布進一步購置隨身攝錄機，以 2021 年所有前線人員均配備以上裝置為目標。
2013 年 4 月 2 日	特區政府與國家圖書館簽署《關於在香港公共圖書館開展數字圖書館合作的協議》，國家圖書館的部分數碼資源，包括善本古籍、地方志、金石拓本、年畫館藏，會上載至香港公共圖書館多媒體資訊系統平台，供香港市民瀏覽使用。
2013 年 4 月 5 日	特區政府在公共福利金計劃下發放首筆長者生活津貼，向 65 歲或以上、需要經濟支援的合資格長者，發放每月 2200 元特別津貼。
2013 年 4 月 8 日	港交所推出收市後期貨交易時段，即投資者可於下午 5 時至晚上 11 時的收市後交易時段進行恒生指數及國企指數期貨交易。
2013 年 4 月 9 日	特區政府成立標準工時委員會，跟進勞工處於 2012 年 11 月發表的《標準工時政策研究報告》。
2013 年 4 月 23 日	特區政府開展「家是香港」運動，為期八個月，共舉辦逾 1100 項節目和活動，以增強市民對香港的歸屬感。

行政長官梁振英成立廉政公署公務酬酢、餽贈及外訪規管制度和程序獨立檢討委員會，以檢討前任廉政專員湯顯明的相關處理手法。9 月 2 日，委員會提交報告，提出廉署須保留足夠紀錄證明賓客是因公務獲邀出席酬酢活動、將公務場合互贈禮物的情況減至最少以及審慎避免外訪期間無關公務的行程。9 月 12 日，特區政府公布該報告書。

2013 年 5 月 13 日

終審法院就 W 案作出裁決，裁定《婚姻訴訟條例》和《婚姻條例》中禁止已接受性別轉換手術人士，按已更改的性別結婚的條文，違反基本法第 37 條及《香港人權法案條例》第 19 條第 2 款賦予的結婚權利。翌年 7 月 17 日，終審法院本日就 W 案作出的命令生效，婚姻登記官接納整項性別重置手術人士的重置性別為該人的性別，並可接受其與異性的婚姻登記申請。

2013 年 5 月 15 日

財政司司長曾俊華主持比亞迪汽車有限公司 e6 電動的士及 e6 Premier 電動私家車的揭幕典禮，並宣布特區政府已經豁免電動車的首次登記稅。

2013 年 5 月 18 日

特區政府啟動「惜食香港」運動，以提升公眾對廚餘問題的關注，並鼓勵社會各界避免浪費、減少廚餘。

2013 年 5 月 20 日

特區政府發表《香港資源循環藍圖 2013-2022》，計劃在 2022 年或以前減少 40% 的都市固體廢物人均棄置量。

前美國中情局僱員斯諾登揭發美國政府暗中蒐集民眾通訊紀錄及他國情報後，抵港匿藏。6 月 23 日，斯諾登在香港國際機場以合法的方式離港。

2013 年 5 月 31 日

特區政府頒布《2013 年區議會（修訂）條例》，由 2016 年 1 月 1 日第五屆區議會起，廢除委任區議員的制度。

2013 年 6 月 10 日

特區政府實施第二階段的邊境禁區範圍縮減。縮減範圍涵蓋落馬洲邊境管制站至梧桐河一段土地，面積超過 710 公頃，同時撤銷該地區的封閉道路限制。

2013 年 6 月 12 日

啟德郵輪碼頭啟用，「海洋水手號」成為首班使用碼頭設施的郵輪。碼頭為啟德發展計劃首階段項目之一，由特區政府投資興建，並租予營運商，於 2010 年 5 月動工，耗資 82 億元，提供兩個能同時容納兩艘總噸位達 22 萬噸大型郵輪的泊位。（圖 356）

2013 年 7 月 4 日

特區政府公布新界東北新發展區規劃及工程研究結果，以在新界東北拓展古洞北和粉嶺北兩個新發展區，作為粉嶺和上水新市鎮的擴展部分。

2013 年 8 月 1 日

特區政府推出廣東計劃，容許居住於廣東的 65 歲或以上合資格的香港長者，毋須每年返港，便可於該年度每月領取高齡津貼。該計劃於 10 月 1 日實施。

圖 356　皇家加勒比郵輪有限公司的「海洋水手號」駛入啟德碼頭停泊，攝於 2013 年 6 月 12 日。(Getty Images 提供)

| 2013 年 8 月 29 日 | 特區政府與中央政府簽署 CEPA 補充協議十，涉及 73 項服務貿易開放及便利貿易投資措施，包括 65 項服務貿易開放措施，以及八項加強內地和香港金融合作和便利貿易投資措施，令 CEPA 累計涵蓋的服務貿易開放措施達 403 項。 |

2013 年 9 月 1 日　西氣東輸二線東段工程（香港支線）設施的調試工程完成。西氣東輸二線，西起新疆霍爾果斯，連接中亞—中國天然氣管道，沿途經過 14 個省、市及自治區，最後到達香港，以供應香港新的天然氣氣源，其中東段工程已於 2009 年在深圳動工。

2013 年 9 月 3 日　長遠房屋策略督導委員會發表香港未來十年長遠房屋策略的諮詢文件，建議香港在未來十年供應 47 萬個單位。

大澳文物酒店獲得 2013 年聯合國教科文組織亞太區文物古蹟保護獎優異項目獎，是第一期活化歷史建築伙伴計劃中首個獲頒該獎項的項目。

2013 年 9 月 16 日　行政長官梁振英和廣東省省長朱小丹共同主持第十六次粵港聯席會議，粵港雙方於會後共簽署八份合作意向書和協議書。

2013 年 9 月 19 日　入境處在落馬洲支線管制站啟用全球首條具語言提示功能的自助出入境檢查 e- 道，以便利視障人士自行辦理離境手續。

2013 年 9 月 24 日　北大嶼山醫院啟用，是大嶼山首間醫院，初期每日提供八小時有限度門診服務。翌年 1 月 7 日，增設 16 小時急症室及住院服務。

西九文化區管理局舉行戲曲中心動土儀式，是西九文化區內首個地標式表演藝術場地。

2013 年 9 月 28 日　扶貧委員會公布首次制定的官方貧窮線，把貧窮線界定為政府政策介入前（如免稅及恒常現金福利轉移），住戶每月收入中位數的 50%。按此定義，在特區政府政策介入後，香港在 2012 年有 40.3 萬個住戶共 101.8 萬貧窮人口，貧窮率為 15.2%。

2013 年 9 月 30 日	香港首部由本地公司研發和製造的混合動力小巴舉行啟動禮,此批小巴會在綠色運輸試驗基金的資助下被試用作公共小巴,是本地公共小巴車隊首批混合動力的車輛。
2013 年 9 月	港鐵沙中線土瓜灣站建築工地發現 500 多枚宋代銅錢,古蹟辦隨即開展考古監察工作,至 2015 年 5 月共進行三期考古發掘,發掘總面積達 23,300 平方米,共發現 81 處遺跡,包括 28 處石砌牆基遺跡、五座建築基址、四口圓形或方形古井等宋元時期至晚清、民國時期的遺跡,遺址命名為聖山遺址。
2013 年 10 月 7 日	行政長官梁振英出席在印尼舉辦的亞太經合組織會議期間,與菲律賓總統阿基諾三世會面,雙方同意在短時間內解決 2010 年馬尼拉人質事件的善後問題。22 日,馬尼拉市議會通過決議,授權市政府就該事件,向香港特區及受害者家屬表達誠摯歉意。
2013 年 10 月 15 日	通訊局批准奇妙電視及香港電視娛樂的免費電視節目服務牌照申請,是香港近 40 年來首次發出新的免費電視牌照,而香港電視網絡的申請則被拒,旋引起抗議行動。
2013 年 10 月 21 日	美荷樓青年旅舍內的生活館開幕啟用,改建自 1954 年落成的香港首批徙置大廈美荷樓,屬於活化歷史建築伙伴計劃的項目,經活化改建後集住宿、展覽與歷史保育於一身。(圖 357)
2013 年 10 月 22 日	香港—東盟經貿合作論壇在港舉行,商務及經濟發展局局長與東盟十國的貿易經濟部長及代表出席,商討東盟與香港商界的合作。
2013 年 10 月 24 日	人口政策督導委員會發表題為《集思港益》的人口政策諮詢文件,按現有人口、新來源人口、老齡化人口三大範疇,建議五個應對人口挑戰的政策方針。
2013 年 10 月 25 日	特區政府頒布《空氣污染管制(空氣污染物排放)(受管制車輛)規例》,自翌年 2 月 1 日起,逐步淘汰歐盟四期以前的柴油商業車輛,並就新登記的柴油商業車輛設定 15 年的退役期限。
2013 年 11 月 7 日	香港科學館舉辦香港歷來最大型恐龍展「巨龍傳奇」,展期至翌年 4 月 9 日,共展出逾 190 項展品,吸引超過 77 萬人次參觀。
2013 年 11 月 25 日	港交所成立的香港場外結算有限公司開業,負責場外衍生產品交易結算服務。該公司由滙豐銀行、中銀香港、渣打銀行、花旗銀行、摩根大通銀行、中國建設銀行和中國工商銀行在內 12 間金融機構作為創始股東。
2013 年 12 月 2 日	香港確診首宗人類感染甲型禽流感(H7N9)個案。特區政府隨即啟動流感大流行應變計劃的嚴重應變級別,並暫停深圳活雞供港。
	政府化驗所舉行國際科學會議,慶祝化驗所成立 100 周年,會議為期四日,與會專家來自化學計量、分析、法庭科學和品質管理等專業領域。

圖 357　上圖為 1954 年落成的石硤尾邨 41 座美荷樓，下圖則是經改建後的美荷樓青年旅舍及旗下的美荷樓生活館，攝於 2016 年 1 月 29 日。（政府新聞處提供）

2013 年 12 月 2 日　中國「嫦娥三號」月球探測器在西昌衛星發射中心發射升空，探測器攜帶香港理工大學與中國空間技術研究院共同研發的相機指向機構系統一起升空。

2013 年 12 月 9 日　創意香港公布第一屆首部劇情電影計劃優勝團隊名單，包括電影《藍天白雲》、《點五步》與《一念無明》。其中《一念無明》與《點五步》獲得 2017 年第三十六屆香港電影金像獎五個獎項。

2013 年 12 月 17 日　終審法院裁定，特區政府由 2004 年 1 月 1 日開始實施、綜援申請人須居港滿七年的限制違反基本法，命令特區政府恢復居港一年便可申領綜援的規定。

2013 年 12 月 24 日　警方宣布香港市面出現高仿真度的千元偽鈔，均是 2003 年版的滙豐銀行和中銀香港千元鈔票，且編號不一。隨後有商戶拒收任何版本的千元鈔票。翌年 1 月 8 日，特區政府回應立法會的質詢，指出市民可以向銀行更換 2003 年版千元鈔票，因此毋須全面回收該版鈔票。

| 2013 年 12 月 26 日 | 香港電影《桃姐》獲國家電影局主辦第十五屆中國電影華表獎優秀對外合拍片獎，女主角葉德嫻獲優秀境外華裔女演員獎。 |

一名 80 歲老翁染上甲型禽流感（H7N9）後死亡，為本港首宗因甲型禽流感死亡的病例。

| 2013 年 12 月 30 日 | 位於將軍澳的香港單車館竣工，於翌年 4 月 30 日開放，場內設有一條長 250 米的木製單車賽道，為香港首個符合舉辦國際單車聯盟賽事標準的室內單車場設施。 |

環保署以空氣質素健康指數取代空氣污染指數，以四種空氣污染物，包括臭氧、二氧化氮、二氧化硫和粒子（可吸入懸浮粒子及微細懸浮粒子）所引起的累積健康風險為計算基礎。

| 2014 年 1 月 15 日 | 特區政府宣布成立大嶼山發展諮詢委員會，兩日後委任 19 位非官守委員，通過發展局局長向政府提供關於大嶼山可持續發展和保育等建議。 |

| 2014 年 1 月 17 日 | 特區政府頒布《2014 年道路交通（車輛構造及保養）（修訂）規例》，自 10 月 1 日起，首次登記的貨車，須裝設倒車視像裝置，以加強貨車倒車時的安全。 |

| 2014 年 2 月 5 日 | 特區政府對菲律賓實施制裁，暫停菲律賓外交及公務護照持有人 14 天免簽證訪港安排，以針對菲方未對 2010 年馬尼拉人質事件正式道歉。 |

| 2014 年 2 月 6 日 | 灣仔皇后大道東一建築地盤掘出一枚重約 2000 磅的二戰時期美製炸彈，是香港歷來市區發現最巨型的空投炸彈。軍火專家用 18 小時現場拆彈並移走炸藥，其間逾 2200 人需要疏散。 |

| 2014 年 2 月 14 日 | 廣州越秀集團成功以每股 35.69 元、共 116.44 億元完成收購香港創興銀行，是 1987 年以來首家非銀行金融機構收購本地銀行。 |

| 2014 年 2 月 22 日 | 越南貨船「Sunrise Orient 號」航經長洲附近時傾側入水，17 名船員獲救。肇事貨船事後擱淺長洲東灣仔，漏出面積約 100 米乘以三米的燃油，污染海面及附近的沙灘。 |

| 2014 年 2 月 25 日 | 中央政府通知特區政府，原定於 9 月 10 至 12 日在香港舉行的亞太經合組織財政部長會議延期，並將會議地點由香港改為北京。 |

| 2014 年 2 月 26 日 | 《明報》前總編輯、世華網絡營運總裁劉進圖遭兩名兇徒襲擊重傷。3 月 9 日，警方獲廣東省公安廳通知，兩名涉案兇徒在東莞落網，及後移交香港警方。翌年 8 月 21 日，高等法院裁定，兩名被告有意圖傷人及兩項盜竊罪成立，各被判處入獄 19 年。 |

2014 年 2 月 28 日 | 特區政府頒布《2014 年印花稅（修訂）條例》，把 2012 年 10 月 27 日或之後取得的住宅物業持有期延長至 36 個月，持有期內如出售或轉讓物業，須繳交額外印花稅。同時條例提高額外印花稅稅率，取得住宅物業的人士，如並非代表自己行事的香港永久性居民，須繳交買家印花稅。

2014 年 3 月 25 日 | 特區政府與美國政府簽訂《稅項資料交換的協定》，規定若美國政府就其稅務事宜的評估或執行提出請求，香港稅務局須與美方交換資料，是香港與其他稅務管轄區簽訂的首份交換協定。

2014 年 4 月 1 日 | 香港特區政府駐武漢經貿辦開始運作，並於翌年 4 月 18 日開幕，工作範圍涵蓋湖北省、湖南省、山西省、江西省和河南省。

新加坡華僑銀行斥資 387 億元，全面收購永亨銀行。10 月 1 日，永亨銀行改為華僑永亨銀行。

2014 年 4 月 14 日 | 香港能仁書院獲教育局批准，升格為香港能仁專上學院，是本港第十八間可頒授本地認可四年制學士學位的專上院校。

2014 年 4 月 15 日 | 港鐵宣布，廣深港高速鐵路工程須延期至 2017 年通車，造價增至 817 億元，超支 148 億元。其延誤原因包括暴雨導致隧道水浸令鑽挖機故障、西九龍總站以及米埔濕地公園的地底情況問題，令鑽挖工程變得緩慢。29 日，港鐵董事局成立獨立董事委員會，檢討工程延誤原因。

2014 年 4 月 23 日 | 特區政府與菲律賓政府就 2010 年馬尼拉人質事件發出聯合公告，就受害者和家屬提出的要求道歉、賠償、懲處負責官員和相關人士、採取措施保障旅客安全的四項要求定出解決方案。

2014 年 5 月 2 日 | 教育局公布第一期電子教科書市場開拓計劃中首批通過評審的電子教科書書目，供學校於 2014/2015 學年起選用。

2014 年 5 月 15 日 | 環境局開始分階段以焚化方式，銷毀 28 公噸政府庫存的歷年執法行動中充公的象牙。

2014 年 5 月 16 日 | 特區政府成立獨立專家小組，由終審法院非常任法官夏正民擔任主席，檢視高鐵香港段工程延誤的原因和責任。7 月 16 日，專家小組發表第一份報告，找出工程延誤原因。10 月 28 日，專家小組發表第二份報告，兩名獨立海外專家就落成時間表和造價估算提出建議。翌年 1 月 30 日，特區政府公布報告。

2014 年 6 月 7 日 | 香港文化博物館展覽「卓椅非凡：穿梭時空看世界」開幕，展出來自世界不同博物館包括故宮博物院、大英博物館、美國大都會博物館等的椅凳和寶座。

2014 年 6 月 9 日 | 法國藝術家葛蘭金以廢紙創作的 1600 隻紙糊熊貓開始在香港不同地點巡迴展出，為世界自然基金會籌款，促進保護野生動物。

2014 年 6 月 10 日	國務院新聞辦公室發表《「一國兩制」在香港特別行政區的實踐》白皮書，詳細闡述香港回歸祖國的歷程、特別行政區制度在香港的建立、香港特區成立以來的成就和中央政府對香港的支持。白皮書強調要準確理解「一國」與「兩制」的關係，要維護憲法和基本法的權威。
2014 年 6 月 17 日	康文署公布香港首份涵蓋 480 個項目的非物質文化遺產清單。該清單是根據香港科技大學華南研究中心於 2009 至 2013 年進行的全港性非物質文化遺產普查而制定。
2014 年 6 月 19 日	荷里活電影《變形金剛 4：殲滅世紀》全球首映禮在香港文化中心舉行，片中部分場面在香港取景。
2014 年 6 月 21 日	PMQ 元創方開幕，是一個供本地藝術設計者租用的創意空間，設有工作空間、商舖、展覽場地，由被列為三級歷史建築的荷李活道已婚警察宿舍改建而成，屬於保育中環項目之一。
2014 年 7 月 11 日	香港與東南亞國家聯盟在港展開自由貿易協定的正式談判。
2014 年 7 月 15 日	行政長官梁振英向全國人大常委會提交《關於香港特別行政區 2017 年行政長官及 2016 年立法會產生辦法是否需要修改的報告》。
2014 年 7 月 19 日	保普選、反佔中大聯盟發起反對「佔領中環」的簽名運動，至 8 月 17 日共收集到 1,504,839 個街頭實體和網上簽名。同日，保普選、反佔中大聯盟舉行「8・17 和平普選大遊行」，大聯盟估計有 193,000 人參加，警方則指人數為 111,800 人。（圖 358）

圖 358 「保普選、反佔中大聯盟」在中環發起簽名運動，攝於 2014 年 7 月 19 日。（南華早報提供）

| 2014 年 7 月 28 日 | 2014 年世界跳繩錦標賽在香港舉行,是首個主辦該賽事的亞洲城市。香港代表隊派出 159 人參加是屆賽事,共奪得 29 金 30 銀 33 銅,並打破三項世界紀錄。

| 2014 年 7 月 | 中央軍委主席習近平簽署命令,任命譚本宏為解放軍駐港部隊司令員,譚後於 2019 年 4 月離任。

| 2014 年 8 月 5 日 | 特區政府設立的香港通用 Wi-Fi 品牌「Wi-Fi.HK」啟動,向全港市民及遊客提供更容易識別的免費 Wi-Fi 熱點,毋須登記。

| 2014 年 8 月 29 日 | 運作 46 年歷史的舊灣仔碼頭停用,以配合灣仔填海工程。翌日,新灣仔渡輪碼頭投入服務。

| 2014 年 8 月 31 日 | 全國人大常委會就行政長官 7 月 15 日提交的報告作出《關於行政長官普選問題和 2016 年立法會產生辦法的決定》,簡稱「八三一決定」,規定:一、從 2017 年開始,行政長官選舉可以實行普選產生的辦法;二、須組成有廣泛代表性的提名委員會,其人數、構成和委員產生辦法按照第四任行政長官選舉委員會而規定,提名委員會提名二至三名候選人,每名候選人均須獲提名委員會全體委員半數以上支持;三、普選的具體辦法須依照法定程序通過修改附件一而規定;四、如普選的具體辦法未能依法通過,行政長官選舉辦法適用上一任行政長官的產生辦法;五、2016 年立法會產生辦法和表決程序不變,行政長官由普選產生以後,立法會全體議員可以實行普選產生的辦法。

| 2014 年 9 月 1 日 | 全國人大常委會副秘書長李飛、全國人大常委會法制工作委員會副主任張榮順、國務院港澳辦副主任馮巍,來港出席政制發展簡介會,解釋「八三一決定」。該簡介會由特區政府和中聯辦合辦,邀請立法會議員、區議會正副主席、港區全國人大代表、港區政協委員,以及社會不同界別人士出席。

選民資料網上查閱系統啟用,公眾可登入系統查閱其個人選民登記資料。

| 2014 年 9 月 11 日 | 特區政府發行首批伊斯蘭債券,發行額達十億美元,是全球首批由政府推出、獲標準普爾 AAA 評級的美元伊斯蘭債券。

| 2014 年 9 月 17 日 | 特區政府公布《鐵路發展策略 2014》,建議在 2018 至 2026 年間,推出七個新鐵路發展項目,包括北環線及古洞站、屯門南延線、東九龍線、東涌西延線、洪水橋站、南港島線(西段)以及北港島線,投資總額為 1100 億元。

| 2014 年 9 月 19 日 | 中國香港代表團參加於韓國仁川舉行的第十七屆亞運會,共取得六金 12 銀 24 銅,並首次於體操項目奪獎。

| 2014 年 9 月 25 日 | 科學園第三期開幕,其中三座大樓啟用。該項目採用節能設計,是亞洲區內可持續發展建築中最大型的示範項目。

圖 359　示威者佔據金鐘夏愨道及行車天橋，攝於 2014 年 10 月 26 日。（南華早報提供）

2014 年 9 月 28 日 ｜ 違法「佔領中環」運動發起人戴耀廷、陳健民、朱耀明在凌晨宣布啟動佔領運動，佔領政府總部周邊的地方。警方在上午封鎖政府總部，示威者在下午佔領夏愨道等主要交通幹道。傍晚，警方施放催淚彈及胡椒噴霧，驅散示威者。入夜，運動失控，大批示威者湧至銅鑼灣和旺角。（圖 359）

｜ 國務院港澳辦新聞發言人就違法「佔領中環」運動發表談話表示，中央政府堅決反對在香港發生的各種破壞法治和社會安寧的違法行為。發言人又表示全國人大常委會在 8 月 31 日的決定，具有不可動搖的法律地位和有效性。

2014 年 9 月 ｜ 黃碧雲憑《烈佬傳》於第五屆「紅樓夢獎：世界華文長篇小說獎」中奪得首獎，為首位獲得紅樓夢獎首獎的香港作家。

2014 年 10 月 2 日 ｜ 行政長官梁振英委派政務司司長林鄭月娥代表特區政府，與學聯代表對話，聽取他們關於政改的意見。

| 2014 年 10 月 6 日 | 策略性污水排放計劃（今淨化海港計劃）第二期工程竣工啟用，2009 年動工，耗資 171 億元，包括改善港島八個基本污水處理廠、興建收集污水的深層隧道系統、提升昂船洲污水處理廠的二級污水處理設施、興建排放經處理污水的管道。其中北角全昂船洲的污水隧道，是最深和興建難度最大的一條。 |

| 2014 年 10 月 9 日 | 香港特區政府與智利於 2012 年簽訂的自由貿易協定生效，範圍涵蓋智利對香港原產貨品，以及包括服務和投資在內的 98% 稅目關稅。 |

| 2014 年 10 月 21 日 | 政務司司長林鄭月娥、律政司司長袁國強、政制及內地事務局局長譚志源、行政長官辦公室主任邱騰華和政制及內地事務局副局長劉江華，與學聯代表討論香港的政改問題進行兩小時對話，過程由電視直播。 |

| 2014 年 10 月 24 日 | 特區政府宣布，古物事務監督根據《古物及古蹟條例》把大坑蓮花宮、鴨脷洲洪聖古廟和九龍城侯王古廟列為法定古蹟。 |

| 2014 年 10 月 29 日 | 全國政協常委會表決通過撤銷田北俊的全國政協委員職務，是首次有港區委員被免職。 |

| | 立法會通過特區政府提出關於成立創新及科技局的決議案，但其後因財委會未能於限期前批准撥款申請，決議案因時限而失效。翌年 6 月 3 日，立法會再次通過成立創科局的決議案。11 月 6 日，立法會財委會通過相關撥款。 |

| 2014 年 11 月 3 日 | 金管局指定七間銀行為香港離岸人民幣市場的一級流動性提供銀行，可擴展業務至為離岸人民幣票據進行莊家活動。 |

| 2014 年 11 月 10 日 | 全國政協副主席、首任行政長官董建華創立團結香港基金。基金會獲百多名社會各界知名人士與領袖出任顧問，以「一國兩制」下迎接國家富強帶來的機遇，發揮香港優勢，為香港的繁榮安定、持續發展作出貢獻為目標。基金會以思行並進方式拓展多方面工作，並設立公共政策研究院，為香港研究短、中、長期發展的需要，向特區政府提供政策分析和建議。 |

| 2014 年 11 月 11 日 | 香港的古琴藝術、全真道堂科儀音樂、西貢坑口客家舞麒麟、黃大仙信俗四個項目，獲列入國務院第四批國家級非物質文化遺產代表性項目名錄。 |

| | 特區政府公布新的自然保育政策，規定以可持續的方式規管、保護本港生物的多樣性。 |

圖 360　行政長官梁振英（右六）和港交所主席周松崗（左六）主持滬港通敲鑼儀式。（政府新聞處提供）

2014 年 11 月 17 日　滬港股票市場交易互聯互通機制（滬港通）正式開通，由上海證券交易所和港交所建立技術連接，內地和香港投資者可通過當地證券公司或經紀商，買賣規定範圍內對方交易所上市的股票。（圖 360）

香港銀行取消香港居民每人每日的 20,000 元人民幣兌換限制。

2014 年 11 月 19 日　晚上 8 時，香港電視網絡公司以網絡電視形式開台啟播。

中國海事仲裁委員會在香港設立首個在內地以外的仲裁中心，提供海事爭議仲裁服務。

2014 年 11 月 26 日　早上，執達主任在警方的協助下，執行高等法院在 10 月 20 日就潮聯公共小型巴士有限公司作出訴訟而頒下的禁制令，清理旺角亞皆老街的障礙物。晚上，示威者在旺角砵蘭街、山東街一帶集結堵路及襲擊警方，造成 22 名警員受傷。警方拘捕 93 人。

2014 年 12 月 1 日　高等法院頒布臨時禁制令，禁止示威者違法阻礙金鐘部分路段。法官在判詞中接納作出訴訟的冠忠遊覽車有限公司所指，道路被佔據對該公司造成直接及實際收入損失，法庭有責任維護公眾使用道路的權利。

特區政府公布《香港港口發展策略 2030 研究》及《青衣西南部十號貨櫃碼頭初步可行性研究》的結果，不建議於 2030 年前進行有關十號貨櫃碼頭的規劃，而將昂船洲公眾貨物裝卸區升級，供遠洋輪船或內河船隻使用，並將現時能夠容納遠洋輪船的屯門內河碼頭泊位發展為遠洋及內河兩用設施。

2014 年 12 月 4 日　古諮會通過考古團隊的建議，同意特區政府採用費用最少的人手拆卸再重置古井方案，保育港鐵沙中線土瓜灣站的聖山遺址宋元古井遺跡，以確保工程進度不會滯後。工程費用約 1000 萬元。

| 2014 年 12 月 11 日 | 執達主任在警方的協助下，完成違法「佔領中環」運動主要場地金鐘「佔領區」的清理工作，夏慤道恢復行車。至 15 日，警方完成清理銅鑼灣「佔領區」，怡和街的電車路段重開，巴士路線及電車服務恢復正常，持續 79 天的違法「佔領中環」運動結束。 |

| 2014 年 12 月 13 日 | 特區政府在香港海防博物館首次舉行南京大屠殺死難者國家公祭日紀念儀式，悼念南京大屠殺死難者和日本侵華戰爭期間的死難者。（圖 361） |

| 2014 年 12 月 16 日 | 特區政府發表新的《長遠房屋策略》，目標在 2015 年至 2025 年間興建 48 萬個單位，當中公私營房屋比例為六比四。 |

| 2014 年 12 月 18 日 | 特區政府與國家商務部在 CEPA 框架下，簽署《關於內地在廣東與香港基本實現服務貿易自由化的協議》。根據協議，內地在廣東對香港服務業開放 153 個服務貿易分部門，佔全部服務貿易分部門 95.6%，並於翌年 3 月 1 日實施。 |

特區政府設立房屋儲備金，以配合未來十年公營房屋供應目標，並將本年政府財政儲備个部投資收益共約 270 億元撥入該儲備金。

| 2014 年 12 月 19 日 | 前政務司司長許仕仁被裁定公職人員行為失當和觸犯《防止賄賂條例》等五項罪名成立，23 日被判處監禁七年半並需交還 1118.2 萬元賄款。同案的郭炳江及關雄生同被判監禁五年，陳鉅源被判囚六年兼罰款 50 萬元，郭炳聯則控罪不成立。 |

| 2014 年 12 月 24 日 | 一輛載有總值 2.7 億元紙幣的解款車於押運途中，在告士打道意外跌出三個錢箱，總值 5200 萬元紙幣散落街道，其中 1523 萬元紙幣被途人拾走。其後拾遺者陸續歸還失款，但有約 730 萬元紙幣不知所終。 |

圖 361　特區政府首次舉行南京大屠殺死難者公祭儀式。（政府新聞處提供）

| 2014 年 12 月 28 日 | 港鐵西港島線由上環至堅尼地城的延線通車，兩個中途站為西營盤和香港大學，西營盤站則須至翌年 3 月 29 日始啟用，至此港島線工程全線完成。 |

| 2014 年 12 月 30 日 | 房委會推出新一期居屋，發售五個屋苑合共 2160 個單位，為 2007 年復售居屋以來，首批新建居屋。申請期至翌年 1 月 12 日止，共接獲 41,000 份申請，為復售居屋以來最多。 |

| 2015 年 1 月 4 日 | 中央政府、香港特區政府與位於海牙的國際仲裁機構—常設仲裁法院，於北京簽署有關開展爭端解決程序的東道國協議及行政安排備忘錄，確保常設仲裁法院負責管理的仲裁，可以在香港進行。 |

| 2015 年 1 月 9 日 | 立法會財委會通過涉資逾 192 億元的石鼓洲焚化爐撥款申請。 |

| 2015 年 1 月 14 日 | 特區政府發表 2015 年施政報告《重法治 掌機遇 作抉擇 推進民主》，點名批評香港大學學生會刊物《學苑》，表明須警惕《學苑》和違法「佔領中環」學生領袖提出的「香港民族論」等錯誤主張。 |

| 2015 年 1 月 18 日 | 制服團體香港青少年軍總會在昂船洲軍營舉行成立典禮，行政長官梁振英及中聯辦主任張曉明以榮譽贊助人身份出席，行政長官夫人梁唐青儀擔任總司令。 |

| 2015 年 1 月 22 日 | 香港特區政府與福建省政府於福州舉行第一次閩港合作會議，雙方就加強經貿及金融合作達成共識，並簽署《關於加強閩港經貿合作的協議》及《關於加強閩港金融合作的協議》。 |

| 2015 年 2 月 8 日 | 比特幣交易平台公司 Mycoin 於 2014 年底突然停止運作，約 3000 名市民受影響，涉及金額約 30 億元，立法會議員及相關投資者本日召開記者招待會披露事件。 |

| 2015 年 2 月 13 日 | 特區政府與捷克共和國簽訂的移交逃犯協定生效。自特區政府成立以來，至 2017 年 7 月 1 日合共與 15 個國家簽訂相關協定。 |

| 2015 年 2 月 14 日 | 香港大學學生會選舉委員會宣布「香港大學學生會應退出香港專上學生聯會」的公投議案獲得通過，是首間退出學聯的大學學生會。4 月至 5 月，理工大學學生會、浸會大學學生會和城市大學學生會先後舉行公投，通過退出學聯的決定。 |

| 2015 年 2 月 17 日 | 行政署向各政府部門發出《用詞正確》的內部通告，指出在描述內地與本港的關係時，應使用「內地與香港的關係」，而不應使用「中港關係」。 |

| 2015 年 2 月 27 日 | 根據特區政府頒布的《2014 年僱傭（修訂）條例》，合資格男性僱員可在本日起享有三天侍產假。 |

| | 金管局公布新一輪穩定樓市措施，其中把價值 700 萬元以下自用住宅物業的最高按揭成數調低至六成。 |

2015 年 2 月　再有本土派組織在屯門、元朗和上水發起「光復行動」，在各商場騷擾指罵顧客及內地遊客，反對水貨客影響市民生活及要求取消一簽多行的「自由行」，持續月餘。

2015 年 3 月 4 日　滙豐銀行發行 200 萬套面值 150 元紀念鈔供市民認購，以慶祝該行在香港成立 150 周年。翌年 9 月 8 日，該行宣布捐出售賣紀念鈔所得的 4.77 億元淨收益作慈善用途。

2015 年 3 月 5 日　渠務署「淨港一號」污泥船啟用，負責將昂船洲污水處理廠的所有污泥運送至屯門，以減低循陸路運送污泥的交通和環境影響。

2015 年 3 月 17 日　特區政府向立法會提交文件，為保障供水來源不受氣候變化影響，建議在將軍澳興建海水化淡廠，預計初期每日食水產量可達 13.5 萬立方米，工程所需費用為 1.546 億元。2017 年 10 月 13 日，立法會財委會通過將軍澳海水化淡廠第一階段的設計及建造，並於 2019 年 11 月 1 日批出撥款。

2015 年 3 月 23 日　警務處全面採用自動車牌識別系統，可自動讀取車輛登記號碼，並即時與運輸署儲存的數據作比對。如發現車輛可能涉及嚴重交通違例事項，警員會截停作進一步調查。

2015 年 3 月 29 日　特區政府擴展長者及合資格殘疾人士公共交通票價優惠計劃，至部分綠色專線小巴。

2015 年 4 月 1 日　特區政府在零售業界全面實施塑膠購物袋收費計劃，除基於食品衛生理由外，全港所有零售商戶派發的每個膠袋，須向顧客至少收費五角。

行政長官會同行政會議決定，不予亞洲電視於翌年 4 月 1 日到期的免費電視牌照續期，是香港首次有廣播牌照不獲續期。

2015 年 4 月 13 日　中央政府宣布，即日起將深圳戶籍居民前往香港的「一簽多行」個人遊簽注，改為「一周一行」，持簽注者每周只可來港一次。

2015 年 4 月 17 日　教育局公布高中新學制中期檢討，七個選修科目由 2015 年 9 月中四級開始，將取消校本評核，分別是中國歷史、歷史、經濟、倫理與宗教、地理、音樂及旅遊與款待。

2015 年 4 月 21 日　香港桌球運動員吳安儀首次於「WLBSA 世界女子職業桌球錦標賽 2015」中取得冠軍，成為第一位贏得該項目世界冠軍的亞洲女運動員。

2015 年 4 月 22 日　特區政府根據 2014 年「八三一決定」及公眾諮詢的結果，公布《行政長官普選辦法公眾諮詢報告及方案》。方案建議提名行政長官參與選舉有兩個階段：第一，以提名委員會 120 票為最低門檻，選出最多十名參選人；第二，1200 名委員從參選人中選出兩至三名候選人；最後，全港 500 萬名選民以「一人一票」及「得票最多者當選」的方式，選出行政長官。

2015 年 4 月 22 日 ｜ 戶外燈光專責小組向特區政府提交報告，建議政府與商戶簽署自願約章，鼓勵店舖在晚上 11 時至早上 7 時，關掉戶外燈光裝置，減少光污染，實施兩年後再檢討是否需要立法。

2015 年 4 月 25 日 ｜ 特區政府展開政改地區宣傳活動，一眾問責官員包括政務司司長林鄭月娥、律政司司長袁國強、政制及內地事務局局長譚志源等，乘坐開篷巴士到堅尼地城、樂富及大埔，向沿途市民宣傳政改。（圖 362）

｜ 一批匪徒闖入堡獅龍創辦人羅定邦孫女羅君兒位於西貢的住宅，劫走 200 萬元財物並綁走羅君兒。後在家屬交出 2800 萬贖金後，羅獲釋。香港警方其後與內地公安合共拘捕十人，並起回全部贖金。翌年 6 月，於香港被捕的內地綁匪鄭興旺被高等法院判入獄 12 年。

2015 年 4 月 27 日 ｜ 位於遼寧省瀋陽市的香港特區駐遼寧聯絡處舉行揭牌典禮，以進一步加強香港特區與遼寧省及省內各市的聯繫。

2015 年 5 月 4 日 ｜ 入境處試行輸入中國籍香港永久性居民第二代計劃，目的在於吸引已移居海外的中國籍香港永久性居民的第二代回港，不設配額，申請人毋須在來港前獲得聘用。

2015 年 5 月 18 日 ｜ 終審法院駁回華懋慈善基金就華懋集團已故主席龔如心 830 億元遺產案的上訴，裁定基金是遺產信託人，須在終審法院的協助下制定慈善信託計劃，按龔在 2002 年 7 月 28 日立下的遺囑，成立「中國的類似諾貝爾獎的具有世界性意義的獎金」。

2015 年 5 月 26 日 ｜ 大埔劍橋護老院被報章揭發涉嫌虐待長者院友，社署於 6 月 16 日拒絕該院二至三樓的牌照續期。2018 年 12 月 13 日，申訴專員公署發表主動調查報告《社會福利署對安老院服務的監管》，批評社署對安老服務監管不足及執法寬鬆，法例過時且不夠全面。

圖 362　政制發展專責小組成員林鄭月娥（中）、袁國強（右）及譚志源（左）乘坐開篷巴士，向市民宣傳 2017 年普選行政長官的政制方案。（政府新聞處提供）

| 2015 年 5 月 31 日 | 中央負責政改的官員在深圳與 54 位香港立法會議員會面,討論政改方案。全國人大常委會法制工作委員會主任李飛指出,「八三一決定」嚴格遵循基本法規定,必須得到貫徹落實。特區政府提出的普選法案貫徹落實了基本法和「八三一決定」,是民主、開放、公平、公正的,是切合香港實際情況的最佳普選制度。 |

| 2015 年 6 月 1 日 | 特區政府公布,即日起提高新入職公務員的退休年齡,文職職系為 65 歲,紀律部隊職系為 60 歲,而現職公務員,則以彈性措施延長他們的服務年期。 |

劉業強獲選為新一屆的鄉議局主席,任期四年,是自其父親劉皇發在 1980 年當選鄉議局主席後首次主席更迭。

| 2015 年 6 月 5 日 | 香港女子高爾夫球公開賽於粉嶺香港哥爾夫球會球場舉行,為期三日,共 108 名選球手參賽,是香港首次舉辦世界級女子職業高爾夫球公開賽。 |

| 2015 年 6 月 8 日 | 公民黨立法會議員湯家驊成立智庫「民主思路」,期望在二元對立的政治環境中走出第三條道路。湯後於 22 日辭任立法會議員並退出公民黨。 |

| 2015 年 6 月 18 日 | 特區政府就修改 2017 年行政長官產生辦法提出的議案在立法會進行表決,議案未獲全體議員三分之二多數贊成而被否決。 |

| 2015 年 6 月 19 日 | 行政長官梁振英會同行政會議核准古洞北和粉嶺北計劃大綱圖,以推展新界東北新發展區規劃。 |

港交所公布自 2014 年 8 月開始就同股不同權進行市場諮詢的結果,表示市場普遍支持修訂《上市規則》,以容許不同股權架構企業在香港作主要上市,故考慮放寬相關上市規定。25 日,證監會發表聲明,以公眾利益為由,不支持該建議,堅持一股一票的原則。10 月 5 日,港交所發布聲明,表示考慮證監會的意見,決定擱置同股不同權的草案撰寫和市場諮詢的工作。

| 2015 年 6 月 20 日 | 郵輪「海洋量子號」訪港,停泊於啟德郵輪碼頭,是歷來最大型的訪港郵輪。 |

| 2015 年 6 月 24 日 | 聯合國貿易和發展會議發表《2015 年世界投資報告》,香港於 2014 年的外來直接投資流入金額首次名列全球第二位,達 1030 億美元,僅次於內地。 |

| 2015 年 6 月 27 日 | 第一屆香港博物館節「穿越 —— 香港博物館節 2015」開幕,由康文署主辦,為期 16 日,共 22 個參展單位,包括 14 間公共博物館,提供逾 70 項節目活動。 |

2015 年 7 月 5 日	民主黨公布九龍西 13 座公屋和私樓的食水檢驗結果，指出房委會所轄啟晴邨部分單位食水含鉛量超出世衞組織標準。7 月 18 日，特區政府公布首批公共屋邨居民的血液含鉛水平化驗結果，啟晴邨九名居民血液樣本的結果全部正常，但其居住單位食水的含鉛量，均超出世衞組織所訂立的標準。
2015 年 7 月 17 日	行政長官梁振英委任獨立調查委員會，調查公屋食水含鉛事件，檢視公私樓宇食水供應系統，以及裝置和物料使用的技術標準和監管制度。翌年 5 月 31 日，特區政府公布報告，指出含鉛焊接駁口是造成食水含鉛的直接和主要成因，建議政府主動為所有公共屋邨重新檢驗食水，並應考慮設立獨立組織監察水務署的表現和香港水質。
2015 年 7 月 20 日	瑪麗醫院順利完成全球首宗雙肝同步移植手術。
2015 年 7 月 24 日	特區政府成立航空發展與機場三跑道系統諮詢委員會，就有關民航的事務及香港國際機場的發展，包括落實推展三跑道系統計劃，向政府提供意見。委員會於 9 月 8 日舉行首次會議。
2015 年 7 月 28 日	海洋公園為 37 歲的大熊貓「佳佳」獲兩項健力士世界紀錄舉行慶祝活動。紀錄分別是「迄今最長壽的圈養大熊貓」，以及「最長壽的在世圈養大熊貓」。
2015 年 7 月 29 日	聯合國經濟和社會事務部發表《世界人口展望：2015 年修訂版》，香港居民預期壽命為 83.74 歲，其中男性 80.91 歲，女性 86.58 歲，男女俱名列世界第一。這是香港預期壽命首次位居世界第一。
2015 年 8 月 8 日	天文台錄得有紀錄以來最高溫的紀錄 36.3℃。同時，2015 年的全年平均氣溫為 24.2℃，是截至 2017 年 7 月 1 日有紀錄以來最高。
2015 年 8 月 13 日	國務院公布，將烏蛟騰抗日英烈紀念碑列入第二批國家級抗戰紀念設施、遺址名錄。（圖 363）
2015 年 9 月 3 日	為紀念中國人民抗日戰爭勝利 70 周年，本日香港市民享有《公眾假期條例》及《僱傭條例》下的一次性法定假期。
2015 年 9 月 8 日	2018 年世界盃預選賽香港主場對卡塔爾的賽事中，有香港球迷在國歌演奏時發出噓聲，及向卡塔爾球員投擲雜物。翌月 5 日，國際足協經紀律調查後，向香港足總罰款 5000 瑞士法郎。
2015 年 9 月 9 日	香港寬頻沒有依從客戶拒收直銷信息要求，繼續使用其個人資料作直接促銷，違反《2012 年個人資料（私隱）條例》而被罰款30,000 元，是該條例實施後首宗關於直接促銷被定罪的案件。
2015 年 9 月 15 日	香港按揭證券有限公司宣布與八家銀行推出補價易貸款保險計劃，協助 50 歲或以上的香港資助房屋業主補地價，以增加資助房屋在市場的流轉。

2015 年 9 月 20 日	中資華人文化控股集團與美資荷里活電影公司華納兄弟合作成立「旗艦影業」，總部設在香港，希望共同開發華語和英語電影業務，並向全球發行。
2015 年 9 月 22 日	市建局公布以簡約的設計方案，動用六億元保育活化中環街市大樓，並在街市中庭及面向皇后大道中的入口廣場建設 1000 平方米的公共休憩空間。
2015 年 9 月 25 日	終審法院遷到位於中環昃臣道的原立法會大樓，並舉行啟用典禮。
2015 年 10 月 10 日	第一屆香港單車節開幕，由旅發局主辦，為期兩日，活動包括比賽、嘉年華會及其他單車活動。
2015 年 10 月 11 日	藝發局主辦首屆文學節，活動包括文學講座、文學欣賞工作坊、電影放映會及展覽等，活動至 2016 年 3 月結束。
2015 年 10 月 23 日	晚上，汲水門大橋遭到船隻碰撞後，大橋的防震裝置響起警號，汲水門大橋及青馬大橋全線封閉近兩小時，以便工程人員檢查，事故導致往來大嶼山的陸路交通癱瘓，是該兩座橋樑啟用 18 年來的首次。
2015 年 11 月 5 日	海洋公園位於大樹灣的新水上樂園項目舉行動工儀式。樂園佔地約 6.63 公頃，設有 27 項室內及戶外嬉水設施。

圖 363　國家級抗戰紀念設施烏蛟騰抗日英烈紀念碑，攝於 2013 年 10 月 31 日。（劉蜀永提供）

2015 年 11 月 13 日 特區政府頒布《支付系統及儲值支付工具條例》，規定本港的實體及非實體儲值支付工具發行人，必須向金管局申請相關牌照，確保用戶的儲值金額受到保障。

2015 年 11 月 17 日 2018 年世界盃預選賽香港隊主場對國家隊的賽事中，部分香港球迷再次在國歌演奏時發出噓聲。翌年 1 月 14 日，國際足協裁定，向香港足總罰款 10,000 瑞士法郎。

2015 年 11 月 19 日 香港國際仲裁中心在上海自貿區設立代表處，是首個國際仲裁機構於內地開設的代表處。

2015 年 11 月 20 日 創新及科技局成立，負責制定全面的創新及科技政策，以結合「官產學研」（政府、業界、學術界和研發界），以加速香港的創新、科技及相關產業的發展為目標。

香港保齡球運動員胡兆康在美國拉斯維加斯舉行的第五十一屆保齡球世界盃中贏得男子組冠軍，成為香港首位保齡球世界冠軍。

2015 年 11 月 22 日 香港特區舉行第五屆區議會選舉，選出 431 個民選區議員，其中 363 個須經選舉產生，另 68 個選區的候選人在無對手情況下自動當選，投票率為 47.01%。本屆區議會另設有 27 個由各鄉鄉事委員會主席出任的當然議席。

2015 年 11 月 23 日 第三十屆國際標準化組織（ISO）技術委員會年度大會在香港召開，為期八日，來自逾 40 個經濟體約 200 名專家出席，是該委員會首次在港舉行會議。

2015 年 11 月 27 日 特區政府與中央政府在 CEPA 框架下簽署《服務貿易協議》，翌年 6 月 1 日起實施。協議基本上實現兩地服務貿易自由化，包括把大部分在廣東先行先試的開放措施推展至全國，以及增加 28 項跨境服務、文化及電訊領域的開放措施。

2015 年 11 月 30 日 特區政府與港鐵公司達成協議，將高鐵香港段的完工日期由 2017 年年底修訂為 2018 年第三季，同時把費用估算由 650 億元修訂為 844.2 億元，較港鐵在 6 月提出的金額減少 8.8 億元，若有超支金額則由港鐵支付。

2015 年 12 月 4 日 區域法院判決首宗套丁案，裁定發展商康沛發展有限公司擁有人及 11 名沙田原居民，非法售賣丁權圖利共 22 項串謀詐騙罪成，各被判囚兩年半至三年不等。

2015 年 12 月 5 日 香港科學院在禮賓府舉行成立典禮，由 27 名創院院士創辦，並由徐立之擔任院長，旨在推動香港科技發展，提升香港科研實力。

2015 年 12 月 6 日 國家重點實驗室香港夥伴實驗室在港實施十周年暨國家工程技術研究中心香港分中心授牌儀式在港舉行。全港至 2017 年 7 月 1 日共有 16 所國家重點實驗室。

| **2015 年 12 月 7 日** | 臨時保險業監管局成立,並於 2017 年 6 月 26 日起正名為保險業監管局,接替作為特區政府部門並於同日解散的保監處,開始規管香港保險公司,以及繼續與內地保險監管機構聯繫及合作。 |

| **2015 年 12 月 9 日** | 香港調解中心及中國國際貿易促進委員會共同成立內地—香港聯合調解中心,是香港首個由兩地主要調解機構設立的中心,為內地和香港提供解決跨境商業爭議的平台。 |

| **2015 年 12 月 27 日** | 特區政府全數資助的首批五輛單層電動巴士投入服務,是為期兩年的試驗計劃之一部分。特區政府為整個試驗計劃撥款 1.8 億元,資助五家專營巴士公司購買 36 輛單層電動巴士和相關充電設施,旨在減少巴士的廢氣排放量。 |

| **2015 年 12 月 28 日** | 耗資 100 億元興建的香港國際機場中場客運廊及其配套設施落成試用,並於翌年 3 月 31 日全面啟用。該客運廊提供 20 個停機位,當中包括兩個專為空中巴士 A380 度身訂造的登機位。 |

| **2015 年 12 月** | 香港考古學會發掘東龍洲遺址,為期兩個月,發現宋代建築遺跡,遺物包括瓷器碎片、瓦片及地磚等。 |

| **2016 年 1 月 1 日** | 沙田馬場舉行元旦賽馬,投注額高達 15.49 億元,逾 7.7 萬人次進場,兩者均是 20 年來元旦日賽馬的最高紀錄。 |
| | 特區政府動用部分財政儲備成立未來基金,以 2197 億元土地基金結餘作為首筆資金,並恒常注資以作長期儲蓄,應付未來日益增加的開支需要。 |

| **2016 年 1 月 4 日** | 特區政府實施第三階段邊境禁區範圍縮減。縮減範圍涵蓋梧桐河至蓮麻坑一段邊境地區,共釋放超過 900 公頃土地,同時撤銷該地區的封閉道路限制。 |

| **2016 年 1 月 15 日** | 中國香港單車聯會主辦的國際單車聯盟香港世界盃場地單車賽,於香港單車館舉行,為期三日,共有 39 個國家及地區超過 300 名選手參賽。香港首次主辦這項比賽,亦是第 100 項「M」品牌活動。 |

| **2016 年 1 月 16 日** | 香港以中國代表團成員身份,出席在北京舉行的亞洲基礎設施投資銀行開業儀式及理事會成立大會,見證亞投行正式開始運作。翌年 6 月 13 日,香港正式成為亞投行成員。 |

| **2016 年 1 月 24 日** | 香港電車公司首輛觀光電車投入服務,為一輛開篷電車,接載旅客遊覽上環至銅鑼灣一帶。 |
| | 天文台錄得 3.1℃ 的低溫,是自 1957 年以來最寒冷的一日,也是有紀錄以來並列第三的低溫記錄。大帽山錄得 -6℃,並出現凍雨、結霜現象。 |

| **2016 年 1 月 25 日** | 市建局 2015 年 12 月向逾 600 年歷史的衙前圍村發出清場令,要求村民遷出,期限至本日屆滿。最後兩個商戶於前一晚與市建局達成搬遷賠償協議,衙前圍村重建關注組亦於前一日發出退場聲明。市建局共用九年時間集齊整村業權。 |

| 2016 年 2 月 1 日 | 積金局的分期提取強積金措施生效，年滿 65 歲或提早於 60 歲退休的強積金計劃成員，即日起除可一筆過提取全部強積金，亦可選擇以分期形式提取。 |

| 2016 年 2 月 8 日 | 農曆年初一晚上，食環署職員在旺角砵蘭街向非法熟食小販執法，其間被 200 多人圍堵，發生衝突，並持續至翌晨。暴亂者主要襲擊警員和記者並縱火，造成超過 130 人受傷，包括五名記者及約 90 名警員。64 名暴亂者被捕，當中 25 人被判刑。（圖 364） |

| 2016 年 2 月 17 日 | 美國歌星麥當娜首次在香港舉行演唱會。 |

| 2016 年 2 月 19 日 | 因應旺角暴亂事件，警務處成立由副處長（管理）主持的內部檢討委員會，召開首次會議，委員會成立三個小組，分別檢討「行動」、「武器、裝備及訓練」和「支援」三個範疇。 |

| 2016 年 3 月 1 日 | 為慶祝六合彩獎券 40 周年，馬會舉行加長版的六合彩攪珠節目。是次攪珠頭獎獎金達一億元，2.4 億元的總派彩獎金和 4.46 億元的投注總額，均創歷史紀錄。 |

| 2016 年 3 月 11 日 | 立法會財委會通過高鐵香港段工程 196 億元額外撥款，項目預算開支修訂為 864 億元。反高鐵示威者於立法會大樓集結並與警方對峙，後被警方抬離現場。 |

| 2016 年 3 月 13 日 | 全港性的電子健康紀錄互通系統（醫健通）啟用。該系統由特區政府於 2009 年 7 月斥資 7.02 億元開發，提供平台讓公私營醫護機構在獲得病人的同意下取覽及互通病歷。 |

圖 364　暴徒於旺角暴亂中跳上被砸毀的士的車頂，向警員擲物攻擊。（星島日報提供）

2016 年 3 月 16 日 位於將軍澳百勝角的消防及救護學院開幕,設多項先進模擬訓練設施,為消防及救護屬員提供專業培訓。

2016 年 3 月 18 日 香港科學館展覽「世紀實驗:探索神秘的粒子世界」開幕,展期至5 月 25 日,展出歐洲大型強子對撞機的部件、模擬實驗場境,以及介紹香港科研人員參與對撞機項目的研究成果。

2016 年 3 月 24 日 特區政府頒布《2016 年定額罰款(公眾地方潔淨罪行)(修訂)條例》,自 9 月 24 日起授權警方和食環署,票控店舖阻街而構成「在公眾地方造成阻礙」的行為,或發出 1500 元定額罰款通知書。同時,《定額罰款(公眾地方潔淨罪行)條例》正式定名為《定額罰款(公眾地方潔淨及阻礙)條例》。

2016 年 3 月 28 日 宣揚香港獨立的「香港民族黨」成立。2018 年 9 月 24 日,保安局局長基於維護國家安全、公共安全、公共秩序及保護他人的權利和自由的需要,刊憲禁止「香港民族黨」在香港運作。

2016 年 3 月 30 日 教育局成立防止學生自殺委員會,研究香港過去三個學年學生自殺的個案,並提出預防措施建議。11 月 7 日,委員會提交最終報告,建議加強及早識別精神健康問題、加強家長教育及家庭支援、善用社交媒體支援學生及加強生涯規劃教育。

2016 年 4 月 1 日 特區政府成立香港海運港口局,負責香港海運及港口業的發展方針和政策,提出策略指引,並對外推廣香港作為國際海運中心及主要港口。

亞視的本地免費電視節目服務牌照屆滿,在午夜 12 時完全停止播放,結束其 59 年的免費電視歷史。翌日凌晨 0 時起,香港電台獲得原屬亞視的兩條模擬電視頻道,開始同步播映其數碼電視節目頻道的節目。

2016 年 4 月 6 日 香港電視娛樂旗下的 ViuTV 啟播,提供免費電視節目。

2016 年 4 月 13 日 香港劍擊運動員張家朗於江蘇無錫 2016 亞洲劍擊錦標賽,奪得男子花劍個人賽金牌,是首位於該賽事奪金的香港運動員。

2016 年 4 月 26 日 行政長官梁振英會同行政會議核准赤鱲角分區計劃大綱草圖,以興建香港機場第三條跑道,8 月 1 日動工。

蓮塘／香園圍口岸跨境橋工程港方部分舉行動工儀式,為香港和深圳之間第七個陸路邊界口岸。

2016 年 5 月 6 日 衛生防護中心的傳染病資訊系統啟用,簡化了傳染病呈報步驟,並連結各個現行的疾病監控系統組件,讓中心更有效地掌握及分析社區傳染病的情況。

2016 年 5 月 10 日 | 超級六合彩攪珠開彩，頭獎總彩金約 1.69 億元，為歷來新高。頭獎共兩注中，每注獲派約 8400 萬元，是歷史第三高的頭獎彩金。馬會獲得約 2100 萬元佣金，特區政府則獲得約 8700 萬元博彩税收益。

2016 年 5 月 17 日 | 全國人大常委會委員長張德江抵港訪問，為期三日，行程包括到政府總部聽取特區政府工作匯報，以及參觀香港科學園，了解香港創新及科技的工作。

2016 年 5 月 18 日 | 特區政府主辦首屆「一帶一路」高峰論壇，來自一帶一路沿途國家的領袖、官員、商界代表和學者約 2400 人出席。全國人大常委會委員長張德江發表演講，題為「發揮香港獨特優勢，共創一帶一路美好未來」，指出香港是「一帶一路」的重要節點，擁有區位、開放合作先發、服務業專業化和人文文脈相承的四大優勢。

2016 年 5 月 19 日 | 位於屯門稔灣的「T‧PARK」開幕，是香港首個自給自足的污泥處理設施，包括每日可處理最多 2000 公噸污泥的污泥焚化爐、發電系統、海水化淡廠，以及教育和自然生態設施。

2016 年 5 月 23 日 | 由本港六家中資銀行發起的香港中資銀行業協會註冊成立，並於翌月 27 日舉行成立典禮。

2016 年 5 月 26 日 | 九龍城裁判法院就曾健超於 2014 年違法「佔領中環」期間向警員淋潑液體及拒捕案作出裁決，裁定一項襲警及兩項拒捕罪成，其後被判囚五星期。

2016 年 5 月 27 日 | 香港教育學院獲准升格為大學，並改名為香港教育大學，成為本港第十所大學，同時是第八所受公帑資助的大學。

2016 年 6 月 6 日 | 電車公司推出冷氣電車試驗計劃，本港首架冷氣電車 88 號投入試驗服務。

2016 年 6 月 12 日 | 業餘高爾夫球運動員陳芷澄於第二屆盈豐香港女子高爾夫球公開賽中奪冠，是香港首位獲得這項職業賽殊榮的香港女運動員，也是香港首名具備奧運高爾夫球項目參賽資格的運動員。

2016 年 6 月 13 日 | 香港特區駐雅加達經貿辦臨時辦公室開始運作，翌年 7 月 26 日正式啟用，負責處理香港與印尼、馬來西亞、汶萊和菲律賓的事務，以提升香港與該地區的經貿關係。

2016 年 6 月 18 日 | 設於荃灣三棟屋博物館的香港非物質文化遺產中心啟用，作為展示和教育中心，可透過多元化的教育和推廣活動，提升公眾對非遺的認識和了解。

2016 年 6 月 19 日 | 天文台發出酷熱天氣警告，至 27 日取消，歷時 205 小時 35 分鐘，是至 2017 年 7 月為止生效時間第二長的酷熱天氣警告。同時，2016 年全年酷熱天氣日數為 38 天，是至 2017 年 7 月 1 日止最多酷熱天氣日數的年份。

2016 年 6 月 21 日 牛頭角淘大工業村迷你倉庫發生四級大火，持續燃燒 108 小時，至 25 日被救熄，造成兩名消防員殉職、十名消防員受傷，事故引起政府及社會對舊式工廈缺乏消防設備的關注。6 月 28 日，消防處、屋宇署、地政總署和勞工處展開全港迷你倉庫的普查和巡查工作。特區政府於 7 月 1 日向殉職的高級消防隊長張耀升及消防隊目許志傑追授金英勇勳章。

2016 年 7 月 11 日 香港主辦第五十七屆國際數學奧林匹克競賽，為期五天，來自 109 個國家或地區共 602 位參賽者出席，為歷來參與地區和人數最多。香港代表隊奪得三金兩銀一銅，總排名第九，是歷來最佳成績。

2016 年 7 月 14 日 選管會擬備額外的確認書，要求立法會選舉參選人簽署提名表格的相關聲明時，須確認其明白：擁護基本法包括擁護第 1、第 12 及第 159 條。

2016 年 7 月 20 日 金管局與廣東省推出電子支票聯合結算服務，規定由香港銀行發出並於廣東省銀行存入的電子支票，可於下一個營業日入帳。

2016 年 7 月 24 日 香港代表隊參加瑞典主辦的「世界跳繩錦標賽 2016」，共獲 79 面獎牌，並在世界盃表演賽蟬聯冠軍。男子組 4×45 秒交互繩速度接力賽打破世界紀錄，周永樂更成為香港首位奪得個人花式跳繩金牌的男運動員。

2016 年 7 月 26 日 特區政府發行首批為期三年的銀色債券，供年滿 65 歲的香港居民認購，債券持有人每六個月獲發一次利息。截至翌月 3 日認購期結束為止，政府共收到 76,009 份有效申請，申請的債券本金總額達 89 億元，最終發行額為 30 億元。

2016 年 7 月 30 日 選管會通知，立法會新界西參選人、「香港民族黨」召集人陳浩天，被選舉主任裁定其提名無效，是特區成立以來首次。

2016 年 8 月 1 日 商務及經濟發展局「一帶一路」辦公室開始運作，將就香港在「一帶一路」倡議下的發展機遇，向行政長官提供意見。

香港國際機場第三跑道工程舉行動工儀式，將在香港國際機場北面水域填海 650 公頃以進行第三跑道工程。

2016 年 8 月 2 日 選舉主任通知立法會新界東參選人梁天琦，以梁及其所屬政治團體「本土民主前線」在社交媒體及不同場合仍宣揚獨立主張，不信納梁已真正改變所支持的政治立場，裁定其提名無效。

2016 年 8 月 7 日 東區海底隧道為期 30 年的專營權於凌晨屆滿，特區政府接收東隧，至於隧道移交後的實際運作基本不變，包括徵收的隧道費用和申請許可證的規定等。

2016 年 8 月 25 日 金管局發出首批儲值支付工具牌照予經營八達通卡、拍住賞、TNG 電子錢包、支付寶香港及微信錢包的五間公司。

2016 年 8 月 28 日	首架在香港裝嵌及註冊的飛機「香港起飛號」啟航，由機長鄭楚衡駕駛，全程飛行 55,000 公里，到訪 20 個國家，並在 45 個機場着陸，至 11 月 13 日返港，完成 78 天環球之旅。（圖 365）
2016 年 8 月	《香港文學大系 1919-1949》出版，全書共 12 卷，包括散文、小說、評論、新詩、戲劇、舊體文學、通俗文學、兒童文學及文學史料等，是香港首套系統整理香港文學資料的著作。
2016 年 9 月 4 日	香港特別行政區舉行第六屆立法會選舉，共選出 70 名議員，地方選區及功能界別各選出 35 名議員。地方選區投票率 58.28%；區議會（第二）功能界別投票率 57.09%，傳統功能界別投票率 74.3%。
2016 年 9 月 21 日	香港獲世衛組織西太平洋區域消除麻疹區域核實委員會確認，已中斷麻疹病毒在本地的傳播。
2016 年 10 月 8 日	「2016 國際汽聯香港電訊電動方程式賽車錦標賽」香港站於中環維港新海濱舉行，為期兩日，共有十支職業車隊、20 部賽車參賽。這是本港首次舉辦這項國際比賽，賽前用了約 2000 萬元進行道路更改工程。

圖 365　鄭楚衡（左）完成環球之旅後，在香港國際機場安全着陸，攝於 2016 年 11 月 14 日。（政府新聞處提供）

2016 年 10 月 12 日 ｜ 第六屆立法會舉行首日會議，立法會秘書陳維安為 70 名新當選議員的宣誓儀式監誓，其間姚松炎、梁頌恒及游蕙禎在誓詞中加入其政治主張、侮辱中華民族的內容及展示標語。陳維安隨即表明無權為三人監誓。同時，另有 12 名議員，宣誓時分別在不同程度上於誓詞前後加入不同政治主張及展示道具。

2016 年 10 月 15 日 ｜ 在行政長官會同行政會議批准下，香港數碼廣播有限公司的聲音廣播牌照終止。

2016 年 10 月 16 日 ｜ 全球最長壽的圈養大熊貓「佳佳」在海洋公園離世，終年 38 歲，相當於人類的 114 歲。

2016 年 10 月 18 日 ｜ 上午，立法會主席梁君彥裁定姚松炎、梁頌恒、游蕙禎、劉小麗和黃定光於 12 日的議員宣誓無效，並批准他們在翌日重新宣誓。下午，行政長官梁振英及律政司司長袁國強入稟高等法院，要求推翻梁君彥的裁決，禁止梁、游再次宣誓，並申請臨時禁制令。晚上 9 時，高等法院緊急開庭處理，批出司法覆核許可，但拒絕批准臨時禁制令。

2016 年 10 月 20 日 ｜ 房委會首個「綠置居」先導項目新蒲崗景泰苑開始接受申請，提供 857 個單位，平均售價按市值折減 40%，翌年 2 月，所有單位售出。

2016 年 10 月 23 日 ｜ 港鐵觀塘線延線通車，何文田站和黃埔站啟用。

2016 年 11 月 3 日 ｜ 香港舉行清水灣高爾夫球公開賽，為期四日，是「美國職業高爾夫球巡迴賽中國系列」首次在香港舉辦的賽事。

2016 年 11 月 4 日 ｜ 特區政府頒布《2016 年海岸公園（指定）（修訂）令》，將大小磨刀洲附近約 970 公頃面積的水域劃為海岸公園，以保育中華白海豚及附近海洋生態。截至 2017 年，全港共有五個海岸公園和一個海岸保護區。

2016 年 11 月 5 日 ｜ 住宅物業交易從價印花稅稅率劃一提高至 15%，首次置業的香港永久居民可獲豁免，以冷卻過熱的樓市。

2016 年 11 月 7 日 ｜ 全國人大常委會進行第五次釋法，就基本法第 104 條作出解釋，指出所有公職人員未進行合法宣誓或拒絕宣誓，不得擔任有關公職；宣誓人必須準確、完整、莊重地宣讀包括「擁護中華人民共和國香港特別行政區基本法，效忠中華人民共和國香港特別行政區」內容的法定誓言；不符合此解釋和基本法規定的宣誓，均屬無效，並不得重新安排宣誓。

2016 年 11 月 10 日 ｜ 位於紅磡的港鐵學院開幕，是港鐵公司轄下的培訓機構，也是香港首間鐵路專業學院。

2016 年 11 月 12 日 ｜ 在行政長官會同行政會議批准下，新城電台終止數碼聲音廣播牌照，至此所有私營數碼廣播電台結束服務。

| 2016 年 11 月 13 日 | 成龍獲美國電影藝術與科學學院頒發榮譽獎項 Governors Award，以表揚其在電影業的終身成就，為首位獲得該獎的華人。

| 2016 年 11 月 14 日 | 民航處的新航空交通管理系統投入服務，每天可處理 8000 份航空計劃書的資料，並同時監察 1500 個空中或地面目標，分別是現有系統的 5 倍和 1.5 倍，以支援包括未來三跑道系統下的航空交通增長。

| 2016 年 11 月 15 日 | 高等法院原訟法庭就 10 月 12 日立法會宣誓風波作出裁決，宣布梁頌恆及游蕙禎的宣誓內容違反基本法及《宣誓及聲明條例》，屬於無效。兩人自 10 月 12 日起取消議員資格，不得再以立法會議員身份行事；立法會主席亦無權為兩人再次宣誓進行監誓，兩人議席懸空。

由特區政府成立的醫生、代表病人及消費者權益人士，以及立法會議員組成的三方平台舉行首次會議。平台宗旨是促進三方對《醫生註冊條例》的了解及溝通，並就修例建議提出意見和討論。

| 2016 年 11 月 20 日 | 香港海運港口局籌辦的首個「香港海運週」開幕，為期八日，其間舉行第六屆亞洲物流及航運會議，Lloyd's List 海運會議和航運保險法研討會等 30 項活動。

| 2016 年 11 月 27 日 | 香港羽毛球運動員伍家朗於香港公開羽毛球錦標賽男單項目取得冠軍，是賽事舉辦 28 年來首位奪冠的香港運動員。

| 2016 年 11 月 30 日 | 香港文化博物館展覽「宮囍—清帝大婚慶典」開幕，展出故宮博物院 153 組清代皇帝大婚展品，包括首飾、畫像、婚儀用品、宮廷樂器和文獻等文物。

| 2016 年 12 月 1 日 | 香港東方足球隊主教練陳婉婷獲亞洲足協頒發年度最佳女教練獎項，成為香港首位獲得該獎的足球教練。陳亦是全球首位帶領男子職業足球隊贏得頂級聯賽冠軍的女教練。

| 2016 年 12 月 2 日 | 特區政府宣布，鑑於政府有憲制責任維護及執行基本法第 104 條關於立法會議員必須合法宣誓的條文，加上宣誓風波涉及重大公眾利益，因此入稟法院，要求法官頒令劉小麗、姚松炎、羅冠聰和梁國雄宣誓無效，並將他們的立法會議席懸空。

| 2016 年 12 月 5 日 | 教育局發表《推動 STEM 教育—發揮創意潛能》研究報告，提出於中小學推動 STEM（科學、科技、工程、數學）教育的具體策略，以培養學生成為科學、科技及數學的終身學習者。

深港股票市場交易互聯互通機制（深港通）開通。此舉使香港和海外投資者可買賣深圳上市的合資格 A 股，內地投資者也可買賣香港上市的合資格股票。

| 2016 年 12 月 8 日 | 東九文化中心舉行奠基典禮，位於牛頭角下邨原址，是繼西九文化區後香港另一個重要文化活動地標。

| 2016 年 12 月 8 日 | 有逾 60 年歷史的北角皇都戲院獲古諮會列為一級歷史建築。該戲院是二戰以後建成、現存最久的戲院建築,其屋頂上呈拋物線型的混凝土拱架設計為全港及亞洲地區所獨有。 |

| 2016 年 12 月 9 日 | 行政長官梁振英宣布不競逐連任,並已向中央政府呈報決定。 |

| 2016 年 12 月 12 日 | 財政司司長曾俊華向行政長官梁振英提出辭職,準備參選下一任行政長官選舉。 |

| 2016 年 12 月 21 日 | 特區政府公布香港首份城市級的《生物多樣性策略及行動計劃》,列出未來五年共 67 項具體環境保育行動,涵蓋加強保育措施、將生物多樣性主流化、增進知識及推動社會參與四大範疇。 |

| 2016 年 12 月 23 日 | 政務司司長兼西九管理局董事局主席林鄭月娥與故宮博物院院長單霽翔,在北京簽訂合作協議,啟動在西九文化區興建香港故宮文化博物館的計劃。 |

| 2016 年 12 月 28 日 | 港鐵南港島線通車,全長七公里,連接港島南區的鴨脷洲和中區的金鐘,設有海怡半島、利東、黃竹坑、海洋公園和金鐘五個站,採用全自動行車系統。至此,香港 18 區均有鐵路交通服務。 |

| 2016 年 12 月 | 香港拳擊運動員曹星如在世界拳擊組織超蠅量級(112 至 115 磅)升為世界排名第一,成為香港首位榮登該榜的拳手。 |

| 2017 年 1 月 3 日 | 香港特區政府與深圳市政府簽署《關於港深推進落馬洲河套地區共同發展的合作備忘錄》,兩地將在佔地 87 公頃的河套地區共同發展港深創新及科技園,落成後將會是香港歷來最大的創科平台。 |

| 2017 年 1 月 9 日 | 天水圍醫院開展首階段服務,提供三個專科門診及其他日間服務,首階段急症室於 3 月 15 日啟用。 |

| | 香港中文大學內科及藥物治療學系司徒卓俊團隊聯同中國人民解放軍總醫院、杭州市中醫院、上海中醫藥大學附屬龍華醫院等醫療機構,憑「IgA 腎病中西醫結合證治規律與診療關鍵技術的創研及應用」項目,獲頒 2016 年度國家科學技術進步獎一等獎。 |

| 2017 年 1 月 12 日 | 政務司司長林鄭月娥向行政長官梁振英提出辭職,準備參選行政長官。 |

| 2017 年 1 月 18 日 | 行政長官梁振英發表任內最後一份施政報告《用好機遇,發展經濟,改善民生,和諧共融》,指出香港要把握國家「十三五」規劃及「一帶一路」倡議帶來的機遇,同時強調香港利用創新科技進行「再工業化」。 |

| 2017 年 1 月 20 日 | 特區政府發表《香港氣候行動藍圖 2030+》,由政務司司長領導的氣候變化督導委員會制定,旨在 2030 年前,把本港的碳強度由 2005 年的水準降低 65% 至 70%,人均碳排放量減至介乎 3.3 至 3.8 公噸為目標。 |

港鐵荃灣線一列由金鐘駛往尖沙咀途中的列車內，一名乘客企圖點火自焚，導致 18 名乘客受傷，縱火者其後傷重不治。4 月 26 日，港鐵公布事件的高級別檢討委員會報告部分內容，建議在列車車廂內的消防喉轆櫃中添置手提滅火筒，以及在 2023 年底前為所有車廂裝設閉路電視。

區域法院就 2014 年 10 月 15 日違法「佔領中環」運動期間七名警員毆打曾健超案作出裁決，裁定各被告「襲擊他人致造成身體傷害罪」成立，其後判處入獄兩年。

前行政長官曾蔭權因涉嫌收受利益，被廉署起訴一項行政長官接受利益及兩項公職人員行為失當罪。高等法院陪審團未能就「行政長官接受利益罪」達成有效裁決；而另外兩項「公職人員行為失當罪」控罪中，則裁定其中一項罪名成立。22 日，曾被判即時入獄 20 個月，為香港史上因同樣罪名被判入獄的最高級別官員。4 月 24 日，曾蔭權獲准保釋外出，以等候「公職人員行為失當罪」上訴。翌年 7 月 20 日，上訴庭一致駁回曾蔭權的上訴，但刑期減至一年，並於 2019 年 1 月刑滿釋放。2019 年 6 月 26 日，終審法院裁定曾蔭權上訴得直，撤銷原有的「公職人員行為失當罪」定罪及判刑。

行政長官會同行政會議批准東涌（擴展計劃）的分區計劃大綱圖，涵蓋約 216.67 公頃的土地，從而擴展東涌為足以容納 20 萬人口的市鎮。

律政司的全新電子法例資料庫「電子版香港法例」啟用，免費向公眾提供中文及英文版香港法例。

內地發展商龍光地產與合景泰富，以 168.55 億元投得鴨脷洲利南道住宅用地，每平方呎 22,118 元，是 1997 年以後最高的住宅用地地價紀錄。

港交所公布本港於 2016 年共有 126 家新上市公司，首次公開招股（IPO）集資額為 1953 億元，蟬聯全球第一名。

香港文化博物館常設展館「金庸館」開幕，佔地約 2500 平方呎，展出 300 多件展品，介紹著名武俠小説作家金庸的早期事業、武俠小説創作歷程及其小説對香港流行文化的影響與貢獻。

本港經歷有紀錄以來最溫暖的冬天（2016 年 12 月至 2017 年 2 月），平均氣溫為 18.4℃，超過 1998 年 12 月至 1999 年 2 月的紀錄。

國務院總理李克強發表 2017 年政府工作報告，提出要確保「一國兩制」在香港實踐不動搖、不走樣、不變形，並指出「『港獨』是沒有出路的」。報告同時提出粵港澳大灣區城市群發展規劃，提升香港和澳門在國家經濟發展和對外開放中的地位和功能。

2017 年 3 月 11 日	香港拳擊運動員曹星如在香港舉行的「王者對決 2」賽事中，擊倒日本拳手向井寬史，取得其職業生涯 21 連勝，並同時在超蠅量級賽事衞冕世界拳擊組織「國際拳王」及世界拳擊理事會「亞洲拳王」金腰帶，兼取下向井寬史的世界拳擊組織「亞太區拳王」金腰帶。（圖 366）
2017 年 3 月 13 日	政協全國委員會通過行政長官梁振英當選全國政協副主席，並即時就任。
	鑑於新界屯門青山近石角咀村的紅樓有即時拆卸危險，特區政府本日頒布《古物及古蹟（暫定古蹟的宣布）（紅樓）公告》，將該棟建築列為暫定古蹟。
2017 年 3 月 17 日	區域法院首次就 2016 年農曆新年旺角暴亂作出裁決，裁定三名被告暴動罪成立，判處入獄三年。
2017 年 3 月 26 日	選管會宣布，行政長官候選人林鄭月娥以 777 票擊敗另外兩名候選人曾俊華和胡國興，當選第五任香港特別行政區行政長官。翌月 11 日，林鄭月娥在北京獲國家主席習近平接見，並接受國務院任命為香港特別行政區第五任行政長官。
2017 年 3 月 27 日	警方拘捕 2014 年違法「佔領中環」運動發起人及組織者戴耀廷、陳健民、朱耀明、陳淑莊、邵家臻、張秀賢、鍾耀華、李永達及黃浩銘，分別控以串謀公眾妨擾罪、煽惑他人公眾妨擾罪和煽惑他人煽惑公眾妨擾罪。

圖 366　有「神奇小子」之稱的香港拳手曹星如獲勝後披上特區區旗。（政府新聞處提供）

2017 年 3 月 27 日 | 行政長官選舉結束後，選舉事務處發現其存放在選舉後備場地亞博館的兩部手提電腦失竊，該兩部電腦分別載有 1194 名選委及全港約 378 萬選民的個人資料。此案至今尚未偵破。

2017 年 3 月 28 日 | 行政長官會同行政會議決定停止香港數碼聲音廣播服務，以及於六個月內，終止香港電台提供的數碼聲音廣播服務。

2017 年 4 月 8 日 | 香港國際機場新空管系統發生故障，未能顯示部分航班編號，全部航班暫停起飛，是該系統自去年 11 月啟用以來首次採用後備系統。

2017 年 4 月 10 日 | 香港按揭證券有限公司宣布，董事局已原則上批准推出一項終身年金計劃，以 65 歲或以上人士為對象，投保人在存入一筆過保費後可即時開始提取年金直至終老。該計劃於翌年 7 月 5 日推出。

2017 年 4 月 11 日 | 香港桌球運動員吳安儀贏得首屆世界女子十個紅球賽冠軍，是其於三星期內奪得的第三項世界冠軍獎項，另外兩項分別為世界女子六紅球錦標賽及 WLBSA 世界女子職業桌球錦標賽。

2017 年 4 月 12 日 | 特區政府收緊印花稅豁免安排，首次置業的香港買家若以一份文書購買多於一個住宅物業，須繳付 15% 的印花稅。

| 「2017 場地單車世界錦標賽」於香港單車館舉行，為期五日，這是香港首次主辦這項賽事，亦是亞洲第二個主辦的城市。

2017 年 4 月 17 日 | 首隻生於香港的川金絲猴在海洋公園出生，由來自成都動物園的「其其」與「樂樂」所生。川金絲猴被國際自然保護聯盟列為瀕危物種，全球現存約 15,000 隻。

2017 年 4 月 18 日 | 香港特區駐廣西聯絡處開始運作，位於南寧，以加強香港與廣西及其轄下城市的聯繫，促進雙方經貿及文化交流與合作，並支援當地的港人及港企。

2017 年 4 月 25 日 | 特區政府分別與中電公司和港燈公司簽署 2018 年後的新《管制計劃協議》，為期 15 年，將兩家公司的准許利潤回報率由 9.99% 降至 8%，並訂明兩家公司須進一步推廣能源效益及可再生能源發展。

2017 年 4 月 26 日 | 香港文化博物館展覽「羅浮宮的創想 —— 從皇宮到博物館的八百年」開幕，展出法國羅浮宮藏的珍品，包括繪畫、雕塑、掛毯和裝飾。

2017 年 5 月 1 日 | 特區政府放寬領取長者生活津貼的資產上限，單身長者由 22.5 萬元上調至 32.9 萬元，長者夫婦由 34.1 萬元上調至 49.9 萬元。新資產上限亦適用於 65 至 69 歲的廣東計劃申請人（70 歲或以上申請人毋須經濟審查）。

2017 年 5 月 5 日 | 特區政府刊憲，收回元朗橫洲發展第一期計劃涵蓋的鳳池村、永寧村和楊屋新村用地，涉及私人土地共有 79 幅，佔地共 3.5 公頃。

2017 年 5 月 12 日 | 西九龍法院大樓舉行啟用典禮。大樓位於深水埗，設有西九龍裁判法院、小額錢債審裁處、死因庭及淫審處。

2017 年 5 月 14 日 | 晚上 8 時，奇妙電視中文台啟播，是本地免費電視節目服務持牌機構奇妙電視的頻道。

2017 年 5 月 16 日 | 恒基地產以 232.8 億元投得中環美利道停車場商業用地，每平方呎樓面地價為 50,064 元。成交價總額及每平方呎樓面價均創當時商業用地歷史新高。

| 港珠澳大橋香港段的最後一件隧道預製組件成功推進至預定位置，標誌着連接位於內地水域的主橋與香港口岸的香港段全線貫通，全長 12 公里，包括 9.4 公里長的高架橋、一公里長的隧道，及 1.6 公里長地面道路。（圖 367、368）

圖 367　大澳對開的港珠澳大橋海上高架橋，攝於 2017 年 4 月 13 日。（政府新聞處提供）

圖 368　正在興建中的港珠澳大橋東人工島全景，攝於 2015 年 6 月。（錢仕程拍攝，港珠澳大橋管理局提供）

| 2017 年 5 月 16 日 | 中國人民銀行和香港金管局發表聯合公告，確認落實香港與內地債券市場互聯互通合作（債券通），初期先開通「北向通」，容許香港及其他國家與地區的境外投資者，投資合資格的內地銀行債券市場，並在日後適時擴展至「南向通」，容許內地投資者投資香港債券市場。7 月 3 日，「北向通」開通。 |

廉署就港珠澳大橋混凝土壓力測試報告造假事件，拘捕 21 人。當中 12 人於 2019 年被裁定串謀詐騙罪成立，判處入獄二至 24 個月或社會服務令不等。

| 2017 年 5 月 19 日 | 金管局推出三項新措施，以降低銀行的信貸風險，包括提高按揭貸款的資本要求、涉一個或以上現有按揭貸款借款人的按揭成數上限下調一成，以及將主要收入來自香港以外地區借款人「供款與入息比率」上限下調一成。 |

| 2017 年 5 月 31 日 | 地政總署公布，一幅位於九龍啟德第 1F 區 2 號地盤的商業及酒店用地，以約 247 億元批予合裕發展有限公司（南豐發展子公司），每平方呎 12,863 元，總地價超過 16 日中環美利道停車場用地，成為至 2017 年為止，香港商業用地地價最高的紀錄。 |

教育局發布更新的《中學教育課程指引》，要求在初中的三年課時內，於四個科目加入 51 小時的基本法教學內容，目的在於加強學生對「一國兩制」和基本法的正確認識。

| 2017 年 6 月 2 日 | 香港科學館舉辦「永生傳說—透視古埃及文明」展覽，展出逾 200 件古埃及文物及木乃伊的電腦斷層掃描圖像，其間入場人次逾 85 萬，打破康文署下轄博物館歷來專題展覽的參觀人次紀錄。 |

| 2017 年 6 月 3 日 | 特區政府公布《可持續大嶼藍圖》，確認大嶼山以「北發展、南保育」為發展路向，在交椅洲附近填海形成面積 1000 公頃的東大嶼都會。《藍圖》的全面落實將使整個大嶼山成為 70 萬至 100 萬人口的居所，並提供 47 萬個職位。 |

| 2017 年 6 月 9 日 | 政府統計處發布《主題性報告：香港的住戶收入分布》，當中顯示反映貧富懸殊的堅尼系數為 0.539，是有紀錄以來的新高。 |

| 2017 年 6 月 10 日 | 中央政府任命謝鋒為外交部駐港特派員公署特派員。 |

| 2017 年 6 月 13 日 | 香港成為亞投行的新成員。立法會財委會在 5 月 12 日通過香港認繳亞投行 7651 股股本，當中包括 1530 股實繳股本，即 12 億元。另外餘下 6121 股待繳股本。 |

| 2017 年 6 月 18 日 | 為進一步遏止濫用急症室服務的情況，公立醫院急症室服務收費由 100 元上調至 180 元。 |

| 2017 年 6 月 21 日 | 聯合國經濟和社會事務部發表《世界人口展望：2017 年修訂版》，本港 60 歲以上人口達總人口 23%，為截至 2017 年的歷來最高。 |

2017 年 6 月 23 日 立法會財委會通過撥款 319 億元興建啟德體育園，該項目包括興建一個可容納 50,000 人的多用途主場館，同時設有能容納 10,000 名觀眾的室內體育館，以及容納 5000 名觀眾的公眾運動場。

2017 年 6 月 27 日 香港金管局和中國人民銀行廣州分行在廣州聯合舉辦粵港跨境電子直接繳費業務發布會，宣布開通粵港跨境電子帳單服務，香港客戶透過網上銀行平台或手機應用程式，便可用人民幣繳付廣東省商戶帳單。

2017 年 6 月 28 日 特區政府和中央政府在 CEPA 框架下簽署《投資協議》和《經濟技術合作協議》，前者確定非服務業投資准入制度，後者整理和更新 CEPA 及其補充協議內有關經濟技術合作的內容。

2017 年 6 月 29 日 國家主席習近平抵港訪問三天，並於下午出席西九文化區關於興建香港故宮文化博物館合作協議的簽署儀式。

香港文化博物館舉辦「八代帝居 —— 故宮養心殿文物展」，展出故宮博物院養心殿的超過 200 件展品，包括養心殿內的文物和陳設。

2017 年 6 月 30 日 國家主席習近平到石崗軍營檢閱駐港部隊，隨後到訪位於八鄉的少年警訊中心，與少年警訊成員交流。

2017 年 7 月 1 日 上午，香港特別行政區第五屆政府就職典禮在灣仔會展舉行。國家主席習近平為行政長官林鄭月娥及主要官員監誓，並發表重要講話。習主席在講話中表示「一國兩制」在香港的實踐取得了舉世公認的成功。中央貫徹「一國兩制」方針堅持兩點，一是堅定不移，不會變、不動搖；二是全面準確，確保「一國兩制」在香港的實踐不走樣、不變形，始終沿着正確方向前進。（圖 369、370）

在國家主席習近平的見證下，國家發改委主任何立峰、香港特別行政區行政長官林鄭月娥、廣東省省長馬興瑞和澳門特別行政區行政長官崔世安在港簽署《深化粵港澳合作推進大灣區建設框架協議》。

國家主席習近平視察港珠澳大橋香港連接路項目地盤，並於離港前就大橋的香港段和機場三跑道系統項目聽取進度簡報。

香港特別行政區成立 20 周年，特區政府以「同心創前路，掌握新機遇」為題，舉辦一系列慶祝活動。

圖 369　國家主席習近平為特區第五任行政長官林鄭月娥監誓。（Getty Images 提供）

圖 370　國家主席習近平為特區第五屆政府的主要官員監誓。（Getty Images 提供）

附表

一 人名譯名對照表

（按首字筆畫順序排列）

中文譯名	外文原名
二畫	
卜力	Henry Arthur Blake
三畫	
士丹頓	George Thomas Staunton
士蔑	Robert Fraser-Smith
大衛・渣甸	David Jardine
大衛・戴維斯	David Frederick Davis
四畫	
孔萊	Francis Chomley
尤德	Edward Youde
巴度苗	Arthur Wollaston Bartholomew
巴夏禮	Harry Smith Parkes
巴悌	Dermont Campbell Barty
巴麥尊（亨利・坦普爾）	Henry John Temple, 3rd Viscount Palmerston
文咸	George Bonham
文雅麗	Princess Alexandra of Denmark
方甘士	Edward Farncomb
比利	Pelé, Edison Arantes do Nascimento
五畫	
他信	Thaksin Chinnawat
加士居	William Julius Gascoigne
加斯恩	Brigant Cassian
加斯凱爾	William Gaskell
包致金	Kemal Bokhary
卡爾	John Carr
卡麗	William James Carrie
古柏	Antonie Wouter Pieter Kup
史丹頓	Vincent John Stanton
史托賓斯	Charles van Straubenzee
史美	Norman Lockhart Smith
史劍域	Frederick Stewart
史密斯	Cecil Clementi Smith
史超域	Arthur Dudley Stewart
史德靈	Paul Ivy Sterling

中文譯名	外文原名
史羅司	Duncan John Sloss
司徒拔	Reginald Edward Stubbs
司馬理	John Jackson Smale
尼尼安・卡佛	Ninian Crawford
布力架	John Vincent Braga
布朗	Samuel Robbins Brown
弗里曼	Kenneth John Freeman
必列者士	William Thomas Bridges
白文信	Patrick Manson
白英奇	Lorenzo Bianchi
白理桃	Gloria Barretto
白連	Douglas Bland
白德	Solomon Matthew Bard
白樂高	Henry Blackall
白禮宜	Douglas William Blye
皮萊資	Tomé Pires
六畫	
伊利沙伯二世	Elizabeth II
伊榮	Edward Alexander Irving
列堤頓	Oliver Lyttelton
吉布	Hugh Bold Gibb
孖剌	Yorick Jones Murrow
安迪・華荷	Andy Warhol
安特生	Johan Gunnar Andersson
安達臣	Alexander Anderson
安德魯・渣甸	Andrew Jardine
百里渠	William Alexander Blair-Kerr
米泰華拉	Dorabjee Mithaiwala
米徹爾	William Henry Mitchell
艾姆碧克	Adolph Theodor Eimbcke
艾香德	Karl Ludvig Reichelt
艾偉儀	Derry Irvine
艾惠珠	Rachel Irving
艾森豪威爾	Dwight Eisenhower
艾維朗	Alexander Arena
艾德格	Joseph Frost Edger
艾德禮	Clement Attlee
西米安・獲朗他尼	Simeone Volonteri
西門士夫人	Joyce Symons
西蒙・安德拉德	Simão de Andrade
七畫	
亨利・珍臣	Henrich Jessen

中文譯名	外文原名
伯麥	Gordon Bremer
何艾齡	Irene Ho Tung
何明華	Ronald Owen Hall
何東	Robert Ho Tung
何理玉	Percy Hobson Holyoak
何瑾	Michael Joseph Hogan
何禮文	David Ronald Holmes
何顯理	Henrietta Hall
克瓦希涅夫斯基	Aleksander Kwaśniewski
克林頓	Bill Clinton
克寧漢	Alfred Cunningham
克爾	Donald W. Kerr
克德	John Heard
克靈頓	James Hope-Grant
別都盧	Pedro Homem
宋達能	Stewart Ross Sutherland
希士活夫人	Clara Blanche Haslewood
希拉莉	Hillary Clinton
希思	Edward Heath
希普利	Jennifer Mary Shipley
庇理羅士	Emanuel Raphael Belilios
李比	Ivo Rigby
李芝	Neil Ritchie
李斯特	Alfred Lister
李輝德	Frederick Lee
杜老誌	Malcolm Struan Tonnochy
杜伯克	William Doberck
杜華	William Dorward
杜嘉菱	Alexander Douglas-Home
杜爾堅	Roger Dalkin
杜維爾	Stanley Hudson Dodwell
杜輝廉	Philip Tose
杜魯門	Harry S. Truman
沈茂輝	Michael Neale Somerville
沙理士	Arnaldo de Oliveira Sales
沙維亞	Stephen Xavier
貝文	Ernest Bevin
貝伊榮	James Jardine Bell-Irving
貝納祺	Brook Bernacchi
貝理士	Geoffrey Briggs
貝理雅	Tony Blair
貝璐	William Peel

中文譯名	外文原名
里察・巴特爾德	Richard Butterfield
八畫	
亞柏康比	Patrick Abercrombie
亞弼	Harry Abbott
亞當斯	William Henry Adams
亞爾菲臘王子	Prince Alfred, Duke of Edinburgh
卑路乍	Edward Belcher
叔未士	John Lewis Shuck
孟思	Gordon Manzie
屈珩	Barrie Wiggham
岳圖倫	Otto Marling Lund
昃臣	Thomas Jackson
林定國	David Nendick
法蘭些士	John Joseph Francis
波斯富	Alexander Percival
祁德	Samuel Tedford Kidd
祁樂壽	Paul Cressall
祁禮賓	Vandeleur Molyneux Grayburn
芬頓	William Fenton
芬戴禮	Daniel Finn
邱吉爾	Winston Churchill
金文泰	Cecil Clementi
金培源	Joseph Horsford Kemp
金錫儀	Sydney Caine
阿美士德	William Amherst
阿基諾三世	Benigno Aquino III
阿義拉	José de Aguilar
九畫	
侯志律	Gerard Lewis Howe
侯信	Arthur Hodgson
保祿六世	Pope Paul VI
哈拉爾五世	Harald V of Norway
威廉・史密夫	William McGregor Smith
威廉・基	William Murray Keay
威廉・堅	William Caine
威廉・渣甸	William Jardine
威廉斯夫人	Gertrude Rosenblum Williams
威德爾	John Weddell
律勞卑	William John Napier
施戈斐侶	Walter Schofield
施百偉	Bertrand de Speville
施彼德	Peter Scale

中文譯名	外文原名
施美夫	George Smith
施美夫夫人	Lady Lydia Smith
施偉賢	John Joseph Swaine
施勳	Claud Severn
施禮榮	Brian Francis Slevin
柏立基	Robert Black
查理一世	Charles I
查理斯王子	Charles, Prince of Wales
查維克	Osbert Chadwick
柯利達	Percy Cradock
柯邦迪	José Maria da Ponte e Horta
科克倫	Thomas Cochrane
紀勤	Michael Francis Geoghegan
約阿基姆王子	Prince Joachim of Denmark
約翰・施懷雅	John Samuel Swire
美亞	George Sprague Myers
耶爾森	Alexandre Yersin
胡志明	Hồ Chí Minh
胡禮	Norman Wright
胡禮達	Warwick Reid
若望保祿二世	Pope John Paul II
若瑟	Theodore Joset
迪恩	Walter Meredith Deane
香樂思	Geoffrey Herklots
十畫	
修輔頓	Frederick Frank Walter Shaftain
俾利喇	Manoel Pereira
倫明高	Michael Victor Lunn
哥連臣	Alfred Creighton Collinson
埃利・嘉道理	Elly Kadoorie
夏正民	Michael John Hartmann
夏佳理	Ronald Joseph Arculli
夏偉明	Michael Howard
夏理德	Edwin Richard Hallifax
夏鼎基	Philip Haddon-Cave
夏愨	Cecil Harcourt
姬達	Jack Cater
差利・卓別靈	Charles Chaplin
恩理覺	Enrico Valtorta
恩斯特	Fritz Ernst
晏士地	Thomas Chisholm Anstey
根特	Edward Gent

中文譯名	外文原名
桑特	Jacques Santer
泰戈爾	Rabindranath Tagore
泰萊	Harry Alan Taylor
浦偉士	William Purves
海特	George Hayter
海寧生	Anker B. Henningsen
班佐時	Joyce Bennett
班欣	William Neish Bain
砵甸乍（璞鼎查）	Henry Pottinger
秦維廉	William Meacham
紐臨	Lanceray Arthur Newnham
索羅斯	George Soros
軒尼詩	John Pope Hennesy
郝德傑	Andrew Caldecott
郝禮士	Michael Alexander Robert Young-Herries
馬丁	Robert Montgomery Martin
馬丁·阿豐索	Martim Afonso de Melo Coutinho
馬卓安	John Major
馬姆斯伯里 （詹姆斯·哈里斯）	James Harris, 3rd Earl of Malmesbury
馬哈蒂爾	Mahathir Mohamad
馬戛爾尼	George Macartney
馬富善	Jeremy Fell Mathews
馬斐森	Peter Mathieson
馬撒爾	William Thomas Mercer
馬儒翰	John Robert Morrison
馬諦斯	Henri Émile Benoît Matisse
高和爾	Daniel Richard Caldwell
高奕暉	Gerald Godfrey
高雷門	Timoleone Raimondi
高德年	Anthony Galsworthy
十一畫	
區懷德	Charles Old
堅尼地	Arthur Kennedy
康寧	William Woodward Hornell
康榮	Thomas Hon Wing Polin
捷臣	Leslie Bertram Gibson
曼努埃爾一世	Manuel I of Portugal
梅含理	Francis Henry May
梅理	Charles May
梅鐸	Rupert Murdoch
梵高	Vincent van Gogh

中文譯名	外文原名
理雅各	James Legge
畢加索	Pablo Picasso
畢打	William Pedder
畢特	Henry Robert Butters
疏世利	Bartholameu Soarez
莊士敦	Alexander Robert Johnston
莊思端	Margaret Elizabeth Johnstone
莊賢智	David Johns
莫德庇	Christopher Michael Maltby
連尼	Alfred Herbert Rennie
連伯	Herbert Edward Lanepart
郭士立	Charles Gutzlaff
郭利民	Ray Cordeiro
郭偉邦	Robin Cook
陳納德	Claire Lee Chennault
陶建	Kenneth Topley
陸漢思	Hans Lutz
麥克阿瑟	Douglas MacArthur
麥若彬	Robin McLaren
麥高樂	Hamish Macleod
麥理浩	Murray MacLehose
麥理高	Atholl MacGregor
麥都思	Walter Henry Medhurst
麥景陶	Duncan William Macintosh
麥當奴	Richard Graves MacDonnell
麥當娜	Madonna Louise Ciccone
麥道高	David Mercer MacDougall
麥樂倫	John MacLennan
麻恭	George Alexander Malcolm
十二畫	
傅瑞憲	John Alexander Fraser
傑汗智・律敦治	Jehangir Hormusjee Ruttonjee
凱瑟克	James Johnstone Keswick
凱爾	John Kyle
勞森	James Alfred Lowson
博杜安	Baudouin of Belgium
博格斯	Eli Boggs
博素	Walter Richard Boxall
喜嘉理	Charles Robert Hager
喬治・布殊	George Herbert Bush
喬治五世	George V
喬治六世	George VI

中文譯名	外文原名
堪富利士	John David Humphreys
富爾敦	John Scott Fulton
彭定康	Chris Patten
斯諾登	Edward Snowden
華倫・施懷雅	George Warren Swire
華德龍	Thomas Westbrook Waldron
菲莎	Norman George Fisher
菲臘親王	Prince Philip, Duke of Edinburgh
萊維頓	Alan E. Leviton
費立浦	George Phillippo
費希爾	Geoffrey Fisher
費爾南・安德拉德	Fernão Peres de Andrade
賀理士・嘉道理	Horace Kadoorie
賀維	Geoffrey Howe
雅各伯・捷成	Jacob Jebsen
十三畫	
奧古斯特・波塞爾	Auguste Borgel
奧尼爾	Michael O'Neill
奧弗貝克	Gustave Overback
奧蘇利雲	Ronnie O'Sullivan
愛德華七世	Edward VII
愛德華王子 （後為英王愛德華八世）	Prince Edward (Later Edward VIII)
楊慕琦	Mark Young
溫德邦	Charles Van den Born
經亨利	Thomas Henry King
義律	Charles Elliot
葉錫恩	Elsie Elliot
葛文	William Meigh Goodman
葛柏	Peter Fitzroy Godber
葛量洪	Alexander Grantham
葛篤	Napoleon-Ernest Godeaux
葛蘭金	Paulo Grangeon
詹姆士・勿地臣	James Matheson
詹遜	Franklin Gimson
賈樂	Fielding Clarke
賈靈頓	John Worrell Carrington
達爾林普爾	Alexander Dalrymple
雷納	Paolo Mem Reina
雷瑞德	William Sui-tak Louey
十四畫	
歌倫	Henry Cowper Gollan

中文譯名	外文原名
碧克	Agnes Black
碧葛	Francis Taylor Piggott
維多利亞女王	Queen Victoria
翟克誠	Piers Jacobs
蒲國傑	Brian A. V. Peacock
蒲魯賢	Arthur Winbolt Brewin
賓尼	Edmund Burney
麼地	Hormusjee Naorojee Mody
十五畫	
儀禮	Charles Eliot
德己立	George Charles D'Aguilar
德比（腓特烈・史坦利）	Frederick Stanley, 16th Earl of Derby
德輔	William Des Voeux
德蘭修女	Mother Teresa
摩士	Arthur Morse
摩利	Denys Warwick Morley
摩根	Frank Arthur Morgan
摩斯	Albert James Robert Moss
歐念儒	Con Douglas Walter O'Neill
歐維士	Jorge Álvares
歐德理	Ernst Johann Eitel
歐露芙	Bridget O'Rorke
潘恩	John Pain
遮打	Catchick Paul Chater
鄧恩	Stephen Troyte Dunn
魯佐之	George Tippett Rowe
黎力基牧師夫人	Lady Lechler (Auguste Nordstadt)
黎保德	Ian MacDonald Lightbody
黎理悅	Nell E. Elliott
黎敦義	Denis Campbell Bray
十六畫	
曉士	Arthur William Hughes
曉吾	John Walter Hulme
樸芳	Robert Brooke-Popham
機利文	Richard James Gilman
盧文	John Romer
盧秉信	James Jeavons Robson
盧嘉	Frederick Lugard
盧維思	Michael Rowse
蕭伯納	George Bernard Shaw
蕭思雅	Joseph Lexden Shellshear
蕭德銳	Andrew Shortrede

中文譯名	外文原名
衞奕信（舊稱魏德巍）	David Wilson
諾丁	Tan Sri Ahmad Noordin
諾布爾	Joseph Whittlesey Noble
賴廉士	Lindsay Tasman Ride
錫爾	Henry Charles Sirr
霍士	Harry Fox
霍士保	James Horsburgh
霍士傑	Hugh Moss Gerald Forsgate
霍夫曼	Florentijn Hofman
霍立賢	John Foley
霍金	Stephen Hawking
霍勞士	Geoffrey Follows
霍斯	B. L. Frost
霍華德	John Winston Howard
霍爾	William King-Hall
駱克	James Stewart Lockhart
鮑文	Haider Barma
鮑威爾	Francis Powell
鮑偉華	Noel Power
鮑嘉天	Anthony Bogadek
龍福英	Winifred Griffin
十七畫	
彌敦	Matthew Nathan
戴安娜	Diana, Princess of Wales
戴卓爾夫人	Margaret Thatcher
戴華士	William Rees-Davies
戴萊	Brian Taylor
戴爾博	Lee Merriam Talbot
戴瑪黛	Martha Talbot
戴維斯	John Francis Davis
戴維森	Ian Hay Davison
戴麟趾	David Trench
禧利	Charles Batten Hillier
薛穆	Horace James Seymour
邁克・艾斯納	Michael Eisner
鍾斯	Arthur Creech Jones
鍾逸傑	David Akers-Jones
鍾愛理遜	Alison Bell
韓山明	Theodore Hamberg
韓義理	Charles Montague Heanley
韓達德	Douglas Hurd
韓德	Ernest Hunt

中文譯名	外文原名
韓寶祿	Edvard Hambro
十八畫	
聶德	Stuart Reed
鄺富劭	Francis Cornish
額爾金（詹姆斯・布魯士）	James Bruce, 8th Earl of Elgin
魏勞爾	Whiting Willauer
十九畫	
懷爾德	Thornton Wilder
瓊斯	William Aneurin Jones
羅士敏（夏喬士・羅便臣）	Hercules Robinson, 1st Baron Rosmead
羅以德	George Peter Lloyd
羅存德	William Lobscheid
羅旭龢	Robert Kotewall
羅伯特・艾格	Robert Iger
羅便臣	William Robinson
羅保	Roger Lobo
羅郎也	Delfino Noronha
羅格	Jacques Rogge
羅素	James Russell
羅富國	Geoffry Northcote
羅弼時	Denys Roberts
羅斯	Daniel Ross
羅斯福	Franklin Roosevelt
羅遜	John Kelburne Lawson
羅蘭士・嘉道理	Lawrence Kadoorie
譚馬士・萊恩	Thomas Lane
譚壽天	Terence Sheridan
二十畫	
寶雲	George Bowen
寶寧	John Bowring
寶興懌	Beatrice Pope
寶靈翰	Donald Burlingham
寶納樂	Claude Maxwell MacDonald
蘇石蘭	Thomas Sutherland
二十一畫	
蘭代爾	David Fortune Landale
蘭杜	David Landale
顧汝德	Leo Goodstadt
二十二畫	
懿律	George Elliot

二 官方機構和職稱譯名對照表

（按首字筆畫順序排列）

中文譯名	外文原名
二畫	
九龍裁判署	Kowloon Magistracy
九龍關	Kowloon Customs
人口登記局	Registration of Persons Office
人民入境事務處	Immigration Department
人事登記處	Registration of Persons Office
入境事務部	Immigration Department
八鄉消防訓練學校	Fire Services Training School (Pat Heung)
三畫	
上尉	Captain
下士	Corporal
土地審裁處	Lands Tribunal
土地總測量官	Surveyor General
大律師	Barrister
大埔理民府	Tai Po District Office
大學入學考試委員會	Matriculation Board
大學教育資助委員會	University Grants Committee
工務司	Director of Public Works
工務司署	Public Works Department
工務局	Department of Public Works
工務委員會	Public Works Committee
工商業管理處	Commerce and Industry Department
工商業管理署	Commerce and Industry Department
工業訓練諮詢委員會	Industrial Training Advisory Committee
工業視察組	Industry Inspection Branch
四畫	
中文科目委員會	Chinese Studies Committee
中央裁判司署	Central Magistracy
中校	Lieutenant Colonel
中國法例及習慣研究委員會	Committee on Chinese Law and Custom
中國海關總稅務司	Inspector General of Chinese Maritime Customs
中將	Lieutenant General
中環消防總局	Central Fire Station
元朗理民府	Yuen Long District Office
公共事務電視部	Public Affairs Television Division
公共關係處	Public Relations Office
公共關係辦事處	Government Public Relations Office
公事上使用中文問題研究委員會	Hong Kong Chinese Language Committee
公務員敍用委員會	Public Service Commission

中文譯名	外文原名
公務員瀆職委員會	Civil Service Abuses Inquiry Commission
公證人	Public Notary
反貪污部	Anti-Corruption Branch
太平紳士	Justice of the Peace
少年法庭	Juvenile Court
少年罪犯調查組	Juvenile Delinquency Liaison Section, Hong Kong Police Force
少將	Major General
戶口統計籌審司署	Department of Census and Statistics
戶口統計籌審處	Census and Statistics Planning Office
水務局	Waterworks Office
水警	Marine Region, Hong Kong Police Force
水警總部	Marine Police Headquarters
五畫	
主任檢察官	Principal Crown Counsel
代訴人	Attorney
出入口管理處	The Imports and Exports Office
加拿大駐港辦事處	Canadian Immigration Office, Hong Kong
北約理民官	District Officer (North)
北約理民府	District Office (North)
古物諮詢委員會	Antiquities Advisory Board
司法機構	The Judiciary
市政局	Urban Council
市政事務署	Urban Services Department
市政衛生局	Urban services Council
市議會	Municipal Council
布政司	Colonial Secretary
布政司署	Government Secretariat
正按察司	Chief Justice
民政及新聞科	Home Affairs and Information Branch
民政主任	District Officers
民政司	Director of Home Affairs
民政司署	City District Office
民政科	Home Affairs Department
民航處	Civil Aviation Department
民眾安全服務隊	Civil Aid Services
立法局	Legislative Council
休士兵團	Hughesiliers
六畫	
刑事法庭	Criminal Court
刑事偵緝組	Criminal Investigation Department
合作專業及漁業管理處	Co-operative Development and Fisheries Department

中文譯名	外文原名
地方法院	District Court
考試局（1881年）	Commission of Independent Examiners
考試委員會	Board of Examiners
行政局	Executive Council
七畫	
更練	District Watchmen
防空署	Air Raid Precautions Department
防衞司	Defence Secretary
官守議員	Official Member
官學生	Cadet Officer
房屋司	Secretary for Housing
房屋委員會	Housing Commission
房屋科	Housing Branch
房屋署	Housing Department
房屋管理處	Special Committee on Housing
房屋管理處處長	Commissioner for Housing
林務部	Forestry Department
法律委員會	Law Committee
法律援助處	Legal Aid Department
社會局	Social Welfare Office
社會福利科	Social Services Branch
社會福利署	Social Welfare Department
社團註冊官	Registrar of Societies
八畫	
空軍上將	Air Chief Marshal
非官守議員	Unofficial Member
九畫	
保安司	Secretary for Security
保安科	Security Branch
保持香港清潔委員會	Keep Hong Kong Clean Committee
南約理民府	District Office (South)
城市規劃委員會	Town Planning Board
城市設計委員會	Town Planning Board
屋宇建設處	Building Section
律政司	Attorney General
律政署	Legal Department
後備消防隊	Auxiliary Fire Service Unit
政府印務局	Printing Department
政府蛙人隊伍	Fire Services Department's Diving Team
政府新聞處	Information Services Department
政務官	Administrative Officer
皇家加拿大步槍團	Royal Rifles of Canada

中文譯名	外文原名
皇家空軍	Royal Air Force
皇家書館委員會	Government School Committee
皇家書館視學官	Inspector of Government Schools
皇家海軍預備隊	Hong Kong Naval Volunteer Force
英軍服務團	British Army Aid Group
英國下議院	House of Commons (UK)
英國外交大臣	Secretary of State for Foreign Affairs (UK)
英國外交及聯邦事務部	Foreign and Commonwealth Office (UK)
英國外交部	Foreign Office (UK)
英國皇家視學官	His Majesty's Inspector of Schools (UK)
英國赴華遠征軍總司令	Commander-in-Chief of British Forces in the First Anglo-Chinese War
英國首相	Prime Minister (UK)
英國財政部	Her Majesty's Treasury (UK)
英國參謀長委員會	Chiefs of Staff Committee (UK)
英國參謀長委員會聯合計劃小組	Joint Planning Sub-committee, Chiefs of Staff Committee (UK)
英國國家檔案館	The National Archives (UK)
英國國會	Parliament (UK)
英國殖民地防務委員會	Colonial Defence Committee (UK)
英國貿易委員會	Board of Trade (UK)
英國運輸部	Department of Transport (UK)
英國樞密院司法委員會	Judicial Committee of the Privy Council (UK)
英國駐日內瓦代表團香港商貿事務參贊	Hong Kong Commercial Counsellor, UK Mission Geneva
英國駐美國大使館香港商貿事務參贊	Hong Kong Commercial Counsellor, British Embassy Washington
英國駐華代辦	Chargé d'affaires to the People's Republic of China (UK)
英國駐華全權代表	Envoy Extraordinary and Minister Plenipotentiary to Imperial China
英國駐華全權特使	Envoy Extraordinary and Minister Plenipotentiary to Imperial China
英國駐華副商務監督	Deputy Superintendent of the Trade of British Subjects in China
英國駐華商務監督	Chief Superintendent of the Trade of British Subjects in China
食米專賣局	Government Rice Monopoly Board
首席助理布政司	Principal Assistant Colonial Secretary
香港工業總會	Federation of Hong Kong Industries
香港天文台	Hong Kong Observatory
香港水雷炮連	Hong Kong (Submarine Mining) Company
香港付貨人委員會	The Hong Kong Shippers' Council
香港出口信用保險局	Hong Kong Export Credit Insurance Corporation
香港生產力促進局	The Hong Kong Productivity Council

中文譯名	外文原名
香港志願連	Hong Kong Volunteer Company
香港防衛軍	Hong Kong Defence Force
香港房屋協會	Hong Kong Housing Society
香港房屋委員會	Hong Kong Housing Authority
香港屋宇建設委員會	Hong Kong Housing Authority
香港政府駐倫敦辦事處	London Office of the Hong Kong Government
香港皇家海軍志願後備隊	Hong Kong Royal Naval Volunteer Reserve
香港計劃小組	Hong Kong Planning Unit
香港軍團	Hong Kong Regiment
香港家庭計劃指導會	The Family Planning Association of Hong Kong
香港旅遊協會	Hong Kong Tourist Association
香港訓練局	Training Council
香港高等法院（1844 年 10 月 1 日—1976 年 2 月 19 日）	Supreme Court
香港最高法院（1976 年 2 月 20 日—1996 年 6 月 30 日）	Supreme Court
香港貿易發展局	Hong Kong Trade Development Council
香港義勇防衛軍	Hong Kong Volunteer Defence Corps
香港義勇軍	Hong Kong Volunteers
香港輔助空軍	Hong Kong Auxiliary Air Force
香港輔助警察隊	Hong Kong Auxiliary Police
香港廣播電台	Radio Hong Kong
香港駐日內瓦經貿辦	Hong Kong Economic and Trade Office, Geneva
香港駐布魯塞爾經貿辦	Hong Kong Economic and Trade Office, Brussel
香港駐東京經貿辦	Hong Kong Economic and Trade Office, Tokyo
香港駐華盛頓經貿辦	Hong Kong Economic and Trade Office, Washington DC
香港優生學會	The Hong Kong Eugenics League
香港總督	The Governor of Hong Kong
香港警務處政治部	Special Branch, Hong Kong Police Force
香港警察訓練學校	Hong Kong Police Training School
香港護理總督	Administrator of Hong Kong
十畫	
准將	Brigadier
差餉物業估價署	Rating and Valuation Department
差餉物業估價署署長	Commissioner of Rating and Valuation
庫務司	Colonial Treasurer
海事法庭	Admiralty Court
海事法庭法官	Judge of Admiralty Court
海事處	Marine Department
海軍上尉	Lieutenant (Navy)
海軍少將	Major-General (Navy)

中文譯名	外文原名
海軍准將	Commodore (Navy)
消防事務處（1961 年—1983 年）	Hong Kong Fire Services Department
消防處（1983 年起）	Hong Kong Fire Services Department
消防隊	Hong Kong Fire Brigade
消防隊監督	Superintendent of Fire Brigade
特別委員會	Special Committees
特別警察後備隊	Special Police Reserve
特務警察隊	Special Constabulary
租務管制調查委員會	Rent Control Committee
租務審裁處	Tenancy Tribunal
租務調查處	Tenancy Bureau
財政司	Financial Secretary
財務委員會	Finance Committee
高等教育委員會	Committee of Higher Education
十一畫	
副按察司	Puisne Judge
副總督	Lieutenant Governor
區議會	District Council
商業登記署	Business Registration Office
國家醫院	The Government Civil Hospital
國際刑警組織	International Criminal Police Organization
執業律師	Solicitor
基要商品委員會	Essential Commodities Board
婚姻註冊官	Registrar of Marriages
常設委員會	Standing Committees
康樂體育事務處	Council for Recreation and Sport
徙置事務處	Resettlement Department
徙置事務處處長	Commissioner for Resettlement
教育司	Director of Education
教育司署	Educational Department
教育局	The Education Bureau
教育委員會（1902 年）	The Committee on Education
教育委員會（1920 年）	The Education Board
教育委員會（1952 年）	The Board of Education
教育諮詢委員會	The Board of Education
理民官	District Officer
統計處	Department of Statistics
船政廳	Harbour Master
船政廳署	Harbour Department
船政廳署暨航空事務處	Harbour Department and Directorate of Air Services
貪污事件審查委員會	Advisory Committee on Corruption
貪污問題常設委員會	Standing Committee on Corruption

中文譯名	外文原名
陪審員	Juror
魚類統營處	Fish Marketing Organization
十二畫	
勞工事務主任	Labour Officer
勞工處	Labour Department
勞工顧問委員會	Labour Advisory Board
植物及林務部監督	Superintendent of the Botanical and Afforestation Department
殖民地事務大臣	Secretary of State for the Colonies
殖民地部	Colonial Office
殖民地部助理次官	Assistant Under-Secretary for the Colonies
殖民地醫官	Colonial Surgeon
發展司	Secretary for Development
發展司署	Development Secretariat
稅務局	Inland Revenue Department
華人永遠墳場管理委員會	The Board of Management of the Chinese Permanent Cemeteries
華人差役	Chinese Constables
華文秘書	Chinese Secretary
華民政務司	The Secretary for Chinese Affairs
華民政務司署	The Secretariat for Chinese Affairs
華籍軍團	Hong Kong Chinese Regiment
視學官	Inspector of Schools
註冊總署	Registrar General's Department
貿易拓展委員會	Hong Kong Trade Development Council
郵政署	Post Office
郵政總局	General Post Office
鄉議局	Heung Yee Kuk
十三畫	
新界民政署	The New Territories District Office
新界助理警司	Assistant Superintendent of Police in the New Territories
新界拓展署	New Territories Development Department
新界理民府	District Office
新聞事務司	Information Secretary
溫尼柏擲彈兵團	Winnipeg Grenadiers
瑞士駐港副領事	Vice Consul of the Swiss Consulate in Hong Kong
禁毒行動委員會	Action Committee Against Narcotics
經濟科	Economic Services Department
經濟衰退研究專責委員會	The Commission Appointed by His Excellency the Governor of Hong Kong to Enquire into the Causes and Effects of the Present Trade Depression in Hong Kong
葡萄牙印度總督	Governadores da Índia Portuguesa

中文譯名	外文原名
農林業管理處	Agriculture and Forestry Department
農林漁業管理處	Department of Agriculture, Fisheries and Forestry
農業部	Agriculture Department
十四畫	
團防局	District Watch Force
漁政司署	Fisheries Department
漁政署	Fisheries Department
漁務部	Fisheries Department
漁農處	Agriculture and Fisheries Department
漢文教育組	The Board of Chinese Vernacular Primary Education
監獄署	Prisons Department
監獄獄長	Superintendent of Gaol
語文教育學院	Institute of Language in Education
遞解及拘留諮詢審裁處	Deportation and Detention Advisory Tribunal
遠東三軍司令	Commander-in-Chief, Far East
銀行業諮詢委員會	Banking Advisory Committee
銀行監理專員	Commissioner of Banking
銀行諮詢委員會	Banking Advisory Committee
銓敍司	Establishment Officer
十五畫	
廣播處長	Director of Broadcasting
撫華道	Protector of Chinese Inhabitants
撲滅暴力罪行委員會	Fight Crime Committee
歐洲共同體駐港辦事處	Office of the European Community to Hong Kong
歐洲經濟共同體	European Economic Community
潔淨局	Sanitary Board
緝私員	Revenue Officer
緝私隊	Preventive Service
蔬菜統營處	Vegetable Marketing Organization
衝鋒隊	Emergency Unit
課程發展委員會	Curriculum Development Committee
調查東華醫院委員會	Commission to Inquire into the Working and Organization of Tung Wah Hospital
賭博政策諮詢委員會	Advisory Committee on Gambling Policy
駐日盟軍總司令	Supreme Commander of the Allied Powers
駐港英軍總司令	Commander British Force in Hong Kong
駐華刑事和海事法庭	Criminal and Admiralty Court
十六畫	
學校醫官	Medical Officer for Schools
機場監督	Superintendent of the Civil Aerodrome
衛生督察	Health Inspector
輻射管理局	Radiation Board

中文譯名	外文原名
十七畫	
檢查局	Board of Censors
環境司	Secretary for the Environment
環境科	Environment Branch
總巡理府	Chief Magistrate
總登記官（約 1858 年起港府把其中譯名定為「華民政務司」）	Registrar General
總量地官	Surveyor General
總督特派廉政專員公署	Independent Commission Against Corruption
聯邦事務部	Commonwealth Office
聯邦關係部	Commonwealth Relations Office
十八畫	
簡易法庭	Petty Sessions
醫務官	Medical Officer
醫務署	Medical Department
醫務衞生署	Medical and Health Department
醫療輔助隊	Auxiliary Medical Service Unit
十九畫	
懲治貪污局	Anti-Corruption Bureau
證券事務諮詢委員會	Securities Advisory Council
二十畫	
礦務總監	Superintendent of Mines
警務處	Police Force
警務處入境事務部	Immigration Control Office
警務處長	Commissioner of Police
警務處副處長	Deputy Commissioner of Police
警察公共關係科	Police Public Relations Branch
警察司	Captain Superintendent of Police
警察訓練分遣隊	Police Training Contingent (PTC)
警察訓練學校（1869 年）	Police School
警察訓練學校（1920 年）	Police Training School
警察裁判官	Police Magistrate
警察機動部隊	Police Tactical Unit (PTU)

中文譯名	外文原名
1844 年人口登記條例	Registration of Inhabitants Ordinance, 1844
1844 年土地註冊條例	Land Registration Ordinance, 1844
1844 年太平紳士條例	Justices of the Peace Ordinance, 1844
1844 年奴隸條例	Slavery Ordinance, 1844
1844 年書刊出版條例	Printing Regulation Ordinance, 1844
1844 年酒肆牌照條例	Licensing Public Houses & c. Ordinance, 1844
1844 年售鹽、鴉片牌照稅條例	Salt, Opium Licensing & c. Ordinance, 1844
1844 年商船管制條例	Merchant Shipping Ordinance, 1844
1844 年華人保甲條例	Chinese Peace Officers Regulation Ordinance, 1844
1844 年禁止賭博條例	Public Gaming Ordinance, 1844
1844 年維護良好秩序及潔淨條例	Good Order and Cleanliness Ordinance, 1844
1844 年警察條例	Police Force Regulation Ordinance, 1844
1845 年三合會及秘密社團條例	Triad and Secret Societies Ordinance, 1845
1845 年陪審團條例	Jurors Ordinance, 1845
1845 年徵收差餉條例	Rating Ordinance, 1845
1845 年簡易司法管轄權條例	Summary Jurisdiction Ordinance, 1845
1846 年人口登記及戶口調查條例	Registration and Census Ordinance, 1846
1847 年防治海盜條例	Prevention of Piracy Ordinance, 1847
1849 年簡易法庭條例	Petty Sessions Court Ordinance, 1849
1850 年華人罪犯遞解回籍條例	Rendition of Chinese Ordinance, 1850
1852 年婚姻條例	Marriages Ordinance, 1852
1854 年市場條例	Market Ordinance, 1854
1855 年中立條例	Neutrality Ordinance, 1855
1855 年船舶註冊條例	Registration of Vessels Ordinance, 1855
1855 年華人乘客法令	Chinese Passengers' Act, 1855
1856 年華人喪葬及滋擾條例	Chinese Burials and Nuisances Ordinance, 1856
1856 年維多利亞城照明條例	Lighting the City of Victoria Ordinance, 1856
1856 年購買地產條例	Lis Pendens and Purchasers Ordinance, 1856
1857 年防止性病擴散條例	Venereal Diseases Ordinance, 1857
1857 年苦力掮客條例	Emigration Passage Brokers Ordinance, 1857
1857 年殖民地社會安寧條例	Peace of the Colony Ordinance, 1857
1857 年華人登記及調查戶口條例	Registration and Census Ordinance, 1857
1858 年會議常規及規則	Standing Rules and Orders, 1858
1858 年熟鴉片條例	Prepared Opium Ordinance, 1858
1860 年受託人欺詐治罪條例	Fraudulent Trustees, and Etc. Ordinance, 1860
1860 年銀行票據及詐騙法修訂條例	Bankers Cheques-False Pretence Ordinance, 1860
1862 年發明創造專利條例	Patents Ordinance, 1862
1862 年軍事物資（禁止出口）條例	Military Stores (Prohibition of Exportation) Ordinance, 1862

中文譯名	外文原名
1862 年義勇軍條例	Volunteers Ordinance, 1862
1863 年防止假冒商標條例	Merchandise Marks Ordinance, 1863
1864 年破產條例	Bankruptcy Ordinance, 1864
1864 年商貿修訂條例	Mercantile Law Amendment Ordinance, 1864
1865 年公司條例	Companies Ordinance, 1865
1865 年偽造貨幣治罪條例	Coinage Offences Ordinance, 1865
1866 年印花稅條例	Stamp Ordinance, 1866
1866 年香港上海滙豐銀行條例	The Hongkong and Shanghai Bank Ordinance, 1866
1867 年性病條例	Contagious Diseases, 1867
1867 年香港出洋移民條例	Hongkong Emigration Ordinance, 1867
1867 年維持社會秩序及潔淨條例	Order and Cleanliness Ordinance, 1867
1868 年消防隊條例	Fire Brigade Ordinance, 1868
1869 年公共集會（交通管制）條例	Public Assemblages (Regulation of Traffic) Ordinance, 1869
1870 年官地權（重收）條例	Crown Rights (Re-entry, etc.,) Ordinance, 1870
1870 年華人醫院則例	Chinese Hospital Incorporation Ordinance, 1870
1871 年法律執業者條例	Legal Practitioners Ordinance, 1871
1871 年香港碼頭及貨倉公司條例	Hongkong Pier and Godown Company Ordinance, 1871
1871 年輔助警察條例	Auxiliary Police Force Ordinance, 1871
1871 年驅逐危險分子條例	Banishment of Dangerous Characters Ordinance, 1871
1872 年外國罪犯拘留條例	Foreign Offenders Detention Ordinance, 1872
1872 年生死登記條例	Births and Deaths Registration Ordinance, 1872
1873 年危險品條例	Dangerous Goods Ordinance, 1873
1873 年保護華人婦女及華人移民條例	Protection of Women-Emigration Abuses Ordinance, 1873
1873 年香港民事訴訟程序條例	Hongkong Code of Civil Procedure Ordinance, 1873
1873 年華人移民船舶條例	Chinese Emigrant Ship Fittings Ordinance, 1873
1873 年會議常規及規則	Standing Rules and Orders, 1873
1873 年補助學校計劃	Grant-in-Aid Scheme, 1873
1874 年華人移民整合條例	Chinese Emigration Consolidation Ordinance, 1874
1875 年婚姻條例	Marriage Ordinance, 1875
1881 年人口普查條例	Census Ordinance, 1881
1882 年保良局條例	Rules for the Society for the Protection of Women and Children, 1882
1882 年電車條例	Tramways Ordinance, 1882
1884 年香港立法局會議常規及規則	Standing Rules and Orders for the Legislative Council of Hong Kong, 1884
1884 年維持治安條例	Peace Preservation Ordinance, 1884
1884 年醫生註冊條例	Medical Registration Ordinance, 1884
1885 年已婚婦女財產處理條例	Married Women's Disposition of Property Ordinance, 1885

中文譯名	外文原名
1885 年度量衡條例	Weights and Measures Ordinance, 1885
1885 年匯票條例	Bill of Exchange Ordinance, 1885
1886 年土地拍賣條例	Sale of Land by Auction Ordinance, 1886
1886 年印刷業及出版業條例	Printers and Publishers Ordinance, 1886
1886 年買賣憑據條例	Bill of Sale Ordinance, 1886
1886 年遺囑法令修訂條例	Wills Act Amendment Ordinance, 1886
1887 年公共衛生條例	Public Health Ordinance, 1887
1887 年誹謗條例	Defamation and Libel Ordinance, 1887
1888 年保留歐人區條例	European District Reservation Ordinance, 1888
1888 年接種疫苗條例	Vaccination Ordinance, 1888
1888 年殖民地書籍（保存及註冊）條例	Colonial Books (Preservation and Registration) Ordinance, 1888
1888 年管理華人條例	Regulation of Chinese Ordinance, 1888
1889 年收回官地條例	Crown Lands Resumption Ordinance, 1889
1889 年昂船洲條例	Stone Cutters' Island Ordinance, 1889
1889 年保護婦女及女童條例	Protection of Women and Girls Ordinance, 1889
1889 年海旁填海條例	Praya Reclamation Ordinance, 1889
1889 年華人引渡條例	Chinese Extradition Ordinance, 1889
1890 年殖民地海事法庭法令	Colonial Courts of Admiralty Act, 1890
1891 年破產條例	Bankruptcy Ordinance, 1891
1891 年堡壘保護條例	Forts Protection Ordinance, 1891
1891 年賭博條例	Gambling Ordinance, 1891
1895 年防止測繪防禦工事條例	Defences Sketching Prevention Ordinance, 1895
1895 年制服條例	Uniform Ordinance, 1895
1895 年銀行紙幣發行條例	Bank Notes Issue Ordinance, 1895
1895 年規管華人移民條例	Chinese Immigration Regulation Ordinance, 1895
1897 年笞刑條例	Flogging Ordinance, 1897
1898 年奇力島條例	Kellet Island Ordinance, 1898
1898 年輕罪懲罰條例	Misdemeanors Punishment Ordinance, 1898
1899 年保存宋王臺條例	Sung Wong T'oi Reservation Ordinance, 1899
1899 年傳召華人條例	Summoning of Chinese Ordinance, 1899
1900 年新界（法律延伸）條例	New Territories (Extension of Laws) Ordinance, 1900
1900 年新界（田土法庭）條例	New Territories (Land Court) Ordinance, 1900
1902 年僱主及傭工條例	Employers and Servants Ordinance, 1902
1903 年公共衛生及建築物條例	Public Health and Buildings Ordinance, 1903
1903 年水務條例	Water-works Ordinance, 1903
1903 年無線電報條例	Wireless Telegraphy Ordinance, 1903
1904 年山頂區保留條例	Hill District Reservation Ordinance, 1904
1907 年人壽保險公司條例	Life Insurance Companies Ordinance, 1907
1907 年煽動性刊物條例	Seditious Publications Ordinance, 1907
1908 年文武廟條例	Man Mo Temple Ordinance, 1908
1909 年建築避風塘條例	Harbour of Refuge Ordinance, 1909

中文譯名	外文原名
1909 年鴉片條例	Opium Ordinance, 1909
1911 年大學條例	University Ordinance, 1911
1911 年至 1989 年官方機密法令	Official Secret Act, 1911-1989
1911 年社團條例	Societies Ordinance, 1911
1912 年中國婚姻保存條例	Chinese Marriage Preservation Ordinance, 1912
1912 年外國銅幣條例	Foreign Copper Coin Ordinance, 1912
1913 年外國銀鎳幣條例	Foreign Silver and Nickel Coin Ordinance 1913
1913 年教育條例	Education Ordinance, 1913
1914 年後備警察條例	Hong Kong Police Reserve Ordinance, 1914
1914 年與敵貿易條例	Trading with the Enemy Ordinance 1914
1914 年敵國人士（清盤）條例	Alien Enemies (Winding Up) Ordinance, 1914
1915 年出入口條例	Importation and Exportation Ordinance, 1915
1916 年煙草條例	Tobacco Ordinance, 1916
1916 年戰爭債券條例	War Loan Ordinance, 1916
1917 年兵役條例	Military Service Ordinance, 1917
1917 年遞解條例	Deportation Ordinance, 1917
1918 年山頂（住宅區）條例	Peak District (Residence) Ordinance, 1918
1919 年公眾娛樂場所規例條例	Places of Public Entertainment Regulation Ordinance, 1919
1919 年長洲（住宅區）條例	Cheung Chau (Residence) Ordinance, 1919
1919 年食米條例	Rice Ordinance, 1919
1920 年社團條例	Societies Ordinance, 1920
1922 年收回官地修訂條例	Crown Lands Resumption Amendment Ordinance, 1922
1922 年兒童工業僱傭條例	Industrial Employment of Children Ordinance, 1922
1922 年華盛頓公約	Washington Naval Treaty, 1922
1922 年緊急情況規例條例	Emergency Regulations Ordinance, 1922
1923 年危險藥物條例	Dangerous Drugs Ordinance, 1923
1923 年家庭女役條例	Female Domestic Service Ordinance, 1923
1925 年電話服務條例	Telephone Ordinance, 1925
1926 年無線電條例	Wireless Telegraphy Ordinance, 1926
1927 年工廠（意外）條例	Factory (Accidents) Ordinance, 1927
1927 年非法罷工及閉廠條例	Illegal Strikes and Lock-outs Ordinance, 1927
1927 年香港後備警察條例	Hong Kong Police Reserve Ordinance, 1927
1929 年女性、青年及兒童工業僱傭修訂條例	Industrial Employment of Women, Young Persons and Children Amendment Ordinance, 1929
1929 年家庭女役修訂條例	Female Domestic Service Amendment Ordinance, 1929
1930 年團防局條例	District Watch Force Ordinance, 1930
1931 年人口普查條例	Census Ordinance, 1931
1931 年酒精修訂條例	Liquors Amendment Ordinance, 1931
1931 年緊急情況規例	Emergency Regulations, 1931

中文譯名	外文原名
1932 年工廠及工場條例	Factories and Workshops Ordinance, 1932
1932 年公司條例	Companies Ordinance, 1932
1932 年青少年犯條例	Juvenile Offenders Ordinance, 1932
1932 年英聯邦特惠稅條例	Empire Preference Ordinance, 1932
1932 年渥太華協議	Ottawa Agreement 1932
1934 年公眾娛樂場所規例	Places of Public Entertainment Regulations, 1934
1934 年生死登記條例	Births and Deaths Registration Ordinance, 1934
1935 年一元紙幣條例	Dollar Currency Notes Ordinance, 1935
1935 年市政局條例	Urban Council Ordinance, 1935
1935 年房屋委員會報告	Report of the Housing Commission, 1935
1935 年建築物條例	Buildings Ordinance, 1935
1935 年貨幣條例	Currency Ordinance, 1935
1935 年遞解外國人條例	Deportation of Aliens Ordinance, 1935
1936 年香港防衛計劃	Hong Kong Defence Scheme, 1936
1937 年貨幣修訂條例	Currency Amendment Ordinance, 1937
1939 年防衛（金融）規例	Defence (Finance) Regulations, 1939
1939 年防衛規例	Defence Regulations, 1939
1939 年城市規劃條例	Town Planning Ordinance, 1939
1939 年強制服役條例	Compulsory Service Ordinance 1939
1939 年緊急情況權力樞密院頒令	Emergency Powers (Colonial Defence) Order in Council, 1939
1940 年入境管制條例	Immigration Control Ordinance, 1940
1940 年遠東形勢研判	The Situation in the Far East in Event of Japanese Intervention against Us
1940 年防衛規例	Defence Regulations, 1940
1940 年簡易程序罪行修訂條例	Summary Offences Amendment Ordinance, 1940
1945 年殖民地發展和福利法令	Colonial Development and Welfare Act, 1945
1946 年疋頭（統制）令	Piece-Goods (Control) Order, 1946
1946 年批發（九龍）市場（蔬菜）令	The Wholesale (Kowloon) Marketing (Vegetables) Order, 1946
1946 年物價管制令	Price Control Order, 1946
1946 年銀行紙幣及負債證明書條例	Bank Notes and Certificates of Indebtedness Ordinance, 1946
1947 年進口統制令	Import Control Order, 1947
1947 年香港（復興）公債條例	Hong Kong (Rehabilitation) Loan Ordinance, 1947
1947 年香港戰爭紀念基金條例	Hong Kong War Memorial Fund Ordinance, 1947
1947 年陪審團修訂條例	Jury Amendment Ordinance, 1947
1947 年稅務條例	Inland Revenue Ordinance, 1947
1947 年業主與租客條例	Landlord and Tenant Ordinance, 1947
1948 年公安條例	Public Order Ordinance, 1948
1948 年外交特權條例	Diplomatic Privileges Ordinance, 1948
1948 年防止貪污條例	Prevention of Corruption Ordinance, 1948

中文譯名	外文原名
1948 年香港初步規劃報告	Hong Kong Preliminary Planning Report, 1948
1948 午銀行業條例	Banking Ordinance, 1948
1948 年職工會及勞資糾紛條例	Trade Unions and Trade Disputes Ordinance, 1948
1948 年警隊條例	Police Force Ordinance, 1948
1949 年人口登記條例	Registration of Persons Ordinance, 1949
1949 年移民管制條例	Immigrants Control Ordinance, 1949
1949 年社團條例	Societies Ordinance, 1949
1949 年空運（航空服務牌照）規例	Air Transport (Licensing of Air Services) Regulations, 1949
1949 年非法罷工及停工條例	Illegal Strikes and Lockouts Ordinance, 1949
1949 年基要服務團條例	Essential Services Corps Ordinance, 1949
1949 年緊急（主體）規例	Emergency (Principal) Regulations, 1949
1949 年驅逐不良分子出境條例	The Expulsion of Undesirables Ordinance, 1949
1950 年公務員敍用委員會條例	Public Services Commission Ordinance, 1950
1950 年出口管制令	Export Control Order, 1950
1950 年汽車道路交通（修訂）（第 2 號）規例	Vehicle and Road Traffic (Amendment) (No. 2) Regulations, 1950
1950 年受保護區命令	Protected Places Order, 1950
1950 年狗貓條例	Dogs and Cats Ordinance, 1950
1950 年律政人員條例	Legal Officers Ordinance, 1950
1950 年軍事設施禁區令	Military Installations Closed Areas Order, 1950
1950 年移民管制（修訂）（第 2 號）規例	Immigrants Control (Amendment) (No. 2) Regulations, 1950
1950 年緊急主體（修訂）（第 2 號）規例	Emergency Principal (Amendment) (No. 2) Regulations, 1950
1950 年出口（禁止）（朝鮮）令	Exportation (Prohibition) (North Korea) Order, 1950
1950 年出口（禁止）（特定物品）（第 2 號）令	Exportation (Prohibition) (Specific Articles) (No. 2) Order, 1950
1950 年釋義條例	Interpretation Ordinance, 1950
1951 年刊物管制綜合條例	Control of Publications Consolidation Ordinance, 1951
1951 年汽車保險（第三者風險）條例	Motor Vehicles Insurance (Third Party Risks) Ordinance, 1951
1951 年保護婦孺條例	Protection of Women and Juveniles Ordinance, 1951
1951 年香港教育研究報告	Report on Government Expenditure on Education in Hong Kong
1951 年強制服役條例	Compulsory Service Ordinance, 1951
1951 年進口（禁止）（特定物品）令	Importation (Prohibition) (Specific Articles) Order, 1951
1951 年出口（禁止）（特定物品）令	Exportation (Prohibition) (Specific Articles) Order, 1951
1951 年緊急（出口）（綜合貨品）規例	Emergency (Exportation) (Miscellaneous Provisions) Regulations, 1951

中文譯名	外文原名
1951 年邊境禁區令	Frontier Closed Area Order, 1951
1952 年一般公債及公債股票條例	General Loan and Stock Ordinance, 1952
1952 年性病條例	Venereal Disease Ordinance, 1952
1952 年租約（延長期限）條例	Tenancy (Prolonged Duration) Ordinance, 1952
1952 年商業管理條例	Business Regulation Ordinance, 1952
1952 年教育條例	Education Ordinance, 1952
1952 年農產品（統營）條例	Agricultural Products (Marketing) Ordinance, 1952
1952 年緊急（徙置區）規例	Emergency (Resettlement Areas) Regulations, 1952
1953 年工傷賠償條例	Workmen's Compensation Ordinance, 1953
1953 年市政局（修訂）（第 2 號）條例	Urban Council (Amendment) (No. 2) Ordinance, 1953
1953 年電影審查規例	Film Censorship Regulations, 1953
1953 年緊急（立即收回官地）（通用）規例	Emergency (Immediate Resumption) (Application) Regulations, 1953
1954 年市政局（徙置事務處處長）條例	Urban Council (Commissioner for Resettlement) Ordinance, 1954
1954 年房屋條例	Housing Ordinance, 1954
1954 年約瑟信託基金條例	J. E. Joseph Trust Fund Ordinance, 1954
1954 年差餉（修訂）條例	Rating (Amendment) Ordinance, 1954
1954 年礦務條例	Mining Ordinance, 1954
1955 年工廠及工業經營條例	Factories and Industrial Undertakings Ordinance, 1955
1955 年葛量洪獎學基金條例	Grantham Scholarships Fund Ordinance, 1955
1955 年嘉道理農業貸款條例	Kadoorie Agricultural Aid Loan Fund Ordinance, 1955
1955 年舞弊及非法行為條例	Corrupt and Illegal Practices Ordinance, 1955
1956 年市政局（修訂）條例	Urban Council (Amendment) Ordinance, 1956
1956 年緊急（拘留令）規例	Emergency (Detention Orders) Regulations, 1956
1956 年領養條例	Adoption Ordinance, 1956
1956 年賭博（修訂）條例	Gambling (Amendment) Ordinance, 1956
1957 年香港旅遊協會條例	Hong Kong Tourism Board Ordinance, 1957
1957 年香港機場（障礙管制）條例	Hong Kong Airport (Control of Obstructions) Ordinance, 1957
1957 年輻射條例	Radiation Ordinance, 1957
1957 年應課稅品（修訂）條例	Dutiable Commodities (Amendment) Regulations, 1957
1957 年醫生註冊（修訂）條例	Medical Registration (Amendment) Ordinance, 1957
1958 年入境（管制及罪行）條例	Immigration (Control and Offences) Ordinance, 1958
1958 年至 1963/1964 年生活費用調查	Cost of Living Survey 1958-63/64
1958 年徙置條例	Resettlement Ordinance, 1958
1958 年教育（修訂）條例	Education (Amendment) Ordinance, 1958
1959 年保持空氣清潔條例	Clean Air Ordinance, 1959
1959 年香港輔助警隊條例	Hong Kong Auxiliary Police Force Ordinance, 1959

中文譯名	外文原名
1959 年香港盾徽（保護）條例	Colony Armorial Bearings (Protection) Ordinance, 1959
1959 年商業登記條例	Business Registration Ordinance, 1959
1959 年鄉議局條例	Heung Yee Kuk Ordinance, 1959
1960 年人事登記條例	Registration of Persons Ordinance, 1960
1960 年香港工業總會條例	Federation of Hong Kong Industries Ordinance, 1960
1960 年道路交通（修訂）條例	Road Traffic (Amendment) Ordinance, 1960
1960 年精神健康條例	Mental Health Ordinance, 1962
1960 年藥物規例	Drug Regulations, 1960
1961 年入境事務隊條例	Immigration Service Ordinance, 1961
1962 年建築物（規劃）（修訂）（第 2 號）規例	Building (Planning) (Amendment) (No. 2) Regulations, 1962
1962 年政府獎券條例	Government Lotteries Ordinance, 1962
1962 年英聯邦移民法令	Commonwealth Immigrant Act, 1962
1962 年精神健康條例	Mental Health Ordinance, 1962
1962 年緊急（1958 年入境（管制及罪行）條例）（修訂）規例	Emergency (Immigration (Control and Offences) Ordinance 1958) (Amendment) Regulations, 1962
1962 年緊急（驅逐出境及拘留）規例	Emergency (Deportation and Detention) Regulations, 1962
1963 年已拆卸建築物（原址重新發展）（修訂）條例	Demolished Buildings (Re-development of Sites) (Amendment) Ordinance 1963
1963 年加租（住宅樓宇）管制條例	Rent Increases (Domestic Premises) Control Ordinance 1963
1963 年至 1964 年家庭消費支出統計與消費物價指數	The Household Expenditure Survey, 1963/64 and the Consumer Price Index
1963 年教育委員會報告書	Report of Education Commission, 1963
1963 年診療所條例	Medical Clinics Ordinance, 1963
1963 年緝私隊條例	Preventive Service Ordinance, 1963
1963 年應課稅品（輕質柴油染色）規例	Dutiable Commodities (Marking and Colouring of Hydrocarbon Oils) Regulations, 1963
1964 年社團（修訂）條例	Societies (Amendment) Ordinance, 1964
1964 年建築（修訂）（第 2 號）條例	Buildings (Amendment) (No. 2) Ordinance, 1964
1964 年稅務（修訂）條例	Inland Revenue (Amendment) Ordinance, 1964
1964 年電視條例	Television Ordinance, 1964
1964 年銀行業條例	Banking Ordinance, 1964
1965 年市政局（修訂）條例	Urban Council (Amendment) Ordinance, 1965
1965 年各種牌照（修訂）條例	Miscellaneous Licences (Amendment) Ordinance, 1965
1965 年時效條例	Limitation Ordinance, 1965
1965 年緊急（銀行管制）規例	Emergency (Bank Control) Regulations, 1965
1966 年市政局（修訂）條例	Urban Council (Amendment) Ordinance, 1966
1966 年法律援助條例	Legal Aid Ordinance, 1966
1966 年英國法律應用條例	Application of English Law Ordinance, 1966

中文譯名	外文原名
1966 年香港貿易發展局條例	Hong Kong Trade Development Council Ordinance, 1966
1966 年國防白皮書	White Paper on Defence, 1966
1966 年婚姻訴訟條例	Matrimonial Causes Ordinance, 1966
1966 年爆炸品（修訂）條例	Explosive Substances (Amendment) Ordinance, 1966
1967 年工廠及工業經營（修訂）條例	Factories and Industrial Undertakings (Amendment) Ordinance, 1967
1967 年工廠及工業經營（修訂）規例	Factories and Industrial Undertakings (Amendment) Regulations, 1967
1967 年公安條例	Public Order Ordinance, 1967
1967 年退休金（修訂）條例	Pensions (Amendment) Ordinance, 1967
1967 年英基學校協會條例	English Schools Foundation Ordinance, 1967
1967 年緊急（公眾假期）規例	Emergency (General Holiday) Regulations, 1967
1967 年緊急（主體）（修訂）規例	Emergency (Principal) (Amendment) Regulations, 1967
1967 年緊急（主體）（修訂）（第 2 號）規例	Emergency (Principal) (Amendment) (No. 2) Regulations
1967 年緊急（防止煽動性言論）規例	Emergency (Prevention of Inflammatory Speeches) Regulations, 1967
1967 年緊急（防止煽動性標語）規例	Emergency (Prevention of Inflammatory Posters) Regulations, 1967
1967 年緊急（禁區）規例	Emergency (Closed Areas) Regulations, 1967
1967 年緊急（爆竹煙花）規例	Emergency (Firework) Regulations, 1967
1968 年香港公益金條例	Community Chest of Hong Kong Ordinance, 1968
1968 年香港立法局會議常規	Standing Orders of the Legislative Council of Hong Kong, 1968
1968 年僱傭條例	Employment Ordinance, 1968
1968 年調查委員會條例	Commission of Inquiry Ordinance, 1968
1969 年公共交通服務（九龍及新界）（修訂）條例	Public Transport Services (Kowloon and New Territories) (Amendment) Ordinance, 1969
1969 年公共交通服務（香港島）（修訂）條例	Public Transport Services (Hong Kong Island) (Amendment) Ordinance, 1969
1969 年危險藥物條例	Dangerous Drugs Ordinance, 1969
1969 年道路交通（條訂）條例	Road Traffic (Amendment) Ordinance, 1969
1970 年多層建築物（業主法團）條例	Multi-storey Buildings (Owners Incorporation) Ordinance, 1970
1970 年防止賄賂條例	Prevention of Bribery Ordinance, 1970
1970 年皇家香港軍團條例	Royal Hong Kong Regiment Ordinance, 1970
1970 年皇家香港輔助空軍條例	Royal Hong Kong Auxiliary Air Force Ordinance, 1970
1970 年婚姻制度改革條例	Marriage Reform Ordinance, 1970
1970 年盜竊罪條例	Theft Ordinance, 1970
1970 年稅務（修訂）條例	Inland Revenue (Amendment) Ordinance, 1970

中文譯名	外文原名
1970 年僱傭（修訂）條例	Employment (Amendment) Ordinance, 1970
1970 年遺囑條例	Wills Ordinance, 1970
1970 年戴麟趾爵士康樂基金條例	Sir David Trench Trust Fund for Recreation Ordinance, 1970
1971 年人民入境條例	Immigration Ordinance, 1971
1971 年古物及古蹟條例	Antiquities and Monuments Ordinance, 1971
1971 年香港理工學院條例	Hong Kong Polytechnic Ordinance, 1971
1971 年教育條例	Education Ordinance, 1971
1971 年無遺囑者遺產條例	Intestates' Estates Ordinance, 1971
1972 年小販（市政局）附例	Hawker (Urban Council) By-laws, 1972
1972 年公司（修訂）條例	Companies (Amendment) Ordinance, 1972
1972 年公眾衛生及市政（修訂）（第 4 號）條例	Public Health and Urban Services (Amendment) (No. 4) Ordinance, 1972
1972 年侵害人身（修訂）條例	Offences against the Person (Amendment) Ordinance, 1972
1972 年專業會計師條例	Professional Accountants Ordinance, 1972
1972 年勞資審裁處條例	Labour Tribunal Ordinance, 1972
1973 年商品交易所（禁止經營）條例	Commodity Exchanges (Prohibition) Ordinance, 1973
1973 年博彩稅（修訂）條例	Betting Duty (Amendment) Ordinance, 1973
1973 年進出口（普通）規例（修訂第一及第二附表）令	Import and Export (General) Regulations (Amendment of First and Second Schedules) Order, 1973
1973 年電視（修訂）條例	Television (Amendment) Ordinance, 1973
1973 年緊急（管制石油）規例	Emergency (Control of Oil) Regulations 1973
1973 年證券交易所管制條例	Stock Exchange Control Ordinance, 1973
1974 年土地審裁處條例	Lands Tribunal Ordinance, 1974
1974 年公司（修訂）條例	Companies (Amendment) Ordinance, 1974
1974 年法定語文條例	Official Languages Ordinance, 1974
1974 年保障投資者條例	Protection of Investors Ordinance, 1974
1974 年僱傭（修訂）（第 3 號）條例	Employment (Amendments) (No. 3) Ordinance
1974 年總督特派廉政專員公署條例	Independent Commission Against Corruption Ordinance, 1974
1974 年證券條例	Securities Ordinance, 1974
1975 年不良刊物條例	Objectionable Publications Ordinance, 1975
1975 年幼兒中心條例	Child Care Centres Ordinance, 1975
1975 年地下鐵路公司條例	Mass Transit Railway Corporation Ordinance, 1975
1975 年高等法院條例	Supreme Court Ordinance, 1975
1975 年勞資關係條例	Labour Relations Ordinance, 1975
1975 年博彩稅（修訂）（第 2 號）條例	Betting Duty (Amendment) (No. 2) Ordinance, 1975
1975 年稅務（修訂）（第 6 號）條例	Inland Revenue (Amendment) (No. 6) Ordinance, 1975
1975 年業主與租客（綜合）（修訂）（第 3 號）條例	Landlord and Tenant (Consolidation) (Amendment) (No. 3) Ordinance, 1975

中文譯名	外文原名
1976 年十進制條例	Metrication Ordinance, 1976
1976 年郊野公園條例	Country Parks Ordinance, 1976
1976 年商品交易條例	Commodities Trading Ordinance, 1976
1976 年接受存款公司條例	Deposit-taking Companies Ordinance, 1976
1976 年野生動物保護條例	Wild Animals Protection Ordinance, 1976
1976 年僱傭（修訂）條例	Employment (Amendment) Ordinance, 1976
1976 年僱傭（修訂）（第 2 號）條例	Employment (Amendment) (No. 2) Ordinance, 1976
1976 年總督特派廉政專員公署（修訂）條例	Independent Commission Against Corruption (Amendment) Ordinance, 1976
1977 年考試局條例	Hong Kong Examinations Authority Ordinance, 1977
1977 年香港工業邨公司條例	Hong Kong Industrial Estates Corporation Ordinance, 1977
1977 年消費者委員會條例	Consumer Council Ordinance, 1977
1977 年僱傭（修訂）（第 3 號）條例	Employment (Amendment) (No. 3) Ordinance, 1977
1977 年緝私隊（修訂）條例	Preventive Service (Amendment) Ordinance, 1977
1977 年警隊（修訂）（第 2 號）條例	Police Force (Amendment) (No. 2) Ordinance, 1977
1977 年警隊（修訂）（第 3 號）條例	Police Force (Amendment) (No. 3) Ordinance, 1977
1978 年交通意外傷亡者（援助基金）條例	Traffic Accident Victims (Assistance Fund) Ordinance, 1978
1978 年有利銀行發行紙幣（撤銷）條例	Mercantile Bank Note Issue (Repeal) Ordinance, 1978
1978 年保險公司（規定資本額）條例	Insurance Companies (Capital Requirements) Ordinance, 1978
1978 年香港上海滙豐銀行（修訂）條例	The Hongkong and Shanghai Banking Corporation (Amendment) Ordinance, 1978
1978 年稅務（修訂）（第 3 號）條例	Inland Revenue (Amendment) (No. 3) Ordinance, 1978
1978 年儲備商品條例	Reserved Commodities Ordinance, 1978
1979 年人民入境（修訂）（第 2 號）條例	Immigration (Amendment) (No. 2) Ordinance, 1979
1979 年外匯基金（修訂）條例	Exchange Fund (Amendment) Ordinance, 1979
1979 年稅務（修訂）條例	Inland Revenue (Amendment) Ordinance, 1979
1979 年經濟多元化諮詢委員會報告書	Report of the Advisory Committee on Diversification, 1979
1979 年廣告、陳列及泛光燈照明（限制）令	Advertising, Display and Floodlighting (Restriction) Order, 1979
1980 年人民入境（修訂）（第 2 號）條例草案	Immigration (Amendment) (No. 2) Bill, 1980
1980 年公安（修訂）條例	Public Order (Amendment) Ordinance, 1980
1980 年水污染管制條例	Water Pollution Control Ordinance, 1980
1980 年香港銀行公會條例	The Hong Kong Association of Banks Ordinance, 1980
1980 年海魚養殖條例	Marine Fish Culture Ordinance, 1980
1980 年廢物處置條例	Waste Disposal Ordinance, 1980

中文譯名	外文原名
1980 年證券交易所合併條例	Stock Exchanges Unification Ordinance, 1980
1981 年人壽保險公司（修訂）條例	Insurance Companies (Amendment) Ordinance, 1981
1981 年火險及水險保險公司保證金（修訂）條例	Fire and Marine Insurance Companies Deposit (Amendment) Ordinance
1981 年侵害人身罪（修訂）條例	Offences against the Person (Amendment) Ordinance, 1981
1981 年英國國籍法令	British Nationality Act, 1981
1981 年接受存款公司（修訂）（第 2 號）條例	Deposit-taking Companies (Amendment) (No. 2) Ordinance, 1981
1981 年僱傭（修訂）（第 2 號）條例	Employment (Amendment) (No. 2) Ordinance, 1981
1981 年銀行業（修訂）條例	Banking (Amendment) Ordinance, 1981
1982 年人民入境（修訂）條例	Immigration (Amendment) Ordinance, 1982
1982 年吸煙（公眾衛生）條例	Smoking (Public Health) Ordinance, 1982
1982 年接受存款公司條例	Deposit-taking Companies Ordinance, 1982
1982 年僱員賠償（修訂）條例	Employees' Compensation (Amendment) Ordinance, 1982
1982 年銀行業條例	Banking Ordinance, 1982
1982 年職業訓練局條例	Vocational Training Council Ordinance, 1982
1983 年外匯基金（修訂）條例	Exchange Fund (Amendment) Ordinance, 1983
1983 年空氣污染管制條例	Air Pollution Control Ordinance, 1983
1983 年保險公司條例	Insurance Companies Ordinance, 1983
1983 年香港城市理工學院條例	City Polytechnic of Hong Kong Ordinance, 1983
1983 年稅務（修訂）條例	Inland Revenue (Amendment) Ordinance, 1983
1984 年公司（修訂）條例	Companies (Amendment) Ordinance, 1984
1984 年社會服務令條例	Community Service Orders Ordinance, 1984
1984 年演藝學院條例	Hong Kong Academy for Performing Arts Ordinance, 1984
1985 年立法局（權力及特權）條例	Legislative Council (Powers and Privileges) Ordinance, 1985
1985 年香港法令	Hong Kong Act, 1985
1985 年旅行代理商條例	Travel Agents Ordinance, 1985
1985 年海外信託銀行（接收）條例	Overseas Trust Bank (Acquisition) Ordinance, 1985
1985 年破產欠薪保障條例	Protection of Wages on Insolvency Ordinance, 1985
1985 年僱傭（修訂）條例	Employment (Amendment) Ordinance, 1985
1986 年公安（修訂）條例	Public Order (Amendment) Ordinance, 1986
1986 年香港（英國國籍）令	Hong Kong (British Nationality) Order, 1986
1986 年區域議局（修訂）條例	Regional Council (Amendment) Ordinance, 1986
1986 年業主與租客（綜合）（修訂）條例	Landlord and Tenant (Consolidation) (Amendment) Ordinance, 1986
1986 年銀行業條例	Banking Ordinance, 1986
1986 年證券（證券交易所上市）規則	Securities (Stock Exchange Listing) Rules 1986
1987 年人民入境（修訂）（第 2 號）條例	Immigration (Amendment) (No. 2) Ordinance, 1987
1987 年土地發展公司條例	Land Development Corporation Ordinance, 1987

中文譯名	外文原名
1987 年囚犯（監管下釋放）條例	Prisoners (Release under Supervision) Ordinance, 1987
1987 年法定語文（修訂）條例	Official Languages Ordinance, 1987
1987 年法律釋義及通則（修訂）（第 3 號）條例	Interpretation and General Clauses (Amendment) (No. 3) Ordinance, 1987
1987 年度量衡條例	Weights and Measures Ordinance, 1987
1987 年建築物設計（修訂）規例	Building Planning (Amendment) Regulations, 1987
1987 年香港科技大學條例	The Hong Kong University of Science and Technology Ordinance, 1987
1987 年海洋公園公司條例	Hong Kong Ocean Park Corporation Ordinance, 1987
1987 年退休金利益條例	Pension Benefits Ordinance, 1987
1987 年淫褻及不雅物品管制條例	Control of Obscene and Indecent Articles Ordinance, 1987
1987 年廢物處理（修訂）條例草案	Waste Disposal (Amendment) Bill, 1987
1987 年廢物處理（修訂）條例	Waste Disposal (Amendment) Ordinance, 1987
1988 年大老山隧道條例	Tate's Cairn Tunnel Ordinance, 1988
1988 年行政事務申訴專員條例	The Ombudsman Ordinance, 1988
1988 年新界土地契約（續期）條例	New Territories Leases (Extension) Ordinance, 1988
1988 年電影檢查條例	Film Censorship Ordinance, 1988
1988 年精神健康（修訂）條例	Mental Health (Amendment) Ordinance, 1988
1988 年噪音管制條例	Noise Control Ordinance, 1988
1988 年職業安全健康局條例	Occupational Safety and Health Ordinance, 1988
1989 年《1988 年噪音管制條例》（開始生效）公告	Noise Control Ordinance 1988 (Commencement) Notice, 1989
1989 年公安（修訂）條例	Public Order (Amendment) Ordinance, 1989
1989 年保險公司（修訂）條例	Insurance Companies (Amendment) Ordinance, 1989
1989 年保護臭氧層條例	Ozone Layer Protection Ordinance, 1989
1989 年販毒（追討得益）條例	Drug Trafficking (Recovery of Proceeds) Ordinance, 1989
1989 年證券及期貨事務監察委員會條例	Securities and Futures Commission Ordinance, 1989
1990 年公共財政（修訂）條例	Public Finance (Amendment) Ordinance, 1990
1990 年成年歲數（有關條文）條例	Age of Majority (Related Provisions) Ordinance, 1990
1990 年空氣污染管制（汽車燃料）（修訂）規例	Air Pollution Control (Motor Vehicle Fuel) (Amendment) Regulation, 1990
1990 年英國國籍法（香港）（甄選計劃）令	British Nationality (Hong Kong) (Selection Scheme) Act, 1990
1990 年香港康體發展局條例	Hong Kong Sports Development Board Ordinance, 1990
1990 年香港學術評審局條例	Hong Kong Council for Academic Accreditation Ordinance, 1990
1990 年臨時機場管理局條例	Provisional Airport Authority Ordinance, 1990
1990 年醫院管理局條例	Hospital Authority Ordinance, 1990

中文譯名	外文原名
1990 年證券（內幕交易）條例	Securities (Insider Dealing) Ordinance, 1990
1991 年刑事罪行（修訂）條例	Crimes (Amendment) Ordinance, 1991
1991 年印花稅（修訂）（第 4 號）條例	Stamp Duty (Amendment) (No. 4) Ordinance, 1991
1991 年城市規劃（修訂）條例	Town Planning (Amendment) Ordinance, 1991
1991 年香港人權法案條例草案	Hong Kong Bill of Rights Bill, 1991
1991 年香港規劃師學會法團條例	The Hong Kong Institute of Planners Incorporation Ordinance, 1991
1992 年外匯基金（修訂）條例	Exchange Fund (Amendment) Ordinance, 1992
1992 年刑事罪行（修訂）（第 3 號）條例	Crimes (Amendment) (No. 3) Ordinance, 1992
1992 年玩具及兒童產品安全條例	Toys and Children's Products Safety Ordinance, 1992
1992 年保護婦孺（修訂）條例	Protection of Women and Juveniles (Amendment) Ordinance, 1992
1992 年美國 — 香港政策法	United States-Hong Kong Policy Act of 1992
1992 年香港醫學專科學院條例	Hong Kong Academy of Medicine Ordinance, 1992
1992 年僱員再培訓條例	Employees Retraining Ordinance, 1992
1992 年衞奕信勳爵文物信託條例	Lord Wilson Heritage Trust Ordinance, 1992
1992 年總督特派廉政專員公署（修訂）條例	Independent Commission Against Corruption (Amendment) Ordinance, 1992
1993 年空氣污染管制（修訂）條例	Air Pollution Control (Amendment) Ordinance, 1993
1993 年保護兒童及少年條例	Protection of Children and Juveniles Ordinance, 1993
1993 年建築物管理條例	Building Management Ordinance, 1993
1993 年香港康體發展局（修訂）條例	Hong Kong Sports Development Board (Amendment) Ordinance, 1993
1993 年旅行代理商（修訂）條例	Travel Agents (Amendment) Ordinance, 1993
1993 年新界土地（豁免）條例草案	New Territories Land (Exemption) Bill, 1993
1993 年業主與租客（綜合）（修訂）條例	Landlord and Tenant (Consolidation)(Amendment) Ordinance, 1993
1993 年遊戲機中心條例	Amusement Game Centres Ordinance, 1993
1993 年噪音管制（修訂）條例	Noise Control (Amendment) Ordinance, 1993
1993 年選區分界及選舉事務委員會條例	Boundary and Election Commission Ordinance, 1993
1993 年選舉規定（雜項修訂）（第 2 號）條例	Electoral Provisions (Miscellaneous Amendments) (No. 2) Ordinance, 1993
1993 年檢疫及防疫（修訂）條例	Quarantine and Prevention of Disease (Amendment) Ordinance, 1993
1994 年小販（市政局）（修訂）（第 3 號）附例	Hawker (Urban Council) (Amendment) (No. 3) Bylaw, 1994
1994 年立法局（選舉規定）（修訂）條例草案	Legislative Council (Electoral Provisions) (Amendment) Bill, 1994
1994 年安老院條例	Residential Care Homes (Elderly Persons) Ordinance, 1994
1994 年有組織及嚴重罪行條例	Organized and Serious Crimes Ordinance, 1994
1994 年行政事務申訴專員（修訂）條例	The Ombudsman (Amendment) Ordinance, 1994

中文譯名	外文原名
1994 年建築地盤（安全）（修訂）（第 2 號）規例	Construction Sites (Safety) (Amendment) (No. 2) Regulations, 1994
1994 年香港教育學院條例	The Hong Kong Institute of Education Ordinance, 1994
1994 年消費者委員會（修訂）條例	Consumer Council (Amendment) Ordinance, 1994
1994 年消費品安全條例	Consumer Goods Safety Ordinance, 1994
1994 年新界土地（豁免）條例	New Territories Land (Exemption) Ordinance, 1994
1994 年僱傭（修訂）條例草案	Employment (Amendment) Bill, 1994
1995 年人體器官移植條例	Human Organ Transplant Ordinance, 1995
1995 年性別歧視條例	Sex Discrimination Ordinance, 1995
1995 年香港藝術發展局條例	Hong Kong Arts Development Council Ordinance, 1995
1995 年個人資料（私隱）條例	Personal Data (Privacy) Ordinance, 1995
1995 年海岸公園條例	Marine Parks Ordinance, 1995
1995 年強制性公積金計劃條例	Mandatory Provident Fund Schemes Ordinance, 1995
1995 年殘疾歧視條例	Disability Discrimination Ordinance, 1995
1995 年電視（節目）（修訂）規例	Television (Programmes) (Amendment) Regulations, 1995
1995 年機場管理局條例	Airport Authority Ordinance, 1995
1996 年人民入境（修訂）條例	Immigration (Amendment) Ordinance, 1996
1996 年刑事罪行（修訂）（第 2 號）條例	Crimes (Amendment) (No. 2) Ordinance, 1996
1996 年防止賄賂（雜項條文）（第 2 號）條例	Prevention of Bribery (Miscellaneous Provisions) (No. 2) Ordinance, 1996
1996 年空氣污染管制（石棉）（行政管理）規例	Air Pollution Control (Asbestos) (Administration) Regulation, 1996
1996 年海岸公園及海岸保護區規例	Marine Parks and Marine Reserves Regulation, 1996
1996 年電訊（修訂）條例	Telecommunication (Amendment) Ordinance, 1996
1997 年官方機密條例	Official Secrets Ordinance, 1997
1997 年社會工作者註冊條例	Social Workers Registration Ordinance, 1997
1997 年保護海港條例	Protection of the Harbour Ordinance, 1997
1997 年宣布更改職稱及名稱（一般適應）公告	Declaration of Change of Titles (General Adaptation) Notice, 1997
1997 年英國國籍（香港）令	British Nationality (Hong Kong) Act, 1997
1997 年消防安全（商業處所）條例	Fire Safety (Commercial Premises) Ordinance, 1997
1997 年環境影響評估條例	Environmental Impact Assessment Ordinance, 1997
1997 年職業安全及健康條例	Occupational Safety and Health Ordinance, 1997
2007 年林區及郊區條例	Forests and Countryside Ordinance, 2007
2016 年營商環境報告	Doing Business 2016
一般命令第一號	General Order No.1
二畫	
九年強迫教育檢討報告	Report on Review of 9-Year Compulsory Education
九龍及荃灣暴動報告書	Report on the Riots in Kowloon and Tsuen Wan
九龍半島問題備忘錄	Memorandum on Kowloon Peninsula Question

中文譯名	外文原名
九龍東北部發展草圖計劃	North-east Kowloon Development Scheme
三畫	
土地利用計劃書	Colony Outline Plan
大律師辦案規則	Rule of the Bar
小學教育及學前教育服務白皮書	Primary Education and Pre-Primary Services
四畫	
中英五口通商章程	General Regulations under which the British Trade is to be conducted at the Five Ports of Canton, Amoy, Foochow, Ningpo, and Shanghai
中國人的反英情緒備忘錄	Anti-British Feeling in China: Memorandum
中國沿海氣象紀錄	China Coast Meteorological Register
公民權利和政治權利國際公約	International Covenant on Civil and Political Rights
公屋住戶房屋資助問題綠皮書	Housing Subsidy to Tenants of Public Housing
公務員聘用及服務條件諮詢文件	Consultative Document on Civil Service Terms of Appointment and Conditions of Service
公開資料守則	Code on Access to Information
反對蓄婢會簡章	Manifesto of the Anti-Mui Tsai Society
天津條約	Treaty of Tientsin
日間幼兒園活動指引	Activity Guidelines for Day Nursery
五畫	
世界自然保育聯盟瀕危物種紅色名錄	International Union for Conservation of Nature Red List of Threatened Species
世界競爭力年報	World Competitiveness Yearbook
北京條約	Convention of Peking
市政局未來範圍及工作報告書	Report of the Ad Hoc Committee on the Future Scope and Operation of the Urban Council
市政局地方政制改革報告書	Report on the Reform of Local Government
幼稚園課程指引	Guide to the Kindergarten Curriculum
生活有保障、晚年可安享 —— 香港的老年退休金計劃	Taking the Worry Out of Growing Old - An Old Age Pension Scheme for Hong Kong
六畫	
全港發展策略	Territorial Development Strategy
地方行政白皮書	White Paper on District Administration in Hong Kong
多種纖維協定	Multi-fiber Arrangement Regarding International Trade in Textiles
老人福利服務綠皮書	Green Paper on Services for the Elderly
行政局立法局規則及規例	Rules and Regulations for the Executive and Legislative Councils
七畫	
沖繩歸還協定	Okinawa Reversion Agreement
八畫	
兒童權利公約	Convention on the Rights of the Child
夜間通行證	Night Pass

中文譯名	外文原名
拉姆薩爾公約	Convention of Wetlands of International Importance Especially as Waterfowl Habitats
波茨坦公告	Potsdam Declaration
社會保障的若干問題報告書	Report of the Working Party on Social Security
社會保障發展計劃綠皮書	Help for Those Least Able to Help Themselves: A Programme of Social Security Development
社會福利未來五年發展計劃	The Five Year Plan for Social Welfare Development in Hong Kong 1973-78
社會福利白皮書	Social Welfare in Hong Kong - The Way Ahead
長遠房屋策略	Long-Term Housing Strategy: A Policy Statement
長遠房屋策略評議諮詢文件	Long Term Housing Strategy Review Consultative Document
九畫	
保護海港條例草案	Protection of the Harbour Bill
南京條約	Treaty of Nanking
查維克衛生調查報告書	Mr. Chadwick's Reports on the Sanitary Condition of Hong Kong; with Appendices and Plans
皇室訓令	Royal Instructions
皇家書館則例	Rules and Regulations for Government Schools
皇家特許狀	Royal Charter
美國對香港政策	U.S. Policy on Hong Kong
英皇制誥	Letters Patent
郊區與大眾	The Countryside and the People
重豎沙頭角中英界石備忘錄	Memorandum Signed in Hongkong on the 17th April 1948 in Connection with the Replacement of Certain Boundary Stones on the Anglo-Chinese Border at Sha Tau Kok
香港未來十年內之中等教育白皮書	Secondary Education in Hong Kong over the Next Decade
香港年報	Hong Kong Annual Reports
香港考古調查：試掘報告	The Hong Kong Archaeological Survey: Subsurface Investigation Reports
香港防務報告	Defence of Hong Kong: Report of Joint Planning Sub-Committee
香港居民人權宣言	Declaration of Rights for Hongkong Citizens
香港社會福利目標及政策白皮書	Aims and Policy for Social Welfare in Hong Kong
香港長遠道路研究	Hong Kong Long Term Road Study
香港保存自然景物問題：簡要報告及建議	Conservation of the Hong Kong Countryside: Summary Report and Recommendation
香港政府和荷蘭王國政府關於航班的協定	Agreement between the Government of Hong Kong and the Government of the Kingdom of the Netherlands concerning Air Services
香港政府與海軍部所訂協議	Agreement between the Government of Hong Kong and the Admiralty

中文譯名	外文原名
香港毒品問題白皮書	The Problem of Narcotic Drugs in Hong Kong
香港英新租界合同	Delimitation of Northern Frontier of New Territories
香港專上學院發展報告書	Report on the Development of Post-Secondary Colleges
香港教育制度全面檢討	Overall Review of the Hong Kong Education System
香港康復服務的進一步發展綠皮書	The Further Development of Rehabilitation Services in Hong Kong
香港教育透視：國際顧問團報告書	A Perspective on Education in Hong Kong: Report by a Visiting Panel
香港規劃標準與準則	Hong Kong Planning Standards and Guidelines
香港勞工和勞工狀況報告	Report on Labour and Labour Conditions in Hong Kong
香港發展綱略	Hong Kong Outline Plan
香港華人婚姻問題白皮書	White Paper on Chinese Marriage in Hong Kong
香港集體運輸研究	Hong Kong Mass Transport Study
香港集體運輸計劃研究補充報告	Hong Kong Mass Transport Study: Supplementary Report
香港集體運輸計劃總報告書	Hong Kong Mass Transit Further Studies: Final Report
香港廢物處理計劃	Waste Disposal Plan for Hong Kong
香港憲章	Hong Kong Charter
香港醫療衞生服務的進一步發展白皮書	The Further Development of Medical and Health Services in Hong Kong
香港醫療衞生服務發展報告書	The 1963-1972 Development of Medical Services in Hongkong
香港證券業的運作與監察	The Operation and Regulation of the Hong Kong Securities Industry
十畫	
展拓香港界址專條	The Convention Between Great Britain and China Respecting an Extension of Hong Kong Territory
消除對婦女一切形式歧視公約	Convention on the Elimination of all Forms of Discrimination Against Women
烏拉圭回合多邊貿易談判結果最後文件	Final Act Embodying the Results of the Uruguay Round of Multilateral Trade Negotiations
特殊教育小組報告書	Report of the Sub-committee on Special Education
租借九龍租約	Deed of Lease of Kowloon
荃灣地區發展大綱草圖	Tsuen Wan and District Outline Development Plan
高中及專上教育發展白皮書	The Development of Senior Secondary and Tertiary Education
高中及專上教育綠皮書	Senior Secondary and Tertiary Education: A Development Programme for Hong Kong over the Next Decade
十一畫	
國際紡織品貿易協定	Arrangement Regarding International Trade in Textiles

中文譯名	外文原名
康復政策白皮書：群策群力協助弱能人士更生	Rehabilitation - Integrating the Disabled into the Community
教育委員會對香港未來十年內中等教育擴展計劃報告書	Report of the Board of Education on the Proposed Expansion of Secondary School Education in Hong Kong over the Next Decade
教育政策白皮書	Education Policy
教育革新計劃	The New System Referred to in the Report of the Board of Education for 1850
通商章程善後條約：海關稅則	Agreement-made in pursuance of Article XXVI of the Treaty of Tientsin-containing Rules of Trade.
都會計劃	Metroplan
十二畫	
就香港社會福利發展和相關課題進行調查研究的可行性報告	Report on the Feasibility of a Survey into Social Welfare Provision and Allied Topics in Hong Kong
殖民地立法機關會議常規範本草稿	Draft Code of Model Standing Orders for Colonial Legislatures
殖民地規例	Colonial Regulations
港口及機場發展策略	Port and Airport Development Strategy
給女王陛下臣民的通知	To Her Britannic Majesty's Subjects
進一步發展地方行政的建議	Further Development of Local Administration
集體官批	Block Crown Lease
十三畫	
新界報告 1899-1912	Report on the New Territories, 1899-1912
補助則例	Grant Code
補助學校計劃守則	Code of Regulations for Educational Grants-in-Aid
跨越九十年代香港社會福利白皮書	White Paper: Social Welfare into the 1990's and beyond
十四畫	
對日和平條約	Treaty of Peace with Japan
管制權宜住所居民、徙置及廉租屋宇政策之檢討白皮書	Review of Policies for Squatter Control, Resettlement and Government Low-Cost Housing
管理香港洋藥事宜章程	Management of Hong Kong Opium Affairs Statute
綠皮書：香港地方行政的模式	A Pattern of District Administration in Hong Kong
十五畫	
廣九鐵路草合同	Preliminary Agreement of Canton Kowloon Railway
樞密院頒令	Order in Council
十六畫	
學前教育課程指引	Guide to the Pre-primary Curriculum
學校管理新措施	The School Management Initiative
駱克先生香港殖民地展拓界址報告書	Report by Mr. Stewart Lockhart on the Extension of the Colony of Hong Kong
十八畫	
歸化條例	Naturalization Ordinance

中文譯名	外文原名
職業先修及工業中學教育檢討報告書	Review of Prevocational and Secondary Technical Education
醫院提供的醫療服務	Delivery of Medical Services in Hospitals
十九畫	
藝術政策檢討報告諮詢文件	Consultation Paper: Arts Policy Review Report
關於九龍的樞密院頒令	Kowloon Order-in-Council
關於從東江取水供給香港、九龍的協議	Agreement between the People's Council of Kwangtung Province and the Hongkong Authorities on the Supply of Water to Hongkong and Kowloon from the East River
關於對殖民地及人民給以獨立之宣言	Declaration on the Granting of Independence to Colonial Countries and Peoples
關稅與貿易總協定	General Agreement on Tariffs and Trade
難民地位公約	Convention Relating to the Status of Refugees
二十一畫	
蘭開夏協定	Lancashire Pact

（按首字筆畫順序排列）

中文譯名	外文原名
二畫	
九龍木球會會所	Kowloon Cricket Club
九龍汽車有限公司	Kowloon Motor Bus Company Limited
九龍居民協會	Kowloon Residents' Association
九龍英童學校	Kowloon British School
九龍草地滾球會	Kowloon Bowling Green Club
九龍渡海小輪公司	The Kowloon Ferry Company
九龍總商會	Kowloon Chamber of Commerce
九龍醫院	Kowloon Hospital
八佰伴（香港）百貨有限公司	Yaohan Department Store (H.K.) Limited
卜蜂國際有限公司	C. P. Pokphand Company Limited
三畫	
三軍體育會所	United Services Recreation Club
上海拖駁船有限公司	Shanghai Tug & Lighter Co.
《士蔑西報》（《士蔑報》、《香港電訊報》、《士蔑新聞》、《士喪西報》）	*The Hong Kong Telegraph*
大北電報公司	Great Northern Telegraph Co. Limited
「大西洋號」	*Atlantic*
大和證券國際（香港）	Daiwa Securities International (HK)
大東電報公司	The Eastern Extension Telegraph Company
大東甄麥酒有限公司（東方啤酒）	Oriental Brewery Limited
四畫	
「不列顛尼亞號」	*Britannia*
中日電話電力公司	China and Japan Telephone and Electric Company
中央女子書院	Central School for Girls
中央書院	Government Central School
中英管弦樂團	Sino-British Orchestra
中英學會	Sino British Club
《中國之友》（《華友西報》）	*The Friend of China*
《中國之友與香港憲報》	*The Friend of China and Hong Kong Gazette*
《中國日報》	*China Daily* (Hong Kong Edition)
《中國作家》	*The Chinese Writers*
《中國經典》	*The Chinese Classics*
《中國叢報》（《澳門月報》）	*The Chinese Repository*
中華回教博愛社	The Chinese Muslim Cultural and Fraternal Association
中華耶穌寶血女修會	Sisters of the Precious Blood
中華基督教女青年會香港分會	Hong Kong Young Women's Christian Association
中華電力有限公司	China Light & Power Company Syndicate

中文譯名	外文原名
仁記洋行	Gibb, Livingston & Co.
公和洋行（巴馬丹拿建築公司）	Palmer & Turner
公教進行社	Catholic Centre
友邦保險	AIA
友聯銀行	Union Bank of Hong Kong
反對蓄婢會	Anti-Mui Tsai Society
天足會	Natural Foot Society
天星小輪公司	The Star Ferry Company
天祥洋行	Dodwell, Carlill & Co.
「天運號」	*Skyluck*
太古洋行	Butterfield & Swire
太古皇家保險	Taikoo Royal Insurance Company Limited
太古船塢公司	Taikoo Dockyard and Engineering Company of Hong Kong
太平洋行	Gilman & Co.
太平洋海外航空	Pacific Overseas Airlines
太平洋航空維修供應公司	Pacific Air Maintenance and Supply Company Limited
太平洋郵輪公司	Pacific Mail Steamship Company
太空電話通訊有限公司	Apollo Telephone Answering Services Limited
巴色差會	Basel Mission
巴色義學	Basel Charity school
巴克萊國際銀行有限公司	Barclays Bank International
巴利圖洋行	Barretto & Co.
心光盲人院	Home for the Visually Impaired
曰字樓女館	Diocesan Native Female Training School
曰字樓孤子院	Diocesan Home and Orphanage
「比里華沙號」	*Privateer*
牛奶有限公司	Dairy Farm Co.
王安電腦公司	Wang Laboratories
五畫	
世界乒乓球錦標賽	World Table Tennis Championships
世界信義宗香港社會服務處	Lutheran World Federation Department of World Service
世界氣象組織	World Meteorological Organization
世界海關組織	World Customs Organization
世界貿易組織	World Trade Organization
世界銀行	World Bank
世界衛生組織	World Health Organization
加州健身中心	California Fitness Centre
「加利洛恩號」	*Galley of Lorne*
加拿大太平洋航空公司	Canadian Pacific Airlines
加拿大青年會	YMCA Canada
加拿大帝國商業銀行	Canadian Imperial Bank of Commerce

中文譯名	外文原名
「加爾文號」	*John Calvin*
「加爾各答號」	*Calcutta*
占美臣洋行	Jamieson, How & Co.
卡拉比猜想	Calabi′s Conjecture
四海保險公司	International Assurance Company, Limited
四海通銀行保險有限公司	Sze Hai Tong Banking and Insurance Company Limited
「布哈拉號」	*Bokhara*
打笠治洋行	Naorojee & Co.
民航空運公司	Civil Air Transport Inc.
生力啤酒公司	San Miguel Brewery Hong Kong Limited
六畫	
丟杜公司	Tudor Ice Company
「伊安德號」	*Ianthe*
「伊米格蘭特號」	*Emigrant*
伊利沙伯女王二世青年遊樂場館	Queen Elizabeth II Youth Centre
伊利沙伯中學	Queen Elizabeth School
伊利沙伯醫院	Queen Elizabeth Hospital
伊利沙伯醫院普通科護士訓練學校	School of General Nursing
「伊利莎伯皇后號」	*Queen Elizabeth*
「伊敦輪號」	*Aden*
「先驅號」	*Herald*
印度東方商業銀行	Commercial Bank Corporation of India & the East
印度倫頓中國三處匯理銀行	Chartered Mercantile Bank of India, London and China
印度國家銀行	State Bank of India
印度新金山中國匯理銀行	Chartered Bank of India, Australia & China
印度遊樂會	Indian Recreation Club
同工同酬委員會	The Hongkong Working Committee for Equal Pay
同仁會	Welfare League
「名譽號」	*Fame*
「地雲夏號」	*Devonshire*
「多拉多號」	*Dorado*
《孖剌西報》(《每日雜報》、《剌報》、《孖剌沙西報》)	*Hong Kong Daily Press*
「宇宙學府」	*Universe Campus*
安美國際有限公司	Amma International Limited
安盛集團	AXA Hong Kong and Macau
安錫國際動畫電影節	Festival International du Film d'Animation d'Annecy
有利銀行	Mercantile Bank Limited
米蘭外方傳教會	Istituto per le Missioni Estere di Milano
「色雷斯人號」	*Thracian*
衣巴剌謙洋行	Abdoolally Ebrahim & Co.
西洋波會	Club de Recreio

中文譯名	外文原名
西洋會所	Club Lusitano
西環養正院	West Point Reformatory
七畫	
佑寧堂	Union Church
「克什米爾公主號」	*Kashmir Princess*
利安顧問有限公司	Leigh & Orange
宏利保險公司	The Manufacturers Life Insurance Company
庇理羅士女子中學	Belilios Public School
育才書社	Ellis Kadoorie School For Boys
迅通電子服務（香港）有限公司	Electronic Payment Services Company (Hong Kong) Limited
那打素診所	Nethersole Clinic
那打素醫院	Nethersole Hospital
里昂信貸銀行	Crédit Lyonnais
防止虐待動物協會香港分會	Hong Kong Branch of the Society for the Prevention of Cruelty to Animals
防範虐婢會	The Society for the Protection of Chinese Servant Girls
八畫	
亞洲基礎設施投資銀行	Asian Infrastructure Investment Bank
亞洲開發銀行	Asian Development Bank
亞洲運動會	Asian Games
亞洲影展	Asian Pacific Film Festival
亞細亞火油公司	Asiatic Petroleum Company
「亞爾勃號」	*Albert*
「亞羅號」	*Arrow*
佳士得拍賣行	Christie's
兒童遊樂場協會	Hong Kong Playground Association
初級工業學堂	Junior Technical School
協恩中學	Heep Yunn School
呵加剌匯理銀行	Agra & United Service Bank Limited
和記洋行	Boyd & Co.
和記黃埔有限公司	Hutchison Whampoa Limited
宗座代牧區	Apostolic Vicariate
宗座外方傳教會	Pontificio Istituto Missioni Estere
官立技術專科學校	Hong Kong Technical Institute
官立英皇書院	King's College
官立師範學堂	The Government Normal School
官立高級工業學校	Government Trade School
官立鄉村師範專科學校	The Rural Training College
官立嘉道理爵士中學	Sir Ellis Kadoorie Secondary School
官立漢文女子師範學堂	The Vernacular Normal School for Women
官立漢文中學	The Government Vernacular Middle School
官立漢文男子師範學堂	The Vernacular Normal School for Men

中文譯名	外文原名
屈臣氏大藥房	A. S. Watson Co., Limited
怡和洋行	Jardine, Matheson & Co.
怡和飛機修理檢驗公司	Jardine Aircraft Maintenance Company Limited
怡富特別投資有限公司	JF Special Holdings Limited
披頭四樂隊	The Beatles
「拉加利桑尼亞爾號」	*La Galissonnière*
拔萃女書院	Diocesan Girls' School
拔萃男書院	Diocesan Boys' School
於仁船塢公司	Union Dock Company
於仁燕梳公司	Union Insurance Society of Canton Limited
昌興輪船公司	Canadian Pacific Railway Co. & Steamship Co.
明愛醫院	Caritas Medical Centre
東方匯理銀行	Banque de l'Indochine
東方電話電力公司	Oriental Telephone and Electric Company
東京銀行	The Bank of Tokyo, Limited
「東京灣號」	*Tokyo Bay*
東藩匯理銀行	The Oriental Bank
「松江號」	*Sungkiang*
法國巴黎外方傳教會	Missions Etranges de Paris
法國巴黎銀行	Banque De Paris et Des Pays-Bas
法國文化協會香港分會	Alliance Française de Hong Kong
法國沙爾德聖保祿女修會	Sisters of St. Paul de Chartres
法國國家工商銀行	Banque Nationale pour le Commerce et l'Industrie
法國郵船公司	Compagnie des Messageries Maritimes
法國興業銀行	Societe Generale
泛美世界航空	Pan American World Airways
泛美航空公司	Pan American Airways
玫瑰堂	Rosary Church
的近律師行	Deacons
「空軍一號」	*Air Force One*
空襲救災基金	Air Raid Distress Fund
肯德基家鄉雞	Kentucky Fried Chicken
芝加哥商業交易所	Chicago Mercantile Exchange
花旗銀行（香港）有限公司	Citibank (Hong Kong) Limited
《虎報》（《英文虎報》）	*Hongkong Tiger Standard, Hong Kong iMail* (2000), *The Standard* (2002)
青山醫院	Castle Peak Hospital
青洲英坭公司	Green Island Cement Company Limited
九畫	
信義宗喜迪堪會	Hildesheimer Blindenmission
《南清早報》（後稱《南華早報》）	*South China Morning Post*
南華遊樂會	South China Recreation Club

中文譯名	外文原名
南華體育會	South China Athletic Association
威尼斯國際電影節	Mostra Internazionale d'Arte Cinematografica
威靈頓英文書院	Wellington College
帝國航空公司	Imperial Airways
帝國啤酒公司	Imperial Brewing Company
建道神學院	Alliance Bible Seminary
律敦治療養院	Ruttonjee Sanatorium
施羅德投資有限公司	Schroders Limited
星巴克股份有限公司	Starbucks Corporation
星展銀行	DBS Bank Limited
星尊者協會	Siri Guru Singh Sabha
柏立基師範專科學校（第三師範專科學院）	Sir Robert Black Training College
柏林國際電影節	Internationale Filmfestspiele Berlin
《洪秀全之異夢及廣西亂事之始末》（《太平天國起義記》）	*The Visions of Hung-Siu-Tshuen, and Origin of the Kwang-Si Insurrection*
皇仁書院	Queen's College
皇家香港遊艇會	Royal Hong Kong Yacht Club
皇家書館	Government School
省港澳輪船公司	Hongkong Canton & Macao Steamboat Company
「科羅拉多號」	*Colorado*
美北長老會	American Presbyterians (North)
美國大通銀行	Chase Bank
美國公理會差會	American Board of Commissioners for Foreign Missions
美國先衛保險有限公司	Sentry Insurance Company Limited
美國所羅門兄弟投資銀行	Salomon Brothers International
美國信孚銀行	Banker Trust Company
美國南方浸信會女傳道會聯會	Woman's Missionary Union, Southern Baptist Convention
美國國際商業銀行	Rainier International Bank
美國國際集團	American International Group
美國會	The American Club Hong Kong
美國經濟援助協會	Care U. S. A.
美國運通銀行	American Express
美國電影藝術與科學學院	Academy of Motion Picture Arts and Sciences
美國銀行	Bank of America
美最時洋行	Melchers & Co.
「英京輪」	*Ying King*
英帝國運動會	British Empire Games
英皇佐治五世學校	King George V School
英美煙草公司	British American Tobacco Company
英特爾公司	Intel Corporation
英國女童軍總會香港分會	Hong Kong Branch of the Girl Guide Association

中文譯名	外文原名
英國文化協會	British Council
英國東印度公司	British East India Company
英國皇家保險	Royal Insurance Company Limited
英國海外航空	The British Overseas Airways Corporation
英國海外傳道會	Church Missionary Society
英國特許秘書公會	Institute of Chartered Secretaries and Administrators
英國通濟隆旅遊公司	Thomas Cook & Son
英國童軍總會	The Scout Association
英國愛丁堡公爵獎勵計劃	Duke of Edinburgh Award
英國鐵行輪船公司	Peninsular and Oriental Steam Navigation Company
英基學校協會	English Schools Foundation
英聯邦運動會	Commonwealth Games
飛利女學校	Fairlea Girls' School
「香木號」	*Hong Moh*
香港九龍碼頭及貨倉有限公司	Hong Kong and Kowloon Wharf and Godown Company Limited
香港上海滙豐銀行	The Hongkong and Shanghai Banking Corporation
香港大丸百貨有限公司	Hong Kong Daimaru Department Store
香港大律師公會	Hong Kong Bar Association
香港大會堂	Hong Kong City Hall
香港大學	The University of Hong Kong
香港女童軍總會	The Hong Kong Girl Guides Association
香港小童群益會	The Boys' & Girls' Clubs Association of Hong Kong
香港工業專門學院	Hong Kong Technical College
香港工業總會	Federation of Hong Kong Industries
香港中國回教協會	Hong Kong Chinese Islamic Federation
香港中國婦女會	Hong Kong Chinese Women's Club
香港中華基督教青年會	Chinese YMCA of Hong Kong
香港中華煤氣有限公司	The Hong Kong and China Gas Company Limited
香港中華電車有限公司	The Hongkong and China Tramways Company Limited
香港中華醫學會	The Hong Kong Chinese Medical Association
香港中學校長會	Hong Kong Association of the Heads of Secondary Schools
香港公民協會	Hong Kong Civic Association
《香港及新界史前史論稿》	*A Contribution to the Prehistory of Hong Kong and the New Territories*
《香港天主教紀錄報》	*The Hong Kong Catholic Register*
香港日光浴會	Hong Kong Sunbathing Society
香港木球會	Hong Kong Cricket Club
香港火燭保險公司	Hongkong Fire Insurance Company
香港牙醫學會	Hong Kong Dental Association
香港外匯銀行公會	Hong Kong Exchange Banks' Association
香港平民屋宇公司	Hong Kong Settlers Housing Corporation

中文譯名	外文原名
香港民主自治黨	Hong Kong Democratic Self-Government Party
香港乒乓總會	Hong Kong Table Tennis Association
香港回教信託基金總會	The Incorporated Trustees of the Islamic Community Fund of Hong Kong
香港地產建設商會	The Real Estate Developers Association of Hong Kong
香港曲棍球總會	The Hong Kong Hockey Association
香港羽毛球總會	Hong Kong Badminton Association
香港考古學會	Hong Kong Archaeological Society
香港西醫書院	Hong Kong College of Medicine
香港低能兒童教育協進會	The Hong Kong Association for the Mentally Handicapped Children & Young Persons
香港戒毒會	The Society for the Aid and Rehabilitation of Drug Abusers
香港扶輪社	The Rotary Club of Hong Kong
香港汽水廠	Hong Kong Bottlers Federal Inc.
香港汽車會	Hong Kong Automobile Association
香港足球會	Hong Kong Football Club
香港足球總會	Hong Kong Football Association
香港防癆心臟及胸病協會	Hong Kong Tuberculosis, Chest and Heart Diseases Association
香港防癆會	Hong Kong Anti-Tuberculosis Association
香港防癌會	Hong Kong Anti-Cancer Society
香港兒童安置所	Hong Kong Juvenile Care Centre
香港明愛	Caritas-Hong Kong
香港股票經紀協會	Stockbrokers' Association of Hong Kong
香港芭蕾舞學會	The Hong Kong Ballet Group
香港保護兒童會	Hong Kong Society for the Protection of Children
香港屋宇建設委員會	Hong Kong Housing Authority
香港建造商會	Hong Kong Construction Association
香港建築師公會	The Hong Kong Society of Architects
香港建築師學會	The Hong Kong Institute of Architects
香港律師會	The Law Society of Hong Kong
香港拯溺總會	The Hong Kong Life Saving Society
香港政府華員會	Hong Kong Chinese Civil Servants' Association
香港流動通訊有限公司	Communication Services Limited
香港科林斯式航海會	Hong Kong Corinthian Sailing Club
香港紅十字會	Hong Kong Red Cross
香港紅卍字會	Hong Kong Red Swastika Society
香港美術會	The Hong Kong Art Club
香港革新會	Reform Club of Hong Kong
香港飛機工程公司	Hong Kong Aircraft Engineering Company Limited
香港哥爾夫球會	Hong Kong Golf Club

中文譯名	外文原名
香港師資學院	Government Training College
香港旅行社協會	Hong Kong Association of Travel Agents
香港浸會書院	Hong Kong Baptist College
香港特許秘書公會	The Hong Kong Institute of Chartered Secretaries
香港病理學院	Pathological Institute
香港真光中學	True Light Middle School of Hong Kong
香港航空公司	Hong Kong Airways Limited
香港草地網球協會	Hong Kong Lawn Tennis Association
香港啤酒廠公司	Hong Kong Brewers and Distillers Limited
香港國際貨櫃碼頭有限公司	Hongkong International Terminals Limited
香港基督教世界服務委員會	The Hong Kong Church World Service
香港基督教協進會	Hong Kong Christian Council
香港基督教服務處	Hong Kong Christian Service
香港基督教浸信會聯會	Baptist Convention of Hong Kong
香港專上學生聯會	Hong Kong Federation of Students
香港崇光百貨公司	SOGO Hong Kong Company Limited
香港救世軍	The Salvation Army
香港理工大學	The Hong Kong Polytechnic University
香港第一旅	The First Hong Kong Troop
香港報業公會	The Newspaper Society of Hong Kong
香港復康會	The Hong Kong Society for Rehabilitation
香港植物公園	Botanic Garden
香港童子軍總會	Scout Association of Hong Kong
香港華人西醫書院	The Hong Kong College of Medicine for Chinese
香港華人革新協會	Hong Kong Chinese Reform Association
香港華人基督教聯會	The Hong Kong Chinese Christian Churches Union
香港華人體育協進會	The Chinese Amateur Athletic Federation of Hong Kong
香港華商銀行同業公會	The Chinese Banks' Association
香港鄉村俱樂部	Hong Kong Country Club
香港黃埔船塢公司	Hongkong and Whampoa Dock Company Limited
香港意外保險公會	Accident Insurance Association
香港置地及代理有限公司	Hongkong Land Investment and Agency Company Limited
香港聖約翰救傷會	Hong Kong St. John Ambulance
香港補助學校議會	Grant Schools Council
香港話劇團	Hong Kong Repertory Theatre
香港電力牽引有限公司	Electric Traction Company of Hongkong Limited
香港電車有限公司	Hong Kong Tramways Company Limited
香港電車電力有限公司	Hongkong Tramway Electric Company Limited
香港電話有限公司	Hong Kong Telephone Company Limited
香港電影製片家協會	Federation of Motion Film Producers of Hong Kong
香港電燈有限公司	Hong Kong Electric Company Limited
香港僱主聯合會	Employers' Federation of Hong Kong

中文譯名	外文原名
香港福利議會	Hong Kong Social Welfare Council
香港端納洋行	Turner & Co.
香港管弦樂團	Hong Kong Philharmonic Orchestra
香港裸體運動會	Hong Kong Nudist Society
香港製冰公司	Hongkong Ice Company Limited
香港製衣業總商會	The Federation of Hong Kong Garment Manufacturers
香港銀行公會	The Hong Kong Association of Banks
香港廣州郵船公司	The Hong Kong and Canton Steam Packet Company
香港廣播會	Hong Kong Radio Society
香港模範屋宇會	Hong Kong Model Housing Society
《香港憲報》(《香港公報》、《香港轅門報》)	*Hong Kong Government Gazette*
香港優生學會	Hong Kong Eugenics League
香港總商會	The Hong Kong General Chamber of Commerce
香港賽馬會	The Hong Kong Jockey Club
香港藥房	Hong Kong Dispensary
香港藥學會	The Pharmaceutical Society of Hong Kong
香港證券交易所	Hong Kong Stock Exchange
十畫	
倫敦金屬交易所	London Metal Exchange
家庭計劃指導會	The Family Planning Association of Hong Kong
泰國國際航空公司	Thai Airways International
泰富壽險公司	Travelers Life Insurance Company (Overseas) Limited
「海上學府」	*Seawise University*
「海之家」	*Hygeia*
海牙國際私法會議	Hague Conference on Private International Law
「海洋水手號」	*Mariner of the Seas*
「海洋量子號」	*Quantum of the Seas*
浸會醫院	Hong Kong Baptist Hospital
「琉璜號」	*Sulphur*
真光書院	Hong Kong True Light College
真鐸啟喑學校	Hong Kong School for the Deaf
納斯達克證券市場	The Nasdaq Stock Market
馬來西亞裕民銀行	Bumiptura Malaysia Finance Limited
馬莎百貨公司	Marks & Spencer
十一畫	
國泰航空公司	Cathay Pacific Airways
國際刑警組織	International Criminal Police Organization
國際明愛	Caritas Internationalis
國際青年商會	Junior Chamber International
國際海事組織	International Maritime Organization
國際商業信貸銀行	Bank of Credit and Commerce International
國際婦女會	International Women's League

中文譯名	外文原名
國際清算銀行	Bank for International Settlements
國際貨幣基金組織	International Monetary Fund
國際復興開發銀行	International Bank for Reconstruction and Development
國際獅子總會	Lions Clubs International
國際標準化組織	International Organization for Standardization
域多利遊樂會	Victoria Recreation Club
域多利精神病院	Victoria Mental Hospital
域多利賽艇會	Victoria Regatta Club
基督教世界服務委員會	Church World Service
基督復臨安息日會	Seventh-day Adventist Church
基督學校修士會	Brothers of the Christian Schools
康城影展	Festival de Cannes
「康華麗號」	*Cornwallis*
捷成洋行	Jebsen & Co.
救助兒童基金會	Save the Children Fund
曼內斯曼	Mannesmann
現代貨箱有限公司	Modern Terminals Limited
荷蘭小公銀行	Nederlandsche Handel-Maatschappij
連卡佛公司	Lane Crawford
麥奇利哥公司	McGregor & Company
麥健時顧問公司	McKinsey & Company
麥當勞餐廳（香港）有限公司	McDonald's Restaurants (Hong Kong) Limited
十二畫	
傑志體育會	Kitchee Sports Club
喇沙書院	La Salle College
循道會	Methodist Church
惠師禮會	Wesleyan Church
愉寧堂	Union Chapel
渣打銀行	Standard Chartered Bank (Hong Kong) Limited
渣華中國日本荷蘭輪船公司	Java-China-Japan Lijn
渣華輪船公司	Koninklijke Java-China-Paketvaart Lijnen
「湯馬斯 P 號」	*Thomas P*
無線電協會	Hong Kong Radio Society
猶太教莉亞堂	Ohel Leah Synagogue
華人精神病院	Chinese Lunatic Asylum
華特迪士尼公司	The Walt Disney Company
華納兄弟娛樂公司	Warner Brothers Entertainment, Inc.
華僑銀行	Oversea-Chinese Banking Corporation Limited
「菲律賓飛剪號」	*Philippine Clipper*
菲律賓航空	Philippine Airlines
菲爾茲數學獎	Fields Medal
費爾文霍士及施偉拔顧問工程公司	Freeman Fox, Wilbur Smith and Associates

中文譯名	外文原名
越南共產黨	The Communist Party of Vietnam
雅麗氏利濟醫院（雅麗氏紀念醫院）	Alice Memorial Hospital
雅麗氏紀念產科醫院	Alice Memorial Maternity Hospital
《黃龍報》	*The Yellow Dragon*
十三畫	
「匯豐號」	*Huey Fong*
奧林匹克運動會	Olympic Games
奧斯卡金像獎	Academy Awards (Oscars)
微軟股份有限公司	Microsoft Corporation
意大利商業銀行	Banca Commerciale Italiana
新加坡發展銀行	Development Bank of Singapore
新法英文專修書院	New Method English Tutorial School
新法書院	New Method College
新旗昌洋行	Shewan, Tomes & Co.
新聞出版有限公司	News Corp.
會德豐有限公司	Wheelock and Company Limited
會德豐洋行	Wheelock Marden Co.
滙豐控股	HSBC Holdings plc
獅子會	Lions Club
瑞士洛迦諾電影節	Locarno Film Festival
瑞記洋行	Arnhold Karberg & Co.
經濟合作及發展組織	Organization for Economic Co-operation and Development
經濟合作及發展組織貿易委員會	Organization for Economic Cooperation and Development Trade Committee
聖士提反書院	St. Stephen's College
聖士提反堂	St. Stephen's Church
聖公會	Anglican Church
聖心堂	Sacred Heart Church
聖安多尼堂	St. Anthony's Church
聖彼得教堂	St. Peter's Church
聖保祿醫院	St. Paul's Hospital
聖保羅女書院	St. Paul's Girls' College
聖保羅男女子中學	St. Paul's Co-educational College
聖保羅書院	St. Paul's College
聖保羅堂	St. Paul's Church
聖約翰大教堂	St. John's Cathedral
聖約翰救傷隊	Hong Kong St. John Ambulance Brigade
聖若瑟書院	St. Joseph's College
聖若瑟堂	St. Joseph's Church
聖救世主書院	St. Saviour's College
聖童之家	Asile de la Sainte Enfance
聖德肋撒堂	St. Teresa's Church

中文譯名	外文原名
聖類斯工藝學院	St. Louis Industrial School
聖類斯中學	St. Louis School
萬國郵政聯盟	Universal Postal Union
萬國寶通銀行	The National City Bank of New York
葛量洪師範專科學校	Grantham Training College
「葛量洪爵士號」	*Sir Alexander*
葛量洪醫院	Grantham Hospital
葡萄牙波圖國際電影節	Festival Internacional de Cinema do Porto
蜆殼石油公司	Shell
道明會	Dominican Order
雷曼兄弟控股公司	Lehman Brothers Holdings Inc.
十四畫	
「嘉娜馬士基號」	*Clara Maersk*
嘉道理農業輔助會	Kadoorie Agricultural Aid Association
嘉諾撒仁愛女修會	Canossian Daughters of Charity
嘉諾撒聖心書院	Sacred Heart Canossian College
嘉諾撒醫院	Canossa Hospital (Caritas)
慳度士丹中國日本匯理銀行	The Bank of Hindustan, China and Japan Limited
旗昌洋行	Russell & Co.
歌詩達郵輪公司	Costa Crociere S.p.A.
滿地可銀行	Bank of Montreal
瑪利諾神父教會學校	Maryknoll Fathers' School
瑪麗醫院	Queen Mary Hospital
「禎祥號」	*Ching Cheung*
維多利亞女校	Victoria Home and Orphanage
維多利亞公園	Victoria Park
維多利亞英童學校	Victoria British School
維多利亞影院	Victoria Cinematograph
網聯國際有限公司	Hong Kong Internet and Gateway Services Limited
「蒙塔古夫人號」	*Lady Mentague*
「赫姆斯號」	*Hermes*
遠東史前學會	Premier Congres des Prehistoriens d'Extreme-Orient
遠東交易所有限公司	Far East Exchange Limited
《遠東經濟評論》	*Far Eastern Economic Review*
遠東運動會	Far Eastern Championship Games
十五畫	
「德成號」	*Takshing*
德忌利士洋行	Douglas Lapraik & Co.
《德臣西報》(《中國郵報》、《德臣報》)	*The China Mail*
德忌利士輪船公司	Douglas Steamship Company
德國巴冕差會	Barmen Mission
德國商業銀行	Commerzbank

中文譯名	外文原名
德國會	Club Germanta
德國禮賢會	Rhenish Mission Society
德華銀行	Deutsch-Asiatische Bank
「慕蓮夫人號」	*Lady Maurine*
撒瑪利亞會	The Samaritans
標準石油	Standard Oil Company
歐人精神病院	Goverment Lunatic Asylum
歐洲經濟共同體	European Economic Community
歐洲聯盟	European Union
鄧肇堅維多利亞官立中學	Tang Shiu Kin Victoria Government Secondary School
十六畫	
「戰鼓號」	*War Drummer*
暹羅航空	Siam Air Transport
橫濱正金銀行	Yokohama Specie Bank Limited
「澳門小姐號」	*Miss Macao*
澳洲國衞集團	National Mutual
錯的多美麗	*Clean*
「鍚蘭號」	*Ceylon*
鮑思高慈幼會	Salesians of Don Bosco
十七畫	
戴維斯公司	Theo H. Davies & Co., Limited
戴麟趾夫人復康院	Margaret Trench Medical Rehabilitation Centre
獲多利有限公司	Wardley Limited
禪臣洋行	Siemssen & Co.
聯合國	United Nations
聯合國亞洲和遠東經濟委員會	United Nations Economic Commission for Asia and the Far East
聯合國兒童基金會	United Nations Children's Fund
聯合國兒童基金會香港委員會	Hong Kong Committee for United Nations Children's Fund
聯合國協會	United Nations Association
聯合國香港協會	United Nations Association of Hong Kong
聯合國國際兒童緊急救援基金	United Nations International Children's Emergency Fund
聯合國教科文組織	United Nations Educational, Scientific and Cultural Organization
聯合國善後救濟總署	United Nations Relief and Rehabilitation Administration
聯合國難民署	United Nations High Commissioner for Refugees
韓國銀行	Bank of Korea
十八畫	
禮和洋行	Carlowitz & Co.
「藍嶺號」	*Blue Ridge* (LCC-19)
醫藥傳道會	Medical Missionary Society

中文譯名	外文原名
十九畫	
瓊記洋行	Augustine Heard & Co.
羅富國師範專科學校	Northcote Training College
「羅斯號」	*Ruys*
二十畫	
寶順洋行（顛地洋行）	Dent & Co.
寶源投資	Schroders & Chartered Limited
蘋果公司	Apple Inc.
二十二畫	
歡樂天地有限公司	The Wonderful World of Whimsy
二十三畫	
顯主女修會	Sisters Announcers of the Lord
AXA 國衞保險有限公司	AXA China Region Insurance Company Limited
「M 烏列斯基號」	*M. Uritsky*

五 專有名詞簡全稱對照表

（按首字筆畫順序排列）

簡稱	全稱
二畫	
九巴	九龍汽車公司，九龍巴士（一九三三）有限公司
九龍倉	香港九龍碼頭及貨倉有限公司
九龍會	九龍證券交易所有限公司
入境處	人民入境事務處，入境事務處（1997 年）
三畫	
三聯書店	三聯書店（香港）有限公司
大丸百貨	香港大丸百貨公司
工展會	香港華資工業出品展覽會，香港工業出品展覽會
工聯會	港九工會聯合會，香港工會聯合會
四畫	
中巴	中華汽車公司
中共中央軍事委員會主席	中國共產黨中央軍事委員會主席
中信公司	中國國際信託投資公司
《中英聯合聲明》	《中華人民共和國政府和大不列顛及北愛爾蘭聯合王國政府關於香港問題的聯合聲明》
中國航空	中國航空公司
中國銀監會	中國銀行業監督管理委員會
中華書局	中華書局（香港）有限公司
中華煤氣	香港中華煤氣有限公司
中華廠商會	香港中華廠商聯合會
中電	中華電力有限公司
中銀香港	中國銀行（香港）有限公司
中聯辦	中央人民政府駐香港特別行政區聯絡辦公室
公援	公共援助計劃
天文台	香港天文台
天星小輪	天星小輪有限公司
支聯會	香港市民支援愛國民主運動聯合會
文藝協會	中華全國文藝界協會，中華全國文藝協會，中華全國文藝界抗敵協會，中華全國文藝界協進會
牛奶公司	牛奶有限公司，牛奶冰廠有限公司
五畫	
世貿組織	世界貿易組織
世衛組織	世界衛生組織
古諮會	古物諮詢委員會
古蹟辦	古物古蹟辦事處
外交部駐港特派員公署	中華人民共和國外交部駐香港特別行政區特派員公署
市建局	市區重建局
平機會	平等機會委員會

簡稱	全稱
民安隊	民眾安全服務隊
民促會	民主政制促進聯委會
民建聯	民主建港聯盟，民主建港協進聯盟
民政局	民政事務局
民政總署	民政事務總署
立法局財委會	財務委員會（立法局，立法會）
六畫	
全國人大	中華人民共和國全國人民代表大會
全國人大常委會	中華人民共和國全國人民代表大會常務委員會
全國政協	中國人民政治協商會議
合和實業	合和實業有限公司
合景泰富	合景泰富集團控股有限公司
回鄉證	港澳同胞回鄉證，港澳居民來往內地通行證
地監局	地產代理監管局
地鐵公司	地下鐵路公司，地鐵有限公司
死因庭	死因裁判法庭
考評局	香港考試及評核局
考試局	香港考試局
七畫	
利興發展	利興發展有限公司
八畫	
亞太經合組織	亞太區經濟合作組織
亞投行	亞洲基礎設施投資銀行
亞洲電視	亞洲電視有限公司
亞運	亞洲運動會
亞運聯會	亞洲運動會聯合會
兩航	中國航空股份有限公司及中央航空運輸股份有限公司
和記 3 香港	和記 3 香港有限公司
奇妙電視	奇妙電視有限公司
居屋計劃	居者有其屋計劃
怡富集團	怡富集團（香港）有限公司
房協	香港房屋協會
房委會	香港房屋委員會
房署	房屋署
招商局	輪船招商局
東方海外	東方海外（國際）有限公司
東江縱隊	廣東人民抗日游擊隊東江縱隊
東亞運	東亞運動會
東亞銀行	東亞銀行有限公司
油蔴地小輪	香港油蔴地小輪船有限公司
法改會	香港法律改革委員會
社民連	社會民主連線

簡稱	全稱
社署	社會福利署
社聯	香港社會服務聯會
邵氏兄弟	邵氏兄弟（香港）有限公司，香港邵氏兄弟電影有限公司
金管局	香港金融管理局
金銀會	金銀證券交易所有限公司
長實	長江實業（集團）有限公司
九畫	
保盟	保衞中國同盟
城規會	城市規劃委員會
恒基兆業	恒基兆業有限公司
恒基地產	恒基兆業地產有限公司
星展銀行	星展銀行（香港）有限公司
盈科數碼動力	盈科數碼動力有限公司
研資局	研究資助局
紅館	紅磡香港體育館
美漢企業	美漢企業有限公司
飛行服務隊	政府飛行服務隊
食衞局	食物及衞生局
食環署	食物環境衞生署
香港中旅社	香港中國旅行社（集團）有限公司
香港足總	香港足球總會
香港移動通訊	香港移動通訊有限公司
香港電訊	香港電訊有限公司
香港電視娛樂	香港電視娛樂有限公司
香港寬頻	香港寬頻網絡有限公司
十畫	
家計會	香港家庭計劃指導會
師訓會	師訓與師資諮詢委員會
旅發局	香港旅遊發展局
海託	海外信託銀行
消委會	消費者委員會
特區籌委會	香港特別行政區籌備委員會
特區籌委會預委會	香港特別行政區籌備委員會預備工作委員會
租置計劃	租者置其屋計劃
荔園	荔枝園遊樂場
馬會	香港賽馬會
十一畫	
商台	香港商業廣播有限公司，商業電台
商務印書館	商務印書館（香港）有限公司
國展會	中國貨品展覽會
國泰航空	國泰航空公司
國務院	中華人民共和國國務院

簡稱	全稱
國務院港澳辦	國務院港澳事務辦公室
國商銀行	英國國際商業信貸銀行
康文署	康樂及文化事務署
強積金	強制性公積金
推委會	香港特別行政區第一屆政府推選委員會
教協	香港教育專業人員協會
教統局	教育統籌局
教統會	教育統籌委員會
教資會	大學教育資助委員會
教聯會	香港教育工作者聯會
淫審處	淫褻物品審裁處
通訊局	通訊事務管理局
十二畫	
勞福局	勞工及福利局
勞顧會	勞工顧問委員會
單程證	前往港澳通行證
期交所	香港期貨交易所
殘奧	殘疾人士奧林匹克運動會
渣打銀行	渣打銀行（香港）有限公司
港九大隊	東江縱隊港九獨立大隊
港交所	香港交易及結算所有限公司
港同盟	香港民主同盟
港協暨奧委會	香港業餘體育協會暨奧林匹克委員會，中國香港體育協會暨奧林匹克委員會
港視	香港電視網絡有限公司
港進聯	香港協進聯盟
港督	香港總督
港督府	香港總督府
港燈	香港電燈有限公司
港龍航空	港龍航空公司
港鐵公司	香港鐵路有限公司
無綫電視	電視廣播有限公司
華永會	華人永遠墳場管理委員會
華潤集團	華潤（集團）有限公司
貿發局	香港貿易發展局
越秀集團	越秀企業有限公司，越秀企業（集團）有限公司
黃埔船塢	香港黃埔船塢公司
十三畫	
奧運	奧林匹克運動會
廉署	港督特派廉政專員公署，香港廉政公署
新世界發展	新世界發展有限公司
新城電台	新城廣播有限公司

簡稱	全稱
新鴻基公司	新鴻基企業有限公司
新鴻基地產	新鴻基地產發展有限公司
新鴻基銀行	新鴻基銀行有限公司
新鴻基證券	新鴻基證券有限公司
滙豐控股	滙豐控股有限公司
滙豐銀行	香港上海滙豐銀行
粵海企業	粵海企業有限公司，粵海企業（集團）有限公司
經貿辦	經濟貿易辦事處
置地公司	香港置地及代理有限公司
萬里機構	萬里機構出版有限公司
解放軍	中國人民解放軍
解放軍駐港部隊	中國人民解放軍駐香港部隊
運房局	運輸及房屋局
雷曼兄弟	雷曼兄弟控股公司
電車公司	香港電車有限公司
電話公司	香港電話有限公司，香港電話公司
十四畫	
漁護署	漁農自然護理署
監警會	獨立監察警方處理投訴委員會
綜援計劃	綜合社會保障援助計劃
維園	維多利亞公園
語常會	語文教育及研究常務委員會
遠東會	遠東交易所有限公司
領匯	領匯房地產投資信託基金
十五畫	
廣南集團	廣南（集團）有限公司
廣管局	廣播事務管理局
數碼通	數碼通電訊集團有限公司
歐盟	歐洲聯盟
十六畫	
學聯	香港專上學生聯會
《憲報》	《香港憲報》，《中國之友與香港憲報》
機管局	機場管理局
積金局	強制性公積金計劃管理局
衛福局	衛生福利及食物局
選管會	選舉管理委員會
十七畫	
環保署	環境保護署
聯交所	香港聯合交易所有限公司
聯合國教科文組織	聯合國教育、科學及文化組織
臨立會	臨時立法會

簡稱	全稱
十八畫	
職訓局	職業訓練局
醫管局	醫院管理局
雙程證	往來港澳通行證
十九畫	
藝發局	香港藝術發展局
證監會	證券及期貨事務監察委員會
麗的電視	麗的電視有限公司
二十畫	
警務處	香港警務處
警監會	警方獨立監察委員會
二十四畫	
鷹君公司	鷹君有限公司
二十五畫	
灣仔會展	香港會議展覽中心
CEPA	內地與香港關於建立更緊密經貿關係的安排
SARS	嚴重急性呼吸系統綜合症
SUNDAY	SUNDAY 電訊有限公司

主要參考文獻

官方文件及報告

《一九六六年九龍騷動調查委員會報告書》（香港：
　　政府印務局，1966）。

《九龍及荃灣暴動報告書：一九五六年十月十日
　　至十二日，附一九五六年十二月廿三日香港
　　總督呈殖民地部大臣》（香港：政府印務局，
　　1956）。

《大不列顛及北愛爾蘭聯合王國政府和中華人民共
　　和國政府關於香港前途的協議草案》（1984 年
　　9 月 26 日）。

《中華人民共和國憲法》（1982 年 12 月 4 日第五
　　屆全國人民代表大會第五次會議通過）。

《內地與香港關於建立更緊密經貿關係的安排》
　　主體文件及六個附件（2003 年 6 月 29 日及
　　2003 年 9 月 29 日）。

《代議政制白皮書——代議政制在香港的進一步
　　發展》（香港：政府印務局，1984）。

《代議政制綠皮書——代議政制在香港的進一步
　　發展》（香港：政府印務局，1984）。

《白皮書：代議政制今後的發展》（香港：政府印
　　務局，1988）。

《全國人民代表大會香港特別行政區籌備委員會
　　關於設立香港特別行政區臨時立法會的決定》
　　（1996 年 3 月 24 日）

《全國人民代表大會常務委員會關於〈中華人民共
　　和國香港特別行政區基本法〉附件一第七條和
　　附件二第三條的解釋》（2004 年 4 月 6 日）。

《全國人民代表大會常務委員會關於〈中華人民共
　　和國香港特別行政區基本法〉第二十二條第
　　四款和第二十四條第二款第（三）項的解釋》
　　（1999 年 6 月 26 日）。

《全國人民代表大會常務委員會關於〈中華人民共
　　和國香港特別行政區基本法〉第十三條第一款
　　和第十九條的解釋》（2011 年 8 月 26 日）。

《全國人民代表大會常務委員會關於香港特別行政
　　區行政長官普選問題和 2016 年立法會產生辦
　　法的決定》（2014 年 8 月 31 日）。

《全國人民代表大會常務委員會關於根據〈中華人
　　民共和國香港特別行政區基本法〉第一百六十
　　條處理香港原有法律的決定》（1997 年 2 月
　　23 日）。

《香港特別行政區行政長官施政報告》（1997-
　　2017）。

《東華醫院 1893 年度徵信錄》（東華三院文物館）。

《長遠房屋策略》（1987 年 4 月）。

《政府政預算案》（1997-2017）。

《政府新聞公報》（1997-2018）。

《施政報告》（1985-1996）。

《香港代議政制》（1994 年 2 月）。

《香港立法局會議過程正式紀錄》（1986-1997）。

《香港立法會會議過程正式紀錄》（1998-2017）。

《香港年報》（1970-2018）。

《香港特別行政區政府憲報》（1997-2017）。

《清實錄：宣宗成皇帝實錄》（北京：中華書局，
　　1985）。

《清實錄：聖祖仁皇帝實錄》（北京：中華書局，
　　1985）。

《對抗污染莫遲疑》（香港：政府印務局，1989）。

《綠皮書：一九八七年代議政制發展檢討》（1987
　　年 5 月）。

《臨時立法會會議過程正式紀錄》（1997-1998）。

土地發展公司：《土地發展公司年報》（1997-
　　1998）。

大嶼山發展專責小組：《經修訂的大嶼山發展概念
　　計劃》（2007 年 5 月）。

中央研究院歷史語言研究所校勘：《明實錄：大明
　　太祖高皇帝實錄》（台北：中央研究院歷史語
　　言研究所，1962）。

中央研究院歷史語言研究所校勘：《明實錄：大明
　　英宗睿皇帝實錄》（台北：中央研究院歷史語
　　言研究所，1962）。

中央研究院歷史語言研究所校勘：《明實錄：大明
　　世宗肅皇帝實錄》（台北：中央研究院歷史語
　　言研究所，1962）。

中央研究院歷史語言研究所校勘：《明實錄：大明
　　神宗顯皇帝實錄》（台北：中央研究院歷史語
　　言研究所，1962）。

中國人民銀行：〈中國人民銀行公告（2003）第
　　16號〉（2003年11月19日）。

中國人民銀行、中國銀行業監督管理委員會、國
　　家外匯管理局：〈中國人民銀行、中國銀行業
　　監督管理委員會、國家外匯管理局關於發布
　　《商業銀行開辦代客境外理財業務管理暫行辦
　　法》的通知〉（2006年4月17日）。

中國投資信息有限公司：〈關於發布港股通股票名
　　單的通知〉（2014年11月10日）。

中國第一歷史檔案館編：《鴉片戰爭檔案史料（第
　　一冊）》（天津：天津古籍出版社，1992）。

中國第一歷史檔案館編：《香港歷史問題檔案圖錄》
　　（香港：三聯書店，1996）。

中國證券監督管理委員會：〈關於證券投資基金管
　　理公司在香港設立機構的規定〉（2014年2月
　　26日）。

中華人民共和國國務院：《國務院關於公布第一批
　　國家級非物質文化遺產名錄的通知》（2006年
　　5月20日）。

中華人民共和國國務院：《國務院關於授權香港特
　　別行政區實施管轄的深圳灣口岸港方口岸區範
　　圍和土地使用期限的批覆》（2006年12月30
　　日）。

中華人民共和國國務院：《國務院關於公布第四批
　　國家級非物質文化遺產代表性項目名錄的通
　　知》（2014年11月11日）。

中華人民共和國國務院新聞辦公室：《「一國兩制」
　　在香港特別行政區的實踐》白皮書（2014年
　　6月）。

中華人民共和國教育部：〈教育部辦公廳關於同意
　　香港、澳門特區高等學校在內地17個省、自
　　治區、直轄市招收自費生的通知〉（2005年4
　　月25日）。

公營房屋架構檢討委員會：《公營房屋架構檢討報
　　告書》（2002年6月）。

戶外燈光專責小組：《戶外燈光專責小組報告》
　　（2015年4月）。

文慶等撰：《籌辦夷務始末》（北京：中華書局，
　　1964）。

王有立主編，關天培撰：《籌海初集》（台北：華
　　文書局，1969）。

可持續發展委員會：《為我們的未來作出抉擇：誠
　　邀回應文件》（2004年7月）。

可持續發展委員會：《為我們的未來作出抉擇：首
　　個可持續發展策略社會參與過程報告》（2005
　　年2月）。

立法會研究雷曼兄弟相關迷你債券及結構性金融
　　產品所引起的事宜小組委員會：《研究雷曼兄
　　弟相關迷你債券及結構性金融產品所引起的事
　　宜小組委員會報告》（2012年6月）。

立法會秘書處議會事務部：〈研究擬議主要官員問
　　責制及相關事宜〉（2002年5月6日）。

立法會調查政府與醫院管理局對嚴重急性呼吸系
　　統綜合症爆發的處理手法專責委員會：《調查
　　政府與醫院管理局對嚴重急性呼吸系統綜合症
　　爆發的處理手法專責委員會報告》（2004年7
　　月）。

百里渠爵士調查委員會：《百里渠爵士調查委員會
　　第一次報告書》（香港：政府印務局，1973）。

百里渠爵士調查委員會：《百里渠爵士調查委員會
　　第二次報告書》（香港：政府印務局，1973）。

李國能：〈關於非全職法官及參與政治活動的指引〉
　　（2006年6月16日）。

防止及處理潛在利益衝突獨立檢討委員會：《防
　　止及處理潛在利益衝突獨立檢討委員會報告》
　　（2012年5月31日）。

社會事務司：《香港未來十年內之中等教育》（1974
　　年10月）。

社會事務司：《高中及專上教育：未來十年內香港
　　在高中及專上教育方面發展計劃》（1977年
　　11月）。

雨災調查委員會：《一九七二年雨災調查委員會最
　　後報告書》（1972年11月）。

青年事務委員會：《青少年的持續發展和就業機會
　　報告書》（2003年3月）。

政改諮詢專責小組：《近期香港社會及政治情況報
　　告》（2015年1月）。

政制發展專責小組：《政制發展專責小組第一號報
　　告：〈基本法〉中有關政制發展的法律程序問
　　題》（2004年3月）。

政制發展專責小組：《政制發展專責小組第二號報
　　告：〈基本法〉中有關政制發展的原則問題》
　　（2004年4月）。

政制發展專責小組：《政制發展專責小組第三號報
　　告：二零零七年行政長官及二零零八年立法會

產生辦法可考慮予以修改的地方》（2004 年 5 月）。

政制發展專責小組：《政制發展專責小組第四號報告：社會人士對二零零七年行政長官及二零零八年立法會產生辦法的意見和建議》（2004 年 12 月）。

政制發展專責小組：《政制發展專責小組第五號報告書：二零零七年行政長官及二零零八年立法會產生辦法建議方案》（2005 年 10 月）。

政府統計處：《香港的發展（1967-2007）——統計圖表集》。

故宮博物館明清檔案部、福建師範大學歷史系合編：《清季中外使領年表》（北京：中華書局，1985）。

郊區的運用和保存臨時委員會：《郊區與大眾》（1968）。

香港金融管理局：《香港金融管理局年報》（1994-2018）。

香港金融管理局：《銀行營運守則》（2009 年 1 月 2 日）。

香港特別行政區司法機構：《法官行為指引》（2004 年 10 月）。

香港特別行政區政府：《香港 2030：規劃遠景與策略最後報告》（香港：發展局及規劃署，2007）。

香港特別行政區政府：《2017 一定要得：行政長官普選辦法公眾諮詢報告及方案》（2015 年 4 月）。

香港特別行政區政府房屋局：《建屋安民邁向二十一世紀：香港長遠房屋策略白皮書》（香港：政府印務局，1998）。

香港特別行政區政府保安局：《實施基本法第二十三條諮詢文件》（2002 年 9 月）。

香港特別行政區政府財政司司長辦公室經濟分析及方便營商處經濟分析部：《經濟概況及經濟展望》（2001-2017）。

香港特別行政區政府財經事務局：《金融市場檢討報告》（1998 年 4 月）。

香港特別行政區政府教育統籌委員會：《終身學習全人發展：香港教育制度改革建議》（2000 年 9 月）。

香港特別行政區政府發展局、土木工程拓展署：《可持續大嶼藍圖》（2017 年 6 月）。

香港特別行政區政府新聞處：《香港概覽》（2008-2018）。

香港特別行政區政府運輸局：《鐵路發展策略 2000》（2000 年 5 月）。

香港特別行政區基本法起草委員會：《中華人民共和國香港特別行政區基本法（草案）徵求意見稿》（1988 年 4 月）。

香港特別行政區基本法起草委員會：《中華人民共和國香港特別行政區基本法（草案）》（1989 年 2 月）。

香港特別行政區基本法起草委員會：《中華人民共和國香港特別行政區基本法》（1990 年 4 月）。

香港特別行政區環境局：《香港生物多樣性策略及行動計劃 2016-2021》（2016 年 12 月）。

香港鐵路有限公司：《香港鐵路有限公司年報》（2001-2017）。

倫明高、鄧國斌：《2012 年 10 月 1 日南丫島附近撞船事故調查委員會報告》（2013 年 4 月）。

張惠霖：《香港自 1976 年起任命法官的程序》（香港：立法會秘書處資料研究及圖書館服務部，2001）。

教育委員會：《教育委員會對香港未來十年內中等教育擴展計劃報告書》（1973 年 8 月）。

教育統籌局：《高中及高等教育新學制——投資香港未來的行動方案》（2005 年 5 月）。

教育統籌委員會：《教育統籌委員會第三號報告書》（1988 年 6 月）。

教育統籌委員會：《教育統籌委員會第七號報告書：優質學校教育》（1997 年 7 月）。

陳翰笙主編，盧文迪、彭家禮、陳澤憲編：《關於華工出國的中外綜合性著作》，《華工出國史料匯編》第四輯（北京：中華書局，1981）。

曾蔭權：《關於香港特別行政區政制發展諮詢情況及 2012 年行政長官和立法會產生辦法是否需要修改的報告》（2007 年 12 月 12 日）。

渠務署：《可持續發展報告 2014-2015》（2015）。

廉政公署公務酬酢、餽贈及外訪規管制度和程序獨立檢討委員會：《廉政公署公務酬酢、餽贈及外訪規管制度和程序獨立檢討委員會報告》（2013 年 9 月）。

廉政公署：《廉政公署年報》（1974-2017）。

楊振權、李澤培：《與香港教育學院有關的指控調查委員會報告》（2007 年 6 月）。

經濟多元化諮詢委員會：《一九七九年經濟多元化諮詢委員會報告書》（1979 年 11 月）。

「維港巨星匯」獨立調查小組：《「維港巨星匯」獨立調查小組報告》（2004 年 6 月 16 日）。

劉芳輯，章文欽校：《葡萄牙東波塔檔案館藏清代澳門中文檔案彙編》（澳門：澳門基金會，1999）。

樹木管理專責小組：《樹木管理專責小組報告──人樹共融　綠滿家園》（2009 年 6 月）。

錢其琛：〈關於全國人大常委會香港特別行政區籌備委員會預備工作委員會工作情況的匯報（摘要）〉（1995 年 12 月 26 日）。

戴爾博、戴瑪黛：《香港保存自然景物問題：簡要報告及建議》（1965 年 4 月）。

檢討高中學制及與高等教育銜接工作小組：《高中學制檢討報告》（2003 年 5 月）。

臨時立法會：《臨時立法會年報》（1997-1998）

醫院管理局：《醫院管理局年報》（2000-2019）。

羅正威、鄺志強：《細價股事件調查小組報告書》（2002 年 9 月）。

證券業檢討委員會：《香港證券業的運作與監察：證券業檢討委員會報告書》（香港：政府印務局，1988）。

Administrative Report (1879-1883, 1908-1939).

Colonial Office (CO) 129.

Correspondence, Memorials, Orders in Council and Other Papers Respecting the Taiping Rebellion in China, 1852-64. Shannon: Irish University Press, 1971.

"Early Arts Faculty Students, 1923 Graduates, Rachel Irving". Hong Kong University Archives.

Foreign and Commonwealth Office (FCO) 21.

Foreign Office (FO) 371.

Historical and Statistical Abstract of the Colony of Hong Kong. Hong Kong: Noronha & Co., 1841-1940.

Hong Kong Annual Report (1889-1938, 1946-1968).

Hong Kong Blue Book (1844-1940).

"Hong Kong Declaration on Sustainable Development for Cities". 26 February 2004.

Hong Kong Hansard (1844-1941).

Hong Kong Records Service (HKRS) 41, 58, 125, 156, 169-170, 276, 282, 352, 860.

"Interim report on the Archaeological Watching Brief Findings in Harcourt Garden for South Island Line (East)". November 2012.

McKinsey Report on Strengthening the Machinery of Government of Hong Kong: Includes Summary of Report, 1973, FCO 40/410, The National Archives.

"Plan of Victoria", Hong Kong, Copied from the Surveyor General's Dept., WO 78/479, The National Archives.

Report of the Commission appointed by His Excellency the Governor of Hong Kong to Enquire into the Causes and Effects of the Present Trade Depression in Hong Kong and Make Recommendations for the Amelioration of the Existing Position and for the Improvement of the Trade of the Colony. Hong Kong: Noronha & Co., 1934.

Senate Minutes, 28 June 1921, Hong Kong University Archives.

"Supplementary Treaty between Her Majesty and the Emperor of China, Signed at Hoomun-Chae, October 8, 1843, with Other Documents Relating Thereto". 1844.

The Chronicle and Directory for China, Corea, Japan, the Philippines, Cochin China, Annam, Tonquin, Siam, Borneo, Straits Settlements, Malay States, &c. for the year 1885. Hong Kong: Hong Kong Daily Press.

The Chronicle and Directory for China, Corea, Japan, the Philippines, Indo-China, Straits Settlements, Siam, Borneo, Malay States, &c. for the Year 1892. Hong Kong: Hong Kong Daily Press.

The Directory & Chronicle for China, Japan, Corea, Indo-China, Straits Settlements, Malay States, Siam, Netherlands India, Borneo, the Philippines, &c. for the Year 1905. Hong Kong: Hong Kong Daily Press.

The Directory & Chronicle for China, Japan, Corea, Indo-China, Straits Settlements, Malay States, Siam, Netherlands India, Borneo, the Philippines, &c. for the year 1912. Hong Kong: Hong Kong Daily Press.

The Friend of China and Hong Kong Government Gazette (1842-1848).

The Hong Kong Government Gazette (1853-2017).

The Hongkong Almanack, and Directory for 1846: with an appendix.Hong Kong: Office of the China Mail, 1846.

The Inspector General of Customs, Treaties, Conventions, etc., between China and Foreign States; with a Chronological List of Treaties and of Regulations Based on Treaty Provisions. 1689-1886. Shanghai: Statistical Department of the Inspectorate General of Customs, 1887.

The Letters Patent, 5 April 1843, Legislative Council Library.

The North China Herald and Supremo Court & Consular Gazette. Shanghai: North-China Herald, 1870-1941.

The Royal Instructions, 6 April 1843, Legislative Council Library.

U.S. Policy on Hong Kong, 17 July 1957, Department of State.

Burney, Edmund. Report on Education in Hong Kong. 1935.

Census and Statistics Department. Hong Kong Census and Statistics Department: Hong Kong Statistics, 1947-1967. Hong Kong: Census and Statistics Department, 1969.

Civil Engineering and Development Department Kowloon Development Office. "Kai Tak Development Engineering Study cum Design and Construction of Advance Works-Investigation, Design and Construction: Further Archaeological Excavation Report". August 2009.

Colonial Office. Mr. Chadwick's Reports on the Sanitary Condition of Hong Kong; with Appendices and Plans, 1882. London: George E. B. Eyre and William Spottiswoode, 1882.

Eitel, E. J. "Annual Report on Government Education". 1880.

Fan, Shuh-ching. The Population of Hong Kong. Hong Kong: Swindon Book Co. 1974.

Federation of Hong Kong Industries. "Hong Kong Week, 30th October - 5th November, 1967". 1967.

Fox and Partners, Freeman. Hong Kong Mass Transit Further Studies: Final Report. Hong Kong: Government Printer, 1970.

Fox, Freeman, Wilbur, Smith and Associates, Hong Kong Mass Transport Study. Hong Kong: Government Printer, 1968.

Government Civil Hospital. "The Colonial Surgeon's Report for 1885". 14 May 1886.

Government Civil Hospital. "Medical Report on the Epidemic of Bubonic Plague in 1894". 2 March 1895.

Hertslet, Edward. The Foreign Office List, Forming A Complete British Diplomatic and Consular Handbook with Maps, Shewing where Her Majesty's Ambassadors, Ministers, Consuls, and others, are resident aboard; together with A List of Foreign Diplomatic and Consular Representatives resident within The Queen's Dominions. London: Harrison, 1865.

Horsburgh, James. India Directory or Directions for Sailing to and from the East Indies, China, New Holland, Cape of Good Hope, Brazil, and the Interjacent Ports: Compiled Chiefly from Original Journals at the East India House and from Observations and Remarks Made During Twenty-one Years Experience Navigating in Those Seas. 1827.

Liu, Wensuo. "Shatin to Central Link-Tai Wai and Hung Hom Section Works Contract 1109-Stations and Tunnels of Kowloon City Section: Archaeological Excavation Report for Sacred Hill Area (Phases 1 to 3 Archaeological Works)-Volume 1-Section 1 to 3". June 2017.

Lockhart, William. Macao, to Lockhart's Father and Sister, Liverpool, July 1841, in the Lockhart Correspondence: Transcripts of Letters to and from Dr. William Lockhart and His Family (Unpublished Manuscript).

Marine Court. *Loss of the s.s. "Seawise University": Report of the Marine Court.* Hong Kong: Government Printer, 1972.

McKinsey & Company Inc. *The Machinery of Government: A New Framework for Expanding Services.* Hong Kong: Government Printer, 1973.

Robinson, William. *Governor's Despatch to the Secretary of State the Reference to the Plague.* 20 June 1894.

Lee, M. Talbot and Martha, H. Talbot. *Conservation of the Hong Kong Countryside: Summary Report and Recommendation.* Hong Kong: Government Printer, 1966.

UN General Assembly. *Meeting on Refugees and Displaced Persons in South-East Asia, convened by the Secretary-General of the United Nations at Geneva, on 20 and 21 July 1979, and subsequent developments: Report of the Secretary-General.* 7 November 1979.

Union Insurance Society of Canton Limited. "Brief Historical Record of the Union Insurance Society of Canton, Ltd.". January 1952.

United Nations Conference on Trade and Development. "World Investment Report 2015: Reforming International Investment Governance". 2015.

United Nations, Department of Economic and Social Affairs, Population Division. "World Population Prospects, the 2015 Revision, Key Findings and Advance Tables". 2015.

United States House of Representatives. *Report upon the Commercial Relations between the United States with Foreign Nations for the Year 1878.* Washington: Government Printing Office, 1879.

WD Scott & Co. Pty. Ltd. *The Delivery of Medical Services in Hospitals: A Report for the Hong Kong Government.* Hong Kong: Government Printer, 1985.

World Health Organization. "Summary of Probable SARS Cases with onset of Illness from 1 November 2002 to 31 July 2003". 21 April 2004.

報章刊物

大公報（1938-2017）

工商日報（1926-1984）

工商晚報（1930-1984）

天光報（1933-1940）

文匯報（1997-2017）

明報（1997-2017）

信報財經新聞（1997-2017）

星島日報（1997-2017）

香港日報（1942-1945）

香港商報（1997-2017）

香港經濟日報（1997-2017）

循環日報（1874-1886）

華字日報（1895-1940）

華字晚報（1895-1940）

華僑日報（1947-1991）

遐邇貫珍（1853-1856）

China Mail (1866-1961)

Hong Kong Daily Press (1864-1941)

Hong Kong Sunday Herald (1929-1950)

Hong Kong Telegraph (1881-1951)

Hong Kong Weekly Press (1895-1909)

Illustrated London News (1873)

South China Morning Post (1903-2017)

The Chinese Repository (1842)

The Friend of China and Hong Kong Government Gazette (1842-1848)

The North-China Herald and Market Report (1868-1869)

The North-China Herald and Supreme Court & Consular Gazette (1870-1941)

專著

《九龍衙前圍吳氏重修族譜》。

《九龍蒲崗村林氏族譜》。

《上水廖氏月友公家譜》。

《上水廖氏族譜》。

《文氏族譜》。

《四必堂陳氏族譜誌》。

《貝澳老圍村張氏族譜》。

《香港新界金錢村侯氏族譜》。

《粉嶺彭氏族譜》。

《鹿頸村陳氏族譜》

《厦村鄧氏族譜》。

《廖氏宗族譜》。

《鄧氏族譜》。

《鄧琪潘族譜》。

《錦田鄧氏師儉堂家譜》。

《錦田鄧氏族譜》。

《龍躍頭溫氏族譜》。

《寶安縣粉嶺彭氏族譜》。

《寶安縣衙前圍吳氏族譜》（1986 年序本）。

丁新豹：《善與人同 —— 與香港同步成長的東華三院（1870-1997）》（香港：三聯書店，2010）。

丁新豹、盧淑櫻：《非我族裔 —— 戰前香港的外籍族群》（香港：三聯書店，2014）。

丁新豹主編：《香港歷史散步（增訂版）》（香港：商務印書館，2009）。

丁潔：《〈華僑日報〉與香港華人社會（1925-1995）》（香港：三聯書店，2014）。

九龍城區風物志編撰小組：《九龍城區風物志》（香港：九龍城區議會，2015）。

九龍城區議會、九龍城區議會節日慶祝活動籌劃工作小組：《追憶龍城蛻變（第二版）》（2011）。

九龍海關編志辦公室編：《九龍海關志：1887-1990》（廣州：廣東人民出版社，1993）。

九龍樂善堂編：《九龍樂善堂百年史實：一八八〇至一九八〇》（香港：九龍樂善堂，1981）。

上海書店出版社編：《中國地方志集成·廣東府縣志輯》（上海：上海書店出版社，2003）。

大公報編輯委員會編：《香港回歸十年誌》（香港：大公報，2007）。

子羽編著：《香港掌故（二集）》（香港：上海書局，1981）。

小林英夫、柴田善雅著，田泉、李璽、魏育芳譯：《日本軍政下的香港》（香港：商務印書館，2016）。

小椋廣勝：《香港》（東京：岩波書店，1942）。

小椋廣勝著，林超純譯：《日據時期的香港簡史》（香港：商務印書館，2020）。

中央研究院近代史研究所編：《近代中國對西方及列強認識資料彙編（第一輯第一分冊）》（台北：中央研究院近代史研究所，1972）。

中共中央文獻研究室編：《周恩來年譜（1898-1949）》（北京：中央文獻出版社，1990）。

中共中央文獻研究室編：《周恩來年譜（1949-1976）》（北京：中央文獻出版社，1997）。

中共中央文獻研究室編：《鄧小平年譜（1975-1997）》（北京：中央文獻出版社，2004）。

中共中央文獻研究室編：《毛澤東年譜（1893-1949）（修訂本）》（北京：中央文獻出版社，2013）。

中共中央文獻研究室編：《毛澤東年譜（1949-1976）》（北京：中央文獻出版社，2013）。

中國民主同盟中央文史資料委員會編：《中國民主同盟歷史文獻（1941-1949）》（北京：文史資料出版社，1983）。

中國建設銀行（亞洲）、香港大學經濟及工商管理學院金融創新與發展研究中心：《香港華資銀行百年變遷 —— 從廣東銀行到建行亞洲》（香港：中華書局，2017）。

尤韶華：《香港司法體制沿革》（香港：商務印書館，2012）。

方漢奇主編：《中國新聞事業通史》（北京：中國人民大學出版社，1992）。

方潤華等編：《香港保良局史略》（香港：保良局，1968）。

方駿、熊賢君主編：《香港教育通史》（香港：齡記出版有限公司，2008）。

毛里斯・柯立斯（Maurice Collis）著，李周英、甘培根、白鴻、徐雄飛、錢曾慰譯，林志琦、李周英校：《中華民國史資料叢稿譯稿：滙豐——香港上海銀行（滙豐銀行百年史）》（北京：中華書局，1979）。

王存撰，王文楚、魏嵩山點校：《元豐九域志》（北京：中華書局，1984）。

王國華主編，何佩然、彭淑敏等著：《香港文化導論》（香港：中華書局，2014）。

王國華主編，鄧聰、蕭國健等著：《香港文化發展史》（香港：中華書局，2014）。

王象之撰：《輿地紀勝》（北京：中華書局，1992）。

王溥撰：《唐會要》（北京：中華書局，1955）。

王齊樂：《香港中文教育發展史》（香港：波文書局，1983）。

王賡武主編：《香港史新編（增訂版）》（香港：三聯書店，2017）。

北京圖書館編：《文淵閣四庫全書遺補——據文津閣四庫全書補》（北京：北京圖書館出版社，1997）。

北區區議會編：《北區風物志》（香港：北區區議會，1994）。

古道編委會編：《清代地圖集匯編》（西安：西安地圖出版社，2005）。

司徒華：《大江東去——司徒華回憶錄》（香港：牛津大學出版社，2011）。

司馬遷：《史記》（北京：中華書局，1959）。

外務省百年史編纂委員會編：《外務省の百年》（東京：原書房，1971）。

田仲一成著，錢杭、任余白譯：《中國的宗族與演劇——華南宗族社會中祭祀組織、儀禮及其演劇的相關構造》（香港：三聯書店，2019）。

彭仕敦（Mark Pinkstone）、布永輝（David Booth）：《從立法局到立法會：邁向新綜合大樓的歷程》（香港：立法會行政管理委員會，2012）。

伍崇曜輯：《嶺南遺書》（清道光十一年至三十年（1831-1863年）刊本）。

危丁明：《仙蹤佛跡：香港民間信仰百年》（香港：三聯書店，2019）。

危丁明主編：《仁濟金禧誌》（香港：仁濟醫院董事局，2017）。

朱晉德、陳式立：《礦世鉅著——香港礦業史》（香港：地球知源，2015）。

朱琦：《香港美術史》（香港：三聯書店，2005）。

江關生：《中共在香港（上卷）（1921-1949）》（香港：天地圖書，2011）。

江關生：《中共在香港（下卷）（1949-2012）》（香港：天地圖書，2012）。

何志輝主編：《香港法律文化研究》（香港：中華書局，2017）。

何佩然：《風雲可測——香港天文台與社會的變遷》（香港：香港大學出版社，2003）。

何佩然：《地換山移——香港海港及土地發展一百六十年》（香港：商務印書館，2004）。

何佩然：《建城之道——戰後香港的道路發展》（香港：香港大學出版社，2008）。

何佩然：《源與流——東華醫院的創立與演進》（香港：三聯書店，2009）。

何佩然：《班門子弟——香港三行工人與工會》（香港：三聯書店，2018）。

何炳賢：《中國的國際貿易》（上海：上海書店，1989）。

何家騏、朱耀光：《香港警察——歷史見證與執法生涯》（香港：三聯書店，2011）。

何崇祖：《廬江郡何氏家記》。

余汝信：《香港，1967》（香港：天地圖書，2012）。

余江強主編：《香港回歸祖國 20 周年誌——旅遊與零售》（香港：香港商報有限公司，2017）。

余繩武、劉存寬、劉蜀永編著：《香港歷史問題資料選評》（香港：三聯書店，2008）。

余繩武、劉存寬主編：《十九世紀的香港》（北京：中華書局，1994）。

余繩武、劉蜀永主編：《二十世紀的香港》（香港：麒麟書業有限公司，1995）。

吳任臣撰，徐敏霞、周瑩點校：《十國春秋》（北京：中華書局，1983）。

吳志良、湯開建、金國平編：《澳門編年史》（廣州：廣東人民出版社，2009）。

吳邦謀：《再看啟德——從日佔時期說起》（香港：Zkoob Limited，2009）。

吳邦謀：《香港航空 125 年（增訂版）》（香港：中華書局，2016）。

吳相湘主編：《中山文獻》（台北：學生書局，1965）。

吳倫霓霞編：《邁進中的大學：香港中文大學三十年》（香港：中文大學出版社，1993）。

吳蘭修撰，王甫校注：《南漢紀》（廣州：廣東高等教育出版社，1993）。

吳灞陵：《香港掌故》（香港：香港大學孔安道紀念圖書館，1984）。

呂大樂：《凝聚力量 —— 香港非政府機構發展軌跡》（香港：三聯書店，2010）。

呂大樂：《那似曾相識的七十年代》（香港：中華書局，2012）。

呂實強：《中國早期的輪船經營》（台北：中央研究院近代史研究所，2015）。

宋濂等撰：《元史》（北京：中華書局，1976）。

李了建、鄭保瑛、鄧穎瑜主編，香港教育大學香港教育博物館、黃棣才、劉亮國著：《搖籃地 —— 中西區教育今昔》（香港：中華書局，2020）。

李心傳撰，徐規點校：《建炎以來朝野雜記》（北京：中華書局，2000）。

李吉甫撰，賀次君點校：《元和郡縣圖志》（北京：中華書局，1983）。

李宏編著：《香港大事記（公元前 214 年 - 公元 1987 年）》（北京：人民日報出版社，1988）。

李希泌主編，毛華軒、李成寧、張椒華、周天、李維萌、但召威編：《唐大詔令集補編》（上海：上海古籍出版社，2003）。

李志剛：《基督教早期在華傳教史》（台北：台灣商務印書館，1985）。

李谷城：《香港中文報業發展史》（上海：上海古籍出版社，2005）。

李明堃等：《圖錄香港大趨勢 1997》（香港：商務印書館，1997）。

李東海：《香港東華三院 125 年史略》（北京：中國文史出版社，1998）。

李金強：《中山先生與港澳》（台北：秀威資訊科技，2012）。

李後：《百年屈辱史的終結 —— 香港問題始末》（北京：中央文獻出版社，1997）。

李海燕、林喜兒：《拾舞話：香港舞蹈口述歷史（五十至七十年代）》（香港：城市當代舞蹈團有限公司、國際演藝評論家協會（香港分會）有限公司，2019）。

李培德：《繼往開來 —— 香港廠商 75 年》（香港：商務印書館，2009）。

李彭廣：《管治香港：英國解密檔案的啟示》（香港：牛津大學出版社，2012）。

李新貴譯注：《籌海圖編》（北京：中華書局，2017）。

李燾撰，上海師範大學古籍整理研究所、華東師範大學古籍整理研究所點校：《續資治通鑑長編》（北京：中華書局，2004）。

杜葉錫恩（Elsie Hume Elliot Tu）著，隋麗君譯：《我眼中的殖民時代香港》（香港：香港文匯出版社，2004）。

《沙田古今風貌》編輯委員會主編：《沙田古今風貌》（香港：沙田區議會，1997）。

阮志：《中港邊界的百年變遷：從沙頭角蓮麻坑村說起》（香港：三聯書店，2012）。

阮志：《入境問禁：香港邊境禁區史》（香港：三聯書店，2014）。

防衛廳防衛研修所戰史室：《香港・長沙作戰》（東京：朝雲新聞社，1971）。

冼玉儀：《東亞銀行：百年成就　成就百年 1919-2019》（香港：東亞銀行有限公司，2019）。

冼玉儀著，林立偉譯：《穿梭太平洋：金山夢、華人出洋與香港的形成》（香港：中華書局，2019）。

周王二公史蹟紀念專輯編輯委員會：《周王二公史蹟紀念專輯》（香港：周王二院有限公司，1982）。

周去非著，楊武泉校注：《嶺外代答校注》（北京：中華書局，1999）。

周永新：《真實的貧窮面貌 —— 綜觀香港社會 60 年》（香港：中華書局，2014）。

周永新：《創建公平和關愛社會 —— 香港民生政策的得與失》（香港：中華書局，2017）。

周光蓁編著：《香港音樂的前世今生 —— 香港早期音樂發展歷程（1930s-1950s）》（香港：三聯書店，2017）。

周佳榮：《香港潮州商會九十年發展史》（香港：中華書局，2012）。

周佳榮：《香港通史 —— 遠古至清代》（香港：三聯書店，2017）。

周佳榮、黃文江、麥勁生：《香港浸會大學六十年發展史》（香港：三聯書店，2016）。

周佳榮主編：《百年傳承——香港學者論中華書局》（香港：中華書局，2012）。

周承人、李以莊：《早期香港電影史（1875-1945）》（香港：三聯書店，2005）。

周奕：《香港英雄兒女——東江縱隊港九大隊抗日戰史》（香港：利文出版社，2004）。

周奕：《香港工運史簡篇》（香港：利訊出版社，2013）。

周廣：《廣東考古輯要》（清光緒十九年（1893年）刻本）。

孟慶順編著：《香港廉政制度研究》（香港：三聯書店，2017）。

屈大均撰：《廣東新語》（北京：中華書局，1985）。

房玄齡等撰：《晉書》（北京：中華書局，1974）。

東洋經濟新報社編：《軍政下の香港：新生した大東亞の中核》（香港：東洋經濟社，1944）。

林友蘭：《香港報業發展史》（台北：世界書局，1977）。

林友蘭：《香港史話》（香港：上海印書館，1985）。

林天蔚、蕭國健：《香港前代史論集》（台北：臺灣商務印書館，1985）。

林則徐全集編輯委員會：《林則徐全集》（福州：海峽文藝出版社，2002）。

林喜兒：《城市動脈——港鐵穿梭四十年》（香港：三聯書店，2019）。

林準祥：《銀流票匯——中國早期銀行業與香港》（香港：中華書局，2016）。

林準祥：《香港‧開港——歷史新編》（香港：中華書局，2019）。

邱東：《新界風物與民情》（香港：三聯書店，1992）。

金國平著譯：《西力東漸——中葡早期接觸追昔》（澳門：澳門基金會，2000）。

金禧中學十六教師編：《金禧事件——從創校到封校》（香港：教與學雜誌社，1978）。

保良局編：《保良局125周年特刊》（香港：保良局，2004）。

哈爾‧恩普森（Hal Empson）：《香港地圖繪製史》（香港：政府印務局，1992）。

姚穎嘉：《群力勝天——戰前香港碼頭苦力與華人社區的管治》（香港：三聯書店，2015）。

姜海萍、張承良、鄧開頌編著：《東江水兩地情——內地與香港關係視野中的東江水供香港問題研究》（廣州：廣東教育出版社，2020）。

施白蒂（Beatriz Basto da Silva）：《澳門編年史》（澳門：澳門基金會，1995）。

施白蒂（Beatriz Basto da Silva）：《澳門編年史（十九世紀）》（澳門：澳門基金會，1998）。

省港大罷工九十週年回顧論文集編輯委員會編：《粵港工人大融合——省港大罷工九十週年回顧論文集》（香港：香港社會保障學會、香港工運史研究小組，2017）。

科大衛、陸鴻基、吳倫霓霞編：《香港碑銘彙編》（香港：香港市政局，1986）。

范振汝：《香港特別行政區的選舉制度》（香港：三聯書店，2006）。

香港工會聯合會：《工聯會與您同行——65周年歷史文集》（香港：中華書局，2013）。

香港中華煤氣有限公司：《華暉無限 氣象萬千：煤氣一百五十年》（香港：香港中華煤氣有限公司，2012）。

香港文匯出版社編：《基本法的誕生》（香港：香港文匯出版社，1990）。

香港永安百貨有限公司：《永安百貨一百周年》（香港：香港永安百貨有限公司，2007）。

香港明愛編：《香港明愛：服務社群五十載共同成長一家親（1953-2003）》（香港：香港明愛，2003）。

香港特別行政區政府：《同心創前路‧掌握新機遇：香港特別行政區成立二十周年》（香港：政府物流署，2017）。

水務署：《香港供水里程碑》（香港：香港特別行政區政府水務署，2011）。

香港特別行政區政府衛生署公共健康護理科：《香港公共健康護理65周年（1954-2019）紀念專輯》（香港：香港特別行政區政府衛生署公共健康護理科，2019）。

香港專上學生聯會：《香港學生運動回顧》（香港：廣角鏡出版社，1983）。

香港教育資料中文編寫組編撰：《香港教育發展歷程大事記（1075-2003）》（香港：香港各界文化促進會，2004）。

香港勞校教育機構：《香港勞校 70 周年校慶紀念特刊》（香港：勞工子弟中學，2016）。

香港置地集團公司：《置地公司 125 年》（香港：香港置地集團公司，2014）。

香港電影評論學會：《王家衛的映畫世界（2015年版）》（香港：三聯書店，2015）。

香港遠東新聞社編：《港九僑校史略》（香港：香港遠東新聞社，1946）。

香港歷史博物館編：《香港貨幣》（香港：香港歷史博物館，2012）。

香港歷史博物館編：《甲午戰後：租借新界及威海衞》（香港：香港歷史博物館，2014）。

香港歷史博物館編：《百年過客——早期香港的名人訪客》（香港：香港歷史博物館，2017）。

香港警務處：《香港警隊 白七十五周年紀念——忠誠勇毅　心繫社會》（香港：香港警務處，2019）。

唐納德・克爾（Lt. Donald W. Kerr）著，李海明、韓邦凱譯：《克爾日記：香港淪陷時期東江縱隊營救美軍飛行員紀實》（香港：香港科技大學華南研究中心，2015）。

夏其龍著，蔡迪雲譯：《香港天主教傳教史 1841-1894》（香港：三聯書店，2014）。

夏其龍編：《米高與惡龍——十九世紀天主教墳場與香港》（香港：香港中文大學天主教研究中心，2008）。

夏思義（Patrick H. Hase）著，林立偉譯：《被遺忘的六日戰爭：1899 年新界鄉民與英軍之戰》（香港：中華書局，2014）。

孫揚：《國民政府對香港問題的處置（1937-1949）》（香港：三聯書店，2017）。

孫琴安：《毛澤東與國民黨著名將領》（重慶：重慶出版社，2002）。

孫毓修編：《涵芬樓秘笈》（北京：北京圖書館出版社，2000）。

烏蘭木倫主編：《邁向 21 世紀的香港經濟》（北京：中國財政經濟出版社，1997）。

袁永綸撰：《靖海氛記》〔大英博物館藏，道光十年（1830 年）夏月鐫羊城上苑堂發兌刊本〕。

袁求實編著：《香港回歸大事記 1979-1997》（香港：三聯書店，1997）。

袁求實編著：《香港回歸以來大事記 1997-2002》（香港：三聯書店，2003）。

袁求實編著：《香港回歸以來大事記 2002-2007》（香港：三聯書店，2015）。

馬木池：《西貢歷史與風物》（香港：西貢區議會，2003）。

馬金科主編：《早期香港史研究資料選輯》（香港：三聯書店，2018）。

馬冠堯：《香港工程考 II——三十一條以工程師命名的街道》（香港：三聯書店，2014）。

馬冠堯：《車水馬龍——香港戰前陸上交通》（香港：三聯書店，2016）。

馬冠堯：《戰前香港電訊史》（香港：三聯書店，2020）。

馬端臨撰，上海師範大學古籍研究所、華東師範大學古籍研究所點校：《文獻通考》（北京：中華書局，2011）。

高馬可（John M. Carroll）著，林立偉譯：《香港簡史——從殖民地至特別行政區》（香港：中華書局，2013）。

高添強、唐卓敏編著：《香港日佔時期》（香港：三聯書店，1995）。

區志堅：《馬鞍山風物誌：礦業興衰》（香港：沙田區議會，2002）。

區志堅、陳和順、何榮宗編著：《香港海關百年史 1909-2009》（香港：香港海關，2009）。

區志堅、彭淑敏、蔡思行：《改變香港歷史的六十篇文獻》（香港：中華書局，2011）。

區家發：《粵港考古與發現》（香港：三聯書店，2004）。

區家麟主編：《香港大事回顧全紀錄 1967-2006 導讀》（香港：電視廣播出版有限公司，2007）。

區慕彰、羅文華：《中國銀行業發展史——由晚清至當下》（香港：香港城市大學出版社，2011）。

商志醰：《香港考古論集》（北京：文物出版社，2000）。

商志醰、吳偉鴻：《香港考古學敍研》（北京：文物出版社，2010）。

商務印書館編輯部主編：《圖錄香港大趨勢》（1993-1996）（香港：商務印書館，1993-1996）。

張廷玉等撰：《明史》（北京：中華書局，1974）。

張秉權、何杏楓編訪：《香港話劇口述史（三十年代至六十年代）》（香港：香港戲劇工程：香港中文大學邵逸夫堂，2001）。

張家偉：《六七暴動內情》（香港：太平洋世紀出版社，2000）。

張家偉：《六七暴動──香港戰後歷史的分水嶺》（香港：香港大學出版社，2012）。

張連興：《香港二十八總督》（香港：三聯書店，2012）。

張瑞威：《拆村：消逝的九龍村落》（香港：三聯書店，2013）。

張榮芳、黃淼章：《南越國史》（廣州：廣東人民出版社，2008 第 2 版）。

張慧真、孔強生：《從十一萬到三千──淪陷時期香港教育口述歷史》（香港：牛津大學出版社，2005）。

張燮撰，謝方點校：《東西洋考》（北京：中華書局，2000）。

張麗：《20 世紀香港社會與文化》（新加坡：名創國際，2005）。

強世功編著：《香港政制發展資料彙編（一）：港英時期及起草〈基本法〉》（香港：三聯書店，2015）。

強世功編著：《香港政制發展資料彙編（二）：1997-2005 的政制發展》（香港：三聯書店，2015）。

梁上苑編著：《中共在香港》（香港：廣角鏡出版社，1989）。

梁廷枏撰，邵循正點校：《夷氛聞記》（北京：中華書局，1959）。

梁庚堯：《南宋鹽榷──食鹽產銷與政府控制（重訂版）》（台北：台大出版中心，2014）。

梁炳華：《城寨與中英外交》（香港：麒麟書業有限公司，1995）。

梁炳華：《南區風物志（新修版）》（香港：南區區議會，2009）。

梁炳華主編：《香港中西區地方掌故（增訂本）》（香港：中西區區議會，2005）。

梁炳華主編：《香港離島區風物志》（香港：離島區議會，2007 年）。

梁炳華主編：《中西區風物志（修訂版）》（香港：中西區區議會，2011）。

梁炳華編著：《觀塘風物志》（香港：觀塘區議會，2008 年）。

梁炳華編著：《深水埗風物志》（香港：深水埗區議會，2011）。

梁操雅、丁新豹、羅天佑、羅慧燕編著：《教育與承傳（二）──南來諸校的口述故事》（香港：香港教育圖書公司，2011）。

梁操雅、羅天佑編著：《葵青──舊貌新顏‧傳承與突破（增訂版）》（香港：葵青區議會，2004）。

梁操雅、羅天佑編著：《香港考評文化的承與變──從強調篩選到反映能力》（香港：商務印書館，2017）。

梁謙武編：《香港中華廠商出品指南》（香港：香港中華廠商聯合會，1936）。

梁寶龍：《汗血維城──香港早期工人與工運》（香港：中華書局，2017）。

深水埗區公民教育委員會編：《從深水步到深水埗》（香港：深水埗區公民教育委員會，1998）。

脫脫等撰：《宋史》（北京：中華書局，1977）。

脫新範、姚繼德、馬健雄主編：《香港回民史料概覽（1917-2017）》（香港：香港科技大學華南研究中心，2018）。

莊海源主編：《香港回歸祖國 20 周年誌──貿易與物流》（香港：香港商報有限公司，2017）。

莫世祥、陳紅：《日落香江：香港對日作戰紀實（修訂版）》（香港：三聯書店，2015）。

許家屯：《許家屯香港回憶錄》（香港：香港聯合報有限公司，1993）。

許舒（James Hayes）著，林立偉譯：《新界百年史》（香港：中華書局，2016）。

連民安編著：《創刊號新編 1940's-1980's》（香港：中華書局，2018）。

郭少棠：《健民百年──南華體育會一百周年會慶》（香港：香港南華體育會，2010）。

郭少棠：《日新又新──中國香港體育協會暨奧林匹克委員會　香港體育發展六十年》（香港：中國香港體育協會暨奧林匹克委員會，2011）。

郭少棠主編，油尖旺區議會、香港中文大學社區文化研究小組合編：《走進社區覓舊情——尋找油尖旺舊人舊事》（香港：油尖旺區議會，2002）。

郭志坤、余志森主編：《香港全紀錄（第三卷）》（上海：上海人民出版社，2007）。

郭棐纂：《廣東通志》（明萬曆三十年（1602年）刊本）。

陳大同編：《百年商業》（香港：光明文化事業公司，1941）。

陳大震等纂，邱炫煜輯：《大德南海志》（台北：蘭臺出版社，1994）。

陳天權：《神聖與禮儀空間——香港基督宗教建築》（香港：中華書局，2018）。

陳天權：《城市地標——殖民地時代的西式建築》（香港：中華書局，2019）。

陳可焜：《香港風物漫話》（香港：三聯書店，1994）。

陳弘毅：《一國兩制下香港的法治探索（增訂版）》（香港：中華書局，2014）。

陳弘毅、鄒平學主編：《香港基本法面面觀》（香港：三聯書店，2015）。

陳自瑜：《香港巴士 1933-2012》（香港：三聯書店，2012）。

陳志華、李青儀、盧柊泠、黃曉鳳：《香港海上交通 170 年》（香港：中華書局，2012）。

陳志華、李健信：《香港鐵路 100 年》（香港：中華書局，2012）。

陳志華、李健信：《香港巴士 90 年（增訂版）》（香港：中華書局，2015）。

陳邦瞻撰：《宋史紀事本末》（北京：中華書局，2015）。

陳佳榮等：《香港之中國歷史教學》（香港：齡記出版有限公司，1995）。

陳明銶主編，梁寶霖、梁寶龍、趙永佳、陸鳳娥合編：《香港與中國工運縱橫》（香港：香港基督教工業委員會，1986）。

陳昕、郭志坤主編：《香港全紀錄（卷一）》（香港：中華書局，1997）。

陳昕、郭志坤主編：《香港全紀錄（卷二）》（香港：中華書局，1998）。

陳國成主編：《香港地區史研究之三——粉嶺（增訂版）》（香港：三聯書店，2019）。

陳國球、陳智德等著：《香港文學大系 1919-1949：導言集》（香港：商務印書館，2016）。

陳揚勇：《苦撐危局——周恩來在 1967》（北京：中央文獻出版社，1999）。

陳敦德：《香港問題談判始末》（香港：中華書局，2009）。

陳敦德：《八路軍駐香港辦事處紀實》（香港：中華書局，2012）。

陳景祥主編：《香港金融風雲四十載》（香港：信報財經新聞有限公司，2013）。

陳智德：《板蕩時代的抒情——抗戰時期的香港與文學》（香港：中華書局，2018）。

陳湛頤、楊詠賢合編：《香港日本關係年表》（香港：香港教育圖書有限公司，2004）。

陳瑞璋：《東江縱隊——抗戰前後香港的游擊隊》（香港：香港大學出版社，2012）。

陳達明：《香港抗日游擊隊》（香港：環球出版有限公司，2000）。

陳夢雷編纂：《古今圖書集成》（上海：中華書局，1934）。

陳鳴：《香港報業史稿（1841-1911）》（香港：華光報業有限公司，2005）。

陳韓曦：《饒宗頤——東方文化坐標》（香港：香港中和出版有限公司，2016）。

陳鏸勳著，莫世祥整理：《香港雜記（外一種）》（香港：三聯書店，2018）。

陸恭蕙：《地下陣線——中共在香港的歷史》（香港：香港大學出版社，2011）。

陸鴻基：《坐看雲起時——一本香港人的教協史》（香港：香港城市大學出版社，2016）。

麥志坤著，林立偉譯：《冷戰與香港——英美關係 1949-1957》（香港：中華書局，2018）。

麥梅生編：《反對蓄婢史略》（香港：福興中西印務局，1933）。

彭冲：《走過香港奧運路》（香港：南華體育會，2019）。

曾棗莊、劉琳主編：《全宋文》（上海：上海辭書出版社、合肥：安徽教育出版社，2006）。

曾銳生：《管治香港——政務官與良好管治的建立》（香港：香港大學出版社，2007）。

《港九獨立大隊史》編寫組：《港九獨立大隊史》（廣州：廣東人民出版社，1989）。

《港澳大百科全書》編委會：《港澳大百科全書》（廣州：花城出版社，1993）。

游子安主編：《黃大仙區風物志》（香港：黃大仙區議會，2002）。

湯開建、蕭國健、陳佳榮主編：《香港 6000 年：遠古 -1997》（香港：麒麟書業有限公司，1998）。

程翔：《香港六七暴動始末——解讀吳荻舟》（香港：牛津大學出版社，2018）。

華人永遠墳場管理委員會：《華永會百周年特刊》（香港：華人永遠墳場管理委員會，2013）。

華琛（James L. Watson）、華若璧（Rubie S. Watson）著，張婉麗、盛思維譯：《鄉土香港——新界的政治、性別及禮儀》（香港：中文大學出版社，2011）。

華僑日報社編：《香港年鑑》（香港：華僑日報社，1948-1994）。

華潤（集團）有限公司：《華潤四十年紀念特刊》（香港：華潤（集團）有限公司，1988）。

馮可立：《貧而無怨難——香港民生福利發展史》（香港：中華書局，2018）。

馮邦彥：《香港英資財團（1841-1996）》（香港：三聯書店，1996）。

馮邦彥：《香港地產業百年》（香港：三聯書店，2001）。

馮邦彥：《香港金融業百年》（香港：三聯書店，2002）。

馮邦彥：《香港企業併購經典》（香港：三聯書店，2013）。

馮邦彥：《香港產業結構轉型》（香港：三聯書店，2014）。

馮邦彥：《香港金融與貨幣制度》（香港：三聯書店，2015）。

馮邦彥：《轉型時期的香港經濟》（香港：三聯書店，2017）。

馮邦彥：《不斷超越　更加優秀——創興銀行邁向七十周年》（香港：三聯書店，2018）。

馮邦彥、饒美蛟：《厚生利群——香港保險史（1841-2008）》（香港：三聯書店，2009）。

馮錦榮、劉潤和、陳志明編著：《篳路藍縷　以啟山林：香港工程發展 130 年》（香港：中華書局，2013）。

黃兆琦主編：《香港回歸祖國 20 周年誌——基建與地產》（香港：香港商報有限公司，2017）。

黃佩佳著，沈思編校：《新界風土名勝大觀》（香港：商務印書館，2016）。

黃洛文：《百載光輝　繼往開來：先施的故事》（香港：先施有限公司，2000）。

黃振威：《番書與黃龍——香港皇仁書院華人精英與近代中國》（香港：中華書局，2019）。

黃海：《香港社會階層分析》（香港：商務印書館，2017）。

黃海：《疏離的人心——香港社會思潮評析》（香港：香港城市大學出版社，2018）。

黃棣才：《圖說香港歷史建築 1841-1896》（香港：中華書局，2012）。

黃鴻釗主編：《香港近代史》（香港：學津書店，2005）。

黃繼持、盧瑋鑾、鄭樹森主編：《香港文學大事年表（1948-1969）》（香港：香港中文大學人文學科研究院香港文化研究計劃，1996）。

黃耀忠：《從救濟到融合——香港政府的「中國難民政策」》（香港：三聯書店，2020）。

新聞及資訊部公共事務科：《1967-2016 香港大事回顧全紀錄導讀》（香港：電視廣播出版有限公司，2017）。

楊文信、黃毓棟總編著，明柔佑、謝雋曄、陳天浩編著：《香江舊聞——十九世紀香港人的生活點滴》（香港：中華書局，2014）。

楊汝萬、王家英合編：《香港公營房屋五十年——金禧回顧與前瞻》（香港：香港中文大學出版社，2003）。

楊佩珊、葉健民、朱筱綾：《越南船民在香港》（香港：香港民主同盟，1991）。

楊奇著，余非改編：《香港淪陷大營救》（香港：三聯書店，2014）。

楊奇主編：《香港概論（上卷）》（香港：三聯書店，1990）。

楊奇主編：《香港概論（下卷）》（香港：三聯書店，1993）。

楊國雄編著：《舊書刊中的香港身世》（香港：三聯書店，2014）。

粵海金融控股研究部：《香港聯繫匯率保衛戰》（香港：青文書屋，1999）。

經濟導報社編：《1953 年經濟年報》（香港：經濟導報社，1953）。

葉健民：《靜默革命——香港廉政百年共業》（香港：中華書局，2014）。

葉靈鳳：《葉靈鳳文集：香港掌故》（廣州：花城出版社，1999）。

葉靈鳳：《讀書隨筆（三集）》（香港：三聯書店，2019）。

董立坤主編：《中央管治權與香港高度自治權》（香港：中華書局，2015）。

董立坤主編：《中國內地與香港地區法律的衝突與協調》（香港：中華書局，2016）。

鄒興華、蕭麗娟編：《懲與教——香港獄政發展1921-2011》（香港：香港懲教署，2011）。

雷競璇、沈國祥編：《香港選舉資料匯編：1982年—1994年》（香港：香港中文大學香港亞太研究所，1995）。

廖迪生、盧展紅、胡詩銘編著：《渠成千里》（香港：香港特別行政區政府渠務署，2014）。

《蒲台島風物志》工作組編：《蒲台島風物志》（香港：中華書局，2016）。

趙雨樂：《近代南來文人的香港印象與國族意識（三卷合訂本）》（香港：三聯書店，2016）。

趙雨樂、鍾寶賢、李澤恩編注，梁英杰、高翔、樊敏麗譯：《香港要覽（外三種）》（香港：三聯書店，2017）。

趙稀方：《報刊香港——歷史語境與文學場域》（香港：三聯書店，2019）。

趙爾巽等撰：《清史稿》（北京：中華書局，1977）。

趙衛防：《香港電影藝術史》（北京：文化藝術出版社，2017）。

劉存寬：《香港史論叢》（香港：麒麟書業有限公司，1998）。

劉禹錫撰，《劉禹錫集》整理組點校，卞孝萱校訂：《劉禹錫集》（北京：中華書局，1990）。

劉智鵬：《香港達德學院——中國知識份子的追求與命運》（香港：中華書局，2011）。

劉智鵬、丁新豹主編：《日軍在港戰爭罪行——戰犯審判紀錄及其研究》（香港：中華書局，2015）。

劉智鵬、黃君健、錢浩賢編著：《天空下的傳奇——從啟德到赤鱲角》（香港：三聯書店，2014）。

劉智鵬、黃君健編著：《黃竹坑故事——從河谷平原到創協坊》（香港：三聯書店，2015）。

劉智鵬、黃玲、孫霄主編：《中英街與沙頭角禁區》（香港：和平圖書有限公司，2011）

劉智鵬、劉蜀永主編：《香港威海衛警察口述歷史》（香港：香港城市大學出版社，2018）。

劉智鵬、劉蜀永編：《〈新安縣志〉香港史料選》（香港：和平圖書有限公司，2007）。

劉智鵬、劉蜀永編著：《侯寶璋家族史（增訂版）》（香港：和平圖書有限公司，2012）。

劉智鵬、劉蜀永編著：《香港地區史研究之四：屯門》（香港：三聯書店，2012）。

劉智鵬、劉蜀永編著：《香港史——從遠古到九七》（香港：香港城市大學出版社，2019）。

劉智鵬、劉蜀永選編：《方志中的古代香港——〈新安縣志〉香港史料選》（香港：三聯書店，2020）。

劉智鵬主編：《展拓界址——英治新界早期歷史探索》（香港：中華書局，2010）。

劉智鵬編著：《屯門風物志》（香港：屯門區議會，2003）。

劉智鵬編著：《屯門歷史與文化》（香港：屯門區議會，2007）。

劉琳、刁忠民、舒大剛、尹波等校點：《宋會要輯稿》（上海：上海古籍出版社，2014）。

劉義章、計超：《孤島扁舟——見證大時代的調景嶺》（香港：三聯書店，2015）。

劉蜀永：《劉蜀永香港史文集》（香港：中華書局，2010）。

劉蜀永、蕭國健：《香港歷史圖說》（香港：麒麟書業有限公司，1998）。

劉蜀永、蘇萬興主編：《蓮麻坑村志》（香港：中華書局，2015）。

劉蜀永主編：《一枝一葉總關情（增訂版）》（香港：香港大學出版社，1999）。

劉蜀永主編：《20 世紀的香港經濟》（香港：三聯書店，2004）。

劉蜀永主編：《簡明香港史（第三版）》（香港：三聯書店，2016）。

劉潤和：《新界簡史》（香港：三聯書店，1999）。

劉潤和、馮錦榮、高添強、周家建：《九龍城區風物志》（香港：九龍城區議會，2005）。

劉澤生：《香港古今》（廣州：廣州文化出版社，1988）。

廣東省地方史志辦公室輯：《廣東歷代方志集成》（廣州：嶺南美術出版社，2009）。

廣東省志編纂委員會：《廣東省志‧大事記》（北京：方志出版社，2014）。

廣東哲學社會科學研究所歷史研究室編：《省港大罷工資料》（廣州：廣東人民出版社，1980）。

廣華醫院百周年紀念特刊編輯委員會編：《廣華百載情——廣華醫院百年紀念特刊》（香港：廣華醫院，2012）。

歐陽修、宋祁撰：《新唐書》（北京：中華書局，1975）。

潘淑華、黃永豪：《閒暇、海濱與海浴——香江游泳史》（香港：三聯書店，2014）。

潘惠蓮：《尋找美人魚楊秀瓊——香港一代女泳將抗日秘辛》（香港：Pun Wai Lin，2019）。

蔡志祥：《打醮：香港的節日和地域社會》（香港：三聯書店，2000）。

蔡志祥、韋錦新編：《延續與變革——香港社區建醮傳統的民族誌》（香港：中文大學出版社，2014）。

蔡思行：《香港史 100 件大事（上）》（香港：中華書局，2012）。

蔡思行：《香港史 100 件大事（下）》（香港：中華書局，2013）。

蔡思行：《尖沙咀海濱——歷史、城市發展及大眾集體記憶》（香港：香港城市大學出版社，2019）。

蔡思行、梁榮武：《香港颱風故事》（香港：中華書局，2014）。

蔡思行編著：《郵票中的香港史》（香港：中華書局，2013）。

蔡洛、盧權：《省港大罷工》（廣州：廣東人民出版社，1980）。

蔡榮芳：《香港人之香港史 1841-1945》（香港：牛津大學出版社，2001）。

鄧中夏：《省港罷工概觀》（中華全國總工會省港罷工委員會宣傳部，1926）。

鄧家宙：《香港佛教史》（香港：中華書局，2015）。

鄧開頌、陸曉敏主編：《粵港關係史（1840-1984）》（香港：麒麟書業有限公司，1997）。

鄧聖時編撰：《屏山鄧族千年史探索》（香港：鄧廣賢，1999）。

鄭宏泰、周文港主編：《危機關頭——家族企業的應對之道》（香港：中華書局，2015）。

鄭宏泰、周文港主編：《大浪淘沙——家族企業的優勝劣敗》（香港：中華書局，2017）。

鄭宏泰、高皓：《白手興家——香港家族與社會 1841-1941》（香港：中華書局，2016）。

鄭宏泰、高皓：《為善者王——慈善信託歷史源流與制度分析》（香港：中華書局，2019）。

鄭宏泰、陸觀豪：《點石成金——打造香港金融中心的里程碑》（香港：中華書局，2017）。

鄭宏泰、黃紹倫：《香港米業史》（香港：三聯書店，2005）。

鄭宏泰、黃紹倫：《香港股市 1841-1997》（香港：三聯書店，2006）。

鄭宏泰、黃紹倫：《香港身份證透視（第二版）》（香港：三聯書店，2018）。

鄭會欣編註：《董浩雲日記》（香港：中文大學出版社，2004）。

鄭寶鴻編著：《香港華洋行業百年——貿易與金融篇》（香港：商務印書館，2016）。

魯言：《香港掌故》（1-13 冊）（香港：廣角鏡出版社，1977-1991）。

魯金：《九龍寨城簡史》（香港：三聯書店，2018）。

黎晉偉：《香港百年史（一九四八）》（香港：心一堂有限公司，2018）。

黎鍵著，湛黎淑貞編：《香港粵劇敘論》（香港：三聯書店，2010）。

盧坤、鄧廷楨主編，王宏斌校點：《廣東海防彙覽》（石家莊：河北人民出版社，2009）。

蕭國健：《清代香港之海防與古壘》（香港：顯朝書室，1982）。

蕭國健：《香港離島史蹟志》（香港：顯朝書室，1985）。

蕭國健：《香港歷史點滴》（香港：現代教育研究有限公司，1992）。

蕭國健：《香港歷史與社會》（香港：香港教育圖書公司，1994）。

蕭國健：《香港的歷史與文物》（香港：明報出版社，1997 年）。

蕭國健：《香港歷史研究》（香港：顯朝書室，2004）。

蕭國健：《大埔風物志》（香港：大埔區議會，2007再版增訂）。

蕭國健：《探本索微——香港早期歷史論集》（香港：中華書局，2015）。

蕭國健：《香港古代史新編》（香港：中華書局，2019）。

蕭國健主編：《油尖旺區風物志》（香港：油尖旺區議會，1999）。

賴文輝：《簡明香港足球史》（香港：三聯書店，2018）。

錢理群、溫儒敏、吳福輝：《中國現代文學三十年（修訂本）》（台北：五南圖書出版社，2002）。

霍啟昌編著：《香港史教學參考資料（第一冊）》（香港：三聯書店，1995）。

霍啟昌：《港澳檔案中的辛亥革命》（香港：商務印書館，2011）。

霍啟昌：《香港與近代中國——霍啟昌香港史論》（香港：三聯書店，2019）。

鮑紹霖、黃兆強、區志堅主編：《北學南移——港台文史哲溯源（學人卷II）》（台北：秀威資訊科技，2015）。

龍炳頤：《香港古今建築》（香港：三聯書店，1992）。

應檟輯，凌雲翼、劉堯誨重修，趙克生、李燃標點：《蒼梧總督軍門志》（台北國家圖書館藏，明萬曆九年廣東布政司刊本，1581年）。

戴望舒：《災難的歲月》（上海：星群出版社，1948）。

濱下武志、李培德合編：《近代亞洲的都市和日本：香港都市案內集成》（東京：ゆまに書房，2014）。

薛浩然：《新界小型屋宇政策研究——歷史、現狀與前瞻》（香港：新界鄉議局研究中心，2016）。

薛鳳旋、鄺智文編著：《新界鄉議局史：由租借地到一國兩制》（香港：三聯書店，2011）。

薛鳳旋編著：《香港發展地圖集（第二版）》（香港：三聯書店，2010）。

謝永光：《香港戰後風雲錄》（香港：明報出版社，2016）。

謝竣傑：《香港貨幣簡史——從戰後至開埠175載》（香港：超媒體出版有限公司，2016）。

鍾士元：《香港回歸歷程——鍾士元回憶錄》（香港：中文大學出版社，2001）。

鍾紫主編：《香港報業春秋》（廣州：廣東人民出版社，1991）。

鍾寶賢：《香港影視業百年》（香港：三聯書店，2004）。

鍾寶賢、高添強：〈「龍津橋及其鄰近區域」歷史研究〉（古物古蹟辦事處研究報告，2012）。

韓濠昕主編：《香港回歸祖國20周年誌——金融與專業》（香港：香港商報有限公司，2017）。

鄺健銘：《港英時代——英國殖民管治術（增修版）》（香港：天窗出版社，2019）。

鄺智文：《重光之路——日據香港與太平洋戰爭》（香港：天地圖書，2015）。

鄺智文：《老兵不死——香港華籍英兵1857-1997（增訂版）》（香港：三聯書店，2018）。

鄺智文、蔡耀倫：《孤獨前哨——太平洋戰爭中的香港戰役》（香港：天地圖書，2013）。

鄺智文、蔡耀倫：《東方堡壘——香港軍事史（1840-1970）》（香港：中華書局，2018）。

魏君子編著：《光影裏的浪花：香港電影脈絡回憶》（香港：中華書局，2019）。

魏源輯：《海國圖志》（北京：文物出版社，2017）。

羅孚：《香港文化漫遊》（香港：中華書局，1993）。

羅香林等：《一八四二年以前之香港及其對外交通——香港前代史》（香港：中國學社，1959）。

羅婉嫻：《香港西醫發展史（1842-1990）》（香港：中華書局，2018）。

譚惠珠主編：《基本法與香港——回歸二十周年》（香港：香港友好協進會，2017）。

《寶安文史叢書》編纂委員會編：《康熙新安縣志校注》（北京：中國大百科全書出版社，2006）。

蘇萬興編著：《衙前圍——消失中的市區最後圍村》（香港：中華書局，2013）。

釋明慧編：《大嶼山志》（香港：寶蓮禪寺，1958）。

饒玖才:《香港的地名與地方歷史(下)——新界》(香港:天地圖書,2012)。

饒玖才:《十九及二十世紀的香港漁農業傳承與轉變(上冊漁業)》(香港:郊野公園之友會、天地圖書,2015)。

饒玖才:《十九及二十世紀的香港漁農業傳承與轉變(下冊農業)》(香港:郊野公園之友會、天地圖書,2017)。

饒宗頤著,鄭煒明編:《香港史論集》(香港:中華書局,2019)。

續修四庫全書編纂委員會編:《續修四庫全書》(上海:上海古籍出版社,2002年)

觀塘區議會、觀塘民政事務處編:《觀塘廟宇實錄》(香港:觀塘區區議會,2010)。

Alderson, G. L. D. *History of Royal Air Force Kai Tak*. Hong Kong: Royal Air Force Kai Tak, 1972.

Banham, Tony. *Not the Slightest Chance: The Defence of Hong Kong, 1941*. Hong Kong: Hong Kong University Press, 2003.

Bard, Solomon. *Traders of Hong Kong: Some Foreign Merchant Houses, 1841-1899*. Hong Kong: Urban Council, 1993.

Bentham, George. *Flora Hongkongensis: A Description of the Flowering Plants and Ferns of the Island of Hongkong*. London: Lovell Reeve, 1861.

Bickley, Gillian (ed.). *A Magistrate's Court in Nineteenth Century Hong Kong*. Hong Kong: Proverse Hong Kong, 2005.

Braga, José Maria. *Hong Kong Business Symposium: A Compilation of Authoritative Views on the Administration, Commerce and Resources of Britain's Far East Outpost*. Hong Kong: South China Morning Post Ltd. 1957.

Carroll, John M. *A Concise History of Hong Kong*. Lanham: Rowman & Littlefield, 2007.

Carter, Thomas (Comp.). *Historical Record of the Forty-fourth, or the East Essex Regiment of Foot*. London: W. O. Mitchell, 1864.

Chalmers, Robert. *A History of Currency in the British Colonies*. London: Her Majesty's Stationery Office, 1893.

Cooke, Charles Northcote. *The Rise, Progress, and Present Condition of Banking in India*. Calcutta: P. M. Cranenburgh, Bengal Print. Co., 1863.

Drainage Services Department (ed.). *Sewerage and Flood Protection: Drainage Services 1841-2008*. Hong Kong: Drainage Services Department, 2009.

Eitel, Ernest John. *Europe in China - The History of Hong Kong*. London: Luzac & Company, 1895.

Empson, Hal. *Mapping Hong Kong - A Historical Atlas*. Hong Kong: Government Information Services, 1992.

Endacott, G. B. *A History of Hong Kong*. London: Oxford University Press, 1973.

Endacott, G. B. *A Biographical Sketch-book of Early Hong Kong*. Hong Kong: Hong Kong University Press, 2005.

England, Vaudine. *Kindred Spirits: A History of The Hong Kong Club*. Hong Kong: Hong Kong Club, 2016.

Evans, D. Morier (ed.). *The Banking Almanac, Directory, Year Book and Diary for 1863; containing a Diary*. London: Richard Groombridge & Sons, 1864.

Fok, Kai-cheong. *Lectures on Hong Kong History: Hong Kong's Role in Modern Chinese History*. Hong Kong: The Commercial Press Hong Kong Ltd., 1990.

Fung, Chi-ming. *Reluctant Heroes: Rickshaw Pullers in Hong Kong and Canton, 1874-1954*. Hong Kong: Hong Kong University Press, 2005.

Hamilton, Sheilah E. *Watching Over Hong Kong: Private Policing 1841-1941*. Hong Kong: Hong Kong University Press, 2008.

Harland, Kathleen. *The Royal Navy in Hong Kong, 1841-1980*. Hong Kong: The Royal Navy, 1980.

Ho, Pui-yin. *The Administrative History of the Hong Kong Government Agencies, 1841-2002*. Hong Kong: Hong Kong University Press, 2004.

Hongkong and Yaumati Ferry Company Limited. *Hongkong & Yaumati Ferry Company 70th Anniversary*. Hong Kong: Hongkong and Yaumati Ferry Company Limited, 1993.

Hurley, R. C. *The Tourist's Guide to Hong Kong, with short trips to the Mainland of China*. Hong Kong: R. C. Hurley, 1897.

Jose, Chesnoy. *Undersea Fiber Communication Systems*. San Diego: Academic Press, 2002.

Ko Tim-keung and Wordie, Jason. *Ruins of War: A Guide to Hong Kong's Battlefields and Wartime Sites*. Hong Kong: Joint Publishing H.K. Co., Ltd., 1996.

Labour Department. *The 60th Anniversary of the Labour Department, 1946-2006*. Hong Kong: Labour Department, 2007.

Law, Suk-mun Sophia. *The Invisible Citizens of Hong Kong. Art and Stories of Vietnamese Boatpeople*. Hong Kong: The Chinese University of Hong Kong Press, 2014.

Legge, James. *The Chinese Classics: with A Translation, Critical and Exegetical Notes, Prolegomena, and Copious Indexes. Vol. 1., containing Confucian Analects, the Great learning and the Doctrine of the Mean*. Hong Kong, 1861.

Legge, James. *The Chinese Classics: with A Translation, Critical and Exegetical Notes, Prolegomena, and Copious Indexes. Vol. 2., containing the Works of Mencius*. Hong Kong, 1861.

Liu, Kwang-ching. *Anglo-American Steamship Rivalry in China, 1862-1874*. Cambridge: Harvard University Press, 1962.

Macmillan, Allister. *Seaports of the Far East Illustrated: Historical and Descriptive, Commercial and Industrial, Facts, Figures, & Resources*. London: W. H. & L. Collingridge, 1923.

Marquis-Who's Who, Inc. *Who's Who in Commerce and Industry*. Chicago: Marquis-Who's Who, 1957.

Matheson, Jardine. *Jardines-175 Years of Looking to the Future*. Hong Kong: Jardines, 2007.

Meacham, William. *The Archaeology of Hong Kong*. Hong Kong: Hong Kong University Press, 2009.

Melson, Peter. *White Ensign-red Dragon: the History of the Royal Navy in Hong Kong 1841-1997*. Hong Kong: Edinburgh Financial Publishing Asia Ltd., 1997.

Miners, Norman. *The Government and Politics of Hong Kong*. Hong Kong: Oxford University Press, 1998.

Morse, Hosea Ballou. *The Chronicles of the East India Company Trading to China, 1635-1834*. Oxford: Clarendon Press, 1929.

Munn, Christopher. *Anglo-China: Chinese People and British Rule in Hong Kong, 1841-1880*. New York: Routledge, 2013.

Ng Lun, Ngai-ha. *Interactions of East and West: Development of Public Education in Early Hong Kong*. Hong Kong: The Chinese University of Hong Kong Press, 1984.

Ng, Michael H.K. and Wong, John D. *Civil Unrest and Governance in Hong Kong: Law and Order from Historical and Cultural Perspectives*. New York: Routledge, 2017.

Nihon Yūsen Kabushiki Kaisha. *Golden Jubilee History of Nippon Yusen Kaisha, 1885-1935*. Tokyo: Nippon yusen kaisha, 1935.

Norton-Kyshe, James William. *The History of the Laws and Courts of Hong Kong: From the Earliest Period to 1898*. Hong Kong: Vetch and Lee Limited, 1971.

O'Connor, Paul. *Islam in Hong Kong: Muslims and Everyday Life in China's World City*. Hong Kong: Hong Kong University Press, 2020.

Ouchterlony, John. *The Chinese War: An Account of the Operations of the British Forces from the Commencement of the Treaty of Nanking*. London: Saunders and Otley, 1844.

Oxley, D. H. (ed.). *Victoria Barracks, 1842-1979*. Hong Kong: Headquarters British Forces Hong Kong, 1979.

Poon, S.W. and Ma, K.Y. *Report on the History of Quarrying in Hong Kong, 1840-1940*. Hong Kong: Lord Wilson Heritage Trust, 2010.

Poy, Vivienne. *A River Named Lee*. Scarborough: Calyan Pub., 1995.

Puga, Rogério Miguel and Andrade, Monica (Trans.). *The British Presence in Macau, 1635-1793*. Hong Kong: Hong Kong University Press, 2013.

Rollo, Dennis. *The Guns and Gunners of Hong Kong*. Hong Kong: Gunners' Roll of Hong Kong, 1991.

Sayer, Geoffrey Robley (ed.). *Hong Kong 1862-1919: Years of Discretion*. Hong Kong: Hong Kong University Press, 1975.

Sayer, Geoffrey Robley. *Hong Kong 1841-1862: Birth, Adolescence and Coming of Age*. Hong Kong: Hong Kong University Press, 1980.

Sinclair, Kevin. *Royal Hong Kong Police: 150th Anniversary Commemorative Publication, 1844-1994*. Hong Kong: Police Public Relations Branch, 1994.

Sinn, Elizabeth and Munn, Christopher (ed.). *Meeting Place: Encounters across Cultures in Hong Kong, 1841-1984*. Hong Kong: Hong Kong University Press, 2017.

Smith, Carl T. *Chinese Christians: Elites, Middlemen, and the Church in Hong Kong*. Hong Kong: Hong Kong University Press, 2005.

Smith, D. Warren. *European Settlements in The Far East*. London: Sampson Low, Marston & Company, 1900.

Stokes, Gwenneth and Stokes, John. *Queen's College: Its History, 1862-1987*. Hong Kong: The Standard Press Ltd, 1987.

Sweeting, Anthony. *Education in Hong Kong Pre-1841 to 1941: Fact and Opinion*. Hong Kong: Hong Kong University Press, 1990.

Tan, Chwee-huat. *Financial Sourcebook for Southeast Asia And Hong Kong*. Singapore: Singapore University Press, 2000.

The Taikoo Dockyard & Engineering Company of Hong Kong Limited. *Fifty Years of Shipbuilding and Repairing in the Far East*. London: Technical Advertising Service, 1953.

Traver, Harold H. and Gaylord, Mark S.(eds.). *Drugs, Law and the State*. Hong Kong: Hong Kong University Press, 1992.

Tsang, Steve. *A Documentary History of Hong Kong: Government and Politics*. Hong Kong: Hong Kong University Press, 1995.

Tsang, Steve. *A Modern History of Hong Kong*. Hong Kong: Hong Kong University Press, 2004.

United States Treasury Department (Comp.). *Monetary Units and Coinage Systems of the Principal Countries of the World*. Washington: Government Printing House, 1929.

Welsh, Frank. *A History of Hong Kong*. London: Harper Collins, 1997.

Wesley-Smith, Peter. *Unequal Treaty, 1898-1997: China, Great Britain and Hong Kong's New Territories*. Hong Kong: Oxford University Press, 1980.

Whitefield, Andrew J. *Hong Kong, Empire and the Anglo-American Alliance at War, 1941-1945*. Hong Kong: Hong Kong University Press, 2001.

Wright, Arnold and Cartwright, H. A. (eds.). *Twentieth Impressions of Hong Kong, Shanghai and Other Treaty Ports of China*. London: Lloyd's Greater Britain Pub. Co, 1908.

Yau, Shuk-ting Kinnia. *Japanese and Hong Kong Film Industries: Understanding the Origins of East Asian Film Networks*. London: Routledge, 2010.

Yeh, Emilie Yueh-yu (ed.). *Early Film Culture in Hong Kong, Taiwan, and Republican China: Kaleidoscopic Histories*. Ann Arbor: University of Michigan, 2018.

Yip, Ka-che, Wong, Man-kong and Leung, Yuen-sang (eds.). *A Documentary History of Public Health in Hong Kong*. Hong Kong: The Chinese University of Hong Kong Press, 2018.

Yung, Wing. *My Life in China and America*. New York: Henry Holt and Company, 1909.

網上資料庫

日本早稻田大學圖書館古典籍總合資料庫

日本國立公文書館亞洲歷史資料研究中心

日本國會國立圖書館數字特藏

香港天主教教區檔案

香港立法會法案資源庫

香港社會發展回顧項目

香港記憶

國立政治大學中國近現代思想與文學史數據庫

國父年譜全文檢索系統

電子版香港法例

澳門記憶

Companies Registry

Current and Past Meeting Records, Legislative Council

Government Records Service

Gwulo: Old Hong Kong

Historical Laws of Hong Kong Online, University of Hong Kong

Hong Kong Government Reports Online, University of Hong Kong

Hong Kong Legal Information Institute Database

House of Commons Hansard, UK Parliament

Industrial History of Hong Kong Group

Japan Center for Asian Historical Records

LegCo Bills Database, Legislative Council Library

LegCo Members Database, Legislative Council Library

網頁及多媒體資料

中電控股有限公司網頁

天主教香港教區網頁

天主教聖母無原罪主教座堂網頁

天星小輪網頁

太古集團網頁

太古糖業網頁

牛奶公司網頁

世界自然基金會香港分會網頁

古物古蹟辦事處網頁

古物諮詢委員會網頁

市區重建局網頁

平等機會委員會網頁

西九文化區網頁

希慎興業有限公司網頁

投資者及理財教育委員會網頁

李嘉誠基金會網頁

亞洲藝術文獻庫網頁

京港學術交流中心網頁

屈臣氏集團網頁

招商局集團網頁

東華三院網頁

東華三院廟宇及祭祀服務網頁

邵氏影城網頁

金銀業貿易場網頁

長江和記實業有限公司網頁

長春社網頁

非物質文化遺產辦事處網頁

保良局網頁

保險公司（僱員補償）無力償債管理局網頁

南北行公所網頁

南華體育會網頁

南豐紗廠網頁

盈富基金網頁

美最時洋行網頁

英國文化協會網頁

英國華人文化傳承中心網頁

香港八和會館網頁

香港大學中文學院網頁

香港大學網頁

香港大學饒宗頤學術館網頁　　　　　香港青少年軍總會網頁

香港女童軍總會網頁　　　　　　　　香港城市大學網頁

香港小童群益會網頁　　　　　　　　香港拯溺總會網頁

香港工會聯合會網頁　　　　　　　　香港按揭證券有限公司網頁

香港工業總會網頁　　　　　　　　　香港科技大學網頁

香港中文大學新亞書院網頁　　　　　香港科學園網頁

香港中文大學網頁　　　　　　　　　香港科學館網頁

香港中國旅行社有限公司網頁　　　　香港紅十字會輸血服務中心網頁

香港中華出入口商會網頁　　　　　　香港美術專科學校網頁

香港中華基督教青年會網頁　　　　　香港音樂專科學校網頁

香港中華業餘體育協會網頁　　　　　香港個人資料私隱專員公署網頁

香港中華電力有限公司網頁　　　　　香港哥爾夫球會網頁

香港中華廠商聯合會網頁　　　　　　香港家庭計劃指導會網頁

香港中華總商會網頁　　　　　　　　香港旅行社協會網頁

香港中資銀行業協會網頁　　　　　　香港旅遊發展局網頁

香港文化協會網頁　　　　　　　　　香港海洋公園網頁

香港文化博物館網頁　　　　　　　　香港海員工會網頁

香港文物保育網頁　　　　　　　　　香港浸信會聯會網頁

香港木球會網頁　　　　　　　　　　香港特別行政區政府二零一二年行政長官及立法
　　　　　　　　　　　　　　　　　　　會產生辦法建議方案網頁

香港出口信用保險局網頁　　　　　　香港特別行政區政府土木工程拓展署網頁

香港申訴專員公署網頁　　　　　　　香港特別行政區政府土地註冊處網頁

香港交易所網頁　　　　　　　　　　香港特別行政區政府工業貿易署網頁

香港回教信託基金總會網頁　　　　　香港特別行政區政府公務員事務局網頁

香港存款保障委員會網頁　　　　　　香港特別行政區政府水務署網頁

香港考古學會網頁　　　　　　　　　香港特別行政區政府民政事務局網頁

香港考試及評核局網頁　　　　　　　香港特別行政區政府民航處網頁

香港佛教僧伽聯合會網頁　　　　　　香港特別行政區政府民眾安全服務隊網頁

香港佛教聯合會網頁　　　　　　　　香港特別行政區政府地政總署網頁

香港利工民織造廠有限公司網頁　　　香港特別行政區政府保安局禁毒處網頁

香港足球總會網頁　　　　　　　　　香港特別行政區政府律政司網頁

香港防癆心臟及胸病協會網頁　　　　香港特別行政區政府政制及內地事務局網頁

香港防癌會網頁　　　　　　　　　　香港特別行政區政府政府統計處網頁

香港房屋協會網頁　　　　　　　　　香港特別行政區政府政府債券網頁

香港明愛網頁　　　　　　　　　　　香港特別行政區政府政府總部禮賓處網頁

香港法律改革委員會網頁　　　　　　香港特別行政區政府食物安全中心網頁

香港物流發展局網頁　　　　　　　　香港特別行政區政府食物環境衛生署網頁

香港金融管理局網頁

香港特別行政區政府香港天文台網頁

香港特別行政區政府香港房屋委員會及房屋署網頁

香港特別行政區政府香港海關網頁

香港特別行政區政府香港郵政網頁

香港特別行政區政府香港懲教署網頁

香港特別行政區政府香港警務處網頁

香港特別行政區政府差餉物業估價署網頁

香港特別行政區政府旅遊事務署網頁

香港特別行政區政府海事處網頁

香港特別行政區政府消防處網頁

香港特別行政區政府商務及經濟發展局網頁

香港特別行政區政府康樂及文化事務署網頁

香港特別行政區政府教育局網頁

香港特別行政區政府規劃署網頁

香港特別行政區政府勞工處網頁

香港特別行政區政府渠務署網頁

香港特別行政區政府稅務局網頁

香港特別行政區政府資歷架構網頁

香港特別行政區政府路政署網頁

香港特別行政區政府運輸署網頁

香港特別行政區政府漁農自然護理署網頁

香港特別行政區政府審計署網頁

香港特別行政區政府衛生署網頁

香港特別行政區政府選舉管理委員會網頁

香港特別行政區政府環境保護署網頁

香港特別行政區政府嚴重急性呼吸系統綜合症專家委員會報告建議監督委員會網頁

香港馬術總會網頁

香港國際機場三跑道系統網頁

香港國際機場網頁

香港基督教女青年會網頁

香港基督教服務處網頁

香港基督會協進會網頁

香港專業進修學校網頁

香港教育大學網頁

香港理工大學網頁

香港終審法院網頁

香港設計中心網頁

香港報業公會網頁

香港復康會網頁

香港植物標本室網頁

香港童軍總會網頁

香港華人永遠墳場管理委員會網頁

香港華人基督教聯會網頁

香港華商銀行公會網頁

香港貿發局網頁

香港廉政公署網頁

香港聖公會網頁

香港電台網頁

香港電車有限公司網頁

香港電訊管理局網頁

香港電影金像獎網頁

香港電影資料館網頁

香港電燈公司網頁

香港演藝人協會網頁

香港演藝學院網頁

香港撒瑪利亞防止自殺會網頁

香港標準及檢定中心網頁

香港歷史文物—保育・活化網頁

香港歷史博物館網頁

香港應用科技研究院網頁

香港聯合國教科文組織世界地質公園網頁

香港賽馬會網頁

香港醫學博物館網頁

香港醫學會網頁

香港藝術發展局網頁

香港藥學會網頁

香港護理學院網站

香港鐵路公司網頁

香港體育學院網頁

孫中山紀念館網頁

海防博物館網頁

國泰航空網頁

國務院資產委員會網頁

強制性公積金計劃管理局網頁

捷成洋行網頁

救世軍網頁

最低工資委員會網頁

渣打香港網頁

港機集團網頁

華人廟宇委員會網站

華僑永亨銀行網頁

華潤集團網頁

債券通網頁

嗇色園網頁

圓玄學院網頁

新界總商會網頁

滙豐控股有限公司網頁

粵劇發展諮詢委員會及粵劇發展基金網頁

聖保祿醫院網頁

道風山網頁

電子健康紀錄互通系統網頁

電視廣播有限公司網頁

嘉頓公司網頁

團結香港基金網頁

廣生行網頁

數碼港網頁

學海書樓網頁

衞奕信勳爵文物信託網頁

龍虎山環境教育中心網頁

賽馬會創意藝術中心網頁

醫院管理局網頁

證券及期貨事務監察委員會網頁

關愛基金網頁

鐘聲慈善社網頁

Abdoolally Ebrahim & Co (HK), Ltd. website

Aviation Safety Network website

BNP Paribas website

Citibank website

Club Lusitano website

Deutsche Bank in Hong Kong SAR website

Gilman & Co. website

Hong Kong Cemetery website

Hong Kong General Chamber of Commerce website

Hong Kong Yacht Club website

Indian Recreation Club website

International Mathematical Olympiad website

Jardine, Matheson & Co. website

Kowloon Bowling Green Club website

National Archives of Japan website

P & O Heritage website

Rotary District 3450 website

Royal Museums Greenwich website

Sikh Polis website

The Foreign Correspondents' Club Hong Kong website

The Hong Kong Hockey Association website

University Hall Alumni Limited website (Hong Kong University)

World Bank Open Data Web website

World Health Organization website

鳴謝

中央人民政府駐香港特別行政區聯絡辦公室　　中國地方志指導小組
全國港澳研究會　　香港特別行政區政府
深圳市史志辦公室　　國務院港澳事務辦公室
廣東省人民政府地方志辦公室

太古集團香港歷史檔案　　怡和集團
信德集團　　南華早報出版有限公司
星島新聞集團　　英華書院
香港大學圖書館　　香港工會聯合會
香港中文大學圖書館　　香港社會發展回顧項目
香港賽馬會　　香港鐵路有限公司
港珠澳大橋管理局　　董氏集團
饒宗頤基金　　The Family of Lt. Donald W. Kerr
Wattis Fine Art

張順光　　靳埭強
劉智鵬　　劉蜀永
鄧志榮　　鄭明仁